KB126044

1949-2019
당대중국미학연구

本书受到"中华社会科学基金Chinese Fund for the Humanities and Social Sciences 资助"
(20WZXB004)
이 도서는 중국 정부의 중화학술번역사업에 선정되어 중화사회과학기금(Chinese Fund
for the Humanities and Social Sciences)의 지원을 받아 번역 출판되었습니다.(20WZXB004)

Contemporary Studies of Chinese Aesthetics

1949-2019

당대중국미학연구

류웨디刘悦笛 · 리슈졘李修建 지음

리샤오나李晓娜 · 김규진金圭振 옮김

김철金哲 감수

學古房

루신汝信

중화인민공화국 수립 이래 우리 중국 미학 사업은 왕성하게 발전해서 눈부신 성과를 거두었다. 지난 70년을 돌이켜 보면 물론 우여곡절도 겪었지만 중국 미학의 전체 발전 과정에서 미학은 철학 사회 과학 중의 한 학과로 상대적으로 순조롭게 발전했다고 할 수 있다. 오늘날 중국 특색을 지닌 당대 중국 미학 이론은 건실히 자라나고 있고 점차 성숙한 방향으로 나아가고 있다. 오늘날은 중국 미학이 발전하기에 가장 좋은 시기이자 중국 미학 역사를 정리해야 할 시기라 할 수 있다. 70년 이래 중국 미학의 학술 발전을 체계적으로 개괄하고 반성하는 일은 의심할 바 없이 매우 중요한 이론적 가치와 현실적 의미를 지니고 있고 또한 이는 이전 사람이 해 보지 못했던 미학 학술사에 대한 기초적 정리이기도 하다.

마침 류웨디刘悦笛와 리슈젠李修建이 쓴 《당대중국미학연구》는 이 방면의 일에 전력을 다하고 있다. 본 책은 중국 미학 70년의 전체 발전 과정을 충실히 재현하는 한편 이전에는 항상 나누어 설명했던 "전 30년"(1949-1978)과 "후 40년"(1979-오늘날)의 미학사를 융합, 관통시켰을 뿐만 아니라 70여 년간 중국 미학 발전의 역사적 경험과 교훈을 객관적으로 진술하고 분석함으로써 중국 미학의 미래 발전을 위하여 견실한 학술사의 토대를 다지려고 시도하였다.

이 견실하고 묵직한 저작에서 역사의 재현과 경험의 개괄은 유기적으로 결합되었다. 저술자의 중요한 독창적 견해는 바로 이러한 결합에서 나타나

며 이 기본 집필 원칙에 따라 《당대중국미학연구》는 당대 중국 미학 학술
사에 관한 많은 새로운 이해와 해석을 제시한다. 이는 주로 아래와 같이
여러 방면에서 나타난다.

우선 당대 중국 미학에서 "미 그 자체"에 대한 연구를 "미의 본질관"과
"미학본체론" 두 가지 측면으로 구별하면서도 양자 간 이어온 연관도 연구
하였다. 주지하듯이 미의 본질에 대한 공구攷究는 일찍이 20세기 50, 60년
대 "미학대토론"의 초점이 되었다. 본 책에서는 이 논쟁을 구체적으로 50
년대 "주관과 객관 논쟁", 60년대 "자연성과 사회성 논쟁" 두 부분으로 구
분한다. 후자는 전자에 대한 깊은 진척이면서 80년대 "실천파와 생명론 논
쟁"으로 발전한 이후 90년대 "본질주의와 반본질주의 논쟁"으로 이어진다.
그 이후 미의 본질에 대한 공구는 미학 본체론에의 탐구로 전환되었다고
정리한다. 당대 중국 미학 본체론은 역사적으로 세 번 본체론의 전환을 겪
는다. 가장 먼저 나타난 것은 80년대 들어 점차 중국 미학의 주도가 된 "실
천론"으로의 전향, 90년대 들어 점차 나타난 소위 "생존론"으로의 전향(내
적으로 "생명론"과 "존재론" 두 가지 방향을 포함한다), 21세기에 나타난 "생활
론"으로의 전향 등이다. 학술사를 이처럼 정리하는 작업은 미시적 사상을
드러내는 데 착안하면서도 넓은 역사적 시야도 지녔다는 사실을 드러낸다.

다음으로 미학 원리 연구 측면에서 본 책은 중화인민공화국 수립 이래
수많은 미학 원리 저작을 두루 섭렵하고 전반적으로 파악한 기초 위에서
"유물주의 반영론 미학", "실천미학의 초기 형태", "실천미학의 성숙 형
태", "실천미학의 발전과 혁신", "실천미학 이후의 이론 탐색" 등을 발전의
실마리로 하여 가장 대표적인 미학 원리 저작 10여 권을 선택해서 연구 대
상으로 삼는다. 그리고는 이 책들에 나온 이론 기초와 전체 구조, 그리고
미의 본질, 심미활동, 심미심리, 예술에 관한 논술 등을 세밀하게 분석하면
서도 이 책들의 이론적 공헌과 문제점 등도 비교하며 객관적으로 평가하
였다. 또한 본 책에서는 연구를 정리하며 "중국전통미학", "문화미학",
"생활미학"은 미래 미학 원리 연구의 핵심 자원이자 집중 방향이라고 제

시하였다.

 "서양미학사"의 연구 측면에서 본 책은 "중국에서의" 서양미학사 연구의 전체 그림을 전반적으로 깊이 재현해 냈다. 서양미학사는 당대 중국 미학 연구 중에서 상대적으로 성숙한 부분이다. 그렇기 때문에 분류하여 학술적으로 정리할 가치가 있고 이 분야에서 달성된 성과는 이미 어느 정도 주지하고 있는 사실이다. 본 책에서는 서양미학사 연구의 "주광첸朱光潛 모델"부터 시작해서 서양미학사의 연구를 "대통사大通史"(쟝쿵양蔣孔阳이 주편한 7권짜리의《서양미학통사》, 필자가 주편한 4권짜리의《서양미학사》는 대표적이다)와 "소통사小通史"라는 두 가지 연구 전통으로 구분하였다. 구체적인 역사 연구 측면에서 고대 그리스로부터 근대 유럽까지의 미학 연구, "마르크스 미학"을 대표로 하는 전통 마르크스주의로부터 서양 마르크스주의 연구까지, "현상학 전통"을 대표로 하는 현대 대륙 사변 미학 전통 연구, "분석 미학" 전통을 대표로 하는 영미 경험론 미학 전통 연구 등을 본 책에서 모두 세밀하게 깊이 검토하였다.

 마지막으로 중국 미학 연구 측면에서 본 책은 자료를 철저히 보유한 기초 위에 중화인민공화국 수립 이래 중국 미학 연구를 전반적으로 전시하고 논술하였다. 본 책에서는 중국 미학 연구를 "통사연구", "단대사斷代史연구", "인물작품 및 사상 유파 연구", 심미 범주 연구" 등 4가지로 분류하였다. 모든 연구는 역사적 시점으로 중국미학사 발전 궤적을 나타내는 데에 힘썼고 가장 대표적 이론 성과를 선택하여 이론 기초, 작성 맥락, 이론 득실 등을 탐구하였다. 예를 들어 통사류 연구를 "사상사", "범주사", "문화사" 등 3가지 유형으로 분류하여 유형마다 수많은 대표 저작을 선택하여 분석하였다. 본 책은 중국 미학 연구의 전체 조감도를 전반적으로 선명히 그렸다고 할 수가 있다.

 총괄적으로 말해서 위에서 언급했듯이 미의 본질관 및 미학 본체론 연구, 미학원리 연구, 서양미학사 연구, 중국미학사 연구 등《당대중국미학연구》의 4가지 중점 측면만 잘 파악하면 본 책의 핵심이자 정수를 파악할 수 있을 것이다.

물론 역대 학자들의 노력과 확장을 통하여 당대 중국 미학의 연구 영역은 더욱 광범위해졌고 본 책은 만물을 수용하는 마음으로 이들 성과를 전반적으로 담아내는 데에 힘썼다. 따라서 위에서 언급한 4대 핵심 부분 이외에 본 책은 "심미심리학", "예술철학", "문예미학", "분류미학", "심미문화", "심미교육", "응용미학" 등 각 영역도 깊이 연구하였는데 특히 "생태미학", "환경미학", "생활심미화", "심미 현대성", "예술 종결" 등 21세기 이래 중국 미학 발전의 쟁점을 꼼꼼히 검토하였다. 이런 점들은 주목할 만하고 당대 중국 미학은 바로 각자 다른 영역에서 활약하는 학자들로 하여금 이루어졌다는 사실을 알게 한다.

당대 중국 미학이 미래에 더욱 발전하기를 진심으로 바라며 이는 또한 모든 당대 중국 미학자들의 꿈이기도 하다.

미학의 "중국화"

: 당대 "학술사"

"당대중국미학"이란 무엇인가? 말 그대로 당대중국미학이란 "당대", "중국"의 미학을 가리킨다. 미학은 중국어 문맥에서 감성학 의미를 지닌 "감학感学"이기도 하고 각성학 의미를 지닌 "각학觉学"이기도 하다. 이는 미학이란 Aesthetica 의미를 지닌 "감성인식론"이자 Aisthetik 의미를 지닌 "일반지각론"이기도 하다는 사실을 의미한다. 따라서 미학은 즉 "감각학"[1] 이고 이는 "중국성中国性"의 시점으로 미학을 새롭게 점검하는 일이기도 하다. 시간적으로 보면 당대중국미학은 "당대"라는 시간 내에 발생한 "중국미학"을 가리킨다. 다른 말로 이 책의 연구대상은 당대라는 시간 내의 "중국미학사"라는 것이다. 그렇다면 "당대"란 본토의 어느 역사 시간대를 가리키는가? 이 질문에 답하려면 중국사학계에서 "근대사", "현대사", "당대사"를 어떻게 구분하느냐의 중대한 문제로 거슬러 올라갈 수밖에 없다.

1. 미학에서 "당대"란 무엇인가?

  최근 십여 년 이래 중국 대륙 학계에서는 "근대사"의 시기 구분에 미묘한 변화가 생겼다. 이는 1840년 아편전쟁부터 1949년 중화인민공화국 수립

---

1) Liu Yuedi, "From 'Practice' to 'Living': Main Trends of Chinese Aesthetics in the Past 40 Years", *Frontiers of Philosophy in China*, 2018(1), p.139.

까지의 역사를 "중국근대사"라고 간주하는 구분이 보편적인 인식이라는 것이다.[2] 이와 같은 변화는 역사학자 후승胡绳이 《근대사연구》 창간 100기의 축사에서 "1919년 이전의 80년과 이후의 30년을 하나로 보고 이를 "중국근대사"라고 명명하는 것이 맞을 것 같습니다. … 1949년 중화인민공화국 수립 이후의 역사를 "중국현대사"라고 명명하면 될 것 같습니다."[3]라는 중요한 제안으로부터 시작되었다. 이전의 사학계에서는 중국근대사의 기점에 이의가 없었는데 이들은 종점을1919년의 5·4 운동으로 삼았고 이로부터 아편전쟁으로 거슬러 올라간 역사를 근대사로 정한 다음에 이로부터 그 뒤의 역사를 현대사라고 명명해 왔다.[4] 이로부터 알 수 있듯이 현재의 역사적 시야에 따르면 근대사는 중화인민공화국 수립까지 미뤄졌다. 만약 1949년을 근대사의 종점이라고 생각하는 현재의 보편적 인식에 동의한다면 1949년 이후의 역사는 당연히 "현대사"임에 틀림없을 것이다.

알다시피 "역사의 시기 구분"이 끊임없이 변하고 뒤로 미뤄지고 있기에 1949년 이전에 살았던 사람은 1949년을 근대사의 종점으로 정할 수 없었다는 것도 사실이다. (비록 그때 "근대사"를 정리하는 저서가 잇달아 나왔지만) 이유는 역사 서사 철학에서 보면 하나의 "역사 서사문구"는 미래를 기준으로 과거를 서술하기 때문이다. 이는 페트라르카Petrarch, 그리고 같은 시대 사람들 중에서 "페트라르카가 르네상스의 막을 열었다"라고 서술한 사람은 단 한 명도 없었다는 사실과 같다.[5] 오늘날 "근대사"는 30년이나 미뤄졌고

2) 장하이펑张海鹏:〈중국근대사의 시기 구분 및 "몰락"과 "상승" 등 여러 문제에 관하여 关于中国近代史的分期及其"沉沦"与"上升"诸问题〉,《근대사연구》, 1998, 제2기.

3) 후승胡绳:《〈근대사연구〉 창간 100기 축사》,《근대사연구》, 1997, 제4기.

4) 《역사연구》 편집부 편찬,《중국근대사 시기 구분 문제 토론집中国近代史分期问题讨论集》, 생활, 독서, 신지식이라는 의미를 지닌 삼련三联서점, 1957.

5) 아서C 단토ArthurC Danto, 류웨디刘悦笛:〈철학, 역사적 서사의 분석으로부터 미학의 분석으로 – 철학, 미학의 선도적 문제간의 대화에 대하여从分析哲学, 历史叙事到分析美学 – 关于哲学, 美学前沿问题的对话〉,《학술월간》, 2008, 제11기.

이런 구분은 정치적 변천을 주도로 삼는 역사적 사실과 일치한다. 이렇게 보면 "고대사", "근대사"로부터 "현대사"까지는 논리적으로 또한 뚜렷하다. 그러나 여기서 "현대사"와 "당대사"를 어떻게 구분하느냐의 문제가 발생한다. 이 문제를 필자는 현직 중국역사학회 회장인 장하이펑張海鵬 씨에게 직접 답을 구해 봤다. 그에 의하면 "당대사"란 불과 최근 십여 년 동안 발생한 역사일 뿐이다. 이런 관점에 따르면 "당대사"는 "현대사" 안에 포함되어 있을 뿐만 아니라 그 중에서 최전방의 위치를 차지한다는 사실을 알 수 있다. 따라서 "당대사"의 기점과 종점은 항상 변하고 있고 역사의 이동에 따라 뒤로 미뤄지지만 "현대사"의 기점은 확정되었기 때문에 이로부터 끊임없이 자신을 확장하고 있다는 사실을 알 수가 있다.

이와 동시에 "근대사"를 뒤로 미루자고 강력하게 주장하는 역사학자는 역사적 시기 구분이 서로 다른 학문 분야에서 일치하지 않는 현상을 적극적으로 반대한다. 특히 그들은 철학계와 문학계에서 역사적 시기 구분을 따르지 않는다고 지적한다. 이런 현상이 문학사 분야에 가장 전형적으로 나타난다는 사실은 확실하다. 전통적 시기 구분 관점에 따르면 1919년 이전은 근대문학사, 1919년 이후는 현대문학사, 1949년 이후는 당대문학사로 정해져 있다. 이처럼 서로 일치하지 않는 현상에 대하여 철학, 문화, 예술 등의 발전은 역사의 발전과 서로 다를 수도 있다고 해석할 가능성이 높다. 즉 "예술 생산은 예술 생산의 형식으로 나타나지 세계사에서 획기적인 경전의 형식으로 창조될 수 없는 것이다. 따라서 예술 분야에서 중요한 의미를 지녔던 어떤 예술형식들은 예술이 덜 발달했던 그 기간에만 존재할 수 있었다."6) 따라서 철학사, 문화사, 예술사 등은 역사의 발전 과정에서 어떤 역사적 혼란이 일어날 수 있다. 이는 역사 발전 "불균형" 현상의 어떤 특별한 표현이라고 할 수 있다.

구체적으로 "중국에서"의 미학 발전 역사를 논의할 때 미학사에 어떤 역

---

6) 마르크스, 엥겔스:《마르크스엥겔스전집》제46권(상), 인민출판사, 1979, p.48.

사적 시기 구분이 더 "합리성"과 "합법성"을 지니는가? 다시 말하면 어떤 역사적 시기 구분이 "중국" 미학사라는 특별한 역사의 연구에 적절한가? 중국 미학사 연구자가 아래와 같은 판단을 내렸다는 것은 의심할 바 없이 매우 중요하다. "미학 사상 자체의 발전 과정을 봐도 기계적으로 일반적 역사 시기 구분법을 적용하면 안 된다는 것을 알 수 있다. 비록 비교적 정확한 역사 시기 구분법이라도 그대로 적용하면 안 된다. … 따라서 미학 사상 발전사의 구체적 시기 구분을 정할 때 기계적으로 사회사, 정치사의 시기 구분을 적용할 것이 아니고 미학 사상 발전의 실제에 근거하여 정해야 한다."[7] 미학 자체의 발전 법칙에 근거하여 검토하면 미학사가 자체적인 "역사적 속성"을 지닌다는 점은 당연한 일이다. 비록 수백 년 후에 각 학문 분야에서 역사적 시기 구분법을 결국 통일하게 되더라도 적어도 현재의 이 시대에는 "미학사" 자체의 발전 궤적과 구분을 부각시킬 필요가 있다. 미학이 "중국에 왔을 때"부터 "중국화"가 되었을 때까지 독특한 발전 논리를 지녔다는 점이 분명하기 때문이다.

그러나 안타깝게 최근 30년 동안 미학사 연구를 보면 "현대", "근대", "당대" 이 3가지 범위를 뒤섞어 사용했고 역사적 시기 구분법에 관한 관점도 혼란스러우며 그래서 일치된 결론을 내릴 수가 없었다고 해도 과언이 아니다.

(1) 후징즈胡经之가 편찬한 전형적이고 영향력이 큰 문선인《중국현대미학종편(1919-1949)》(1987)의 관점에 따르면 "중국현대미학사"는 5·4 운동으로부터 중화인민공화국 수립까지라고 정했다. "중국현대문화"의 중요한 부분으로 "중국현대미학은 근대(1848-1911) 구민주주의 혁명의 종결이자 현대 신민주주의 혁명의 시작이라는 역사적 초점에서 탄생했다. 낡은 생활 패턴을 비판적으로 반성하고 새로운 생활 모습을 뜨겁게 동경하면서 사람

---

7) 녜전빈聂振斌:《중국근대미학사상사》, 중국사회과학출판사, 1991, pp.11-12.

들은 심미적 사고에 관심을 갖기 시작했고 미학은 "5·4" 시기의 인기 학문 분야가 되었다". 그러나 왕궈웨이王国维, 량치차오梁启超는 그 움직임의 성격에 근거하여 이를 "근대미학"의 범위로 정했다.8) 위에서 언급한 20세기 80년대에 출판된 그 미학 문선의 역사적 시기 구분에 따르면 1848년부터 1911년 중화민국의 수립까지를 근대로, 그 이후부터 중화인민공화국 수립인 1949년까지를 "현대시기"로 정했다. 이는 전통적 근현대사의 시기 구분법을 따른 것이다. 같은 해에 출판된《중국현대미학논저역서제요》에서도 5·4운동 이래 전체의 역사를 "현대미학사"로 정했다.9) 여기서 언급한 첫 번째 미학 저서인 황찬화黄忏华의《근대미술사조》10)는 1922년에서부터 1983년까지를 현대미학의 범위로 정했고 이는 중화인민공화국 수립 이후 거의 35년이란 시간을 뛰어넘었다.

(2) 녜전빈聂振斌의 우수한 저서인《중국근대미학사상사》(1991)에 따르면 20세기 초부터 1911년에 이르러야 진정한 "중국근대미학"이 발생한다. 이전에는 미학사상의 발전이 중국 역사의 진행 과정보다 늦었기 때문이다. 더 나아가 20세기 90년대 초에 간행된 이 저서에서는 근대미학의 종점을 중화인민공화국 수립 이전으로 정했는데 이는 현재 근현대사의 주도적인 시기 구분법과 유사하다. 이는《중국근대미학사상사》에서 미학 발전의 논리에 따라 한편으로 전통적 근대사의 기점을 60년 뒤로 미뤘고 다른 한편으로는 전통적 근대사의 종점을 30년 뒤로 미뤘다는 것을 뜻한다. 이 저서는 1840년부터 1949년까지 백여 년간의 중국미학사를 정리한 저서로서 예로부터 지금까지의 전환기로 시작해서 충분히 전개된 근대까지 미학 발전의 과정을 꼼꼼히 구분하는 데에 기여하였다. 즉 ① 19세기 40년대부터 19

---

8) 후징즈胡经之 편찬:《중국현대미학종편(1919-1949)》, 북경대학교출판사, 1987, 머리말 p.2, p.1, p.4.
9) 쟝훙蒋红, 장환민张唤民, 왕유루王又如 편저,《중국현대미학논저역서제요》, 복단대학교 출판사, 1987, 편집설명에서.
10) 황찬화黄忏华:《근대미술사조》, 상무인서관, 1922.

세기말의 개량운동이 일어나기 전까지를 "전근대미학단계"로 정했다. ②
19세기말부터 20세기초까지(1898년 무술 변법 전후 10년 간)를 "고대미학에
서 근대미학을 이행하는 과도기의 단계"로 정했다. ③ 20세기 초부터 민국
원년까지를 "근대미학의 본격적 발단 단계"로 정했다. 대표적 인물로 왕궈
웨이 등이 있다. ④ 민국 원년부터 20세기 20년대 말까지를 "중국근대미학
의 형성 및 발전 단계"로 정했다. 대표적 인물로 차이위안페이蔡元培 등이
있다. ⑤ 20세기 20년대 말부터 40년대 말까지를 "중국근대미학의 분화分化
단계"로 정했다. "중국 마르크스주의 미학"은 바로 이 시기에 탄생한다.[11]

(3) 단대사斷代史로서의 근대미학사상사인 루산칭卢善庆의 《중국근대미
학사상사》(1991)에서의 역사 구분법은 전통 근대사의 기점, 종점과 전혀 다
르다. 이 저서의 연구 대상은 "1840~1919년이란 80년의 시간을 뛰어넘었
고, 단대斷代의 통칭에 따르면 "중국근대미학사상"이라고 부를 수도 있다.
이 저서를 시기적으로 보면 위로는 중국고대미학사상을 이어받았고 아래
로는 중국현대, 당대 미학사상을 열었기 때문에 모든 중국미학사상발전사
에서 없어서는 안 될 만큼 극히 중요한 위치를 차지한다."[12] 80년의 근대
미학사에서 저자는 "계몽적 미학사상", "개량주의 미학사상", "민주주의
미학사상" 등을 비교적 상세하게 논술하였고 근대미학의 사상 구조를 명확
히 구분하였다. 같은 해인 1991년에 출판된 이 동명 저서에서 미학사의 역
사적 구분법과 사학계의 전통적 시기 구분법이 지극히 일치하지만 "현대미
학"과 "당대미학"을 좀 더 구분해야만 중국미학의 발전 궤적을 더욱 더 완
전하게 부각시킬 수 있다고 저자는 주장한다.

(4) 천웨이陈伟의 《중국현대미학사상사개요》(1993)에서 1915~1949년을
"중국현대미학"으로 나누었다. 1915년을 기점으로 삼은 이유를 저자는 자
세히 설명하지 않았지만 "차이위안페이蔡元培 이외에 미학의 성격, 내용,

---

11) 녜전빈: 《중국근대미학사상사》, 중국사회과학 출판사, 1991, pp.13-16.
12) 루산칭: 《중국근대미학사상사》, 화동사범대학교 출판사, 1991, 머리말 p.1.

분류 및 예술과의 관계를 전반적으로 소개한 사람은 쉬다춘徐大纯을 내세울 수밖에 없을 것이다. 쉬다춘의 《미학을 논하여述美学》은 1915년 1월 1일에 출판된 《동방잡지东方杂志》에 발표되었고 이는 우리 중국에서 미학이란 학문을 전반적으로 소개한 첫 번째 글이다"[13]에서 그 이유를 발견할 수 있을 것 같다. 이 역사적 구분은 미학 자체 발전의 논리적 기점을 정했을 뿐만 아니라 더 나아가 "현대"의 기점을 좀 더 이른 시기로 옮겼다. 이를 통하여 1915년 이전의 미학은 "근대미학"이고 1949년 이후의 미학은 "당대미학"이라는 사실을 암시한다.

《중국현대미학총편》에서 1919~1949년의 31년을, 《중국현대미학사상사개요》에서 1915~1949년의 35년을 "현대미학" 시기로 정했고, 동명 저서인 《중국근대미학사상사》에서 하나는 1840~1949년의 110년을, 다른 하나는 1840~1919년의 80년을 "근대미학" 시기로 정한 사실을 종합해 보면 이 4권의 저서 가운데 3권의 저서에서 종점을 1949년으로 정했다는 공통점을 발견할 수 있다. 본 책은 "이어서 쓴다"의 의미에서 1949년부터 진행된 2009년까지, 즉 중화인민공화국 수립 후 60여 년의 중국미학사를 이어서 쓰고자 한다. 만약 근현대미학의 구분이 현재 사학계의 주류 견해와 일치한다면 중화인민공화국의 수립을 분기점으로 삼아 앞의 시대로는 아편전쟁으로 거슬러 올라가서 이를 근대사로, 그 이후는 현대사로 정한다는 의미다. 그렇게 되면 1840~1949년의 역사는 "중국근대미학사"이고 1949년 이후의 역사는 "중국현대미학사"일 것이다. 그러나 미학사의 발전은 자신의 "역사 논리"를 지니고 있기 때문에 사학계의 견해를 위주로 정할 수만은 없다.

본 책에서는 60여 년의 미학사를 개괄적으로 "당대중국미학사"라 칭할 것인데 이는 아래와 같은 역사적 시기 구분법을 기초로 삼았기 때문이다. 즉

---

13) 천웨이: 《중국현대미학사상사개요中国现代美学思想史纲》, 상해인민출판사, 1993, p.8, p.415.

제1단계의 미학은 고전으로부터 근대로, 제2단계의 미학은 근대로부터 현대로, 제3단계의 미학은 현대로부터 당대로 향하여 발전했다는 것이다. 즉,

> 1840~1918년: "중국근대미학"
> 1919~1948년: "중국현대미학"
> 1949~2009년: "중국당대미학"

그렇다면 중국미학사의 또 다른 시기 구분법은 없을까? 사실 "30년"을 기준으로 단계별로 미학사를 정리하는 비교적 새로운 견해가 있다. 이에 따르면 2008년을 종점으로 삼고 앞으로 거슬러 올라가서 30년, 60년, 90년를 단계별로 정리할 수 있다. 즉,

> 1919~1948년: "전 30년 미학"
> 1949~1978년: "중 30년 미학"
> 1979~2008년: "후 30년 미학"
> 2009~2018년: "신 10년 미학"

"세상사는 다 돌고 도는 것"이니 "30년"이란 구분법은 어쩌면 "최본토화"의 구분법일지도 모른다. 신구세기의 교체 시점에 중국 미학계에서 "100년 중국 미학"을 되돌아본다는 견해[14]가 있었지만 "세기" 구분법은 유럽식이기 때문에 "육십갑자"라든가 "30년 한 바퀴"라든가 이런 견해는 중국 사람의 전통적 정서에 더욱 더 어울리는 것 같다. 30년을 한 바퀴로

---

14) "100년 중국 미학" 변천에 대해서는 기본적으로 몇 가지 모순되는 견해가 있다. 즉 (1) "정치설", (2) "계몽설", (3) "현대화설", (4) "내재동력설" 등이다. "100년 중국 미학"의 역사적 분기에 대해서는 비교적 학술적 가치가 있는 몇 가지 견해가 있다. 즉 (1) "미학고조/문화전환분기법", (2) "미학자 단체/입각점전환분기법", (3) "중서양 미학교류분기법" 등이 있다. 구체적으로 류웨디: 〈100년 중국 미학 성에 대한 "재반성"의 2가지 문제〉, 《미와 시대美与时代》, 2005, 제1기를 참고함.

보면 "중 30년 미학"은 마침 침체 시기였고 그의 양단에서 모두 미학 연구가 절정을 이뤘으며 모든 90년의 미학 발전에서 "고 – 저 – 고"의 전개 논리를 형성하였기 때문에 90년, 60년, 30년이란 중국 미학 발전의 3개의 "시간 고리"를 구성한다.

무엇보다 그 중의 역사 전환점은 모두 확실하다는 사실이 중요하다. 즉 1919년은 신문화 운동의 해이며 1949년은 중화인민공화국 수립의 해이며 1979년은 "사상해방"의 해이고 이 3가지 전환점으로 90년의 중국미학사를 구분하는 것은 그럴 듯하다. 그리고 2008년 이후 미학의 발전은 다른 한 바퀴 "30년 미학"의 시작 단계에 처한다. 이처럼 30년을 단계별로 시기를 구분하는 방법은 당대 중국 미학의 역사 논리에 더 적합하다. 앞의 60년을 되돌아본다는 것은 앞의 90년과 앞의 30년이란 두 개의 "시간 고리" 중간을 되돌아본다는 의미다. 따라서 본 책의 연구 대상은 최근 60여 년 이래의 미학사이고 이는 즉 "중 30년 미학", "후 30년 미학", 그리고 막 전개되기 시작한 "신 10년 미학"이다.

2. 미학의 "중국화"란 무엇인가?

유럽에서 미학의 발전은 "자발적"이었다. 서양 학문이 동방으로 점차 들어오면서 "중국의" 미학의 후발을 자극하였다. "타자他者"라는 거울을 본떠야 미학은 "중국에서" 자신의 내적인 성격을 지닐 수가 있다. 이는 본토 미학에 미친 타자의 영향이 결정적이며, 그렇지 않았으면 미학이라는 학문은 본토에 상륙하거나 등장하지도 않았으리란 사실을 의미한다.

미학은 서학 동점西学东渐에 따라 중국에 들어온 지 100여 년의 역사를 지녔기 때문에 미학이라는 학문이 중국에서 태어나고 뿌리를 내리며 싹이 틀 때부터 이미 "중국화"의 역정历程을 시작했다고 할 수가 있다.[15] "중국화"란 "중국에서" 미학의 발전으로부터 "중국의" 미학이 된다는 발전 과정이고16) 이 여정은 오늘날에도 끊임없이 이어지고 있다는 것이다. 이는 "중국에서" 미학은 서양 미학의 규범에 따라서 구축되었지만 "중국화"의 미학이 되려면 본토의 성격을 지닐 수밖에 없음을 의미한다.

서양 미학이 들어오기 전까지 미학은 중국문화의 원시형태에 단지 "잠재적"인 형태로 존재하고 있었을 뿐이다. 그 이유는 한편으로는 심오하고 정교한 화하华夏(중국의 옛 명칭) 고전미학의 지혜는 체계적인 이론 표현이 없지만 자신도 모르게 심미, 예술 속에 잠재하는 미학이었기 때문이다. 다른 한편으로는 일반화된 심미는 문화의 물질 상태, 생활 경험에 서로 침투하고 융화하기 때문에 화하 고전미학의 텍스트는 종교, 철학, 논리 등의 논저나 문예이론, 화론画论, 음악 이론 등의 논술에 덧붙여서 다른 사상에 잠입한 존재이지 자립적인 존재가 아니었기 때문이다. 이를 통하여 중국 고전미학의 지혜는 서양 미학이 들어온 후에 "자신을 되돌아본다"返身自观17)의 산물이며 중국과 서양의 문화 및 학술 간에 원생적이고 이질적인 성격을 지닌다는 사실을 알 수 있다.

동시에 실용성과 혼돈의 본질을 중요시하는 중국 학술은 명석하고 지적인 것을 강조하는 미학 학문과는 서로 어긋났다. 따라서 화하 예술의 "범률성泛律性"18)과 "종합성"은 서양 미학 이론의 자율, 분화 등과도 대립적이었

---

15) 류웨디: 〈미학 연구의 "중국화"의 길을 향하여走上美学研究的"中国化"之路〉, 《인민일보》, 2010.4.9.

16) Gao Jianping, "Chinese Aesthetics in the Context of Globalization", *International Yearbook of Aesthetics: Aesthetics and as Globalization*, Volume 8, 2004, pp.59-75.

17) 반관내시返观内视라는 불교용서에서 생겼고 이는 대조, 점검, 반성의 의미를 뜻한다. 청나라 푸쑹링蒲松龄의 《《왕루수문심집王如水问心集〉서문》에 나온다.

18) 범률泛律설은 독일어권 나라들의 미학자들에 의하여 제시되었는데 그들은 심미의식의 "범률성泛律性, pantonomie" 개념을 명확히 제시하여 자율과 타율의 극단적인 면을 초월하고 바로잡고자 하였다. 지난 70년대 일본의 유명한 미학자이자 일본예술대학교 전임 총장 야마모토 마사오Yamamoto Masao는 동방 미학계에서 일찍부터 "범률성泛律性"에 관해 설명하였다.

다. 학리學理에서 예술미, 자연미를 대상으로 삼는 지적 분류와 특성에 대한 탐구는 동방의 잠재적 미학을 한정하는 이론 모델이 되었고 또한 "미란 무엇인가", "예술이란 무엇인가"에 대한 본질적인 공구攻究는 실천이성을 중요시하는 동방의 사고방식으로 대답하라고 강요되었다. 뿐만 아니라 서양 미학의 범위에 획일적으로 관통하는 함축적인 규정이지만 화하 고전미학의 범위는 시대, 사용에 따라서 변이하거나 동요하면서도 스스로 앞뒤가 서로 이어받는 심미 범위의 변천 체계를 구성하곤 하였다. 예술에서 심미 창조, 체험, 감상 등이 서로 융화되었다는 사실은 중국 미학의 기본 특색이 되었고 품성을 도야陶冶하거나 즐거움 속에서 배우는 학습법 등 예술의 외적 기능이 강조되었다. 중국 사회 자체에서 논리나 예술이 종교와 서로 연결되어 있다는 전형적 특질을 지니듯이 화하 고전예술은 논리적인, 종교적인 요소가 들어 있는 종합적인 문화 가치 영역에 속했다. 그러나 서양 문화에서 미의 예술은 근대 이후 엘리트화가 된 취미라는 의미를 지니게 되면서 예술, 철학과 서로 어울려 아름다운 운치를 더하였다. 이와 반대로 동방의 범예술泛艺术은 정밀한 형이상의 이론지식으로 이끌 필요가 없었다.

강성해진 서양 미학이 동방으로 점차 들어오면서 근대 중국 미학에 "형성성形成性" 및 "구성성构成性"에 영향을 끼쳤다. 이는 중국 미학 학술 패러다임의 현대적인 전환을 요구하였다. 유럽에서 미학은 독립적인 구성 시스템을 지녔다. 하이데거Martin Heidegger는 서양 미학의 "이차발생론"을 주장했는데 그에 의하면 고대 그리스에서 미학은 형이상학에 수반되어 발생했다. 구체적으로 말하자면 플라톤Platon이 감성효과에서 예술을 하기 시작하면서 발생하였고 이때부터 미학은 형식eidos과 질료hule라는 개념의 틀에 포함되었다. 그러나 근대 형이상학사가 시작되었을 때 서양 미학은 "다시 발생하였다". 이때부터 더 이상 세계가 아닌 주체(개인, ego)의 자아의식은 철학 인식의 핵심이자 유일한 대상이 되었다.[19] 하이데거는 동방을 친화하

---

19) Martin Heidegger, *Nietzsche*, Vol.1: *The Will to Power as Art*, translated by David

고 주객일체의 시각으로 중국 미학에 대한 서양 발언의 권력적 지배를 간 파하였는데 이는 "주객이분"의 한정이자 "주체성"의 침입과 다르지 않다 는 지적이다.

한편으로 유럽 미학은 "주객이분"을 기초로 삼아 구축되었다. 고대 그리 스 시대부터 미학은 감성 및 초감성(본질 및 현상)이 서로 분립되는 이성적 사변 패턴에 갇혔고 이에 따라 일련의 이원적 대립이 생겼다. 즉 고대 그리 스 시대는 주관과 객관을 구분하였고 중세기는 차안此岸과 피안彼岸의 분 립에 힘썼으며 근대 이후에 감성과 이성은 서로 분리되었다. 서양 고전 미 학, 근대미학, 현대 미학이 일시에 동방으로 점차 들어오면서 중국 근대 미 학은 또한 서양의 주객이분의 틀에 갇히게 되었다. 지금까지 중국 미학의 구축도 거의 이분법 사고에 종속되었는데 구체적으로 인간과 자연, 정신과 사물, 주체와 객체, 감성과 이성, 필연과 자유, 이상과 현실, 이론과 실천 등의 많은 구분에서 이를 확인할 수 있다. 그러나 중국 본토의 전통은 "지 행일체知行一体(이론과 실천이 하나가 된다)"를 강조했을 뿐만 아니라 "하나 의 세계"로 세계관을 주재하였다.

다른 한편으로 서양 미학은 근대부터 "주체성"의 거대한 힘을 부각시켰 다. 하이데거에 의하면 주체성은 유럽 미학의 주축이자 최고의 위치를 강 점하였고 취미의 "단순화"와 예술의 "자율"은 서로 보조를 맞춰 진화하게 되었다. 일본 메이지 시대 초기에 이런 주체성이 동방에 전한 충격은 보편 적이었지만 "그때는 주체의 예술 정신에 대한 사고, 그리고 주체의 예술 정신을 지탱하는 예술 실천의 토양은 아직 형성되지 못한 시기였기 때문에 이론과 실천, 전통 자체 등의 각종 갈등을 극복하려고 고민하고 싸우는 과 정을 겪었다".20) 더 나아가 근대 이래 주체성 정신은 중국 미학 내부에서

Farrell Krell, London and Henley: Routledge and Kegan Paul, 1979, p.83.
20) 야마모토 마사오Yamamoto Masao:《동서양 예술정신의 전통 및 교류》, 뉴즈후이牛枝惠 번역, 중국인민대학출판사, 1992, p.7.

"주체생명의식"의 급부상으로 나타났다. 주지하듯이 화하의 천인합일天人
合一(하늘과 사람이 합일체임을 밝히는 유교적 개념)이라는 문화 메커니즘에서
주체와 객체는 서로 교류하고 융합하기 때문에 주체성을 부각시킬 수 없었
다. 따라서 서양 주체성 관념 덕분에 근대 중국의 "생명감"이 생겼고 본토
미학자는 생명의 선양, 발전, 유동流动 등을 강조하였으며 생명화는 또한
중국 심미주의 사조의 본질적 규정이 되었다.

　이로부터 알 수 있듯이 미학의 "중국화"란 사실은 늘 "긴장감의 구조"에
처해 있었다. 이는 한편으로 서양미학의 한정 역할인데 이런 의미에서 넓
은 의미의 "중국화"는 "서양화"를 내포하였다. 다른 한편으로 본토 사상의
축적은 미학이 "중국화"의 진실한 기초를 획득해야 한다고 요구하였고 이
런 의미에서 좁은 의미의 "중국화"는 "본토화"였다. 미학의 "중국화" 과정
은 오늘날의 역사 진행 과정까지 줄곧 이어지고 있는데 이는 늘 "서양화"
와 "본토화"의 통일이었다. 다른 말로 하자면 당대 중국 미학 연구는 동서
양 "시야 융합"의 산물이다. 즉 "중국에서"의 서양 미학 연구는 본토의 시
각으로부터 출발하여 현대 중국어를 사용해서 사고하는 대외적 연구일 뿐
만 아니라 "중국의" 미학 사상의 역사와 원리를 연구하는 일이기도 하다.
"중국미학사"의 연구는 미학 시야가 생긴 다음에 "자신을 되돌아본다"를
통해서 형성되었고 미학 원리의 탐색 또한 서양 미학의 보편적 원리를 본
토화했다는 의미이다.

　물론 "중국에서" 미학 원리를 구축하는 데에 "깊은 해석"과 "얕은 해석"
의 차이가 있다. 여기서 "해석"은 본토의 전통에 대한 것이다. "깊은 해석"
은 "내부 인습因襲 식"의 이론 창조이고 이런 구축 패러다임에서 본토 전
통에 대한 참고가 뚜렷하였다. 비교해 보면 "얕은 해석"은 주로 "외래 모방
식"의 철학과 미학 이론 구성에서 나타났고 외래 학술 성과에 대하여 "깊
은 전환"의 태도를 취하였기 때문에 본토 문화를 받아들인 요소가 그리 뚜
렷하지 않았다. 이런 모델은 중국 전통의 사고방식을 철학, 미학의 구상 속
에서 "녹인다"는 것이지 고전 지혜를 직접적으로 밝히는 것은 아니다. 어

떻게 보면 이런 "얕은 해석"은 사실 "깊은 융합"이기도 하다. 최근에 본토의식을 각성함에 따라 "얕은 해석"보다 "깊은 해석"을 오늘날의 학계에서는 더욱 쉽게 받아들이고 많이 사용하고 있다.

철학의 시점으로 보면 "철학의 중국화"는 적어도 3개의 단계를 포함한다. 즉 "외국어로부터 중국어로", "언어로부터 사상으로", "사상으로부터 실천으로"[21) 등이다. 그렇다면 철학의 하위 분과인 미학 역시 그러하다.

우선 "중국화"는 언어의 토대로 말하자면 "중국어화"이다. 르네 데카르트Renatus Cartesius가 철학으로 하여금 프랑스어로 말하게 했듯이 철학과 미학을 어떻게 "중국어"로 말할지, 즉 "철학과 미학으로 하여금 중국어로 말하게 한다"가 중요한 언어문제이기도 하다. 여기서 "중국화"란 "중국어화"를 의미하는데 더 정확히 말하자면 "현대중국어화"이다. 20세기 초의 "백화문 운동" 이후 당시의 중국 학계는 "현대중국어의 학술 공동체"를 형성하였는데 철학계와 미학계 또한 이 공동체 안에 포함되었기 때문이다.

다음으로 "철학과 미학의 중국화"의 2단계는 언어로부터 사상으로 전환한다는 것이다. "중국현대성"을 지닌 철학과 미학의 구축 과정에 외래어를 현대중국어로 전환하는 것은 변화기로 전환하는 것과 같고 이는 "외부로부터 내부로"의 전환이며, 고대 중국어를 현대 중국어로 전환하는 것은 여과기로 여과하는 것과 같으며 이는 "고대로부터 현대로"의 여과이다. 중국 고전 미학은 늘 "원리를 터득하면 그것을 설명한 말은 필요가 없어 잊게 된다得意忘言", "고기를 잡은 뒤엔 고기 잡던 통발을 잊어버린다得鱼而忘筌" 등을 중요하게 여겼는데 그렇다면 도대체 어떤 "통발"로 미학 이론이라는 "물고기"를 잡아야 하는지가 결국 중국 미학 언어가 탐구하는 방법이라고 할 수 있다.

마지막으로 3단계는 당연히 사상과 현실의 결합 문제이다. 20세기 30년

---

21) 류웨디: 〈아이쓰치艾思奇와 "철학의 중국화"艾思奇与"哲学中国化"〉, 《철학동태哲学动态》, 2010, 제8기.

대 미학 연구의 열풍부터 80년대 유명한 "미학열"까지 미학은 중국 사회 변혁과 사상 계몽의 선구자가 되었다. 그러나 동서양의 상호 작용은 다음과 같은 패러독스를 초래하였다. 즉 중국 미학은 비록 칸트Immanuel Kant의 "심미의 비공리성審美非功利"을 기본 이론으로 이미 설정하였지만 심미의 "무용지용无用之用"이라는 실용적 기능도 강조하였다. 실용적 기능의 구체적인 표현을 중국에서의 미학은 늘 (외재적) 이상적 사회와 (내재적) 이상적 생명 경지로 서로 연관시켰다.

결론적으로 "미학의 중국화"가 탐구하고자 하는 것은 "중국에서"의 미학으로부터 "중국의" 미학으로 가는 역사 과정이다. 바꾸어 말하면 "미학의 중국화"가 공구하고자 하는 질문은 아래와 같다. 즉 미학은 어떻게 "본토화"를 이루었을까? 그 중에서 유럽 문화에서 들어온 이식 요소는 무엇이 있을까? 융합해서 창조한 부분, 아니면 "창조적 전환"의 부분은 무엇이 있을까? 등이다.

3. 미학의 "학술사"란 무엇인가?

본 책에서 연구하고자 하는 것은 당대 중국 미학의 "학술사"이다. 서양에서 들어온 개념인 "학술사Academic History"란 학술의 역사를 가리키는데 역사 자체가 하나의 서술이기 때문에 "미학 학술사"는 전문적이고 체계적인 미학 지식의 발전을 서술하고자 하고 서술 과정에서 각 시기 학술 발전의 역사적 징조를 정리하며 더 나아가 미학이란 학문에 관한 "인지과정"을 정리하고 개괄하고자 한다.

우선 학술사는 "사상사the History of Thought"나 "이론사the History of Theory"와 다르지만 사상사나 이론사의 방법을 사용하기도 한다. 그러나 당대 중국 미학의 역사에 관한 연구는 대부분 본토화가 된 "사상사 구조"에 따라 완성되었다. 이런 패턴으로 하면 미학사를 우선 사상사로 간략화한 다음에 사상사를 "인물(사상)사"로 간략화하기 쉽다. 따라서 모든 20세기의 미학사는 결국 주광첸朱光潛, 차이 - 이蔡儀, 쫑바이화宗白华, 리쩌허우李泽厚 등 몇몇 미학가들의 사상을 연결한 것이었다. 그러나 학술사로 보면 쫑바이화 미학가의 위치는 80년대가 되어야 확립되었다. 이와 달리 학술사의 연구 대상은 "학자 단체"이지 이 분야의 몇몇 사상가나 이론가가 아니다. 미학 학술사는 대대로 노력해 온 "학자 단체"가 공동으로 완성한 것이기에 학자 피라미드의 "꼭대기"만을 주목해서는 안 된다. 학술사의 시야를 아래로 조정해야만 미학의 모든 역사 과정을 알 수 있기 때문이다.

다음으로 학술사는 "기본 문헌 정리"를 단단한 기초로 삼지만 "자료사"로 폄하될 수가 없다. 사실 상세하고 확실한 자료를 확보해서 배열, 조합하는 일은 학술사 연구의 시작일 뿐이고 학술 사실史实과 사건을 어떻게 선택하고 판단하는지가 더욱 중요하다. 그러고 보면 "사상사"의 고도高度와 "이론사"의 심도深度는 학술사 연구의 고급 기준이 되었다. 어떤 학자가 말했듯이 "학술사"는 한 장의 중국 본토 지도와 같아야 미학이라는 전문 과학 분야 내부, 외부의 독자로 하여금 지도에 따라 준마骏马를 찾게 할 수 있다. 물론 그 중에서 학자 단체, 학술 활동, 저작이나 역작, 글이나 역문은 서로 다른 성省, 시市, 현县, 구区의 다른 위치를 차지할 것이다. 이런 지도는 뒷사람에게 굉장히 가치가 있을 것이다. 모든 곳에 가 보지는 못해도 지도로 모든 학술의 구조를 알 수 있기 때문이다.

마지막으로 학술사의 최고 수준의 작업은 최저 수준의 자료 정리도 아니고 중간 수준의 사조思潮 포착도 아니며 결국 이 학문의 "연구 패러다임" 전환을 나타내는 일이다. "연구 패러다임"이란 겉으로 보면 토머스 쿤 Thomas Sammual Kuhn의 과학이론인 "패러다임"이라는 개념에서 나왔지만 간단하게 말하자면 일정 수의 학자 단체에서 공동으로 사용되다가 기본 모델이 된 사상 방향, 연구방법, 그리고 형식 스타일 등이다. 그리고 "주제사主题史"나 "범주사范畴史" 연구는 이런 패러다임 구조의 결정을 반영할 수 있다. 이런 "연구 패러다임"은 널리 사용되는 "양量적 연구"가 될 수도 있고 성격이 일치하는 "질質적 연구"가 될 수도 있지만 "혼합적 연구"가 가장 많을 것이다. 일정한 "연구 패러다임"을 형성해야만 일정한 학자 공동체의 "테두리"도 저절로 형성되고 더 나아가 서로 공통되며 일치하는 "학설"을 형성해서 최초로 사상이나 이론에서 "학파"라는 것을 이루게 된다. 이와 동시에 학술사의 연구 목적은 "공시적"인 패러다임을 연구하는 데에 멈추는 것이 아니라 "통시적"인 패러다임의 모든 역사적 흐름을 나타내는 데에 있다.

이어서 1949년부터 지금까지의 "중국미학학술사"를 미학 "학술사"의 시점으로 가장 간단하게 요약하겠다. 중화인민공화국 수립 이후 미학은 하나의 학문으로서 본격적으로 수립되고, 발전하여 많은 주목 속에 여러 차례의 미학 연구 열기를 일으켰다. 특히 개혁개방 이래 중국 미학은 빠르게 발전하여 경제, 사회, 문화의 발전에 중요한 영향을 끼쳤다. 이 시기의 미학 연구를 요약하는 일은 중요한 현실적 의미와 학술적 가치를 지닌다고 생각한다.

1) 기초 연구 성과가 뚜렷함

기초 연구는 미학 연구의 핵심이자 기반이다. 개혁개방 이래 중국 미학의 기초 연구는 중대한 성과를 거두었는데 주로 서양 미학사와 중국 미학사 두 분야에서 나타났다.

1. **서양 미학사의 연구 범위가 점차 넓어지다.** 중국에서 서양미학사는 미학으로 들어가는 기본 통로이자 개혁개방 이래 최초로 성과를 거두었던 미학 분야이다. 20세기 80년대 들어 서양 미학사 연구를 시작했고 "통사"와 "단대사"를 동시에 연구하는 구조를 확립했을 뿐만 아니라 연구 내용 또한 서양 고전 미학에서 벗어나서 20세기의 서양 미학도 연구 범위에 포함시켰다. 연구가 깊어지면서 많은 학자는 단계적 의미를 지니는 "서양미학통사"

를 편찬하기 시작했다. 어떤 학자는 서양 철학과 미학이 서로 보조를 맞춰 발전했다는 상황에 따라 서양 미학의 역사적 발전을 "본체론", "인식론", "언어학" 등 3개의 단계로 구분해서 그의 발전 법칙을 밝히려고 노력하였다. 또한 어떤 학자는 미학 역사를 전체적으로 발전하고 있는 "미학사상사"로 간주하여 철학이념, 예술 원이론元理论22), 심미 풍습으로 결합되어 구축된 "미학 사상"을 역사의 틀에 두어 완전한 미학 사상 발전사를 형성하였다.

　　2. 중국 미학사의 연구가 다각적이고 심화되고 있다. 서양 미학사의 연구가 심화되면서 중국 미학사의 연구 또한 잇따라 펼쳐졌다. 연구 패러다임은 주로 2가지가 있는데 하나는 좁은 의미의 미학 연구 패러다임이고 이 연구 패러다임의 기본 원칙은 중국 전통 철학사를 참고하여 중국 고전 미학사를 연구하는 것이다. 구체적으로 말하자면 2가지 유형이 있다. 첫 번째는 "사상사"에 의하여 유가 미학, 도가 미학, 선종 미학 등이 중국 고전 미학의 3가지 큰 줄기를 구성하였다고 생각하는 유형이다. 두 번째는 "범주사"에 의하여 각 시대 가장 대표적 미학 사상과 미학 저작을 붙잡고 미학 범주와 미학 명제의 변화를 파악해서 중국 고전 미학 범주의 발전을 나타내는 유형이다. 다른 하나는 넓은 의미의 "대미학"이나 "범泛문화"의 연구 패러다임이다. 이는 심미 철학을 기초로 문화사, 예술사, 심미의식사 등을 결합해서 중국의 역사 각 시대의 미적 취향aesthetic taste, 예술적 용모 artistic features의 변화에 주목한다. 이런 연구 패러다임은 논리 사변 유형의 심미 사상사와도 구별되고 현상 서술 유형의 심미 물질 사태사와도 구별되는데 이는 귀납과 연역 사이에 있는 서술 형태이자 이론과 실천 사이에 있는 해석 형태이다.

---

22) 원이론元理论: 두 가지 의미를 지니는데 하나는 논리 형식은 초경험, 초사변의 성격을 지닌다. "metaphysics"라는 단어에서 비롯되었는데 초경험의 세계 본체의 최종 원리를 연구한다는 의미이다. 다른 하나는 한 단계 더 높은 새로운 논리 형식이란 비판적 태도로 본래 학문의 성격, 구조, 기타 각종 표현을 살펴본다는 의미다.

2) 학술적 이슈의 끝임 없는 변경

중화인민공화국 수립 60여 년 이래 미학 이슈의 변환은 미학 자체의 "냉온" 변화의 영향뿐만 아니라 경제, 사회, 문화의 전환에 따라 역사적 변화가 발생했다. 지금부터 역사 발전의 시점으로 그 동안의 미학 이슈를 중점적으로 정리해 보면 아래와 같다.

1. **"미학 대토론" 및 학파의 분화.** 중화인민공화국 수립 초기에 마르크스주의는 유일하게 이데올로기의 중심 위치를 차지하였고 결국 미학계에서 이론과 방법론 등에 지도적 위치를 확립하였다. 20세기 50, 60년대의 미학 대토론은 초기에 주로 미의 본질에 관한 "주관과 객관"의 싸움에 집중하였는데 후에는 "자연성과 사회성"의 변론에 초점을 모았다. 순수한 주관파(뤼잉呂荧, 가오얼타이高尔泰)든, 순수한 객관파(차이 - 이蔡仪)든, 주객관 통일파(주광첸)든, 객관성과 사회성의 통일파(리쩌허우)든 모두 "미의 본질"을 둘러싸고 논의를 전개하였다. 80년대에 들어 각 파벌은 적극적으로 자신들의 주장을 강화하여 추진한 끝에 각자의 사상을 전체적으로 구축하였지만 이런 "본질화"의 추구는 90년대에 들어 "반본질주의"의 문제제기뿐만 아니라 "생명력" 사조에게도 충격을 받는다.

2. **"수고手稿 쟁점" 및 4파 사상四派思想의 확장.** 20세기 80년대부터 미학계에서는 마르크스 청년시대의 저작인 〈1844년 경제학 - 철학 수고手稿〉를 해독하기 위한 열기가 일었다. 이 수고手稿는 연구자에 따라 서로 다른 이해와 인식을 가졌다. 해석 방식을 보면 주로 2가지가 있는데 하나는 수고의 관점과 사상을 개인의 미학 주장 안으로 받아들여 "미학 대토론"에서 형성된 4파 사상四派思想 이 이로부터 발전되고 보완된다. 다른 하나는 마르크스 사상 자체에 대한 연구이다. 이 열기는 수많은 중요한 미학 명제를 끌어내서 미학 발전에 중요한 영향을 미쳤다. 예를 들면 "인간화된 자연"으로 미의 본질을 정한다는 사상은 후에 실천 미학을 연구하는 중요한 지점이

되었고 미가 "인간의 본질적인 힘의 대상화"라는 관점은 80년대 초기의 미학 기본 원리에서 주도적 지위를 차지한다 등이다.

3. "주체성" 및 "자유" 문제의 부각. 리쩌허우는 마르크스 철학의 시점으로 칸트의 "3대 비판"을 분석, 설명하면서 인류학 역사 본체론의 총체적 사상을 성립한 다음 먼저 "주체성" 문제를 제시하였다. 뒤이어 일으킨 "주체성 문제 토론"은 20세기 80년대 내내 사조思潮에서 중요한 위치를 차지하였고 "자유"는 또한 미학 사조의 핵심 개념이 되었다. "실천 주체성"이라는 관점은 당시 해방 사상의 진행 과정과 일치하였기 때문에 이 시기 미학 연구에 영향을 미쳤다. 실질적으로 말하면 "실천 주체성"은 주·객체 물질 실천 활동을 서로 연결시키는 주체에 대한 기본 규정성을 포함할 뿐만 아니라 칸트 사상의 영향을 받은 자유 주체성도 받아들여 "심미 자유"로부터 출발하여 양자兩者를 화해시킨다는 것이다. 뿐만 아니라 이런 주체성 사상은 문학계에서도 "문학 주체성" 사상으로 전환되어 강렬한 반향을 일으켰다.

4. 절대 주류가 된 "실천 미학". 실천 미학은 20세기 50, 60년대의 "미학 대토론"에서 발단되었고 "미는 객관 사물 자체에 있다"라고 주장하는 객관파와 "미는 객관성과 사회성의 통일"이라고 주장하는 사회파 간의 논쟁에 주로 나타났다. 이는 소련에서의 자연파와 사회파의 구별과 비슷하지만 중국에서 독립적으로 "실천 미학"이라는 주된 사조로 발전하였다. 80년대에 들어 미학계에서는 주·객관의 통일이라는 주광첸의 주장을 거의 모두 받아들였고 이를 미학 이론의 발판으로 삼았지만 철학 기초는 거의 리쩌허우가 구축한 "실천파 미학"으로 치우쳤다. 실천에서 주·객관의 통일을 주장하는 학자가 많아지고 교육 시스템의 강력한 보급과 적극적 전파가 조력한 덕에 실천 미학은 80년대 미학의 주류 이론이 되었다. 현재까지 중국 미학계가 실천론의 영향에서 벗어나지 못했다는 것은 사실이다. 실천 미학의 반력反力인 "후 실천미학"이든 그의 변체变体인 "신 실천미학"이든 모두 그렇다.

5. "후 실천미학"의 급진적인 반박. 20세기 90년대에 들어 미학 연구의 중점 문제와 핵심 문제에서 다각화 추세가 나타난다. 후 실천미학은 실천미학을 뛰어넘기 위해서 실천 미학과 다른 연구 중점, 연구방법을 제시하였다. 한 학자는 실천 미학은 미와 심미가 실천에 의존한다는 것만을 강조할 뿐 그들 자신의 본질적 특징, 그리고 실천과의 내적 구별을 무시하였다고 지적한다. 또 다른 학자는 실천 미학의 이성주의 경향에 관하여 개인의 존재와 활동의 풍부성을 중요시해야 한다고 강조하였다. 이런 사조는 미학 연구의 시야를 넓혀서 미학이라는 학문의 체계적인 틀을 연구할 때 열린 태도로 접근하게 하였는데 일원화一元化의 구조로부터 다원화多元化의 구조로 전환되고 이론 방법도 다원적으로 열리게 되었다. 그러나 거시적으로 보면 후 실천미학은 전격적으로 실천 미학을 뛰어넘지 못했지만 중국 미학에 "본체론" 전환의 시점을 제공하였다는 데에 중요한 이론적 가치를 지닌다 할 수 있다.

6. "심미 문화" 연구의 대두. 20세기 90년대 초에 심미와 문화를 결합시킨 "심미 문화"에 대한 연구가 점차 연구자의 주목을 받기 시작했다. 내적 측면에서 심미주의의 "생명 예술화"는 생명 미학의 가치관이 되었고 외적 측면에서 심미주의의 "예술화 생존방식"은 심미 문화의 주체이자 핵심이 되었으며 심미 문화는 예술과 생활을 하나로 융합시킨 문화가 되었다. 심미 문화 연구는 미학을 하나의 현학玄學으로 간주하는 것을 반대하고 미학은 밑으로 "내려가거나 가라앉아서" 현실적인 문화 현상에 주목해야 한다고 주장한다. 또한 일부 중국 학자는 서양의 마르크스주의 이론을 주목하기 시작했고 이로써 대중문화를 비판하였다. 하지만 사회주의 시장 경제의 발전에 따라 이런 입장은 점차 희미해졌고 "대중문화비판"은 또한 더 넓은 의미의 "문화연구"로 대체되었다.

7. "생태미학"의 본토 구축. 생태미학 연구는 최근 미학계에서 이슈 중의 하나이다. 생태미학은 생태학과 미학을 유기적으로 결합시켜서 생태학의 시점으로 미학 문제를 연구한다. 즉, 생태학의 관점을 미학 안으로 받아들

여서 새로운 미학 이론 형태를 형성하였다. 넓은 의미에서 이는 인간과 자연, 사회나 인간 자체의 생태 심미 관계를 포함시킨 생태 법칙에 맞는 당대 존재론 미학이다. 이런 새로운 미학 방향은 20세기 80년대 이후 생태학이 급속히 성장하면서 다른 학문으로 침투한 결과이다.

8. "생활미학"의 본체론 전향. 21세기에 들어와서 미학계에서 논쟁의 초점은 "일상생활 심미화" 문제이고 이는 심미의 태도를 현실 생활에 도입해서 대중의 일상생활을 점점 많은 예술 품질品质로 가득하게 한다는 것이다. 여기서 출발하여 점차 "생활미학"으로 기울어지는 새로운 발전 방향을 형성하여 "신 세기 중국 문예학 미학의 생활론 전향"이라는 중요한 논제를 일으켰다. 오늘날 "생활론 전향"은 중국 미학계에서 "실천론"과 "생존론"이라는 두 번의 전향을 거친 후 맞이한 또 한 번의 중요한 "본체론 전향"이라고 간주된다.

3) 새로운 추세 및 도전에 대한 대응

21세기에 들어와서 경제 글로벌화의 물결이 다방면에서 사회를 세차게 강타하면서 일련의 새로운 현실 문제가 발생하였다. 이는 미학에 새로운 과제와 도전을 제시하였고 중국 미학이 나아갈 방향이 미학계에서 보편적으로 주목받는 화제가 되었다. 구체적으로 말하자면 중국 미학은 주로 아래와 같은 몇 가지의 추세와 도전에 직면하였다.

1. **전통 연구 패러다임 돌파.** 당대 중국 미학 사상의 가장 중요한 도전은 기존의 "실천미학 – 후 실천미학"의 틀을 어떻게 초월하여 "중국화"의 새로운 미학의 길을 여느냐이다. 지금 실천미학은 다방면의 도전에 직면하였으나 새로운 미학 사상 패러다임을 찾아내지 못하였다. 실천미학은 아직도 미학 연구에서 중요한 역할을 발휘하고 있다. 실천미학과 후 실천미학 이외에 당대 중국 미학은 "심미문화", "생태미학", "생활미학" 연구라는 3가

지 새로운 영역을 탐구하고 있다. 새로운 영역의 연구들은 전통 미학 연구 패러다임을 넘어서고자 하기 때문에 연구대상이나 연구방법 측면에서 중국 미학 발전을 촉진하였다.

2. **새로운 연구 영역의 개척.** 30여 년의 개혁개방에 따라 중국 미학계는 서양미학사상을 참고하고 연구하며 점차 본격적으로 나아가고 있지만 서양미학에 대한 전체적인 연구에서 약간의 오류가 발생하였다. 어떤 학자들은 휴머니즘 전통을 지닌 미학을 참고하는 데에 중점을 두고 과학 정신을 지닌 서양 미학 전통이나 영국과 미국 등의 나라에서 주된 위치를 차지하고 있는 "분석미학" 전통 등을 연구하는 경우가 드물었다. 그 중에서 언어학 문제는 관건이고 당대 중국 미학은 "언어학 전향"이라는 것을 아직도 겪어 보지 못했다. 따라서 어떻게 언어철학의 기초 위에서 중국 미학을 연구하느냐가 미학의 새로운 돌파구가 되었다.

3. **미학사 연구의 촉진.** 통사通史적 연구든 미시적 연구든 중국 미학사 연구는 강력하게 추진되고 발전하였다. 그러나 주목해야 할 문제들도 있는데 특히 어떻게 전통 중국 미학의 "작성 패러다임"을 돌파하느냐이다. 많은 학자는 사상과 범주만으로 중국 미학을 파악하면 "진정한 정신真精神"을 체득할 수 없음을 깨달았기 때문에 심미문화, 심미 풍습 등 새로운 시점으로 미학사를 다시 쓰자는 요구를 점점 강하게 제기하고 있다. 또 어떤 학자들은 학제적 시점으로 이 문제를 보는데 예술사, 인류학, 고고학, 심미학 등 각 학문은 미학사에 양분을 제공하고 각종 신구 방법은 새로운 시점도 제공할 수가 있다고 생각한다.

결론적으로 "전 30년 미학"(1919~1948)은 중국 미학이 뿌리를 내리고 발아한 시기이며 미학 발전의 첫 번째 고조高潮를 형성하였다. "중 30년 미학"(1949~1978)은 중국 미학이 상대적으로 고요한 시기이고, "후 30년 미학"(1979~2008)은 중국 미학 연구를 새로운 고조(물론 내부에 기승전결이 있다)로 끌어올린 시기이다. 지금 우리는 "신 10년 미학"(2009년부터 지금까지) 발전의 시발점에 서 있다. 20세기 중기 미학이 재출발한 이후 50, 60년대

"미학대토론"의 논쟁과 탐색, 70년대의 폐쇄와 쇠퇴, 80년대 "미학열"의 갑작스러운 약진과 급진, 90년대 "학문본위學科本位"로 회귀하는 보수와 심화, 21세기 "글로벌의 20년"이 되어야 세계 미학의 최전방과 만나는데 당대 중국 미학의 변화는 천지가 뒤집힐 정도의 대변화라고 할 수가 있다. 따라서 "당대" "중국" "미학" "학술사"의 여정과 경험을 깊이 서술하고 평가하는 일은 중요한 현실 의미와 학술적 가치를 지니고 그 중에서 얻어낸 역사의 교훈은 미래 중국 미학 건설에 필수불가결한 요소일 것이다. 이제 막 지나간 중국 미학 발전의 기초 위에 당대 중국 미학은 더욱 아름다운 내일을 반드시 맞이하게 될 것이다.

제1장

"중국 학문으로서"의 미학 편제

"미학"이라는 학과는 19세기 말 20세기 초 서학동점西學東點의 산물이자, 중서문화와 학문이 융합한 결실이다. 그래서 이 학과의 토착구축은 미학이 "중국에 있다"에서 "중국의 미학"이라는 역사적 과정을 반드시 거쳤을 것이다.

　미학에 대한 외래 문화의 영향이 유럽을 제외하면, 모두 미국 문화의 영향에 대해 더 말할 나위가 없다 하더라도 모든 동아시아의 문화가 그렇듯 이들은 일본의 "미학"에서 "일본"의 미학으로 전환한 것과 같았다. 일본 미학자 간바야시 쓰네미치神林恒道는 따옴표의 이동으로 동아시아 역사 전환의 심각한 문제를 처음 제기하였다. 중국에서는 "미학"이라는 용어가 오역이라고 할 수 있고, 미학의 본뜻은 "감성학"으로 번역해야 한다. 쉬다춘徐大純은 1915년 〈미학을 말하다〉에서 이런 중국어로의 "중역重译"의 연유를 제시하며 "감각학은 미로 돌아가는 것이기 때문에 Aesthetica는 예전에는 감각학의 의미였는데 미학에 대한 해석으로 바뀌게 된다"[1]고 말했다. "미학"을 글자 그대로 영어로 중역하여 독일의 한학자 부쑹산卜松山은 "Beautology"를 "미학"의 현대한어 명칭으로 삼았지만 미학계에는 미학 ≠ 미 + 학으로 잘 알려져 있고 미학에 대한 연구는 "미'에서 시작하는 경우가 많다.

---

1) 쉬다춘: 〈미학을 말하다〉, 동방잡지사 편집:《미와 인생》, 상무인서관, 1923, p.2. "동방문고" 제67종을 동방잡지 20주년 기념 간행물로 수입한《미와 인생》은 중국에 미학을 도입한 이래 최초의 미학 문집으로 볼 수 있는데, 이는 미학이 성립된 초기부터 미와 인생이 밀접하게 연결되어 있음을 보여준다.

제1절 "미"와 "미학"의 중국어 어원

1950년대부터 "미"자의 고대 한어 어원에 대한 중국 미학계의 해석은 《설문해자》에서 "말은 반드시 구문舊文을 지키고 견강부회하지 않는다"라는 전통 어의語義에 근거하고 있다. 1980년대 초반에 이미 미학계에서 "양대즉미羊大則美"와 "양인위미羊人爲美"라는 두 가지 주류가 형성돼 왔고, 오늘날까지도 이것이 모종의 공감대를 형성하고 있다. 갑골문자에서 미의 모양은 양두각兩角을 가진 양머리처럼 대칭적인 형식미를 갖고 있지만 관건은 "미"라는 독특한 한자를 어떻게 해체하느냐다.

첫 번째는 "미"를 "미 - 대美 - 大"로 보는, "양대즉미羊大則美"는 "실용관實用觀"에 무게를 둔 표현이다. 미의 어원을 직접 동한東漢 쉬선許慎의 《설문해자》로 거슬러 올라가면" '미'는 감미롭고, 맛있고, 시원하다는 뜻이다. 글자 모양으로 보면 '양羊', '대大'로 구성된다. 양은 육축 중에서 육식을 제공하는 주력이다. '미'와 '선善'은 같은 의미이다"라고 말했고, 쑹쉬솬宋徐鉉은 "미는 '양羊', '대大'로 구성되기 때문에 '대大'를 따른다"고 덧붙였다. 이에 따르면 "미"는 먼 옛날 양들의 비대와 미미味美에서 유래한 말로 미의 "미각味覺"을 원래 어용한 뜻을 나타낸다. 뤼잉呂熒은 이런 설을 일찍 논설하여 인용하였다. "(1) 우리 선조들이 이 '미美'자를 만든 것은 양을 길들인 후이기 때문에 그 시대를 상나라商 이전에 둬야 한다. (2) '미美'자는 최초에 맛있는 음식을 기술하였다. (3) 최초에 '미'와 '선善'은 같은 의미이었다. 즉 '좋다'를 의미했다."2)

두 번째는 "미"를 "미 - 인美一人"으로 보는, "양인위미羊人爲美"설은 "무술관巫術觀"에 초점을 맞췄다. 고문자학자 캉인康殷은 글자 모양으로 "미"

---

2) 뤼잉: 《미학서회美学书怀》, 작가출판사, 1957, p.46. 뤼잉은 〈미란 무엇인가〉(원문은 1967년 12월 3일 《인민일보》에 게재되었다)라는 글에서 《이아尔雅》와 그 안에서 "미"와 "선善"의 어의를 찾아 계속 거슬러 올라갔다.

자를 논하려고 했는데 즉 "미는 아마도 옛날 사람들이 머리에 깃털을 달고 씨족의 춤을 추는 것 같다. 깃털을 다는 것은 미의 의미를 지닌다"[3]라고 하였다. 그렇다면 인류학 연구에 힘쓴 샤오빙肖兵은 이에 대하여 "'미'의 윗 부분은 제사 때의 가면이나 머리장식, 아랫부분은 천인의 매개체로서의 제 사를 지낸 사람, '미'란 글자는 양각羊角을 두른 무당의 형상으로 더욱 명 확하게 인식한다. '양'과 '인'이 미를 구성하고 '미'와 '인'이 '군君'자를 구 성하는데 '군君'은 추장酋长이지 후세의 '왕王'과 '제帝'가 아니다"[4]라고 논 술하였다. 이러한 더욱 참신한 설법은 미의 "굿" 내용을 시각화하여 밝혀 냈는데, 이는 "목관目观"에 의해 생겨난 형식화라는 의미와 함께 굿에 종사 하는 사회화라는 의미도 가지고 있으며, 미의 활동이 노동, 번식과 연관이 있음을 강조하였다.

세 번째는 "성학관점"에 주목했다는 "양성两性(교감) 성미成美"라고 할 수 있을 정도로 새로운 표현이다. 언어문자학자 마쉬룬马叙伦은 "양대즉미 羊大则美"는 부회일 뿐, 미는 사실 "여색지호女色之好"에서 나온다고 일찍부 터 인정했다.[5] 그러나 이 "색호위미色好爲美"라는 표현은 아직 심리적인 측 면에 깊이 들어가지 못했고, 천량원陈良运은 "미美"란 글자가 음양상교陰陽 相交, 남녀의 의식에서 비롯됐고, "양羊"은 여성, "대大"은 남성을, "미"는 남녀가 성교하는 것을 상징하기 때문에 "미는 성에서 비롯됐다"라고 주장 한다.[6] "양羊"은 유순함으로 음성으로 분류되는 종이며, "대大"는 웅장하 므로 양성으로 분류되는 종이며, 양기가 상승하고 음기가 하락하며, 양阳이

3) 캉인: 《문자원류를 가볍게 논의한다文字源流浅说》, 영보재荣宝斋, 1979, p.131.

4) 샤오빙: 〈"양인위미羊人为美"에서 "양대즉미羊大则美"까지〉, 《북방논총》, 1980, 제2 기; 샤오빙肖兵: 〈미美·미인美人·미신美神〉, 《미의 연구와 감상》, 제1집, 중경출판사, 1982.

5) 마쉬룬: 《설문해자육서소증说文解字六书疏证》제7권, 과학출판사, 1957, p.119.

6) 천량원: 〈"미"는 "미각味觉"에서 비롯됐다는 것에 대한 변증〉, 《문예연구》, 2002, 제4 기; 천량원陈良运: 《미에 대한 검토》, 백화주문예출판사, 2005.

지만 강하고, 음陰이지만 유연하며, 강함과 부드러움이 서로 어우러져야 천지 간의 "미"를 탄생시킨다.

지금은 "육서六书"의 유형에 따라 "미美"자의 본의本義에 대한 전통적인 해석의 정리가 더욱 포괄적이다. "회의會意"자로서는: (1) "양대즉미羊大则美"는 미각味觉의 미美이며, (2) "양대즉미"는 도덕정신의 미美를 의미하는 "대양위미大羊为美"이며, "상형相形자"로서는: (3) "양대즉미"는 시각, 청각의 장식미를 의미하며, (4) "양대즉미"는 시각, 청각의 음악과 춤의 미를 의미하며, (5) "양대즉미"는 임신하는 임신부의 미이며, (6) "양대즉미"는 출산, 순산의 미이며, "형성形声"자로서는: (7) "양대즉미"는 시각적 여색의 미이며, "육서六书"의 해석이 없는 "미"의 본의에 대한 토론은 (8) "양대즉미"는 미각味觉의 미이고 생명 번식의 미이며, (9) "양대즉미"는 공리와 형체 자태의 미이다.[7] 역사 발전에 따라 "미美"에 대한 중국어 어원이 점차 심화되고 세밀해지고 있음을 알 수 있다.

"미美"의 고대 중국어 어원을 살펴본 뒤 "미학"의 현대 중국어 어원과 근대 용어의 흐름을 다시 살펴봐야 한다. "미학" 학과의 외래 유입과 본토 재건에 중요한 문제가 걸려 있기 때문이다.[8]

일찍이 1925년에 불佛학자 뤼청吕澂은 "미학이란 단어는 일본사람인 나카에 아츠스케中江笃介가 1882년에 프랑스 사람인 베론Véron의 저서를 번역하는 데서 비롯됐다"[9]라고 밝혔다. 이것은 아마도 중국 학계의 "미학"에 대한 중국어 어원의 최초 소개일 것이다. 일반적으로 뤼청이 말한 일본의 계몽 사상가인 나카에 아츠스케(1847-1901, 지금은 나카에 하지메라고 번역한다)는 중국어로 "미학"이란 단어를 번역하여 창조하였다고 인정한다. 뤼청보다 30년 가까이 앞서서 1897년에 캉유웨이康有为가 편집하고 출판한《일

---

7) 마정핑马正平:〈100년 이래 "미美"의 본뜻 연구 투시〉,《철학동향》, 2009, 12호.
8) 류웨디:〈미학의 전래와 본토 재건의 역사〉,《문예연구》, 2006, 제2기.
9) 뤼청:《만근의 미학설과〈미학 원리〉》, 교육잡지사, 1925, p.3.

본서목지日本书目志》에서 나오는 도서 목록에서 "미술" 부문의 제1권 전문 저서가 바로 나카에 조민이 번역한 《유씨미학維氏美学》(두 권)이다. 나카에 조민이 번역한 《유씨미학維氏美学》이 "한자문화권"에서 "미학"이라는 단어를 사용한 최초의 기록[10])이라는 당대 일본의 미학자 이마미치 아리노부今道有信의 관점은 널리 받아들여진다.

중국어 문화권의 "미학"이라는 용어는 창생하기 전에 반드시 만들어내는 과정이 있지만, 나카에 조민은 그의 번역 작명으로 이 학과를 특별히 지칭함으로써 "미학"이라는 이름을 "고정화"시키는 데 확실히 기여를 하였다. 그러나 중국학자 뤼청이 기록한 나카에 조민이 《유씨미학維氏美学》을 번역한 시간에 대하여 검토할 필요가 있다. 실제로 "미학"이라는 용어가 고정화되기 전 중국어 문화권의 지식인들은 각종 번역명으로 Aesthetica를 번역하려 했다. 나카에 조민 이전의 일본의 저명한 계몽사상가이자 번역가인 니시슈우西周는 "선미학善美学", "가취론佳趣论", "미묘학美妙学"으로 번역을 시도했다.[11] 이마미치 아리노부今道有信의 고증에 따르면, 니시슈우西周의 "선미학善美学" 번역법은 게이오 3년(1867)의 《백일신론百一新论》에 나타났고, "가취론佳趣论" 번역법은 메이지 3년(1870)에 나타났으며, "미묘학美妙学" 번역법은 메이지 3년(1872)에 나타났고, 〈미묘학〉이란 글은 나중에 발견되었는데 이는 일본 황실 강의 원고라는 것으로 밝혀졌다.[12]

"선미학善美学" 번역법은 중국 고전 문화에 뿌리를 두고 있는데, 《논어·팔일论语·八佾》에서는 공자가 《무武》(주무왕 때의 악명)"에 대하여 "소리는 아름답지만 내용은 별로 좋지 않다"라고 말하였다. 서주西周도 "선善은 미이다", "화和는 미이다", "절도와 중용은 미이다"를 강조했다. 이 번역법은

---

10) 간바야시 쓰네미치神林恒道:《동아시아 미학전사前史: 일본의 근대 심미의식을 다시 찾아본다》, 궁스원龔诗文 번역, 전장예술가가정주식유한공사, 2007.

11) 이마미치 아리노부今道有信:《东方の美学》, 1980, 서문 1쪽, 중국어 번역본은 《동방의 미학》, 쟝인蒋寅 등 번역, 삼련서국, 1991.

12) 이마미치 아리노부:《강좌미학》제1권《美学の历史》, 도쿄대학교출판회, 1984, p.7.

미선합일美善合一의 조화관에서 온 것인데, 여기의 선善은 도덕적인 내용이 빠지고 "완벽"에 가까운 의미이기 때문에 이 번역법은 쉽게 다른 뜻을 낳는다. "가취론佳趣论" 번역법은 유럽식 번역법과 가깝고 유럽 고전문화의 미학도 "재미의 학"이라는 뜻인데, "가취佳趣"가 강조하는 것은 바로 재미의 순화와 고상함을 뜻하는 것으로, 파인아트fine art에 나오는 "파인fine"의 의미에 가깝다. "미묘학美妙学" 번역법도 분명히 한문漢文의 영향을 받았다. 중국 고전의 미학 체계에서 "묘妙"자는 미美보다 더 중요한 미학의 범주이기 때문이다. 사실 "미묘학美妙学" 번역법은 바람직하지만 특히 중국 고전의 미학에 더 적합한 것 같다. 서주는 어떤 역명을 사용할지 고민하며 갈팡질팡하는 모습을 보였지만 "선미학善美学", "가취론佳趣论", "미묘학美妙学" 보다는 "미학"만큼 쉽게 받아들일 수 있는 역법이 없었던 것 같다.

아무래도 일반적으로 인정되는 관점인 현대 철학의 많은 어휘는 일본사람이 중국어로 처음 창안했듯이, 중국에서 "미학"이라는 번역명을 받아들인 것은 "서쪽에서 중국으로 들어왔다"라는 다리 역할을 하는 일본을 경유한다는 의미다. 하지만 "미학"이라는 단어는 일본사람이 아니라 에른스트 파버Ernst Faber가 최초로 창안했다고 의심할 수가 있다. "에른스트 파버는 독일에서 온 유명한 선교사로 알려져 있다. 1873년, 그는 중문으로 《대독일학교 논략》(일명 《태서학교 논략》이나 《서국학교》)을 썼다. 그가 서양의 미학 수업의 핵심은 '어떻게 입묘入妙할 수 있는지'나 '미의 형체'에 대한 탐구에 둔다고 주장한다. 그는 미에 대하여 아래와 같이 해석한다. 즉 공중과 수중의 동물을 대상으로 산해의 미를 논하며, 각국의 궁실宫室의 미를 무엇으로 정립할 것인가를 논하며, 조각의 미를 논하며, 그림의 미를 논하며, 악주乐奏의 미를 논하며, 사부词赋의 미를 논하며, 곡문曲文의 미를 논하는데 이것이 속원俗院의 근본이 아니라, 글의 운치가 있고 유유자적하며 편안한 느낌을 준다는 것에 있다". 1875년 에른스트 파버는 《교화의教化议》라는 책을 썼다. 책에서 "구시救时의 역할을 하는 것은 육단六端이다. 즉 경학, 문자, 격물格物, 역산历算, 지여地舆, 단청음악丹青音乐이라고 생각했는데, '단청음

악'이라는 네 글자 뒤에 '양자는 모두 미학이므로 서로 속한다'고 특별히 괄호로 주해를 달았다".[13)]

　그 전에 새로운 자료가 발견되지 않았다면, 중국어에 능통한 독일인인 에른스트 파버는 나카에 조민보다 8년 앞선 1875년에 "미학"이라는 단어를 처음 사용했을 것이 틀림없다. 그러나 두 사람은 서로 영향을 받지 않고 독립적으로 "미학"이라는 단어를 만들어냈을 가능성이 크다. 하지만 미학 학과의 동점적(서양학문이 동방으로 점차 들어온다)견지에서 말하면, 중국에서 미학이란 학문에 대한 수용은 동시대 일본의 수평적 영향을 받았다. 일본은 서양미학과 중국 사이에서 일종의 중개 역할을 했다는 것을 인정해야 한다.

　중국 지식인들 사이에서도 "미학"이라는 말이 공감되기 전에 번역이 가능한 방안이 많이 제시됐다. "심미학"도 그중 하나다. 일본과 마찬가지로 "심미학"은 한동안 대안으로 "미학"과 병용되기도 했다. 1902년 왕궈웨이 王国维는 《철학의 작은 사전》이라는 번역문에서 영어의 아스테틱스 Aesthetics를 미학과 심미학을 병용하는 것으로 번역했지만 그래도 그는 '미학'을 더 선호했다. 그는 "미학자는, 사물의 미의 원리를 논하는 자이다"라고 설명했기 때문이다. 그보다 앞서 1901년 그가 번역한 《교육학》이란 책에는 "심미철학"이라는 학문적인 새로운 번역법이 등장하기도 했다. 물론 왕궈웨이 앞서 옌융징颜永京은 1889년 《심령학心灵学》을 번역하면서 "염려

───────────────

13) 황싱타오黄兴涛: 〈"미학"이라는 단어와 서양 미학의 중국 최초 전파〉, 《문사지식》, 2000, 제1기. 그러나 오늘날에도 그는 에른스트 파버의 《태서학교泰西學校 · 교화의 합각》, 1897, 상무인서관 활자판 중쇄본重印本을 근거로 하였다고 생각하는 논자들도 있다. 하지만 이 판본은 아직 발견되지 않은 것으로, 1880년 10월 도쿄東京 명경당明經堂에서 발간한 오이 낫지훈점본镰吉訓點本(나카무라 마사나오가 교정하고 서문을 작성하였다)만 발견되었다. 이 판본에는 "양자는 모두 미학이므로 서로 속한다"라는 황싱타오黄兴涛의 괄호 주석이 없었고 1897년 합각 때 추가된 것으로 보인다. 녜창순 聶長順: 〈근대 에스테틱Aesthetics이라는 단어의 한역汉译 역정〉, 《무한대학교학보》, 2009, 6기 참조.

지학艶丽之学"이라는 번역법을 사용하기도 했지만, 너무 형식적인 번역으로 관심을 끌지는 못했다.

요컨대 "미"와 "미학"의 중국어 어원을 검토하는 것은 생각해 볼 만한 "지식고고학知识考古学"의 문제를 많이 남겼다. 그러나 미학 용어는 유럽미학을 참조로 해서 생겨났고, 외원적外源, 후발적, 중역적 준비과정을 거쳤으며, 유럽의 고전적 미학 용어처럼 내원적内源, 자연적으로, 자발적으로 만들어진 것은 아니었지만 미학이라는 학과는 중국의 "역사적 위치"를 확정하는 과정에서 특별한 운명을 겪었음을 부인할 수 없다. 현재 미학이란 이름을 "감성학"으로의 반환을 호소하는 소리도 나오기 시작해 일본도 중국의 학자들까지 비슷한 주장이 있다.14)

제2절 미학의 학문적 위상과 교육 기초

미학이 "중국에 있다"라는 설의 출발점은 왕궈웨이로 삼아야 한다는 것이 일반적 시각이다. 녜전빈聶振斌은《중국근대미학사상사》에서 "왕궈웨이의 미학사상은 중국 미학이론이 자발적 상태로부터 자각으로 나아간다는 표시로 이로부터 중국인들이 자각적으로 미학과의 독립적인 시스템을 구축하기 시작했다. 이 점은 '미학'이라는 새로운 개념이 도입될 때부터"15)라고 말했다. 확실히 이것은 미학에서 왕궈웨이의 미학 현지화라는 역사적

---

14) 일본 학자들은 "감성론"이라는 이름을 직접 쓰자는 주장이 있다. 마스나리 타카시增成隆士:〈감성학을 세우자는 의향〉, 이마미치 아리노부今道有信 편집:《미학의 미래》, 판진신樊锦鑫 등 번역, 광서교육출판사, 1997, pp.166-176; 이와키 가켄이치岩城见建一:《감성론: 개방된 경험의 이론을 위하여》, 왕줘王琢 번역, 상무인서관, 2005 등을 참고한다. 중국 학자들은 미추美丑의 논쟁으로 감성학의 성립을 논술하였다. 류둥刘东:《서양의 추학 – 감상의 다원화》, 사천인민출판사, 1986; 롼둥栾栋:《감성학의 미세한 부분 – 미학과 추학의 통합》, 상무인서관, 1999 등을 참고한다.

15) 녜전빈:《중국근대미학사상사》, 중국사회과학출판사, 1991, p.56.

지위에 대한 정설이다. 그러나 "미학과의 독립적인 시스템을 자각적으로 구축한다"는 것은 언제부터인가?

"중국의" 미학 시스템이 정착된 것은 1920년대부터 리플스Lipps의 유명한 감정이입설에 의해 중국에 처음 등장한 "미학 원리"다. 뤼청의《미학개론》(1923), 천왕다오陈望道와 판서우캉范寿康이 같은 해 같은 이름으로 출간한《미학개론》(1927), 뤼청의《미학천설美学浅说》(1931)은 독일 심리학자 에른트 무만Ernt Meumann(1862-1915)의 "미적 태도"설을 받아들여 현지화된 미학 기본이론 구축의 모델과 패러다임을 제시하여 진정한 의미의 "중국의" 미학을 창설하였다:

	뤼청吕澂	천왕다오陈望道	판서우캉范寿康
미학과의 정체성	• 학學의 지식 • 정신적 학 • 가치적 학 • 규범規范적 학	• 미의 학문	• 미의 법칙을 연구하는 학문
심미 태도의 성격	• 지적인 면: 관조성, 합률성, 가상성 • 감정적인 면: 정관성靜观性, 쾌감성, 긴장성	• 객관적 측면: 구상성, 직접성 • 주관적 측면: 정관성, 쾌락성	• 비공리적 태도, 분리와 고립, 감정이입, 예술적 관조적 태도
"감정이입"에 대한 이해	• 감정이입은 "순수한 동정"이다	• 감정이입은 "대상에 감정이 몰입한다"는 것이다	• 감정이입은 "자신의 생명에 몰입한다"는 것이다
심미와 생명의 관련성	• 미적 감각은 "생명의 가장 자연스럽고 매끄러운 전개"이다	• 미는 인류의 본성, 즉 "인간의 마음"에서 비롯된다.	• 미적 가치는 "생명을 부여하는 하나의 활동"이다
미의 각종 분류	• 장엄, 우아한미, 비장, 해학16)	• 숭고, 우아한 미, 비장, 희극(6가지 구분법 중 하나)17)	• 숭고, 우아한 미, 비장, 희극, 해학18)

---

16) 뤼청:《미학개론》, 상무인서관, 1923; 뤼청:《미학천설美学浅说》, 상무인서관, 1931; 뤼청:《현대미학사조》, 상무인서관, 1931.

표 1에서 볼 수 있듯이, 세 분은 자기 체계의 미학적 구축에 놀라운 유사성을 보여준다. 이들은 모두 유럽식 지식학의 틀에 미학을 포함시켰고, 심미적 비공리론에 기반을 두고, 감정이입설을 핵심으로 한 완전한 미학적 시스템을 구축했다. 동시에 뤼청의 의욕과의 무관, 천왕다오의 "무관심성", 판서우캉의 "비공리적인 태도"는 모두 심미적 "무용"의 기능성을 중시한다. 여기에다 "정관靜觀"이라는 무소위無所爲의 응시凝視와 관조에 집착하여 이를 비실용적 인생태도로 여겼다.

다시 말하자면, "체계구축"의 관점에서 보면, 뤼청, 천왕다오, 판서우캉은 모두 자신의 미학 원리 체계를 세웠으며, 미학이 "중국에서"라는 학과의 창설을 최종적으로 완성한 것으로 간주될 수 있고, 동시에 "중국의" 미학 원리가 등장하여 미학이 "중국에서"로부터 "중국의" 미학으로의 전환이 초보적으로 실현되었다고 말할 수 있다.

교육 시스템의 현실성 면에서 당시 교육시스템에 포함된 것은 미학과의 육성이라는 점에서 중요한 의미를 갖는다. 일본은 메이지 26년(1893)에 제국대 문과대에 미학 강좌가 개설된 뒤 미학이란 명칭이 본격적으로 자리잡을 때라고 여겼다.[19] 비교가 가능한 것은 1904년 1월 13일 청나라 말기에 정부가 반포한 《주정학당정관奏定学堂章程》이 처음으로 대학 공과 건축학에 미학을 포함시켰다. 이 《계묘학제癸卯学制》는 중국 근대 최초의 학제 시스템이고 장즈둥张之洞 등은 일본의 학제를 따라서 작성하였다. 중국 최초의 미학 과정은 바로 여기에 있다고 주장하는 논자들도 있다. 왕궈웨이는 《경학과 대학 문학과 대학 정관서를 확정한 이후奏定经学科大学文学科大学章程书后》(1906)에서 경학과经学科, 이학과, 사학과, 중국문학과, 외국문학

---

17) 천왕다오: 《미학개론》, 상해민지서국, 1927; 천왕다오: 《천왕다오문집》 제2권, 상해인민출판사, 1980.

18) 판서우: 《미학개론》, 상무인서관, 1927.

19) 리신펑李心峰: 〈Äesthetik와 미학〉, 《백과지식》, 1987, 제1기.

과 등 다섯 가지 기본과목 중에서 사학과史學科를 제외하여 모두 미학 과목을 포함시켜 미학이 당시의 교육체계 안에서의 위치를 보여 주었다.[20]

더욱 역사적인 공헌이 큰 사람은 차이위안페이蔡元培이다. 민국원년에 민국임시정부 교육총장에 원년 취임한 차이위안페이蔡元培는 1922년 신식 교육 방침을 체體, 지智, 덕德, 미美로 요약하면서 "중국이 신식 교육을 처음 시작할 때 체육體育, 지육智育, 덕육德育 3조건만 제시한 것을 삼육三育이라고 했다. 10년 동안 조금씩 미육美育을 제안해 왔고, 이제는 미육계美育界가 공인됐다"[21]라고 말하였다. 이는 차이위안페이蔡元培가 1917년 처음 제창한 "미육美育으로 종교를 대체한다"설과 맥이 닿아 "미육이 종교론에 귀착되어 있다"논설에서 벗어나 "순수미육"론(실제로도 차이위안페이는 교육에 종교참여를 허용하지 않음)을 내세우면서 "역사적으로 미육을 국가교육 방침으로 끌어올린 것"[22]이며 미학도 1920년대부터 대학교의 중요과정이 되었다. 이런 점들은 미학이 중국에서 입지를 굳히는 데 긍정적으로 작용하였다. 동시대 경험자들은 미육美育의 "주창主倡"은 물론 미학의 수창首倡까지 차이위안페이蔡元培의 공功이라고 여긴다. "미학의 역사는 불과100여 년이지만 중국의 미학은 사실 차이위안페이蔡元培 선생의 주창主倡이 가장 먼저다. 중국인은 원래 지덕체 삼육三育을 중시한다. 근대 사람은 군육群育, 미육을 제창하며 오육五育이라 부른다. 여기서의 미육은 바로 차이위안페이蔡元培 선생이 주창한 것이다".[23] 그러다 보니 지육, 덕육, 체육, 군육, 미

---

20) 구체적인 예를 들자면, 왕궈웨이가 《초등학교 노래과 소재를 논한다論小学校唱歌科之材料》에서 노래과의 의미를 미시적으로 논하였다. 즉 노래과의 의미는 감정을 조절하며, 의지를 도야하며, 학생의 총명과 소리내기를 연계하는 것에 있다. 따라서 "수신과修身科의 노예가 되지 않도록 노래과의 '독립된 자리를 확보해야 한다". 왕궈웨이: 《해녕왕정안선생유서海寧王靜安遺書》15권, 상무인서관, 1940, p.63 참고.

21) 차이위안페이蔡元培: 〈미학 실시의 방법〉, 《교육잡지》제14권 제6호, 1922.6.

22) 녜전빈: 〈근대미학에 대한 보잘것없는 의견〉, 《중국심미의식의 검토》, 보문당서점, 1989, p.195.

23) 천왕다오: 〈미학강요〉, 《민국일보》 부간 《각성》, 1924년 7월 15, 16일; 《천왕다오문집》

육의 이른바 "오육五育"에서 미육이 중요한 역할을 했다.

중국인민공화국 수립 후, 교육 방침에서 "덕지체"란 3 가지의 병립을 주창하게 되었고, 차이위안페이蔡元培 시대와 비교하면 체육과 덕육德育의 위치는 바뀌었다(신문화 운동 시대에는 신체 건강을 제창하고 낡은 도덕을 반대했다). 당시 사회 경제 건설을 중시했던 역사적 조건 하에서 미육美育의 지위는 오히려 현저히 떨어졌다. 마오쩌둥毛澤東은 원자재를 생산하는 사회주의 개조가 거의 완료된 뒤인 1956년 〈인민 내부의 모순을 올바르게 처리하기 위한 문제〉에서 교육지침으로 "덕육, 지육, 체육"을 발전시켜야 한다고 주장했다. 1980년 중화전국미학학회가 설립되고 윈난雲南성 쿤밍昆明시에서 열린 제1회 중국미학대회 기간에 주광첸朱光潛, 우리푸伍蠡甫 , 훙이란洪毅然, 리판李范 등 전문가 4명을 초청해 국무원과 교육당국에 "미육"을 교육지침에 포함시키자는 간절한 편지를 썼다. 몇 년이 지나서야 교육지침을 "덕, 지, 체, 미, 노劳"로 늘렸고, 이후 "덕육, 지육, 체육, 미육"의 4가지로 축소했다. 1995년 3월 18일 제8차 전국인민대표대회 제3차 회의에서 통과된《중화인민공화국 교육법》은 처음으로 입법 형식으로 중국의 교육방침을 완전하게 규정하였으나, 이 중 제5조의 규정에 근거하여 "교육은 사회주의 현대화를 위해 봉사해야 하며 생산노동과 결합하여 덕, 지, 체 등 방면에서 전면적으로 발전한 사회주의 사업의 건설자와 후계자를 양성해야 한다"고 규정함으로써 "미육"은 다시 상대적으로 소홀하게 되었다. 1999년 6월 13일 국무원이 반포한《교육개혁을 심화시켜서 인성교육을 전면적으로 추진하기로 한 결정》에서 "인성교육"의 실시는 반드시 "덕육, 지육, 체육, 미육"을 교육활동의 각 단계에서 유기적으로 통일함으로써 미육의 교육방침에서 응당한 지위를 회복할 것을 정식으로 제의하였다.

학문 건설의 관점에서 보면, 미학이 "중국에서"라는 학과의 첫 시작은 두 가지 측면에서 이루어진다. 한편으로는 서양 미학에 대한 학문적 번역

제1권, 상해인민출판사, 1979, p.455.

과 소개, 다른 한편으로는 미학 학과의 관점을 본토 시각에서 설명하는 것이다. 그러나 교육체제가 건전해진 1980년대 이후 미학의 학문적 건설은 중국 전체의 학문과 관련된 경우가 많기 때문에 총체적인 구조에서 미학의 위상을 검토해야 할 것이다. 20세기 중엽 이전 대학 강의에서 미학을 이미 철학과에서 전공으로 가르쳤다. 민국 시절 최초의 미학 교육자로는 뤼청, 위지판俞寄凡 등이 있는데 북경대 총장이었던 차이위안페이蔡元培의 미학 과정이 미학 과학의 위상을 높였고, 당시 국립중앙대, 중산中山대, 무한武漢대도 초보 미학 과정을 개설했으며, 청화대와 북경대가 개설한 미학 과정이 더욱 성숙했다. 이때부터 사범대부터 종합대, 미술대까지 모두 미학 과정을 개설했다.[24] 1938년 6월 북경대, 청화대, 남개대가 창사长沙에서 쿤밍昆明으로 옮겨 공동 설립한 서남연합대학西南联合大学은 1930년 중앙대에서 난카이대 철학과로 교편을 잡은 펑원첸冯文潜(1896~1963)이 미학 강의를 맡았다. 펑원첸 선생은 독일, 미국에 유학하면서 미학 교육은 주로 독일 사상을 위주로 하였다. 당시 학계에서는 "남쪽에 주광첸이 있고 북쪽에 펑원첸이 있다"라는 설이 있었다. 물론 중국고전미학을 연구하는 학자들에게는 "남쪽에 쭝바이화宗白华가 있고 북쪽에 덩이저邓以蛰가 있다"라는 설이 있었다.

1950년대 학과를 통합, 개편하면서 국내에는 미학 강의도, 미학 전문 저술도 없었다. 1957년에 이르러서야 미학 저서 두 권이 번역 출판되었다. 하나는 프랑스 사상가 앙리 르페브르Henri Lefebvre의 초기 저술인 《미학개론》이고, 다른 하나는 구소련의 와르 스칼인스카야가 중국인민대학 철학부에서 3개월 동안 강의했던 원고인 《마르크스 레닌주의 미학》이다. "50년대 이래 우리 미학계에서 미학에 대한 기본적 문제들이 논의됐고, 중국 미학

---

24) 왕리王丽·왕춰王确: 〈20세기초 중국 "미학" 과정의 발전 전략〉, 《사회과학전선》, 2008, 제12기; 왕리王丽·왕춰王确: 〈미학과정 – 민국 초기 "미학" 교사 초상화 스캔〉, 《문예쟁명》, 2009, 제5기. 동북사범대학 지도교수인 왕춰의 지도 아래 진행된 학술팀은 이미 20세기 전반의 중국 미학사를 체계적으로 연구했다.

연구를 추진하는 데 긍정적인 역할을 했다. 60년대 초반 일부 문과대학이 미학 특강을 했고, 베이징대학과 인민대학에서 미학 연구실을 만들었으며, 대학의 문과 교과서 선별 기구도 미학 관련 교과서를 조직해 출판하기 시작했다."25) 중국 대학의 철학과에서는 1960년대부터 본격적으로 미학을 가르치기 시작했다. 1960년 교육부가 인가를 내준 중국인민대학과 베이징대학 철학과의 미학 연구실은 최초의 미학 과학 연구기관으로 여겨진다. 전자는 마치馬奇가 주관해 미학을 가르쳤고, 후자는 왕칭수王庆淑가 주관한 뒤 양신杨辛이 미학을 가르쳤다. 중국사회과학원은 1977년 5월 중국과학원 철학사회과학부의 전신으로 독립해 1978년 철학연구소 기존 6개 연구실 외에 미학연구실을 설립해 치이齐一가 회복세를 주도하고 주임을 맡고, 리 쩌허우, 궈퉈郭拓가 부주임을 맡게 되었다. 이후 종합대학부터 전문대학에 이르기까지 철학, 중문학, 예술학부에 주로 개설돼 70~80년대 "미학열"에서 미학 과목이 성황을 이뤘고, 과학연구기관과 대학원에 미학석사, 박사학원이 속속 들어오기 시작했고, 중국 사회과학원과 각 대학이 개설한 미학학원은 미학계의 핵심 역량을 키웠다.

1997년 발표된 국무원 학위위원회의 학과 평의팀이 학위를 수여하는 학과와 전공의 범위를 심사한 기준에 따르면 미학과 관련된 1급 학과는 주로 철학과 문학이다. 우선 미학은 2급 학과로서 1급 학과인 철학에 속하며, 철학에는 마르크스주의 철학, 중국 철학, 외국 철학, 논리학, 윤리학, 종교학, 과학기술 철학 등도 포함된다. 문학의 1급 학과 아래에서는 미학과 관련하여 "중국언어문학"과 "예술학"이 있는데, 전자에는 주로 문예학, 언어학 및 응용언어학, 한어언어학, 중국고전문헌학, 중국고대문학, 중국현대문학, 중국소수민족언어문학, 비교문학, 세계문학 등이 포함되는데 미학과 문예학이 직접 관련되어 있다. 후자에는 주로 예술학, 음악학, 미술학, 디자인예술

---

25) 저우양周扬: 〈미학 연구에 관한 담화〉, 중국사회과학원 철학연구소 미학연구실, 상하이문예출판사 문예이론편집실 합본: 《미학》제3권, 상하이문예출판사, 1981, p.2.

학, 연극희곡학, 영화학, 방송예술학, 무용학 등이 포함되는데 미학은 예술학과 직결된다. 이후 미학은 철학의 2급 학과로, 문학의 3급 학과로, 문예미학이 2급 학과인 문학 이론에 속하는 상황 아래, 예술학 1급 학과에 속하는 예술학 원리와 관련된다.

《중화인민공화국 학과 분류와 코드 국가 표준》에 따르면 상황에 약간의 변화가 있다. 이 기준은 국가기술감독국이 1992년 11월 1일 베이징에서 공식 발표하고, 1993년 7월 1일 시행했으며, 2006년부터 현행 국가표준으로 개정했다. 수정된 기준에 따르면 미학은 자연변증법, 중국철학사, 동방철학사, 서양철학사, 현대외국철학, 논리학, 윤리학 등 철학의 다른 학과와 같이 여전히 철학의 2급 학과에 속한다. 문학이란 1급 학과 아래에 "문예미학"이라는 2급 학과가 생겼는데, 이는 문학이론, 문학비평, 비교문학 등 2급 학과와 나란히 있다. "예술학"이 1급 학과로 격상된 데 이어 "예술미학"이라는 2등급 학과가 등장했다. 그러다 보니 미학은 중국의 독특한 학과 편제 가운데 철학의 2급 학과가 되기도 하고, "문예미학"과 "예술미학"의 독특한 신분으로 문학, 예술학의 2급 학과가 되기도 해 구미에서 철학에만 속하는 미학과는 전혀 다른 개념이 되었다.

제3절 "미 – 미감 – 예술"이라는 연구 구조

연구 대상과 범위를 놓고 보면 당대 중국 미학 연구는 "미 – 미감 – 예술"이라는 기초적 구조를 이미 형성하였다. 본원을 거슬러 "미학의 아버지"라고 불린 독일 철학자 바움가르텐의 본의에 따르면 "미학(자유예술로서의 이론, 저급인식론, 미적 사유의 예술, 이성과 유사한 사유의 예술)은 감성적 인식의 과학이다."[26] 이런 논리대로라면 역사적으로 미학 = "저급인식론" → "미의

---

26) 바움가르텐: 〈미학〉, 리싱천李醒尘 번역, 류샤오펑刘小枫 주필:《인류 곤경 속의 심미

철학", 미학 = "미의 예술이론" → "예술철학", 미학 = "미의 사유의 과학" → "심미경험과학" 등 세 가지 사유가 형성될 수밖에 없다.[27] 실제로 이것이 당대 중국 미학 연구 대상의 세 가지 기본 취향인 "미론" - "미감론" - "예술론"이다. 그러나 이런 관점은 일찍이 천왕다오가 《미학개론》에서 더욱 포괄적인 의견을 제시한 바 있다. "미학, 즉 미학의 대상에 관해서는 (1) 미 (2) 자연, 인체, 예술 (3) 미감, 미의식 등 세 가지 측면이 있다. … 고대에는 철학적 연구에 치우쳐 근세에 과학적인 연구, 특히 심리학적 연구가 성행하고 있다. 철학 연구의 기본 대상은 "미"에 치우쳐 있고, 심리학의 연구는 미감, 미의식과 예술을 대상으로 한다.[28] 이에 따르면 예술은 결코 혁혁한 지위를 획득하지 못했고 미학과 가장 관련이 깊은 두 학과는 심리학과 사회학이지만[29] 20세기 중반 미학 토론을 거치면서 미, 미감, 예술은 미학 연구의 주요 대상으로 "객관적 현실의 미, 인간의 심미감, 예술미의 일반 법칙을 연구하는 것이 미학에 기본적으로 포함된다"는 공감대가 형성됐다.[30]

미, 미감, 예술의 관계를 말하려면 미학이라는 독특한 철학적 과학과 심리학, 예술학과의 관계를 언급할 수밖에 없다. 차이-이蔡儀는 《신미학》에서

정신: 철학자, 시인이 미문선을 논한다》, 동방출판사, 1994, p.1.

27) 류웨디: 《생활미학과 예술경험: 심미는 즉 생활이고 예술은 즉 경험이다》, 남경출판사, 2007, pp.30-32.

28) 천왕다오: 《미학개론》, 상해민지서국, 1927, p.13.

29) 일본 미학자 오오츠카 야스하루大塚保治의 《미학자가 다루는 문제 및 그 연구법》에서 "심미적인 사실"은 우선 "심리사실"이자 "사회 사실"이지만 결국 인생의 가치와 관련된다. 따라서 "철학 연구의 경계"가 되어야 한다고 주장한다. 동방잡지사 편찬: 《미와 인생》, 상무인서관, 1923, pp.49-54 참고. 오오츠카 야스하루는 1900년에 유럽 유학을 마치고 일본으로 돌아가서 독일 미학자 하르트만의 《미학》을 가르치기 시작했고 이때부터 일본의 도쿄대학교에 전문적인 미학 교수와 《미학강의》가 생겼다.

30) 리쩌허우: 〈미감, 미와 예술을 논한다(연구제요) - 주광쳰의 유심주의 미학관을 겸평한다〉, 《철학연구》, 1956, 제5기.

"두 개의 원"이라는 정교한 비유를 통해 설명한 바 있다. 즉 미학과 심리학의 관계, 바로 두 개의 교차하는 원, 미감은 미학과 심리학의 교집합, 미학과 예술학의 관계는 두 개의 안으로 접하는 원, 예술학 내부는 미학에 접하고 미학을 기초로 한다는 것이다.

구체적으로 말하자면, 한편으로 심리학과 미학의 상관관계는 "미감"에 있다. "어쨌든 심리학과 미학의 관계는 미적 감각에 있다. 미학은 미적 감각 측면에서는 심리학과 관련되지만, 미학은 미학이고, 심리학은 심리학이어서, 미학과 심리학은 동등하게 병립되어 있다. 두 개의 원처럼 미적으로 교차한다".31) 다른 한편으로, "예술학은 예술미를 연구하는 것이지만, 미학은 또한 예술미를 연구한다. 이것은 예술학과 미학의 공통점이지만, 미학은 현실의 미와 미적 감각도 연구하는 것이고, 이 현실의 미와 미적 감각은 바로 예술적 미의 근원이기 때문에, 미학은 예술학과 다르고 예술학의 기초이기도 하다. … 예술학과 미학의 관계, 내면의 두 개의 원처럼 예술학은 미학에 내재되어 있다."32)

이런 논리에 따르면 역사의 순서로 볼 때 당대 중국 미학이 인정한 미학의 연구 대상은 각각 미, 예술과 심미이다. 첫 번째 관점은 미학이 미美만을 연구한다고 생각하기 때문에 미학="미에 관한 과학" 또는 "미의 법칙을 연구하는 과학"이다.

"미의 과학"에 관한 관점은 1950년대에 많이 나타났는데33) 가장 큰 대표자는 홍이란이다. 야오원위안姚文元의 미학이 "생활 속의 각종 미와 추丑"를 연구해야 한다는 관점34), 팡안푸庞安福의 예술미를 비판하고 현실미를 중시하는 관점35)도 이러한 관점에 속한다. 이러한 관점은 80년대에도

---

31) 차이-이: 《신미학》, 군익출판사, 1946, p.33.

32) 차이-이: 《신미학》, 군익출판사, 1946, p.31.

33) 홍이란: 《미학논쟁》, 상해인민출판사, 1958, p.1.

34) 야오원위안姚文元: 〈생활의 미와 추를 논한다〉, 《문회보》, 1961.3.13.

35) 팡안푸庞安福: 〈예술적 미의 실질과 기타〉, 《신건설》, 1960, 12월호; 팡안푸庞安福:

여전히 견지되었지만 추종자가 매우 적다.

홍이란은 "미학은 자연계와 예술에서 객관적 현실의 모든 것 그 자체인 미의 존재 법칙을 연구해야 할 뿐만 아니라, 그러한 미의 존재로서 인간의 뇌 속에 반영되는 모든 미의식인, 즉 미적 경험과 미적 관념의 형식과 발전 법칙을 연구해야 한다"[36]고 주장했다. 홍이란은 미학을 보는 방식이 체르니셉스키의 직접적 관점이라고 강조했지만, 마치가 1960년대에 이미 밝혔듯이 "미의 과학"이라는 관점은 체르니셉스키가 인용한 것으로 반대를 가한 것이다.[37] 그러나 홍이란은 미는 생활이라는 체르니셉스키의 관점을 간접적으로 받아들여 예술을 이해하려면 생활부터 알아야 하기 때문에 "예술적 미"보다 "현실적 미"에 대한 연구가 먼저라는 점을 인정한다. 그러나 이런 견해에의 "현실적 미"는 사실 "생활의 미"이고, 나중에는 미학연구를 생활 속의 각 미적 영역으로 확대하는 것을 선호하게 된다.[38]

실제로 홍이란은 바움가르텐의 본래 뜻을 따랐고, 미학은 애초부터 인간의 감성적 인식에 대한 연구로 나타난 과학이었기 때문에 미학은 "미에 관한 과학"으로 존재했고 미학의 목적은 미의 개념의 여러 측면과 다른 것들이 어떻게 구현됐는지를 연구하는 데 있었다고 본다. 인간의 "심미적 실천"이 예술에 그치지 않고, "사회적 심미의식"도 예술로써만 표현되는 것이 아니기 때문에 미학은 예술학과 상호 대체될 수 없다. 이런 관점에 따르면 홍이란은 미학 연구의 범위로 미적 성격, 미적 감각의 성격, 미적 사회 내용과 자연적 조건, 미적 감각의 심리와 생리적 기초, 미와 미적 감각의 종류, 미적 기능, 심미적 기준, 이미지 사유의 특수한 법칙 등을 꼽았다.

〈미학의 연구대상 약론〉,《하북사범대학보》, 1981, 제1기.

36) 홍이란 〈미학의 연구대상을 논한다 – 미학과 예술학의 구별〉,《신건설》, 1958, 9월호.

37) 마치: 〈미의 대상 문제에 관하여 – 홍이란 선생과 상의하면서〉,《신건설》 편집부:《미학문제토론집》제6집, 작가출판사, 1964, P.6.

38) 치이齐一: 〈미·미학·미학연구 – 미학의 대상과 방법에 관한 검토〉,《미학과 예술 평론》제3집, 복단대학교출판사, 1986.

두 번째 관점은 미학 연구의 주 대상이 예술이기 때문에 미학="문예에 관한 철학이론" 또는 "예술의 일반이론"이라고 주장한다는 것이다.

1960년대부터 이런 관점은 주광첸과 마치의 기본 관점으로 여겨져 왔다. 당시의 귀납에 따르면 미학연구는 주로 문예를 대상으로 하였는데, 미학은 바로 "문예에 관한 철학이론"이었다. 이유는 아래와 같다: (1) "미학사"에 비추어 볼 때, 미의 본질은 예술의 본질을 파악한 후에야 비로소 알 수 있다. (2) "사회기능"으로 본다면, 문학예술은 예술로 현실을 파악하는 최고의 발전방식이다. (3) "방법론"으로 보면, 비교적 고급스럽고 완비된 것을 제대로 인식한 후에야 비교적 저급한 형식에 대하여 더욱 주도면밀하고 정확한 인식을 가질 수 있다.[39] 이는 기본적으로 주광첸의 의견이며, 마치가 나중에 "미학은 예술관이고 예술에 관한 일반적인 이론이라고 생각한다"며 "예술의 각 방면의 이론을 전반적으로 연구하는데, 그것은 단지 부문 예술의 이론만을 연구하지 않고, 각 부문 예술의 일반적인 이론을 개괄하는 것이다. 기본 문제는 예술과 현실의 관계 문제"[40]라고 말했다.

마치는 나아가 미학의 기본 연구 범위를 규정하였다: "예술의 기원, 본질, 예술 창작의 일반 법칙, 예술 계급 사회에서의 발전 법칙, 예술과 사회주의, 공산주의, 예술의 사회 역할, 예술 비평, 예술 감상, 예술 교육, 예술의 범주, 예술의 종류, 형식, 스타일 등."[41] 마치는 나중에 이를 포기했지만, 쟝쿵양蔣孔陽은 "예술은 미학 연구의 중심 대상 또는 주요 대상이어야 하며 예술의 미학적 특징에 대한 연구를 통해 예술에 대한 인간의 심미관계

---

39) 산쓰杉思: 〈몇 년 동안(1956 - 1961)의 미학문제에 대한 토론〉, 《신건설》 편집부: 《미학문제토론집》제6집, 작가출판사, 1964, pp.426-427.

40) 마치: 《예술 철학 논고》, 산서인민출판사, 1985, p.17.

41) 마치: 《예술 철학 논고》, 산서인민출판사, 1985, p.17. 그러나 80년대 초 허베이河北성 미학창립회에서 한 연설에서 마치는 자신의 관점을 분명히 버리고 예술철학을 미학의 구성요소라고 밝혔다. 〈미학은 무엇인가? 어떻게 배우나〉, 《하북대학보》, 1981, 제1기 참고.

뿐 아니라 자연과 사회에 대한 인간의 전반적인 심미관계를 파악할 수 있다"42)고 주장했다. 그러나 이런 통념은 "심미관계론"으로 흘러갔다.

이런 관점이 보편적으로 받아들여진 실례가 바로《사해辭海》에서의 "미학"이라는 표어이다. 즉 "미학: 현실에 대한 인간의 심미적 관계를 연구하는 과학이다. 현실에 대한 인간의 심미적 관계는 주로 예술에서 나타나기 때문에 미학 연구의 주된 대상은 예술이다. 그러나 예술에서의 일반적인 문제가 아니라 철학 문제를 연구하기 때문에 미학을 예술철학이라고 부르는 등 철학의 한 부문으로 분류된다"43)라는 것이다. 미학이 예술철학으로 자리 잡을 때, 자연미를 억누르고 예술미만을 중시한 헤겔의 미학적 발상이 중국에 끼친 영향을 볼 수 있다. 하지만 흥미로운 점은 미학을 미에 초점을 맞추든 예술에 초점을 맞추든 1980년대 미학계를 주도하지 못했고 "미적 감각"이란 시점에서 미학의 연구 대상과 범위를 검토한다는 것은 중국 학자들의 선택이다.

세 번째 관점에서 미학연구는 주로 심미의 관점에서 접근해야 한다고 하는데, 이러한 관점은 "미적 감각의 층", "심미관계의 층", "심미활동의 층"과 같이 서로 다른 계층을 형성하고 있다.44) 따라서 아래와 같이 세 가지 관점이 형성되었다:

---

42) 쟝쿵양: 〈미학의 연구 대상, 범위와 과제〉,《안휘대학학보》, 1979, 제3기; 쟝쿵양:《미와 미의 창조》, 강소인민출판사, 1981, p.8. 이어진 토론은 가오얼타이高尔泰: 〈미학연구의 중심은 무엇인가? - 쟝쿵양 선생과 상의하면서〉,《철학연구》, 1981, 제4기 참고.

43)《사해辭海》, 상해사서출판사, 1979, p.4395.

44) 미학 연구는 "심미관계"를 대상으로 하는데, 이러한 생각은 형식적으로 디드로의 "미는 관계에 있다"로 거슬러 올라간다. 미학을 심미적 활동의 대상으로 보는 시각을 가장 명확하게 제시한 사람은 구소련의 유 볼레프이다. 참고로는, 볼레프:《미학》, 창셰펑常谢枫 번역, 중국문련출판공사 1986, 볼레프:《미학》, 펑선冯申, 가오수메이高叔眉 번역, 상해역문출판사, 1988, 또한 볼레프: 〈레닌의 반영론과 형상 사유의 본질〉, 중국사회과학원 철학언구소 미학실 편찬:《미학역문(1), 중국사회과학출판사, 1980 등이 있다.

(1) 미학 = "미감학"이나 "미적 감각을 중심으로 미와 예술을 연구하는
    과학"이다;
(2) 미학 = "심미관계학" = "인간과 현실의 심미관계를 연구하는 과학"
    또는 "심미주객체 간의 관계를 연구하는 과학"이다;
(3) 미학 = "심미활동학" = "인간의 심미활동 법칙을 연구하는 과학" 또
    는 "심미적 감흥, 심미적 이미지, 심미적 체험이란 삼위일체의 과학"
    이다.

"'미적 감각"의 층위를 보면 가오얼타이高尔泰가 "미적 감각의 절대
성"45)을 내세우므로 미학은 심미 경험을 대상으로 인정한다. 미적 감각에
서 벗어나 미와 예술을 이해할 수 없고, 심지어 미도 존재할 수 없는 "미=
미적 감각"이라는 내재된 논리 때문이다. 이런 절대적인 관점은 받아들이
기 어렵지만 리쩌허우의 관점은 "미학이란 미적 감각의 경험을 중심으로
미와 예술을 연구하는 학문"46)이라는 점에서 널리 받아들여진다. 구체적으
로 말하자면 미학에는 "미적 철학, 미적 심리학, 예술사회학"이 포함되는데
미적 철학은 미와 미의 대상을 연구하는 철학의 본질적 탐구, 미적 심리학
과 예술사회학은 예술을 대상으로 연구하는 심리적이거나 사회사적 분석
이자 고찰"47)이지만, 이런 면들은 "심미의 경험(미적 감각)에 관한 분석 연
구와 관련시켜야 한다"는 것이다. 리쩌허우의 입장에서 보면, "미적 과학"

---

45) 가오얼타이: 〈미적 감각의 절대성을 논한다〉,《신건설》, 1957, 7월호; 가오얼타이:《미
    를 논한다》, 간소인민출판사, 1982, p.25.
46) 리쩌허우 :《미학의 대상과 범위》, 중국사회과학원 철학연구소 미학연구실, 상해문예
    출판사 문예이론편집실 합본:《미학》제3권, 상해문예출판사, 1981, p.30. 그러나 초기
    의 리쩌허우도 "예술은 연구의 주요 대상이자 목적이어야 한다"고 주장했다. 참고로
    는 리쩌허우: 〈미적 감각, 미, 예술을 논한다(연구제요) - 주광첸의 유심주의 미학관을
    겸론하면서〉,《철학연구》, 1956, 제5기가 있다.
47) 리쩌허우:《미학논집》, 대북삼민서국, 1996, p.3.

62

이든 "심미적 관계"이든 중국어에서는 동어반복의 의미가 있지만, 미학은 미적 감각에 초점을 맞춰 미와 예술에 대한 연구를 진행해야 한다는 것이 더욱 포괄적이면서도 무게감을 잃지 않는 관점이다.

리쩌허우는 《중국 대백과사전·철학권》을 위하여 집필한 "미학"이라는 표어의 초안에서 "미학의 정의를 논외로 하고 미학의 대상, 범위, 문제를 구체적으로 살펴보면 예로부터 미와 예술에 관한 철학적 탐구, 예술비평·예술 이론에 관한 일반적 원칙의 사회학적 탐구, 심미와 예술적 경험에 관한 심리학적 탐구 등 3가지를 다뤘다"[48]라는 역사적 근거를 계속 제시했다. 이후 표어의 작성 과정에서 리쩌허우가 열거한 제목들은 미학 연구의 영역을 보여주었다. (1) "미의 철학"(역사적, 논리적으로 미학의 기초 부분을 자주 구성한다) (2) "예술 과학"(예술 원리에 관한 일반 연구) (3) "심미 심리학"(예술의 미적 특징을 연구하여 점차 독립적인 학과가 되어가고 있으며, "문예 심리학"이라고도 한다) (4) "미학 경향"(한편으론 점점 더 실증적인 과학연구로 진행되고, 다른 한편으론 철학인 미학으로 남는다는 뜻) (5) "미학사"(서양미학사도, 중국미학사도 포함).

"심미관계"의 층위를 보면 최초의 미학연구 대상의 관점은 예술에 더 비중을 두지만, 예술을 심미관계에 두어 취급하고 이후의 관점은 심미관계를 미학의 연구 대상으로 삼는다. 전자는 일종의 절충적 관점으로 여겨질 수 있는데, 쟝쿵양이 대표적인 인물이다. "예술을 미학 연구의 주요 대상으로 생각하지만, 두 가지 전제가 있다: 하나는 미학 연구의 근본 문제는 현실에 대한 사람의 심미 관계이며, 다른 하나는 미학 연구의 기본 범주는 미이다". 따라서 미학은 "예술로 현실에 대한 인간의 심미 관계를 연구하고, 예술로 현실의 미학적 특징을 연구한다"[49]라는 것이다. 이러한 예술을 통한 심미관계 연구와는 달리, 저우라이샹周来祥의 관점은 더욱 변증 종합적인

---

48) 리쩌허우: 《리쩌허우철학미학문선》, 호남인민출판사, 1985, p.224.
49) 쟝쿵양: 《미와 미의 창조》, 강소인민출판사, 1981, p.10.

의미를 지니고 있는데, 헤겔식 삼단론적 사고방식에 따르면, 그는 고대 미학은 객체를 대상으로 하고, 근대 미학은 주체를 대상으로 삼았으며, 현대 변증사유는 대상과 주체, 대상과 대상, 대상과 체계의 관계 속에서 연구할 것을 요구하였는데, 미학 연구는 주로 심미 주체와 심미 객체 간의 "심미관계"에 있었다고 한다. 이런 사고방식을 후일 저우라이샹은 "관계 사고와 체계 사고"로 부른다. 철학적 관점에서 볼 때 "심미관계는 인식관계이면서도 인식관계가 아니고, 윤리실천관계이면서도 윤리실천관계가 아니고 실천관계와 인식관계 사이에 처하는 제3의 관계"[50]라고 한 것은 칸트의 판단력비판의 영향을 받은 것이 분명하다.

이런 "심미관계"의 관점에서 미학 연구의 범위가 대체로 정해져 있다는 것은 1980년대 이래 거의 공통된 인식인데, 이 범위는 크게 다음과 같다.

    1. 미학적 일반이론
      ⑴ 미의 본질
      ⑵ 미적 감각의 발생과 그 발전의 역사적 과정
      ⑶ 미학의 범주:
        ① 기본 범주 - 미
        ② 미적 대립면 - 추
        ③ 미적 성격의 차이에서 나타나는 상이한 미학적 범주 - 영리함, 수려함, 아름다움, 장려함, 숭고함
        ④ 미적 효과의 차이에서 나타나는 상이한 미학적 범주:
          A. 슬프다(울음) - 비극적, 감상적, 애절함
          B. 기쁘다(웃음) - 코미디, 코믹, 우스꽝스러움, 유머
      ⑷ 자연미와 예술미의 관계
      ⑸ 예술의 심미적 교육적 역할
    2. 미학사

---

50) 저우라이샹周来祥: 〈미학은 심미관계를 연구하는 과학이다 - 미학의 연구대상을 재론한다〉, 《문사철文史哲》, 1986, 제1기.

    "심미활동"의 층위를 보면 쟝페이쿤蔣培坤은 "심미활동"을 객관적으로, 예랑叶朗은 "심미활동"을 주관적으로 이해한다는 두 가지 주객대립의 주장이 나온다. 쟝페이쿤은 미학을 "인간의 심미활동을 연구하는 과학"으로 규정하고, 기존의 심미관계가 심미활동보다 먼저 존재하는 것은 아니며, 인간의 심미활동을 "미학적 탐구와 학문적 체계의 논리적 출발점"으로 삼아야 한다고 주장했다. 그래서 쟝페이쿤은 미를 선험적으로 탐구하는 전통적인 형이상학적인 사고방식을 반대한다. "인간의 심미적인 동태시스템에서 출발하여 이 계통구조의 각 요소, 각 차원, 이들 사이의 상호관계 및 운동 법칙을 전면적으로 고찰하고 탐구해야 한다. 한마디로 미학은 인간 심미의

---

51) 쟝쿵양:《미와 미의 창조》, 강소인민출판사, 1981, pp.12-13.

각 방면과 그 보편적인 법칙을 탐구하는 과학과가 되어야 한다.”[52] 예랑역시 주필한《현대 미학 체계》의 서론에서 “심미활동”의 전체를 미학 연구의 대상으로 삼아야만 현대 지식 체계의 종합적인 연구를 진행할 수 있다고 여겨, “심미감흥”, “심미 이미지”, “심미체험”의 삼위일체 체계를 만들려고 노력하였다. 이 가운데 “심미철학”은 심미활동을 철학적으로 탐구하는 미학 지류이며, 심미철학의 핵심 범주는 “심미체험”이다.[53] 장페이쿤이 심미의 주체를 자유로운 생명 활동의 주체로 이해한 것과 달리 이런 관점은 심미활동을 인류의 정신적 활동으로 본다. 예랑은《미학원리》에서 결국 초기 주광첸의 “미는 이미지에 있다”의 관점으로 돌아가 “심미활동은 인류의 정신적 활동”이라며 “인간의 일종의 이미지 세계를 대상으로 한 인생 체험 활동”[54]이라고 명시했다.

당대 중국 미학사를 보면 미학의 대상과 범위에 대해 두 차례 집중적인 논의가 이뤄졌다. 1950, 60년대 “미학 대토론” 시기에 “미의 본질”을 다루면서 미학의 대상을 탐구한 1차 논의에서는 미학은 미를 연구하는 것을 중심으로 삼는다고, 미학은 예술을 연구하는 것을 중심으로 삼는다고, 미학은 미적 감각을 연구하는 것을 중심으로 삼는다는 3가지 관점이 나타나서 “미 –미적 감각 - 예술”을 연구하는 기본 구조를 형성하였다. 1980년대 전기에서 중반까지 미학이 재건되는 시기에 미학의 대상과 범위에 대한 재검토는 물론 50, 60년대 학문적 성과에 기초한 것으로 미학은 “미적 과학”이라는 표현이 쇠퇴하면서 “예술→ 미학”과 “심미적 경험→ 미와 예술”이라는 두 가지 미학적 내재논리가 점차 득세하게 되었다. “실천미학”이 대세로 자리 잡으면서 “심미관계”론이든 “심미활동”론이든 모두 중국 특색을 지닌 관점을 형성하였다. 모두 객관적 취향을 가진 심미활동론은 ‘일반인식론에서

---

52) 장페이쿤:《심미활동 논강》, 중국인민출판사, 1988, p.6.
53) 예랑 주필:《현대미학체계》, 북경대학교출판사, 1988, p.33.
54) 예랑 주필:《미학원리》, 북경대학교출판사, 2009, p.14.

실천본체론'으로 나아가고, 실천에 기초해 역사적으로 주요 미학과별 형태를 통합하는 중국적 관점을 형성하고 있다. 그 중에서도 객관적 취향을 지닌 미적 활동론은 "일반인식론에서 실천적 정체론"으로 나아가야 하며 그 실천을 바탕으로 역사상 각 주요 미학 학문의 형태를 통일[55]해야 하는 것을 요구한다.

전체적으로 미학은 "미의 과학"이라는 관점은 현실적 미에만 초점을 맞춰 예술학과 구별되지만 현실적 미 이외의 다른 미의 유형은 무시한다는 장단점을 지닌다; 미학은 "예술철학"이라는 관점은 사람을 통해 원숭이를 해부하는 방법으로 미의 가장 핵심적인 대상을 파악했지만 예술에만 치우쳐 미학의 넓은 영역을 간과했다는 장단점을 지닌다; 미학은 "미적 감각학"이라는 관점은 심미주체의 경험에 대한 관심이 높지만 미적 주관성으로 객관성을 억지로 대체한다는 장단점을 지닌다. 주목할 점은 미적 감각에서 출발하는 세 가지 새로운 관점이다. 첫 번째는 미적 감각이 중심일 뿐이며, 이 중심을 둘러싸며 미와 예술을 연구해야 한다고 주장하는데, 장점은 형이상학의 추구, 역사적 고찰, 심리적 절차 등의 측면에서 미학 연구의 다른 측면을 살펴본다는 점이며, 단점은 지나치게 거시적인 시각에서 포괄력을 강조했다는 점이다. 두 번째 관점은 심미관계론인데, 심미활동에서 주객체 간의 상호작용과 연관성에 주목하는 장점이 있고, 변동이 심한 관계를 고정적으로 파악하기 어렵다는 단점이 있다. 세 번째는 심미활동론인데, 장점은 관계론을 넘어서서 활동론으로 돌아가서 심미를 보는 것이고, 단점은 심미활동과 비심미활동 간의 차이를 구분하기 어렵다는 것이다.

1990년대 이후 당대 중국 미학은 미학 연구 대상에 대한 이해를 새롭게 했다. 가장 먼저 나타나는 이해는 실천미학이 개체를 무시하는 경향에 반대하여 생명이 곧 심미, 심미가 곧 생명이라고 인정한다는 것이다. 이런 관점은 심미활동론의 여맥을 이어가면서, 심미활동을 생명으로 규정할 뿐이

---

55) 장페이쿤:《심미활동 논강》, 중국인민출판사, 1988, p.6.

다. 따라서 미학＝"심미생명학"이 생겼지만 "생명 미학"은 심미와 생명의 연관성에 관해서는 제대로 설명하기가 어렵다. 그 다음에 나오는 관점은 인간과 현실의 심미관계로 돌아온 것 같다. 시장 사회 여건에서 심미가 문화를 지향한다는 점을 강조하는데, 이런 심미적 생존의 관점에서는 미학＝"심미의 문화학"이지만 "심미문화"의 범주화 관점은 공허하게 흘러간다. 새롭게 등장한 관점은 겉으로는 현실생활의 미의 넓은 영역으로 돌아가 미학을 생활학으로 자리매김함으로써 "생활미학"의 자세로 미학＝"심미생활학"으로 인정하지만, 이러한 생활세계로의 복귀 이론은 아직 깊이 있게 발전해야 한다.

제4절 자율에서 타율을 향하는 "학제적" 연구

미학은 철학에 속하는 것으로, 이는 미학이 처음 중국에 왔을 때 정해졌다. 번역만 놓고 보면 1902년과 1903년은 상징적인 2년이었다. 1902년 왕궈웨이가 쿠와키카요쿠桑木严翼의 《철학개론》을, 1903년 차이위안페이蔡元培가 코펠의 《철학요령》을 번역 출판했기 때문이다. 쿠와키카요쿠는 《철학개론》 "미학" 부분에서 "철학자가 미학을 독립적인 과로 인정한 것은 사실 근대적 일"이라며 바움가르텐에 의하면 "다음과 같은 지적 이상은 미다. 이에 대하여 미학의 한 가지 과로 정했다. 그 중에서, 어떤 감각적 인식이 미인가? 감각적 인식을 어떻게 배열하면 미인가? 미적 감각의 인식을 어떻게 표현하면 미인가? 미학은 바로 이 3가지를 다룬다. 그 후 이에 대한 연구가 흥성하게 되었는데 대부분은 미가 감각, 감정에 속한다고 주장하였다." 코펠의 《철학요령》에 의하면 "미학이란 영어로 스테틱스Aesthetics이고 그리스어인 오스토리오에서 유래한 것으로 감각을 뜻한다. 그러므로 유수데스의 본뜻은 지식철학의 감각계에 속한다. 칸트는 본뜻에 따라 자주 사용했는데, 다문박식한 철학자들은 이를 특별한 철학으로 여겼다. 많은 미학자는 감각계에 고집을 부린다." 이 두 권의 철학 저서에서 원래 철학에 속했던 "미학"학과가 중국에서 자리를 잡았는데, 더 중요한 의미는 교육학, 심리학이 아닌 철학의 관점에서 미학을 정했다는 것이다.[56]

해명을 하자면, 왕궈웨이의 〈철학적 변혹〉(1903)이든 차이위안페이蔡元培의 《철학적 대강》(1916)이든 모두 중요한 학과 구축의 의의를 가지고 있다. 왕궈웨이의 〈철학적 변혹〉에 의하면 "윤리학과 미학을 논하자면 실제로 철학의 두 가지 분야이다. 오늘날 사람들의 마음에는 지력, 의지, 감정이 있다. 이 세 가지의 이상을 진眞, 선善, 미美라고 한다. 철학은 이 세 가지를 종합해 그 원리를 논하는 것이다."[57] 왕궈웨이의 관점은 유럽의 계몽시대부터의 지知, 정情, 의意의 3분分이 논리학, 미학, 윤리학에 각각 대응했던 당시의 철학적 통념을 대변한다. 물론 왕궈웨이의 기본 철학 관념은 칸트와 그 철학의 전통에서 비롯되므로 미학은 "감정의 이상"을 논하는 원리이자 진眞, 선善과 함께 놓이는 철학 학문이 되었다. 차이위안페이蔡元培의 《철학적 대강》은 여러 책을 종합해 편찬한 철학적 도론 저술이지만 미학의 학문적 정체성을 분명히 하고 있다. 철학 체계에서 "가치론"에 미학을 포함시키면서 "별미추別美丑"의 미학과 "별진가別眞假"의 과학, "별선악別善惡"의 윤리학과 병렬로 보는 것은 왕궈웨이와 같지만 미학은 철학 학과로 거의 정해져 있다는 것은 분명하다.

1980년대 이후 미학은 철학의 갈래로 인정받았지만 철학은 인문과학이므로 미학도 인문과학에 속해야 한다는 공감대가 형성되면서 미학의 인문학적 성격이 부각됐다. "넓은 인간 실천 속의 심미 관계를 연구해야 미학이

---

56) 왕궈웨이는 1901년에 《교육학》, 1902년에 《교육학 교과서》, 《심리학》을 번역하였다. 그 중에서 미학에 관한 부분도 있지만, 전에 번역한 두 저서처럼 학문적 정체성을 갖는 의미는 없다. 비록 1902년에 《심리학》을 번역하면서 "미美의 학리"란 내용을 따로 열거도 했지만서도 말이다.

57) 왕궈웨이: 〈철학적 변혹〉, 류강챵刘刚强 편집: 《왕궈웨이 미학논문선》, 호남인민출판사, 1987, p.127.

될 수 있다. 또 미의 인문학의 본체를 정립한 뒤에야 미학이 미학적 자세로 예술을 지향할 수 있다(동시에 인류 전체의 실천 영역을 대상으로 한다)"[58]라는 관점은 사람들이 보편적으로 받아들였다. 미학을 인문과학으로 분류한 것은 옛 소련이 인문과학과 사회과학을 철학사회과학으로 통합한 영향이 컸다. 실제로 휴머니티스Humanities의 한역으로 "인문과학"에 "과학"의 의미를 추가했듯이 루신汝信 같은 많은 미학자는 "인문학과"로 번역하는 것이 적합하다고 생각한다. 중국에서 미학을 "인문학과"로 정하는 것은 중국 학술과 사회의 어경语境에 부합하지만, 과학주의의 전통을 상대적으로 간과하고 실용적 미학의 연구를 저해하며, 생물학·진화론·실험화의 미학연구는 언제나 중국 변방에 위치한다.

흥미롭게도 80년대 주체적 사조를 이끌었던 리쩌허우는 오히려 미학을 더 개방적으로 이해하고 있었다. 그의 이해에 따르면 "미학의 발전은 한편으로 철학과 심미심리학, 예술사회학, 다른 한편으로 기초미학과 실용미학이 끊임없이 분화하고 또 끊임없이 종합하는 쌍방향 진전의 과정이다."[59] 확실히 미적 감각을 중심으로 미와 예술을 연구하는 기본적 이해에 따르면, 중국 대륙에서 비교적 잘 통하고 있는 미학 체계는 일반적으로 "미-미적 감각-예술"로 나누어져 있거나 미학을 "미-미적 감각-예술-심미교육"을 포함한 네 가지로 간주하고 있다.[60] 이는 구소련의 미학 체계와 닮은 점이 적지 않다. 1950년대 옛 소련도 미의 문제냐, 예술의 문제냐를 미학체계의 선후를 가르는 문제로 여기고 옥신각신했다. 게다가 전체적으로 볼 때, 중국 본토의 미학 체계 구축은 여전히 서양의 미학적 요소들에

58) 유시린尤西林: 〈미학의 대상에 관하여〉, 《학술월간》, 1982, 제10기.
59) 리쩌허우: 《리쩌허우 철학미학논문선》, 호남인민출판사, 1985, p.234.
60) 귀납에 따르면 중국 미학 기초이론의 초기모델은 ①미적 감각의 경험-미학-예술, ②미론-미적 감각론=미적 종류론-미적 감각의 종류론-예술의 종류론, 그 후의 패턴은 ①미론-미적 감각론-예술론-미육美育론, ②미적 철학-심미 심리학-예술사회학-심미 교육학이다. 양언환杨恩寰 주필: 《미학인론》, 인민출판사, 2005, pp.26-27.

대한 종합과 결합이며, 종종 중국의 미학적 자원을 도외시한다.

그러나 리쩌허우는 미학 연구의 영역을 더욱 넓게 펼쳐놓았다.[61]

학문적 관점에서 본다면 현대미학 체계는 이처럼 미학의 연구학과를 규정하고 있다.(그림 1 참조)[62]

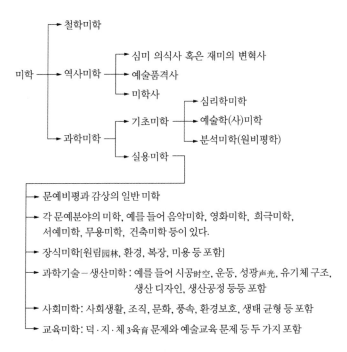

그림 1

실제로 미학 연구의 범위는 "인간 – 자신 계통", "인간 – 자연 계통", "인간 – 문화 계통", "인간 – 사회 계통"의 거의 모든 영역에 걸쳐 있다. 인간과 시스템을 축으로 미학 체계를 나누는 이 방식은 일종의 "대미학"이라 할 만큼 그것은 분명 현지 문화의 색채를 더 지니고 있었다. 그렇다면 중국

61) 리쩌허우: 《미학4강》, 삼련서점 1989, p.12, p.14.
62) 예랑 주필: 《현대미학체계》, 북경대학교출판사, 1988, p.34.

본토의 시야에서 "대미학" 연구의 홀로그램은 다음과 같은 차원을 포함해야 한다. (그림 2 참조)[63]

철학미학

이론미학

(과학미학)

각종 실용미학

그림 2

　그러고 보면 "미의 철학"은 전체 미학의 중추이며, 그 통섭 아래 미학의 영역은 대략 다음과 같다: "인간 - 자신" 계통에 속하는 "심리 미학"과 "신체 미학" 등; "인간 - 자연" 계통에 속하는 "자연 미학"(자연 환경 미학, 동물 미학, 식물 미학 등) 등; "인간 - 문화" 계통에 속하는 "심미형태학"과 "심미 문화학" 등; 그중 "인간 - 예술" 계통은 주로 "예술 철학", "예술 형태학", "분류 미학" 등을 포함한다; 또 "인간 - 사회" 계통에 속하는 "사회미학"(윤리미학, 정치미학 등 포함), "미육학美育學" 등이 있다. 물론 여기서 열거한 학과는 미학분야에서 비교적 성숙한 "하급 학과"들이다.

　사실 각 체계 안에는 여러 가지 분류가 있다. 지금은 "학제적" 연구가 점차적으로 발달함에 따라, 많은 미학 연구들은 이와 같은 "학제적" 성격을 가지게 되었는데, 예를 들어, 최근에 생긴 좁은 의미의 "환경 미학"은 사실 "인간 - 자연" 계통과 "인간 - 문화" 계통을 뛰어넘었다.(그림3 참조)

---

63) 류웨디: 《생활미학과 예술경험: 심미는 즉 생활이고 예술은 즉 경험이다》, 남경출판사, 2007, p.34.

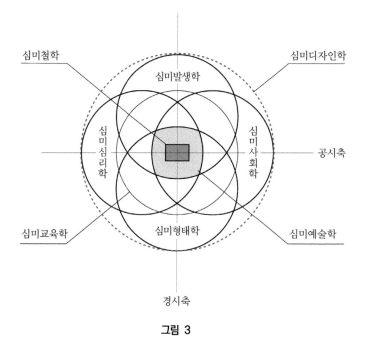

그림 3

전체적으로 보면, "인간 - 자연" 계통, "인간 - 문화" 계통과 "인간 - 사회" 계통의 미학은 "외적 계통"에 속하고, "인간 - 자신" 계통의 미학은 "내적 계통"에 속한다. 전자는 광의의 "환경적 차원"(자연환경의 차원, 문화환경의 차원, 사회 환경의 차원 등으로 구성), 후자는 "자아적 차원"을 형성하는데 양자는 상응하는 장력을 형성하였다. 미학은 하나의 "중국학과"로서 그 연구 영역은 "학제간"의 적극 발전에 따라 끊임없이 확장되고 있다. 구체적으로는 그림 4와 같다.[64]

---

64) 자료 출처: 류웨디:《생활미학과 예술경험》, 남경출판사, 2007, p.34.

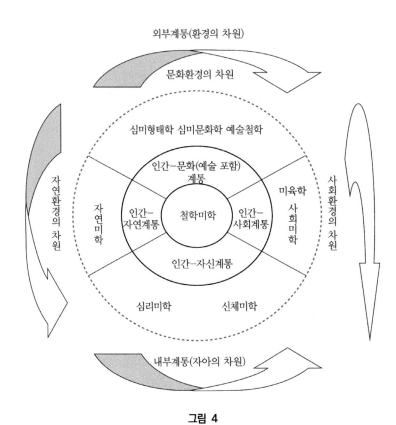

외부계통(환경의 차원)

문화환경의 차원

심미형태학 심미문화학 예술철학

인간-문화(예술 포함)
계통

미육학
사회미학

자연미학

인간-
자연계통

철학미학

인간-
사회계통

자연환경의 차원

사회환경의 차원

인간-자신계통

심리미학   신체미학

내부계통(자아의 차원)

그림 4

제**2**장

미의 본질관

: "유물관", "사회관", "실천관"에서부터 "본질관" 논쟁까지

"미의 본질" 문제는 늘 유럽 고전 미학의 핵심 문제였고 플라톤의 "미 자체"에 대한 탐구로부터 이런 "본질주의" 사고방식은 유럽 미학을 2,500년이나 지배하였다. 이런 사고방식의 영향을 받아 천왕다오陳望道는 1927년의 《미학개론》에서 "세상에는 수많은 미와 미적인 사물이 존재하기 때문에 도대체 '미란 무엇인가', 아니면 '미의 본질은 무엇인가' 등은 반드시 연구해야 할 문제가 될 수밖에 없다. 물론 자연, 인체, 예술은 모두 미적이다. 그렇다고 해서 자연, 인체, 예술을 바로 '미'라고 할 수는 없다. … 자연, 인체, 예술은 결국 미 자체가 아니기 때문이다."라고 지적하였다. 분명히 여기서 "무엇이 미인가"의 귀납과 "미란 무엇인가"의 연역 두 가지 사고 방향이 제시되었는데 유럽 철학에서 본질을 탐구하였던 조리條理에 따라 중국 미학 또한 미의 본질을 탐구하기 시작하였다.

20세기 20년대부터 80년대까지 이어지는 기본 견해에 따르면 "미의 본질"에 관한 문제의 해결은 미학 이론을 구축하는 초석이자 "미의 본질"만이 미학 체계를 구축하는 논리의 시발점이 될 수 있다. 심지어 "'미란 무엇인가'와 '미적인 사물은 왜 미적인가' 이 두 질문은 미에 관한 두 가지 큰 질문이다. 이 두 질문을 해결해야 했기 때문에 '미학'이라는 학문이 생겼다"[1]라고 할 수 있을 정도이다. 미의 본질에 대한 탐구는 50, 60년대 중국

---

1) 천왕다오: 《미학개론》, 상해민지서국上海民智书局, 1927, p.11.

과 소련에서만 있었던 두 차례의 "미학대토론"에서 역사의 절정으로 올라서게 되었다. 소련의 미학 논쟁은 비포프А.И. Вуров의 《예술의 본질》에서부터 시작되었고 중국의 미학 논쟁은 보통 주광첸朱光潛 자아 비판의 글에서부터 시작되었다고 생각한다. 미의 본질을 둘러싼 이 논쟁의 영향은 지대하였고 심지어 "중국에서" 본토화된 서양미학연구도 그의 영향을 받았다.[2] 그러나 당대 중국 미학 연구의 진정한 역사적 기점은 이 "미학대토론"이 아니고 니콜라이 가브릴로비치 체르니솁스키Николай Гаврилович Чернышевский(1828~1889)의 "미는 생활이다"라는 주류 이론이다.

제1절 "미는 생활이다"는 역사적 기점으로

중국 문화 예술계의 리더였던 저우양周揚이 번역한 《생활과 미학》이라는 전문 저서는 중국에서 실제로 마르크스 미학 연구의 "입문서"가 되었다. 러시아의 혁명적 민주주의자, 철학가, 작가이자 비평가인 체르니솁스키가 1855년에 초판을 낸 《예술과 현실의 심미적 관계》 혹은 《예술과 현실의 미학적 관계》는 그가 1853년에 쓴 석사 학위 논문이다. 커간柯甘의 영역본을 훌륭하게 재번역한 저우양의 《생활과 미학》은 체르니솁스키의 핵심 미학 사상인 "미는 생활이다"라는 유명한 정의의 두 가지 키워드인 "생활"과 "미학"을 얻어 냈다. 이런 고전적인 "생활미학"의 사상 핵심을 아래와 같이 클래식 텍스트로 번역하였다. "모든 사물, 그 안에서 우리의 이해대로 마땅히 이와 같아야 한다는 생활이 보인다면 그것이 미적이며, 모든 것, 생활을 나타내거나 우리로 하여금 생활을 생각하게 만든다면 그것이 미적

---

2) 쓰위思羽(즉 주디朱狄): 《현대서양미학계에서 미의 본질 문제에 관한 토론》, 링지야오凌繼堯: 《소련미학계에서 미의 본질 문제에 관한 토론》, 중국사회과학원 철학연구소 미학연구실, 상해문예출판사 문예이론 편집실 합편 《미학》 제3권, 상해문예출판사, 1981.

이다"3).

역사의 시점으로 보면 저우양이 번역한 《생활과 미학》은 최초로 1942년 옌안延安에 있는 신화서점新华书店에서 출판되었고 동시에 저우양이 편찬한 《마르크스주의와 문예》의 일부 내용은 1942년부터 잇따라 게재되었고 1945년 옌안해방사에서 정식으로 출판되었다. 《생활과 미학》의 영향은 20세기 40년대부터 이미 시작되었는데 지금은 체르니솁스키를 중국이로 车尔尼雪夫斯基로 번역하지만 당시에 车尔尼舍夫斯基로 번역하였다. 그의 책은 1947년 홍콩에 있는 해양서점에서 재판되었고 1949년 상해에 있는 군익群益출판사에서 다시 한 번 출판되었다.4) 중화인민공화국 수립 이후 널리 알려진 이 저작을 인민문학출판사에서 《생활과 미학》이라는 이름을 계속 사용하여 다시 출판하였고 그 중에서 1957년 버전의 영향이 가장 컸다.5) 1979년에 인민문학출판사에서 재판했을 때 책의 이름을 다시 《예술과 현실의 심미적 관계》로 개명하였다. 하지만 장루蔣路가 러시아어 원본을 참

----

3) 체르니솁스키: 《생활과 미학》, 저우양 번역, 인민문학출판사, 1957, pp.6-7; 체르니솁스키: 《예술과 현실의 심미적 관계》, 저우양 번역, 인민문학출판사, 1979, p.6.

4) 《생활과 미학》을 번역해서 출판하기 전에 저우양은 1937년 3월에 출판된 《희망》잡지 창간호에서 《예술과 인생 - 체르니솁스키의 〈예술과 현실의 미학적 관계〉》라는 글을 발표해서 체르니솁스키의 미학 사상을 구체적으로 소개하였다. 그리고 게오르기 플레하노프(1856-1918)의 중요한 미학 저작인 《예술론》(루쉰鲁迅 번역, 광화서점, 1930)과 《예술과 사회생활》(펑쉐펑冯雪峰 번역, 수말水沫서점, 1929)은 모두 출판되었고, 1934년 취츄바이瞿秋白는 톨스토이를 논하는 레닌의 두 편의 중요한 논문인 〈레프 톨스토이는 러시아 혁명의 거울이다〉와 〈레프 니콜라예비치 톨스토이와 그의 시대〉를 번역해서 발표하였다.

5) 중화인민공화국 수립 이후 20세기 50년대에 출판된 체르니솁스키에 관한 전문 저작은 아래와 같다: 《체르니솁스키가 문학을 논하다》상권, 신웨이아이辛未艾 번역, 신문예출판사, 1956; 《미학논문선》, 먀오링주缪灵珠 번역, 인민문학출판사, 1957; 《체르니솁스키선집》상권, 저우양 등 번역, 삼련서점, 1958; 《철학 속의 휴머니즘 원리》, 저우신周新 번역, 삼련서점, 1958; 《자본과 노동》, 지첸季谦 번역, 삼련서점, 1958, 이 책은 소련국가정치서적출판국에서 1950년에 출판한 3권집인 《체르니솁스키철학선집》에서 제2권을 번역한 것이다.

고하여 다시 한 번 교정한 이 전문 저작의 영향력은 점점 줄어들었다.

20세기 50년대부터 《생활과 미학》에서 제시된 "미는 생활이다"의 개념이 널리 퍼지기 시작하면서 중국 미학계와 문예계에 미친 광범위하고 중요한 영향은 40년대를 훨씬 초월하였는데 이는 주류 이데올로기의 영향이었을 뿐만 아니라 당시 중국 지식인의 집단적인 선택이기도 하였다. "흥미로운 사실은 서양미학사에서 자리를 잡지 못한 체르니솁스키의 이론이 중국 현대 미학에서 전형적이고 영향력이 컸다는 사실이다. 그 이유는 이에 대하여 혁명적인 개조와 이해를 거쳐 본래 명제의 휴머니즘과 '미는 생명이다'라는 생물학적인 의미를 버리고 '미는 사회생활이다' 등 사회혁명의 의미만을 부각시켰기 때문이다. 이는 또한 '사회생활은 본질적으로 실천적이다'(마르크스 《포이어바흐에 관한 요점》)라는 마르크스의 기본 결론과 연결시켜서 현대 중국 미학으로 하여금 창조적 새 여정을 밟게 하였기 때문이기도 하다. 바로 이 새 여정에서 어떻게 비판적으로 우리 민족의 훌륭한 전통을 이어받고 발전시켜서 시대적 특색을 지닌 중국의 마르크스 미학을 창시하여 발전시키느냐의 과제가 엄숙하게 제기되었다."[6]

이를 통하여 아래와 같은 사실을 알 수 있다. 첫째, 체르니솁스키는 중국 미학계에서 핵심적인 지위를 차지하였고 《생활과 미학》은 20세기 50, 60년대 심지어 70년대까지 미학 "경전 중의 경전"이 되었으며 더 나아가 서양 미학사에서도 중요한 위치를 차지하게 되었고 수많은 "서양미학사"의 중국어 전문 저작은 체르니솁스키의 사상으로 종결하였다. 둘째, 체르니솁스키의 사상은 당대 중국 미학의 "역사적 시점"이 되었고 중국 미학가는 이를 개조하는 데에 힘썼으며 한편으로는 그가 지닌 포이어바흐의 "자연성" 경향을 버리고 다른 한편으로는 마르크스주의 "사회성"과의 관련을 부각시켰다. 셋째, 체르니솁스키 미학에서 출발하여 최종 목표는 "중국화"의 마르크스주의 미학 체계를 구축하는 것이고 이런 사상 체계의 건설은 본토에

---

6) 리쩌허우: 《리쩌허우철학미학문선》, 호남인민출판사, 1985, p.236.

입각하면서도 시대와 더불어 조화롭게 발전할 필요가 있다.

대표적인 사건은 1958년 "대약진 운동" 기간 저우양이 북경대학교 중문과에서 《중국 마르크스주의 미학 건설》이라는 강연을 하면서 "중국화"의 마르크스주의 미학의 구호를 처음으로 제기하였다. 이를 통하여 알 수 있듯이 당시 중국 미학계는 같은 시대에 유행하던 소련 교과서 모델에 만족하지 못하고 중국 사람은 자신만의 중국 특색을 지닌 중국 실정에 적합한 미학 체계를 구축하고자 하였다. 그러나 모든 건설은 근거 없이 창조할 수 없고 건설의 전제로 어떤 모델이 필요한데 "미는 생활이다"가 당대 중국 미학가들이 보편적으로 받아들인 "전제적" 미학 이론이었다는 사실은 분명하다. 지금부터 당시의 미학 논술에서 이런 영향의 주된 경향을 살펴보도록 하겠다.

우선 "미는 생활이다"는 "미의 본질" 문제 해결과 관련된 당시의 "유물론에 적합한" 정확한 해결방식이자 마르크스주의 미학 건설의 시발점이라고 간주되었다.

당시 수많은 학자들 중에서 예슈산叶秀山의 견해는 보편적 의미를 지니고 있었다. "미란 무엇인가를 언급하면서 '미는 생활이다'라는 체르니셉스키의 유명한 정의를 무시하면 안 된다. 체르니셉스키는 독일의 고전 미학을 비판하고 러시아 예술 역사와 당시의 예술 실천을 결합하여 유물주의 관점으로 이러한 정의를 내렸기 때문이다. 이 정의는 이후 모든 마르크스 문예 비평가, 예술 이론가의 시발점이라고 할 수 있을 만큼 그의 영향은 깊고 거대하였다."[7] 예슈산은 "미는 주·객관의 통일"이라는 주광첸의 논점에 어느 정도 동의했을 뿐만 아니라 이를 "미는 생활이다"와 같은 기초 위에 구축한다면 양자는 모순적이지 않을 것이라고도 생각하였다. 레닌은 《유물론과 경험비판론》에서 "러시아 낙후 생활" 때문에 체르니셉스키는

---

7) 예슈산: 〈무엇이 미인가?〉, 《문예보》 편집부가 편찬한 《미학문제토론집》제2집, 작가출판사, 1957, pp.99-100.

"마르크스와 엥겔스의 변증적 유물론"까지 발전하지 못하였고 이런 상황은 미학 이론에도 나타났다고 생각하였다. 하지만 그의 미에 대한 원칙적 정의인 "미는 생활"은 20세기 중엽의 중국에서는 여전히 생생한 생명력을 지니고 있었고 중국 미학이 앞으로 나아갈 때 디딤돌이 되었다는 것은 사실이다.

그러나 비록 대부분의 논자들이 "미는 생활이다"라는 관점을 받아들였지만 차이-이蔡儀와 같이 "정관 유물주의"를 따르는 미학가들은 결코 그렇지 않았다. 1947년에《생활과 미학》을 읽게 되면서 차이-이는 이 책의 사상을《신미학》의 비판 대상으로 삼았던 적이 있다.[8] 그는 "미는 인간의 사회생활에서 벗어날 수가 없다"의 기본 관점에 동의할 수 없었기 때문이다. 물론 나중에 대세의 영향을 받아서 차이-이도 체르니셉스키의 일부 이론이 지닌 합리성을 인정하게 되었다. 비록 중화인민공화국 수립 전에 차이-이는 벌써 체르니셉스키의 관점과 자신의 차이를 알았지만 중화인민공화국 수립 후 1956년에 발표한 글에서 차이-이가 체르니셉스키의 관점을 자신의 관점을 증명하는 증거로 삼았다는 점은 조용한 전환이었다. "형식미"로 되돌아가면 둘의 사상 차이를 더 잘 알 수 있을 것이다. 체르니셉스키에 의하면 "좋아하는 것과 싫어하는 것은 같은 색깔을 지닌다", 단지 "건강하고 왕성한 생활의 색깔인가" 아니면 "병적이고 기분이 문란한 생활의 색깔인가"라는 차이가 있다고 하였다.[9] 그러나 차이-이에 의하면 색깔의 미추는 "진동 상태와 방사 이온"의 속성 조건과 관련되어 있고 때문에 전자는 색깔의 미추와 생활의 내용과 관련시키고 후자는 색깔의 미추와 자연 속성의 형식적 규정성과 관련시킨다고 하였다. 하지만 대부분의 논자가 "미는 생활이다"라는 인식에서 벗어나서 사물의 형식적 특징에서만 미의 본질을 탐구한다면 혼란에 빠질 수밖에 없다고 주장하였다. 형식적 특징은 사물의

---

8) 차이-이蔡儀:《유심주의미학비판집》, 인민문학출판사, 1958, p.2.
9) 체르니셉스키:《미학논문선》, 먀오링주繆灵珠 번역, 인민문학출판사, 1957, p.121.

미를 설명할 수가 없고 단지 미의 형식적 요소일 뿐이기 때문에 생활과 결합시켜서 형식적인 미를 이해해야 하였다. "형식적 미의 비밀은 형식적 특징과 생활 발전의 기조와의 내재적 조화이기 때문에 형식 자체만으로는 형식미를 이해할 수가 없고 형식적 특징과 생활의 특징을 관련시켜야 깊이 이해할 수가 있다".[10]

다음으로 대부분의 논자는 "미는 생활이다"를 중국 마르크스주의 미학을 구축하는 시발점으로 삼았고, 논자마다 서로 다른 각도로 체르니솁스키의 유물론 미학을 발전시켰기 때문에 발전된 관점은 서로 비슷할 수도 있고 대립할 수도 있다. 하지만 대부분의 논자는 체르니솁스키가 논한 생활은 "사회생활"이라고 주장하였지만 체르니솁스키가 논한 생활에 "생명"의 내용도 포함된다는 점을 소홀히 하였다. 최근에 어떤 논자, 예를 들어서 첸중원钱中文은 필자와의 대화에서 체르니솁스키가 사용한 "생활"은 러시아어 원래의 뜻인 "생명"이라고 번역해도 된다고 제시하였다. 비록 체르니솁스키가가 사용한 "생활"에 생명의 뜻도 담겨 있지만 단지 "생명"이라고 번역한다면 "우리의 이해대로 마땅히 이와 같아야 하는 생명"이라는 말은 이해하기가 어려울 것이다. 그렇다면 당대 중국 미학 사상은 체르니솁스키의 "미는 생활이다"라는 사상에서 어떻게 다른 길로 발전했을까?

첫 번째 발전 관점은 체르니솁스키와 가장 가까운데 이 관점에 의하면 "생활은 미의 진정한 본질이자 미의 유일한 기준이다"[11]라는 것이다. 체르니솁스키도 "생활은 바로 미의 본질이다"[12]라는 말을 하였지만 본인 자신은 미란 생활 자체라는 관점 쪽으로 더욱 기울었다.

이 관점은 "생활"이라는 정의의 범주에 대한 확정부터 시작해서 인간과 환경 상호 작용의 진화론적인 관점을 받아들인다. 생활은 우선 인간과 인

10) 차오징위안曹景元: 《미감과 미 - 주광첸 미학 사상 비판》, 《문예보》, 1956, 제17호.
11) 차오징위안: 《미감과 미 - 주광첸 미학 사상 비판》, 《문예보》, 1956, 제17호.
12) 체르니솁스키: 《미학논문선》, 먀오링주繆灵珠 번역, 인민문학출판사, 1957, p.64.

간의 상호 관계이고, 그 다음으로 인간과 자연의 상호 관계(인간은 자연과 물질적으로 교환하지 않으면 생활할 수 없기 때문이다)이다. 그는 "생활은 인간이 생존하고 발전하는 과정이며 인간과 환경이 서로 작용하는 과정이고 인간과 자연, 인간과 인간 관계 과정의 총체이며 인간의 생활은 늘 사회생활"[13]이라고 주장한다. 생활 자체는 사회성을 지니고 있는데 중국 마르크스주의의 이해에 따르면 "풍부하고 다채롭고 생동하고 구체적인 무한한 생활"은 노동으로 창조되었고 노동은 생활의 기초이며 노동 기초 위의 "사회진보"야말로 생활의 보증인 것이다. 이 시점에서의 생활은 건강한 생활(그의 특징은 새 생명, 청춘과 열정, 창조와 지혜, 근면, 용감, 휴머니즘 등이다)이라는 사실을 알 수 있다. 이런 적극적인 가치 기준을 지닌 관점에 따르면 인간은 "현실 속의 미"를 인식할 뿐만 아니라 "미의 법칙"으로 현실을 개조하고 있다는 사실을 알 수 있다.

이런 주장에 따라서 쟝쿵양蔣孔阳은 "미라는 사회 현상은 생활 자체에서 생겨 났다. 그래서 생활과 관련되어 있는 미는 생활 자체처럼 구체적이고 감성적이어야 한다. 그래서 미는 인간의 객관적인 사회생활을 내용으로 삼을 뿐만 아니라 생활 자체가 지니고 있는 감성적인 형식을 자기의 형식으로 삼는다."[14]라고 주장한다. 따라서 목적성, 창조성을 지니고 미감을 일으킬 수 있거나 심미 요구를 만족시킬 수 있는 인간의 활동은 미의 활동을 구성하였고 이런 미의 활동은 미의 객관적 사회 내용을 구성하였다. 홍이란洪毅然에 의하면 "미는 사물이 인간 생활 실천 관계에서 인간 생활 실천에 대한 의미와 역할에 근거하여 좋은 사물인지 나쁜 사물인지를 결정"[15] 하며 색, 선, 성, 음 등 형식적 요소에도 풍부한 사회적 내용이 가득하다고 주장한다. 차오징위안曹景元은 또한 "사물의 일정한 특성 자체는 미가 아니

---

13) 차오징위안:《미감과 미 - 주광첸 미학 사상 비판》,《문예보》, 1956, 제17호.
14) 쟝쿵양: 〈미에 대한 약론〉,《학술월간》, 1957, 4월호.
15) 홍이란: 〈미는 무엇인가 그리고 미는 어디에 있는가〉,《신건설》, 1957, 5월호.

고 생활과 특정한 관계가 발생하고 생활을 표현하기 때문에 미가 되는 것이다. 따라서 사물은 자체가 일정한 자연적 특성을 지니고 있고 이런 특성은 인생에 적극적인 의미를 지니고 있거나 인생을 표현해야만 미적인 것이 된다."[16]고 주장한다. 이처럼 생활을 미의 본질로 삼은 관점들은 서로 비슷하다.

두 번째 관점은 체르니셉스키에서 나왔으나 체르니셉스키 유물론의 반대편에서 미는 일종의 관념이라고 주장하는데 "주관파"의 뤼잉吕荧이 대표적이었다.

뤼잉은 "미는 생활이다"라는 이론에 대하여 아래와 같이 평가하였다. "철저한 유물론자 체르니셉스키는 추상적이고 일반적인 미의 기준이나 사물의 속성 조건으로 미를 논하는 것이 아니라 현실 생활에서 출발하여 두 발이 생활에 튼튼하게 서 있는 기초 위에서 미를 논한다."[17] 이런 이해는 다수 논자들과 일치하지만 뤼잉이 이런 이론에 귀의한 이유는 차이-이의 〈신미학〉의 객관화 경향과 명백히 구분되기 위해서였다. 미는 사물의 속성도 아니고 초월적이고 독립적인 존재도 아니다. 미는 역사와 사회 생활의 변화와 발전에 따라서 변화하고 발전할 뿐만 아니라 인간의 생활과 의식에 대해 반작용하기도 한다. 뤼잉은 체르니셉스키를 "전투유물론자"라 칭한다. 뤼잉에 의하면 체르니셉스키는 1853년에 《현대미학관념평론》에서 "관념(전형)은 특수한 사물에서 완전히 이뤄진다"라는 것을 "미"라고 생각하는 당시 유행하고 있던 독일 유심론 미학을 완전히 부정하고 미를 생활의 기초 위에 안치하여 유물론 미학 이론을 창립하였다.

더 나아가서 뤼잉은 "미는 생활 자체의 산물이고 미의 결정자, 미의 기준은 바로 생활이다. 인간의 생활 개념에 적합하고 인간의 생활을 풍부하게 하며 인간을 행복하게 할 수 있는 것은 바로 미적인 것이다"[18]라고 주

---

16) 차오징위안: 《미감과 미 - 주광첸 미학 사상 비판》, 《문예보》, 1956, 제17호.
17) 뤼잉: 《미학문제 - 차이-이교수의 〈신미학〉을 겸평하여》, 《문예보》, 1953, 제16기.

장하였다. 그러나 글의 마지막 부분에서 뤼잉은 생활과 의식을 "호문"互文 (상하 문장이 서로 뒤섞여 생략되면서 의미를 상호 보충하고 더욱 발휘하게 하는 수사법의 하나)해서 사용할 때부터 벌써 관념의 다른 면으로 나아가고 있는 데 결국 미를 "사회관념"으로 정하였다. 흥미로운 부분은 그가 늘 개인이 아닌 "사회적" 관념을 강조하였다는 점이다. 이 관점은 체르니솁스키가 "우리의 이해대로 마땅히 이와 같아야 한다는 생활"로 생활을 해석하는 사고에서 나온 것이다. 비록 뤼잉은 사회과학과 역사유물론의 관점으로 미를 설명하는 것을 찬성했지만 최종적으로 미는 인간의 사회의식이자 사회 존재의 반영이며 이차적인 현상이라고 주장한 것이다. 그러나 여기에 불합리한 부분이 있다. 미는 한편으로는 뤼잉에게 사회화의 "관념"으로 생각되고 다른 한편으로는 초현실적이거나 초공리적이거나 저절로 되는 것이 결코 아니라는 생각이다. 이는 사상의 내재적 모순이라는 사실은 의심할 바 없다.

세 번째 관점은 더욱 직접적으로 체르니솁스키에서 나왔다. 초기에 실천론 맹아를 지닌 리쩌허우李澤厚의 미학 또한 "미는 생활이다" 이론에서 다시 태어났다고 할 수 있다. 리쩌허우 본인도 "실천미학"이 실은 당시의 "생활미학"에서 나왔다고 직접 말한 적이 있다.

1959년 7월 24일에 완성된 《〈신미학〉의 근본 문제는 어디에 있을까》에 대한 이해에 따르면 이 글은 《미학논집》에 수록되기 전까지 공개적으로 발표된 적이 없고 "미는 생활이다"는 명제는 "유심론"을 반대하는 유력한 무기일 뿐만 아니라 "기계적 유물론"과 "형식주의" 미학을 반대하는 유력한 무기이기도 하였다.[19] 한편으로는 뤼잉이 체르니솁스키의 "빈틈"을 빌려서 관념론으로 나아간 것을 리쩌허우는 못마땅하게 생각하였고 다른 한편

---

18) 뤼잉: 《미학문제 – 차이·이교수의 〈신미학〉을 겸평하여》, 《문예보》, 1953, 제17기.
19) 리쩌허우: 《〈신미학〉의 근본 문제는 어디에 있을까》, 리쩌허우: 《미학논집》, 상해인민출판사, 1980, pp.120-125.

으로는 직관적인 유물주의로 되돌아간 차이-이의 경향은 더욱 못마땅하게 생각하였다. "마르크스 미학의 임무는 체르니셉스키 유물주의 미학 노선을 관철하도록 노력하고 사회 생활에 관한 역사 유물주의의 이론으로 "미는 생활이다"라는 정의를 구체화, 과학화하는 것이다."[20] 리쩌허우는 바로 이 논리에서 출발하여 자신의 미학을 구축하였다. 당시 새로 구축된 이 미학 사상으로 되돌아보면 체르니셉스키의 미학은 그의 철학처럼 포이어바흐 휴머니즘의 영향에서 완전히 벗어나지 못하였기 때문에 그에게 생활은 아직도 추상적이고 공허한 "인본학의 자연인"이라는 개념이었고 그 안을 유물주의가 중요시하는 풍부하고 구체적인 "사회역사존재"의 객관적 내용으로 채워야 하는 일이 관건이었다. 그러나 체르니셉스키의 이런 주장은 모든 "구미학"에서 마르크스주의 미학 관점에 가장 접근하였고 이는 리쩌허우의 "객관성과 사회성의 통일"이라는 조기 관념과 거의 일치하였다. 미는 인간의 사회 생활에만 존재하고 미는 인간의 사회 생활 자체라는 사실을 인정하였기 때문이다.

이처럼 미학에 대한 리쩌허우의 개조는 "사회생활"에 직접적으로 착수하여 마르크스에 대한 자신의 이해에 기반해 사회 생활을 "생산투쟁과 계급투쟁의 사회 실천"으로 간주한다. 인류 사회는 이와 같은 혁명적인 실천 투쟁 속에서 끊임없이 활기차게 앞을 향하여 발전하고 풍부해지고 있으며 이는 또한 사회 생활의 본질, 법칙, 사상(즉 객관적인 발전성이다)"[21]이다. 뿐만 아니라 리쩌허우는 콘스탄티노프가 주편한 《역사적 유물주의》에 관한 논술을 인용하여 사회 생활은 하나의 긴 강이고 더욱 깊고 큰 먼 곳을 향하여 끊임없이 흐르고 있으며 변동하고 있지만, 근본을 탐구하면 생활은 또한 계승성繼承性을 지니며 "변變" 과정에서 "불변不變"의 규범과 규칙을

20) 리쩌허우: 〈미감, 미, 예술을 논하여(연구 제요) - 주광첸의 유심주의 미학관을 겸론하여〉, 《철학연구》, 1956, 제5기.
21) 리쩌허우: 〈미감, 미, 예술을 논하여(연구 제요) - 주광첸의 유심주의 미학관을 겸론하여〉, 《철학연구》, 1956, 제5기.

쌓고 있다는 것을 증명하였다. 초기의 리쩌허우에게 생활과 실천이라는 두 단어는 서로 교체될 수도 있고 늘 "사회실천"이라는 새 단어로 결합하곤 하였다. "생활, 실천의 관점"으로부터 출발해야만 근본적으로 문제를 해결할 수가 있기 때문이었다. "만약에 미감과 기쁨이라는 것이, 인간이 정신적으로 자신의 생활 실천에 대한 일종의 인정, 일종의 명랑한 호감이라면 미 자체는 감성적인 현실 사물이 나타난 인간의 생활 실천에 대한 일종의 양호하고 유익한 긍정적인 성격이다", "현실이 인간의 실천(생활)을 인정하고 있을 때 현실은 인간에게 미적일 것이다."[22]

여기서 출발하여 리쩌허우는《"미는 생활이다" 및 기타를 논하여 – 차이-이 선생에게 답하는 것을 겸하여》라는 글에서 "생활론"을 직접적으로 발전시켰을 뿐만 아니라 차이-이, 주광첸과 비교하며 자신의 관점의 차이도 구분하였다. 객관파에 대해서는 체르니솁스키가 헤겔을 비판한 내용을 차이-이를 비판하는 데에 적용시킬 수 있다. 미는 관념(일반성)이 구체적인 이미지(개별적)에 나타난 것이라고 간주되는데 차이-이의 전형론은 개별적이고 구체적인 이미지에 "종류의 일반성"을 나타내고자 하기 때문이다. (체르니솁스키는 개구리가 개구리의 이념을 표현할 수는 있지만 결국 추한 것이라고 개구리를 비판한 적이 있다. 이 관점은 통속적으로 전형론을 비판하는 데에 사용되는데 즉 가장 아름다운 두꺼비임에도 인간에게는 추하게 느껴진다는 사실은 변하지 않기 때문이다.) 주광첸의 주관적 경향에 대하여 리쩌허우는 명백히 말하였다. "미의 객관성을 부정하고 미는 생활이다"를 부정하며 미를 단지 예술의 속성만으로 본다는 것은 한편으로는 예술성, 문예 특성과 미를 동일시하게 되고 다른 한편으로는 예술(예술미)은 주관의식의 산물로 귀결되어 생활 속으로 깊이 들어가는 의미를 부정하게 된다."[23] 이를 통하여 리쩌허우가 체

---

22) 리쩌허우:《〈신미학〉의 근본 문제는 어디에 있을까》, 리쩌허우:《미학논집》, 상해인민 출판사, 1980, p.143, 146.
23) 리쩌허우:〈"미는 생활이다" 및 기타를 논하여 – 차이-이 선생에게 답하는 것을 겸하여〉,《신건설》, 1958, 5월호.

르니셉스키의 생활관을 이용하여 상대의 두 가지 사상 경향을 반박하였다는 사실을 알 수 있다.

결론적으로 체르니셉스키의 유명한 "미는 생활이다"론은 생활과 미를 직접적으로 동일시할 뿐, "생활" 자체의 복잡한 내재적 구조를 구분하지는 않았다. 당시의 시점으로 보면 "생활 자체는 복잡하다. 물질적인 것도 있고 정신적인 것도 있으며 기초적인 것도 있으며 상부 구조의 것도 있기 때문이다"[24], 따라서 생활 자체의 의미를 불분명하게 하기 쉽다.[25] 사실 "미는 생활이다"를 자체, 본질, 본원 등 3가지 방면으로 이해하면 더 좋을 것이다. 첫 번째 이해는 미란 생활 "자체"이고 반대로 미 자체는 생활이기도 하다. 두 번째 이해는 미는 생활을 "본질"로 삼는 것이고, 아니면 생활이 미의 본질적 규칙을 구성한다. 세 번째 이해는 생활은 미의 "본원"이지만 반대로 미는 생활의 본원이 될 수 없다. 여기서 출발해야 고전부터 당대까지 "생활미학"의 다른 형태들을 세밀히 깊이 변별할 수 있다. 아무리 그래도 리쩌허우는 새로운 세기에 필자와의 대화에서 실천 미학이 생활 미학에서 나왔다고 분명히 말한 적이 있다. 그러나 도대체 "무엇이 생활인가"를 설명하려면《포이어바흐의 제요에 관하여》에서 나온 실천 관점을 도입하는 일이 관건인데 이것이 실천 미학의 진정한 시작이기 때문이다.

아울러 "미는 생활이다"론의 내재적인 결함은 이론적으로 보면 "생활"에 대한 선명치 않은 이해뿐만 아니라 아래와 같은 사항도 있다. 첫 번째는 "인본학"의 경향이다. 체르니셉스키의 전체 철학과 미학은 포이어바흐 인본학의 깊은 영향에서 벗어나지 못하였다. 특히 "생활"에 대한 이해는 여전히 생물학의 의미에서 벗어나지 못한 채 생활을 항상 초보적인 의미를 지닌 "생명" 상태로 해석하였다. (20세기 80년대부터 생명화의 미학이 중국에

---

24) 쑨첸孫潛:〈미는 이데올로기이다〉,《문예보》편집부가 편찬한《미학문제토론집》제2집, 작가출판사, 1957, p.117.

25) 류웨디刘悦笛:《생활미학 - 현대성 비판 및 심미정신 재구축》, 안휘교육출판사, 2005, pp.176-179.

서 부활할지 몰랐다) 두 번째는 "반영론 패턴" 및 자기 모순이다. "미는 생활이다" 이론은 결국 기계적이고 직관적인 모방론으로 귀결되어 예술로 하여금 생활을 재현하고 모방하는 것을 요구하게 되었다. (이는 50년대부터 중국 예술에서 점점 형성되어간 "사회주의의 현실주의" 주조와 일치하였다) 체르니셉스키는 "예술은 현실에 대한 창백한 복제에 불과하다"를 강조하면서도 예술은 "생활을 설명하여 인간 생활의 교과서"가 되기를 요구하였다. 문제는 예술이 이렇게 창백하고 빈약한데 어떻게 "현실 생활에 대한 판단을 내릴 수 있을까?" 세 번째는 "자연미"라는 난제이다. 체르니셉스키는 예술미를 부정하려고 시도하였지만(그에 의하면 "진정한 최고의 미는 인간이 현실 세계에서 만난 미이지 예술이 창조한 미가 아니다"[26]라고 하였다) 여전히 자연미라는 난제를 해석할 수가 없었는데 자연미가 사람으로 하여금 생활만 생각하게 하면 미적인 것이 아니기 때문이다. (자연미라는 난제는 50, 60년대 중국에서 여전히 "미의 본질"이라는 문제를 해결하는 열쇠로 간주되었다) 네 번째는 "인식론" 시점이다. 체르니셉스키가 마음속으로 흠모하는 "생활"은 이상주의적이고 낙관적인 의미를 지니는데 그는 "미란 생활에 대한 인식이고 생활의 이상이거나 이상적인 생활이다"[27]라고 주장하였다. 그는 인식론이란 틀에 얽매어 생활을 이해하였기에 고전에서 벗어나서 본체론의 차원까지 도달할 수 없었다. 이로부터 체르니셉스키의 생활 미학은 여전히 불완전하다는 것을 알 수 있다. 본질관에 대하여 다시 현실 생활로 되돌아간다고 주장하지만 구체적인 문제에 대하여 여전히 전통 사상에 머물고 있었기 때문에 생활 문제와 미학 난제를 일이관지—以貫之의 태도로 해결할 수가 없었고 이는 21세기 초엽에 비로소 발전한 "생활미학본체론"과는 판이할 수밖에 없었다.

---

26) 체르니셉스키:《생활과 미학》, 저우양 번역, 인민문학출판사, 1957, p.11.
27) 쑨첸:〈미는 이데올로기이다〉,《문예보》편집부가 편찬한《미학문제토론집》제2집, 작가출판사, 1957, p.116.

제2절 50년대의 "주관과 객관" 논쟁

정확히 1954년부터 중국 미학계는 유명한 "미학 대토론"을 시작했다. 이 논쟁의 초기 초점은 유심주의와 유물주의 간의 논쟁이었고, 대부분의 논쟁자들은 어느 파에 속하든 유물론자로 자처하였다. 이런 사고방식은 주로 "철학의 기본 문제"라는 논쟁에서 비롯된다. "마르크스주의 이론가들에게 어떤 미학적 관점의 주요 기준을 평가하는 것은 미학에서 철학적 기본 문제에 어떻게 대답하는지, 그리고 반영론을 어떻게 다루는지 봐야 한다. 마르크스 레닌주의 미학은 이 특징에 근거하여 유물주의 미학과 변증유물주의 미학, 주관적 유심주의 미학과 객관적 유심주의 미학을 구분한다".28) 이 판단은 기본적으로 역사적 사실에 부합한다.

일반적으로 미학 대토론이란 주광첸朱光潛이 《문예보》, 1956년 12호에 게재한 자기비판문인 〈나의 문예사상의 반동성〉에서 비롯됐다는29) 당시의 편집인은 "우리가 여기에 주광첸 선생의 〈나의 문예사상의 반동성〉이라는 글을 실었는데 이는 대과거의 미학적 관점에 대한 자기비판이다. 아시다시피, 주광첸 선생의 미학 사상은 유심주의적이다. 그는 전국 해방 이전에 여러 해 동안 미학 연구에 힘썼으며, 그는 《문예 심리학》, 《미에 대하여》, 《시론》 등의 저서를 잇따라 출판하면서 유심주의의 미학 사상을 체계적으로 홍보하여 지식 청년들에게 상당한 영향을 준 적이 있다. 최근 몇 년 동안, 특히 지난해 전국 지식계에서 후스胡適, 후펑胡風사상에 대한 비판이 전개된 이후, 주선생은 자신의 과거 문예사상을 비판하기 시작하였고, 현재 이 글은 더욱 그가 낡은 관점을 버리고 새로운 관점을 얻기 위한 노력을 보여주고 있다. 우리는 저자의 태도가 성실하며, 이러한 그의 노력은 마땅히 환

---

28) 야 이브로프: 《미학: 문제와 쟁론 – 미학논쟁의 방법론 원칙》, 장제張捷 번역, 문화예술 출판사, 1988, p.11.
29) 주광첸: 〈나의 문예사상의 반동성〉, 《문예보》, 1956, 12호.

영해야 한다고 생각한다"라고 하였다. 이는 미학논쟁 발단의 역사적 배경과 사회적 환경이 드러난 것이다.

하지만 그에 앞서 미학 논쟁이 시작됐다. 사실 미학 대토론은 주광첸이라는 "부르주아 계급 학술의 권위자"에 대한 비판에서 온 것이 아니라, 차이-이라는 확고한 마르크스주의 미학자에 대한 비판에서 비롯됐다.《문예보》, 1953년 16, 17호에 연재된 뤼잉吕荧의《미학문제 - 차이-이교수의 〈신미학〉를 겸하여 논한다》야말로 논쟁의 출발점이 돼야 한다. 즉, 유심론적 미학이 아닌 유물론적 미학을 비판하는 것이 진정한 출발점이며, 주광첸보다 차이-이가 먼저 비판을 받았지만(차이-이가 비판을 받은 근본 이유는 겉만 그럴듯한 유물론자이지 실은 유심주의이기 때문이다), 주광첸에 대한 비판은 "일대다로以一对多"의 공세가 형성되어 논쟁에 광범위한 참여가 이루어졌기 때문이다. 이에 앞서 정웨이郑为의 〈현실주의의 미학적 기초〉(《신건설》, 1951, 제6기), 란예蓝野의 〈현실주의와 미학에 관하여〉(《신건설》, 1952, 제1기), 차이-이의 〈사실주의와 주관의 약론〉(《신건설》, 1952, 제11기) 등 더 이른 미학적인 글들은 현실주의에 관한 것이었고, "미의 본질"에까지 오르지 않았다.

유물주의이나 유심주의를 잣대로 "미학 대토론"은 수많은 분파로 분류될 수밖에 없다. 통상의 이해대로 중국 미학 논쟁은 "객관파(차이-이)", "주관파(뤼잉, 가오얼타이高尔泰)", "주객관 통일파(주광첸)", "객관성과 사회성 통일파(리쩌허우)"가 모두 "미의 본질"을 놓고 벌이는 4파전으로 나뉜다. 이 같은 정확한 개괄은 1957년 〈현재의 미학 문제에 관한 논쟁 - 미의 객관성과 사회성을 조심스럽게 논한다〉에서 자기변호를 위해 최초로 미학논쟁을 네 파(그러나 후에 그는 또 주광첸의 관점에 치우쳐, 주관파가 독립적으로 구성되기에 부족하다고 인정하였다)[30]로 나누었던 리쩌허우에서 비롯되었다. 나중

---

30) 리쩌허우: 〈현재의 미학 문제에 관한 논쟁 - 미의 객관성과 사회성을 조심스럽게 논한다〉, 《학술월간》, 1957, 1월호.

에 가장 주안점을 둔 사람이 쟝쿵양[31]이었지만, 논쟁의 당사자는 나중에 4파四派가 아니라 시간적 순서로 마지막으로 나타난 "주관파"를 배제한 3파三派로 인정하기에 이르렀다는 점도 주광첸의 견해에 가까웠다. 그러나 사실 가오얼타이는 후기에 논쟁에 참여했지만 논쟁을 일으킨 뤼잉이 최초의 참여자였고, 뤼잉은 본인의 생각이 객관적이어야 한다고 생각했지만 그가 주관파의 첫 번째 대표였던 것은 틀림없다. 주광첸은 훗날 주객主客의 구분과 통일을 소식苏轼의 《금시琴诗》라는 명시로 알기 쉽게 풀이했다. "거문고 소리가 난다 하면 상자에 넣으면 왜 소리가 안 나는가? 거문고 소리가 손에서 나온다면 왜 너의 손에서는 소리가 들리지 않는가?"이다. 거문고 소리가 손가락에서 나온다는 것은 "주관적 유심주의"이며 거문고 소리가 난다는 것은 "기계적 유물주의"이며 거문고객관적 조건와 함께 거문고 손가락(주관적 조건)도 있어야 한다는 것은 주객관의 통일[32]이라는 설이 널리 알려져 있다.

여기서 먼저 널리 인용되고 있는 네 가지 관점을 열거한다. "주관파"는 "미美는 인간의 관념이다" 또는 "미美는 인간의 사회 의식이다(뤼잉)[33]", "미美란 인간이 그것을 느끼면 존재하고, 느끼지 않으면 존재하지 않는다(가오얼타이)[34]"라고 주장한다. "객관파"는 "객관적 사물의 미적 이미지는

31) 쟝쿵양: 〈건국 이래 중국 미학문제에 관한 토론〉, 《복단대학교학보》, 1979, 제5기. 하지만 쟝쿵양의 〈건국 이래 중국 미학문제에 관한 토론〉의 영향은 더 컸다. 중국사회과학원 철학연구소 미학연구실, 상해문예출판사 문예이론편집실 합편의 《미학》제2권, 상해문예출판사, 1980을 참고함.

32) 주광첸: 〈"사물이 보이고 사람이 보이지 않는 미학" – 홍이란 선생을 다시 대답한다〉, 《신건설》, 1958, 4월호.

33) 뤼잉: 《미학서회美学书怀》, 작가출판사, 1959, p.117; 뤼잉: 〈미란 무엇인가〉, 《인민일보》, 1957.12.3; 《문예보》편집부: 《미학문제토론집》제4집, 작가출판사, 1959, p.3.

34) 가오얼타이: 〈미를 논한다〉, 《문예보》편집부: 《미학문제토론집》제2집, 작가출판사, 1957, p.134. 이 글은 《신건설》, 1957, 제2기에 발표됐고 쫑바이화宗白华의 《〈미를 논한다〉를 읽고 생긴 몇 가지 의문》(《신건설》, 1957, 3월호)을 부드럽게 비판하고

객관적 사물의 본질에 관계되어 있으며 구경꾼의 관점에 따라 결정되지 않는다"(차이-이)[35]고 주장한다. "주객관 통일파"는 "미美는 객관적 측면의 어떤 사물, 성격, 모양이 주관적 측면의 이데올로기에 적합하고, 서로 어울려서 하나의 이미지가 되는 그런 특질"(주광첸)[36]이라고 주장한다. "객관성과 사회성 통일파"(나중에 "실천파로 발전했다)는 "미는 사회발전의 본질, 법칙과 이상을 포함하는 구체적 감각형태의 현실생활현상으로, 요약하자면 미는 진정한 사회 깊이와 인생의 진리를 간직한 생활의 이미지(사회 이미지와 자연 이미지 포함)이다"[37]라고 주장했다가, 훗날 "미는 사회실천의 산물이다"(리쩌허우)"라고 직접 지적하면서 중국 미학의 주류가 된 "실천미학"의 문을 열게 된 것이다.

논쟁의 최초 초점에서 보면, 유물과 유심이 미학사상 입론의 경계선이되는 이유는 바로 중국화의 마르크스주의 미학의 기본 이론을 세우는 데 목표를 두고 있기 때문이다. 《문예보》가 그해에 주광첸의 〈나의 문예사상의 반동성〉이란 글을 발표한 것은 당시 마르크스주의 미학을 건설해야 하는 필요성과 절박성을 드러내 보였다. 즉 "학술적 사상의 자유로운 토론을

민쩌(敏澤)의 〈주관적 유심론의 미학사상 - 〈미를 논한다〉를 비평하면서〉(《신건설》, 1957, 3월호)를 예리하게 비판하였다.
35) 차이-이: 《유심주의미학비판집》, 인민문학출판사, 1958, p.56.
36) 주광첸: 〈미는 객관과 주관의 통일이라는 것을 논한다〉, 《철학연구》, 1957, 제4기. 이 글에 대한 홍이란의 비판문은 〈미가 이데올로기인가? - 주광첸의 〈미는 객관과 주관의 통일이라는 것을 논한다〉, 《학술월간》, 1958, 1월호였다. 나아가 주광첸은 리쩌허우의 〈현재 미학 문제에 관한 논쟁〉과 홍이란의 〈미는 이데올로기인가?〉를 겨냥하여 〈미는 이데올로기적일 수밖에 없다 - 리쩌허우, 홍이란을 대답하면서〉《학술월간》, 1958, 1월호)라는 반대 비평문을 썼다. 이후 홍이란은 〈미는 객관적 존재의 성질인가, 이데올로기의 성격인가? - 주광첸 선생과 다시 의논하다〉(《신건설》, 1958, 4월호)라는 글을 썼고, 주광첸은 〈"사물이 보이고 사람이 보이지 않는 미학" - 홍이란 선생을 다시 대답한다〉(《신건설》, 1958, 4월호)을 같은 시기에 발표해 가장 화력을 집중한 토론으로 논쟁을 벌였고 논쟁의 각 측은 모두 이것으로 각자의 관점을 심화시켰다.
37) 리쩌허우: 〈미적 감각, 미, 예술을 논한다〉, 《철학연구》, 1956, 제5기.

위해 주광첸 선생의 미학적 관점, 기타 미학적 문제를 비판하는 글 등 미학적 문제에 대한 글을 본지에 계속 게재한다. 충분하고 자유롭고 진지하게 서로 토론하고 비판해야만 진정한 과학적이고 마르크스 레닌주의 원칙에 근거한 미학을 점진적으로 건설할 수 있다고 생각한다"이다.

여기서 출발하는 관건은 아래와 같은 사실을 파악하는 것이다. 즉 "미학적으로 상반된 두 갈래 길: 유물주의적, 유심주의적이다. 근본적인 불일치는 객관적 사물 자체의 미를 인정하느냐 못하느냐 하는 것, 미의 관념이 객관적 사물의 미를 반영한다는 것을 인정하느냐 안 하느냐 하는 것이고, 한마디로 미가 객관적이냐 주관적이냐에 달려 있다."[38] 그렇다면 철학의 획정 진영에서 보듯 유심주의의 길로는 미는 주관적 의식에, 유물주의의 길로는 미는 객관적 현실에 있다. 혹은 "대략적으로 미의 범주에서는 두 개의 대립노선의 투쟁을 진행하고 있다. 하나는 유심주의 노선으로 미는 주관적인 것이라고 생각하고 사물의 미는 주관적인 취향의 발사 때문이지 객관적으로는 미가 존재하지 않는다. 미의 객관적 기준은 없고 미는 주관적인 관점에서 봐도 미의 본질을 이해할 수 없다. 다른 하나는 유물주의 노선으로 미의 객관성을 인정하고, 사물의 미는 사람의 감각으로 이동하지 않으며, 객관적으로 미가 존재하고, 미의 본질은 생활이라는 것이다."[39] 예술의 두 기본 창작 방법도 위의 관점과 관련돼 있다. "첫 관점에서는 현실에는 미가 없고, 예술은 현실에는 미가 없는 상황을 메워줘야 한다는 데서 비롯된다. 그래서 주관주의적 창작방법을 낳는다. 두 번째 관점에서는 예술에서의 미는 현실적인 미의 반영이며, 예술은 현실의 예술적 재현이다. 따라서 현실주의적인 창작방법을 내놓는다"[40]며 예술 창조의 방법 구분이 미

38) 차이-이: 〈미학의 유물주의와 유심주의를 논한다 - 뤼잉의 미학이 관념설이라는 반동성을 비판하면서〉, 《북경대학교학보》, 1956, 제4기.
39) 차오징위안: 〈미적 감각과 미 - 주광첸의 미학사상을 비판하면서〉, 《문예보》, 1956, 17호.
40) 차오징위안: 〈미적 감각과 미 - 주광첸의 미학사상을 비판하면서〉, 《문예보》, 1956, 17호.

의 주객분립에서 유도되는 것을 알 수 있다.

그렇다면 미학 논쟁에서 "주객의 논쟁"은 어떻게 전개될 것인가? 몇 가지 중요한 텍스트에 집중하도록 하겠다. 뤼잉은 1953년 차이-이를 최초로 비판하며 집중적으로 비판받고 있던 차이-이의《신미학》에 초점을 두었는데, 이후 주광첸에 대한 비판은 대부분 그의《문예심리학》에 집중된 것처럼 이런 비판의 대상은 모두 중화인민공화국이 성립되기 전의 대표적인 미학 저술이었다. 비판의 표적으로 삼은《문예심리학》과《신미학》은 주광첸과 차이-이의 핵심미학사상을 가장 잘 대변하는 저서가 됐으며, 가장 많이 논술된 미학 2권의 저서가 될 정도로 중요한 미학 논변들이 이 두 권의 저서를 중심으로 전개되고 있음을 역사가 증명하고 있다.

흥미롭게도 미학논쟁의 진정한 출발점은 뤼잉이라는 "주관파"가 전개한 차이-이라는 "객관파"에 대한 확고한 비판이지만, 뤼잉은 차이-이사상의 유심적 본질을 비판하며 자신은 여전히 유물적 입장에 서 있다고 생각한다. 뤼잉은 미는 곧 사람의 일종의 "관념"이라는 것을 인정하지만, 어떤 정신생활의 관념도 모두 현실 생활을 기초로 하여 형성되었기 때문에, 그의 미학이 유물적이라는 점은 바로 미가 모두 "사회의 산물", "사회의 관념"이라고 인정하는 데 있다. 뤼잉은 이런 사상의 기초로 첫째, 마르크스주의의 미학을 "사회생활의 기초"에서 연구해야 한다는 것이 당시 널리 인정받았다. 둘째로 미학을 "역사의 연관"에서 연구해야 한다는 것이 마르크스주의 미학의 또 다른 "기본적 원칙"이었다. 대조적으로, 예로부터의 유심론의 미학은 추상적인 "예술의 원칙"이나 "미의 규범"으로부터 출발하여 "예술", "보편적인 미" 등의 요구에 기초해 왔으며, 뤼잉 에게는《신미학》도 이러한 진영에 속해 있다.

이에 따르면 "《신미학》은 초사회적, 초현실적 관점에서 미를 보고 미를 인간의 삶과 인간의 의식을 초월하는 객관적 존재로 볼 뿐만 아니라 초사회적, 초현실적 관점에서 사람을 보는 것은 어떤 역사의 시대, 어떤 사회, 어떤 계급에도 속하지 않는 객관적 존재, 하나의 생물학적 종류로 본다."[41]

그래서 《신미학》은 일종의 유심론의 "종류관념"에 기초한 미학인데, 차이-이가 유심론으로 비판받았던 이런 발상은 뤼잉의 독일 유심론(즉 독일의 고전철학과 미학) 비판과 일치한다. 뤼잉이 바라본 《신미학》은 모든 사회적 관계와 역사적 과정을 넘어 현실의 인간을 추상적인 생물학적 "인간"으로 대체하고, 이 관점에서 자연, 사회를 관찰함으로써 "사물의 종류", "미적 본질", "미적 인식", "미의 종류"라는 전체 이론체계를 구성했다. 뤼잉은 미학을 "유본질类本质"로 연구한 차이-이 방책을 파악했지만, 차이-이의 사상은 기계론적 유물론이었다는 것은 사실이다.

차이-이는 〈미학의 유물주의와 유심주의를 논한다 – 뤼잉의 미학이 관념설이라는 반동성을 비판하면서〉라는 반론을 펴면서 뤼잉 미학의 유심 실체에 대해 철학의 높이까지 올라가 논박한다. 주관론적 미학 사상의 "상대주의"가 가장 비판받기 쉽다는 점에서 시작됐다. 주관론자들은 종종 이러한 상대성을 논거로 삼는데, 그것은 미는 누구나 알지만, "미에 대한 생각"은 서로 다르다고 생각한다는 것이고, 같은 상대를 만나도 미라고 생각하는 사람이 있는가 하면 그렇지 않다고 생각하는 사람도 있고, 같은 사람이 "미美에 대한 생각"에도 변화가 있지만, 원래 미라고 여겼던 것은 나중에는 미가 아니라고 생각되고, 그 반대의 경우도 마찬가지이다. 그래서 "미는 사람의 주관 속에 반영되는 관념이다"라는 뤼잉의 주관론은 먼저 차이-이에게 지탄을 받았다. "사물", "반영", 그리고 "관념"을 인정하고, "미"라는 관념이 사물의 반영인 듯하지만 사실은 정반대이다. 뤼잉의 미학은 바로 이런 주관에서 출발하였다. 뤼잉이 "미는 객관적"이라는 그의 설이 유심론으로서 "독일 유심론 각파의 미학"과 직결된다는 점을 차이-이는 반박하였다. "미는 관념이다"라는 뤼잉의 주장은 오히려 유물론적 미학을 반대하는 유심의 미학이라는 점에서 이는 정반대였다. 뤼잉의 미학이론은 현실 생활의 실제와 절대 반대이며, 정치적으로 "반마르크스주의"이기 때문이다.

---

41) 뤼잉: 〈미학문제 – 차이-이교수의 《신미학》〉, 《문예보》, 1953, 16·17기.

차이-이는 뤼잉과 마찬가지로 실생활도 검증으로 내세우지만, 뤼잉의 미가 관념설이라고 비판하는 데 목적이 있다. 뤼잉의 관점이 자신이 표방하는 "현실생활로부터 사회생활에 기초한 연구"에서 나온 결론이 아님을 보여 주려 하기 때문이다. 겉으로 보면 뤼잉의 관점은 체르니셉스키에서 온 것처럼 스스로를 철저히 유물론자로 내세우지만 뤼잉의 미학 이론은 정반대로 가고 있기 때문이다. 그러면 차이-이는 어떻게 체르니셉스키와 가까워졌는지 살펴보도록 하겠다. 차이-이는 "미는 생활이다"라는 정의에서 미가 곧 객관적 현실생활이라고 명시하는데 즉 미는 객관적 현실에 있다"고 인정했다.42) 차이-이는 이를 통해 "뤼잉의 미는 관념설이며 이는 현실 생활의 실제에도 맞지 않고 마르크스 레닌주의 반영론의 원칙에도 부합하지 않는데, 뤼잉의 이론이 유심주의의 미학 이론이 아니면 무슨 유물주의의 숨결이 있는 것인가"43)라며 진실하고 최고의 미를 현실 세계에서 찾았다. 그렇게 보면 차이-이는 뤼잉 미학의 유심론적 실체를 파악했지만, 이는 그가 자신의 반영론적 미학사상으로 측정한 결론이기도 하다.

주광첸의 〈나의 문예사상의 반동성〉이 1956년에야 발표된 이후 그가 일으킨 논란은 누구나 다 아는 일이어서 《문예보》 편집부가 1957년 5월 편집하고 출판한 《미학문제토론집》에서 첫 표적으로 삼은 것이다. 이 글에서, 주광첸은 자신이 교육을 받는 과정부터 흥미진진하게 말하며, 자신의 반동성이 주로 미와 예술 두 방면에 나타난다고 생각한다: 한편 그는 중화인민공화국 성립 전 자신 미학사상의 유심적 본질을 인정하였다. 특히 크로체의 "예술은 곧 직관"이라는 설의 유심적인 영향을 받았다. 다른 한편 또 "문예사상은 극단적으로 반현실주의적이다. 객관적 현실세계를 근본적으로 부정하는 주관적 관념론은 예술이라면 당연히 현실을 반영한다고 볼 수

---

42) 차이-이: 〈미학의 유물주의와 유심주의를 논한다 – 뤼잉의 미학이 관념설이라는 반동성을 비판하면서〉, 《북경대학교학보》, 1956, 제4기.
43) 차이-이: 〈미학의 유물주의와 유심주의를 논한다 – 뤼잉의 미학이 관념설이라는 반동성을 비판하면서〉, 《북경대학교학보》, 1956, 제4기.

없다. 나는 현실주의를(나는 그것을 사실주의라고 부른다) 굽히고 비방하고 그 것을 자연주의와 동일시한다. 자연미와 예술미를 구분하지 않는다. 원래 나는 예술과 현실인생의 거리를 강조하는데 목적 중 하나가 현실주의를 반대하는 것이다."라고 밝힌다.[44] 그래서 이후의 비판은 "미美가 무엇인가"라는 유심적 본질과 "반反현실주의"라는 두 가지 측면을 탐구하는 데 집중됐다.

주광첸 미학에 대한 비판은 비교적 온화한 태도를 보이는 황야오몐黄药眠이 첫손에 꼽힌다. 〈식리자食利者의 미학 – 주광첸의 미학 사상비판〉이라는 글에서는 먼저 직감이 바로 "형상形相" 혹은 "의상意像"이라는 주광첸의 관점을 집중적으로 비판하였다. "주선생이 보기에 객관적 사물은 주관적으로만 존재할 뿐이다. '형상'은 전적으로 주관적인 것이지만, 우리가 보기엔 객관적 존재는 제1의 의미이다. 예술의 미는 주로 생활현상의 묘사를 통해 객관적 사물의 본질과 법칙 또는 이러한 법칙과 본질에 대한 여러 측면을 사실적으로 나타내거나 암시할 수 있다는 것이다."[45] 또 주광첸이 자주 말하는 "초탈超脱", "관조观照"는 모두 나만의 관점에서 출발할 뿐만 아니라, 그의 예술관도 "유아주의唯我主义" 예술관이다. 이를 통하여 황야오 몐이 주로 주광첸의 "유아주의"를 반박하였다는 것을 알 수가 있다. 주광 첸은 옛사람의 "도덕을 위한 예술", 근대인의 "예술을 위한 예술", 영국 소설가 로렌스의 "나를 위한 예술"을 거론한 뒤 찬성의 관점을 제기하였기 때문이다. 사상의 내재적 논리로 "주선생은 감각론에서 유아론, 유아론에서 초월주의, 초월주의에서 신비주의로, 이것은 주선생 사상의 논리 체계이자 사상 발전의 필연적인 결과"[46]라고 비판하며 주광첸 사상 이면의 세계관 취향을 찾으려고 시도한다. 또한 왕쯔예王子野는 주광첸 예술의 "비실용론"을 비판하는 두 가지 이론적 근거〈즉, "직각설直觉说"과 "이정론移情

---

44) 주광첸: 〈나의 문예사상의 반동성〉,《문예보》, 1956, 12호.
45) 황야오몐: 〈식리자의 미학 – 주광첸의 미학 사상비판〉,《문예보》, 14·15호.
46) 황야오몐: 〈식리자의 미학 – 주광첸의 미학 사상비판〉,《문예보》, 14·15호.

论")에 기초해 주광첸의 "형식주의" 미학관에 대한 비판에 중점을 뒀다. 이유는 "주광첸은 내용과 형식 분리를 고취시켜 내용의 의미를 떨어뜨리고 반현실주의적 예술론을 떠벌려왔다"[47]이다. 이는 주광첸에 대한 비판의 또 다른 발상이기도 하다.

더 깊이 있는 비판은 허린贺麟의 《주광첸 문예사상의 철학적 근원》[48]에서 나왔다. 그는 크로체를 직접 비판함으로써 주광첸 자신이 "크로체를 따라간다"고 인정했기 때문에 간접적으로 주광첸에 대해 비판했다. 허린의 진일보한 비판에 따라 크로체의 "반변증법 사상", "예술이 곧 직관이란 설", "직감이 곧 창조란 설", "직감이 곧 표현이란 설"을 차례로 비판하는 것이 사실 주광첸에 대한 비판이다. 이런 측면에서 주광첸이 크로체를 계승하였기 때문이다. 결국 크로체, 주광첸은 칸트, 헤겔의 "유심론"을 발전시켰으나 헤겔의 "변증법"을 포기했고, 크로체에 대한 주광첸의 비판은 그의 니체적 반이성주의 사상을 표현했고, 허린은 주광첸이 크로체를 버리려 하지만 니체를 아쉬워하는 것을 심각하게 보았다. 주광첸은 구체적인 미학관에서는 "칸트 - 크로체"를 지양한다는 논리로 뒷받침할 수 있지만 니체의 인생에 대한 심미적 이해는 한결 같이 받아들인다. 노년의 주광첸은 "더 중요한 것은 내가 본래의 사상적 모습을 잘 인식하는 것이고, 미학적인 면뿐만 아니라 인생관 전반에 걸쳐 있다. 보통 독자들은 나를 크로체식의 유심주의론자로 여겼는데, 이제야 나는 니체식 유심주의론자라는 것을 알게 됐다. 내 마음에 뿌리박은 것은 크로체의 《미학원리》에 나온 직각설보다는 니체의 《비극의 탄생》에서 나온 주신酒神정신과 일신日神정신이었다"[49]라

---

47) 왕쯔예: 〈전투의 예술 - 주광첸 예술의 "비실용론"에 대한 초보적인 비판〉, 《문예보》 편집부가 편집한《미학문제토론집》, 작가출판사, 1957, p.237.

48) 허린: 〈주광첸 문예사상의 철학적 근원〉, 《인민일보》, 1956년 7월 9일, 10일. 이와 비슷한 비판하는 글은 민쩌敏泽의 〈주광첸 반동미학의 원源과 류流〉, 《철학연구》, 1956, 제4기.

49) 주광첸: 《비극심리학》(중영문 합본), 장룽시张隆溪 번역, 안휘교육출판사, 1989(1933년 영문 원판), 중문판 자서 부분, p.4.

고 인정한다. 사실 그중에서도 "일신정신"이 주광첸에게 평생 중대한 영향을 끼친 경우가 더 많다.

　나아가 차이-이는 〈〈식리자의 미학〉을 평한다〉에서 황야오몐의 비판이 주광첸 미학의 기본 논점, 즉 미학에서 기본적 문제는 모호하게 닿아 있을 뿐, 심각하게 분석하지 않고, 제대로 된 비판을 하지 못했다고 주장한다. 물론 미학사의 사실이 승명하듯, 미학의 기본적 문제는 우선 "미는 마음의 산물인지 사물의 산물인지, 즉 "미적 감각이 미를 좌우하는가, 아니면 미가 미적 감각을 야기하는가" 히는 문제이다.[50] 차이-이는 "미는 미적 경험에서 태어난다", "모든 미는 모두 마음의 창조를 거친다"라는 주광첸의 주장을 반박한 것이다. 나아가 차이-이는 황야오몐이 겉으로는 주관적 유심주의를 비판하지만 실제로는 주관적 유심주의를 표방하는 미학적 사상이라고 반격을 가했다. 주광첸의 자기비판 글은 그가 본래의 발판을 떠나고 싶다는 뜻일 뿐 황야오몐 글의 기본 논점은 주광첸과 같은 발판에 두고 있다는 것이다. 차이-이가 보기에 주관적 유심주의가 미학적 사상에 특히 완강했고, 미학이 여전히 주관적 유심주의의 "미궁진"에 빠져 있는 것이다.

　주광첸의 〈미학은 어떻게 해야 유물적인 동시에 변증적인가 - 차이-이의 미학적 사상을 평하면서〉이라는 글에서는 적절한 규명작업을 진행하였는데, 그는 황야오몐에 대한 차이-이의 비판에 동의하였으며, 황야오몐이 유물주의의 원칙으로 미학적 문제를 해결하려던 주관적인 의도와 그의 주관적인 관념의 기본 논점 사이에 모순이 있음을 지적하였다. 차이-이의 글은 주광첸에게 미학의 어려움을 한층 더 깨닫게 하였다: 미학에서 유심과 유물의 경계를 명확히 하는 것은 이미 쉬운 일이 아니다. 유심과 유물의 경계는 확실히 분명하게 정해져 있다 하더라도, 미학적 문제는 이미 해결되었다고 말할 수 없다. 주광첸의 진일보한 의도는 차이-이의 미학적 관점이 의심할 여지없이 유물의 방향으로 나아가려 했으나, 그의 논조는 미학의 기

---

50) 차이-이: 〈〈식리자의 미학〉을 평한다〉, 《인민일보》, 1956.12.1.

본을 해결하지 못했다는 것을 밝히고자 하였다.[51] 이처럼 미학논쟁에서는 유물과 유심의 논쟁이 첨예하게 대립하고 있으며, 논쟁의 각 파벌은 모두 자신이 진리를 차지하고 있다고 느끼고 있다.

리쩌허우는 당시 미학의 신생 역량으로 "미학 대토론"에 참여하였는데, 그의 〈미의 객관성과 사회성 – 주광첸과 차이-이의 미학관을 평하면서〉는 자신의 독특한 관점을 정면으로 제시하면서도 주광첸과 차이-이 사상의 결함을 반증하였다. 미의 "존재의 객관성"을 부정하든(황야오몐과 주광첸) 미의 "존재의 사회성"(차이-이)을 부정하든 리쩌허우의 입장에서 미 본래의 객관성과 사회성은 이들 사이에서 상호 배척적이며, 통일되지 않은 대립면이었지만 그는 이 두 가지를 하나로 묶으려 했다. 황야오몐과 주광첸은 이 두 가지 속성 간의 필연적 연관을 끊었기 때문이다. 미의 "사회성"을 인정하면 주관적 조건(의식, 취향 등)에 의존하지 않는 미의 '객관성'을 부인해야 하고, 이와 동시에 미의 이런 "객관성"을 인정하면 인간의 사회생활에 의존하는 미의 "사회성"을 부인해야 한다고 생각하였지만 실은 객관성과 사회성은 결합될 수 있다.[52] 이런 관점은 일종의 미학적 변증의 종합이라고 할 수 있는데, 리쩌허우는 자신의 입론에서 출발하여 객관파와 주객합일파의 이론적 한계를 발견하게 되었다.

"자연미"라는 측면에서 리쩌허우의 비판은 더욱 힘을 얻는데, 사회생활에서 미의 "사회성"은 문제없지만 자연미는 가장 까다롭기 때문에 미의 객

---

51) 주광첸: 〈미학은 어떻게 해야 유물적인 동시에 변증적인가 – 차이-이의 미학적 사상을 평하면서〉, 《인민일보》, 1956.12.25. 이 글을 반박하는 차이-이의 연재문은 〈주광첸의 미학사상은 왜 주관적 유심주의인가〉이고, 《학술월간》, 1957, 12월호, 1958, 3월호에 발표한 〈주광첸사상의 원래 모습〉과 〈주광첸 미학사상 고물의 새단장〉이다. 이후에 리쩌허우는 〈미의 객관성과 사회성 – 주광첸과 차이-이의 미학관을 평하면서〉(《인민일보》, 1957.1.9.)란 글로 계속해서 자신의 관점을 논변하고 심화시켰다.

52) 리쩌허우는 〈미의 객관성과 사회성 – 주광첸과 차이-이의 미학관을 평하면서〉, 《인민일보》, 1957.1.9. 이 글을 반박하는 차이-이의 글은 〈비판을 왜곡해서는 안 된다〉, 《인민일보》, 1957.12.12.이다.

관성과 사회성이 통일되기 어렵다는 논리다. 따라서 자연 자체에 미가 없고 미가 인간의 주관적인 의식에 의해 만들어진 것이라고 생각하든가(주광쳰) 자연미가 그 자체의 자연조건에 있고 인간과 무관하다고 생각하는(차이-이) 단편적인 관점이 생긴 것이다. "사실, 자연미는 자연 그 자체에도 없고, 인간의 주관적인 의식에 덧붙여진 것도 아니고, 사회 현상의 미와 마찬가지로 객관적 사회성의 존재이다".[53] "미美의 본질"에 대한 논쟁의 연장선상에서 미의 토대를 어떻게 볼 것인가, "자연성"에 있는 것인가, 아니면 "사회성"에 있는 것인가, 아니면 "자연성과 사회성"에 대한 통합에 있는 것인가?라는 문제가 생겼다.

제3절 60년대의 "자연성과 사회성" 논쟁

1950년대 중반의 "주객논쟁" 이후 "미학 대토론"이 좀 더 활발해진다.[54] 다시 말해 "자연성 – 사회성" 논쟁이 시작되고, 비록 "주객논쟁"이 계속되고 있었지만 이 문제는 부각되지 않고 새로운 논쟁으로 자리잡고 있었다. 그 이유 중 일부는 "주관파"가 완전히 몰락해 미학논쟁을 보다 더 높은 차원으로 이끌어야 한다는 데 있다. 구소련의 미학 논쟁과 유사하게, 그들의 논쟁은 비교적 성숙한 "자연파"와 "사회파"의 양대 파벌을 형성하는 것으로 귀결되었다.[55] 그러나 중국의 미학이 더 긍정적인 것은 중국의 사회파

---

53) 리쩌허우, 〈미의 객관성과 사회성 – 주광쳰과 차이-이의 미학관을 평하면서〉, 《인민일보》, 1957.1.9.

54) 주광쳰: 〈미학 속의 유물주의와 유심주의 논쟁 – 미학의 비밀을 캔다〉, 《철학연구》, 1961, 제2기. 홍이란과 같이 상의해서 쓴 글은 〈미학의 몇 가지 근본적 문제를 논한다 – 미학논쟁의 방법론 원칙〉, 《간소사범대학교학보》, 1963, 제4기이다.

55) 야 이브로프: 《미학: 문제와 쟁론 – 미학논쟁의 방법론 원칙》, 장졔張捷 번역, 문화예술출판사, 1988.

가 시작된 이후 60년대 들어 "실천파" 사상의 싹이 텄다는 점이고, 구소련이 "자연파와 사회파의 논쟁" 이후 이를 실천하는 관점을 발전시키지 못한 것도 실천을 중요시하는 중국전통 사고방식과 관련이 있을 수 있으며, 이는 당대 중국 미학이 세계 미학에 기여한 독특한 사례이기도 하다.

실제로 구소련의 미학논쟁에 비추어 볼 때 우리의 "객관파", "사회성과 객관성의 통일파", "주객통일파"는 각각 "자연파"(미의 본질이 사물의 "자연 속성"에 있다고 인정한다), "사회파"(사물의 사회성은 사물로 하여금 "미의 속성"을 지니게 한다고 인정한다)와 맞대응한다. 그 외에 미의 본질은 "자연 속성과 사회 속성의 통일"에 있다는 주장도 있는데 이는 우리의 "주객통일파"와 비슷하다. 그러나 구소련의 미학 논쟁에서 "주관파"가 존재하지 않거나, 당시의 소련에는 주관주의가 존재할 여지가 없었으며, 그 후 이른바 "신심미파"라고 할 정도로 "사회파"가 더 인정받으면서 이 유파에서는 "활동론" 취향이 나중에 나타났지만 실천적 관점으로 발전하지 못했다. 이와 반대로 "실천파"의 관점은 1980년대부터 중국 미학계의 주류 사상이 됐다.

그러나 구소련이나 당시 중국 미학계에서 그들이 논하는 논쟁의 초점은 여전히 유사하며, 미학의 근본적인 문제는 "1. 미는 어디에 있는가? 2. 미는 무엇인가? 3. 미는 어디에서 오는가? 4. 미, 미적 감각 그리고 미의 관념, 개념의 관계" 56)등이다. 좀 더 구체적으로 보면, 구소련과 비슷한 점은 아래와 같은 질문을 추궁한다는 것이다. 즉 1. 객관적인 미의 대상이 존재하느냐의 문제, 2. 심미 대상의 성격과 그 객관성의 정도와 심미의 국지성(특수한 범위) 문제, 3. 대상에 포함된 주객요소의 상호관계 문제, 4. 심미대상의 자연기원과 사회기원 문제이다. 중국 미학계는 이 때문에 "자연미"와 "형식미"라는 독특한 두 가지 문제를 주목하게 되었다. 바로 이 두 가지 문제에서 각 파의 관점 차이가 가장 집약적으로 드러났다.

---

56) 홍이란: 〈미학의 몇 가지 근본적 문제를 논한다 - 주광첸 미학사상의 응어리를 풀고자 한다〉, 《간소사범대학교학보》, 1963, 제4기.

리쩌허우는 "미는 주관적인가? 객관적인가? 아니면 주객관의 통일인가? 그리고 어떻게 주관적인가? 어떻게 객관적인가? 어떻게 주객관의 통일인가? 등이 현재 논쟁의 핵심"[57]이라고 주장하였지만 그러나 이후 그의 구체적 논술을 보면 객관성을 인정하면서 "자연성"과 "사회성" 사이의 논변에 힘을 싣기 시작했다. 미는 현실 속에 객관적으로 존재하고 사물 자체가 갖는 "사회성과 자연성의 통일"이라는 것이 그의 기본 관점이기 때문이다.

홍이란은 〈미적 자연성과 사회성을 약론하다 – 리쩌허우와 상의하다〉라는 글에서 이 문제를 분명히 했다. 그는 리쩌허우의 견해를 기본적으로 받아들이면서도 "사회성"을 결정요인으로 꼽으며 "인간의 생활관계에 있지 않은 자유로운 자연물은 사회성이 없기 때문에(아직도 사물은 인간과 일정한 생활관계에 있다는 사회적 의미를 갖지 못함) 미(혹은 추)도 없다"[58]고 말했다. 홍이란은 역시 사물은 자연적 요인만으로 미나 추가 될 수 없다고 생각했지만, 그는 리쩌허우가 "미의 자연적 요소"를 충분히 중시하지 않았다고 비판했는데, 문제는 "사물의 미(혹은 추)를 구성하는 자연적 요소는 자연물의 "형식" 요건과만 관계된 것인가, 아니면 "형식"이라는 조건에 의해 구현되는 사물 자체의 자연적인 "내용(사물 자체가 물질 존재로서의 일정한 자연물질의 "내용")"과 관련되지 않는가"[59] 하는 것이다. 홍이란은 이를 통해 리쩌허우의 진정한 생각이 "자연미는 사회미의 특수한 반영형식"이라고 추론했는데, 이는 주광첸이 자연미와 사회미를 "예술미"에 융합시킨 것과 마찬가지로 자연미를 "사회미" 속에 융합시킨 것이다. 이로써 홍이란은 "미는 모든 사물이 인간의 생활 실천관계 속에서 스스로 가지고 있는, 그 좋은

---

57) 리쩌허우: 〈당대미학문제의 논쟁에 대하여 – 미의 객관성과 사회성을 다시 한번 논한다〉, 《학술월간》, 1957, 1월호.

58) 홍이란: 〈미의 자연성과 사회성을 약론한다 – 리쩌허우선생과 상의하면서〉, 《신건설》, 1958, 3월호.

59) 홍이란: 〈미의 자연성과 사회성을 약론한다 – 리쩌허우선생과 상의하면서〉, 《신건설》, 1958, 3월호.

내면의 품질을 나타내는, 외적으로 감지할 수 있는 이미지"[60]라는 "사회공리론"의 미학관으로 나아갔다.

"사회성"에 대한 리쩌허우의 견해, 즉 모든 것을 미적 사물로 보고, 인간의 사회생활관계 속에 존재하는 자연사물을, 모두 자연적 존재와 사회적으로 "상응된다"라는 관점에 대해서는, 반드시 다른 각파의 반대가 뒤따를 것이다. 차이-이는 리쩌허우의 객관성이 진정한 자연의 순수하고 객관적인 차원으로 돌아가지 않았다고 비판하였고, 주광쳰은 리쩌허우가 단지 자연사물이 사회사물로 이미 전환되었다는 방면의 의의만을 강조하였을 뿐, 다소 "상응된다"란 뜻을 부인하는 경향이 있는데, 주관파는 물론 근본적 입장에서 리쩌허우와 절연하였다. 그러나 홍이란은 리쩌허우가 자연성과 사회성 사이에서 수행한 "상응된다"의 작업은 현실에 부합한다고 주장한다. 그 이유는 인간의 사회생활관계 속에서 자연사물이 그럴 뿐만 아니라 모든 사회사물도 그렇기 때문이다. 이에 따르면 홍이란은 역시 자연성과 사회성 사이에서 절충을 시도하였다. 이는 "인간 사회생활의 관계에 있는 모든 자연 사물은 확실히 사회사물로 전환되었"기 때문이다. 이는 리쩌허우의 주장에 동조하는 것이지만, "사회사물로 전환된 자연사물은 자연사물이어야 한다. 사물의 사회성은 여전히 사물의 자연성을 통해 구현된다. 같은 의미로 모든 사회사물은 사회사물이며 자연사물은 아니지만, 그 물질의 존재 측면에서도 여전히 자연사물이며, 사물의 사회성도 사물의 자연성을 통해 나타난다."[61]이런 관점은 절충적인 의미를 지닌다는 것은 의심할 바가 없다.

이렇듯 주객관의 논쟁 이후, 당시의 중국 미학계에서 미는 객관적이라는

---

60) 홍이란: 〈미의 자연성과 사회성을 약론한다 – 리쩌허우선생과 상의하면서〉, 《신건설》, 1958, 3월호. 홍이란은 "미란 사물의 모든 내재적이고 좋은 것의 외적인 표현"이라고 주장한다. 홍이란: 《《신미학》에 관하여》《서북사범학원학보》, 1953, 총24기에서.

61) 홍이란: 〈미의 자연성과 사회성을 약론한다 – 리쩌허우선생과 상의하면서〉, 《신건설》, 1958, 3월호.

기본적 공감대를 형성했다고 할 수 있는데, 비록 모든 학파가 "객관적으로" 객관론을 형성한 것은 아니지만 "주관적으로"는 이러한 주도적 취향에 접근하려고 시도하였다. 물론 주광첸의 "주객합일론"은 주관으로 통일되었다고 여겨졌다. 여기서 "자연성과 사회성"의 논쟁이 더욱 두드러진다. 이런 구분 기준에 따라 "미학 대토론"에서 형성된 파벌을 검토한다면, 주관파는 이러한 논생의 입론 차원에 들어가지 못하고, 사실상 주관파 논자들의 정치적 이유 때문에 그 입론을 계속 심화시키기가 어려웠다는 것은 사실이다. 때문에 주관파는 1950, 60년대에 교대된 단계에서 종말을 고했다고 할 수 있다. 《문예보》편집부가 펴낸 《미학문제토론집》 3집의 "출판설명"에 "이 토론집은 미학 토론문 13편을 모아 놓았는데 이 중 11편은 1957년 5월부터 12월까지 신문간행물에 실린 글 중 선정됐으며 부록 중 3편이 자산계급 우파 분자인 쉬제許杰, 바오창鮑昌, 가오얼타이 등이 쓴 것으로 이 안에 모아져 참고하기 쉽다"고 적혀 있다. 이때 가오얼타이의 글들이 정치적 압력으로 배척당했고 이후 이들의 글은 더 이상 발표될 기회가 없었다.[62] 하지만 "자연성과 사회성 논쟁"은 바로 "주객판 논쟁"에 기초한 것으로, 전자가 후자의 논쟁을 계속 심화시킨 2단계 논쟁에 속한다고 볼 수 있다.

이런 시점에서 "미학 대토론"이 만들어낸 파벌을 보면1950년대 말에 차이-이는 "자연파"를, 리쩌허우는 "사회파"를, 주광첸과 홍이란은 "자연과 사회통일파"를 대표하였다. "미는 마음과 사물의 결합"이란 관점을 최초로 명확히 제기한 사람은 홍이란이다. 그는 1949년 발표한 《신미학평론》에서 "객관적인 대상 사물의 형식조건으로 인해 과거 생활실천 역정에서 내가 경험한 실용적인 경험의 유리함을 주관적으로 느낄 수 있는 연상은 긍정적인 욕구를 동반하고, "교체반응"을 통해 현재 이미지의 직감에 되돌아온다"[63]라고 인정하였다. 그러나 이러한 "교체 반응"의 주객합일론은 별로

---

62) 《문예보》편집부: 《미학문제토론집》제3집, 작가출판사, 1959, "출판설명"에서.
63) 홍이란: 《신미학평론》, 신인문학술연구사, 1949, pp.22-23.

주목을 끌지 못했고, 당시 홍이란은 미의 본질 문제를 가치관의 시야에 두고 "미의 본질도 선善의 본질과 같이 하나의 가치Value이지 실체Reality가 아니었다"고 조명했다.[64] 그러나 60년대부터 중국 미학에서 "실천론"의 관점이 번성하면서 젊은 리쩌허우가 "사회파"에서 벗어나 지속적으로 실천 관점을 제시했을 뿐만 아니라, 주광첸도 실천 관점으로 미학 문제에 접근하였다는 의미에서 "실천으로 나아가자"는 리쩌허우와 주광첸의 공동 선택이 되었다.

주광첸에게 중화인민공화국 수립 직후에 일어난 사상적 전환은 바로 20세기 중엽의 미학에 있어서의 주조 이심主潮移心의 축소판이다. 주광첸은 주류 이데올로기의 영향 아래 초기 미학의 유심실질과 칸트, 크로체 전통이 그에게 끼친 깊은 영향을 되새기고, 그 미학적 초석을 마음과 사물이 하나가 되는 "이미지 직관론"에서 주객통일의 "유물반영론"으로 전환한 것으로 알려져 있는 사실이다. 그러나 주광첸은 차이-이의 "유물唯物"의 "물物"을 자연형태의 물(미의 조건)과 동일시했고, 자신의 미학적 발판을 사회 이데올로기의 "물物의 형상美"으로 옮겨 당시만 해도 유명한 "물갑물을 物甲物乙"론을 제기하였다. 그러나 미와 미적 감각, "미적 대상의 미"와 미적 감각을 혼동하는 기초 위에 주광첸은 미를 발생시키는 "어떤 조건"의 객관적 "물갑物甲"은 실제로 칸트의 "물자체物自体"와 유사한 자재적 존재이며 "물을物乙"은 "물갑"에 사람의 주관 의식을 부여한 후에 형성되었다. 미적 감각이 일차적인 것이 되고, 주광첸은 시종일관 미적 주관성을 미적 "주관성"으로 간주하였다. 그러나 이런 관점은 중화인민공화국 수립 전의 개인적이고 직감적인 사상적 취향을 버렸다는 것을 반영한다. 그는 미적 사회성을 인정하기 시작했지만, 그가 말하는 "미"는 여전히 이데올로기, 취향 등 "미적 감각"의 대명사가 됐다.

그런 의미에서 주광첸의 주객관의 "통일설"은 건국 전의 심물관계心物关

---

64) 홍이란: 《신미학평론》, 신인문학술연구사, 1949, p.20.

系에서 "주관"은 여전히 초사회성의 "심心"이었고 건국 이후의 "주관"은 사회인으로서의 "주관"이 되었다. "통일"의 성질에 관하여 뤼잉은 〈미란 무엇인가〉라는 글에서 주객관 통일 중의 통일을 "일치"라고 말하지만, 사람의 인식은 주관과 객관의 일치이기 때문에 주광첸의 이론은 "미의 인식"까지만 언급하고 미의 본질까지 언급하지 못했기 때문에 미가 무엇인지를 설명할 수 없었다고 지적한다.[65] 이에 대해 주광첸은 반박의 목소리를 높였지만[66] 통일론의 배후에 있는 "적합론"의 철학적 배경은 달라지지 않았다. 〈미는 주관과 객관의 통일이라는 것을 논한다〉라는 글에서 주광첸은 미가 주객관의 통일에 있다고 인정할 뿐만 아니라, 나아가 자연성과 사회성의 통일에도 있다고 말하며, 그 자신이 제기한 독특한 "물갑물을物甲物乙"론과 결합하여 미적 감각의 경험 과정을 묘사한 것은 다음과 같다:[67]

I	II	III
물자체(물갑)	미적 감각의 경험 과정	물의 이미지(물을)
(감각의 소재) 원료 자연형태의 미의 조건 자연성(사회도 포함) 객관(인식과 실천의 대상)	감각단계 (을)감상이나 창조 단계 응용감각 응용 ⎰ 이데올로기원칙 　　　　　　　⎱ 생산원칙 반영원칙 노동생산 자연을 반영하고 개조한다 미의 조건 사회성(이데올로기의 반영) 주관(객관이 결정한다)	(예술품) 완제품 이데올로기의(상부구조의) 미(제품의 미) 자연성과 사회성의 통일 객관과 주관의 통일

65) 뤼잉: 〈미란 무엇인가〉, 《인민일보》, 1957.12.3., 《문예보》 편집부: 《미학문제토론집》제 4집, 작가출판사, 1959.

66) 주광첸: 〈미는 미의 관념인가 – 뤼잉선생의 미학 관점을 평하면서〉, 《인민일보》, 1958.1.16.

67) 주광첸: 〈미는 주관과 객관의 통일이라는 것을 논한다〉, 《철학연구》, 1957, 제4기.

"사회파"와의 접근은 미학논쟁 과정에서 점차 받아들여지고 있다고 봐야 한다. 쟝쿵양은 1959년 〈미는 사회현상이라는 것을 논한다〉라는 글에서 "미는 객관적으로 존재하는 사회현상이다. 사물 자체의 자연적 속성도, 개인의식의 산물이 아닌 인간 사회생활의 속성 때문에 인류 사회생활과 함께 생겨나는 현상"68)이라는 견해가 당시의 주류였다는 것은 의심할 바가 없다고 적었다. 또 "자연성"과 "사회성" 양쪽의 유익한 성분을 수용하는 방식을 택해 검토한 논자들도 있다. 청즈디程至的는 1957년의 〈미를 이야기한다〉에서 "미는 생생하고 구체적인 이미지이고 미는 유형의 자연적 속성으로 무형無形의 사회적 속성인 인간 관계, 인간생활"을 표현하기 때문에 미적 감각 속에 내포된 지성知性은 바로 미적 내용에 근거하여 발생하는데, 미적 내용이 바로 인간관계, 사회관계이기 때문이다"69)라고 주장한다. "지셴継先"이라는 필명을 쓰는 저자는 1963년 〈미적 감각 시론美感试论〉에서 "사물은 자연 속성이 있을 뿐 아니라 사회적 속성도 있다"70)고 주장하고 〈미의 객관성과 사회성을 어떻게 설명해야 하는가〉라는 글의 미와 진真의 구분에서 미의 사회성을 논한다: "미는 인간 사회를 벗어날 수 있는 독립적인 존재가 아니다. 이는 인간이 사회적인 동물이기 때문만이 아니라 인간이 의식적인 동물이기 때문이다. 미는 가치이지만 진真은 하나의 가치만이 아니다. 진리가 객관적 존재와 그것의 법칙성을 가리킬 때, 진리는 인간 사회의 유무와 전혀 무관하다".71) 이처럼 당시 사회성에 대한 검토는 가치론적 차원으로 깊숙이 파고들었다.

물론 리쩌허우의 견해는 "사회성"의 주요 취향을 대표하는데, 그는 "자

---

68) 쟝쿵양: 〈미는 사회현상이라는 것을 논한다〉, 《학술월간》, 1959, 9월호.

69) 청즈디: 〈미를 이야기한다〉, 《문예보》편집부: 《미학문제토론집》제3집, 작가출판사, 1959, pp.265-266.

70) 지셴: 〈미적 감각 시론美感试论〉, 《신건설》, 1963, 10월호.

71) 지셴: 〈미의 객관성과 사회성을 어떻게 설명해야 하는가〉, 《문예보》편집부: 《미학문제토론집》제3집, 작가출판사, 1959, p.272.

연성"에서 미를 추구하는 관점, "사물이 보이지만 사람이 보이지 않는다"란 미는 인간과 관계없다는 관점, 미를 미적 감각과 동일시하는 관점, 미는 사람의 심리활동, 사회의식과만 관련된 관점을 반대하며, 직접 "객관성과 사회성"의 통일된 관점을 구축하였다. 그러나 이는 리쩌허우 미의 본질관 구축의 두 번째 단계일 뿐이고, 더 중요한 세 번째 단계의 구축은 "실천관"의 도입에 있고, 그 첫걸음은 미의 객관성을 인정하는 것이었다. 이는 리쩌허우 미학 원론의 핵심 관점이 성숙해졌다는 것을 상징하는 3보곡三步曲을 형성하였다. 즉 "객관론"에서 출발해 "사회성"과 "객관성"을 결합해 "실천관"으로 나아간 것이다.

리쩌허우는 미가 주관적이냐 객관적이냐를 따지기보다 과연 미가 인간 사회를 벗어나 존재할 수 있느냐는 질문을 던진다. 답은 분명히 부정적이다. 이것은 미가 인간 사회를 떠나서 독립적으로 존재할 수 없지만 미는 인간의 주관적 의식으로부터 독립할 수 있는 객관적인 존재이기 때문이다. 여기서 리쩌허우와 다른 파벌의 의견 차이가 확연히 드러났다: 주광첸과 황야오몐은 "미의 존재의 객관성"을 부인하고, 차이-이는 "미의 존재의 사회성"을 부정하는 등이다. 그러나 이 두 가지 관점에는 공통된 이론의 결함이 있는데, 이는 미적 객관성과 사회성을 하나로 묶을 수 없는 대립의 양면으로 보고 있다는 점이다. 나아가 리쩌허우의 더욱 독립적인 관점은 아래와 같이 서술할 수가 있다. 즉 미의 "사회성"을 인정한다면 인간의 주관에 의존하지 않는 미의 "객관성"을 인정할 수밖에 없으며, 미의 "객관성"을 인정한다면 사회생활에 의존하는 미의 "사회성"을 인정할 수밖에 없다. 리쩌허우가 하는 일은 "객관성 – 사회성"을 접목시켜 그의 미학사상을 "객관적 사회성" 또는 "사회의 객관성"에 궁극적으로 호소하는 데 있다.

이로써 리쩌허우는 "사회생활"이라는 키워드에서 "사회"에서 "생활"로 관심을 전이하였는데 미가 곧 생활이기 때문이다. 체르니솁스키의 관점을 수용했지만 리쩌허우는 역사 발전의 높이에서 미를 새롭게 정의하였다. 즉 "미는 인간의 사회생활이고, 현실생활에서 사회발전의 본질, 법칙, 이상을 담아 감각기관이 직접 감지할 수 있는 구체적인 사회 이미지와 자연 이미지이다. 우리가 말하는 사회의 본질, 법칙, 이상은 생활 자체일 뿐, 생산투쟁과 계급투쟁을 포함하는 인류가 왕성하게 발전하는 혁명적 실천이다".[72] 더 정확히 말하면, 미는 바로 사회 발전의 본질, 법칙, 이상을 포함하고 구체적으로 느낄 수 있는 형태의 "현실 생활 현상"이다. 한마디로, 미는 진정한 "사회 깊이"와 "인생의 진리"를 내포한 생활 형상이며, 이러한 현상은 "사회 이미지"와 "자연 이미지"를 포함한다.[73] 진眞, 선善, 미美의 관계를 보면, 리쩌허우는 현실에서 진, 선, 미가 통일되어 있다고 생각했는데, 또한 당시 리쩌허우는 예술을 현실 생활의 반영으로 생각했기 때문에, 이러한 삼위일체三位一体가 예술 속에서 진, 선, 미를 높이 통일하는 것을 필연적으로 결정하였다. 따라서 "예술의 이 성질에는 예술 비평의 미(이미지의 미적 감각) → 진(사회의 진실) → 선(사회의 가치) 의 분석 원칙도 규정돼 있다"[74]는 것이다. 이런 기본적인 미학적 관념에서 리쩌허우는 예술은 "사회성과 형상성"이 통일된 "생활의 진실", "이미지의 진실"이며, 예술의 미적 감각은 "진리 이미지"의 직관이라는 점을 인정함으로써 미와 진의 내재적 연관성을 다시 한 번 확인하게 된다. 그러고 보면 리쩌허우의 초기 미학은 진, 선, 미의 통일을 지향하는 고전적 이론의 형태이기도 하다.

요컨대 1960년대 좀 더 깊이 있는 미학 논쟁을 거치며 당대 중국 미학은 "미의 본질"이 주관인지 객관인지를 따지는 데 그치지 않고 구소련의 미학 논쟁과 유사한 "자연성"과 "사회성"의 논쟁으로 접어들었다. 좀 더 높이 짚어볼 수 있는 토론에서 1960년대 형성된 미학적 유파流派의 차이를 아래

---

72) 리쩌허우: 〈미의 객관성과 사회성 - 주광첸, 차이-이의 미학관을 평하면서〉, 《인민일보》, 1957.1.9.
73) 리쩌허우: 〈미적 감각, 미, 예술을 논한다(연구요점) - 주광첸의 유심주의 미학관을 겸평하면서〉, 《철학연구》, 1956, 제5기.
74) 리쩌허우: 〈미의 객관성과 사회성 - 주광첸, 차이-이의 미학관을 평하면서〉, 《인민일보》, 1957.1.9.

와 같이 요약할 수가 있다: 차이-이는 "자연성"에서 "미美의 본질"을 추궁하고, 주광첸과 리쩌허우는 "사회성"에서 따지지만 그들이 이해하는 "사회성"은 사뭇 다르다. 주광첸은 리쩌허우의 "사회성"이라는 단어가 지극히 불명확하고 단순한 객관적 속성으로 볼 수 없다고 비판하며 "우선 '자연성'과 '사회성'을 대립시키고 자연성을 배제한 채 사회성만을 추구한다는 점에서 인간과 사연과의 관계에 대한 인식이 여전히 형이상학적으로 이뤄지고 있음을 알 수 있기 때문이다."75)고 지적한다. 그러나 주광첸의 이데올로기적, 심리적 요구는 나중에 일종의 "주관적 사회성"로 바뀌었지만, 이는 겉으로 사회성, 본질적으로 주관성이라는 뤼잉의 관점과 달리 "사회성"의 중요한 함의를 받아들인 것이다. 이런 "주관적 사회성"과 달리 리쩌허우의 주장은 일종의 "객관적 사회성"이지만, 과거 소련 미학에 비해 중국 미학의 독특한 발전은 인간 실천 자체가 "객관적 사회성"이나 "사회의 객관성"을 기본 속성으로 하고 있다는 점을 강조함으로써 이런 철학적 토대에서 출발하여 중국화의 "실천미학"의 독자적인 길을 개척한 것이다.

제4절 80년대의 "실천론과 생명화" 논쟁

20세기 중국의 100년 미학 발전의 시각에서 볼 때, 중국 "심미주의"의 발전은 두 차례의 절정기가 있다: 1920, 30년대 심미주의 사조와 80년대 후반에 일어난 생명화의 미학 사조, 그리고 후자는 80년대의 주류를 이루던 실천 미학의 전통을 거슬렀던 것이다. 우리는 "실천론"과 "생명화"의 갈등과 충돌을 심미주의의 시각에서 다시 살펴볼 수 있다.

"심미주의"란 다른 생명활동 대신 심미적인 활동을 하는 가치 지향의 범

---

75) 주광첸: 〈미학 속의 유물주의와 유심주의 논쟁 – 미학의 비밀을 캔다〉, 《철학연구》, 1961, 제2기, 《신건설》편집부: 《미학문제토론집》제6집, 작가출판사, 1964, p.231.

감성론적 생명철학이다. 구체적으로 서양에서 생겨난 심미주의는 주로 세 가지 기본적인 요구를 포함한다: "첫째, 감성의 명분을 바로잡는다. 감성적 생존론, 가치론적 지위를 재설정하여 초감성이 과거에 차지했던 본체론적 위치를 차지한다; 둘째, 예술은 전통적인 종교형식 대신 새로운 종교와 윤리로서 예술에 구원하는 종교적 기능을 부여한다; 셋째, 게임적 생활의 마인드, 즉 세상에 대한 이른바 심미적 태도이다."[76) 결국 "생명의 예술화"는 심미주의의 핵심으로, 심미의 길로 나아가 현세의 생존을 도모해야 한다는 것이다. 그러나 중국 심미주의는 자신의 형성 메커니즘과 변이 형태를 띠고 있는데, 그 체계화는 1920, 30년대에 주광첸이 소위 "인생의 예술화"라고 부르든지, 쭝바이화宗白华의 소위 "예술의 인생관"이라든지 모두 전형화된 형이상하의 경지였다.

실제로 20세기 말 생명화 미학 사조의 출현을 검토하려면 중국 미학의 발전 궤적을 따라 거슬러 올라가야 한다. 우선 1940년대 마르크스주의 미학을 체계화한 차이-이의 등장은 1920, 1930년대 "생명론 미학"의 유심적 취향을 거스르면서 중화인민공화국 수립 이후 중국 미학 발전의 새로운 방향을 예고하고 있다. 차이-이는 "유물위본唯物为本"과 고전의 "전형관典型觀"을 결합해 "객관적 미"를 핵심으로 하는 미의 존재, 미적 감각(미의 인식), 예술(미의 창조)의 3단식을 구축했다.[77) 이렇듯 생명이라는 "주관"과 관련된 이슈는 반영론 미학의 거부감으로 50년대 이후 "생명"이라는 말이 거의 자취를 감췄다. 이때 소련의 기계적 반영론은 이데올로기 중심을 독차지했고, 결국 중국 미학계 내부의 이론과 방법론의 지도적 지위를 확립했다. 그러나 이 "인간"의 학문이 도마에 오르던 시절, 가오얼타이의 "주관론 미학"은 독보적이었다. 그는 1957년 〈미를 논한다〉에서도 생명으로부터 시작하여 미적 주관성을 이끌어 냈다가 미적 감각의 주관성을 도출하였다.

---

76) 류샤오펑刘小枫:《현대성 사회이론 서론现代性社会理论绪论》, 상해삼련서점, 1998, p.307.
77) 차이-이: 《신미학》, 상해군익출판사, 1946.

그러나 그의 생명은 인간의 활동 속에 녹아들었고 역사의 뒤안길로 사라졌다.[78] 그러나 대부분의 학자들은 여전히 "유물론"의 궤적을 따르고 있는데, 주광첸의 미학전환이 바로 이 시대의 축소판이며, 그는 심물心物교합의 "이미지 직관설"을 부분적으로 지양하고 주객통일의 "유물반영론"으로 전환하여 중국 미학발전의 시대 흐름에 순응하였다.

1980년대 초반에 이르러서야 중국미학에서 "반영론"을 대체하는 주류인 "실천론" 미학 방향으로의 전환이 이루어졌다. 리쩌허우가 1950, 60년대에 시작한 실천미학은 중화인민공화국 수립과 함께 시작된 "미학 대토론"의 학문적 성과가 축적된 결과이기도 하고 문화대혁명의 황무지에 이은 인간적 해방과 사상적 개방의 결과이기도 하다. "제2의 계몽"이었던 80년대는 미학을 택했고, 동시에 실천미학도 시대의 맥을 잡았다고 할 수 있다. 리쩌허우는 학리적으로 미학을 "실천본체론"에 기초를 두고 이를 기점으로 "인간의 본질"을 규정하고, 미를 "자연의 인간화"의 실천적 산물로 본다. 실천미학적 유파流派의 내부에서도 생명론적 요소가 있었다. 예를 들어, 쟝쿵양의 실천론 미학은 "인간은 한 생명의 유기적 전체이므로 "인간의 본질적 힘은 추상적 개념이 아니라 활달하고 활달한 생명력이다"[79]라고 여겼다. 그러나 이때 리쩌허우는 인간을 "생명론"으로 바라본 것이 아니라 그의 사상적 내포도 실질적으로는 심미주의적인 것임을 부인할 수 없다: 그의 "인간화 자연설"은 심미적 차원에서 철학적 높이까지 올라갔다고 여겨질 때 "범심미화泛审美化"의 시각도 드러내고 있다. 특히 그는 이후 자연의 인간화를 "인성적인 사회 조성"으로 보고 인간의 자연화를 "인성적인 우주 확장"으로 생각하며 "생활은 예술이고, 생활이 없으면 예술도 없다"고 강조했다. 이처럼 "감성적 생명본체"로 가는 경향은 생명화 미학 사조의 어떤 추세와 같은 경향을 더욱 두드러지게 나타낸다.[80]

---

78) 가오얼타이: 〈미를 논한다〉, 《신건설》, 1957, 제2기.
79) 쟝쿵양: 《미학신론》, 인민출판사, 1993, pp.171-172.

역사전환의 관점에서 볼 때, 실천미학은 1990년대 "생명화의 미학" 사조를 선도하는 중개 고리라고 볼 수 있다. 첫째, 실천미학은 90년대 이후 미학 발전에서 "본체론"의 참고가 되고, 생명화의 미학사조는 "실천"의 본체 기반을 "생명"으로 대체한다는 취지다. 둘째, 실천미학은 "주체성"에 대한 충분한 관심, 특히 ("공예 - 사회구조"에 맞서는) "문화 - 심리구조", ("인간 집단 성격에 맞서는) "개인의 심신적 성격", "초월적 자유"에 대한 강조는 내적, 개체적, 초월적 "생명" 등의 제기를 위하여 길을 열어준다. 셋째, 실천미학은 생명화 미학 사조의 대립면으로서 전체적으로 강조된 이성주의, 물질성과 사회성, 비개체 비본기성非本己性, 주객의 양분 등 후자가 "역방향"으로 그 체제를 구축하는 표적이 된다.

1990년대 들어 실천미학은 80년대만의 정치·문화적 비판의 기능을 상실하면서 사회 곳곳에 퍼졌던 "미학열美學熱"도 시끄러움에 지쳐가고 있다. 특히 시장경제로 패러다임이 바뀌면서 도시를 토대로 한 대중의 심미문화는 아래로부터 침식이 만연하고, 실천미학은 "누추한 집"으로 전락해 새로운 문화를 논할 수 있는 기능을 상실하고 있다. 이처럼 현학衒學을 자처했던 미학은 결국 학술장으로 후퇴하고 정치·사회와는 거리가 멀어졌다. 바로 이 시대적 배경에서 생명화 미학 사조가 변두리에서 중심으로 이동하면서 1990년대 중·후반 주목받는 사조로 자리 잡았다. 사실 이런 생명화 취향은 1980년대 중반부터 꿈틀거렸다. 1986년에 류샤오보刘晓波는 일찌감치 "이성주의를 넘어 감성 개체의 무한한 생명으로 되돌아가" 생명화 미학 사조의 급진적 전주를 연주했다. 그는 감성의 깃발을 높이 들고 리쩌허우의 "적전설積淀说"에 대한 비판으로 출발하여 후자의 이성주의를 신랄하게 논박하였다. 즉 "심미는 이성법칙에 대한 감성동력의 돌파와 초월, 공리욕구에 대한 정신욕구의 돌파와 초월이며, 객관적 법칙에 대한 주체적 선택의 돌파와 초월, 사회 속박에 대한 개인자유의 돌파와 초월이며, 즉 인간의 최

---

80) 리쩌허우: 〈주체성의 철학요점 3〉,《미래를 향하여》, 1987, 제3기.

상위 본능적 욕구인 자유 초월을 충분히 실현한 것이다. 따라서 심미는 "적전積澱"이 아니라 "적전"에 대한 돌파구, 이성을 뚫고 들어가는 인간성의 빛이자 감성적인 개인 생명의 빛이다"[81] 이런 관점들은 학술적인 의미가 더 강한1988년에 쓴 류샤오보劉曉波의 박사학위논문인 〈심미와 인간의 자유〉에 요약되어 있다.

　이 박사학위논문의 기본적인 관점에 따르면, 심미활동의 "초월성"은 바로 아래와 같다: 첫째, 객관 법칙에 대한 주관적인 정취情趣의 초월, 주체는 미적 세계를 선택하고 창조할 때 자유롭다; 둘째, 이성적 교조敎条에 대한 감성적 동력의 초월, 심미는 인간의 생명력의 자유가 분출하는 인간성의 전개이다; 셋째, 공리욕구에 대한 정신적 향수의 초월, 심미는 편협한 공리, 실용 목적을 초월한다; 넷째, 사회적 압력에 대한 개체 생명의 초월, 인간은 심미를 통하여 사회법칙을 초월하여 자유에 이른다; 다섯째, 인간은 자신의 한계를 넘어서 심미 영역에서 창조한 인간의 창조물은 사람을 속박하는 것이 아니라 해방하는 것이다. 한마디로 자유로운 인간활동인 만큼 초월성이야말로 심미 활동의 가장 중요한 특질이다. 초월이란 본질적으로뿐만 아니라 심미의 심리 메커니즘 등 일련의 문제에서도 그는 적지 않은 견해를 제시하였다: 심미의 직감에서는, 심미 대상의 형식 즉 내용, 내용 즉 형식, 주체와 대상의 분리도 없이 양자가 서로 들어가게 되고, 대상 즉 주체, 주체 즉 대상, "심미적 직감이란 신속하고 정확하며 깊은 투시력, 지극히 강렬하고 예민한 감정의 투과력을 가리킨다"며 "감정이 충만한 직관만이 생명이 넘치는 세상으로 깊이 파고들 수 있다"라는 것이다. 또한 심미는 환상을 만들어내는 과정으로, 심미는 환각을 버리지 않을 뿐만 아니라, 환각도 필요로 한다. 여기서 나온 미학적 공식은 심미의미 = 심미대상(항량) + 심미주체(변수)인데 감상자라는 변수의 역사성과 운동성 때문에 심미의미가 무한을 향한다.

---

81) 류샤오보:《비판적인 선택: 리쩌허우와 대화하면서》, 상해인민출판사, 1988, p.27, 41.

류샤오펑刘小枫의《시화철학诗化哲学》은 당시 더욱 큰 영향을 미쳤다. 그의 1985년 석사학위논문 〈시의 본체론에서 본체론의 시까지: 독일의 현대 낭만파 미학비판〉에서 시작돼 "시의 본체론", "본체론으로 향하는 시", "인생의 수수께끼에 대한 시의 해답", "신낭만시군诗群의 부상", "명상과 부르짖음", "시화적 생각에서 시적인 주거까지", "인간과 현실 사회의 심미적 해방" 등 6장으로 나뉘어 나왔다. 독일 낭만적 기질의 철학사상을 "시화철학诗化哲学"의 시각으로 연결시키는데 독일의 심미적 전통을 바라보는 한어학계의 시점은 훨씬 "광대廣大"한 것 같다. 이 책에는 초기 낭만파의 슐레겔 형제, 노발리스, 독일 고전주의 미학의 셸링, 홀드린 등의 시의 철학을 "시의 본체론"으로 귀결하며, 쇼펜하우어와 니체에서 시작된 "본체론의 시" 사상은 신낭만 시군뿐 아니라 델타의 생명철학, 하이데거의 존재철학은 물론 아도르노, 마르쿠제 같은 초기 프랑크푸르트 학파의 대표인물들을 모두 포함되었다. 결국 그는 "체험은 의미 지향적 생활", "심미적 체험은 정신적이고 총체적 정서적 체험"이라는 종교 같은 "체험본체론"을 끌어내려 한다. "예술은 항상 더 높은 존재에서 출발해 사람들을 미의 경지로 불러들이고, 현실을 순수함으로 변화시킨다"는 것이다.[82] 그는 나중에 다른 전문 저서《구원과 소요拯救与逍遥》에서 처음 실마리를 본 그리스도신학에 귀의하면서 이른바 "십자가의 진眞"으로 나아간 것도 중국식 심미주의의 필연적 귀착점이다. 미를 향한 소요逍遥나 종교로의 구원을 막론하고 시화철학에 담긴 심미주의는 일종의 신비주의를 내포하고, 나아가 저 너머의 종교화에 대한 탐구로 쉽게 유도될 수 있다. 이는 "출세의 정신으로 입세入世의 일을 하자"라는 중국의 주류 미학적 전통과 뿌리부터 이질적이기 때문이다.

실제로 1980년대 말부터 1990년대 초까지 생명화 미학 사조에 대한 논저는 매우 많았는데, 그중에서도 원리적 미학 전문 저술로는 쑹야오량朱耀

---

82) 류샤오펑:《시화철학诗化哲学》, 산동문예출판사, 1986, p.268.

良의《예술가 생명의 힘》(상해사회과학출판사, 1988), 펑푸춘彭富春의《생명의 시: 인류학 미학이나 자유미학》(화산문예출판사, 1989), 판즈창潘知常의《생명 미학》(하남인민출판사, 1991)이 있다; 서양 미학에 관한 저술로는 저우궈핑周 國平 주필의《시인철학자》(상해인민출판사, 1987), 위훙余虹의《사思와 시의 대화-하이데거 시학인론》(중국사회과학출판사, 1991), 왕이취안王一川의 《심미체험론》(백화문예출판사, 1992)이 있다; 본토 미학에 관한 저술로는 판 즈창의《중묘지문众妙之门》(황하출판사, 1989) 등이 있다. "철학인류학"의 의 미가 강한 펑푸춘의《생명의 시: 인류학 미학이나 자유미학》으로 예를 들자 면 그는 아래와 같이 결론을 내렸다: 1. "예술은 인간의 생활 그 자체이다"; 2. "예술은 생존의 활동으로서 생존의 창조이다. 이는 생존의 창조이거나 생존 자체에 대한 예술적인 창조이다"; 3. "예술은 인류 심미의 창조적인 활동이다"; 4. "하지만 예술은 인간 현실에 대한 심미적 창조가 아니라 인 간 정신에 대한 심미적 창조이다. 따라서 예술은 인류의 심미적 창조로서 인류의 심미적 기호의 창조이다"[83]. 이는 "예술본체관"을 생명론 관점에서 바라본 당연한 결론이다.

요컨대 1990년대 "생명론미학" 사조는 40, 50년대 마르크스주의의 근간 을 확정한 "유물론으로의 전향", 1980년대 반영론 미학을 전복시키는 "실 천론으로의 전향"에 이어 중국 미학의 세 번째 중요한 정신적 전환인 "생 존론으로의 전향"이다. 이와 함께 이런 생명의 지향은 1920년대부터 시작 된 중국 심미주의의 나선적 발전의 결과로도 볼 수 있다. 이런 생명화미학 사조는 양춘스杨春时의 "초월미학", 판즈창의 "생명미학", 장훙张弘의 "존 재미학", 왕이취안의 "체험미학" 등의 다양한 양상을 보인다.[84] 이들은 생 명화 미학의 주조를 이루는 일종의 "생존론본체"을 분명히 구축하고 있다.

---

83) 펑푸춘:《생명의 시: 인류학 미학이나 자유미학》, 화산문예출판사, 1989, pp.136-146.
84) 옌궈중阎国忠:《고전에서 벗어난다: 중국당대미학논쟁을 서술하고 평가한다》, 안휘교 육출판사, 1996, pp.497-499.

이들은 심미활동을 실천활동과 동일시하는 것을 반대하며 대신에 "인간의 존재인 생존"(양춘스), "심미활동"(판즈창), "현상학을 출발점으로 삼기 위한 기초존재"(장훙)를 생존의 본체로 삼았다. 그러나 그들 내부의 미세한 차이도 바로잡아야 한다. 양춘스는 생존이 실천(물질적 생존활동)에 기초한 것이라고 생각하면서도 실천의 수준을 넘어 포괄적이고 풍부함을 강조하며, 판즈창은 실천의 초석을 없애지 않고 심미를 "실천활동을 기초로 삼지만 실천활동을 동시에 넘어서는 초월적인 생명활동"으로 삼았다".85) 그러나 두말할 나위 없이 이들은 생존을 미학의 진정한 논리적인 출발점으로 삼고 총체적으로 생명으로써 실천을 대신하려는 경향을 보이고, 나아가서는 심미의 본질적 규정과 미학범주체계를 이끌어냈으니 이를 "후실천미학"이라 명명할 만하다.

사실 이런 "존재주의화"의 생존론미학은 20세기말에 중국 심미주의의 결속이다. 하이데거 사상의 계발 아래 "후실천미학"은 생명을 미학의 초석으로 설정하고 생명을 "본체론"의 높이까지 끌어올렸기 때문이다. 이로써 그들은 "존재론 차이"의 원칙에 따라 미의 본질을 탐구하고 미의 사물과 미의 존재(형이상학의 본체가 아니다)를 구분한다. 1990년대 이후에야 판즈창은 심미활동에 본체론의 지위를 부여함으로써 "존재" 본체를 인간 자유의 상징이자 이상적 경지로 여겼다. 그러나 장훙은 본체론에 대한 자각의식이 높은 편이었다. 그는 하이데거의 "존재론"으로 본체를 이해하고 중국에 영향을 미치는 헤겔의 본체와는 선을 그어서 "기초존재론"을 미학의 기초로 삼았지만 정작 하이데거의 "존재론" 고지에 이르지는 못했다.86)

이와 함께 "후실천미학"은 실천론이 주객主客의 이분법적 분열을 극복하지 못한 점을 지적하고 사물과 자아를 생존 상태로 통일해야 한다는 점을 주장한다. 양춘스는 자유로운 생존방식인 심미 속에서만 주객대립이 사라

---

85) 판즈창: 〈미학의 재건〉, 《학술월간》, 1995, 제8기.
86) 장훙: 〈미학기초로서의 본체론에 관한 몇 가지 문제〉, 《학술월간》, 1998, 제1기.

지고 주체가 대상화되며 객체가 충분히 주체화될 수가 있다고 주장한다. 장훙은 심물心物이원론의 "인식론 토대"를 깨달았고 "존재일원론"으로 주체와 객체, 감성과 이성, 감각과 이성 등의 이분법을 취소하고 심미활동을 종합적으로 작용하는 인식과 체험으로 봐야 한다고 주장한다. 이처럼 "후실천미학"에서 생명이 존재한다는 것 자체가 인간과 세계의 근본을 같이한다는 것을 의미한다. 나아가 "후실천미학"의 구체적 요구는 "개체의 감성적 생명"으로 회귀하는 것이다. 이것은 바로 양춘스가 거듭 제시하는 심미의 초월적 본질, 자유로운 생존방식, 개체성과 정신성이다. 미를 자기 생존활동으로, 미를 자아창조의 대상으로 삼겠다는 것이다.[87) 류형젠刘恒健은 "생존"을 실천의 본원성, 본기성, 개체성에 대한 3중 초월으로 치부했다.[88) 또 비현실적인 정신적 왕국으로의 전통적 심미의 초월과 달리 "후실천미학"은 심미주의의 "현세"를 강조한다. 실천활동은 여전히 "추상의 원칙"이며, 인간의 생명활동만이 이를 "구체적인 원칙으로 전개시킬 수가 있다"고 하고, 미는 "현세의 왕국"만에 속하며, 사물성을 초월할 뿐만 아니라 "여기에 있다"와도 밀접하게 연관되기 때문에 "예술과 생활존재의 연결"을 활성화시킬 수가 있다고 주장한다. 이 밖에도 "후실천미학" 주창자들은 심미의 이상적이란 성격을 중시한다. 심미활동이 일종의 초월적 이상적인 경지이며 동일성, 초절대성, 궁극성, 영원성을 갖추고 있다고 강조하며, 개체는 심미를 통해 더욱 이상적 존재로 나아가고, 심미의 이상은 대중의 심미활동인 "명절[节日]"을 통해 "생활의 이상"으로 변화한다. 다시 말하자면 "후실천미학"은 실은 "생존론 본체"란 중국 심미주의 사상을 추종하는 것이지만, 서구 존재주의 사조의 계시를 받아 창조된 것이기 때문에 서학동점적 외래사상의 배경이 짙다는 것이다.

20세기 말기 중국의 심미주의를 정리하면 아래와 같은 문제가 발생한다.

---

87) 양춘스: 〈실천미학을 초월하여 초월미학을 구축한다〉, 《사회과학전선》, 1994, 제1기.
88) 류형젠: 〈존재미학의 3중 초월〉, 《사회과학연구》, 1997, 제1기.

즉 1920, 1930년대에 생명화를 바라보는 중국의 심미주의 사조가 형성되었는데 이는1990년대의 생명화 미학에 어떤 의미가 있을까? 그리고 둘 사이에 어떤 필연적인 역사적 연관이 있는 것일까? 요약하자면, 한편으로 전자는 후자에게 심미주의 구축의 "기본 패러다임"을 제공했다. 심미주의 형이상학의 사변적 구축 패턴, 개념 연역의 아이디어 구성, 현대한어의 표현방법 등 모든 것이 20, 30년대에 이미 초보적인 형태를 갖추었다. 그리고90년대의 "후실천미학"은 기본적으로 중국화된 심미주의의 언어 패러다임을 답습하고 있다. 다른 한편으로 전자는 후자에게 근대 생명론의 토대를 제공했다. 1920년대부터 뤼청呂澂, 천왕다오, 판서우캉은 최초로 심미와 생명을 서로 연결시켰다. 천왕다오는 "감정이입"을 사람의 생명과 관련시켰다. 뤼청은 "감정발동의 근저"가 바로 "생명"에 있고 "감정이입"은 바로 생명의 확충과 풍부함이라고 인정하였다. 판서우캉은 미적 태도를 "감정이입"에 귀착시켜서 "감정이입"은 곧 "대상에게 생명을 부여하고 대상의 생명과 공존하는 생명"이라고 여겼다. 이처럼 "생명 – 감정이입 – 심미화"의 패러다임은 당시의 주류 미학사상에서 서로 통하지만, 생명과 심미의 소통이 20세기 말엽에 다시 나타난 것은 백 년 미학의 나선적 발전을 보여줬다.

두 시대의 심미주의를 비교하면 1920, 30년대 심미주의 학리적 특질과 결실이 드러난다. 첫째, 생명을 "미학 본체론"의 높이까지 끌어올리지는 못했다. 뤼청이 "생"의 이론적 통합 작용을 부각시킨 이후, 주광첸이 생명의 정취를 예술화하였든, 쭝바이화가 역동적인 생명과 심미를 직접 융합하였든 간에, 생명을 "미학 본체"라는 높은 지점까지 끌어올릴 수가 없었다는 것은 사실이다. 20세기 말에 이르러서야 "후실천미학"은 "생명론 본체"로의 전환을 본격화했다. 둘째, 여전히 주객 이분에 바탕을 둔 심미주의라는 점이다. 이는 화하의 고전적 언어 표현 방식에 대한 내적 차단과 서양어 외래이식의 결과로서 이러한 분열적 사고가 심미주의의 지배자가 된 것이다. 그러나 1990년대에 하이데거의 형이상학 청산과 맞물려 중국 심미주의는 "천인합일"의 생명 본질을 다시 찾게 되었다. 셋째, 생명에 대한 이해는 근대적 의미로, 현대의 "존재론" 높이에 미치지 못한다. 시대가 변하면서 개성, 상승, 연속을 추앙하는 "주체성 생명"은 결국 여기에 있음, 본기本己, 시간성을 추앙하는 "생명화된 존재"로 대체한 것이다. 또한 "후실천미학"은 그 실천의 반동에 대해 일종의 "학술구축전략"을 선호하지만, 표면적인 대결로 인해 그 혈맥이 가려지지 않고, 그 연결고리가 주로 중국화된 "심미주의" 사상이라는 점도 보완해야 한다.

제5절 90년대의 "본질주의와 반본질주의" 논쟁

1990년대부터 "반본질주의anti-essentialism"가 기승을 부리면서 "미의 본질"에 대한 논의 구도가 근본적으로 역전됐다. 중국에서 "미의 본질" 토론에 관해서는, 일반적으로 50, 60년대부터 "미학 대토론"에 따라 적극적으로 전개되었다고 생각하는데, 이는 마르크스주의가 중국 미학계에서 확립된 지배적 지위와 관련되어 있는 것이기도 하며, 한편 우리는 마르크스주의를 "중국의" 미학 연구의 기본 원칙으로 확립해야 하기 때문에 마르크스주의 철학의 "객관적 유물론"은 미학의 위치 방향을 이끌어야 한다. 다른 한편, "중국에서의" 미학 논쟁과 구소련의 미학 논쟁은, 비록 후자가 전자에 대해 어떤 수평적 영향을 주었지만, 기본적으로 비등한 미학 토론은 놀라운 유사성을 보여주었다. 즉, 초기 "주객의 논쟁"에서 "자연성과 사회성"의 논쟁으로 빠르게 전환되었지만, 중국 미학의 독특한 공헌은, 본토 사상에서 나아가서는 구소련의 "실천미학"과는 다른 역사 계보를 만든 것이다.

흥미로운 것은 역사적으로 미학을 주객논쟁으로 내세운 것이 20세기 중반 마르크스주의에 귀의한 미학자들이 아니라는 생각이 이미 지난 세기 초기에 나타났다는 점이다. 쉬다춘徐大纯이 1915년에 발표한 〈미학을 논하여述美学〉에서 미학 분야를 다룬 중요 논문으로 플라톤에서 산타야나로 2천년 이상 건너간 서양 미학을 대표하는 인물을 꼽으며 "미의 성질" 등 중요한 역사의 흐름을 간략히 설명한 뒤 미학사 차원에서 "미는 주관적인가 객관적인가"라는 난제를 제시했다. 쉬다춘은 "미란 과연 객관적인가? 아니면 주관적인가? 간략히 말하면 객관적인 미학자는 이상설Idealism, 현실설Realism, 형식설Formalism을 주장하고, 주관적인 미학자는 감정설Emotionalism, 지력설Intellectualism을 주장하고, 쾌락설Hedonism에는 내용과 형식의 구분도 들어 있다."[89]라고 말하였다. 미의 본질을 둘러싼 "주객논쟁"은 20세기 중반 이후 중국 미학계를 상당 기간 지배해 왔으며, 20세기의 전반 중국 미학과 국제 미학계가 처음에는 서로 소통할 수 있었지만(주광첸, 쭝바이화, 덩이저邓以蛰, 텅구滕固 등은 모두 구미 유학을 갔다왔다), 미적 본질에 대한 추궁은 국제학계와 일종의 "역사적 오판"이 일어난 것이다.

그러나 20세기 전반 중국 미학자들은 이미 국제 미학계의 최신 전향, 즉 고전화된 "미의 본질"에 대한 추궁에서 "예술"에 대한 근대화 연구에 관심을 갖고 이를 수용한 바 있다. 그중에서도 독일 미학자 막스 데수아Max Dessoir는 이런 전향 과정의 중요한 인물이다. 그가 1906년 출판한 《미학과 일반 예술과학》을 경계비로 삼을 수 있고, 1906년 이후 미학과 "예술학"은 학문적으로 분리되어 왔지만 그 이전까지는 두 가지가 역사적으로 서로 교차하고 혼재된 관계였다. 쭝바이화가 1925년부터 1928년까지 쓴 강연 원고 〈미학〉, 1926년부터 1928년까지 쓴 강연 원고 〈예술학〉도 막스 데수아의 분계적 발상에 따라 구축됐다. 텅구滕固는 〈예술과 과학〉 등의 글에서 막스 데수아의 사상을 직접 인용했고, 예술학이 미학으로부터 독립하는 것에 적극적으로 동의했다. 텅구는 독일어로 된 〈시서화诗书画 3가지 예술의 연대 관계〉라는 원문을 베를린대 철학연구소 막스 데수아의 미학반에서 1932년 7월 20일 낭독하는 등 "예술과학Kunstwissenschaft이 열정적으로 발전하는 오늘날"을 극찬했다. 이처럼 1920, 30년대부터 "미의 근원 및 원질"의 미학

---

89) 쉬다춘徐大纯: 〈미학을 논하여〉(원문은 1915년에 최초로 발표되었다), 《미와 인생》, 상무인서관, 1923, p.10.

적 연구와 "예술품의 본질"인 예술학을 추궁하는 연구는 중국 학자들 사이에서 대체적으로 양립하고 있다.

그러나 20세기 중반부터 "미의 본질"에 대한 연구는 중국 미학계의 "핵심 중의 핵심"이 되면서 풍부했던 중국 미학 연구를 주객논쟁의 철학으로 압축했다. 이처럼 "미학 대토론"이 빚어낸 겉만 번창한 가운데, 비록 각 계파마다 견해가 다르더라도 당신이 반영론의 객관성을 주장한다면 나는 절대적 주관을, 당신이 주객합일을 주장한다면 나는 사회성과 객관성의 융합을 주장하는 상황이었지만, 모든 논쟁 참가자들은 논쟁의 "논리적 전제"에 대해서는 의심의 여지없이 "미의 본질"을 먼저 따져야 한다는 점에서 같은 견해를 지녔다. 이유는 두 가지인데 하나는 "미의 문제"가 해결되면 다른 미학 문제가 저절로 풀리고, 미의 본질이 모든 다른 미학 문제의 철학적 토대를 이루기 때문이고, 다른 하나는 모든 논자가 "미는 본질이 있다"라고 의심하지 않고 "본질주의" 관점에서 접근해야 마르크스주의 미학의 사상 체계를 구축할 수 있다고 생각했기 때문이다. 이는 전형적인 서양의 "본질주의"란 철학의 사상인데 "미의 본질"에 대한 해답은 일종의 미학적 사상의 "나침반"으로 여겨지고, 다른 미학적 사상과도 구분되는 근본적인 차이점이다.

이런 "본질주의" 추궁은 19세기 중엽부터 80년대까지 이어져 온 것으로 40년 전후의 양쪽 모두에서 아무런 의심을 받지 않았다. 그동안 중국 미학계에서는 "미의 근원 및 원질"과 "예술품의 본질"에 대한 문제 제기가 있었지만, 중요한 것은 미적 감각의 성격과 예술적 품성의 묘사와 같은 것이었다. 따라서 쭝바이화가 1925년대부터 1928년까지 중앙대학교에서 강연한 원고의 내용에 따르면 당시의 "미학적 추세"는 형식과 내용의 두 지파로 나뉘는데, 형식주의 미학설은 "내용과 전혀 무관하며 내용은 예술에 있다", "형식주의는 무표현의 미, 무내용성의 미를 주장한다"라고 주장하는 반면, 내용주의의 미학설은 "모든 미가 그 내용을 형식으로 표현하지 않고 고상한 미술은 모두 미술적 인격의 표현이다"[90]라고 주장한다고 하였다.

그러나 이러한 균형적 연구는 1950년대부터 80년대까지 중국 미학계에서 간과되어 왔기 때문에, 현재 중국 대륙에서 "예술학" 연구가 한창인 데는 역사의 불균형이란 원인이 있다.

그렇다면 왜 1990년대부터 "미의 본질" 문제는 중요시되지 않았을까? 이 문제가 세 가지로 나뉘려면 "본질주의" 논자의 의견을 고수하는 한편, "반본질주의" 논자의 의견, 그리고 둘 사이에 있는 논자들의 의견을 살펴봐야 한다. 첫째, "본질주의" 논자들의 견해에 따르면 30여 년의 미학 논쟁에도 "미의 본질" 문제는 엇갈렸고, 실천파가 80년대 주류사상이 됐지만 "미의 본질"은 여전히 난제로 남아 있다. 둘째, 주객을 캐묻는 논쟁이 서양에서 온 것처럼 "반본질주의" 논자들의 기본 관점도 사실 구미 학계에서 온 사상이다. 그러나 "반본질주의" 논자들의 사상적 원천은 서로 다르다. 프랑스식 포스트모더니즘의 "반총체성"을 직접 인용하는 사조, 영미英美의 "분석미학"이나 언어학으로 전향한 미학사조의 간접 수용, 그리고 서구의 과학주의 사조의 여러 원칙에서 직접 자원을 가져온 사조 등이 있다.

"본질주의"와 "반본질주의" 사이에 있는 관점은 현재 중국 미학계에서 더욱 지배적이다. 그것은 "미의 본질"이 아니라 다른 미학적 문제들을 생각하는 쪽으로 방향을 전환한 것이다. 이러한 본질 회피의 태도는 미학의 본질적인 문제를 추궁할 필요가 없다고 여기는 더욱 깊은 "비본질주의"의 발상이다. 따라서 이 세 가지 기본 사유를 바탕으로 1990년대 이후 "미의 문제"와 직결된 발전 양상의 실마리를 각각 정리할 수 있다.

첫 번째 단서는 "본질주의"의 노선이다. 서양의 이른바 "언어학 전향" 이후 현대 한어로 미학을 연구하는 많은 연구자들이 전통적인 독일 사변철학의 이치를 탐구하지 않고 "언어분석"을 통해 미의 본질을 탐구하는 것은 언어학적으로 미의 본질에 대한 해석으로 중국어권에서는 아직 더 성공적인 결과를 얻지 못하고 있다. 또 소수논자들이 관심을 가지는 사고인데 "가

90) 쭝바이화: 〈미학〉(강연원고), 《쭝바이화전집》제1권, 안휘교육출판사, 1994, p.451.

치론"의 방법으로 다시 탐구하는 것이다. 이런 방법은 에스토니아 미학자 레 스토로비치의 《심미가치의 본질》에서 충분히 다뤄졌다. 흥미로운 것은 번역 초기에는 널리 알려졌지만 진정한 가치론에 근거해 미학을 구축한 아이디어는 국내 마르크스주의 철학계의 가치론이 성숙한 후 발생했는데 리렌커李连科의 《세계의 의미－가치론》(인민출판사, 1985)과 리더순李德顺의 《가치론》(중국인민대학교 출판사, 1987)이 대표적인 성과이다.

"가치론 철학"의 구조 이후 황카이펑黄凯锋의 《가치론적 시야의 미학》(학림출판사, 2001), 수예舒也의 《미적 비판－가치 기반의 미학연구》(상해인민출판사, 2007), 두수잉杜书瀛의 《가치미학》(중국사회과학 출판사, 2008), 리융인李咏吟의 《가치론미학》(절강대학교 출판사, 2008), 우쟈웨吳家跃와 우훙吳虹의 《심미의 가치적 속성》(사천대학교출판사, 2009) 등이 이어진다. 이러한 미학은 기본적으로 가치론과 미학의 독특한 결합으로 볼 수 있는데, 동시에 가치의 중개를 통해 주객체를 연결하려고 한다. 예를 들면, 《가치미학》이라는 책은 심미의 비밀이 주객체의 상호작용 관계에서 생겨난 의미 속에 숨겨져 있고, 느낄 수 있고 체험할 수 있는 의미, 내포, 맛 속에 나타나며, 동시에 심미를 "느낄 수 있고, 체험할 수 있는 의미, 내포, 맛"으로 삼는 것은 일종의 특수한 가치적 형태라고 여겼다. 이를 통해 나온 결론은 심미 현상을 일종의 "가치현상"으로 봐야 최종적으로 미학의 근본 문제를 해결할 수 있다는 것이고, 이는 다른 가치론적 미학의 기본적인 사상적 지향이기도 하다.

두 번째 단서는 "반본질주의" 노선이다. 전체적으로 1980년대 중국 미학계는 국제 미학계와 상대적으로 접촉이 적었기 때문에 국제적으로 유행한 "분석 미학Analytic Aesthetics" 사조와 그 방법은 아직 소개되지 않았지만, 국제 미학이 "미의 본질"을 캐묻지 않고 "예술문제"에 관심을 기울이는 경향을 간파했다. 그러나 전체적인 상황에서 미학적 "반본질주의"는 처음에는 포스트모던 사조의 충격에서 비롯되었고, 포스트모더니즘 자체가 갖는 "본질주의"에 대한 편견, 하산의 "불확실한 내재성" 또는 "내재적 불확실성”에 대한 추구, 데리다의 “로고스 중심주의”에 대한 반격은 미의 문제로 간접적으로 유도되었다. 물론 더욱 심층적이고 직접적인 “반본질주의”는 구미 학계에서 언제나 주류를 이루는 “분석미학” 사조에서 비롯되지만 “분석미학”의 반본질주의는 미美만이 아니라 예술의 본질에 대한 추궁으로 언어의 해석을 통해 일종의 미학적 이론의 명료성을 추구한다는 점을 지적해야 한다. 중국 학자 쉬다이徐岱도 이런 발상을 좇아 “기능적 인식론”을 “실체성의 본체론 대상”으로 전환하는 것을 본질주의의 최대 결여로 꼽고, “의미적 선험적 실체성의 말소”와 “사물의 본질적 와해”를 미학적인 문제에 대한 해답 위에 제시(〈반본질주의와 미학의 현대적 형태〉, 《문예연구》, 2000, 제3기)해 초기 분석미학과 유사한 결론을 도출했다. 이런 사상적 취향의 대표 저서는 주로 차오쥔펑曹俊峰의 《원미학도론元美学导论》(상해인민출판, 2001)으로 저자는 초기 분석미학에서 자주 쓰던 “언어의 안개를 걷어낸다”라는 분석 기법을 사용해 “인간의 본질적 힘의 대상화”와 같은 중국 미학적 명제를 해석하고, 이러한 미학적 명제는 언어 분석으로 볼 때 무의미하다는 결론을 내리려고 한다.

그러나 “반본질주의”는 20세기 중반에 득세했던 초기 분석미학의 중심임무일 뿐, 후발적으로 분석미학을 발전시킬수록 “구성주의”로 기울었다는점을 분명히 해야 하는데, 이는 초기 분석미학이 초기 비트겐슈타인의 “논리적 해명”을 주로 수용한 언어분석의 방법론에 기초한 것이고 후기 분석미학은 말기 비트겐슈타인의 영향을 더 많이 받았기 때문이다. “분석미학”은 언어의 안개를 걷어내고 기본 개념을 고친 초기 “해구解构”에서 점차창의적이고 다양한 “구성”으로 나아가 “재건주의reconstructionist”와 “일상언”의 형식에 초점을 맞췄다. 그러나 본질에 반하는 방법들이 여전히 중국에서 각광받고 있고, 우솬吳炫의 《부정주의 미학》(길림교육출판사, 1998, 북경대학교출판사, 2004)은 “부정주의” 사상 체계를 만들어 미학을 포함시키려고시도하면서 “미는 본체성 부정의 미완성”을 인정하였고, 옌샹린颜翔林의《회의론적 미학》(상해인민출판, 2004)과 《후형이상학미학》(중국사회과학출판사, 2010)은 "미美가 곧 허무함"이라는 관점으로 치닫고 있는데, 이들은 모두 미학의 근본 문제를 비슷한 사고에서 접근했다. 하지만 더욱 이른 회의론적 미학의 구축은, 사상적으로 중국에 근접한 독일 학자 헤르베르트 마뉴스의 《회의론 미학》(요녕인민출판사, 1990)이 구축한 것으로, 역자 텅서우야오滕守堯이며, 저자와 역자의 교류 속에서, 이 독일 작가는 중국 사상에서도 미학의 "회의주의怀疑主义"의 또 다른 사상적 근원을 발견하였다.

세 번째 단서는 "비본질주의"다. 실제로 "추상적 본질을 추방하고 실재로 돌아가자"는 것은 1990년대 이후 중국 미학 연구의 한 공통 취향이 되었고, 이는 지난 40여 년간 "본질주의"에 대한 추궁이 집요했던 탓일 수 있으며, 앞서의 미학적 기본 모델의 발전은 그 후의 발전에 "반작용력"을 제공한다. 이런 "비본질주의"의 내부에서는 "과학주의"와 "인문주의"의 두 갈래를 구분할 수 있다. 인문주의의 행로에 따라, 실천미학 이후의 여러 미학적 형태들은 모두 "약화된 본질주의"의 방법에 따라 미학을 구축한다고 할 수 있는데, 그들은 "미의 본질"이 도대체 어디에 있는지 명확하게 추궁하지 않고, 오히려 "본원성" 문제를 추궁한다. 예를 들면, "생활론으로의 전향"의 사조에서처럼 "생활미학"이 생활이 미의 근원임을 인정하는 미는 "참다운 생활"으로 살아 숨쉬는 존재다. 그러나 이들 쇄신의 미학적 사조는 더 이상 "미의 본질"이라는 직접적인 대답을 내놓지 않으면서도 "미의 본원"이 어디에 있는지 묻고 있는 것은 틀림없다.

알다시피 "과학주의미학"은 중국에서 줄곧 자리를 잡지 못하고 있다. 1980년 윈난雲南성 쿤밍昆明시에서 열린 제1회 중국미학대회에서 "과학주의" 논자가 나왔는데 특히 텅서우야오滕守堯의 이런 경향에 대한 발언은 주광쳰 선생의 찬양을 받기도 하였다. 1985년 "방법론의 해" 붐이 일면서 이른바 "구삼론旧三论"에서 "신삼론新三论"까지 자연과학의 방법으로 인문과학 분야를 파고 들면서 "과학주의"로 미학을 개조하려는 열망이 고조됐지만 이후 방법론 자체의 부적합성으로 금세 수그러들었다. 이후 "과학주의미학"은 "기술미학" 등 분야별 미학 연구에서 꽃피웠고, 지금은 기술미학 자체의 문제로 쇠미세를 보이고 있지만 "디자인미학"과 "공예미학"은 여전히 발전하고 있다.

그러나 중국에서 미학이 다원화되면서 중국에서 "과학주의미학"은 오히려 이전의 퇴세를 바꾸어 점차 부흥하여, 다원적인 발전 구조를 형성하였다: 왕지성汪济生의 "진화론미학"은 미의 진화를 주장하며(《시스템 진화론 미학관》, 북경대학교출판사, 1987;《미적 감각 개론: 미적 감각의 구조와 기능에 대하여》, 상해과학기술문헌출판사, 2008), 루천광鲁晨光의 "생물학미학"은 동물도 미적 감각을 지닌다고 주장하며(《미적 감각의 오묘함과 욕구의 진화》, 중국과학기술대학교 출판사, 2003), 리졘푸李健夫는 "과학주체론미학"이란 독특한 이론 구조를 구축하였으며(《미학의 반성과 변증》, 원남인민출판사, 1994;《현대 미학 원리: 과학 주체론 미학 체계》, 중국사회과학출판사, 2002), 리즈훙李志宏의 "인지과학미학"은 인간의 지능과 심미의 발생 문제를 다루며(〈"미란 무엇인가" 명제변조: 인지미학 초론〉,《길림대학교사회과학학보》, 1999, 제2기;〈인류의 주체 인지가 심미에서의 결정적 작용을 논한다 - 실천미학에서 인지에 이르기까지〉,《길림대학교사회과학학보》, 2000, 제2기), 자오링리赵伶俐의 "실증파 미학"은 실험심리학의 기법을 이용해 미학적 과학실험을 수행한다(《심미적 개념인지: 과학적 설명과 실증》, 신화출판사, 2004;《중국공민 심미심리 실증연구》, 북경대학교출판사, 2010). 이러한 "과학주의"의 미학적 구축은 모두 인문주의와 일종의 "필수적인 장력张力"을 형성하였다. 그러나 중국 미학계의 체계에서 과학파의 미학 사조가 주류가 되기 어려운 전반적 연구 소외 추세는 서구 학계와 대조적이다. 알려진 바와 같이 당대 구미의 미학계에서 미학과 "진화심리학Evolutionary Psychology"의 연관 연구, 미학과 "인지과학Cognitive Science"의 연관 연구는 여전히 보편적인 당대 미학연구 이슈를 형성하고 있기 때문이다.

결론부터 말하면 당대 중국 미학의 "미의 본질"에 대한 논의는 1950년대 "주객관"의 논쟁이 전개되면서 50년대 말~60년대 전반에 걸쳐 "자연성과 사회성"의 논쟁이 대두됐다. "문화대혁명"의 역사적 차단 이후 유일한 주도적 흐름이 된 "실천미학"은 80년대 후반에 "실천론과 생명화"의 논쟁을 낳았고, 90년대 "본질주의와 반본질주의"의 논쟁으로 "미의 본질"에 대한 추궁은 결국 흐지부지되고 말았다. 다행히도 당대 중국 미학의 발전은 이미 여러 가지 다른 발전 경향과 추세를 보이고 있으며, 이러한 다원화는 실천 미학의 단일 주도 추세와 달리 중국 미학 연구의 "공생 다극共生多極"의 건강한 흐름을 보여준다. 그러나 1990년대 이후 "반본질주의"가 중국 미학계의 사상적 주류를 형성하면서 "미의 본질" 같은 본질주의 추궁 방식에 대해 대다수 미학 연구자들은 지양하고, 이들이 미학의 가장 핵심적인 문제를 "본체론"의 관점에서 더욱 많이 풀어내는 시대가 드디어 시작되었다.

제3장

미학본체론

: "실천론", "생존론"에서 "생활론"으로의 전향

중국의 미학적 원리는 1980년대 후반부터 차츰차츰 "본질론"에서 "본체론"으로 차츰 전향하게 되었다. "본체론"ontology의 서양어원은 그리스어 logos(이론/학문)와 ont(이다/있다)의 결합이다. 유럽 학자들은 17세기에 라틴어 "ontologia"를 처음 만들어서 형이상학에서 일반적인 높은 부분을 가리키는데, 심지어 정체론으로서 "이다", "있다"에 관한 보편적인 이론은 형이상학 그 자체로 간주되었다. 철학적 본의로 보면 본체론은 "존재" 자체 문제에 관심을 가진다. 예를 들어 "무엇이 존재하는지", "무엇이 첫 번째 의미로 존재하는지"와 "종류가 서로 다른 존재들을 어떻게 연관시키는지" 등이다.[1] 바꿔 말하면 본체론이 직면하는 것은 바로 존재 가능성의 일반적인 조건에 대한 해석이다.

의심할 여지없이, "미학 본체론"은 "철학 본체론"에 대한 논리적 연장선이다. 이를 통해 추론해 보면, "미학 본체론"에 초점을 맞춘 것은 바로 "미는 어떤 존재인가?", "미는 어떻게 존재하는가"와 "미의 존재와 다른 존재의 관계" 등 "원元미학"의 기초적인 문제들이다. 미학본체론의 궁구窮究는 결코 단순히 "미가 무엇인가"를 탐구하는 "미의 본질론"과 같지 않다. 비록 그것이 이러한 본질적인 궁구를 포함하고 있지만, 나아가서는 본체론의 지극히 높은 면까지 더 깊게 연구해야 하기 때문이다. 중국 본토에서는

---

1) Nicholas Bunnin and Jiyuan Yu, *The Blackwell dictionary of Western philosophy*, Blackwell Publishing, 2004, p.491.

1936년에 홍이란洪毅然이 이미《예술가 수양론》에서 "예술본체론이 탐구하고자 하는 것은 '예술이 무엇인가'라는 문제에 대한 구극적인 해석이다"[2]라고 명확하게 지적하였다. 여태까지 파악된 사료에 근거하면 이것은 중국 미학 분야에서 가장 최초로 "본체"라는 개념을 사용한 것이다. 이로써 "미학 본체론"은 미의 본질적인 난제를 캐묻는 데 그치지 않고 한 걸음 더 나아간 이러한 문제에 대한 "구극적인 해석"이며 이것이야말로 본체론적 측면의 해석이자 규명인 것이다.

거시적인 측면에서 보면, 당대 중국 본체론은 3가지의 전향을 겪었는데 바로 "실천론으로의 전향", "생존론으로의 전향", "생활론으로의 전향" 등이다. 재미있는 것은 리쩌허우李澤厚의 1980년대 조기의 논술이 이 3가지의 전향을 암시하였다는 것이다. 즉 "중국 현대 미학은 서양에서 바로 왔다. 흥미로운 사실은 서양미학사에서 자리를 잡지 못한 체르니솁스키의 이론이 중국 현대 미학에서 전형적이고 영향력이 컸다는 사실이다. 그 이유는 이에 대하여 혁명적인 개조와 이해를 거쳐 본래 명제의 휴머니즘과 '미는 생명이다'라는 생물학적인 의미를 버리고 '미는 사회생활이다' 등 사회혁명의 의미만을 부각시켰기 때문이다. 이는 또한 '사회생활은 본질적으로 실천적이다'(마르크스《포이어바흐에 관한 요점》)라는 마르크스의 기본 결론과 연결시켜서 현대 중국 미학으로 하여금 창조적 새 여정을 밝게 하였기 때문이기도 하다."[3]

이처럼 이 논설에는 "생활", "생명", "실천"이라는 당대 중국 "미학 본체론"의 세 가지 키워드가 모두 등장하였다. 그러나 역사적인 전개 논리는 아래와 같다. 첫째로, 실천미학은 '미는 생활이다'라는 이론에서 독창적으로 만들어져 광범위한 공감을 얻어냈고, 중국미학의 진정한 주류가 되었으며, 둘째로 생존론적 미학은 실천미학의 결함을 비판하여 '실천본체'에서

---

2) 홍이란:《예술가 수양론》, 나원羅苑간담회 1936, p.57.
   리쩌허우:《리쩌허우철학미학문선》, 호남인민출판사, 1985, p.236.

'존재본체'로 미학 본체론의 방향을 전환하려는 시도를 하였으며, 마지막으로 현재 나타나고 있는 21세기 미학의 "생활론" 전향이다. 이는 '실천 - 후실천'의 이론적 패러다임을 돌파하여 미학을 위한 새로운 시각의 개척을 꾀하려고 한다. 한마디로 당대 중국미학은 "실천론 미학", "생존론 미학", "생활론 미학"이란 세 번의 본체론 전환이 있었다.4)

제1절 "실천미학"의 흥망성쇠

좀 더 정확하게 말하면 "실천미학"은 "실천론적 미학"이 되어야 한다. 이는 '실천적 미학'이 '미학적 실천'이 아니라 실천철학을 미학으로 발전시켜서 만들어진 미학적 사상이기 때문이다. 실천미학 문제는 당대 중국미학 연구에서 핵심적인 문제로 오늘날까지도 "논하면 논할수록 새로운 것이 나온다常談常新"의 성격을 띠고 있는데, 이는 바로 이 '중국미학파中國美學派'의 오랜 생명력이 아직 시들지 않고 있음을 보여준다. 그러나 '실천미학'이라는 일반화된 명칭의 첫 출처를 구하는 미학계의 동인은 많지 않다. 현재의 문헌에서 보았을 때, 미학계의 선배 학자들과의 교류를 보면, "실천미학"의 최초의 용법은 리피셴李조显이 《실천관점미학체계 확립을 위한 노력 - 리쩌허우의 〈미학논집〉을 처음 읽으면서》라는 글에서 처음으로 사용하

---

4) 이 책에 사용된 "본체론"은 서구화와 본토화(괜찮아요?)의 이중적 내포로서 초기 리쩌허우와 후실천미학, 실천존재론 미학논자들은 모두 서구화 시각에서 "본체"의 함의를 사용하였음을 명시해야 한다. 여기서 본체란 바로 논리가 앞서고 보편적인 ontology이다. "정본체"와 "심리본체"를 제기한 한참 후에 리쩌허우와 "생활미학" 논자들이 주목하였던 "생활본체"는 중국 고전 사상에서 착안한 것이 더 많았다. "본" 과 "체"의 결합어인 "본체"는 "존재being"를 의미하는 본체가 아니고 "생성becoming" 를 의미하는 본체이다. 이 의미에서의 본체는, 본근의 "본本"과 체용의 "체体"의 합일을 의미하며, "체용불이体用不二", "체재용중体在用中"을 의미하지만, 본서에서는 실천론, 생존론에서 생활론으로의 전환을 "본체론 전향"이라고 부른다.

였다는 것을 짐작할 수 있다.

'실천미학'이라는 용어를 먼저 사용한 이 글은 중국 사회과학원 철학연구소 미학연구실, 상해 문예출판사 문예이론 편집실장이 주필한 《미학》지 (속칭은 "대미학"이다) 1981년 제3호에 발표됐다. 당시 이 가장 중요한 미학 잡지는 리쩌허우를 비롯하여 자오쏭광赵宋光, 양언환杨恩寰, 주디朱狄, 메이바오수梅宝树 등 실천미학의 확고한 지지자들이 모였다. 리쩌허우의 동창인 자오쏭광은 전자와의 가장 중요한 대화자로서 두 분은 실천미학 사상의 초기 형성에 크게 공헌하였다. 물론 리쩌허우와 자오쏭광의 사상은 같은 방향으로 향하고 있지만, 실천관에 대한 견해가 일치하는 것은 아니다. 예를 들어, 리쩌허우가 만든 용어인 "적전积淀"은 자오쏭광에 의하면 "전적"이 더 적합하다고 하였다. 하지만 "실천미학"이란 범주가 처음 쓰인 것은 1981년이고, 그때까지는 이후 중국 미학계에서 자리 잡은 필수적인 이 키워드는 리쩌허우가 사용해 본 적이 없다. 2004년 9월 베이징에서 열린 "실천미학의 반성과 전망" 국제학술심포지엄에서 실천미학의 창시자인 리쩌허우는 "실천미학"이라는 용어를 수용하겠다고 처음으로 공언하였다. 그 이전에 리쩌허우는 "실천", "미학"을 많이 언급하였지만 둘을 합쳐서 "실천미학"이라고 부른 적이 없었다.

2004년 '실천미학의 반성과 전망' 세미나에서 많은 논자들이 '실천'이라는 단어의 영어 번역이 practice인지 praxis인지, 아니면 더 좁은 의미의 work나 labor인지에 대해 토론했다. 자오쏭광은 practical aesthetics로 번역하면 실천미학을 '실용미학'과 동일시할 수밖에 없고, 이는 곧 aesthetics in practice라고 할 수 있으며, 더 좋은 번역법은 aesthetics on the concept of practice('실천' 관념의 미학)라고 할 수 있다. 독일의 한학汉学자 칼 하인츠 폴Karl-Heinz Pohl은 중국어 '미학'을 영어로 번역하면 뷰티beautology라고 일찍부터 인정했지만, 이는 감성학感性学을 '미美'와만 관련짓는 것으로 좁혔다. 흥미로운 것은 중국의 '미학'이 서학西學적 의미의 '감성학'이 아니라는 데 기본적으로 공감하면서도 좀 더 폭넓게 이해하려는 리쩌허우가 미학이라는 용어를 받아들인 이상 practical aesthetics라는 번역법은 받아들일 만하다는 점이다. 리쩌허우는 '실천'에 대한 번역으로 볼 때 work나 labor가 의미하는 좁은 의미의 노동실천을 적용하면 도구의 제조, 사용 과정에서 윤리규범과 의식이 동시에 나타나는 것을 간과할 수밖에 없고, 이는 중국 유가사상의 이념에 더 가깝다고 생각했다. 이성理性에 대한 이해로 볼 때 칸트는 윤리적 의미를 지닌 practical reason으로 speculative reason을 구분하는데, 이러한 이성은 당연히 인식 이성이 아니며, 리쩌허우의 입장에서 보면 이는 타인과 교제하고 사람들의 행동을 규율하는 윤리적 이성이 관련된 것으로 보인다. 이처럼 리쩌허우는 서양언어 중에서 오해가 생기기 쉬운 practical aesthetics와 같은 번역법을 수용하고 있는데 이는 그 독특한 이성적 고려가 담겨 있다. 문외한에게 실천미학이 바로 "미학의 실천"인 것처럼 '실천'이나 프랙티스practice에 독특한 철학적 의미와 사상을 부여하는 것이 관건이다.

'실천미학'이라는 용어가 처음 사용된 이후 이 용어는 중국 미학계에서 가장 중요한 키워드로 떠오르고 있다. 그러나 '문화대혁명' 이후 최초의 미학 논쟁은 '미의 본질'이 아니라 '공동미'에 대한 논쟁이었다. 알다시피 당시에 처음 시작된 미학논쟁은 모두 주류 이데올로기의 변화와 관련된 것이었고, 구체적으로는 계급론과 관련된 것이었다. 1977년 《인민문학》 9호에 허치팡何其芳의 산문인 〈마오쩌둥의 노래〉가 게재되었는데 이는 1961년 1월 23일 마오쩌둥毛澤東과 나눈 대화의 기록이었다. 마오쩌둥은 "계급별로 아름다움이 있고 계층 간에도 공통미가 있다"라고 말하였다. 이후 1978년부터 1982년까지 '공동미共同美'에 대한 논의가 진전되면서 이 문제에 대한 필담과 좌담회가 수차례 열렸다. 논쟁의 초점은 '공동미'의 존재 여부에 맞춰져 있었지만, 이후 논쟁의 초점은 절대적 객관론과 편협한 계급론의 벽을 넘을 수 있는지에 맞춰져 있었고, 심미적 주객체의 상호 연관성 속에서 미적 '공통성'을 설명하려는 시도도 있었다. 어떤 의미에서는 이러한 논쟁 자체가 다시 미의 본질적인 문제로 되돌아오는 것을 의미하는 듯하지만,

새로운 문제들이 파생되어 향후 30여 년 동안의 미학 학술 논쟁에 긍정적인 출발점이 되었다.5)

그 후 나타난 미학적 이슈인 "수고열手稿热" 해독은 미의 핵심 문제로 직결된다. "수고열"이란 1980년부터 마르크스 청년기의 저서《1844년 경제학-철학 수고》(일명 "파리수고")에 대한 해석 열풍을 가리키는 것으로, 이 원고에 대한 해석은 이해자들의 견해에 따라 다르다. 이때부터 마르크스주의 미학의 기본적 이해(동시에 미학의 기본 원리에 대한 기본적 이해)는 이 원고의 이론적 시사점을 비켜갈 수 없었다. 이 논쟁은 1979년 차이-이蔡仪가《미학총간지》창간호에 발표한〈마르크스는 어떻게 미를 논하는가〉로 거슬러 올라갈 수가 있다. 이 글은 주관적인 유심주의를 시정하고, 미를 논하는 객관적인 주장을 되풀이하였다. 이와 같은 미학적 입장을 담은 글은 이미 '실천론' 의식을 얻은 논자들로부터 비판을 받았다. 1980년에 이르러,《미학》제2호에서 주광첸朱光潛이 다시 번역한《1844년 경제학-철학 수고》(절선)를 전문으로 간행하였으며, 동시에 주광첸의《마르크스의〈경제학-철학 수고〉중의 미학 문제》, 정융郑涌의《역사유물주의와 마르크스의 미학 사상》, 장즈양张志扬의《〈경제학-철학 수고〉중의 미학 사상》등 3편의 중요한 글을 동시에 발표하였다. 이때부터 수고 연구의 열풍이 일어났다.

1956년 허쓰징何思敬의《수고》번역본이 첫 판에 발표됐고, 1979년이 나온 류피쿤刘丕坤의 번역본이 현재 더 많이 사용되고 있다. 중공중앙 마르크

---

5) 만약 더욱 자세하게 구분한다면, 30년 동안 중국 미학의 학술적 이슈는 아래와 같다: (1) "공동미" 논쟁, (2) "수고열手稿热" 해독, (3)"주체성" 문제 및 대토론, (4) "방법론의 해", (5) "실천미학"에 대한 폭넓은 공감, (6) "심미심리학"과 "심미사회학" 연구, (7) "시감성화 철학"과 감성화 사조, (8) "실천과 후 실천" 간의 미학 논쟁, (9) "심미문화" 연구와 "대중 문화" 비판, (10) "비교 미학"과 "다문화미학", (11) "20세기의 미학을 돌아본다", (12) "생태 미학"과 "환경 미학" 의 새로운 견해, (13) "심미의 현대성" 연구, (14) "일상 생활의 심미화" 문제, (15) "예술의 종결" 난제 등이 있다. 류웨디刘悦笛의《미학》, 리징위안李景源이 주필한《중국철학 30년》, 중국사회과학출판사, 2008년판을 참고함.

스 엥겔스 레닌 스탈린 저작 편역국이 번역한 《마르크스 엥겔스 전집》 제 42권 번역문은 또한 류피쿤刘丕坤 번역본과 거의 같으며, 중앙편역국에서 2000년이 되어서야 새 번역본이 나왔다. 좀 더 거슬러 올라가면 중국 학계에서 《수고》의 번역이 빨랐고, 허린贺麟이 번역한 《수고》의 마지막 장인 〈헤겔 변증법과 철학적 비판〉의 단행본이 1955년에 이미 출간(인민출판사, 1955)되었다. 리쩌허우는 이 단행본을 봤다고 인정하고 슝웨이熊伟는 또한 같은 부분을 번역했지만 발표하지 않았다. 물론 많은 번역본들 중에 미학 연구 목적으로 번역한 주광첸의 번역본도 포함된다. 대부분 "원본 순서판"이 아니고 "논리 개작판"에 따라 번역했다. 허쓰징何思敬과 허린의 번역본은 독일어판 《마르크스 엥겔스 전집》(이른바 "MEGA1")을 번역한 것이고, 류피쿤刘丕坤와 중공중앙 마르크스 엥겔스 레닌 스탈린 저작 편역국의 번역본은 러시아어1956년 판을 번역한 것이며, 중앙편역국에서 나온 새 번역본은 《마르크스 엥겔스 전집》에 대한 새로운 역사적 고증, 즉 MEGA2에 대한 논리 개작판에 따라 번역한 것이다.

중국 미학계에서 마르크스의 《1844년 경제학 - 철학 수고》에 대한 연구는 두 가지 해석 방식이 있는데, 하나는 "육경주아六经注我"[6]식이고, 다른 하나는 "아주육경我注六经"식이라는 것을 반드시 알아야 한다. 리쩌허우, 주광첸, 차이-이의 원고에 대한 해석은 자신의 미학적 주장으로 비교적 비중있게 흡수되어 서로 계속해서 논쟁관계를 형성하였다는 것을 알 수가 있다. 그러나 쟝쿵양蒋孔阳, 류강지刘纲纪, 청다이시程代熙, 정용郑涌과 같은 마르크스주의 연구자들은 마르크스 사상 자체에 대한 연구를 더 중시하였다. 어쨌든 많은 중요한 미학적 명제가 밝혀졌고, 당시의 미학계에 중요하고도

---

6) 내 마음에는 천지 만물이 갖추어져 있기 때문에 육경六經은 내 마음의 주석注釋도 되고, 또 내 마음은 육경의 주석도 된다. 육경은 천지의 이치를 설명한 책인데, 천지의 이치는 사람마다 마음속에 갖추고 있으므로, 육경은 결국 사람 개개인에 대한 설명으로 된 책이라는 말이다. 송末나라 유교대가儒教大家인 육구연陸九淵의 말로 출전은 송사宋史 육구연전陸九淵傳이다.

광범위한 영향을 미쳤다. 청년 마르크스 본인의 사상에 대한 설명에서 말하자면, "미의 법칙", "노동은 미를 창조했다", "이화학 노동異化劳动" 등의 사상이 널리 인용되고 받아들여졌다고 할 수가 있다. 그 중 주로 "미의 법칙"의 기본 함의, "노동은 미를 창조했다"를 어떻게 이해하는가, "이화학 노동"이 도대체 미를 창조할 수 있는가?"와 같은 문제들에 초점을 맞췄다. 만약 마르크스 미학 사상에 대한 전체론에서 다루어진다면, "자연의 인간화"와 "인간 본질적 힘의 대상화" 등의 사상이 중국화의 마르크스주의 미학을 창조하는 데 더 중요한 것 같다. '자연의 인간화'라는 사상은 이후 주류인 '실천미학'의 중요한 버팀목이 되었고, '인간의 본질적 힘의 대상화'는 1980년대 전·중기의 미학적 기본 원리 가운데 가장 주도적인 미학적 중심 사상이었을 것이다. 이 모두는 《1844년 경제학 - 철학 수고》가 1980년대 중국 미학 건설에 지닌 큰 의미를 드러냈고, 그 영향은 90년대까지 이어졌지만 이후 그 영향은 약화되고 있다.

이른바 "수고열" 이후 나타난 미학에 대해 큰 힘이 작용한 이슈는 "주체성" 문제와 그 대토론이다. 혹은 역설적으로 "주체성"에 대한 미학연구의 관심은 철학계에서 문학계에 이르기까지 "주체성"에 대한 연구를 먼저 추진했다. "인성론"과 "인도주의"의 철학 논쟁 후에, 인성과 이화異化에 관한 사상을 계속 깊이 토론하게 되자, 유물주의의 기계적 반영론과 청년 마르크스의 인본주의의 입장 차이가 확연히 드러났다. 이로써 1980년대 전반의 사조思潮에서 사상 주도자인 "주체성主體性" 사상도 등장할 수 있게 됐다. 1979년 《미학》 창간호에 발표된 리쩌허우의 《칸트의 미학사상》라는 글과 《비판 철학에 대한 비판》라는 책의 중요한 계시7)로 되돌아가야 할 것이다. 리쩌허우는 칸트의 "3대 비판"의 총체적인 사상을 마르크스주의 철학의 시

---

7) 리쩌허우: 〈칸트의 미학사상〉, 중국사회과학원 철학연구소 미학연구실, 상해문예출판사 문예이론편집실 합편의 《미학》 창간호, 상해문예출판사, 1979; 리쩌허우: 《비판 철학에 대한 비판》, 인민출판사, 1979에 수록되어 있다.

각으로 밝히면서 "주체성" 문제를 제기하였다. 이런 "실천 주체성"은 사상 해방의 진전에 힘을 보탠 결과 정통 주류로 부상했다. 실질적으로 "실천 주체성"은 주·객체의 물질실천활동을 연결하는 주체의 기본 규정성을 포함할 뿐만 아니라 칸트의 사상에 물든 자유 주체성을 수용함으로써 심미화의 "자유"로부터 양자를 조화시킨 산물이다. 문학 분야에서도 이런 주체사상이 류짜이푸刘再复에게서 "문학적 주체성"8)으로 바뀌면서 이 사상은 커다란 반향과 논쟁을 불러일으켰다. 그래서 당시의 역사 문맥에서 문학이 "반영론"인지 "주체성"인지 여부는 문학 이론의 진영을 가르는 사상의 레드라인이었으며, 전통적인 마르크스주의자와 급진적인 마르크스주의 발전파 사이에 근본적인 관점의 차이를 형성하였다.

이런 일련의 준비로 "실천미학"은 폭넓은 공감을 얻기 시작했다. 1980년대부터 지금까지 찬성하는 사람이나 반대하는 사람 모두가 미학 사상의 주류를 이루는 미학적 유파는 오직 "실천론 미학파"뿐이라고 생각한다. "실천미학"의 공인을 제시한 사람은 리쩌허우이다. 1950, 60년대에 "미학 대토론"으로 발단이 되었을 때, 배움에 능하고 사색에 밝은 주광첸은 "주객 통일", 소박한 차이-이는 '객관의 유일', 젊고 급진적 리쩌허우는 "객(관성)과 사(회성)의 통일", 그리고 뤼잉吕荧, 가오얼타이高尔泰가 주장하는 "주관파"는 따로 일가를 이뤘다. 철학의 높이까지 올라가면 옛 소련에서 "자연파"와 "사회파"를 구분하듯이 객관파와 사회파의 대결로 압축될 수가 있다.

옛 유고슬라비아 철학계에도 중국과 유사한 "실천파"가 있지만 생산실천의 근간은 강조하지 않고 실천 영역을 넓혔다. 초기에 리쩌허우가 정한 실천의 "3가지"는 바로 생산투쟁, 계급투쟁, 과학실험이었는데, 이는 마르크스주의 "대중철학자" 에스치Aschi의 기본관점에서 나온 것이다. 에스치는 인식과 실천의 관계에서 모든 "지知"의 근본적인 원천이 생산노동, 계급투쟁, 과학실험 이 세 가지의 "세계를 변혁한 실천"이라고 여겼다. 80년대

---

8) 류짜이푸:〈문학의 주체성을 논하다〉,《문학평론》, 1985, 제6기 / 1986, 제1기.

들어 미학계의 동인은 사실상 주광첸의 "주객통일"이라는 기본주장을 대부분 받아들여 미학원론의 발판으로 삼았지만 이런 통일은 도대체 어디에 있는 것일까? 더 많은 논자들은 리쩌허우의 "통일은 실천에 있다"는 주장에 수긍했고, 이에 따라 "실천파"는 80년대 후반에 이르러 중국 미학계를 독차지하는 흐름을 형성했다.

1980년대 중반 이후 당대 중국의 미학적 발언권이 불투명에서 부각되면서 "주체적 실천"이 내재적 발언권으로 주류를 이루었고, 주체든 실천이든 궁극적으로는 "자유"로 귀결되었다는 것은 사상계의 달라진 역사적 결과다. 리쩌허우의 "실천미학"은 확실히 점점 더 많은 사람들의 공감을 얻었고, 이를 통해 미학계의 유일한 주류사상이 되었다. "실천적 주체성"이 사상해방의 진전에 힘을 보탰기 때문에 사회정세가 "실천미학"을 주조로 부상하게 하였다고 할 수가 있다. 리쩌허우는 중국 전통사상의 기초에 입각하여, 마르크스주의의 실천관을 칸트사상으로 해석함으로써 "인류학 본체론 철학"의 기본 모델을 제시하였다. 말년의 리쩌허우는 그의 《비판 철학에 대한 비판》이라는 책의 사상적인 단서가 겉으로 보면 칸트, 헤겔에서 마르크스로 되어 있지만 사실은 "마르크스에서 칸트로", 즉 "인간이 어떻게 가능하느냐"에서 "인식이 어떻게 가능하느냐"로 되어 있다고 말하였다.9) 그는 먼저 "주체성"의 이중적 내포에 대해 "공예 – 사회구조"(외재적이다)의 면과 "문화 – 심리구조"(내재적이다)의 면, 인간 집단의 성격과 개인 심신의 성질로 규정하였다. 이런 철학적 토대 위에서 미와 관련된 문제들을 인간의 실천활동 자체로 돌린다는 점은 분명하다. 그의 미학사상은 "실천론 철학"의 어떤 이론적 연장선이라는 것은 틀림없다.

이러한 실천미학의 흐름은 물론 전반적인 미학 교육 상황과 직결된다. 왕차오원王朝聞이 주필한 《미학개론》은 29번이나 재판됐는데 책에서 "이 책은 1961년 집필 예정인 전국 고등학교 문과 교재 중 하나였다. 1961년

---

9) 리쩌허우: 《철학개요》, 철학요강, 북경대학교 출판사, 2011, p.197.

겨울부터 일부 교재담당실은 고등학교와 연구기관에서 20여 명의 인원을 뽑아 자료를 정리하고, 개요에 대한 연구, 토론, 초고를 작성하는 일에 참여하게 하였다'[10]라고 말했다. 집필진은 이후 실천 미학의 확고한 지지자가 되었고, 이 개론은 역시 미학적 실천관의 싹을 드러냈으며, 그 후의 미학적 개념의 집필에 "기초본"의 의미를 가지게 되었다.《미학개론》의 저술에 대해 참여자인 리쩌허우 본인은 이렇게 회상했다: 주필인 왕차오원이 이 책의 사상을 결정할 때, 저우라이샹周来祥에게 의존하였다가 리쩌허우에게 의존하였다가, 나중에 류강지에게 의존하였다는 과정을 거쳤다. 더 정확하게는 이들과의 선후 교류를 통해《미학개론》의 기본 사상과 전체적 구성을 정하였다. 어쨌든 실천미학의 기본사상은 1980년대 초반부터 큰 영향을 끼친 이 미학 교재를 통하여 널리 받아들여졌다는 것은 사실이다.

주필인 왕차오원 자신이 밝힌 미학관에 의하면, 디드로의 '미는 관계에 있다'라는 설의 이론에 근거하여 자신의 심미관계설을 제시하였다고 한다. 즉 "심미 주체와 심미 객체의 관계는 미적 대상의 객관성과 미적 감수성의 주관성이 서로 의존하는 관계이다. 그 관계 자체가 미학적으로 그 대상이다."[11] 그래서 왕차오원은 모든 미학적 문제들을 이러한 관계의 상호작용 속에서 고찰해야 한다고 주장하는데, 미적 대상의 객관성과 미적 감수성의 주관성의 사이는 바로 이러한 상호 의존적인 관계일 뿐만 아니라, 감성과 이성, 분석과 종합, 일반성과 특수성 등의 일련의 갈등들처럼 갈등하는 쌍방의 통일체의 관계로 이루어지기도 한다. 여기서 미는 관계에 따라 생기고, 성장하고, 변화하고, 쇠퇴하고, 사라진다는 디드로의 주장이 떠오른다. 또 철학적으로 보면 왕차오원이 주도한 심미관계 이론은 그 실체가 모종의 심미활동론에 가깝다는 것인데, 이는 "심미체험활동이 없어서 예술 창작도 예술 감상도 없기 때문이다".[12] 또 창작과 감상의 관계는 생산과 소비의

---

10) 왕차오원 주필:《미학개론》, 인민출판사, 1981, 후기.
11) 왕차오원:《심미담》, 인민출판사, 1984, p.35.

상호대상에 비유되는 관계, 상호 창조적인 관계, 감상주체 특수성의 발휘는 작품 객관성의 특수성을 떠나서 생각할 수 없는 관계, 반대로도 그런 관계이다. 창작과 감상 간의 이러한 서로 촉진적이고 포용적인 관계는 왕차오원이 예술의 비평을 직면하는 과정에 폭넓게 적용되었고 그의 비평은 "흐름의 미학"이 되었다.

이와 함께 왕차오원의 미학은 실천에서 시작해 실천으로 이어지는 "생활 지향"의 미학이라고 할 수 있다. 예술 창작과 감상, 예술 비평으로 미학을 연구하는 이런 방식에 삶의 식견과 예술 사상이 어우러져 중국 전통의 "원생태"의 미학적 지혜가 배어 있다. 조각 작업을 했던 예술가로서 왕차오원의 예술적 감각은 미학자 중에서 가장 좋았을 텐데, 이에 걸맞게 그는 더더욱 '남다른' 예술가였다. 왜냐하면 그는 다른 예술가들에게 쉽게 찾아볼 수 없는 철학적 사변을 갖고 자신만의 미학적 사상을 형성하였기 때문이다. 그의 미학적 사상의 이 같은 특질은 미학을 연구하는 데 활용된 독특한 방법에서 비롯되었으며, 이 방법은 중국 전통의 실천적 지혜에서 비롯된 것으로, 예술 창작과 감상으로부터의 체험은 미학 이론을 검증하는 유일한 기준이 됐다. 왕차오원의 독특한 중국화된 미학적 사고 속에 미학과 예술, 예술과 생활, 심미와 생활, 창조와 감상, 감상과 비평이 내재적으로 융화되어 격의 없는 친밀한 관계를 맺어 왔기 때문에 왕차오원의 미학은 "예술가의 미학"[13]으로 더 많이 인식됐다. 의심할 여지없이, 왕차오원의 미학연구는 예술을 대상으로 한 것이고, 그는 예술에 가장 근접한 미학자이며, 더 중요한 점은 각종 예술문류가 모두 종합적이고, 융화되어 관통되었다는 것이다. 1941년 첫 예술단론 〈더 예술적으로〉를 발표한 뒤 반세기가넘게 진행한 연구를 통해 왕차오원은 예술을 '고리'로 역사적 흐름 속에서 그의 흥미는 조각뿐 아니라 희곡, 회화繪畵, 시, 무용, 소설, 만담 등 장르의

---

12) 왕차오원: 《재탐색》, 지식출판사, 1983, p.165.
13) 자이모翟墨:《예술가의 미학》, 인민문학출판사, 1989.

예술 속에 꽃을 피웠다. 그는 일종의 "종합적 예술감각"을 형성하며 "형태를 뛰어넘는 방법"으로 도道와 기구 간의 "가까이 하지도 않고 멀리 하지도 않는 관계"를 추상화시킬 수가 있었다.

일반적인 관점으로 보면 리쩌허우가 1960년대 주장했던 "객관성과 사회성의 통일설"은 이미 실천론의 싹을 틔웠다. 70년대 말까지 완성된 《비판 철학에 대한 비판》은 칸트를 통해 자신의 철학적 관점을 드러내는 저술로서 실천관이 최종적으로 확립되었으며, 그 중 아직까지도 근본적으로 바뀌지 않은 핵심 관점은 "도구를 사용하고 만드는 것으로 실천의 기본 의미를 정한다"[14]는 것이다. 그러나 이런 관점은 60년대에 벌써 형성되었다. 가장 중요한 증거는 2010년 리쩌허우가 미국에서 귀국한 뒤 필자에게 보낸 친필 원고다. 글의 비교와 사상을 고증해 본 결과, 이 원고는 확실히 60년대에 완성된 것으로 필자는 《60년대 원고》라고 부른다. 그는 미간 원고에서 "'실천'이라는 기본적 범주를 역사적으로 구체적으로 분석하는 것이 바로 이 비밀을 풀어내고 인간의 본질을 이해하는 열쇠"라며 "노동 – 실천"이라는 병렬적으로 열거하는 언어 형식을 자주 사용하였다. 이런 관점은 리쩌허우 말기까지 바뀌지 않았다. 리쩌허우는 50, 60년대에도 헤겔의 영향을 받은 "인간 본질의 대상화"라는 표현을 썼지만 여전히 (노동생산 위주의) 물질적이고 현실적인 실천활동을 지칭했고, 이후 1980년대까지 "자연의 인간화"에서 "인간화의 자연"을 내세우며 인류역사 발전의 전체 성과로 여겼다. 그는 그 안에서 실천의 직접적인 현실성을 강조하면서도 한편으로는 실천의 인류 보편성을 강조함으로써 인류 전체의 사회역사적 실천의 본질적 힘은 미를 창조했다는 점을 인정하였다.

《60년대 원고》의 관점에 따르면, 리쩌허우는 《독일 이데올로기》, 《자본론》, 《자연변증법 가이드》의 관련 사상에 더 많이 의거하였다: 역사의 원점에서 보면, "원시적이고 동물적인 '본능상태'처럼 천연도구를 사용한 노동

---

14) 리쩌허우: 《비판 철학에 대한 비판》, 인민출판사, 1979, p.362.

활동은 실천의 가장 이른 형태이며, 사회적 존재의 기초였다", 사회의 발전으로 보면 "인류적 특징인 도구를 제조하는 것은 한 개인의 어떤 우연한 발견이 아니라 사회적 요구와 집단의식으로 조직된 의식적, 목적적인 사회 생산활동으로서 진정한 인간의 노동실천이다", 철학적 내포에서 보자면, "실천적으로 주체를 객관적으로 구성하고, 주체는 객체 자신의 규율로 객체를 인식하고 파악한다. 실천이 인식의 기초이기 때문에 인간이 만물의 척도가 되었다. 이는 유물주의의 일원론이지 유심주의나 이원론이 아니다." 그래서 60년대에 리쩌허우는 대담하게 "실천론은 인류학의 유물주의"[15]라는 결론을 내렸다. 80년대 그가 표방한 "인류학 역사본체론"과 혈맥의 연관성이 분명했고, 이후 그는 〈칸트철학과 주체성 수립 논강〉(《칸트, 헤겔철학을 논한다》, 상해 인민출판사, 1981), 〈주체성에 대한 보충설명〉(《중국 사회과학원 대학원 학보》, 1985, 1기) 등 여러 글에서 이런 새로운 철학과 미학 본체론의 기본 형태를 초보적으로 드러냈다.

이러한 실천론적 철학의 토대 위에서 초기 리쩌허우는 영문으로 된 청년 마르크스 《1844년 경제학 - 철학 수고》의 관점을 계속 받아들이면서 "자연의 인간화설은 바로 마르크스주의 실천 철학이 미학을 (실제로도 미학적으로만 있는 것이 아니라) 구체적으로 표현한 것이자 실행한 것이다. 즉 미의 본질, 근원이 실천에서 나왔기 때문에 객관적 사물의 성능, 형식이 심미적인 성질을 갖게 되고 결국 미의 대상이 된다는 것이다"[16]라는 자신만의 미학관을 추론해 냈다. 이처럼 리쩌허우의 사상 역정은 많은 논자들이 "미학에서 철학으로"라고만 생각했던 것이 아니라, 일관되게 "철학에서 출발하여" 일련의 미학관, 윤리관, 인식론, 존재론을 추론해 낸 것이다.[17] 그런 의미에

---

15) 리쩌허우: 《60년대 원고》(미간), 이 원고는 류웨디가 정리하였다.
16) 리쩌허우: 《리쩌허우철학미학문선》, 호남인민출판사, 1985, p.463.
17) 리쩌허우: 《철학강요》, 북경대학교 출판사, 2011, 이 총괄적인 최신 저작은 《윤리학강요》, 《인식론강요》, 《존재론강요》 등 세 부분으로 구성되어 있으며, 각각 선善·진真·미美에 대응하고 있으며, 좁은 의미의 미학사상은 "존재론" 부분에 속한다.

서 리쩌허우의 철학과 미학은 "인간을 위한 사고"라고 해도 과언이 아니어서 그의 미학사강은 영어로 번역될 때 "인간으로 통하는 관점"이라는 부제를 붙여 그 사상 내부의 철학인류학의 어떤 저력을 보여준다. 리쩌허우는 "자연의 인간화"라는 기점에서부터 시작해 "인간화의 자연"이라는 관점을 제시했고, 말년에는 "인간의 자연화"라는 새로운 명제를 내걸었다. 바로 "인간의 자연화는 자연의 인간화의 기초 위에 세운 것이다. 그렇지 않으면, 인간은 원래 동물이기 때문에 소위 "자연화"라고 할 수 없다. 자연이 인간화가 됐기 때문에 인간은 자연화가 되는 것이 가능하였다"[18]는 것이다. 이를 통해 초기 사상의 편향을 역방향으로 바로잡았다. 본체론적 관점에서 보면, 리쩌허우는 한편으로는 이른바 "도구"의 본체("도구‑사회"의 본체라고도 한다)를 강조하고, 다른 한편으로는 도구 조작의 정도만을 강조했던 초기와달리, 말기의 리쩌허우는 "감정‑심리"의 본체를 추가하여 보충함으로써 논란이 많은 이른바 "쌍본체론"의 난제를 일으켰다. 초기 "사회성"에 대한 관심에서 "실천관"으로 나아간 리쩌허우 본인은 주객의 상호작용과 호환성을 아래의 목록으로 보면서 "쌍본체론"의 내재된 구조를 보여준다.[19]

인간의 사회화	도구, 언어, 도구 본체
사회의 인간화	주체성, 우연성
자연의 인간화	축적, 심리 본체
인간의 자연화	새로운 천인합일天人合一, 자유

실천 미학의 창조자인 그에게서도 "미"에 대한 나름의 분명한 규정이 있는데 "미는 자유의 형식"이라는 것이다. 이는 진真, 선善, 미美와 그 관계에 대한 리쩌허우의 기본 인식에 달린 문제다. 겉으로 보기에는 미가 진과 선

---

18) 리쩌허우:《리쩌허우 근년 답문록》, 천진사회과학원출판사, 2006, p.57.
19) 리쩌허우:《나의 철학강요》, 삼민서국, 1996, p.190.

을 연결시키는 중개자인 것처럼(이는 칸트의 "제3비판"에서 1, 2대 비판의 가교 사상에서 나온 것이다) 보이지만, 리쩌허우는 실천론의 해답을 제시하였다: 미의 본질은 진과 선의 통일로서, 사실상 자연법칙과 사회실천, 객관적 필연과 주관적 자유의 통일이다. 왜냐하면 리쩌허우는 이미 전통인식론의 의미를 지닌 "진"을 자연계 자체의 규율(즉 규율에 맞다)로 간주하고, 인간이 실천하는 인간의 실천이 인간성의 근본 성격에 부합하는 것을 "선(즉 목적에 맞다)"으로 보기 때문이다. 그래서 그가 《비판철학에 대한 비판》에서 분명히 주장했듯이, 감성과 이성, 법칙과 목적, 필연과 자유는 "자연의 인간화"와 "인간화의 자연"의 의미에서만 진정한 모순의 통일을 얻을 수 있고, 이러한 진정한 침투와 교감을 통해 이성은 감성에 축적되고, 내용은 형식에 축적되어야 하며, "자연의 형식"은 "자유의 형식"이 될 수 있으며, "미" 야말로 여기서 등장할 수가 있다. 한마디로 "진과 선의 통일이 객체의 자연스럽고 감성적인 자유형태로 나타나는 것이 미이다"[20] 이는 마르크스주의 실천철학의 높이에서 "미"의 근본문제를 밝힌 것으로, 이는 당대 중국 미학이 세계사상에 특한 공헌을 기여한 것으로 의심할 여지가 없다.

1980년대부터 "실천론"으로 확실히 방향을 튼 사람은 리쩌허우뿐 아니라 "주객관 통일"을 주장한 주광쳰도 있는데 그는 기본 미학사상을 실천이란 단어의 의미에서 재해석했다. 그러나 그의 사상이 본격적으로 시작된 것은 60년대 초의 〈미학은 무엇을 연구하는 것인가? 미학을 어떻게 연구하는 것인가?〉(《신건설》, 1960, 제3기)와 〈생산노동과 세계에 대한 인간의 예술적 파악 – 마르크스주의 미학의 실천적 관점〉(《신건설》, 1960, 제4기)이라는 두 글에서이다. 그는 마르크스의 《정치경제학 비판·머리말》에서 "세계 장악" 방식에 관한 논술을 통해 예술이 세계를 장악하는 데 인간의 창조적 노동이 포함되어야함을 인정했다. 그래서 좁은 의미에서 "생산노동"이 실천이라고 주장하는 리쩌허우와 달리, 다시 말해 예술을 생산실천과 분리시

---

20) 리쩌허우: 《비판철학에 대한 비판》, 인민출판사, 1979, p.415.

킨 것과 달리, 주광첸은 "예술은 인류 문화 발전사의 큰 틀에서 봐야 하고, 예술을 인간이 자연을 개조하면서도 자신을 개조하는 이러한 생산활동 실천 중의 하나의 필연적인 부분으로 간주해야 한다"[21]라고 주장한다. 이로써 주광첸 사상 심층에는 일종의 내재된 장력張力이 형성되었다. "하나는 예술은 생산 노동이다. 하나는 생산 노동도 예술이다. 또 다른 하나는 사람과 환경(자연)의 대립과 상호 전환이다. 즉, 인간의 본질적인 힘의 대상화와 자연의 인간화 이론, 이데올로기에 관한 이론 등 이 몇 가지 기본 관점이 주광첸의 머리 속에서 서로 부딪치고 융합되어 상당히 정밀한 네트워크를 형성하였다."[22] 주광첸朱光潛은 이런 관점의 융합을 마르크스주의의 "실천관'"이라고 부른다.

주광첸은 이러한 "실천론 전환"에 대해 자각하고 있었는데, 그는 초기 사상의 "취향의 형상화"와 "형상의 취향화"라는 사고방식을 버리고 그의 "주객통일"관에서 마르크스주의의 이론적 초석을 다시 찾으려 하였다. 여기서 중요한 것은 주광첸의 《1844년 경제학 - 철학 수고》에 대한 독특한 이해다. 먼저 주광첸은 여러 논자와 마찬가지로 사람이 실천을 통해 대상세계를 창조한다고 생각하는데, 즉 무기无机 자연계에 대한 가공과 개조를 먼저 진행한다는 것이다. 둘째, 《1844년 경제학 - 철학 수고》를 해석하는 대부분의 논자들과 달리, 주광첸은 예술미와 그의 이데올로기론에 대한 집착에서 벗어나지 못했기 때문에 그는 예술 생산이나 물질 생산에서나 인간이 "자아 의식을 지니는 종秭의 존재'임을 증명할 수 있다고 인정했다. 마지막으로 청년 마르크스의 "미의 법칙"사상에 대한 설명과 관계된다. 이러한 사상은 주광첸이 보기에 "사람의 작품을 설명해 준다. 물질 생산이든, 정신 생산이든 모두 미와 연관이 있고, 미에도 '미의 법칙'이 있다"[23]이다. 따라

---

21) 주광첸: 〈생산노동과 세계에 대한 인간의 예술적 파악 - 마르크스주의 미학의 실천 관점〉, 《신건설》, 1960, 제4기.

22) 옌궈중阎国忠: 《주광첸 미학사상과 이론체계》, 안휘교육출판사, 1994, p.218.

서 사상 형성의 관점에서 볼 때, 주광첸의 실천론 미학은 '예술의 파악'에서 '예술의 생산'에 이르는 그의 사상과 내적으로 관련되어 있으며, 그는 결국 예술생산과 생산노동의 내적 일관성을 유지한다는 다소 극단적인 관점을 고수하고 있다.

그러나 이러한 주광첸의 새로운 미학적 관점은 전통적인 인식론 미학과의 관계를 분명히 하는 것이 필요하며, 이는 실제로 실천과 인식의 관계이기도 하다. 주광첸은 1980년대까지의 기본이해에 따라 "실천만이 진리를 검증하는 유일한 표준이 된다"는 사상적 물결 속에서 마르크스주의 미학의 진정한 창조적인 점은 바로 실천과 인식의 기본관계를 변증적으로 처리하고 실천만이 인식의 기초이자 진위를 가늠하는 기준이라는 것을 인정하였다. 그러나 바로 예술생산과 물질생산의 내적일치와 긴밀한 연관성 때문에 주광첸은 실천이 우선 생산노동임을 부정하지 않으면서도 예술이 정신적인 생산이라는 것을 자긍하는 것은 "창조적 노동실천"을 강조하는 쟝쿵양의 사상과 내재적으로 가까워졌다는 의미가 크다. 흥미롭게도 이후의 많은 실천론자들은 "반영론"의 미학, 특히 차이-이의 "전형"을 특징으로 하는 사상체계에 반대했지만, 주광첸은 일종의 절충적 시각으로 실천론과 반영론을 통일해야 한다고 주장했고, 이는 80년대 초 다수의 미학 연구자들이 찬성했던 견해이다. 그래서 주광첸의 입장에서 볼 때 미든 예술이든 모두 단지 실천적인 것만이 아니라 인식적이기도 하고, "존재가 의식을 결정하는 것"만이 아니라 "의식 또한 존재에 영향을 미친다". 이런 점에서 보면 말기의 주광첸은 끊임없이 자아비판을 하면서도 여전히 그의 독특한 "예술은 이데올로기이다"라는 미학사상을 버리지 못한 사실을 알 수 있다.

---

23) 주광첸: 《마르크스 경제학 - 철학 수고에 나타난 미학문제》, 주광첸: 《주광첸미학문집》, 제3권, 상해문예출판사, 1983, p.469.

제2절 "구旧 실천미학"의 분화

리쩌허우의 실천미학 유파 창설와 주광첸의 실천미학을 향한 전향 과 함께 20세기 중반부터 시작된 "미학 대토론"의 다른 미학자들의 사상도 주목할 필요가 있다. 먼저 "미는 객관에 있다"라는 설을 제시한 차이-이인데 그의 기본미학사상은 70년대 말 이래 지속적으로 해석되어 왔고, 특히 그가 주필한 《미학원리》(호남인민출판사, 1985)에서 더욱 포괄적으로 밝혀졌다. 뿐만 아니라 20년 전의 미학논쟁과 마찬가지로 차이-이의 사상은 리쩌허우, 주광첸 이후의 실천사상과의 논쟁으로 이어졌다. 최초에 《미학논총》에 실린 〈마르크스는 도대체 어떻게 미를 논하는가〉라는 유명한 장문의 상편에서, 차이-이는 먼저 "이른바 실천미학이라는 관점"을 반박했다. 이는 소련의 미학자 네도세빈, 트로피모프의 "세계의 예술에 대한 파악방식" 사상에 대해 비판하며 시작되었는데, 이는 사실상 주광첸의 말기 사상을 비판한 것이다. 나아가 반슬로프, 스트로브의 "자연계의 인간화"와 "인간의 대상화" 사상에 대해 반박하며 사실상 리쩌허우의 실천 미학 관념을 비판한 것이다. 차이-이는 노동 실천이 인간의 미적 감각에 미치는 영향을 부정하지 않고, 노동이 사람에게 일반적인 인식능력과 미적 능력을 갖게 했다고 인정하지만 실천관 유심의 본질이 유물주의에 위배된다는 점은 차이-이가 내린 최종적인 결론이다.

차이-이는 금은金銀이 "미학적 속성"을 가지고 있다는 마르크스의 논설에 근거하여, 마르크스주의의 미학관에 대한 자신의 기본적인 이해를 계속 넓혀 갔다. 우선 "객관적 사물의 미는 객관적 사물 그 자체에 있다." 또 "객관적 사물의 미의 성질은 그 자체의 고유한 객관적 성질로서 미적 성질을 지니는 특성이다." 마지막으로 "감상대상으로서의 객관적 사물의 미는 감상자의 주관 의식에 의해 가미된 것이 아니다."[24] 나아가 〈마르크스는 도

---

24) 차이-이: 〈마르크스는 도대체 어떻게 미를 논하는가〉, 《차이-이 미학논문선》, 호남인

대체 어떻게 미를 논하는가〉의 하편에서 차이-이는 "미의 법칙"에 대한 사상을 탐구했는데, 그는 "미의 법칙"에 부합하는 모든 것이 미적인 것이라고 여겼다. 초기 차이-이의 사상과 연결되어 보면, "미의 법칙"이 바로 "전형적인 법칙"이라는 것을 알 수 있다. 뒤집어 보면, "종류의 보편성만이 추상적인 본질일 뿐, 미의 법칙이 될 수 없다. 미의 법칙은 반드시 형상적인 것을 규정하는 것이다. 사물의 현상은 그것의 본질이나 사물의 개별적인 성능이 그것의 종류에 나타나는 일반적인 것으로 현저하게 나타난다. 바로 우리가 소위 사물의 전형성 혹은 한정된 법칙이라고 부르는 것이다".25) 그러므로 "전형적인 법칙"이 바로 "미의 법칙"이다.

차이-이의 초기부터 말기까지의 사상이 모두 "내적 관통"이었으며, 이는 만년에 이르기까지 차이-이 미학이론의 기초가 "인식론"이고, 그것도 우선 "반영론"이었기 때문이다. 차이-이는 1960년대 〈주광첸 미학의 "실천관점"을 논하다〉에서 실천미학관을 비판했는데, 이 글은 또한 실천론을 비판한 최초의 글이었다. 이 글에서 매우 중요한 것은 "인간의 본질적인 대상화"에 대한 독특한 해석이다. 차이-이는 인간의 본질이 노동일 수밖에 없다고 생각한다면, "인간의 본질적인 대상화"는 노동의 대상화 혹은 물화이며, "인간의 입장에서 보면 노동의 물화이고, 사물의 입장에서 보면 '자연의 인간화'"26)이며, 이는 "자연의 인간화"를 객관적 반영론의 의미에서 이해하는 사상이다. 그래서 다른 각 파의 미학적 사상과 근본적으로 구분된다. 1978년의 《경제학–철학 수고》의 초안과 1982년에 완성된 재검토의 의미가 담겨 있는 상하 두 편 중(상편은 《마르크스 사상의 발전과 그 성숙의 주요 표지》, 하편은 《인문주의, 인도주의와 "자연의 인간화" 설을 논한다》)에서 그는

민출판사, 1982, p.247.

25) 차이-이: 〈미의 본질과 미의 법칙 문제〉, 《차이-이 미학강연집》, 장강문예출판사1985, p.108.

26) 차이-이: 〈주광첸 미학의 "실천관점"을 논하다〉, 《차이-이 미학논문선》, 호남인민출판사, 1982, p.143.

《경제학 - 철학 수고》가 마르크스의 미숙함과 미완성의 원고일 뿐,《철학의 빈곤》이나《공산당 선언》과 같은 세련된 저서들과 비교할 수 없다는 것을 인정하는 경향이 있다. 그리고 "자연의 인간화"설은 그 내재된 인본주의 때문에 유심주의의 미학관으로 전이되었다고 그는 인정한다. 대다수 미학 론자들이 수고 사상에 따라 자신의 미학 사상을 발전시키는 것과는 대조적이다.

또 가오얼타이는 따로 일가를 이룬 독특한 다른 미학자가 있는데 그의 "미는 주관에 있다'라는 관점은 끝까지 변하지 않았다. 그는 다른 다수의 미학자들과 마찬가지로《1844년 경제학 - 철학 수고》에 나온 "인간의 본질적인 힘의 대상화"라는 관점에 따라 자신의 "인학人學"과 "미학美學" 사상을 진일보시켰다. 가오얼타이의 이해에 따르면《1844년 경제학 - 철학 수고》가 주는 시사점은 두 가지이다: 미美는 바로 "인간"에 관한 것이기 때문에 미를 연구하는 것은 바로 인간을 연구하는 것이다. 이와 동시에 미는 심층적으로 "자유"에 관한 것이며, 이는 인간의 본질이 "자유"이기 때문이다. 가오얼타이는 "미의 철학"이 바로 "인간 철학의 심층적인 구조", "미는 인간 본질의 대상화이기 때문에 이를 떠나면 미가 없어진다", "미는 인간 본질의 대상화이다: 인간의 본질은 자유이기 때문에 미는 자유의 상징"이라고 분명히 밝혔다.[27] 실제로 "미는 미적 감각이다"나 "미적 감각은 곧 미이다"라고 직접적이고 간명하게 주장했던 것처럼 "미는 자유의 상징이다"는 그의 새로운 미학적 선언이 되었고, 그는 시적 언어로 논술을 반복하며 많은 사랑을 받았다. 사실, 이러한 인도주의적 배려에 물든 "미의 추구"와 "인간성 해방"은 내적으로 상통한다. 왜냐하면 가오얼타이에게 "현대 미학은 '사람'을 연구 대상으로 하고, 미적 감각 경험을 중심으로 연구하며, 미적 감각 경험을 통해 사람을 연구하고, 인간의 모든 표현과 창조물을 탐구하여 '자아초월自我超越'이라는 인도주의적이면서도 미학적인 과제를 제

---

27) 가오얼타이: 〈미는 자유의 상징이다〉,《미를 논한다》, 감숙인민출판사, 1982, p.34.

시하기 때문이다."[28] 이처럼 가오얼타이의 주관파 미학은 역사 맥락이 바뀌면서 새로운 시기에 "인도주의의 미학"으로 바뀌었고, 자유의 "상징"으로서의 미는 여전히 인간의 주관적 본성에 속하고, "상징"은 그 자체가 주관화된 투사였으며, 이는 당시 자유를 숭상하던 사회의 계몽사조와도 관련이 있음을 알 수 있다.

알다시피 실천미학이 생명력을 얻게 된 것은 바로 그 체계 내부의 풍부성과 개방성에 있기 때문에 당대 중국미학 학술사에 대한 연구가 진행되기 위해서는 실천미학 사조 내부의 "사상계보" 전반에 대한 심층적인 해석이 필요했던 것으로 알려져 있다. 20세기 중국 미학에 관한 많은 저술들에서 서술하듯이 리쩌허우는 실천미학 "중국학파"의 핵심 인물이지만 학술사적인 의미에서 볼때 이 사조思潮 안의 많은 대표 인물들이 하나 하나 드러나야 "중국실천미학파"의 대체적인 모습을 볼 수 있다.

리쩌허우의 사상과 가장 비슷하게 실천미학사상을 잉태한 학자인 자오쑹광은 훗날 음악과 심미 교육에 헌신했기 때문에 그가 미학에 끼친 기여가 초기에 간과되었지만 실천미학에 대한 그의 "간소판본"의 논술은 오히려 더 쉽게 받아들일 수 있다. 자오쑹광 실천미학의 키워드는 "입미立美"라고 할 수 있는데, 실천은 모든 사회적 존재를 창조하면서 동시에 반대로 인간 자신의 내적 의식을 창조하는데 이처럼 모든 것을 창조하며 목적에, 법칙에 부합하며 이루어지는 어떤 형태의 결과도 "입미"의 실현으로 간주된다. 이는 자오쑹광이 보기에 "미란 객관적 규율[真]을 자유롭게 사용하여 사회적 목적[善]을 실현하는 중개 구조 형식이다", 아니면 "객관적 규율을 사회적 목적에 복종하게 하고, 어떤 물종의 척도를 인간 고유의 척도에 따르게 함으로써, 간결하게 진真을 장악하여 선善을 실현하는 형식이 바로 미다".[29] 이렇게 보면 이러한 실천미학관이 진과 선의 사이, 목적성과 규율성

---

28) 가오얼타이: 〈미의 추구와 인간의 해방〉, 《미는 자유의 상징이다》, 인민문학출판사, 1986, p.100.

에 부합하는 사이에서 바로 전개되어서 미가 규율성[真]의 내용과 목적적인 활동[善]을 활용하는 중개 구조와 형식이 되었다는 점에서 분명 리쩌허우의 관점과 매우 흡사하다고 볼 수 있다. 자오쑹광의 미의 분류에 대한 철학적인 표현은 더욱이 영향이 컸다. 미의 정의에 근거하여 "자연미"는 목적성에 부합하는 내용과 규율성에 부합하는 형식을 포함하고 있으며, "사회미"는 규율성에 부합하는 내용을 활용하는 목적성이 있는 활동형식이라고 하였다. 실제로 자오쑹광은 비교적 일찍부터 그의 실천관을 "인류학 본체론"에 기초한 논자로, 당초 《미학술림》 제2집에 게재할 예정이었던 〈미학 원리가 인류학 본체론의 영향을 받은 후〉의 전문은 이를 입증하는 중요한 글이었으나, 리쩌허우와 달리 후자는 "인류학 역사 본체론"의 "역사구조"라는 이성적 기능을 더욱 강조하였다.

실천미학의 엘리트들 가운데 일찍부터 더 광범위한 영향을 끼친 미학자는 쟝쿵양이다. 1950년대에 그는 "미美는 사회현상이다"라고 확정하고 출발한다. 그는 가오얼타이의 주관론과 주광쳰의 주객통일론에 동의하지 않았지만, 가장 중요한 특성은 "창조"의 요소를 실천미학에 주입한 점이다: "미는 객관적으로 존재하는 사회현상이다. 인류가 창조적인 노동실천을 통하여 참되고 선한 품질을 지닌 본질적인 힘을 그 대상에서 실현되게 하여, 그 대상이 사랑과 기쁨을 불러일으킬 수 있는 감정의 대상이 된다. 그 이미지가 바로 미이다."30) 쟝쿵양의 이러한 개성적 정의가 한 개인의 견해지만 "인간의 본질적인 힘의 대상화"에 대한 그의 해석은 보편적인 인정을 받았다. 왜냐하면 그는 미가 곧 인간의 본질적인 힘의 대상화라고 인정하기 때문이다. 이는 미가 인간이 "미의 법칙"에 따라 창조한 이미지라는 것을 의미한다.

---

29) 자오쑹광: 〈심미교육의 사회적 기능을 논하다〉, 중국 사회과학원 철학연구소 미학연구실과 상해 문예출판사 문예이론 편집실장이 공동 주필한 《미학》제3권, 상해문예출판사, 1981.
30) 쟝쿵양: 〈미와 미의 창조〉, 《미와 미의 창조》, 강소인민출판사, 1981, p.48.

특히 말기에 그가 강조한 "다층 누적의 돌창"에는 새로운 내포가 더욱 많이 녹아들었다. 이에 따라 쟝쿵양의 후학자들은 그의 미학 사상을 당대 중국 미학의 "제5파", 즉 미학 논쟁에서 비롯된 "미학 4대가"와는 다른 새로운 유파로 칭하였다.[31] 아무래도 초기 실천미학의 실천자들은 미가 인간의 본질적인 힘에 대한 확증이라고 여겼는데 이런 본질적인 힘에서 "사회실천"은 가장 본질적인 역할을 담당하고 있음이 틀림없다.

의심할 여지없이 "인간의 본질적인 힘의 대상화"라는 말은 1980년대 "강단미학"에서 가장 보편적으로 인정받았다. 왕차오원이 주필한 초석의 의미를 지닌《미학개론》(인민출판사, 1981)에서 "대상화"라는 표현은 "심미 관계"라는 표현처럼 드러나지 않았다. 그러나 실천미학이 중국 미학의 주류가 되면서 류수청劉叔成, 샤즈팡夏之放, 러우시융楼昔勇 등이 쓴《미학 기본원리》(상해인민출판사, 1984)에서는 이를 "인간의 본질적인 힘의 감성적인 표현"이라고 서술하며, 양신杨辛·간린甘霖이 공저한《미학 원리》(북경대교 출판사, 1983)에서는 미를 "자연의 인간화"의 결과만으로 인정하는 것은 부족다고 여기고 미를 "인간의 자유를 인정하는 창조적인 활동"으로 인정해야 한다고 하며, 리피셴李丕显의《심미소찰》(청해인민출판사, 1984)에서 인간의 "심미 능력"은 인간이 대상에 대한 관계를 "인간에 속하는 관계"로 만든다고 서술한다는 등등의 서술이 나타났다. 이 모두가 "인간의 본질적인 힘의 대상화"라는 표현이며, 이는 80년대 중반의 실천미학에서 가장 보편화한 표현으로 90년대의 "미학 강단"까지 이어졌다. 물론 모든 논자들이 이 이론에 동의하지는 않았다. 마치马奇는《1844년 경제학 - 철학 수고》를 설명하며 실천이란 물질적 수단을 주체적으로 운용해 객관적인 대상을 개조하는 객관적 물질의 과정을 의미해야 한다. 목적이 있는 모든 감성적 활동은 실천의 범위에 속하며, 인간의 본질적인 힘의 대상화를 "대상의 주관

---

31) 주리위안朱立元:《당대중국미학신학파 - 쟝쿵양 미학사상 연구》, 복단대학교출판사, 1992, p.1.

제3장 미학본체론 : "실천론", "생존론"에서 "생활론"으로의 전향 155

화"로 이해해서도 안 되며, 자연의 인간화를 사람을 "자연의 의식화"로 해석해서도 안 된다고 지적했다. 그러나 결국 마치는 실천의 필요에 의해 인식의 영역에 들어가서 인식의 대상이 되는 사물이 "심미의 대상"[32]이 될 수 있다고 밝힌다. 즉 인식 대상이 된다는 것을 심미의 대상이 되는 전제로 삼았다는 인식론의 관점에서 미의 문제를 다룬 것이다. "인간의 본질적인 힘의 대상화"에 대한 시각은 미학계에서 여전히 차이가 있다고 봐야 한다.

《1844년 경제학 - 철학 수고》에 대한 쟝쿵양의 이론적 해석에 따르면, 한편으로 인간이 "노동 실천"을 통해 객관적인 세계를 개조하는 과정, 즉 "인간화된 자연"을 형성하는 과정으로 미적 대상을 형성한다. 다른 한편으로 이러한 외적 개조 과정과 동시에 "인간의 본질적인 힘을 대상화하는 과정"으로 "인간의 개조"를 통해 심미의 주체를 형성하며 심미의 대상과 심미의 주체가 "현실에 대한 인간의 심미적인 관계"에 있기 때문에 "새로운 세상"으로서의 미와 "정신적 향수"의 미를 낳는다. 이렇게 보면 쟝쿵양은 심미의 주체와 객체를 연결하는 "심미관계"의 중요 가치를 강조했다는 점에서 왕차오원 및 기타 관계론의 미학론자들의 관점과 일치한다. 실천 중의 "창조성"의 내포와 의미를 더욱 강조했다는 점에서 주광첸의 관점에 가깝다. 바로 이러한 실천파들의 "창조미학"의 본성이 작용했기 때문에 쟝쿵양은 "미적 창조"의 풍부함과 차이점을 더욱 강조하게 되었다: "객관적 현실의 미는 단지 사람이나 때에 따라 다를 뿐만 아니라, 개인이 자신의 본질적인 힘에 따라 자신의 본질적인 힘이 도달할 수 있는 미를 창조하고 감상하는 것"[33]으로 "본질의 힘"은 쟝쿵양에게 개인에게 가장 잘 반영된 품질, 성격, 사상으로 여겨진다. 이것으로 비로소 아름답고 다채로운 미의 세계를 창조할 수 있다. 이러한 사상은 쟝쿵양의 《미학신론》(인민문학출판사, 1993)에서 더욱 체계적으로 정리되었는데, 책에서 그는 "사람은 '세상의 미이다'와

---

32) 마치: 《예술철학논고》, 산서인민출판사, 1985, p.179.
33) 쟝쿵양: 《쟝쿵양 미학예술논집》, 강서인민출판사, 1988, p.111.

"미는 자유로운의 이미지이다"라는 성숙한 관점을 제시하였다. 전자는 "세상의 미"로서의 인간은 일정한 사회 역사적 관계 속에 있는 사람이라는 뜻이며, 미는 자연 현상이나 개인의 현상이 아니라 "인간간의 관계에서 생겨나고 창조되는 사회 현상"이라는 뜻이다. 후자는 "미의 이상은 자유의 이상이고, 미의 법칙은 자유의 법칙"이며, "미의 이미지는 자유의 이미지"[34]라는 뜻이다.

저우라이샹周来祥은 원래 실천미학파였지만 "조화의 미학"이라는 자신만의 독특한 관점을 제시했는데 이는 더 넓은 의미의 "심미관계"설이다. 이를 "조화의 자유 관계의 미학"이라고 이름 붙이는 것이 더 적절할 것 같지만 전체적으로는 실천 미학의 어떤 특수한 발전이라고 본다. 저우라이샹이 "미美는 조화이다"라는 기본주장을 내세웠지만 이 관념의 원래 함의와 추도과정을 분석해야 "조화"라는 미학적 표어를 오해하지 않을 수 있기 때문이다. 저우라이샹의 본래 사상논리에 따르면: 첫째, 미의 본원은 주객체 간의 관계에서 찾아야 한다. 둘째, 이러한 관계는 일종의 "객관적 관계"이며, 이러한 주객체의 관계는 일종의 "중개"를 형성한다. 마지막으로 이러한 객관적 관계의 본질적 특징은 "관계의 조화의 자유"이며 미의 본질은 이러한 관계 안에서만 찾을 수 있다. 이러한 단계적 추론을 거쳐 최종적인 결론은 비로소 "미는 조화이다. 인간과 자연, 주체와 객체, 감성과 이성, 실천 활동의 합목적성과 객관적 세계의 규칙성의 조화이다", "미는 조화의 자유이다", 이것이 바로 "미의 범주 발전의 필연적인 이론 구조"[35]이다. 그래서 저우라이샹周来祥 실천미학의 중점은 바로 미는 심미관계에서 생성되고, 미는 심미관계의 운반체이며, 심미관계의 속성이 미에 나타나게 되고 다만 이러한 관계는 "조화롭고 자유로운 관계"이며, 그 중에서도 주객체는 동시

---

34) 장쿵양:《미학신론》, 인민문학출판사, 2006, p.174, 215.
35) 저우라이샹:〈"미는 조화이다"를 논한다 - 미의 범주 발전에서 얻은 결론〉,《미학문제 논고 - 고대의 미, 근대의 미, 현대의 미》, 섬서인민문학출판사, 1984, p.30.

에 "반대의 동화同化", 즉 "객체의 내화"와 "주체의 외화"를 함께 하는 대립적인 통일 등에 있다.

저우라이샹 미학사상의 기본적 특색은 단순히 "미는 조화이다"라는 관점을 논리적으로 부각시키는 데 그치지 않고, 이를 역사적으로도 유도해 냈다는 것에 있다. 반대로 말하자면 그는 발전의 전체 역사를 이 기본적 미학적 관점에서 파악하기도 한다. 이렇게 해서 헤겔의 《소논리학》에서 만들어낸 이론적 방법을 따라 저우라이샹은 "역사와 논리의 통일"이라는 방법론에 근거해 서양 미학사를 고대의 미, 근대의 미와 현대의 미의 세 단계로 구분하여 "조화미"를 "역사적 규정"으로 삼아 역사를 바라본다. 한편, 논리적으로 볼 때, 저우라이샹은 "인간화된 자연"이 미적 본질의 "가장 일반적인 규정"에 불과하고, 조화의 자유야말로 "심미관계의 특수한 질적 규정성"[36]이며, 이러한 조화는 구체적으로는 형식의 조화, 내용의 조화, 형식과 내용의 조화의 통일, 그리고 이에 따른 주체와 객체, 인간과 자연, 개성과 사회의 조화로운 자유 관계도 포함한다고 주장한다. 다른 한편, 역사적으로 볼 때, 고대사람들은 기본적으로 "조화미"의 원칙에 따라 심미적 창조와 관조观照(웅장한 미에서 우아한 미로 숭고한 미까지 싹이 트는 과정)를 진행하였고, 근대사회는 조화를 타파하고 숭고를 미학이론(숭고함에서 허황됨)으로 발전시켰으며, 현대사회에서는 대립 통일의 더 높은 차원의 "조화미"로 나아가게 됨으로써 이론과 역사의 상호 검증 관계를 형성하였다고 주장한다.

실천미학의 가장 확고한 지지자이자 대표인물로 꼽히는 류강지는 자신의 미학사상을 일관되게 밀고 나갔고, 마침내 그 자신이 귀납한 "실천 - 창조 - 자유 - 자유의 감성표현 - 광의의 미 - 예술"이라는 완전한 미학체계를 형성했다. 그러나 이러한 성숙의 미학은 일회성이 아니라 점진적인 발전을 거듭했다. 애초에 류강지는 마르크스의 자유관으로 미의 문제에 직접 접근

---

36) 저우라이샹: 《"미는 조화이다"를 논한다》, 귀주인민출판사, 1984, p.127.

해 해결하는 경향을 보였는데, 미를 "필연에서 자유로의 비약"으로 보는 시각이 더 많았다. "미란 "필연의 왕국"을 넘어선 "자유의 왕국"의 영역에서 인간의 개성, 재능이 자유롭게 발전한다는 다양한 감성이 구체적으로 표현되는 것이다".[37] 류강지는 세 가지 미학적 의미의 자유를 구분했는데, 이러한 '자유 속성'은 모두 "미"가 본래 가졌어야 하는 것이다. 첫째는 물질적 삶의 초과, 둘째는 인간의 창조적 활동, 셋째는 인간 삶과 의존하는 사회성이다. 이러한 "자유의 속성"이 있어야만 미 그 자체를 이룰 수 있다. 류강지는 나아가 미의 근원은 사실상 "실천 창조"에서 비롯된다며, "실천 창조"의 최고 경지는 자유이며, 진정한 자유는 필연성에 대한 파악이라고 규정했다. 따라서 보다 구체적인 규정은 "미는 인간의 자유로운 표현(즉, 인간과 자연, 개체와 사회의 통일된 표현)"[38]이고 이는 인간이 실천 속에서 필연적인 것을 습득하고 외부세계를 실질적으로 개조하고 지배한 결과다.

이처럼 류강지의 관심은 단순히 실천에서 미를 만들어내는 데 있는 것이 아니라 실천이 어떻게 미를 만들어 내느냐에 모아졌고, 그는 "자유"와 "창조"를 "미"의 가장 기본적인 규정으로 인정한다. 그러나 말기로 갈수록 자유가 "감성 활동"으로 표현될 때야 비로소 미가 되고, 넓은 의미의 미는 "자유롭고 감성적 표현"이어야 하며, 자유 앞에 "감성"이라는 추가 규정을 달았다. 이런 관점에 따르면 "미는 인간이 그의 삶의 실천, 창조에서 얻는 자유의 감성의 구체적 표현"이다. 더 구체적으로 보면 "미는 인간 자유의 표현으로서 감성적이고 구체적이기 때문에 감성의 물질적 형식에서 벗어날 수 없고, 이는 미의 본질을 분석하는 또 하나의 무시할 수 없는 중요한 측면"이며, "미적 형식은 인간 자유의 감성적 표현이기 때문에 미적 형식은 인간의 감정, 소망, 이상을 드러낼 수 있는 형식이다. 모든 미적 형식은 감성의 물질적 형식이기도 하지만, 동시에 인간의 자유로운 현실과 관련된

---

37) 류강지: 《예술철학》, 호북인민출판사, 1986, p.40.
38) 류강지: 〈미의 본질 문제에 관하여〉, 《미학과 철학》, 호북인민출판사, 1986, p.77.

어떤 정신적인 의미나 무드가 배어 있는 것이다. 그래서 미적 형식은 느낌을 직접적으로 호소하는 동시에 초감각적이다."[39] 이와 함께 류강지는 중국 고전의 미학에 기초하여 이러한 "자유의 경지"를 "마음에서 흘러나오지만 규정을 어기지 않는다"의 경지, 즉 광의의 "도道"의 경지라고 하여 그의 미학관에 중서합벽中西合璧 적인 이해와 규명을 부여하였다.

마르크스주의 원칙을 더욱 굳게 지켜 마르크스주의의 미학 원전을 밝히고자 한 사람은 1980년대 미학계에 많았다. 청다이시程代熙는 미적 개념에 대한 마르크스의 이해가 "객관성", "실천성", "주체[人]의 창조성"의 세 가지 측면으로 구성됐다고 인정한다. 객관성은 미가 현실의 객관 세계에 존재하는 것을 의미하며, 창조성은 인간이 "미의 법칙에 따라" 세상을 변화시키면서 동시에 스스로를 변화시키는 것을 의미하며, 실천성은 "인간과 세계가 인간의 노동 실천의 산물인 인간과 세상을 직접 연결시키는 인간의 사회생활을 인간의 사회 실천활동으로 표현한다는 것"[40]을 의미한다. 또한 청다이시程代熙는 원문을 해석하는 시점으로 "자연의 인간화" 사상에 대해 깊이 있게 연구하여, 헤겔, 페르바하, 마르크스 등의 이 문제에 대한 서로 다른 해답을 비교하였다. 헤겔의 "객관적 존재의 의식화"와는 달리, 페르바하가 직관적으로 "감각적 산물"이라고 하는 것과도 달리, 마르크스 자신의 자연 인간화 이론은 "인간화된 대상의 세계"를 가리키며, 인간은 바로 이 사회의 산물에 의해 자신과 자연계의 일치를 인식한다는 것"[41]을 의미한다. 이는 국내 학계에서 마르크스를 "헤겔화"한 것과 "페르바하화"한 두 가지 오독誤讀 성향을 분명히 지적한 것이다.

양언환과 실천미학 사상의 동인同仁들은 실천미학을 발전시킬 새로운 길을 열었다. 《미학교정教程》(중국사회과학출판사, 1987)의 편집 팀 안에는 판선

---

39) 류강지: 〈미학개요〉, 《미학과 철학》(증정판), 무한대학교출판사, 2006, p.334.
40) 청다이시: 《마르크스주의와 미학의 현실주의》, 상해문예출판사, 1983, p.346.
41) 위와 같은 책, p.333.

썬판莘森, 리판李范, 양언환, 퉁탄童坦, 메이바오수梅宝树, 정카이샹郑开湘 등 실천미학의 옹호자들이 포함되어 있는데, 그들은 교재의 형식으로 실천미학을 전면적으로 체계화하려 하였다. 북경사범대학, 복단대학, 남개대학교, 요녕대학교, 하북대학교, 산서대학교에서 온 미학 교사인 이들의 참여는 실천미학이 강단미학의 주류가 되었다는 것을 증명하고 있다. 이들은 실천을 "목적적인 활동과 도구적인 활동이라는 두 시스템이 교차하는 동력(역량) 구조"로 보고 자연을 개조하는 주체실천구조의 두 가지 측면에서 미가 실천에서 탄생했음을 설명하였다. 즉 "첫 번째 단계에서 실천은 주체 "내재적 척도"와 자연형식의 통일, 두 번째 단계에서 주체 필요, 목적, 자연법칙의 통일"[42]을 이루었는데 두 가지 측면의 결합이 "미적 법칙"의 모든 내용이 되었다는 것이다. 이후 양언환이 주필한《미학인론引论》(요녕대학교출판사, 2002)에 웨계셴岳介先, 류정창柳正昌, 메이바오수梅宝树가 팀으로 참여해 실천미학에서의 미의 본질관인 "자유의 형식" 이론은 책에서 설명된다. "자유의 형식"이란 우선 주체의 능동적인 "조형력"을 의미하며, 그 다음이 대상 외관의 형식 법칙에 나타나기 때문에 미는 실천 활동과 실천제품 속에서 실현될 수 있다는 것이다. 《미학인론引论》의 새로운 판(인민출판사, 2005) 서문에서 양언환은 "이 책은 역사적 유물론 실천론을 입론의 기초로 삼는데 이는 미학연구의 대상이 바로 심미현상이라는 뜻이다"라며, "심미현상"을 "일정한 심미관계에서의 심미활동", "심미활동이든 심미관계든 심미발생학, 심미적 창조론에서 이해하고 탐구하려면 반드시 심층 기초와 근원, 즉 물질 생산의 실천인 노동과 연관될 수밖에 없다. 물질 생산의 실천 (노동)은 심미적 실천, 활동, 경험의 뿌리"[43]라고 주장했는데 이는 리쩌허우 미학의 논리적 출발점으로 다시 돌아온 것이다.

한마디로 "구실천미학"의 언어구조와 전체 계보에 따라서 실천미학의

---

42) 《미학교정教程》편집팀: 《미학교정教程》, 중국사회과학출판사, 1987, p.73.

43) 양언환 주필: 《미학인론引论》(수정판), 인민출판사, 2005, 신판(제2판) 서언에서.

창시자인 리쩌허우와 원근관계를 따진다면 리쩌허우 - 자오쑹광 - 양언환 - 류강지 - 저우라이샹 - 왕차오원 - 주광첸 - 쟝쿵양으로 이론적 순서를 정할 수가 있다. 리쩌허우와 자오쑹광 사이에서 "인류학 본체론", 자오쑹광과 양언환 사이에서 "합목적성과 합규율성의 통일", 양언환과 류강지 사이에서 필연적인 "사회성"에 대한 파악, 류강지와 저우라이샹 사이에서 "자유", 저우라이샹과 왕차오원 사이에서 "심미관계", 왕차오원과 주광첸 사이에서 "주객합일", 주광첸과 쟝쿵양 사이에서 "창조"적인 활동은 중개 역할을 한다. 이에 따라 "중국실천미학"의 총체적인 학파 그림을 비교적 잘 그려낼 수 있을 것이다.

제3절 "후后 실천미학"의 전환

실천미학은 10여 년의 시간을 거쳐 1980년대 중반 이후 전성기에 접어들면서 중국 미학계 전반을 주도했다. 그러나 어떠한 미학적 사조도 역사의 산물이며 일정한 역사적 단계에서 나름대로의 "역사적" 기능을 발휘하지만 시간이 흐를수록 의심의 목소리가 나오기 마련이다. 실천미학의 총체적 부족은 새로운 시각이 등장하면서 더 많이 나타났는데, 이런 새로운 시각은 사실 "존재론"적 시각이다. 따라서 새로운 미학적 사조는 실천미학의 이론적 결함을 비판하면서 새로운 방향을 모색하려는 것인데, 이러한 미학적 신조新潮는 흔히 "후后실천미학"이라고 부른다.

"후실천미학"에서의 "후"는 옛것이 사라지기도 전에 새로운 것이 아직 만들어지지 않았다는 어색한 이론적 구도를 그대로 드러낸다: 한편, 후실천미학은 실천미학의 전체적인 영향에서 벗어나 자신과 실천미학을 힘써 구분하려고 하는데, '후'는 다르다는 것과 전향한다는 것을 의미한다. 다른 한편, 실천미학은 중국 미학계에서 수십 년 동안 뿌리내렸기 때문에 기존의 영향에서 벗어나려고 해도 여전히 실천을 거듭하고 있는데 여기서 "후"는 일종의 역사적 연승적延承 연관성을 제시하고 있다. 그래서 지금까지의 "후실천미학"의 각 파벌은 이런 지적을 피하기 어렵다: 새로운 미학적 언어를 구사하겠다고 공언한 이상, 당신이 구축한 "일관"—贯의 미학적 시스템은 도대체 어디에 있는가? 그러나 어쨌든 후실천미학이 주목받는 것은 새로운 미학 연구자들의 "실천미학에서 벗어나자"는 마음가짐 때문이다.

실천미학에 이론적 허점이 처음 생긴 것은 "적전설积淀说"을 비판하며 돌파구를 마련한 것이다. 알다시피 "적전설"은 리쩌허우 실천미학사상 중 가장 독창적인 "이론"이며, 이 이론은 논리적으로 "미적 이중성"이라는 모순을 해결하려 한다. 심미가 리쩌허우에게 자연스러운 인간화라고 여겨지는 이상, 미적 감각은 감성적, 직관적, 비공리적이면서 동시에 초감성적, 이성적, 사회공리적인 이중의 속성을 가질 수밖에 없다. 그렇다면 이성적, 사회적, 역사적인 것이 어떻게 감성, 개체, 심리에 나타날까? 이런 역사화된 중개 형식이 이른바 "적전积淀"이다. 잘 알려진 것처럼 리쩌허우의 출세작《미적 역정》에서 그는 심미적 역사 발전의 차원에서 "적전설"을 숙달하여 화하华夏 고전의 심미적 초기형성사를 새롭게 해설한 것이다. 이는 당시로서는 확실히 새로운 것이었는데, 현재 "적전"이라는 그의 신조어가 대중적인 용어가 되어《현대한어사전现代汉语辞典》에 수록되었다는 것은 뜻밖이다.

2010년 현재 서양에서 가장 권위있는 문예이론 선집인《노턴 문학이론과 비평 선집Norton Anthology of Theory and Criticism》은 플라톤에서 당대에 이르기까지 2,500년 동안의 문학 논선으로, 이론과 비평을 다루는 저자를 포함해 148명의 저자가 선정되었는데, 리쩌허우《미학사강美学四讲》의 선문이 유일한 중국인의 문론으로 포함되었다. 최종 선정된 부분은 바로《미학사강》의 영문판 Four Essays on Aesthetics: Toward a Global Perspective의 8장 "형식층과 원시적 적전"이다. 이것은 확실히 탁월한 선택이었다. 추천인인 구밍둥顾明栋은 리쩌허우와 서양학자의 차이를 깊이 분석하여 다음과 같이 설명하였다: "피에르 부르디외Pierre Bourdieu는 사회학, 경제학의 방법을 주로 사용하는데, 심미의 계급성, 사회성, 이데올로기의 역할을 강조하며 심미의 묘미가 불가피하게 이데올로기에 의해 좌우된다는 결론에 도달했다", 그러나 "리쩌허우는 인류학, 역사심리학의 방법을 주로 사용하는데, '인간이 어떻게 가능한가'와 '인간의 미의식이 어떻게 가능한가'와 같은 문제들을 다루며, 문화적 적전에 대한 이론을 도출했다. 도구제조를 핵심으로 하는 역사적 실천이 인간 자신을 만들어 냈고, 미적 본질과 미적 의식이 문화적 적전의 산물이라고 강조했다".44) "적전설"을 선택하여 중국미학사상을 대표한다는 것은 확실히 일리가 있는 것인데, 바로 "중국화"의 당대 미학이론의 주류인 실천미학의 정수를 대표하기 때문이다.

필자가 정리한 리쩌허우의 《60년대 원고》에 따르면, "적전"이라는 용어는 1960년대 그의 원고에서 처음 나왔고, 미학적인 문제 논술에만 얽매이지 않고 인간의 실천의 역사적 과정을 거시적으로 논하는데 처음으로 사용했다: "그래서 주체가 세상을 인식할 수 있는 것은 오랜 역사의 실천을 바탕으로 하여 원시인의 사회의식활동으로부터 자연의 객관적 법칙을 "적전"이 주체 자신의 논리 - 심리구조로 옮겨가기 때문이다. 주체가 이 구조에 근거하여 외물을 인식하고 파악하는 것이 바로 순수 이성이다".45) 이처럼 "적전"이라는 용어는 "적루침전积累沉淀"의 준말이다. 그러나 당시 리쩌허우가 순수이성이라는 용어를 더욱 이성적으로 사용했다는 것을 류샤오보刘晓波가 본다면 더욱 거센 비난이 뒤따를 수밖에 없을 것이다. 왜냐하면 류샤오보가 주장한 "심미의 절대적 자유"라는 생명력의 충동이 절대이성의 대치면을 차지하고 있기 때문이다. 하지만 역사는 가장 무자비한 판사였다. 비록 류샤오보는 중국 사회과학원 대학원에서 열린 "학술 링"에서

---

44) 구밍둥顾明栋: 〈독창성은 학술적인 최고 성과의 표현이다 - 〈미학사강美学四讲〉의 《노턴 문학이론과 비평 선집》입선을 통하여 중국문론의 세계적인 의미를 본다〉, 《문회보 文汇报》, 2010.7.7.

45) 리쩌허우: 《60년대 원고》(미간), "적전积淀"이라는 용어는 "적루침전积累沉淀"의 준말로 처음으로 이 원고에 나타났다.

감성적인 힘으로 팬들을 사로잡아 당시 언사言词에서 열세였던 리쩌허우의 제자들을 물리쳤지만, 류샤오보의 역사적 지위는 리쩌허우 실천 미학의 "해구자"로서 자리매김한 것이 더 많았고, 그는 미학의 발전에 이론적으로 기여한 것이 많지 않았다. 류샤오보가 일종의 격정적인 힘으로 "적전설积淀说"의 이성주의 성향에 타격을 입혔다면, 천옌陈炎은 〈"적전설"과 "돌파설"을 조심스럽게 논한다〉라는 글에서 리쩌허우의 "적전설"과 류샤오보의 "돌파설"을 이중으로 반박하는 등의 이성적 역량을 발휘했다: "류샤오보의 "돌파설"은 부정적인 가치만 있을 뿐 긍정적인 가치가 없다. 즉 리쩌허우의 "적전설"을 돌파한 이후 자신의 "돌파설"에 대해 합리적인 방향을 정하지 못했다", "감성의 자유에 대한 이성법칙의 구속과 제한만 볼 뿐 감성의 자유에 대한 이성의 규범과 인도를 보지 못했고, 감성의 자유가 이성의 법칙을 깨는 필연성과 합리성만 볼 뿐 그 필연과 합리적인 감성의 자유는 특정한 역사적 조건에서, 특정한 이성의 법칙에 의해서만 의미가 있다는 것을 보지 못했다".46) 물론 어떤 논자는 리쩌허우 미학사상의 참뜻을 요약하기도 했다. 예를 들어, 샤중이夏中义는 《"적전설积淀说" 논강论纲》에서 리쩌허우의 미학적 의미에서의 "적전"을 내외의 두 갈래로 나누어 전개하는 단서로 삼았다: 하나는 "외적 형식의 "적전"이다. 즉 운치, 정취, 정서가 관능적이고 감각적인 예술형태로 응결된다는 것이다. 다른 하나는 의미와 "내재적 심리의 "적전"이다. 즉 관념이 생리적 기능에 침전돼 인간만의 감정, 상상, 태도로 변한다는 것이다. 그럼에도 "적전설"로 부각된 실천미학의 문제점이 드러났고, 리쩌허우는 실천론으로 선험론先验论을 해소하려고 하였으나, 그의 실천관이 지닌 강한 이성주의와 인성人性 역사의 복잡한 생성 과정에 대한 철학적 간소화는 실천미학이 몰락하는 역사적 시발점이 되거나 역사적 계기가 되었다.

그러나 류샤오보 비판의 영향은 "적전설"에 대한 학리 반박에만 그치지

---

46) 천옌: 〈"적전설"과 "돌파설"을 조심스럽게 논한다〉, 《학술월간》, 1993, 제5기.

않고 그의 생각이 당시 널리 알려진 이유는 "예술작품은 결코 다른 것이 아니며, 단지 반복될 수 없는 개인생명의 반복될 수 없는 순수한 형태이며, 작가만의 독특한 생명의 형식화"47)라는 생명론 사상의 극단적 표현이기 때문이라고 지적하고 있다. 그러나 실제로 후실천미학이 지닌 "생존론"의 사상적 바탕은 새로운 것이 아니다. 두 시대를 선택하여 이를 볼 수가 있다: 하나는 1920년대, 30년대이며, 최초의 미숙한 중국 미학 연구자인 천왕다오, 뤼청呂澂, 판서우캉范寿康 등은 "감정 이입移情"의 중개를 통해 심미와 생명을 관통하려 했다. 특히 뤼청은 대립하는 듯한 서양 미학의 복잡한 학설들을 자연의 "생生"이라는 개념으로 통일하면 비교적 포괄적인 "미美의 원리"를 얻을 수 있다고 지적하였다. 그에 의하면 무릇 인간의 가장 자연스러운 "생生"(관조적이며 표현적이고 가장 넓은 사회성을 가지며 보편적인 요구가 있는 인생)에 순응하는 사실, 가치가 모두 미라고 할 수가 있다고 말했다.48) 이렇게 해서 중국 심미주의의 생명 기반이 구축되기 시작했고 이는 또한 중국 최초의 "생명론적 미학"형태다.

또 다른 시대는 1980년대 초반인데 주관파 대표였던 가오얼타이는 "생명미학"에 관하여 최초로 서술하였다: "감성동력感性动力은 인간의 생명력으로서 자연 진화뿐만 아니라 역사의 진화도 경험했다. 이런 진화는 흔히 "적전"의 형식을 취하지만, 단지 "적전"만으로 설명할 수는 없다"며, "심미 활동은 사심없고 비실용적인 활동으로서 개인의 자아 초월의 한 형태"라며, "미감은 인간의 본질적인 능력이며, 역사적으로 인간의 자연 생명력을 발전시켰다"49)라는 것이다. 이를 통하여 가오얼타이는 리쩌허우의 "적전"이 정적인 "양적 체증"일 뿐이며, 그 "적전"의 형성물로서 "구조적 기능"

---

47) 류샤오보: 《선택적 비판: 리쩌허우와의 대화》, 상해인민출판사1988, p.143.
48) 뤼청: 《만근晩近(보통1840년 아편전쟁부터 1949년 중화인민공화국 건국까지를 가리킨다)의 미학설과 〈미학원리〉》, 교육잡지사1925, 쟝훙蒋红, 장환민张唤民, 왕유루王又如 편저: 《중국현대미학논저역서제요》, 복단대학교 출판사, 1987, p.9에서 인용됐다.
49) 가오얼타이: 《미는 자유의 상징이다》, 인민문학출판사, 1986, p.109, 95, 103.

이 생기지는 않는다고 일찍이 비판한 것으로 보인다. 그의 의하면 미는 "미래 창조의 원동력"으로 동적으로 존재해야 하는 것인데 이는 미래를 향한 류샤오보의 "돌파설"에 가깝다. 그러면서 가오얼타이는 심미 경험에서 주체와 객체, 개체와 전체, 찰나와 영원, 한계와 무한 사이의 경계선이 사라지고, 이런 "자유로운 해방감"이 인류가 세상을 창조하고 진보 방향을 선택하는 일종의 "감성 동력"이라고 강조하였다. '포스트실천미학'에 나오는 키워드인 '초월'과 '생명'은 이미 '주관파 미학'의 상용어가 된 지 오래고, 내재적 연관성도 있음을 알수 있다.

　양춘스杨春时는1993년의 〈실천미학을 넘어서〉(《학술교류》, 1993, 제2기)라는 글부터 일종의 "생존 – 초월미학"을 내세우려고 했는데, 실천미학을 넘어선 "초월미학"으로 "후실천미학" 이론 중 가장 돋보이는 인물이 됐다. 먼저 양춘스는 "실천미학"의 10대 역사적 한계와 이론적 부족을 판정하였다: 심미를 이성적 활동의 영역으로, 심미를 현실 활동의 영역으로 옮기고, 실천의 물질성을 강조하며, 실천의 사회성을 강조하고, 주객의 이분 구조를 극복하지 못하며, 심미와 사회의식을 혼동하고, 본체는 객관화와 실체화되며, 심미의 소비와 수용성을 무시하고, 해석학의 기초가 부족하며, 일반성으로 특수성을 대체하는 경향이 있다.[50] 실천미학의 부족을 더없이 비판한 뒤 양춘스는 초월이 "생존의 본질"이라는 규정이며 심미는 "생존의 최고형식"이라는 기본 관점을 제시함으로써 심미는 현실을 초월한 "자유로운 생존방식"과 이성을 초월한 "해석방식"이 됐으므로 자유는 필연적인 인식이나 자연에 대한 개조가 아니라 현실의 초월로 규정된다. 나아가 저자는 자신의 후실천미학을 위해 이런 규정성을 적용한다. (1) 생존에 이성적인 기초가 있지만 초이성적인 본질도 있고, 심미는 이성을 돌파하는 초이성적인 활동이다. (2) 생존과 심미는 본질적으로 초현실적이다. (3) 생존은 본질적으로 정신적인 것이고, 미는 정신적인 대상과 의의이다. (4) 본질적으로 생

---

50) 양춘스: 〈후실천미학을 향하여〉, 《학술월간》, 1994, 제5기.

존은 개체의 것이고 미는 개성적이다; (5) 생존 범주는 주객 이분 패턴을 극복하고 심미도 주객체를 생존에 통일시킨다. (6) 생존 범주는 초월성과 자유성을 인정하고 심미는 자유의 생존 방식이다. (7) 생존은 자기 생존이고 심미는 자기 생존을 위한 활동이다. (8) 생산은 생산이자 소비이고 심미는 창조이자 수용이다. (9) 생존은 본체론이자 해석학의 범주이며, 심미도 본체론과 해석학의 통일된 기초를 가져야 한다.[51] 그래서 심미의 본질은 초월이고, 초월은 자유이며, 초월의 기초는 생존에 있다는 것이 미학을 넘어선 간소화의 내재적 논리이다. 자신의 기본 사상을 낸 뒤 양춘스는 비판론자들을 향해 조목조목 반박하며 자신의 주장을 되풀이한 뒤《미학》(고등교육출판사, 2004)에 그의 미학 사상을 교재적으로 정리하려 했다. 실천미학에서 후실천미학으로 나아간다는 것은 실제로는 "실천본체론"으로 "생존본체론"을 대체한다는 점을 작가 스스로도 충분히 깨닫고 있었다. 그러나 실천본체론의 결함은 전통적 이상주의의 낙인이 찍혀 있고, 물질적 실천으로 정신적 실천을 반대하며, 사회적 실천을 중시하는 데 개체성이 무시되고, 심지어 실천마저 철학의 범주로 올라가지 못하고 역사과학이라는 개념에 귀속될 수밖에 없다는 데 있다. 이로 인해 "생존본체론"의 일련의 주장들은 대부분의 후실천미학론자들에게서 보편적인 호응을 얻는다. 생존본체론은 이상주의를 극복하여 "완전한 인간의 존재에 입각하며", 개체를 무시하는 경향을 극복하여 "자기 생존에 입각하며", 물질적 존재에 치우친 폐단을 극복하여 "인간이라는 존재의 비물질적 초생물의 본질을 인정하며", 전통철학의 이원二元적 구조을 극복하여 "가장 참된 생존상태"에서 출발하여 새로운 미학을 구축하고자 하기 때문이다.[52] 또 최근 저자는 "주체간성主体间性"[53]을 후실천미학의 특징으로 삼아 실천미학의 주체성과 대립시키

---

51) 양춘스: 〈후실천미학을 향하여〉, 《학술월간》, 1994, 제5기.
52) 양춘스: 〈실천본체론에서 생존본체론까지〉, 《후실천미학으로 나아가자》, 안휘교육출판사2008, p.250-251.

고, 초월적인 미학 취향으로 세속적 미학과 대립시키며, "의식을 초월한 미학"으로 "일상의 미학"의 감성화 경향과 대립시켜 끊임없이 새로운 적을 찾아서 자신의 캐릭터를 확립하고자 한다. 양춘스가 미학의 구축 그 자체로 초월적 생존의 본체에 호소하면서도 이성적인 표현으로 접근했다면, 장훙張弘의 "존재미학"은 그에 더 가까운 것 같고, 판즈창潘知常의 "생명미학", 왕이취안王一川의 "체험미학"은 좀 더 감성적으로 보인다. 흥미로운 것은 다양한 형태의 후실천미학이 "실천"에 대한 반동을 하는 데 기댄 사상의 원천이 여전히 서양의 것이라는 점이다. 그럼에도 학계가 20세기 초기부터 니체에서 베르그송으로 이어지는 생명을 받아들이는 데 그치지 않은 것은 실존주의적 생존론적 사조가 1980년대 말부터 중국 미학의 심층건설로 널리 퍼졌기 때문이다. 실제로 하이데거의 "존재"론에서 생명미학의 "본체"론까지 그간 발전 궤적이 뚜렷했다. 하이데거는 형이상학사 전체를 "존재의 망각사"로 규정하고 "존재자"에 집착해 "존재"를 무시했고, 물物과 지知의 "적합론"이 전통적인 진리관을 차지했다고 비판한다. 고대 그리스어인 Aletheia(진리)의 "은隱 - 현顯"의 동체에서 일어난 가리는 것을 없앤다는 원래 뜻을 거슬러 예술의 "세계 - 대지大地" 또는 "투명 - 가림"를 만나는 원초적 다툼은 "진리"와 동구성이며, 결국 예술은 "존재자"가 그 존재 속에서의 "열림", 즉 "진리의 발생Geschehnis"이라는 사실을 인정했다.54) 이렇게 해서 이글턴이 객관적으로 평가했듯이 하이데거는 "미학을 표준화했다"며 "예술과 존재의 경계를 허물었다", 이를 통해 미학은 결국 존재의 "가장 기본적인 구조"가 됐다. 따라서 하이데거의 철학은 중국화된 후실천미학의 가장 중요한 이론적 인용 자원이 되었지만, 하이데거의 사상으로 실천미학을 개조하는 것은 어떤 의미에서 본토에 가까이 다가가는 것

---

53) 주체 간성은 라캉이 제시한 것으로, 현대성의 주체성에 치명타를 가했다. 주체는 자신의 존재 구조 속에서 타성으로 규정되는데, 이런 주체 속의 타성을 주체 간성이라고 주장했다.

54) 하이데거: 《하이데거선집》 상권, 쑨저우싱孫周興 선별과 편집, 상해삼련서점, 1991, p.258.

처럼 보이면서도 토착의 토대에서의 어떤 일탈로 보인다.

장홍은 양춘스의 "거대한 서사" 스타일과는 달리, 하이데거와 언어 철학의 사상을 세밀하게 연구하고 "존재의 미학"을 구성하는 더욱 정밀한 구상을 제시하였다. "첫째 존재론 미학의 미의 본질에 대한 논의가 "존재론적 차이"의 원칙에 근거하여 미적 시물과 미적 존재를 구분할 것이다", 그리고 존재로부터 미학적 문제를 파악한다. "둘째, 존재론 미학은 이원론을 배척한다." 존재 자체가 인간과 세계의 동일함을 의미하기 때문이다. "셋째, 존재론 미학은 현상을 실질적으로 언어의 부호화符号化라고 주장한다". 따라서 미학의 사명使命은 예술작품의 언어 부호의 구성 특성을 탐구하는 데 있다. "넷째, 존재론 미학도 일원론에 더해 감성과 지성, 김각과 이성의 이분법을 없앴다". "마지막으로 존재론적 미학도 전통 미학의 형이상학화에 결사 반대하며 미는 심미의 현실 영역에서만 존재할 수 있는 현실의 왕국이라고 주장한다"55)라는 것이다. 하이데거의 계시를 받아 장홍은 "지식론이나 인식론을 특징으로, 형이상학으로 귀결되는 이원론"을 기초 존재론으로 대체하려고 하기 때문에, 그가 구축한 언어학적인 미학은 실제로는 "이원론"에서 "일원론", "형이상학"에서 "현상학"으로, "인식론"에서 "존재론"으로 전환하는 중요한 철학적 방향전환을 보여준다. 이를 통하여 전통미학과 실천미학이 직면하는 곤경을 극복한 것이다. 마지막으로 장홍은 "존재미학은 엄밀히 존재론에 기반을 두고 있으며 주어진 것을 존재로 여기지 않으며, 미는 '보이는 그대로'의 사물이라고 믿지 않는다. 이와 반대로 미는 열어 밝혀져 있고 훤히 밝혀져 있어야 현존과 개시성을 이룰 수가 있다. 그것이 바로 미가 "즉자(自为, 숨는다는 뜻이다)"와 "대자(自在, 펼치고 나타난다는 뜻이다)"의 존재가 될 수 있도록 하는 것이다"56)라고 결론을 내렸다. 이처럼 하이데거의 미학은 직접적인 영향을 주었지만, 독일 고전철학의

---

55) 장홍: 〈존재론미학: 후실천미학을 향하는 새로운 시점〉, 《학술월간》, 1995, 제8기.
56) 장홍: 〈존재미학의 구축〉, 인민출판사, 2010, p.321.

전통은 그대로 남아 있다(즉자, 대자 등의 표현은 독일 고전철학에서 사용했던 표현들이다). 이런 미학은 일종의 현상학적 미학적 접근법을 자각적으로 사용한 존재이론이다.

판즈창은 "생명의 미학"이라는 표현을 더욱 명확하게 사용했는데, 이는 대만에서 이미 많이 쓰이고 있었고, 팡둥메이方东美와 쉬푸관徐复观이라는 사상가의 미학도 생명 미학으로 불렸다. 그러나 존재로 실천을 절대적으로 대체하려는 장훙의 주장과 달리, 판즈창의 주장에서 더욱 많은 혼재성을 드러냈다. 겉으로는 실천을 거부하는 것처럼 보이지만 심미 활동은 실천활동을 넘어선 "초월적" 생명활동임을 강조하는 대신에, 심미활동은 여전히 실천에 바탕을 두고 있다는 점을 분명히 강조하였기 때문이다. 이런 미학으로 구축된 논리로는 "심미활동과 인간의 생존방식과의 관계, 즉 생명적인 존재와 그의 초월은 어떻게 가능하느냐는 근본적인 질문을 던져야 한다. 다시 말하자면 '생명미학'이란 생명의 존재와 초월을 탐구하는 것을 취지로 삼는 미학을 의미한다."[57] 안타깝게도 저자는 이 미학을 구성할 때 논리적 구성보다는 시적 표현 방식을 많이 사용하였다. 그러나 아무래도 생명미학 사상이 명확하고, 그 핵심명제는 "생명이 곧 심미"와 "심미가 곧 생명"이라는 두 가지이다. "만약 우리가 인간의 생명활동과 심미활동의 동일성에 더해 그들의 차이성을 깊이 있게 밝히고, 인간의 생명활동과 심미활동의 차이성에 더해 그들의 동일성을 밝힌다면, 우리는 최종적으로 심미활동과 인간의 생명활동의 관계를 밝히며, 심미활동 본체의 의미, 존재의 의미, 생명의 의미를 밝혀 마르크스주의 미학 건축물을 완성할 수가 있을 것이다."[58] 이처럼 "존재"와 "생명"은 저자에게 같은 의미로 사용되며 존재는 생존화된 "인간의 존재"로 인식되고 있으며, 그가 더욱 중요하게 생각하는 것은 심미와 생명의 "동일성"이라는 점에서 둘의 본질을 동일시하

---

57) 판즈창: 《생명미학》, 하남인민출판사, 1991, p13.
58) 판즈창: 〈현대형태의 마르크스주의 미학 체계의 구축〉, 《학술월간》, 1992 제11기.

기 때문에 심미활동은 "인간의 자유로운 생명활동"의 "이상적인 실현"으로 받아들여지고 있다.

판즈창의 "생명의 미학" 주장이 확고히 자리잡았다면, 왕이취안의 미학적 구축은 그에 의해 더 많은 명칭을 부여받았다. 초기에는 "체험미학"과 "수사론修辞论 미학"의 뜻이 명확했고, 이후 "이미시 시학", "한어汉语 이미지 미학", "흥사兴辞 시학" 등은 문학비평의 실천으로 옮겨갔으며, 최근에는 "흥사 미학"이라는 표현으로 21세기 중국 미학과 문예학의 "생활론으로의 전환"의 최신 물결에 합류하려는 시도를 하고 있다.[59] 더 높은 철학적 시각에서 보자면, 왕이취안의 미학은 두 가지 키워드의 하나로 "체험"을 꼽았는데, 이는 서양의 체험미학과 중국의 "감흥感兴" 전통과 직결되며, 또 다른 하나는 "수사修辞"로, 이는 서양의 언어론 미학과 간접적으로 연결된다. 저자는 서양 체험미학의 취지를 귀납하여 이에 동의하려고 하였다. "순간적인 체험을 통해 인생의 궁극적 의미를 추구한다. 체험은...결국 인생의 궁극적 의미의 순간이 생성되는 것이다. 체험은 바로 그 유한성, 무의미함을 넘어 저기에 있는 절대적, 무한한, 영원한 곳까지 사람이 올라오는 절대적 중개자로서 삶의 문제인 예술적 해결방식으로 여겨진다".[60] 이런 절대화설은 류샤오펑刘小枫의 《시화철학》이란 책에서 나온 "체험은 의미있는 삶"이라고 한 판단과 비슷하다. 이러한 생명심미화는 역시 종교화 추세를 향하는 것이 사실이지만, 언어 수사 문제에 주목한 왕이취안의 미학은 문학적 탐구에 더 가까웠고, 미학 자체는 왕이취안에게 "시적 명상방식"으로 여겨졌다. 학문적으로 보면 이는 "심미체험"을 중개로 "심미소통"을 연구하는 학과이고, 이른바 "심미체험"은 '체험미학'을 바탕으로 한 다양한 형태의 미학의 근원이 되고 있음에 틀림없다.

---

59) 왕이취안: 〈물화시대의 흥사兴辞 미학 - 생활론과 중국현대미학Ⅱ〉, 《문예쟁명争鸣》, 2011, 제11기.

60) 왕이취안: 《의미의 순간적인 생성 - 서양 체험미학의 초월적인 구조》, 산동문예출판사, 1988, p.365, 367.

이러한 "후실천미학" 사상의 "생존론으로의 전향"을 보면, 이들은 예외 없이 하이데거 미학의 깊은 영향을 받아들이고 "실천론 본체"의 전부 또는 일부를 "생존론 본체"로 대체하려 하였다. 물론 그 의미에서는 당대 중국 미학의 "생존론으로의 전향의 내부에서 "생명론"의 취향을 주로 선호하고 있는데 "존재론"의 요소도 포함되었다: "재在"보다 "생生"을 주목하는 것이 중국 생존론 미학의 주류를 이루고 있는 것은 사실이다. 바깥에서 안으로 들어가서 보면 후실천미학은 "하이데거 중국화"에 주력하는 미학적 형태로 여겨지는데 많은 논자들은 하이데거의 존재론으로 중국에서 주류를 이루고 있는 "실천본체"의 미학사상을 개조하려고 하였으며, 안에서 바깥으로 나가서 보면 이러한 급진적인 개조는 더욱 서양 이론으로 "서양화 이론"을 개조한 것과 흡사하고, 실존주의 자원으로 중국 미학의 기본 원리를 새롭게 설명하는 것이었다. 그러나 조금 더 깊은 의미에서 보면 이런 서양에서 들어온 미학 자원이 중국에서 중시되는 이유는 바로 본토 사상에서 생명론이 잉태되고 있었기 때문이다. 이와 유사하게 실천미학이 현지화된 사상이 됐고 이를 통해 옛 유고슬라비아의 실천파를 뛰어넘을 수 있었던 이유는 이와 같은 사상이 중국 본토의 "실용적 이성"이라는 사고와 내적으로 통하기 때문이다. 후실천미학의 다양한 형태들과 비교하면 실천미학이야말로 "중국 현지화"의 미학적 이론형태이다.

그러나 흥미롭게도 후실천미학론자들은 겉으로는 "하이데거주의자"나 하이데거 사상의 신봉자이지만 그들의 내재된 사상적 내력은 칸트의 미학에서 비롯된 것이며, 다시 말하면 그들은 모두 "신 칸트주의자"나 칸트의 의미에서의 "심미주의자"들이었다. 더욱 깊이 생각해야 할 것은, 중국에서 "후실천미학"은 비록 하이데거의 존재론에 근거하여 "실천미학"을 반대하지만, 후실천과 실천이라는 두 가지 미학 사상의 기본이론은 모두 여전히 "칸트식" 혹은 "칸트화"라는 면에서 둘은 똑같다는 것이다: 실천미학은 창립 때부터 칸트 미학의 내적 구성의 힘으로 이뤄져 왔으며, 후실천미학은 하이데거의 이름으로 칸트의 미학의 기본 개념인 "심미의 비공리성Aesthetic disinterestness"과 "예술의 자율the Autonomy of Art"을 계승하였다. 그러나 이 두 가지 미학 개념은 모두 서양에서 온 것인데, 중국 본토의 생활화 미학의 전통에 맞지 않았다. "실천－후실천"의 이론적 패러다임을 넘어서려면, 칸트의 미학적 안개를 먼저 타파하고 중국의 원시적 유도선儒道禅사상, 말기 후셀의 "생활세계" 사상, 비트겐슈타인의 "생활형식" 사상, 듀이의 "생활경험" 사상으로 되돌아가서 새로운 이론적 자원을 찾아야 한다.[61]

제4절 "신新 실천미학"의 변화

흥미로운 것은 당대 중국 미학이 "생존론"으로 방향을 틀면서 당대 중국 미학의 투사들은 21세기로 접어들어 후실천미학의 대표 인물이 아니라 오히려 "신실천 미학"의 대표주자로 부상했다는 점이다. 이 책에서 "신실천 미학"이란 실천미학이 신구세기新旧世纪 전환시대에 생겨나기 시작한 새로운 형태를 말한다. 이런 행태는 1980년대에 주로 형성된 "구실천미학"의 유파와 달리, 기본적으로 90년대에 시작된 "후실천미학" 이후 생겨난 "갱신更新"된 실천미학이다. 그런 의미에서 "신실천미학"은 실천미학이 21세기에 되살아난 것 같지만 결코 "구실천미학"의 반복이 아니다. 그의 어떤 형태, 예를 들어, "실천존재론미학"은 오히려 "후실천미학"과 같은 이념적 자원을 수용하였는데, 즉 하이데거의 존재론 철학사상이다.

더욱 역설적인 것은 후실천미학과 실천존재론 미학이라는 두 가지 "생존론"으로의 전환의 산물은 전혀 다른 듯했고, 심지어 후실천미학이 등장하기 시작할 때는 서로 칼을 뽑고 활을 당겼을 정도로 서로 다른 이론이라는 꼬리표 아래 아주 근사한 사상적 실질을 갖게 됐다는 점이다. 어떤 의미에서 "후실천미학"은 겉으로는 실천론의 내면을 벗어나지만 항상 그 안에

---

61) 류웨디: 〈"생활미학"을 구축하는 중국과 서양의 원천〉, 《학술월간》, 2009, 제5기.

서 떠나지 않는다는 뜻이고, "신실천미학"은 겉으로는 실천론을 견지하면서도 내재적으로 풀어나가는 것이다. 많은 경우 극단적인 "후실천미학"은 오히려 더 순수한 길, 즉 "생존본체"로 "실천본체"를 철저히 대체하는 것이지만, 대부분의 후실천미학론자들은 오히려 생존이나 생존의 실천적 기초를 인정하였다. 따라서 많은 "신실천미학"론자들 사이에 "실천본체"와 "생존본체"를 맞추는 이원론의 문제가 대두되고 있다. 더 흥미로운 것은 "신실천미학"은 말년에 리쩌허우가 제시한 "정본체情本体" 사상을 비판하는 것으로 방향을 바꿨는데, 그의 초기 도구본체 사상의 병치幷置도 모순투성이의 "이원론二元論"이기 때문이다. 그러나 리쩌허우는 자신의 "쌍본체"론을 명확히 제시하며 자기에게 본체는 서양학에서 '있음Being'의 의미를 지니는 존재론ontology을 의미하는 것은 아니라고 변호했다. 하지만 신실천미학론자들은 서구적 의미에서의 본체 개념을 사용하면서도 스스로를 이원론자라고 주장하는 사람은 단 한 명도 없었다.

무엇보다 "구舊실천미학", "후後실천미학", "신新실천미학"과 최근의 "생활미학"이 공존하는 공생共生의 국면은 오늘날 중국당대미학의 복잡성과 다양성을 보여준다. "구실천미학"은 1980년대 초반 본체론"의 시야를 보여주지 못했고, 많은 논자들은 "미의 본질"에 대해 더 많이 따졌다. 리쩌허우의 "인류학 역사 본체론"과 자오쑹광의 "인류학 본체론"이 잇따라 제기되면서 "미의 본질"과 "미의 본원"을 구분해 추궁하는 대안적 흐름이 나타났는데, 나아가 본체론의 영역까지 이르게 된 것이다. 후실천미학은 1990년대 초반부터 실천미학을 의심할 때 기본적인 질문방식이 본체론의 것이었으며, 이는 분명히 유럽존재론 사상의 큰 영향을 받은 결과였다. 마찬가지로 신실천미학은 "실천부흥復兴"이라는 명목 아래 실천사상을 밝히는 데 있어 본체론적 시각을 더 많이 취하고 있다. 최근에 등장한 '"실천미학'은 "본체론 전환"의 시각에서 나타난 최신 사조임에 틀림없다. 이는 "실천 - 후실천" 논쟁의 기존 패턴을 넘어 "생활본체"에서 "중국화"의 미학 사상의 재구축을 꾀하고자 한다. 물론 생활본체론이 말하는 "본체"란 현지화 사상에 기초한 것으로, 조기의 실천론과 "후실천 이후"의 많은 사상들이 서구적 의미의 본체론, 즉 존재론ontology에 대한 미련에서 벗어났다.

좁은 의미의 "신실천미학"이라는 용법은 덩샤오망邓晓芒의 미학적 견해에서 비롯되었다. 최초의 체계적인 해석은 덩샤오망과 이중톈易中天이 함께 쓴 《미학의 미망에서 빠져나오다-중서미학 사상의 변환과 미학 방법론의 변혁(백화문예사 1989)이라는 책에서 나타나는데, 이 책은 나중에 《노랑黄과 쪽빛蓝의 교향악-중서미학 비교론》(인민문학판 1999)으로 개칭했고 마지막 장은 바로 "미학 수수께끼의 역사 해답"(신실천미학론개요)이다. 이러한 신실천미학은 여전히 "미의 본질"의 정의를 캐묻고 있다. "정의1: 심미활동은 사람이 인간화 대상에 힘입어 다른 사람과 교감하는 활동으로, 현실적으로는 미적 감각이다. 정의2: 사람의 감정의 대상화는 예술이다. 정의3: 대상화된 감정은 바로 미이다."[62] 이 세 가지 정의는 각각 미의 특수성, 개별성, 일반성에 관한 것이다. 이러한 신실천미학의 정체성은 구실천미학의 "대상화"에 가깝지만, 미가 인간의 본질적인 힘에 대응하는 부분은 주로 감정이라는 점을 강조하고 있다. 또한 이러한 미학사상은 주로 《파리 원고》의 인간은 "그가 창조한 세계에서 자신을 직관한다"는 결론에서 도출되었는데, 심미는 본질적으로 이러한 직관에서 비롯되었기 때문에 "심미의 대상은 사물이 아니라 사람이다. 즉 '의인화儀人化'된 대상에서 자신의 감정과 일반 인류의 감정을 경험하게 된다"[63]고 밝혔다. 결국 예술발생학을 사상적 출발점으로 심미활동을 고찰의 중심으로 삼고, 실천활동으로부터 "미의 본질"에 대하여 답하는 미학은 "신실천미학의 인학人学 결론"(즉 진, 선, 미의 통일)을 내릴 수밖에 없었을 것이다. 이 관념은 많은 면에서 청년 마르크스 실천관과 말기 칸트 인류학의 사상적 결합이었다. 물론 21세기 들어 "신실

---

62) 덩샤오망, 이중톈: 《노랑黄과 쪽빛蓝의 교향악-중서미학 비교론黄与蓝的交响——中西美学比较论》, 인민문학판 1999, p.471.

63) 덩샤오망·이중톈: 《노랑黄과 쪽빛蓝의 교향악-중서미학 비교론黄与蓝的交响——中西美学比较论》, 인민문학판 1999, p.471.

천미학"이 대세였던 이른바 "실천존재론"의 미학사상은 주리위안朱立元과 그의 제자들이 창안한 것이다. 그러나 초기에 주리위안은 이러한 사상의 실천미학의 본체론적 토대를 인정하면서도 동시에 실천인식론의 기초를 부인하면서 "후실천미학"에 대해 총체적으로 비판했다. 그가 "실천미학의 철학적 기초는 실천본체론과 실천인식론의 통일"[64]이라고 주장했기 때문이다. 그러나 1997년 주리위안이 본체론을 존재론으로 직접 이해하면서[65] "실천존재론" 자체는 결국 본체론으로 통합되고 "후실천미학"과 같은 서양사상의 근원을 받아들여 이를 보완하고 확장하려는 시도가 있었던 것으로 밝혀졌다. "후실천미학"이 처음 했던 것과 마찬가지로 "실천존재론" 미학이 등장한 것은 "주객 이원 대립 인식론의 미학적 사고방식"을 돌파해야 하기 때문이다. 이런 새로운 실천론적 미학은 우선 "실천적 관점에서 존재를 조명"하는 것, 나아가 "실천론과 존재론을 유기적으로 결합"함으로써 한편으로는 "존재론적 토대"에 입각하고 다른 한편으로는 존재론이 "실천적 품성"도 갖도록 하는 것이다. 이처럼 "실천존재론"은 실천과 존재를 접목하는 두 가지 본체론을 고수하고 있다. 더욱 깊은 사상의 토대로 보면, 이것이 실천의 본체를 존재의 본체 위에 흡수하는 것인지, 생존을 실천의 토대 위에 두는 것인지에 대하여 "실천존재론"의 명확한 대답은 나오지 않고 있다. 그러나 "존재미학"으로 직접 거론되는 것과 달리, 실천존재론미학은 생존이 "실천화"의 생존이라는 것을 강조하고, "생산실천"을 강조하는 구실천미학과 달리, 실천존재론미학은 실천이 "생존화"의 실천이라고 강조하는 점에서 절충적인 논리가 되고 있다.

위의 이 이론의 절충적 성격으로 인해 "실천존재론"이 적어도 교육체계에서 주류가 된 것은, 실천미학의 전통적 우세를 계승하고, 후실천미학의

---

64) 주리위안: 〈"실천미학"의 역사적 지위와 현실적 운명 - 양춘스와 협의, 검토 후에〉, 《학술월간》, 1995, 제5기.

65) 주리위안: 〈당대문학, 미학 연구에서 "본체론"에 대한 잘못된 해석〉, 《문학평론》, 1996, 제6기.

유익한 요소를 흡수했기 때문인데, 이러한 사상은 바로 쟝쿵양 말년의 미학적 탐구에서 비롯된 것이다. 주리위안의 입장에서 보면, 논리적으로 심미주체(심미적인 사람)와 심미 객체(미)는 모두 심미 관계와 활동 속에서 현실적으로 생성된다. 시간적으로 미, 심미 주체, 심미 활동이 동시에 진행되고 발생하기 때문에 구별할 수 없는 것은 "관계가 먼저"라거나 "활동이 먼저"라는 원칙, 즉 심미 관계와 심미 활동은 미보다 먼저 존재한다는 원칙이다.66) 주리위안이 주필한 교재인《미학》(고등교육출판사, 2001)에서 이런 "실천존재론"미학을 관철시키려는 저자들은 신실천미학의 논리 틀을 확립하였다: "심미활동론" – "심미형태론" – "심미경험론" – "예술심미론" – "심미교육론". 이는1980년대 중국 미학 원리에 대한 계승, 창조의 결과이기도 하다.67) 그러나 "실천존재론" 미학의 새로운 의미는 구실현미학과의 차이에 있다: (1) 실천 개념의 확립은 존재에 기초하느냐가 구별의 관건이고, 이에 대한 실천존재론의 대답은 "그렇다"이다; (2) 실천존재론미학은 존재본체론의 관점에서 실천을 "인간의 가장 기본적인 존재방식" 혹은 "광의의 인생실천"(이른바 "광의의 미는 일종의 인생경지")로 이해한다; (3) "심미현상의 생성성"에 대한 이해가 다르다(이른바 "미란 것은 생성하는 것이지 원래 존재하던 것이 아니다"); (4) "심미관계"와 "심미활동"에 관한 해석은 다르다; (5) 물론 "미학 이론의 논리 구조"는 다르다. 이런 차이가 "실천존재론"을 "신실천미학" 내부의 가장 중요한 대표적인 형태 중 하나로 만들었다.

"신실천미학"이 기존의 실천미학 전통에 대한 일종의 "회조回潮"이자 새로운 의미에서 실천미학에 대한 내적 전환인 이상, 이러한 새로운 흐름 속에서 나타나는 사상적 주류는, 사실상 "후실천미학"의 기본이론과 일치하며, 서구의 "생존론"의 사상을 이용하여 실천미학을 개조하려는 시도이기도 하다. 더욱 정확하게 말하자면 "후실천미학"이든 "신실천미학"이든, 당

---

66) 주리위안: 〈실천생존론미학 약론〉,《인문잡지》, 2006, 제3기.
67) 주리위안 주필:《미학》, 고등교육출판사, 2001.

대 중국 미학이 "생존론"으로 전향한 두 가지 산물로 볼 수 있다. 하지만 또 다른 신실천미학의 주류는 장위닝张玉能과 그의 팀으로 대표되며 이들의 기본 관점은 여전히 "실천본체"를 지키는 것이다. 장위닝은 먼저 "생존"을 "인간의 조건"으로, 역사 활동의 첫 번째 전제를 "인간의 생명의 존재"로 인정했지만, 인간과 동물의 "자연적인 존재"의 구분을 보면 "인간의 생존의 본체"는 실천일 수밖에 없다고 주장하기 때문이다. 이러한 의미에서 실천본체는 생존본체보다 높은 존재이며, 또한 실천은 후실천미학이 비판하는 "이상주의"의 개념이 아니다. 실천은 "이성과 감성이 통일된 객관 물질의 활동을 가리키며, 이는 현실에 대한 인간의 심미적인 관계를 형성하고 이로 인해 미, 미적 감각, 예술을 생성하는 토대이자 동력이다. 인간의 기타 생존활동은 인류의 사회실천에서 벗어나면 동물의 수준에 머무를 수밖에 없다."[68] 이러한 이론적 추론을 통해 장위닝은 자신의 실천 본체에 대한 생각을 더욱 확고하게 굳힐 수 있었다.

물론 장위닝은 쟝쿵양의 많은 관점을 이어받아 쟝쿵양의 사상과 가까워졌고, 이를 통해 실천이 곧 "다층적 누적성"이라는 개념, 미美도 "다층적 누적의 창조"라는 사실을 인정하였다. 장궁张弓, 량옌핑梁艳萍, 웨유시岳友熙, 왕톈바오王天保, 리셴졔李显杰, 귀위성郭玉生, 왕칭웨이王庆卫 등의 신실천파의 역량을 모아 장위닝은 주필한《신실천미학론》(인민출판사, 2007)에서 "신실천미학"이라는 깃발을 직접 내걸었고, 이를 통해 이와 같은 새로운 핵심 관점을 드러냈다: 마침 "실천구조의 다층적 누적과 개방적인 구성은 미를 만들어냈고, 미적 외관의 형상성, 감정의 초월성, 자유로운 현시성을 결정했으며, 미적 형식성, 감성적 감성, 이성적 상징성, 미적 정신적 내포성, 공리성의 초월, 감정중개성, 미적 합법칙성, 합목적성, 이미지의 자유성"을 구체적으로 결정하였다.[69] 여기서 출발하여 이러한 신실천미학의 관

---

68) 장위닝 〈실천관점으로 중국미학을 발전시키다〉,《사회과학전선》, 1994, 제4기.
69) 장위닝:《신실천미학론》, 인민출판사, 2007, p.18.

점은 실천에서 "창조"로, 창조에서 "자유"로, 궁극적으로 전면적 자유발전의 사람으로 나아간다고 강조한다. 그러나 이 책은 초월성, 비공리성을 강조하면서도 후실천미학의 이론적 사전설정에 가깝다. 이처럼 21세기에 성숙해가는 "신실천미학"의 유파들은 "중국학파"로서의 실천미학 사상을 적극적으로 발전시키는 동시에 "후실천미학" 사조의 비판에 적극적으로 대응하고 있다. 비록 "실천본체" 1원론, "실천 – 생존본체" 2원론이라는 기본 취향의 선택에 여전히 차이가 있지만, 전자는 "구실천미학" 본체에 대한 계승을 더욱 강조하게 하고, 후자는 "후실천미학" 중에서 실천파에 가까운 사상에 접근하게 한다. 미학의 기본 원리에 있어 실천미학의 성취는 20세기 후반의 중국에서 가장 큰 것으로, 지난 세기 중국의 미학에서 가장 큰 영향을 끼친 미학 학설이라고 여겨질 수가 있고, 당대 중국의 사상 계몽에 중요한 추동력을 가졌음을 인정해야 한다. 하지만 중국 학자들은 30여 년간 "실천미학의 기본 패러다임"으로 일을 해 왔고, 추진하더라도 "실천과 생존의 장력张力" 영역에서 실행해 왔으며, 여전히 새로운 미학적 패러다임이 등장하지 않았다. 실천미학은 또한 두 가지의 도전에 직면해 있다. 한편으로는 많은 학자들이 지적하듯이, 실천미학은 "주체성 철학" 사상에 기초를 두고 있는데, 이러한 주체성 사상은 기본적으로 "현대성"의 범주에 속한다. 따라서 실천미학은 존재철학이나 포스트모던 사상이라는 무기로 이를 뛰어넘어, 그 사상 중의 이성과 감성, 개체와 집단의 분열을 구해야 한다; 다른 한편으로는 실천미학은 시장경제 사회가 수립된 이래의 사회와 문화현실을 이론적으로 설명하기 어려우며, 특히 당대 심미 문화에 대한 분석 능력을 상실하였다. 전자는 이론의 부족이고 후자는 현실에 대한 무력감이다.

실천미학이 안고 있는 심층적인 문제는 분화된 "구실천미학"의 서로 다른 성향에서 이미 되돌아볼 수 있었을 것이다. 그렇지 않다면 이처럼 실천미학에 대한 다양한 이해가 이루어지지 않았을 것이다. "후실천미학"도 가장 주요한 결함에서 실천미학의 기본적 위치를 의문시하며, "신실천미학"

의 새로운 발전은 전통실천미학에 대하여 계승적인 비판과 비판적인 계승으로 볼 수 있을 것이다.

2004년 리쩌허우 본인 스스로가 참여해 대화한 "실천미학의 반성과 전망" 토론회에서 실천미학 디자인의 다섯 가지 주제를 다루었듯이, 이 독특한 의제 설정은 "실천미학의 부족함을 반성한다"는 다섯 가지 기본 질문으로 나란히 할 수 있다:

(1) 실천 미학 중의 이성이 감성을 압도했는가?
(2) 실천 미학 중의 철학이 미학을 대신했는가?
(3) 실천과 생존은 어떤 관계인가?(전체적으로 개체를 압도했는가?)
(4) 실천미학은 당대의 심미문화와 동떨어진 것인가?
(5) 실천미학의 문제와 비전(도구와 기호의 관계)

무엇보다 당대 중국 미학사상의 가장 중요한 도전은 어떻게 기존의 "실천 - 후실천 미학"이라는 구도를 넘어 중국 전통 미학의 풍부한 유산을 계승해 "중국화"의 미학사상의 새로운 길을 여는 것인가이다. 즉, "실천미학 이후" 중국의 미학사상이 어디로 가고 있는지는 아직 미학계의 학자들이 연구해야 할 가장 핵심적인 문제 가운데 하나이며, 비록 "실천미학" 종말론이 각 역사 시기에 늘 새로워졌지만, "중국화"의 실천미학이 보여주는 개방성은 놀랍고, 당대 중국 미학은 실천미학의 "내외內外"를 막론하고 새롭게 확장해야 한다는 점은 의문의 여지가 없다.

제5절 "생존론"으로 경사되는 역정歷程

중국 본토의 미학은 20세기 초엽 이래 해외로부터의 미학에 직면하여 점차 "현대성"의 궤도에 들어서고 있다. 100년 동안 중서미학 전반에 걸친 교류 과정을 돌이켜 볼 때, 시종일관 관통하는 외래미학 사조가 넓은 의미의 "실존주의"라는 것은 의심할 바가 없다. 이는 일종의 "생존론"을 지향하는 내적 충동을 불러일으키고 있다. 이 "타자"의 등장은 중국 본토 미학의 발전에 이중적인 영향을 끼쳤는데: 한편으로 실존주의는 다른 미학적 사조와 함께 서학동점西学东渐을 따라 화하華夏 고전 미학의 연장을 차단한다. 다른 한편으로 20세기 중국의 "생존론미학"의 심층 건설에 깊숙이 녹아든 것으로, 이것은 20세기 이래 "생존론 전향"이란 미학사 문제를 전체적으로 검토해야 할 문제로 만든다.

역사의 단서에 따라 "영향연구"의 비교방법으로 우선 실존주의가 중국 미학에 끼친"영향사"를 정리할 수 있다. 100년 미학의 시발점인 왕궈웨이王国维는 실존주의 미학을 최초로 터득한 선구자였다. 왕궈웨이는 예리하게 니체와 쇼펜하우어의 차이점을 간파했는데, 쇼펜하우어는 "피안彼岸"에서 인생의 위로를 구하려고 하지만 니체는 이런 "형이상학 신앙"을 갖지 않고 이를 "차안此岸[70]"으로 옮겨 도덕에 반역하여 모든 가치를 뒤엎으려 하였다는 것이다. 따라서 니체는 미와 예술은 심미정관心美靜觀이 아니라 화끈하게 창조되는 것이고, "무욕無欲"이 아니라 "내 전부의 의지로 욕망을 갈구한다"이며, "이미지"보다 "사랑과 죽음"으로 이미지를 현실화하는 것에 더욱 관심을 가졌다.[71] 그러나 생명론미학의 위도에서 보면 왕궈웨이는 니체의 반대편에 서서 쇼펜하우어의 윤리적 입장으로 되돌아갔다. 그는 쇼펜하우어의 "의지"를 "욕망"으로 개조해 화하華夏 불도佛道의 생명의식을 녹여내고 직접 고통에 호소하고 위로를 받는 "욕망 - 고통 - 위로"라는 독특한 인생관을 형성하였다. 그만큼 "예술이 하는 일"은 "인생의 아픔과 그 해탈 방법을 묘사하는 것"에 있고, 이를 통해 잠시의 평화를 얻는다."이다.[72] 이처럼 왕궈웨이의 미학은 예술을 인생의 위안으로 여기지만 니체의

---

70) 열반涅槃인 피안彼岸에 상대되는 말로 깨닫지 못하고 고생하며 살아가는 상태를 말함.
71) 포추佛雏: 〈왕궈웨이와 니체미학〉, 《양주사범학원학보》, 1986, 제1기.

생명과는 거리가 멀다.

　니체 미학의 생명의 진수를 제대로 빨아들인 것은 주광첸이었지만, 니체 미학에 대한 그의 해석은 일종의 오독误读이었다. 그는 니체의 "인생에 대한 심미적 해석"을 극찬하면서 도덕적 인생관을 거부하여[73], 나아가 "이미지로 해탈한다"라는 격언을 특별히 골라 심미인생론의 내핵으로 삼고, "인생정취화情趣化"라는 구체적 내포도 부여한다. 그러나 니체가 주신酒神을 중히 여긴 반면, 주광첸은 주신酒神과 일신日神의 조화에서 결정적인 것은 일신이고, "디오니소스Dionysos(그리스 신화에 등장하는 술의 신)가 아폴로 Apollo(고대 그리스 신화 속의 태양신) 안으로 침몰한 것"이지 그 반대는 아니라고 주장하였다.[74] 그는 주신을 "행동의 상징"으로, 일신을 "관조观照의 상징"으로 본다. 즉 주신 예술은 변동의 소용돌이에 빠져 존재의 고통을 회피하고 일신 예술은 존재의 이미지를 응시해 변동의 고통을 피한다.[75] 그러나 인생의 고뇌는 연기에서, 인생의 해탈은 구경하는 데서 출발하는데, 주광첸은 이에 관하여 "연기를 하는 인생 이상"과 "연기를 구경하는 인생 이상"으로 구분한다. 그는 일신의 기적만이 주신의 고난을 행복으로 바꿀 수 있다고 보고 "관조觀照"에 행동을 투영해야 한다고 주장한다. 그래서 주신과 일신의 융합은 여전히 "구경하는 것"을 귀결점으로 삼아 차분한 관조로 생존을 구하고, 연극하는 인생보다 연극을 구경하는 삶이 더 중요하다고 여긴다. 이와 함께 주광첸은 이러한 일신의 차분한 관조를 유가의 자연의 정관靜观[76], 도가의 포박수일抱朴守一[77], 불가의 대원경지大圆镜智[78]와

---

72) 왕궈웨이:《인간사화를 새로 고치고 확장한다新订人间词话 广人间词话》, 화동사범대학교출판사, 1990, p.139.

73) 주광첸:《비극심리학》, 안휘교육출판사, 1989, p.201.

74) 주광첸:《주광첸 미학문집》제2권, 상해문예출판사, 1982, p.558.

75) 주광첸:《비극심리학》, 안휘교육출판사, 1989, p.195.

76) 무상한 현상계 속에 있는 불변의 본체적·이념적인 것을 심안心眼에 비추어 바라보는 것, 실천적 관여의 입장을 떠나 현실적 관심을 버리고 순 객관적으로 바라보는 것.

대조하고 융화하여 "이미지로의 해탈"에 화하 고전문화의 내포를 부여하였다.

1980년대 초부터 사상해방의 호소와 함께 실존주의의 비이성적 요소가 광범위하게 퍼지면서 니체 주신 충동의 입지도 높아졌다. 이런 비이성적 요소는 "사회적, 이성적, 역사적인 것들을 하나의 개체적, 감성적, 직관적인 것으로 침전하는 과정79)을 통하여 실천미학의 "주체성"의 이성적 틀 안으로 포용된다. 사실 이런 "주체성"은 사르트르의 절대적 "자유관"과도 무관하지 않다. 존재는 본질보다 먼저이고 주체는 절대적으로 자유롭다고 믿는 사르트르는 끊임없이 자기 선택으로 가능성의 괄호를 채우는데, 예술은 바로 그런 자유에 대한 부름이다. 실천미학은 칸트의 심미적 자율론에 기초해 사르트르의 예술자유를 개조하고 예술과 심미적 "자유"의 자기주도성, 능동성, 창조성을 강조한다. 나아가 이런 자유관을 "예술본체론"에서 "인간감정을 본체 생성으로 확장하는 철학"80)으로 바꾸어 놓았다. 이처럼 그 문화철학의 "주체성"은 "자유직관(미로 진을 깨우친다)", "자유의지(미로 선을 쌓는다)", "자유감각(심미의 기쁨)"81)으로 귀결되는데 이는 칸트의 판단력 이론과 사르트르식의 자유관념이 융합된 것이다. 또한 사르트르 자신이 가진 초월성은 다양한 형태의 실천적 주체성에 흡수되고, 개인의 생명은 제

---

77) 《노자老子》에서 나온 말, 인간 본연의 순수함을 깨닫고 소박한 본성을 지키며, 사사로운 욕망을 줄이는 뜻을 지니고, 욕심을 버리고 소박하게 살아가자는 말이다.

78) 유식학에서 말하는 사지四智의 하나. 제8아뢰야식을 전환하여 얻은 지혜이다. 맑고 큰 거울에 한 점의 티끌도 끼이지 않으면 우주의 삼라만상을 있는 그대로 비출 수 있는 것과 같이, 세상 만물을 있는 그대로 모자람 없이 비추어 주는 부처님의 밝고 큰 지혜라는 말. 유루지有漏智의 단계를 넘어서 얻게 되는 무루지無漏智의 하나로 불과佛果에서 처음으로 얻게 되는 지혜이다.

79) 리쩌허우: 《리쩌허우 철학미학논문선》, 호남인민출판사, 1985, p.386.

80) 리쩌허우: 《미학4대 강의》, 생활, 독서, 신지식이라는 의미를 지닌 삼련서점, 1989, p.47.

81) 리쩌허우: 《나만의 길을 걷는다》, 생활, 독서, 신지식이라는 의미를 지닌 삼련서점 1986, p.285-286.

한된 시공간에서 무한함을 추구하며, 이른바 "영원한 본체 또는 본체의 영원"을 추구한다고 강조함으로써 심미화된 문화적 주체를 승화시켰다.

1990년대에 들어서면서 실천미학은 갈수록 지치고 약세를 보여 "후실천미학"이나 넓은 의미의 "생명론미학"의 각종 의문과 반동을 불러일으켰다. 이를 통해 "실천"이 미학의 기초로서의 결실을 묻고, 이를 근거하여 하이데거가 구축한 "기본 존재론본체론"이 생명론 미학에 미치는 영향을 가장 직접적으로 지적하는데, 그 침투작용은 아래와 같다. 첫째, "있다"라는 본체론이다. 이는 생명론 미학의 실천의 초석을 "존재 그 자체" 또는 "생명본체"로 대체함으로써 미학의 토대를 근본적으로 전환할 수 있음을 시사한다. 동시에 예술과 심미를 "본체론"이라는 기초 위에 두고, 이를 생명론 미학의 논리적 시발점으로 삼는다. 둘째, 미와 진은 같다. 실천 미학은 칸트 철학사상을 근거로 하여 자율에 심미가 통합되어 미와 진이 서로 분리되어 있음을 강조한다. 그러나 하이데거의 영향 아래 생명론적 미학은 진리의 함의를 넓히고 예술과 존재의 진리를 서로 관통시켰다. 셋째, 예술 활동에 대한 중시이다. 하이데거는 주관론 미학을 거부하고 "물物"의 규정을 거슬러 올라가서 예술 활동을 존재의 실현으로 본다. 예술활동과 생명 존재의 이와 같은 연결고리는 생명론 미학에도 받아들여져 주객을 심미활동으로 융화시키려 한다. 마지막으로 주객 이분법을 반대한다. 하이데거가 세운 것은 주객이 원초적으로 동일한 예술관이고, 생명미학도 이런 경향을 띠고 있는데 이로써 주객 이분의 기존 틀에서 벗어나려고 한다.

이렇게 보면 20세기 내내 중국 미학이 실존주의를 수용하는 데 "니체 – 사르트르 – 하이데거"의 순서를 거쳤고, 그 발전의 핵심 현안도 "심미(예술)와 해탈" – "심미(예술)와 자유" – "심미(예술)와 존재"의 세 단계를 거치며 조금씩 중국 생명론미학에 융화되었는데 구체적으로는 전반기의 "계몽미학인생론"에 융화됐다. 80년대 "실천미학 주체성"과 90년대 "생명미학 본체론"의 구축은 "인생의 심미화 해탈", "문화주체의 자유본질", "생명미학의 존재론 초석" 등의 문제를 해결하였다.

실존주의와 중국 생명론 미학의 거대한 친화력이 이 두 가지 형태의 유통類通과 상호보완에서 비롯됐다는 것은 말할 나위도 없다. 가장 근본적인 공통점은 "인생예술화" 속에 개체를 안착시켜 살아남아야 하는 생명에 대한 심미 태도에 있다. 화하華夏미학은 현실에 대한 "우환"에서 유래한 것으로, 예술적 실천과 미저 깨달음 속에서 생명의 의미와 성취를 찾고, 생명의 예술화와 예술의 인생화를 강조한다. 그러나 실존주의는 현실의 이화異化을 외면하고 예술을 인간 본연의 생존방식으로 여기며, 니체의 "일신정신", 하이데거의 "시적인 거주", 사르트르의 "자유의 부름"은 예술 내부에서 생존의 의미를 낳고 예술에 존재 변혁이라는 역사적 사명을 부여한다. 이로부터 예술과 심미를 본체적인 의미에서 바라본다. 하이데거가 주장하듯이 본체론은 존재의 "재在"와 그 존재에 대한 해명이며, 존재와 본체는 하나다. 이렇게 해서 예술과 심미에도 생존본체의 토대를 부여하였다. 그리고 이 두 가지 미학적 형태는 모두 예술의 초월적 기능을 강조함으로써 주체로 하여금 현존하는 상태를 끊이없이 넘어서 심미로 생존에 의미를 제공하게 한다. 또 심미의 내성 체험을 중시하고 심미를 시의 깨달음으로 여긴다. 요컨대, 실존주의는 중국 생명론 미학과 상통하는 점이 많다. 하지만 이질적인 문화체제에서 일어나고 발전한 만큼 여전히 많은 본연의 차이가 있다. 그러나 이 중서中西 두 가지 미학 형태의 접점은 서로 관통하는 토대가 되었고, 이러한 융통은 중국 미학 이전의 성장점이 되었다.

흥미로운 것은 현재의 "신실천미학", "후실천미학"의 기본 양상, 그리고 "실천미학"의 창시자인 리쩌허우 말년의 사상변화에 "생명본체론"으로 미학 본체론의 문제를 해결하려는 "동류로 흐르는 추세"가 나타났다는 점이다. 1990년대 중·후반에 실천미학자들은 "실천미학"에 대한 "후실천미학"의 반동을 반박하여 실천 본체 자체를 "생존론"으로 접근시키기 위해 "실천존재론" 미학을 구축하려는 전략을 실시하였다. 실제로 이론적 출처에서 하이데거가 구축한 "기본존재론 본체론"은 "후실천미학"과 "실천존재론미학"의 공통된 사상의 원천으로 작용하고 있으며, 그 기본적인 시사점은 바로 "있다"의 본체론적 구축에 있다. 이는 "후실천미학"이 실천론 본체로 실천의 초석을 대체함으로써 미학의 토대를 전환하는 동시에, "실천미학"은 본체론에서 실천과 존재를 서로 결합해야 한다는 점을 계발한 것이다. 또 다른 공통점도 있는데, "실천존재론"이든 "후실천미학"이든 "실천미학"의 주객이분이나 주체성 철학의 기존 틀에서 벗어나서 주객융합의 미학적 형태로 나아가려는 것이다.

리쩌허우의 말년 사상은 중요한 변화가 일어났는데, 본인은 여전히 "실천"(특히 도구를 만들고 사용하는 것)이 미학 구축에서의 기초적 지위를 지키지만, 이러한 "도구본체"의 사상은 심층에서 "심리본체"로 옮겨가고 있다. "실천미학"의 창시자인 리쩌허우는 "정情"을 심리적 본체의 핵으로 삼았을 때 그는" '성性본체'가 아니라 '정情본체' … 이것이야말로 오늘날 바꿔야 할 방향"82)이라는 견해를 가지게 되었다. 이처럼 리쩌허우의 사상적 변화 속에서 그는 초기의 "인류학 본체론"의 실천활동에 대한 믿음에서 개체 생존 자체에 대한 신뢰로 방향을 틀었다. "정본체"는 결국 "생존본체"이기 때문이다. 그러나 리쩌허우는 그 속에 담긴 "역사성"의 존재를 줄곧 강조했고, 이는 그가 "인류학 역사본체론" 사상을 구축한 이후 견지해 온 것으로, 역사론으로 존재론 사상을 개조하려는 의도도 드러냈다. 그러나 사상 원류源流에서 리쩌허우 실천 미학의 "주체성"은 사실 생명 미학의 "개체성" 요소를 내포하고 있거나, 이 둘 사이에 간접적인 혈연血緣이 있기 때문에, 리쩌허우는 제3, 4《철학답문록》에서 "감성의 생명본체"라는 개념을 들고 나왔고 말기의 "정본체" 사상은 "감성의 생명본체"에 대한 논리적인 확장일 뿐이었다.

솔직히 말하자면, 갱신된 "실천존재론"이든 "생명미학"이든 리쩌허우 말년의 "정본체"론이든 "생존본체론"의 세 가지 형태일 뿐이다. 더욱 흥미로운 것은 이 세 가지 미학적 형태는 모두 마르크스 사상과 유럽의 존재론

---

82) 리쩌허우:《실용이성과 음악 감각 문화》, 삼련서점, 2005, p.187.

사상을 접목하려는 시도라는 점이다. 리쩌허우가 본토에 입각해 미학을 육성한 것과 달리 "실천미학"과 "후실천미학"의 지지자들은 일종의 "서양식 언어"로 미학을 논하면서 그 안에서 전통미학의 발언권이 없어졌다는 차이가 있다. 그러나 이런 "서양"과 "서양"의 접목이 과연 타당한 것일까? 이것은 여전히 추궁해야 할 문제이다. 전체로 보면 "실천 - 후실천미학" 패러다임의 주요 철학적 모순은 다음과 같다.

첫째, "실천 - 후실천미학"의 패러다임 내의 미학은 "존재론"의 미학이 아닌 "존재자"의 미학일 뿐이며, 모두 서구화된 언어의 이론적 탐구이다.

이를 제대로 해석하려면 다시 초기 하이데거의 《존재와 시간》에 나온 "존재자와 존재론ontico-ontological"의 구분으로 되돌아갈 필요가 있다. 이 책의 사상적 구조로 보면 "존재론"에 대한 해석은 "존재자"에 대한 해석을 사상으로 선도하였다. 다시 말하자면, "존재자"에서 "존재론"까지, 이는 현존재Dasein에 대한 하이데거의 두 가지 측면에서의 해석이다. 전자는 현존재에 대한 구체적이고 특정한 지정학적 해석의 표층 영역에 처하는데, 하이데거는 생존자Existenziell의 측면이라고 부른다. 중국의 생존론적 철학 미학 사상은 대부분 인생론의 "생존자" 측면에 머물었다. (비록 "존재론"이라고 자칭하지만) 그러나 하이데거가 주목한 것은 "존재"의 깊은 측면인데, 이 심층적 구조는 "존재론Existentiale"의 근원적 성격을 지니며 생존자의 표면 아래에 있는 심층적 구조로, 그 층위는 중국적 사상이 아직 도달하지 못한 것이다. 이는 중서中西사상의 차이 때문이다. "선천" 존재의 결핍 때문에 중국의 생존론 전향 이후의 사상구조는 여전히 기본적으로 존재의 "몰락성fallingness"의 차원에 매달려 있는데, 하이데거가 말하는 "실존성 existentiality"과 "사실성facticity"을 중국 마르크스와 내재적으로 연결시키려는 시도를 할 뿐이었다.

당대 중국 미학의 "생존론 방향"은 "생명론"과 "존재론"의 두 측면을 포함해야 하는데, 전자는 존재자의 측면이고 후자는 하이데거 의미에서의 존재론의 측면이지만, 중국의 사상 전향은 주로 전자와 관련되어 있고, 물론 후자의 내용과도 어느 정도 관련되어 있다. 하이데거의 이해대로 "기초존재론fundamental antology"은 "생존론-존재론"이라는 이중적 의미를 갖고 있는데, 이는 존재자적이면서도 존재론적이라는 의미로, 전자는 이미 존재하는 것에 대한 실제 생존의 해석이고 후자는 생존가능성에 대한 보편화된 해석이다. 생명 주도의 중국화의사상은 인생론, 생명론, 생존론(자칭) 등 실제 생존에 대한 깊은 논의만 있을 뿐 대부분 존재론적 깊이까지 깊이 파고들지 못하고 있다. 서양의 전통 형이상학은 존재를 실체entity적 존재로, 중국화의 생존화의 철학과 미학은 거꾸로 존재자를 존재로 보는 것이라고 할 수가 있다. 그러나 하이데거의 존재론적 고지가 being문제의 유일한 존재자를 캐묻기 위한 것이고, "존재"는 결코 존재자의 존재이지만, 이는 중국의 becoming(생성)을 중시하는 사상적 전통과는 이질적이다. 따라서 생존론적 유도에만 얽매여 중국의 철학과 미학을 밀어붙일 수 없다는 것은 하이데거 자신이 being의 "존재"를 통해 "존재" 문제를 묻고, "존재"의 문제를 being의 생존의 영역으로 되돌리려는 것이다. 이러한 이면의 사상탐구는 그 궤적과 경계구조 구분에 "실천-후실천미학"이라는 패러다임 내에서 철학과 미학을 깊이 습득하지 못한 채 존재자의 측면에 머물게 되었기 때문이라고 결론을 내릴 수가 있다.

둘째, "실천-후실천미학'" 패러다임 내의 미학은 "주객양분主客兩分分"의 패러다임을 탈피하겠다고 주장하지만 실제로는 이와 같은 이원론의 기본 틀을 벗어나기 어렵다.

이는 "주체", "객체", "대상"과 같은 언어만 사용해도 주객主客의 이분二分이라는 둥지를 넘을 수가 없기 때문이다. 주객양분의 근본적인 결함을 깨달았더라도 이원론은 중국 사상계가 서구화의 전통을 받아들인 뒤 버리기 어려운 사고방식이 되었다는 것은 사실이다. 비트겐슈타인의 의견에 따르면 우리는 언어의 울타리를 넘어서는 안 되거나 우리는 우리 언어의 경계와 한계를 벗어날 수가 없다. "후실천미학"과 "실천존재론 미학"의 "실천미학"의 주객양분에 대한 비판은 여전히 주객양분미학에 대한 주객양분미학의 비판이며, 비록 전자가 생명화된 존재로 주객 쌍방을 봉합하려는 의도라 할지라도 이는 기존의 주객양분에 기초한 재융합이고 "구실천미학"이 내부적으로 "활동론"과 "관계론"으로 주객을 소통시키려는 의도와 똑같다. 기존의 철학적 사고방식을 벗어나는 데 있어서, "고기를 잡으면 통발을 잊는다"라는 방식을 취하면 안 된다. 새로운 계단을 밟게 되었지만 반드시 언어의 사다리에서 벗어날 수 있는 것이 아니라는 것이 증명되었는데, 여기의 "통발"은 바로 언어의 사슬이다. 주객 양분이라는 "주체성 철학"의 근본 영향에서 벗어나기 위한 유일한 길은 옛 철학시스템에서 사용되는 언어를 최대한 사용하지 않는 것이지만, "실천존재론"에서 실천을 생존에 접목하거나 "후실천미학"에서 존재로 실천을 배제하는 것은 모두 실천론 철학의 기본 패러다임에서 벗어나지 못하였다. "삶으로서"의 경험과 "경험으로서"의 삶으로 되돌아가야만 비로소 벗어날 수 있는 것인지 모른다.

셋째, "실천 – 후실천미학"의 패러다임 내의 미학은 후반부로 갈수록 "절충주의"의 색채를 띠며, 실천과 생존의 사상 사이에서 다양한 접목을 시도하지만 내적으로는 해결할 수 없는 갈등으로 가득 차 있다.

"후실천미학"에서 "실천존재"까지의 논자들은 모두 마르크스와 존재론 사상을 접붙이겠다고 공언했지만 그 사상의 원천을 거슬러 올라가면 사실 이들이 접붙인 것은 초창기의 마르크스와 하이데거의 사상이다. 그러나 여기서 문제가 다시 불거졌다. 한 가지 문제는 마르크스에 관한 것인데, 왜 중기와 말기의 마르크스 사상을 접붙이지 않았는가? 더 구체적으로 왜 《1844년 경제학 – 철학 수고》의 사상만 접붙이고 《1857-1858 경제학비판 요강》의 사상을 접붙이지 않았는가? 왜 《독일 이데올로기》 이후 성숙기의 마르크스 사상을 접붙이지 않았을까? 이의 대답은 초기 마르크스 사상에만 "존재론"의 요소가 있었는지, 말기의 하이데거는 1969년 그의 토론반에서 "생산의 실천이란 개념은 형이상학적인 존재 개념에 입각할 수밖에 없다"[83]라고 논증했지만 관건은 전통 형이상학에 대한 마르크스의 역회전이었고, 초기 하이데거의 책꽂이에도 초기 마르크스의 저서가 있었다고 한다.

또 하이데거 초기 사상의 핵심이었던 현존재Dasein라는 용어가 1844년 마르크스의 "수고"에서 활용된 만큼[84] 마르크스도 존재론의 창시자 중 하나로 볼 수 있다는 중국논자들의 지적도 있다. 그러나 어떤 철학적 범주의 등장은 사상적 함의 부여와는 별개로 하이데거에 이르러서야 현존재에 "생존론 - 존재론"이라는 철학적 함의를 부여했지만 마르크스는 이를 일반적 의미로만 사용했다. 또 1980년대 초반 "수고열"을 논할 때는 초기 마르크스의 사상이 성숙하지 못했다는 공감대가 있었으나 지금은 초기 마르크스 사상이 그의 사상 전부로 확대되고 있는 것일까? 더 나아가 초기 마르크스는 포이어바흐의 영향에서 완전히 벗어나지 못했고, 현존재에 대한 그의 이해는 여전히 포이어바흐의 인본철학의 그림자를 지니고 있는 것처럼 보였다. "생활미학"은 어떤 의미에서 포이어바흐로 되돌아갔고 체르니셉스키의 구론旧论과 완전히 다르다고 리쩌허우가 직접 비판했는데, 후자의 판단은 정확했지만 전자의 판단은 반드시 그렇지 않았을 것이다.

하이데거 사상의 원천에서도 많은 문제가 있다. 가장 중요한 문제는 역시 초기 하이데거와 말기 하이데거의 생각 차이를 간과했다는 점이다. 이 때문에 중국 학자들이 하이데거를 본받을 때 흔히 이중적인데 본체론으로 "기초 존재론"을 이끌어내는 "존재자"의 사상을 받아들이는 것이 초기 하이데거의 생각이었지만, 말기 하이데거는 그의 초기 기본사상을 지양하고 다른 방향으로 방향을 틀었는데, 그 중 중요한 전향은 예술사상에 대한 관심의 전환이며, 예술을 "진리 자체의 도입"으로 여기며 새로운 사상적 지평을 열었다. 그러나 중국 학자들은 하이데거 초기와 말기의 사상을 대체적으로 혼동했다: 한편으로는 실천론과 생존론을 융합시켰는데 이는 초기 하이데거 《존재와 시간》의 가장 앞부분에서 비롯됐고, 다른 한편으로는 존

---

83) 퍼디에르 등 수집, 기록:《말기 하이데거 3일 토론반 개요》, 딩경丁耕 번역,《철학역총哲学译丛》, 2001, 제3기.

84) 덩샤오망:〈마르크스가 존재와 시간을 논한다〉, 덩샤오망:《실천유물론에 대한 새로운 해석 - 현상학 사유에서 벗어나면서》, 무한대학교출판사, 2007.

재, 예술, 심미를 서로 소통시켰는데 이는 말기 하이데거의《예술작품의 본원》을 핵심 텍스트로 삼은 데서 유래했다. "실천 - 후실천" 패러다임의 미학은 "절충주의"를 통한 사상적 결합으로, 초기 마르크스와 초기 하이데거를 결합하는 동시에 초기 하이데거와 말기 하이데거를 융합해 "실천 - 생존 - 예술 또는 심미"라는 내적 구도를 형성하지만, 이런 사상적 통합 자체가 모순으로 가득하다.

마지막으로 "실천 - 후실천" 패러다임의 미학은 "주체성"이라는 이론적 틀을 벗어나려 하지만 "주체간성主体间性"이 새로운 돌파구가 되지 못하고 이를 통해 전통적인 이분법적 패러다임을 돌파할 수도 없다.

지금부터 "주체간성"의 사상思想으로 "주체성" 철학을 반박하고 나아가 "후실천 미학"을 확장하는 새로운 발상에 대하여 논하도록 하겠다. 예를 들어, "본체론의 "주체간성"이 철학의 근본적 변혁을 초래한다. … 이는 인식이 어떻게 가능한가, 자유가 어떻게 가능한가, 즉 심미가 어떻게 가능한가라는 문제를 해결하였다".85) 그러나 실질적으로는 "주체간성"이 여전히 "주체성"을 지니고 있다는 판단을 내릴 수 있다. 즉 "주체간성"이 주체적 사고의 울타리를 벗어나지 못하고 있는 것이다. "주체간성"이 주목하는 것은 주체와 주체의 관계에 불과하며, 주체는 그 자리에 있을 뿐 아니라 기본적인 존재다. 더욱 큰 문제는 "후실천미학"이 중국 고전의 미학 사상을 포함시키기 위해 "주체간성"의 사상까지 확대시켜 심지어 인간과 자연의 관계까지 설명했을 때도 사용했기 때문에 그 결함이 확연히 드러났다는 점이다. 전통 유럽의 주체성 철학 사상에서 사물은 당연히 주체로 취급될 수 없으며, 사람과 사물의 관계는 분명히 "주체간성"으로 결정될 수 없었다. 하지만 중국 전통 미학에서는 인간과 자연 간의 친밀한 관계와 소통에 주목하였다. 이른바 "나에게 청산은 얼마나 아름다운가, 아마 청산의 나도 똑같을 것이다"라는 것이다. 그러나 이런 긴밀한 연관이 중국 전통 사상에서

---

85) 양춘스 〈본체론의 주체간성과 미학 구축〉, 《하문대학교학보(사회과학판)》, 2006, 제2기.

는 은유metaphor일 뿐 만물을 모두 주체로 삼는 것은 아니며, "주체간성"의 착안점은 상호 작용의 관계에 있지만 이러한 관계론에는 한계가 있었다. 더 깊은 문제는 "주체간성" 사상이 최초로 말기의 후설에서 비롯됐고 이런 전형적인 유럽사상으로 중국 고전의 미학을 설명할 때 얼마나 큰 해석력이 있었는가 하는 점이다. 우리는 이런 "상호 작용 관계"라는 사상의 진수를 파악했을 때 이미 중국 전통의 지혜를 곡해하고 있는 것은 아닐까? 이는 또한 "서양식 언어"로 중국 사상을 해석하는 데에서 생긴 근본 문제이고, 거꾸로 "본토의 언어"로 서양 사상을 해석하는 것도 비슷한 문제에 직면하게 될 것이다.

"구舊실천미학", "후後실천미학"부터 "신新실천미학"까지 기본적으로 서구의 미학을 사상의 원천으로 하는 원리의 구조인데, "실천 - 후後실천미학"의 패러다임 안에 있는 미학적 공헌 이외에도 중국 고전미학의 관점에서 미학적 원리를 다루는 데 많은 논자들이 힘을 쏟고 있다. 후징즈胡経之는《문예미학》(북경대학교출판사, 1989)에서 쭝바이화宗白华 미학사상의 내적 영향을 받아 일종의 "의경意境본체론"을 주창했다. 후징즈胡経之는 "의경은 예술 본체를 나타내는 심미의 범주"라고 생각했고, "의경"에 대한 왕푸즈王夫之와 쭝바이화宗白華의 이해와 결합해 "심미의 의경"을 구성하는 세 가지 측면을 "경境(이미지 속의 이미지)", "경 속의 의境中之意(이미지 밖의 이미지)", "경 밖의 의境外之意(형체없는 이미지)"로 정했다. 그렇기에 예술적 지경의 심미적 특징은 허실상생의 "취경미取境美", 의意와 경境이 서로 섞인 "정성미情性美", 그윽하고 그윽한 "운치미韵味美"다. 동시에 그는 예술적 지경과 삶의 깨달음을 결합시켰는데, 이는 인간의 생명과 정서가 근본적으로 "율동적", "서정적", "발랄하고 생기가 넘치는 생명의 리듬"이기 때문에 "자욱한 경지가 충만해 있다"[86]라는 발상을 제기하였다. 이는 생명과 체험을 강조하는 예술사상과도 맥이 닿아 있다. 후징즈가 "의경본체론"을 제기

---

86) 후징즈:《문예미학》, 북경대학교출판사, 1989.

한 후 천왕헝陈望衡도 "경지본체론"이라는 문제를 제기했는데, 그는 미에 경지가 중요하고 경지에는 두 가지 독특한 특징이 "체험성"(이는 경지의 일정한 형상성과 감정성을 결정한다)과 "초월성"(경지가 갖는 일정한 추상성 때문에 이는 무한을 향하게 한다)[87]이라고 했다. 그러나 천왕헝은 "미재의상美在意象"라는 것은 의미와 이미지의 통일만 강조했을 뿐 경지의 한 차원 높은 수준을 달성하기 어렵다고 주장했고, 예랑叶朗은 "미재의상"의 기본 미학적 관념을 일찌감치 명확히 했다.

예랑의 "미재의상" 이론은 초기 주광쳰 시론의 사상인 "미적 세계는 순수한 의상意象의 세계이다"를 이어받아 새로운 철학의 높이에서 이를 해석하였다: 본토의 사상으로 보면 "중국 전통 미학에서 이미지의 세계는 진실한 세계이다. 왕푸즈王夫之의 거듭된 강조에 따르면 의식세계는 "현량现量(양을 나타낸다)"이고, "현량"은 "진실을 나타낸다"이자 "존재하는 대로 나타낸다"이다. 이미지의 세계에서 세상은 본래 존재하는 그대로 나타난다"[88]라고 말했다. 현상학의 시점에서 보면, "심미대상(이미지 세계)의 발생은 사람의 의식활동을 떠날 수 없는 의향意向적인 행위이고, 의향성이 구성한 생발生发 메커니즘에서 벗어날 수가 없다: 인간의 의식이 각종 감각 재료와 감정 요소를 끊임없이 활성화함으로써, 함축적인 심미적 이미지를 구성하거나 나타낸다"[89]이다. 이런 "미재의상美在意象" 이론은 주객 이원론의 관점을 뛰어넘을 뿐 아니라 이미지의 더 높은 차원으로 나아간다고 예랑은 평가를 하고 있다. 그래서 예랑은 《미학원리》(북경대학교출판사, 2009)의 속표지 인용문에서 "아름다움은 저절로 아름다운 것이 아니라 사람의 노력에 힘입어 아름답게 드러난다(유종원柳宗元)"와 "마음은 저 홀로 마음인 것이 아니라 색으로 말미암아 마음이 있는 것이다"(마조도일马祖道一)라

87) 천왕헝: 《20세기 중국미학 본체론 문제》, 호남교육출판사, 2001, p.488-489.
88) 예랑: 《미학원리》, 북경대학교출판사, 2009, p.73.
89) 예랑: 《미학원리》, 북경대학교출판사, 2009, p.72.

는 관점을 이용하여 양면의 관점으로 삼았다. 심미주객 쌍방의 관점을 연결시키는 것은 "두 칸의 고유한 존재, 자연의 꽃은 유동에 의해 변화되어 아름답게 만들어집니다.마음이 닿는 곳마다 글의 정서가 찾아오고, 그 본영本榮이 살아 있는 그대로 드러나면, 곧 화사하게 비쳐 감동은 끝이 없다"이라는 왕푸즈王夫之의 이론적 시사에서 나왔다. 또한 "이미지는 해처럼 만물을 창조하고 만물을 비춘다"라는 쭝바이화의 말을 이용해 주광첸 초기 미학사상의 핵심이었던 "이미지" 이론을 내세운 것은 중국 미학의 원리를 "본토화"하는 이론을 자각적으로 구축하려는 적극적인 노력이었다.

제6절 "생활론"으로의 회귀

21세기 들어 처음 10년 동안, 국제 미학의 전진과 함께 당대 중국 미학의 새로운 여정이 시작되면서, "미학 본체론"의 발전은 새로운 혁신을 준비하고 있다. 현재 중국학계의 신흥학자들은 "실천-후실천미학"의 사고방식을 뛰어넘어 다시 현실의 "생활 세계"로 되돌아가서 "생활미학"을 재구축하는 일이 미래의 중국미학으로 나아갈 수 있는 길이라고 생각하였다. 그래서 "생활미학"은 중국 본토에서 "실천미학"의 기본 패러다임에서 벗어나려고 노력하는 한편, "후실천미학"의 기존 패러다임과는 달리, 당연히 "생산미학"과 "존재미학" 사이의 다양한 구시대적인 미학적 형태에서 벗어나 21세기의 중국미학에 새로운 지평을 열려고 한다.우리는 생활 세계를 잊으면 생활 세계에서 잊히기 때문이다. 다른 학문보다 미학을 생활세계로 되돌아가서 재구축하는 것은 "감성학"으로서의 미학의 학문적 본성으로 결정하는 것이다. "생활미학"의 중국에서의 구축은 실천과 후실천이란 패러다임에서 벗어나는 데에서 그치지 않고, 국제미학과 함께 발전하는 새로운 미학사상으로서 미학 원론을 중국 전통의 사상적 토대 위에 구축하는 데 중요한 기능을 하고 있어 "중국화"의 "생활미학"을 어떻게 구축할 것인

가 하는 문제가 제기되었다.[90]

2010년 중국에서 "생활미학" 연구가 본격화되는 중요한 "징표"는 두 가지가 있다:하나는 국제미학학회IAA가 주최하는, 처음으로 중국에서 열린 제18차 세계미학대회International Congress for Aesthetics에서 "전통과 당대: 생활미학 부흥"과 "일상생활미학"이라는 두 가지 심포지엄장을 개설하여 국내외 학자들의 폭넓고 높은 관심을 받았다.[91] 세계에서 가장 중요한 미학잡지《미학과 예술비평》*Journal of Aesthetics and Art Criticism*의 수잔 페이긴Susan Feagin 편집장은 제18차 세계미학대회 기간 중 인터뷰에서 "오늘날 미학과 예술 분야의 주요 흐름 중 하나는 미학과 생활의 재결합이다. 내가 보기에는 이 흐름은 동방 전통에 더욱 가까운 것 같은데, 중국 문화 속에서 사람들의 심미 취미는 인생 이해, 일상 생활과 결합되어 있기 때문이다"(제18차 국제미학대회 조직위원회 편:《제18차 국제미학대회 통신》)라고 말하였다. 이는 미국과 유럽의 주류 학자들이 느끼는 국제미학의 최신 동향이다. 동아시아 문화 내부에서 "생활미학"에 대한 관심은 더욱 많았다. 2010년 11월에 "아시아예술학회"ASA가 교토에서 주최하는 연례회의에서 내세운 주제는 바로 "일상생활의 예술"이었다. 회의 주제에서 2010년 일본의 "미술 교육 학회 대회"를 언급했는데 어떤 논자는 "일상생활 속의 미술 교육"이라는 문제를 제시하였다. "일본의 미술교육학회가 끝난 지 얼마 되지 않아 북경에서 국제미학대회를 개최했는데 이때 '일상생활의 예술'이라는 동일한 주제는 다시 한 번 주목을 받았다."(《아시아예술학회교토연례회의》 회의문집 머리말). 그래서 아시아예술학회도 이 주제를 연구 대상으로 삼았는데 이는 중일 문화의 공통된 장점을 보여주었다.

또 하나의 중요한 징표는 중국 본토의 잡지들이 잇달아 "생활미학"이라

---

90) 류웨디: 〈중국화의 "생활미학"의 재구축〉,《광명일보》, 2009.8.11.
91) 리슈젠李修建: 〈"미학의 다양성" – 제18차 세계미학대회 총론〉,《세계철학》, 2010, 제6기; 쑨다오孫燾: 〈중국미학은 세계를 향하여 대문을 열었다〉,《중화독서보》, 2010.8.18.

는 테마를 내놓고 있다는 점이다. 그중에서도《문예쟁명文艺争鸣》에서 연속으로 선보이는 "신세기 중국 문예학 미학 패러다임의 생활론으로의 전향"이라는 8부작 시리즈가 가장 눈길을 끌었다. 2010년에는 "신세기 중국 문예학 미학 패러다임의 생활론으로의 전향 앨범"(3기), 외국 문예학 미학의 생활론으로의 전향 토론 앨범"(5기), "중국 문예학 미학의 생활론으로의 전향 토론 앨범"(7기), "문화연구와 생활론으로의 전향 토론 앨범"(9기), "생태 이론적 시야와 생활론으로의 전향 토론 앨범"(11기) 등이 제시됐다. 장모민張未民의 〈"생활"과 관련된 짧은 단어와 시구가 생각난다〉라는 문장은 "생활론으로의 전향'의 나팔을 울렸다.[92] 같은 해에《예술평론》10회, 12회에는 각각 "예술과 미학"이라는 앨범을 내고 "생활미학"에 대해 집중 탐구하는 등 총 8편의 글을 올려 심도있는 토론을 벌였다. 이런 추세는 2011년까지 이어졌고,《문예쟁명文艺争鸣》학술판 1기는 생활론으로의 전향을 더 깊은 영역으로 내밀었다. 3기는 "리쩌허우와 생활론 미학의 전통"에 초점을 맞췄고,《문예쟁명》예술판의 첫 회도 "생활미학"을 주제로 한 새로운 미학적 시각을 시각예술과 조형디자인의 분야에 담았다. 10여 개 섹션에 묶인 100여 편의 학술논문이 현지 곳곳에 등장한 것은 "생활미학"이 지닌 무궁무진한 새 생명력을 보여주었다.

하지만 "생활미학"이라는 본토화의 전통은 중국 학자들에게 자각적으로 인식된 지 오래다. 이미 20세기 중반 체르니솁스키의 "생활미학"은 당시 중국 미학 연구의 논리적 전제이자 공인된 역사적 전제이자 중국화된 마르크스주의 미학 구축의 논리적 출발점이 되었다. 따라서 거의 모든 파벌(차이-이의 신중한 태도를 제외한다)은 대부분 "미는 생활이다"라는 이론에 동의했고, 초기 실천파의 미학도 바로 이런 "생활미학"에서 생겨났다. 물론 실천미학이 더 정확하게 "실천론미학"인 것과 마찬가지로 "생활미학"도 사

---

92) 장모민張未民: 〈"생활"과 관련된 짧은 단어와 시구가 생각난다〉,《문예쟁명文艺争鸣》, 2010, 제3기.

실 "생활론미학"이고 이를 생활철학의 중요한 갈래로 볼 수 있지만, "생활미학"도 심미적 생활이나 생활 그 자체의 심미적 생활화와 같을 수는 없다. 흥미로운 점은 대만에서 나타나는 "생활미학"의 흐름은 "미학의 생활화"의 흐름으로, 대표적인 인물과 저작은 쟝쉰蔣勛의 《천지 간에 대단한 미가 있다天地有大美》(원류출판회사, 2005)와 한바오더汉宝德의 《미, 찻잔부터》(연경출판사업회사, 2006) 등이 있다. 물론 공펑청龔鵬程처럼 "미학이 대만에서 생명 미학으로부터 생활미학을 발전시키고 있다", "인문의 미는 사람들의 의식주 등 각 방면에 구현되고 있다. 생활의 예술화가 지속함에서 벗어나 문화적 함양을 구현할 수 있다"[93] 등의 다른 전향을 예민하게 느꼈던 논자들도 있었다. 하지만 유가의 토착사상에서의 출발이든, 예술의 구체적 깨달음에서의 출발이든 대만에서 유행하고 있는 이른바 "생활미학"의 실체는 일상생활에서 미학적 지혜를 어떻게 활용하느냐는 실용성에 있다.

이와 달리 대륙학계에서 예슈산叶秀山이 쓴 자신의 미학 주장을 담은 《미의 철학》(동방출판사, 1991)은 현상학 창시자인 후셀 말기의 "생활세계" 이론을 이용해 또 다른 새로운 미학 이론을 구축하려 하였다. 예슈산의 뜻에 따르면 후셀은 "생활세계"가 "예술의 세계"라고 하지 않았지만, 세상은 "본질"과 "의미"를 그대로 보여주었다. 이는 "본질적 직관"[94]으로, 하이데거가 "시적인 것"을 생활 세계로 끌어들일 수 있는 여건을 제공하였다.

이처럼 대부분의 중국 미학논자들이 하이데거로부터 직접 자원을 획득하는 것과 달리 예슈산은 미의 활동은 생활 현상 그 자체, 즉 생활의 살아 있는 질감이라는 것을 파악할 수가 있다고 의식하였다. 이는 미학 연구대상이 곧 "기본적인 경험의 세계"이고 "이 세계는 시적인 세계이며, 살아있는 세계이지만 항상 감춰져 있고, 뿐만 아니라 인류 문명이 진보함에 따라

---

93) 공펑청龔鵬程: 《생명의 학문으로부터 생활의 학문으로》, 입서문화사업유한공사, 1998, pp.9-10.
94) 예슈산: 《미의 철학》, 인민출판사, 1991, p.22.

그 커버리지는 더욱 두꺼워지게 되었으며, 사람들은 많은 노력을 해야 비로소 이 기본적이고 생활적인 세계를 체득하고 드러내 보일 수 있기 때문이다."95) 그래서 이런 시대에 이러한 현상학적 의미의 생활세계로 되돌아가 미학을 재구축하는 방식은 다른 관념론자들로부터도 공감을 얻을 수 있는 "생활세계"를 "생명이 있는 세계, 사람이 살고 있는 세계, 사람과 만물이 하나 되는 세계, 의미와 정취가 넘치는 세계"96)라고 인정하는 대세가 되어가고 있다. 여기서 생활 세계 이론과 본토의 전통 사상 사이의 궁합도 볼 수 있다.

"생활미학"이 동시에 등장하였는데 "이곡동공異曲同工(곡은 달라도 교묘한 솜씨는 똑같다)의 맛을 보여줬지만 각각의 언어 환경이 확실히 달랐다. 20세기 후반 내내 앵글로색슨 전통을 이어온 구미의 미학은 영어를 주요 언어로 하는 "분석미학"이 세계적으로 절대적인 위치를 차지하면서 예술은 미학 연구의 거의 유일한 대상이 되었고, 심지어 분석미학 원리 자체가 "예술철학"과 동일시되기 일쑤였다. 그러나 "예술"을 넘어 "자연대상"과 "생활대상"97)은 전통적 연구대상을 뛰어넘는 두 개의 새로운 연구분야가 되었다. 예술을 주요 연구 대상으로 삼았던 지난 세기말부터 미학 연구의 영역이 다시 풍성해지면서 "예술계", ''환경계"와 "생활계"가 국제 미학 연구의 3대 분야로 등장했고, 이로써 가장 넓은 범위에서 미학이 등장할 수 있게되었다. "예술철학"의 연구가 계속되면서 초기 "자연미학" 연구가 "환경미학" 연구로 확대되고, "생활미학"이 최신 사조로 등장하게 된 것은 "일류생활미학the aesthetics of human life"이 당대 미학에서 범위를 넓힐 때 집중적으로 논의되는 이슈 중 하나이기 때문이다.98)

---

95) 예슈산: 《미의 철학》, 인민출판사, 1991, p.61.
96) 예랑: 《미학원리》, 북경대학교출판사, 2009, p.76.
97) Andrew Light and Jonathan M. Smith eds., *The Aesthetics of Everyday Life*, Columbia University Press, 2005, p.39.
98) Andrew Light and Jonathan M. Smith eds., *The Aesthetics of Everyday Life*, Columbia

서양의 "후분석미학post-analytical aesthetics"이 만들어낸 상황과 달리 중국의 "생활미학"은 신新·구舊 "실천 미학"의 강한 전통, 그리고 실천미학에 대한 의심에서 비롯된 "후실천미학"의 여러 형태를 직면하게 되었다. 미국과 유럽의 미학이 "예술의 종결"과 "포스트 역사"의 상황에 직면하였지만 오늘날 중국의 미학은 예술에 대한 연구에 그다지 열광하지 않는 듯하며, 미학은 종종 일종의 "순사변화純思辨化"의 자기주장의 산물이 되었다. 이처럼 당대 중국 미학은 예술에 대해 직접적인 언급을 하지 않으면서 자신이 가진 생활론적 전통에서 벗어나기 때문에 생활세계로 되돌아가 미학을 재구축하는 것이 이러한 미학의 방향을 바로잡는 것이다. 미국과 유럽의 미학이 분석미학을 초월하기 위하여 "생활미학"을 제기한 것이라면, 중국에서 제시되는 "생활미학"은 실천미학이 형성한 주류 전통을 직접 넘기 위한 것이라고 할 수 있다.

현재 국내외에서 출판된 미학 전문 저서를 살펴보면 2005년부터 생활미학에 관한 전문 저서가 꾸준히 출판되고 있다. 첫 번째 "생활미학" 문집은 앤드루 라이트Andrew Light와 조나단 스미스Jonathan M. Smith가 공저한 《일상생활미학日常生活美學, The Aesthetics of Everyday Life》(New York: Columbia University Press, 2005)인데, 이 책은 당대 국제 미학자들이 "생활미학"이라는 최신 이슈에 대해 토론하는 글들을 모은 것이다. 같은 해 중국 학자 류웨디刘悦笛가 《생활미학: 현대적 비판과 심미 정신의 재구축》(안휘교육출판사, 2005)을 출판했다. 2007년에 일본계 미국 국적 학자 사이토 유리코Yuriko Saito는 환경미학 연구에서 출발해 일본 문화 전통을 결합해 《일상미학Everyday Aesthetics》(New York: Oxford University Press, 2007)을 출판하였다. 카티야 만도키Katya Mandoki의 《일상미학: 평범성, 문화놀이, 사회신분 Everyday Aesthetics: Prosaics, the Play of Culture and Social Identities》(Aldershot, England: Ashgate, 2007)은 문화와 사회 연구의 시점에서 "생활미학"을 탐구

University Press, 2005, p.39.

하였고, 같은 해에 류웨디의《생활미학과 예술경험: 심미는 생활, 예술은 경험이다》(남경출판사는, 2007)도 출판되어 중국 국가신문출판총서가 주최하는 제2회 "3부류 각 100가지 창작 출판 기획"에 선정됐다.

류웨디의《생활미학: 현대적 비판과 심미 정신의 재구축》은 국내 최초로 "생활미학"을 전문으로 논하는 전문 저서로서 당대 미학의 "최신 전향"의 해석을 기반으로 "생활미학" 체계의 재건을 시도하였다. "일상생활 심미화"(당대 문화의 "초미학"의 흐름)와 "심미의 일상화"(전위예술의 "반미학" 취향)라는 역사적 배경 아래, 류웨디가 현상학 시각에서 "미와 일상생활", "비非일상생활", "본진本真생활" 사이의 현상학적 연관성을 살펴보려는 시도도 하였다. 미와 "일상생활"의 본연의 관련성은 바로: 직관성에서 "본질적 직관성"까지, 비과제성부터 "자기 명견성明見性"까지, 시간성과 "동시생성성"까지이다.[99] "본질적 직관"으로서, 일종의 "사물 그 자체로 되돌아가는 생활방식"으로서, 미의 활동은 사실 본연의 생활의 "원발原发상태"이다. 다만 이 같은 "본진생활은 "일상생활"의 일상으로 점차 가려지고 "비일상생활"의 제도화에 따라 이질화되면서 "일상생활"과 "비일상생활"의 중간 형태로 나타났다. 사실 이런 구축은 중국 고전의 미학과 내적으로 통하는 것이고, 특히 원시原始 도가道家 미학의 "거폐去蔽"란 발상과도 직결된다. 동시에, 이 책은 심미와 진리, 심미와 윤리 사이의 본연의 관계를 새롭게 밝혀냈다: 전통적인 "진리적합론"에서 진真은 미의 밖에서 거부되고, 심미와 진리의 상호확대는 미학관과 진리론의 원-원 관계를 형성하며, "미의 진리"는 "공감관"과 "해석학"의 통일을 이루고, 따라서 미는 "생활 진리의 직관적 현현显现"이 되었다. 미美와 선善은 근대의 "윤리자유관"에서 친화적 관계를 맺었고, 심미와 윤리가 통하는 곳에서는 "구체적인 자유"가 이루어지기 때문에 미학은 결국 "미래의 생활윤리학"이 되었다. 요컨대, 이 책이 궁극적으로 구축하고자 하는 것은 본토화된 "생활미학" 사상관념 체

---

99) 류웨디:《생활미학: 현대적 비판과 심미 정신의 재구축》, 안휘교육출판사, 2005.

계인데, 이러한 생활미학의 기본사상은 후에 전문 저서인 《생활미학과 예술경험: 심미는 생활, 예술은 경험이다》에서 체계화된 구조를 얻음으로써 상대적으로 엄격한 미학적 체계를 형성하게 되었다.

　서구 미학의 "생활론으로의 전향"을 보면 중국 학자들은 신·구 실용주의 미학의 두 가지 시각에 초점을 맞추는데 그 반대편에 칸트 미학이 있다. 따라서 칸트의 미학과 결별하고 심미적 비공리를 넘어서는 것은 당대 서구 미학의 일종의 공감대가 되었다. "생활론으로의 전향"을 이루기 위해 중서 학자들이 영감을 얻은 사상적 근거지가 된 듀이의 "구실용주의"는[100] 서구 학계에서 분석미학에 도전하는 무기가 되었다. 듀이의 미학은 "하나의 경험" 이론에서 출발해 예술과 일상 경험의 본연의 연관성을 회복하려는 시도를 통해 당대 미학에 새로운 계시를 주었기 때문이다. 게다가 유가 사상은 듀이 사상과 공통된 기반을 가지고 있으며, 특히 "인간의 생활"에 대한 관심 면에서 더욱 그러하다는 것을 깨달은 중국 학자도 있다. 미국의 "신실용주의미학"은 중국에서도 긍정적인 영향을 미쳤고, 아널드 벌린트는 듀이의 경험으로 되돌아간다는 사상에 따라 독특한 "심미 개입"이라는 관점을 제기하고, 리처드 슈스터먼은 듀이 사상을 그대로 계승해 고급 예술과 저급 예술의 차별을 없애려는 통속적 예술을 적극적으로 변호함으로써 "생활예술"의 새로운 관념을 규명하였는데 이 두 가지 사상은 모두 중국 학자들의 주목을 받았다. 후자의 기본 사상 취향을 중국 학자들은 "생활미학"으로 칭한다.

　중국 미학의 "생활론으로의 전향"을 보면 고전에서 당대까지 중국 미학은 "생활미학"의 시각에서 재조명된다는 것을 알 수가 있다. 중국 학자들은 먼저 전통 사상으로 되돌아가서 "생활미학"의 본토화 자원을 찾아 생활미학이 중국 고전미학의 "근본적 생성 패러다임"임을 인정했고, "유가儒家

---

100) 장바오구이张宝贵: 〈생활을 향하는 미학 - 20세기 서양미학의 주체적 흐름〉, 《강해학간江海学刊》, 2000, 제6기.

생활미학"과 "도가道家 생활미학"은 두 가지 기본 원색을 만들어 후에 일어난 "선종禪宗 생활미학"과 함께 중국 미학의 "삼원색三原色"을 구성했다. 그리고 역사적으로 공자와 노자라는 고전 미학의 창시자부터 중국 미학은 이미 생활미학의 길로 들어서고 있었다. 진정으로 중국 고전 미학의 유儒, 도道, 소騷, 석釋의 전통을 하나로 용해하는 사상의 대가는 왕푸즈王夫之이고 그는 중국 고전 미학의 집대성자로 여겨졌다.[101] "생활미학"의 시점에서 보면 중국의 고전적 생활미학은 "선진先秦 생활미학", "위진威晉 생활미학", "명청明淸 생활미학" 등 세 차례나 절정으로 치달았다.

류웨디와 자오챵趙强이 공저한 《무변풍월無邊風月: 중국고전생활미학》은 상하편으로 구성되어 있는데 상편은 "생활이 미가 된다: 유儒에 근거하고 도道에 의거하며 선禪宗으로 도망간다"이고, "공안악처孔颜乐处"에서 "유행지미儒行之美"까지, "어악지변鱼乐之辩"에서 "도화지미道化之美"까지, "일용선열日用禅悦"에서 "선오지미禅悟之美"까지 총 3장인데 주로 유儒, 도道, 선禪宗 삼가의 "생활미학사상"을 설명하였다. 하편은 "생활의 미화: 몸과 마음을 즐겁게悦身心하고 마음을 통하게会心意하며, 형체와 정신을 상쾌하게 畅形神한다"이고, "화도다예花道茶艺"에서 "거택지미居家之美"까지, "금기서석琴棋书石(악기, 장기, 서예, 돌)"에서 "감상의 미"까지, "아집지락雅集之乐(문인과 선비가 읊는 시문을 보면서 느낀 즐거움)"에서 "교유지미交游之美"까지, "필연지묵笔砚纸墨"에서 "문방지미文房之美"까지, "조경자연造景天然"에서 "전원지미园圃之美(전원의 미)"까지, "시정화의诗情画意(시적인 정취와 그림 같은 아름다움)"에서 "문인지미文人之美"까지, "산수천림山水泉林"에서 "유유지미优游之美(유유자적한 미)"까지 총 7장인데 이로써 "생활미학"의 고전적 면모를 일시에 드러내기 위하여 힘썼다. 류웨디의 《중국인의 "생활미학"》이라는 책은 중화서국에서 출판을 앞두고 있는데 이 책은 "생활미학"을 완

---

101) 류웨디: 《유도儒道 생활미학 - 중국고전미학의 원색과 바탕색》, 《문예쟁명文艺争鸣》, 2010, 제7기.

전한 구조로 구현하려는 시도이다. 구체적으로 변덕스러운 날씨의 "천지미天之美", 인간의 모습을 감상하는 "인지미人之美", 지연성있는 만물의 "지지미地之美", 음식맛을 감상하는 "식지미食之美", 사물을 한가하게 감상하는 "물지미物之美", 그윽하고 고상한 집에 사는 "거지미居之美", 산수를 유유자적하게 감상하는 "유지미游之美", 문인이 우아한 취미를 즐기는 "문지미文之美", 심신을 닦고 기기를 기르는 "덕지미德之美", 천명天命에 순응하고 도道를 닦는 "성지미性之美" 등으로 구성되어 있다. 중국생활미학의 열 가지 기본 지향점은 다음과 같다.

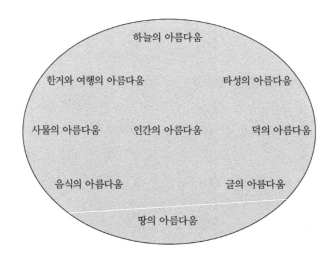

리슈젠李修建이 새로 낸 저서인 《풍상: 위진명사의 생활미학》은 《세설신어世說新語》를 중심으로 한 위진魏晉 관련 사료를 세밀하게 정리하며 형신形神, 복식服饰, 청담清谈, 음주饮酒, 약복용服药, 유예游艺, 시문诗文, 서화书画를 각기 다른 측면에 걸쳐 위진명사魏晉名士의 "생활미학"의 이모저모를 전체적으로 묘사하고 있다. 이는 중국 고전 생활미학 연구에 관한 첫 저서로 중국 고전 생활미학에 관한 깊은 연구를 시작을 알렸다.[102] 이 책은 위

102) 리슈젠: 《풍상: 위진명사의 생활미학风尚: 魏晋名士的生活美学》, 인민출판사, 2010.

진 명사의 심미적 기풍을 문화사의 큰 배경과 일상의 상황에 넣어 고찰하여 새로운 결론을 내렸다(예를 들어, 위진 명사의 낙낙한 복장은 유가의 복장 전통에서 비롯됐고, 도연명의 국화채취는 양생의 목적을 지녔고, 진晉인이 학好鶴을 좋아한 이유는 현실적인 효용이 있다는 것 등). 이 책은 또 위진 시대의 주요 세족 및 주요 명사, 청담 명사, 약복용명사 등에 관한 사료를 분류해 정리했다. 역사적 거시적 시점으로 사士와 명사名士의 내포 그리고 관련된 모든 생활풍토의 기원과 변화를 따져보고, 그 안에 내포되어 있는 세밀한 심미 취향과 문화정신을 탐구해 역사의 깊이와 두께를 보여주는 것이 특징이다.

자오창의 저서《물物의 굴기崛起: 전前 현대 말기 중국 심미풍상의 변천》은 명나라 말기의 "생활미학"을 어떻게 써야 할지라는 질문에 단도직입적으로 답하였다. 이 전문 저서는 오늘날 중국 고전 "생활미학" 연구에 있어서 어떤 시범적인 의의를 지닌 최신의 역작이라고 할 수 있다. 명나라 말기의 두드러진 사회증후군, 즉 "물"의 굴기에 초점을 맞춰 학과 교차의 연구방법을 채택하여 전반적 시야에서 전현대말기 중국 사회생활, 문예활동, 심미풍상의 기본적인 역사적 특징을 보여주었고, 전현대말기 중국사회 심미문화의 변천과정을 심도있게 검토하였으며, 아울러 현재 사회생활, 문화예술분야에서 두드러진 중요한 문제에 대해 이론적으로 응답하였다. 이 책은 "물의 굴기"와 "생활미학"의 발흥이 전근대 말기 중국 사회의 구조적 변천에 무시할 수 없는 추동 작용을 했으며, 심미, 정신적 생활의 세속화와 일상화는 전현대 중국 문명 발전의 필연이자 문화, 예술이 지나칠 수 없는 역사적 단계라고 제시했다.[103]

최근 몇 년 동안 중국의 고전 생활미학 연구는 여러 방향으로 확대되기 시작했다. 어떤 저작은 비교적 종합적이며, 물질에서 정신까지 고대 "생활미학"의 면면을 다루지만, 더욱 많은 성과는 어느 왕조에 편중되어 있는데, 위진과 명청의 생활미학은 학계 연구의 중심을 차지하고 있다. 야오원팡姚

---

103) 자오창:《물物의 굴기: 전前 현대 말기 중국 심미풍상의 변천》, 상무인서관, 2016.

文放의《타이저우泰州 학파 미학 사상사》(사회과학 문헌 출판사, 2008)도 타이저우泰州 학파가 제창한 생활화 미학 문제에 초점을 맞추고 있으며, 장웨이자오张维昭의《패리悖离와 회귀: 명나라 말기 사인士人의 미학적 태도의 현대적 관조》(봉황출판사, 2009)도 명대의 생활미학을 풍부하게 연구했으며, 쩡팅팅曾婷婷의《명나라 말기 문인 일상생활미학관념 연구》(기남대학교출판사, 2017) 역시 문인의 생활미학에 초점을 맞추고 있으며, 류위메이劉玉梅의《이어李漁생활심미사상연구》(중국사회과학출판사, 2017)는 이어를 생활미학자로 명확히 규정하고 있다. 뿐만 아니라 문진형文震亨의《장물지长物志》, 원홍도袁宏道의《병사瓶史》등의 텍스트, 술, 차 등에 대한 연구도 나왔다. 이 책들은 생활미학의 각 실천적 측면에 대한 정리와 표현에 집중하거나, 생활미학의 관념이나 범주에 대한 규명에 집중하여 자료가 풍부하고 역사 속 깊은 곳에도 들어갈 수 있는 이론적 성격이 강하다.

　사료의 체계적인 정리와 심층적인 연구를 통해 근현대의 "생활미학" 연구가 학자들의 시야에 들어오고, "일상생활의 심미화"를 주제로 한 당대 생활미학이 관심을 끌며, 이를 문화연구, 시각연구, 문화비평과 결합시켰다. 어느 논자는 중국에서 세 가지 생활미학의 전통을 분석하였다. 첫 번째는 전종법사회前宗法社會에 근거해 당대에 남아 있는, 전통생활과 문화를 추억하고 이용하는 미학, 두 번째는 100년 현대 중국 민중혁명 투쟁에 기초한 혁명생활 미학, 세 번째는 당대 세계자본주의 전반의 환경에 기초해 중국에서 급속히 발달한, 생산과 소비에 기초한 "경험적 생활"과 그 생활의 미학이다.[104] 이 세 가지 생활미학의 전통은 모두 현실과 가까워지기 위해 노력하고, 생활에 발맞추고, 각자의 현실성을 가지고 있기 때문에 이 시대에도 공존하고 있다. 더 직접적으로 중화인민공화국이 수립된 이후의 세 가지 생활미학을 "정치생활미학, '엘리트생활미학", "일상생활미학"이라고 부르기도 한다. 이처럼 "일상생활미학"은 당대 중국 "생활 미학" 연구의

---

104) 천쉐후陈雪虎:〈생활미학: 3가지 전통 및 당대의 회통会通〉,《예술평론》, 2010, 제10기.

한 측면, 즉 당대 문화의 한 부분일 뿐이며, "생활 미학"은 좀 더 넓은 영역과 대상을 가졌어야 했기에 고대 전통에서 당대 문화로까지 그 범위를 넓혀가고 있다.

"일상생활미학"의 가치관도 논란거리다. 왕더성王德胜은 "일상생활미학"의 이론적 핵심이었던 "신감성 가치의 본체"가 인식론적 인식의 범주가 아니라 당대의 생존 현실에서 이성일원주도론理性一元主导论에 저항하는 미학적 범주이며, 현실 지향적 해석 속에서 스스로 확립된 당대 생활의 존재 범주라고 제시했다. 일상생활의 미적 결여는 발생과 만족을 위한 실생활의 감성적 의의에서 결정되는데, 이는 일상생활의 현실 속 인간의 감정적 생활감정, 생활의 이익의 충족이 내재된 자연적 합법성, 당대일상생활과 감성 사이의 동질화된 관계를 제시함으로써 인간의 생활행동의 감성적 실재성을 부각시키는 것이다.[105] 이런 관점은 많은 논자들의 반대와 비평을 받았다. 감성적 가치도 본체로 존재할 수 없고, 자체가 다양한 일상생활도 감성 일원론으로 바꾸어서는 안 된다고 지적하였다. 왕췌王确가 공정하게 지적했듯이, "생활미학"을 다시 언급하는 것은 경전미학의 모든 노력을 뒤집으려는 것이 아니라 본래의 넓은 시야로 미학을 되돌려 놓으려는 것이며, "생활미학"을 검토하는 것은 현대문화사에 의해 예술로 명명된 것들을 미학의 영역에서 제거하는 것이 아니라 미학에 대한 자율예술의 독점와 통제를 탈피하고 예술과 생활의 정서적 경험을 미학의 세계로 끌어들이려는 것이다. "생활 미학"은 생활을 가까이하고 존중하기 위함이고, 생활의 본래 미적 품질을 인정함을 확인하고자 한 것이다.[106]

"생활미학"에서 달라진 것은 전통적인 "심미관"뿐 아니라 옛 "생활관"도 있다. 생활미학이 곧 "일상생활미학"과 같다는 오해가 있다. 일상생활미

---

105) 왕더성: 〈감성적 의미로의 회귀〉, 《문예쟁명》, 2010, 제3기.
106) 왕췌王确: 〈찻집, 권업회劝业会와 공원 - 중국근현대생활미학 중의 하나〉, 《문예쟁명》, 2010, 제7기.

학이 새롭게 떠오르는 것은 사실이며 당대의 "일상생활심미화"를 직면하여 생긴 것이며 대중문화의 패러다임 전환에 방점을 찍은 "시각 이미지"와 감각적이고 유쾌함으로 회귀하는 "본능 방출"이 논란이 되고 있다. 그러나 "생활미학"은 생활미화美化와 직결되어 있지만, 현대 문화의 "일상의 심미화"와 현대 예술의 "일상생활화"는 생활미학에 있어서 배경일 뿐이다. "생활미학"은 문화연구와 문화사회학적 의미보다는 철학적 이론의 미학으로 재구성됐다. 생활미학은 "민생民生"의 미학이지만 대중문화만의 통속미학이 아니고 일상생활미학은 대중생활심미화의 "합법성"만을 논증하는 미학이 되고 있다는 뜻이다. 이론적으로는 미감을 쾌감에 비유해 야비한 "일상경험주의"로 흐를 수 있다. 그래서 "생활미학"은 "일상생활미학"을 포함한다거나, "일상생활미학"은 "생활미학"의 유기적인 구성 부분 또는 당대 문화 형태일 뿐이라고 한다.

중국에 "생활미학"이 등장하자 "생존론으로의 전향"에 이은 "후실천미학"의 도전에 직면했다. 현재 중국 미학계에서 "일상생활미학"과 "초월적 미학" 사이에는 일종의 내재된 장력과 충돌이 실제로 형성되어 있는데, 이는 특히 현재 후실천미학론자가 견지하고 있는 "초월론" 입장과 일상생활미학론자들이 주장하는 "감성론" 입장의 직접적인 대립이 두드러졌다. 2009년 7월 14일《광명일보》의 "미학과 일상생활" 필담에 따르면 "일상생활의 현대화는 대중문화의 번영을 가져왔다. 이 사회문화적 현상을 어떻게 볼 것인가를 놓고 학자들은 서로 다른 미학적 입장을 형성하면서 "초월적 미학"과 "일상생활미학"이라는 두 가지 미학적 체계를 갖게 되었다고 하였다. "일상생활미학"은 미학이 감성학으로 되돌아가서 인간의 세속적 행복에 봉사해야 한다고 주장하고, "초월적 미학"에서는 미학은 소비주의 문화를 비판하며, 심미의 초월적 품격을 유지하고, 인간의 정신적 자유에 봉사해야 한다고 주장한다. 두 가지 미학 체계는 현대의 일상생활에 뿌리를 두고, 또 외국 모더니즘, 포스트 모더니즘의 사상 자원을 받아들여, 중국 현대 미학 건설의 새로운 진전을 상징하고 있다"[107]라는 묘사는 비교적 객관적이었다.

그러나 동시에 "실천존재론"의 미학은 미학의 "생활론으로의 전향"에 전적으로 동조하는 것으로, 이러한 미학이 제시한 본래 취지는 미학을 순수이론의 울타리에서 건져내 현실의 생활으로 되돌리려는 것으로 마르크스의 실천관과 결합된 존재론적 사상이 직접적인 근거로 인정되고 있다. 주리위안은 마르크스의 "현실 생활"의 개념을 되짚어 설명했는데, 이 개념은 관념과 의식에 맞서는 "사람의 모든 사회 생활 활동"인 물질 실천과 기타 생활 실천을 의미하며, 실천의 기초가 되는 물질 생산 활동뿐만 아니라 사람들의 사회 교류와 각종 사회 활동, 각종 정신적 생산 활동(예술과 심미 활동이 그 안에 있음) 및 기타 일상생활 활동도 포함한다고 주장한다.[108] "실천존재론" 미학은 미학을 인간의 현실 생활로 돌려놓고 현실 생활과 동떨어진 고도의 강론과 추상적 시스템 대신 무한하고 다채로운 인생의 실천으로 돌려놓는 것이다. 이처럼 미학을 생활세계로 끌어들여 고찰한다면 "실천존재론"도 이에 동조하는 것이고, 이는 실천미학의 태동 시절의 사상도 "미는 생활이다"라는 관념에 동조하는 것과 같다. 그러나 어디까지나 "실천론미학", "생존론미학"과 "생활론미학"이 공생하는 복잡한 관계를 형성하면서 당대 중국 미학이 건강하게 발전하는 다원적 구도를 형성했다.

생활미학을 "환경미학"의 지류로 할 것인지, 아니면 "생활미'"의 지류로 삼을 것인지 역시 "생활미학"에 대한 이해가 걸려 있다. 당대 구미 환경미학자들은 생활미학을 환경미학의 당대 발전의 일환으로 더 많이 생각했다. 여기서 문제가 되는 것은 바로 생활이 환경 속에서 뻗어 나가는 것인가, 아니면 환경이 생활을 중심으로 이루어지는 것인가 하는 문제이다. 환경주의론자들의 시각에 따르면 환경이 주체를 둘러싸고 생성됐다고 인정한다면 그 사상 자체가 "인간중심주의"라는 의미를 내포하고 있다고 본다. 그

---

107) 〈"미학과 일상생활" 필담(편집자의 말)〉, 《광명일보》, 2009.7.14.
108) 주리위안: 〈늘 푸른 생활 나무에 주목하라〉, 《문예쟁명》, 2010, 제7기.

러나 환경은 인간에게만 해당되는 것이지 인간이 없으면 환경은 존재할 수 없을지도 모른다. 환경은 항상 "인간에 속하는 환경"이며, 환경과 생활 자체가 불가분의 상호작용의 관계이며, 환경은 더욱 "생활화"된 환경이라고 보아야 한다고 말할 수 있다. 살아있는 "인간"과 그의 생활 환경의 상호작용은 바로 "환경미학"이 "생활미학"에 녹아들 수밖에 없는 길이기도 하다. 쩡판런曾繁仁에 의하면 "미학이 생활로 가는 것"의 중요한 방향이 본토화된 생태미학 시스템에 들어가면 도시미학이 가장 먼저 등장하고, 중국 특색의 도시미학의 핵심 개념은 "유기생성론"이라고 한다. 이런 동방적인 "유기생성론"의 도시미학은 생태미학의 필연적인 구성요소이자 생태미학의 중요한 실천분야 중 하나다.[109)

국제 미학의 전체 흐름을 보면 "당대예술철학", "당대환경미학"과 "당대생활미학"은 여전히 국내외 미학자들이 집중 조명한 미학적 성장 포인트가 되고 있다. 당대의 예술, 환경, 생활에 대한 미학 연구가 국제 미학 발전의 최신 주조가 됐다는 의미다. 류웨디의 《미학사 분석》의 결말에서 보듯이 "경험으로 돌아가라", "자연으로 돌아가라"와 "생활로 돌아가라"는 당대 국제미학 발전의 세 가지 새로운 방향으로서 중국 본토에서 "생활미학"의 구조는 국제미학과 어깨를 나란히 하는 중국 미학의 새로운 형태이다. 다시 말하자면 생활미학의 구축이 중국에서 본토의 전통에 깊이 뿌리내린 미학의 새로운 구축으로 그가 대표하는 "신세기 중국 문예학 미학의 생활론으로의 전향"은 바로 당대 중국 미학이 1980년대 "실천론으로의 전향"을 거치고 1990년대 "생존론으로의 전향"을 거쳐서 발생한 중요한 또 다른 사상적 전향이다. "미美의 본질"을 집중 탐구하던 중국의 미학사상이 50년대부터 본격화되고 이른바 "본체론 시대"로 바뀐 것은 주로 90년대에 시작됐고, 새로운 세기에 들어서야 "생활론으로의 전향"의 새로운 시각이 수용됐다.

---

109) 쩡판런曾繁仁: 〈미학은 생활로 간다: "유기생성론" 도시미학〉, 《문예쟁명》, 2010, 제11기.

2017년부터 《인민일보》가 "미는 생활에 있다"라는 칼럼을 개설해 지금까지 차, 술, 부채, 화예, 음식, 장인, 고상한 놀이, 서재, 장서藏书, 가구, 녹식绿植, 봄나들이, 피서, 목욕, 몽상梦象, 반농반독半耕半读 각 분야에 관한 30여 편의 글을 실었다. 2019년에 그 중의 25편을 책으로 만들어 출판하였다.[110] 2017년 10월 복단대학교 중문학과가 창립 100주년을 맞아 개최한 "'생활미학' 학술세미나"에는 국내외 미학계 학자 40여 명이 참석해 토론했는데, "생활미학"이라는 개념 자체에 대한 이해와 생활 속 수많은 구체적 미적 현상에 대한 분석, "생활미학"은 동서양의 사상자원을 비판하면서 계승해야 한다고 주장하고 "생활미학"의 미래 실천 방향에 대한 많은 지적 시도가 이뤄졌다.

이제 "생활미학"은 아시아를 넘어 세계 미학의 무대로 나아가고 있다. 2012년 중국에서 국제미학회의인 "생활미학: 동방과 서양의 대화"를 개최해 국제적으로 중요한 미학자인 스티븐 데이비스, 앨런 칼슨, 아놀드 베를리언트, 수잔 페이겐, 메리 와이즈먼 등을 초청하여 "생활미학"이라는 글로벌 미학의 최신 프런티어 문제를 함께 논의하였다. 이 회의의 중요한 성과는 류웨디가 국제미학협회 전 회장인 커티스 카터를 초청해 영문집인 《생활미학: 동방과 서양Aesthetics of Everyday Life: East and West》을 공동 편집하였다는 것이다.[111] 4년정도의 시간이 흐른 후 이 책은 2014년 케임브리지 스콜라 출판사가 출간한 뒤 스탠퍼드 철학 백과의 "생활미학Aesthetics of Everyday Life"과 "환경미학Environmental Aesthetics"이라는 두 가지 표어로 실렸다.[112] 그리고 이 두 단어는 바로 미학에서 새롭게 추가된 두 개의 단

---

110) 류웨디: 《동방생활미학》, 인민출판사, 2019.

111) Liu Yuedi and Curtis L. Carter eds., *Aesthetics of Everyday Life: East and West*, Newcastle upon Tyne: Cambridge Scholars Publishing, 2014, pp.14-26, 165-172, 173-180.

112) Yuriko Saito *"Aesthetics of the Everyday"*, https://plato.stanford.edu/entries/aesthetics-of-everyday/ ; Allen Carlson, "Environmental Aesthetics", https://plato.stanford.edu

어인데, "생활미학"이 최전방의 국제 미학의 신생점이기 때문이다. 오늘날 "생활미학"이 "글로벌 미학으로의 새로운 구축"의 중요한 경로가 된 것은 "예술의 자율화antonomy of art"와 "심미무공리aesthetic disinterestedness"의 전통관념에 맞설 수 있을 뿐만 아니라 본토의 뿌리 깊은 곳을 중국 미학의 기반으로 할 수 있기 때문이다.

동서양 미학은 21세기 이후 최신 트렌드로, 미학은 생활로 나아가 미학적 존재방법론의 다원적 변화를 추구하는 방향을 제시함으로써 예술을 기반으로 하는 구미 주류 미학을 반대해 왔다. 이러한 글로벌 미학의 문화적 다양성은 동서양 미학 간 협력의 토대를 마련해 주고 있다. "후분석미학"이 예술을 연구의 핵심으로 삼았던 쇠퇴의 전통에서 벗어나 생활미학 Aesthetics of Everyday Life이라는 새로운 유행이 시작됐고 "생활 세계로의 회귀"이라는 미학이 중국에서도 흥미를 불러일으키고 있는데 필자는 이를 삶의 미학Aesthetics of Living이라고 부르고 오늘날 서구의 미학적 형태와 구별한다. 이는 《생활미학: 동방과 서양》의 영어문집에 잘 나타나 있다: 중국 학자들이 생활미학을 말할 때 통일적으로 사용하는 용어가 삶의 미학인데 구체적으로 류웨디의 《문화상호주의로의 전향시점에서의 "생활미학"》*"Living Aesthetics" from the Perspective of the Intercultural Turn*》, 대만지역학자인 판판潘幡의 《전통 중국문인 생활미학의 현대성 문제*The Modern Issue of the Living Aesthetics of Traditional Chinese Scholars*》, 왕췌王确의 《미학의 중국에서의 전향과 생활미학의 새로운 패러다임*The Transition of Aesthetics in China and a New Paradigm of Living Aesthetics*》 등의 글들이다.[113] 이 문집에서 서양 학자 9명과 동방 학자 4명은 생활미학문제에 대해 이론의 규명, 탐구, 교전을 진행하였다. 이 중 동방 학자들은 중국이나 일본

/entries/environmental-aesthetics/.

113) Liu Yuedi and Curtis L. Carter eds., *Aesthetics of Everyday Life: East and West*, Newcastle upon Tyne: Cambridge Scholars Publishing, 2014, pp. 14-26, 165-172, 173-180.

의 전통미학이 "생활미학"의 "최초의 상태"라고 지적하였다. 류웨디가 이 책의 머리말 부분에서 지적했듯이 이 책은 오늘날 글로벌 미학의 핵심, 즉 동서양 문화에서의 일상생활이라는 새로운 관심사에 초점을 맞추고 있으며, 이는 동서양 학술의 협력과 당대 서양과 중국 미학의 재정립에 관한 문제이다.[114] 이 책은 기존의 서구 생활미학 전문 저서와는 달리 동서양의 문화대화에 생활미학을 접목해 "글로벌"한 생활미학의 새로운 형태를 융합하려는 시도를 하였다.

이른바 "생활미학"이나 "생활론으로의 전향"은 "생활세계"와 "심미활동"을 소통시키거나 동일화하려는 노력으로 해석하는 학자들이 많다. 생활미학은 미학을 생활로 돌려세우고, 생활세계의 "심미적 가치"를 발굴하며, 현실생활 경험의 "심미적 품격"을 지향하고, 당대인의 "인생의 행복"을 증진시키는 데 매우 중요한 미학의 새로운 돌파구로 여겨진다. "새 세기 들어 생활론으로의 전향은 문예학 미학의 중요한 화두가 되기 시작했는데 "일상생활 심미화"로 출발했고, "생활미학"이 그 뒤를 이었다"[115]고 할 수 있다. "생활 본체론적 의미의 '생활 미학'이 실효를 거두기 위해서는 현실 생활 세계에서의 심미 현상, 활동에 대한 체계적 전개, 심층적인 연구 등이 필요하다"는 의문 섞인 목소리도 나오기 시작했다.[116] 그러나 아무래도 중국에선 "미학 본체론"의 역사 논리의 전환이 점차 진행될 때 "실천론", "생존론"에서 "생활론"으로 철학적 토대가 근본적으로 바뀌는 것을 볼 수 있다. 리쩌허우가 실천미학의 "인류학 역사본체"를 다지고, 대다수론자가 직접 "실천본체론"을 내세우고 있다면, 후실천미학론자들이 집요하게 구축하려던 것은 일종의 "생존론본체"이고, 최초로 나타난 "생활미학"은 사실상

114) Ibid, pp.vii-viii.
115) 북경사범대학교 문예학연구센터:《문예학신주간제89기·미학연구의 생활론으로의 전향》머리말.
116) 쉐푸싱薛富兴:〈생활미학이 직면하는 문제와 도전〉,《예술평론》, 2010, 제10기.

"생활본체론"으로 가고 있는 것이다.

한마디로 "실천론미학", "생존론미학"에서 "생활론미학"으로 당대 중국 미학의 "본체의 변화"를 구성한 것이다.[117)]

---

117) 2019년 통계에 따르면 바이두에서 "실천미학" 관련 검색을 한 결과 2,170,000개, "생명의 미학"과 "생존미학" 관련해서는 2,610,000개와 65,000개, "생활미학" 관련해서는 11,800,000개가 나왔다고 한다.

제4장

"미학원리" 작성의
기본 유형

당대 중국의 미학 원리 연구는 크게 3단계로 나눌 수 있다. 1950~60년대의 미학 대토론이 1단계로 처음으로 미학 열풍이 불었다. 이 미학 열풍은 "지식인의 개조"라는 배경과 전제를 깔고, 정치적 목적이 뚜렷하며, 이데올로기의 냄새가 짙었다. 인식론적 관점에서 미의 본질을 탐구하는 것은 이 미학열의 중점으로 미적 감각, 자연미 등의 영역을 겸하고 있다; 1970년대 말부터 80년대 말까지를 2단계로 하여 제2의 미학열이 일었고, 리쩌허우李澤厚로 대표되는 실천미학이 미학 원리의 주도적 이론이 되었다; 1990년대 이후 지금까지를 3단계로 하여 미학 연구의 열기가 가라앉자, 실천 미학이 의문시되기도 하고 어떤 학자들은 실천미학에 기초하여 이론의 발전을 진행하여, "신실천미학", "조화미학" 등의 이론을 제기하였다. "생명미학", "초월미학" 등 새로운 미학 이론을 만들어 실천하는 학자도 있다.

　　체계적인 미학 원리 저서는 첫 단계에서 만들어졌지만, 문화대혁명 이후에야 출판되었다. 예를 들어, 왕차오원王朝闻이 주필한 《미학개론》은 1961년에 이미 집필팀을 구성했다. 차이-이蔡仪가 주필한 《미학원리》는 1985년에야 출판됐다. 1980년대 이후 미학 원리를 다룬 저서가 부쩍 많아졌는데, 조금만 통계를 내도 엄청난 양의 책이 발견될 정도로 놀라운 양이다. 1920~1940년대에 유행한 개론 유형의 미학 저서는 20여 건인 것으로 잠정 집계됐다.[1] 1980~2002년 사이 중국의 미학 원리 저서는 241부나 나왔다.[2] 연평균 10여 권이다. 2003년부터 지금까지 이 생산성을 유지하고 있으며,

어떤 해에는 20권까지 출간하기도 한다. 먼저 국내 몇몇 메이저 출판사에서 출간한 미학 원리 책을 살펴보겠다:

인민 출판사:

- 왕차오원王朝闻 주필:《미학개론》, 1981, 2005.
- 왕차오원王朝闻:《심미담》, 1984.
- 예슈산叶秀山:《미의 철학》, 1991.
- 천왕형陈望衡:《당대미학원리》, 2003.
- 양언환杨恩寰 주필:《미학인론》, 2005 개정판.
- 펑푸춘彭富春:《철학미학도론》, 2005.
- 장위넝张玉能 등:《신실천미학론》, 2007.
- 펑푸춘彭富春:《미학원리》, 2011.
- 판즈창潘知常:《미란 없어서는 절대로 안 되는 것이다: 미학도론》, 2012.

고등교육출판사:

- 처우춘린仇春霖 주필:《간명미학원리》, 1987.
- 후롄위안胡连元:《미학개념》, 1988.
- 차오팅화曹廷华 주필:《미학과 미육》, 1997.
- 주리위안朱立元:《미학》, 2001 제1판, 2006 제2판.
- 왕제王杰 주필:《미학》, 2001 제1판, 2008 제2판.
- 샤오잉肖鹰:《미학과 예술감상》, 2004.
- 양춘스杨春时:《미학》, 2004.
- 왕이취안王一川 주필:《대학미학》, 2007.
- 옌샹린颜翔林:《당대미학교과과정》, 2008.
- 미학적 원리 편집팀:《미학원리》, 2015 제1판, 2018 제2판.

---

1) 루신汝信·왕더성王德胜:《미학의 역사: 20세기 중국미학학술의 발전 과정》, 안휘교육 출판사, 2000, p.123.
2) 류산핑刘三平:《미학의 서글픔 - 중국미학원리의 회고와 전망》, 중국사회과학출판사, 2007, p.13.

북경대학 출판사:

- 문예미학 총서 편집위원회:《미학가이드》, 1982.
- 양신楊辛·간린甘霖:《미학원리》, 1983, 2001, 2003 신판.
- 양신楊辛·간린甘霖:《미학원리신편》, 1996.
- 예랑叶朗 주필:《현대미학체계》, 1988, 1999 신판.
- 양신楊辛·간린甘霖:《미학원리강요》, 1989.
- 후자샹胡家祥:《심미학》, 2001, 2010 신판.
- 동쉐원董学文 주필:《미학개론》, 2003.
- 링지야오凌继尧:《미학15강》, 2003.
- 주즈룽朱志荣:《중국심미이론》, 2005.
- 츠밍주迟明珠 등:《미학과 예술감상》, 2007.
- 저우셴周宪:《미학이란 무엇인가》, 2002, 2008 신판.
- 예랑叶朗:《미학원리》, 2009.
- 예랑叶朗:《미학원리》, 2009, 2018 신판.
- 뤄진팡骆锦芳, 리젠푸李健夫:《미학원리교과과정》, 2012.

중국인민대학출판사:

- 쟝페이쿤蒋培坤:《심미활동논강》, 1988.
- 중궈샤仲国霞 주필:《미학실용교과과정》, 1989.
- 쓰유룬司有仑 주필:《신편 미학교과과정》, 1993.
- 장파张法:《미학도론》, 1999, 제1판, 2005 제2판.
- 뉴홍바오牛宏宝:《미학개론》, 2003, 2005, 2007 신판.
- 장파张法·왕쉬샤오王旭晓 주필:《미학원리》, 2005.
- 리젠성李建盛:《미학: 왜 그런가와 무엇인가》, 2008.
- 왕이취안王一川:《미학원리》, 2015.

상해인민출판사:

- 류수청刘叔成 등:《미학 기본 원리》, 1984 제1판, 1987 제2판, 2001 제3

218

판, 2010 제4판.
- 왕쉬샤오/왕쉬샤오王旭晓《미학원리》, 2000.
- 링지야오凌继尧, 장옌张燕 주필:《미학과 예술감상》, 2001.
- 차오쥔펑曹俊峰:《원미학도론》, 2001.
- 옌샹린颜翔林:《의심론미학》, 2004.

왜 미학 원리 저서가 쏟아질까, 미학 연구가 일찍부터 냉랭해진 오늘날에도? 몇 가지 이유가 있을지도 모른다. 첫째, 대중적 기반이다. 두 차례의 열풍을 겪은 후, 미학은 광범위한 대중적 기반을 갖추게 되었고 많은 미학 애호가들을 양성하였다. 둘째, 행정력이다. 비록 "미"의 교육 방침의 지위는 항상 어두워 보일지라도, 덕德, 지智, 체体와 나란히 갈 수는 없지만 대학교는 일반적으로 미육美育 또는 미학을 선택 과목 혹은 통학 교육 과정으로 시행하고 있으며, 미학은 일부 문과 학과(중국어, 예술, 철학 등) 및 신체 관련 학과(관광, 의학, 체육 등)의 필수 과목이다. 셋째, 시장의 지향이다. 미학이 대학교에서 필수 혹은 선택 과목으로 채택되어 있기 때문에 미학 교재는 어느 정도의 시장성을 가지게 되었고, 경제적인 측면에 근거하여 출판사는 미학 원리 관련 교재를 기꺼이 출판할 수 있게 되었다. 넷째, 학과의 특성이다. 미학은 감성학으로 예술, 심미, 신체, 일상과 직결되어 있어 사람들의 관심을 더 끌 수 있다.

그러나 논쟁의 여지가 없으면서도 한 가지 아쉬운 사실은 출판물 수가 연구 수준에 비례하지 않고 조잡하게 만들어진 수준 낮은 중복 저서가 넘쳐난다는 점이다. 따라서 우리는 당대 중국 미학 원리 연구의 개관에 관한 대표적인 우수한 저서를 골라 논술함으로써 60여 년 동안의 중국 미학 원리의 발전 상황을 구현할 수 있을 뿐이다.

제1절 유물주의의 반영론 미학

차이-이蔡仪(1906-1992)는 가장 활동적인 미학자 중 한 명으로 꼽힌다. 일본 유학시절에 마르크스주의를 받아들였고, 마르크스주의 문예관의 지도 아래 《신예술론》(1942), 《신미학》(1947) 등의 저서를 썼다. 1950년대 미학 대토론에서 그는 미의 객관설을 주장하여 스스로 일가를 이루었고, 주광첸으로 대표되는 주객관 통일파, 리쩌허우로 대표되는 객관파와 사회파, 뤼잉呂荧, 가오얼타이高尔泰로 대표되는 주관파와 반복하여 변론하였다. 사면팔방에서 온 비판을 직면하면서도 한결같이학술에 대한 견지를 보여줬다. 1978년 들어서도 그는 《미학원리》, 《문학개론》을 집필하고 《신미학》을 개작해 《미학논총》(중국사회과학출판사, 총11집), 《미학평림》(산동인민출판사, 총7집), 《미학강단》(광서인민출판사, 총2집), "미학 지식 총서"(10집, 이강출판사, 1984) 등을 집필하며 왕성한 학문 활동을 해왔다.

차이-이의 학술 저서를 보면 그의 미학관이 끝까지 이어져온 셈인데, 차이-이가 주필하고 투우성涂武生, 양한츠杨汉池, 두수잉杜书瀛, 왕산중王善忠 등이 함께 참여한 《미학원리》(1985)는 1983년 전국 철학사회과학 "65" 프로젝트의 중점 연구 프로젝트로 선정됐다. 이 책의 요지는 1980년 하반기에 쓰였고 《미학논총》 4집에 발표됐으며 1982년에는 광서인민출판사와 이강출판사에서 따로 출판하게 됐다. 《미학 원리》의 저자 몇 분은 모두 중국 사회과학원 문학연구소에 취직하였다. 투우성과 왕산중 두 사람은 모스크바 대학에서 철학과 미학을 전공하여, 정통적인 마르크스주의 미학의 교육을 받았다. 이 책은 비록 집단의 성과이기는 하지만, 차이-이의 미학사상을 기본적으로 관철시켰다는 것도 사실이다.

1. 이론 기초와 전체 프레임

차이-이는 일본 유학 시절에 이미 마르크스주의와 문예이론을 접했다.

그는《자서》에서 "1933년 일본어로 처음 출간된 마르크스, 엥겔스의 문학예술에 관한 문헌, 그중에서 사실주의와 전형적인 이론의 원칙은 문예이론에 대한 흐리멍덩한 모색 속에서 한 줄기 빛으로 작용했고, 바로 이 빛의 안내를 통해 나는 장기적으로 전진하는 길을 걷게 되었다"[3]라고 밝혔다.

현실주의와 전형은 모두 문예 창작의 방법론과 관련되어 있고, 또 인식론 문제와도 관련이 있다. 인식론은 마르크스주의 철학의 주요 문제로 간주되며, 레닌은 이 문제를 변증유물주의 인식론으로 요약한다. 이런 의미에서 차이-이는 마르크스주의를 지도로 하며, 다시 말해 마르크스주의 인식론을 이론의 기초로 한다. 차이-이의 저술을 보면, 그의 미학 이론의 기초는 유물론적 반영론으로 일관하고 있는데,《미학원리》의 집필설명서에서 "우리는 유물주의 인식론 원칙에 따르려고 노력한다"라고 밝힌 것도, 그가 강연 제목을 〈미학 이론의 기초는 인식론이며, 우선은 반영론 문제이다〉[4]로 바꾼 사실도 이를 설명할 수가 있다.

유물주의 반영론의 기본 사상은 존재가 첫째이고 의식이 둘째이고 존재가 의식을 결정하고 의식이 또 다시 존재에 반작용한다는 것이다.《미학원리》는 유물주의 반영론의 논리적 프레임을 체계적으로 잘 관철하고 있다. 이 책은 미학의 연구범위에 세 가지 큰 부분이 포함된다고 생각한다. 즉미의 존재인 현실적 미, 미적 인식인 미적 감각, 미의 창조인 예술미이다. 특히《신미학》4장 "미의 종류론"에서 차이-이는 자연미, 사회미, 예술미로미를 구분했는데, 이는 후대의 많은 미학 원리 저서들에 받아들여진 분류방식이다. 그러나《미학원리》는 자연미와 사회미를 합치는 현실미를 첫 장에 두고 예술미를 미의 창조로 분석하는 등의 유물주의 반영론의 이론적토대가 더욱 돋보인다. 즉, 현실 속에 미가 존재해야 미를 인식하고, 나아가미를 창조할 수 있다는 것이다. 이 세 부분은 층층이 점진적이고 논리가

---

3) 차이-이: 〈신미학〉,《미학논저초편》(상), 상해문예출판사, 1982, p.4.
4) 차이-이:《차이-이미학강연집》, 장강문예출판사, 1985, p.65.

분명하다: "현실미는 미적 감각의 바탕이자 예술미의 원천이다. 미의 인식은 미의 존재의 반영일 수밖에 없고, 객관적 현실의 미가 인간의 감각과 의식의 심리나 정신에 작용하는 활동이다. 예술미는 현실미의 반영이자 표현으로 현실 속에 존재하는 미에서 유래한다. 따라서 현실적인 미의 본질과 법칙을 먼저 알아야 미적 감각과 예술과의 관계를 명확히 할 수 있고, 미적 인식과 미적 창조의 근원을 파악할 수 있다."[5] 책은 모두 9장으로 구성되어 있는데, 1, 2장은 현실미를 연구하고 3, 4장은 미의 인식이 곧 미적 감각임을 검토하고 5장부터 8장까지 미의 창조, 즉 예술미를 분석한다. 앞의 8장은 책의 중요한 부분을 구성하고 9장에서는 미육美育을 분석하였다.

2. 현실미

당대 중국의 미학원리를 검토할 때 소련 미학의 영향을 빼놓을 수 없다. 1950~60년대 두 나라 미학연구의 양상을 비교해 보면 두 나라의 유사성은 놀라울 따름이다. 소련 역시 이 시기에 미의 본질에 대한 미학 대토론을 일으켜 "자연파"와 "사회파" 두 파벌을 형성했다. "자연파"의 시각은 차이-이의 주장과 비슷했고, "사회파"의 시각은 리쩌허우가 제기한 객관성과 사회성의 통일과 같았다. 어찌 이처럼 닮았을까? 소련이라는 만형이 중국에 미치는 영향도 무시할 수 없거니와 마르크스주의 철학을 바탕으로 한 당연한 결과라고 할 수 있다.

마르크스주의 인식론은 존재가 의식에 대한 결정적 지위를 주장했고, 차이-이의 미학관은 이를 철저히 관철했다. 그가 보기에 미는 객관적이며 사람의 주관적인 의식에 의존하지 않고 존재한다.

미는 객관적, 즉 자연계와 사회에서의 모든 사물의 미는 주체, 인간, 인

---

5) 차이-이 주필: 《미학원리》, 호남인민출판사, 1985, p.5.

류에 의존하지 않는 객관적 존재의 성질이라는 것을 의미하며, 미적 감각과 미적 창조의 근원이다. 자연미는 객관적으로 존재하는 자연적인 것 자체에 있고, 사회미는 객관적으로 존재하는 사회적인 것 자체에 있으며, 예술미 역시 객관적 현실로 존재하는 예술 작품 그 자체에 있다. 인간의 의식에 의존하지 않고, 감상자에 의존하지 않고 독립적인 객관적 실재로는 객관적일 수밖에 없다. 이렇게 미가 객관적이라는 것을 이해해야 정확하고 실제에 부합하며 모든 유심주의의 미학과 분명하게 선을 그을 수 있다.[6]

미가 객관적이라는 관점이 정확하고 실제에 부합하다는 것을 증명하기 위해 차이-이는 서양 미학사에서 미의 본질에 관한 관점을 유심주의와 유물주의 양 진영으로 나눠 분석했다. 한때 마르크스주의 사학史學의 전형적 서법이었다. 학문사를 마르크스주의 이전의 학술사와 마르크스주의 학술사 등 두 시기로 나누는 것이 기본 모델이다. 마르크스주의 이전의 학술사는 2대 진영인 유심주의 진영과 유물주의 진영으로 분류되었다. 유심주의 진영은 주관 유심주의와 객관 유심주의, 유물주의 진영은 고대의 소박한 유물주의, 17, 18세기의 형이상학 유물주의와 혁명민주주의자의 유물주의로 나뉜다. 유심주의의 일부 관점은 비록 계발성을 가지지만, 기본적으로 반동적이고 잘못된 것이다. 마르크스주의가 발생하기 전의 유물주의는 방향에서 정확하지만, 시대의 제한이나 계급의 제한 때문에 많든 적든 단편성과 한계가 있다. 마르크스주의가 출현한 후에야 진정으로 과학적이고 정확한 답안을 제시하였다. 《미학원리》를 구체적으로 보면, 피타고라스, 소크라테스, 플로티노스, 아우구스티누스, 토마스 아퀴나스, 라이프니츠, 볼프, 바움가든 등이 유심주의 진영으로 분류되며 유물주의 진영에는 디드로, 레이놀즈, 체르니셰프스키 등이 있다. 이들의 미학관에 대한 저자의 설명은 전자를 철저하게 부정하지 않고 미학사에서의 학술적 가치를 부분적으로 인정했다는 점에서 인정할 만하다. 그러나 두 파의 인물에 대한 저자의 접근이

---

6) 차이-이 주필: 《미학원리》, 호남인민출판사, 1985, p.30.

허술했고, 유심주의의 대표인물인 플라톤, 칸트, 헤겔, 유물주의의 대표인물인 아리스토텔레스 등 중요 인물에 대한 언급은 일절 하지 않았다는 부족함도 지적할 필요가 있다.

미의 본질에 대해 마르크스 이전의 미학자들이 제대로 된 해답을 내놓지 않은 이상 해답은 마르크스 관련 언론에서 찾을 수밖에 없다. 마르크스는 미학을 논한 저서가 없었기 때문에 미의 본질에 대해서도 명확한 규정을 하지 않고 그의 여러 논저, 특히《1844년 철학경제학 수고》에 흩어져 있을 뿐이었다. 이것은 후대에 커다란 해석의 여지를 남겼고, 각자 서로 다른 이해로 인해 의견차이와 대립을 겪기도 하였다. 미의 본질에 대하여 주광첸은 "노동이 미를 창조했다"고 주장하고, 리쩌허우는 "사람의 본질적인 힘의 대상화"라 주장하며, 차이-이는 "미의 법칙"이라고 주장했다.

> 동물은 자신이 속한 물종의 척도와 필요에 따라 만들어지지만, 사람은 모든 물종의 척도에 따라 생산될 수 있고, 그 안에 내재된 척도를 그 대상에 어떻게 적용해야 하는지를 알기 때문에 미의 법칙에 따라 만들어진다.[7]

차이-이가 보기에 미의 법칙이란 "미적 사물이 갖고 있는 이런 특수한 내재적 본질적 관계, 즉 겉으로 매우 선명하고 생동감 있으며 두드러진 현상이나 개별성으로 내부의 본질이나 보편적인 관계를 현저하고 충실하게 나타낸 것에 불과하다"[8]는 것이다. 이런 미적 사물이 바로 전형적인 사물이다. 차이-이는 이 자리에서《신예술론》과《신미학》에서 이미 밝힌 미가 전형이라는 관점을 고수했다. 이렇게 하면 다음과 같은 공식을 얻을 수 있다:

미의 본질 = 미의 법칙 = 전형

현실미는 자연미와 사회미를 포함한다. 미의 객관성에 근거해 차이-이는

---

7)《마르크스 엥겔스 전집》제42권, 인민출판사, 1979, p.97.
8) 차이-이 주필:《미학원리》, 호남인민출판사, 1985, p.48.

자연미는 자연사물의 미로, 거짓 없는 인간의 주관적 의식의 산물도 아니고, "자연의 인간화"나 "인간 본질의 대상화"도 아니라고 지적함으로써, 가오얼타이, 뤼잉으로 대표되는 미의 주관설, 특히 리쩌허우로 대표되는 "실천미학"에 대한 비판을 제기하였다.

"실천미학"은 자연미를 "자연의 인간화" 또는 "인간 본질의 대상화"로 본다. 이 관점은《수고》에 대한 해석에서 나온 것이다. 따라서 그의 비판은 《수고》의 중요한 지위를 부정함으로써 이루어졌다. 그는《수고》가 청년 마르크스의 작품이고 포이어바흐 인본주의의 영향을 많이 받았다고 주장하며, "청년 마르크스는 공산주의를 '인간에게, 사회에(즉 인간의) 복귀'라고 간단히 간주하는 추상적이고 비과학적이고 비역사적 유물주의 관점을 보였다"[9]라고 지적하기도 하였다.《수고》에서 "추상적이고 비과학적이며 비역사적 유물주의 관점"이 나타난 이상, 이를 바탕으로 제시한 "자연의 인간화"는 "이론적으로도 근본적으로 잘못된 것일 뿐 아니라 실천적으로도 황당하다는 것이다."[10] 따라서 자연미는 "인간화"나 "사회성"과는 무관한 그 자체로서의 객관적 존재다.

"미의 본질 = 미의 법칙 = 전형"이란 공식에 따르면 자연미의 본질은 자연미가 공통적인 미의 법칙을 따르고 있다는 데 있으며, 모두 두드러진 개별성으로 종류를 충분히 구현한 전형이다. 차이-이는 생물학적 진화론의 영향을 받아 자연을 무기물, 유기물(식물과 동물)과 인간의 세 종류로 나누고 이에 상응하는 세 가지 자연미를 현상미, 종류미, 개체미(인체미)로 나타내며, 낮은 등급에서 높은 등급의 미로 나누었다.[11] 이 관점은 논리적으로는 그럴듯해도 상식적인 의심을 받기 쉽다. 이미 1953년 차이-이의 미의 전

9) 차이-이 주필:《미학원리》, 호남인민출판사, 1985, p.65.

10) 차이-이 주필:《미학원리》, 호남인민출판사, 1985, p.67.

11) 소련의 "자연학파" 미학자 포스페로프 역시 생물학적 진화에서 무기계의 미를 최하위 미로, 식물·동물·인간의 미를 낮음에서 높음으로 끌어올리며 진화했고 주장한다. (소련) 게르니 포스페로프:《미와 예술을 논한다》, 상해역문출판사, 1981, pp.79~102.

형설에 대해 비판했던 뤼잉은 "전형적인 벼룩이 미인가"라는 반례를 들었다. 이에 대하여 차이-이는 "많은 사물이 종류는 있지만 전형적이지는 않다"[12]고 답했다. 상식적으로 아름답지 않은 것을 전형화하는 대응은 설득력이 떨어진다.

사회미는 당대 중국 미학의 원리에 나타나는 독특한 범주 중 하나로, 서양 미학의 원리에는 없고 소련 미학에도 없는 개념이다. 일찍이 《신미학》이라는 책에서 차이-이는 "우리가 여기서 제시한 사회미란 것은 과거의 미학자도, 예술 이론가도 명확히 논하지 못한 것"[13]이라며 사회미의 개념을 먼저 제시했다. 1980년대 이래의 미학 원리 저술에서는 사회미가 널리 받아들여지고 있다. 차이-이의 미학 체계에서 사회미는 중요한 위치를 차지한다. 그가 보기에 사회미는 바로 사회적 사물의 아름다움이다. 그것들은 미적 법칙에 부합하고 사회적 사물의 전형이다. "사회의 각종 보편성에 의해 규정되는, 미의 법칙에 부합하는 사회적 사물들은 바로 미의 사회적 사물이다. 이런 사회적 사물의 미를 우리는 사회미라고 부른다."[14] 차이-이는 《신미학》에서 사회미를 주로 성격미로 보았고, 《미학원리》에서는 행동미, 성격미, 환경미로 분류했다. 그는 사회미를 일종의 종합미라고 여겼는데, 그것은 인간을 통해 나타나는 사회관계의 미였기 때문이다. 책에 열거된 많은 사례들을 보면, 사회미에 부합하는 성격과 행동주체는 계급의 이익을 대변하고 이데올로기에 의해 찬양받는 동서고금의 영웅들이다. 그래서 사회미라는 범주는 강한 이데올로기적인 의미를 지닌다. 그렇기에 그 이후에 나오는 미학의 원리에서 점점 희석되고 사회미가 언급되는 빈도도 적어진다.

---

12) 차이-이: 〈뤼잉은 "신미학의 전형설에 대하여 어떻게 비평한 건가?"〉, 문예보편집부: 《미학문제토론집》, 작가출판사, 1959, p.127.

13) 차이-이: 〈신미학〉, 《미학논저초편》(상), 상해문예출판사, 1982, p.347.

14) 차이-이 주필: 《미학원리》, 호남인민출판사, 1985, p.84.

3. 미적 감각론

미적 감각은 미, 예술 외에 미학 원리에서 연구하는 또 하나의 중요한 내용이다. 19세기 심리학의 각 유파들은 미적 문제를 심도 있게 연구했다. 예를 들어, 크로지의 직감설, 립스의 감정이입설, 글루스와 부룽 리의 내모방설內模仿说, 블로의 거리설, 메이만의 심미적 태도설 등이 있다. 주광첸, 뤼청呂澂, 천왕다오陳望道, 판서우캉范寿康 등의 학자들이 민국 때 쓴 미학 원리 관련 저서는 대부분 심리학파의 주장을 받아들였다. 그중에서도 심리학파의 영향을 가장 크게 받았던 주광첸은 1930년대《문예심리학》과《미를 논한다》라는 책에서 크로지의 직감설을 받아들여 미와 미적 감각을 동일시하고 심리학파의 다른 관점을 참고하여 특색 있는 미학적 이론을 형성했다. 그의 미학관은 1950~60년대 미학 대토론에서 주관적 유심주의, 부르주아적, 반동적이라는 비판을 받았다.

차이-이는 일찍이《신미학》에서 심리학파의 다양한 관점에 대해 비판했는데 이는 주광첸의 미학관에 대한 비판이기도 하다. 그는 이들 미학 유파를 "구미학"이라 부르며 미적 감각에 대한 이해가 잘못됐다고 주장했다. "미적 감각은 원래 미적 자극에 의해 생겨났기 때문이다."[15] 즉, 미적 감각은 미에 대한 인식이기에 미는 첫 번째이고 미적 감각은 두 번째이다.

유물주의 반영론의 원칙에 근거하여《미학 원리》는 미적 감각을 인식현상으로 여기지만, 동시에 복잡한 심리현상의 하나라는 사실을 솔직하게 인정한다. 일반적인 심리현상과 달리 유물주의 인식론으로 대체할 수 없기 때문에 미적 감각은 미학과 심리학이 함께 연구하는 대상이 되었다.

영국의 미학자 셰프츠베리와 그의 학생 허치슨은 미는 인간의 타고난 심미적 감각에 의존한다는 "내재적 감각관설"을 제시하였다.《미학 원리》는 이런 관점에 반대한다는 점을 분명히 하며 다음과 같이 제시한다:

---

15) 차이-이: 〈신미학〉, 《미학논저초편》(상), 상해문예출판사, 1982, p.286.

미를 인식하는 특수한 심리 활동은 과연 어떤 심리활동일까? 기본적으로 형상 사유思維이다. 더 정확히 말하면 미의 법칙을 바로 잡을 수 있는 형상 사유를 뜻한다.16)

형상 사유 문제는 두 번의 미학 열풍에서 공통적으로 논의되는 문제이며, 특히 두 번째 미학 열풍에서는 형상 사유 문제가 미학계는 물론 문화계에서도 논의되는 최대 이슈로 "진리의 기준 문제"의 토론과 함께 새로운 시기 사상 해방의 전조가 되고 있었다. 형상 사유 문제 토론의 초점은 형상 사유 존재 여부, 형상 사유와 추상 사유의 관계 등에 맞춰져 있다.

《미학 원리》는 형상 사유의 존재를 긍정하며 형상 사유와 추상 사유를 병존시킨다. 형상 사유는 "형상에서 형상으로"의 단순한 감성적 활동이 아니라 감성적이면서도 이성적이다. 형상 사유의 산물에 대해 "이미지"로 간주한다.

형상 사유는 특수한 심리 활동으로서 감성적 재료를 가공 개조하여 이미지를 형성해야 한다. 이 가공 개조의 과정은 바로 이미지가 창조되는 과정이다.17)

《미학 원리》는 형상 사유의 결과를 "이미지"로 규정하고 중국 역대 문론에서 "이미지"에 관한 표현을 인용하면서 그 의미를 분석한다. 미가 전형이라는 관점에 따르면, 이 책은 또한 형상 사유의 능동성은 전형적인 이미지를 창조하는 데 있다고 생각한다.이미지는 중국 고전 미학에서 가장 중요한 개념 중 하나인데 이 책에서 중국 고전 미학 연구가 아직 걸음마 단계인 1980년대 초반에 중국 고전 미학의 특색이 담긴 "이미지"로 형상 사유를 풀어낸 점은 높이 평가할 만하다.

---

16) 차이-이 주필:《미학원리》, 호남인민출판사, 1985, p.121.
17) 차이-이 주필:《미학원리》, 호남인민출판사, 1985, p.127.

"미의 관념"은《미학 원리》의 중요한 개념이다. 저자는 미의 관념이 미를 파악하게하는 중개자로 생각한다: "미적 감각이 객관적 미를 반영한다는 것은 거울이 비추는 것처럼 간단하고 직설적인 것이 아니라 미의 관념이란 중개자를 통해 이루어진다. 중개자의 역할을 인정해야 미적 감각의 신비를 제대로 이해할 수 있다."[18] 저자의 미의 관념에 대한 이해는 여전히 인식론에 기초를 두고 있는데, 이는 객관적 미의 현상과 법칙이 인간의 머리 속에 반영되어 있다고 여기는 것이다.

많은 미학 원리 저서들과 달리《미학 원리》는 미, 비悲, 희喜 등의 심미 유형이나 심미 범주를 미적 감각에 포함시켜 논하고 있으며, 웅장한 미, 수려한 미, 비극적 미, 희극적 미 등의 네 가지 미적 감각을 열거하였다.《신미학》의 구분을 그대로 적용했지만 명칭은 조금 달랐는데,《신미학》에서의 네 가지는 웅장한 미, 수려하고 완곡한 미, 비극적 미, 웃음극의 미였다. 이 책은 미학 원리에 통용되는 "숭고"와 "우아한 미"를 "웅장함"과 "수려함"으로 대신하고, "웅장함"과 "숭고", "웅장한 미"를 동일시하며, "수려함"과 "우아한 미", "수려하고 완곡한 미"를 동일시한다. "웅장함과 수려함은 객관적 대상의 속성조건에 의해 규정될 수 없고 객관적 미와 주관적인 미의 관념이 결합된 미적 형태의 종류"[19]이기 때문에 저자는 논리적 정명을 붙이려 하였다. 즉, 웅장함과 수려함은 주객합일의 산물이며 미적 감각론에 속하는 미론이 아니다. 여기서 차이-이와 일관되게 유지해온 미의 객관설 사이에 갈등이 불가피할 것으로 보인다. 비록 정명을 원하지만, 사실은 더욱 큰 혼동을 초래하였다. 또한 웅장함, 숭고함, 웅장한 미라는 세 가지 개념도 완전히 동일시할 수 없는데, 많은 미학 원리 저서에서도 숭고함과 웅장한 미의 구별에 대해 분석하였다.

---

18) 차이-이 주필:《미학원리》, 호남인민출판사, 1985, p.138.
19) 차이-이 주필:《미학원리》, 호남인민출판사, 1985, p.173.

4. 예술론

예술론은 《미학 원리》의 가장 많은 부분을 차지하는데 모두 4장으로 구성되어 있다. 즉 예술의 성격, 예술의 인식과 표현(예술의 창조), 예술 창조의 본질, 예술의 종류이다. 편폭의 세한으로 본서는 많은 이야기를 다루지 않고, 그 요점만을 제시하도록 하겠다.

소련 미학자의 관점에 따르면 마르크스 레닌주의 미학은 예술에 대해 아래와 같이 이해한다: 첫째, 예술은 존재에서 생겨난 특수한 사회 이데올로기이고 일종의 사상 활동이다; 둘째, 예술은 사회 운동의 일반적인 법칙에 따라 발전한다; 셋째, 예술은 객관적 현실을 인식하고 반영하는 특수한 방법이다; 넷째, 예술은 사회개조의 의미가 크다. 이는 계급 투쟁과 사회 발전에 적극적인 역할을 하고 있다.[20]

나아가 위의 네 가지는 아래같이 귀결될 수 있다: 성격으로 보면 예술은 일종의 사회 이데올로기이다; 예술과 현실의 관계에서 보면 예술은 객관적인 현실을 반영한다; 예술의 기능으로 보면 예술은 사회 개조의 의의를 가진다.

《미학 원리》라는 책의 예술관은 기본적으로 이와 비슷한데, 기본 관점은 아래와 같다: 첫째, 예술은 일종의 사회 이데올로기라며 예술과 정치의 관계를 강조하고 있다; 둘째, 예술 창조를 예술의 인식과 예술의 표현 2단계로 구분한다. 유물주의 반영론의 원칙을 지키면서도 예술의 특수성을 인정하고 예술의 인식이 현실 생활에 대한 형상 반영이라고 주장한다. 예술적 기교에 대한 분석도 중시한다; 셋째, 예술창조의 근본은 전형적 인물, 전형적인 환경, 그리고 전형적인 줄거리 등을 창조하는 데 있다; 넷째, 예술이 반영하는 객관적 사물의 미에 따라 예술의 종류를 구분한다. 공예미술, 건축, 음악, 무용 등을 한 부류로 나누는데 인류 역사에서 가장 먼저 나타나

---

20) В.Скаржинская: 《마르크스 스레닝주의미학》, 중국인민대학교출판사, 1957, p.247.

현실의 현상미를 반영하는 것을 바탕으로 하기 때문이다; 조각, 회화繪畵 등을 한 분류로 나누는데 현실의 종류미, 특히 개체미를 반영한 예술이기 때문이다; 문학, 희극戱劇, 영화를 한 부류로 나누는데 사회의 관계미를 주로 반영하기 때문이다.

《미학 원리》의 마지막 장은 "미육美育"이다. 미육은 흔히 미학 원리 4대 부분의 하나로 여겨진다. 이 책은 미육을 "미적 감각의 교육"이라 부르며 미육의 역할과 특징, 의미를 논하였다. 이 문제에 대하여 뒷부분에서 따로 다루어야 하기 때문에 여기에서는 더 이상 논의하지 않겠다.

한마디로 차이-이 미학은 큰 문제가 있다. 실제로 1950~60년대 "미학 대토론"에서 미의 객관설은 탁월해서 따로 파벌을 형성하였지만 앞뒤에서 공격을 받아 "손뼉도 마주쳐야 소리가 난다"의 경지에 처하고 있었다.

비판자들의 일반적인 시각은 차이-이의 미학관이 "기계적 유물주의"라는 것이다. 미학 문제를 인식론 문제로 단순화한 차이-이는 복잡한 미와 예술적 현상에 대한 이론적 접근이 때때로 궁지에 몰리기 때문에 해석의 유효성이 떨어졌다. 그러나 차이-이의 미학관을 평가할 때 사상사와 미학사의 관점에서도 살펴봐야 한다. 한편으로 그의 정치성을 봐야 하고 다른 한편으로 그가 유물주의의 입장에서 미학 논의를 객관적으로 유지했다는 점도 유념해야 한다. 또, 《미학 원리》의 체계성과 그 몇몇 관점은 하나의 모델이 되기도 한다. 예를 들어, 현실미와 예술미의 구분, 사회미의 제시 등은 인정해야 할 부분들이다.

제2절 실천미학의 최초 형태

1980년대 초의 미학 원리 저서는 1차 미학 대토론의 결과물, 특히 당시 주류였던 리쩌허우의 미학관이 더 많은 이론적 자원으로 활용됐다. 왕차오원王朝聞이 주필한 《미학개론》과 양신楊辛 · 간린甘霖의 《미학원리》, 류수청 등의 《미학 기본 원리》 등은 모두 그랬다. 이런 저서들은 실천미학의 최초 형태라고 볼 수 있다.

1. 왕차오원이 주필한 《미학개론》

왕차오원이 주필한 《미학개론》(1981)은 중화인민공화국 수립 이후 중국 학자들이 쓴 최초의 미학 원리 교재이자 중요한 미학 원리 저서다. 그것이 중요한 두 가지 이유 중 하나는 권위 때문이다. 중화인민공화국 수립 이후 대학교 학과 구조조정이 진행되면서 낡은 교과서는 이미 새로운 상황에 적용되지 못하였고, 문과 교과서는 특히 부실해졌다. 1958년 시작된 "대약진"은 교육과 연구의 혼선을 초래했다. 이런 상황에서 중앙정부가 교육, 문화를 정비하기로 하는 데 교과서 혁신도 포함된다. 1961년 중선부(중국 공산당 중앙 선전부)와 고등교육부가 합동으로 전국 문과교재사무소를 만들어 교재의 기획과 조정을 직접 담당하였고, 중선부의 차관이었던 저우양周揚이 대학의 문과교재 개편을 직접 담당하였다. 미학 분야에서 구체적으로 주광첸은 《서양미학사》를 주필하였고, 쭝바이화宗白华는 《중국미학사》를 주필하였으며,왕차오원은 《미학개론》을 주필하였는데 그 중에서 왕차오원은 저우양이 직접 지명하였다. 집필에 참여한 구성원은 "북경대학 교수인 양신杨辛, 간린甘霖, 위민于民, 리싱천李醒尘, 인민대학 교수인 마치马奇, 톈딩田丁, 위안전민袁振民, 딩쯔린丁子霖, 쓰유룬司有伦, 리융칭李永庆, 양신취안杨新泉, 이후 중국과학원 철학소의 리쩌허우, 예슈산叶秀山, 무한대학 교수인 류강지刘纲纪, 산동대학 교수인 저우라이샹周来祥, 《홍기红旗》 잡지사의 차오징위안曹景元, 북경사범대학 교수인 류닝刘宁, 중앙미술학원의 융징한佟景韩, 음악소의 우위칭吴毓清, 《미술》 잡지의 왕징셴王靖宪, 중선부 문예처의 주디朱狄, 란주사범학원의 홍이란洪毅然 등이 있다."[21] 모두 20여 명이고 일찍이 명성을 날린 미학자들이 대거 포진해 있을 정도로 대성황을 이루고 있다. 두 번째 이유는 대표성이다. 《미학개론》은 비록1981년에 출간되었지만 집필자들이 1964년에 벌써 40만 자로 작성하였고 문화대혁명 이후 두 차례에 걸쳐 수정된 것이어서 1950~60년대의 미학적 관점과 미학적 서술방식을 대변한다. 또 주필인 왕차오원은 미적 본질관에 대한 뚜렷한 성향도 없어 각계의 관점, 특히 주류의 관점을 흡수할 수 있었다. 세 번째 이유는 영향력이다. 1981년 출간 이후 여러 차례 다시 출간되었고, 발행부수가 방대해 전국적인 영향을 끼치고 있었다. 그 이론적 관점, 전체적인 프레임은 후대의 미학적 이론 저서의 작성에 영향을 주었다.

1) 이론 기초와 전체 프레임

중화인민공화국 수립 이후부터 문화대혁명에 이르기까지 사람들의 일상은 고도로 정치화되었고, 사상문화 분야에서는 더욱 그러하였다. 이는 같은 사회주의 국가였던 소련과 유사하다. "인간의 의식과 과학 속에서 마르크스-레닌주의의 사상 체계를 확립하기 위한 투쟁은 사회 이데올로기 생활의 주도적 경향이다."[22] 정치가 모든 것을 압도하는 시대였다. 중국은 "길이 다르다"는 이유로 서방과의 연계를 단호히 끊고 몇몇 사회주의 국가, 특히 "소련이란 맏형"들과만 교제를 유지하고 있었다. 이로써 신중국 사상문화 분야에서는 마르크스주의와 그 중국화된 마오쩌둥毛泽东 사상을 유일한 지도로 삼을 수밖에 없는 단일화의 특징을 보였다.

중앙선전부서의 조직에 의해 만들어진 미학 교재인 《미학개론》은 "마르크스주의 관점을 지도로 삼으려 하였다." 인용한 문헌 자료를 보면 마르크

---

21) 리스타오李世涛: 〈중국당대미학사에서의 "교과서사건" – 《미학개론》편찬에 대한 조사〉, 《개방시대》, 2007, 제4기에 게재, 《미학개론》에 관한 더 많은 정보를 이 글에서 얻을 수가 있다.
22) (러시아) M. P. 제지나 등: 《러시아문화사》, 류원페이刘文飞, 쑤링苏玲 번역, 상해역문출판사, 2005, p.263.

스주의의 전형적인 작가들의 원문 119곳 중 마르크스 엥겔스 6곳, 마르크스 30곳, 엥겔스 9곳, 레닌 12곳, 마오쩌둥 9곳, 플레하노프 24곳, 고리키 14곳, 루쉰魯迅 15곳 등이 인용됐다.[23] 이런 권위 있는 문구들은 이 책의 입론의 기초를 이루었다.

구체적인 관점에서 이 책은 마르크스주의 반영론과 실천론이라는 관점을 갖고 있는데, 차이-이로 대표되는 객관파와 리쩌허우로 대표되는 객관 사회파의 관점을 종합한 것이다. 책의 이론 기초는 바로 이 두 가지이다. 우선 반영론이다. 《미학개론》은 "미학의 연구대상은 객관적 세계의 미와 객관적 세계의 미에 대한 인간의 반응의 전 영역을 포함한다. 예술은 심미 의식의 집중적인 표현으로 본질과 일반 법칙을 연구한다"[24]고 밝혔다. 즉 미의 객관적 존재를 인정하고 미적 감각을 미의 반영으로 보는 것이다. 다음으로 실천론이다. 《미학개론》은 분명 미가 사회 실천의 산물이고 미의 본질이 객관적 사회성에 있다고 인정한다: "그 본질에 있어서 미는 결코 사물의 인간과 관계없는 어떤 자연속성이 아니며, 의식, 정신의 허황된 투영이 아니라 사물의 객관적인 사회적 가치나 사회속성이다. 이것이 바로 미의 객관적 사회성이다. 미의 객관성이란 미의 객관적 대상이 갖는 우리의 주관적 의식에 의존하지 않는 사회속성이기 때문이다."[25]

이런 시점에서 《미학개론》은 리쩌허우의 미학관을 받아들였다. 실제로 미의 객관사회설은 "미학 대토론"의 주류 관점이었다. 차이-이의 객관설과 주광첸의 주객관 통일설은 비록 스스로 일파가 되었지만 따르는 사람이 적어서 힘이 없어 보였다. 미의 객관적 사회설을 지지하는 사람이 많았다. 《미학개론》 집필에 참여한 사람들 중에는 리쩌허우를 제외하고 훙이란, 차오징위안, 예슈산 등은 모두 이 설을 지지하였다. 차오징위안은 "미는 사물

---

23) 장파張法의 《20세기 중서양미학원리체계 비교연구》, 안휘교육출판사, 2007, p.219.
24) 왕차오원 주필: 《미학개론》, 인민출판사, 1981, p.4.
25) 왕차오원 주필: 《미학개론》, 인민출판사, 1981, p.30.

의 개별 속성이 아니고 일정한 대상의 일종의 성격이다. 이러한 성격은 일정한 대상과 사람, 그리고 사람의 삶과 발생하는 특정한 관계, 내적 관계에 의하여 정해져 있다. 사회생활에서 대상이 갖는 의미, 인간에 대한 관계 때문에 사물에 미적 성격을 부여할 수 있는 것이다"[26]라고 지적하였다. 홍이란은 "미에 대한 견해는 미가 현실 속에 객관적으로 존재하고 사물 자체가 갖는 사회성과 자연성의 통일이라는 리쩌허우의 말에 기본적으로 동의한다. 또 사회성을 결정요인으로 본다"[27]라고 주장하였다. 미의 객관적 사회성을 인정함으로써 《미학개론》은 실천미학의 시작이 되었다.

전체적인 프레임에서 《미학개론》은 심미 대상, 심미 의식, 예술, 즉 흔히 말하는 미, 미적 감각, 예술 등 크게 세 가지를 담고 있다. 장章 배치를 보면, 제1장은 심미 대상(미), 제2장은 심미 의식(미적 감각), 제3, 4, 5, 6장은 모두 예술을 논하는데 예술가, 예술 창작 활동, 예술 작품, 예술의 감상과 비평 등을 다룬다. 《미학개론》은 총 340쪽이고 그 중에서 심미 대상 부분은 56쪽, 심미 의식 부분은 49쪽, 예술 부분은 221쪽을 담고 있다. 예술이 논술의 중심이 된다는 점에서 이 책은 왕차오원의 생생한 특색을 보여준다.

2) 심미 대상

미의 객관성을 인정하기 때문에 심미 대상은 객관적으로 존재하는 미를 가리킨다. 그러나 이 책은 "심미 관계"라는 개념을 도입해 "객관적으로 인간과 일정한 심미 관계를 형성해 미적 감각을 불러일으킬 수 있는 모든 사물을 심미 대상이라고 총칭한다." 왕차오원은 또 다른 책에서 "객체와 주체의 관계를 이렇게 강조하는 것은 일종의 유심주의적 현담玄談이 아닌가

---

26) 차오징위안: 〈미적 감각과 미 – 주광첸의 미학사상을 비판하면서〉, 《문예보》, 1956, 제17호.
27) 홍이란: 〈미의 자연성과 사회성 약론 – 리쩌허우 선생과 상의하면서〉, 《신건설》, 1958, 3월호.

한다. 나는 아니라고 생각한다. 이는 나의 논점이 적합하지 않다고 생각한다. 정반대로, 나는 이렇게 해야만 유심론이나 기계적 유물론과는 확실히 선을 그을 수가 있다고 생각한다. 유심론은 미가 주관적인 것이고, 기계적 유물론은 미가 순수하고 객관적인 것이라고 생각한다. 나는 심미 관계의 관점에서 심미 대상의 객관성과 심미 감수성의 주관성을 인식해야 한다고 생각한다."[28]

프랑스 미학자 디드로는 "미는 관계이다"를 주장하고 러시아 미학자 체르니셰프스키는 미학이 "현실에 대한 인간의 심미관계"를 연구하는 것이라고 주장하는데 "심미 관계"는 바로 이 두 가지 설을 이어받았다. 중국 미학계에서도 많은 분들이 이 관점을 갖고 있다. 심미관계는 주체와 객체 두 가지 모두와 관련되어 있고 실제로 인간을 미에 끌어들인 것으로 미가 절대적으로 독립적인 것이 아니라, 사람의 참여가 필요함을 나타낸 것이 바로 순리적인 실천설이다.

본서는 심미 대상을 미와 동일시하며, 먼저 미의 본질을 논한 다음 미의 형태를 논하도록 하겠다.

(1) 미의 본질

미의 본질을 먼저 논하는 것은 "미의 본질적 문제 해결은 미학에서 다른 문제들을 해결하는 기초이자 전제"[29]라는 사고에서 비롯된다. 저자는 서양 미학사의 본질에 대한 관점을 먼저 정리하는데, 이 책은 지난 절에서 분석한 책의 편집장의 '미학원리'와 같은 작문 패턴 또는 '작문 패러다임'을 갖고 있다. 즉, 서양의 미학사를 미의 본질에 관한 유물주의와 유심주의라는 두 가지 관념의 투쟁사로 보기로 한 것이다. 소련 학자의 말처럼 "미학의

---

28) 왕차오원: 《심미담審美談》, 인민출판사, 1984, pp.35-36.
29) 왕차오원: 《미학개론》, 인민출판사, 1981, p.12.

역사는 유물주의 미학 이론이 유심주의 미학 이론과 맞서 싸우는 과정에서 생겨나고 발전한 역사"30)다. 유심주의의 대표 인물로는 플라톤, 프로틴, 휴모, 칸트, 헤겔, 쇼펜하우어, 크로치 등이 있고, 그 반대편에 아리스토텔레스, 디드로, 벡, 페르바하, 체르니셰프스키 등이 있다. 마르크스가 신봉하는 사회진화론에 걸맞게 본서에서의 미의 본질사에 대한 정리에도 일종의 사상진화론이 담겨 있다.

　책에서는 "비록 미의 객관성을 인정하는 유물주의의 견해가 유심주의와의 투쟁 속에서 끊임없이 발전하고 깊이 있게 전개되지만, 예를 들어 미는 사물 형식(예를 들어 아리스토텔레스)라는 주장에서 미는 관계(디드로처럼)라는 것으로, 미는 생활(체르니셰프스키처럼)이라는 것으로 갈수록 진리에 가까워지고 있으며, 국부적 범위와 단편적 형태에서도 미의 본질 문제에 내포된 각종 복잡한 모순을 드러내고 합리적 요소가 있는 견해를 제시한다."31)

　사상 진화의 최고 단계는 바로 마르크스주의다. 그래서 유물주의 미학자의 관점은 진리에 가까워지고 있지만 "마르크스주의의 철학인 변증유물주의와 역사유물주의가 미의 본질 문제의 탐구에 대한 유일한 과학적 이론적 토대를 제공했다."32) 차이-이가 갖고 있는 철저한 유물주의 반영론과 달리 《미학개론》에서 "사회생활은 본질적으로 실천하는 것"이라는 마르크스의 "진리"를 놓치지 않고 객관적 세계에 대한 능동적 개조 실천에서 미의 본질을 탐구하려고 한다.

　책에서 "미는 인간이 삶을 창조하고 세상을 개조하는 능동적 활동과 그 현실에서의 실현 또는 대상화이다. 객관적 대상으로서 미는 감성적이고 구

---

30) (소련) 스카린스카야 주: 《마르크스레닌주의미학》, 중국인민대학출판사, 1957, p.1.

31) 왕차오원: 《미학개론》, 인민출판사, 1984, p.24.

32) 왕차오원: 《미학개론》, 인민출판사, 1984, p.25.

체적 존재이다. 한편으로 미는 규칙성에 부합하는 존재이고 자연과 사회 발전의 법칙을 구현하고, 다른 한편으로 인간의 능동적인 창조적인 결과이기 때문에 미는 사회생활의 본질과 법칙을 포함하거나 구현해 특정한 감정적 반영을 일으킬 수 있는 구체적인 이미지(사회이미지, 자연이미지, 예술이미지 포함)다."[33]

한마디로 미의 본질은 객관적 사회성에 있고, 그 객관적 사회성은 사회적 실천에서 나온다. 여기서 사회 실천이란 주로 생산투쟁(노동)을 말한다.
《미학개론》은 미와 진眞, 선善의 관계를 분석하며 미와 선의 관계를 중점적으로 탐구하고, "미는 선을 전제로 하여 결국 선에 부합하고 복종해야 한다"[34]라고 주장한다. 그리고 미의 기준은 인민대중의 근본 이익에 부합해야 한다는 점을 강조했다. 이는 이데올로기성과 심미공리주의를 구현한 것이다.

(2) 미의 형태

《미학개론》에서 미의 형태의 분류 방법은 두 가지인데 하나는 성격에 따라 현실미와 예술미로, 상태, 모습, 특징에 따라 우아한 미, 숭고함, 비극, 희극(코미디)로 나눈다. 《미학개론》은 차이-이의 관점을 응용하여 미를 현실미와 예술미로 나누고, 현실미는 사회생활, 사회사물의 미와 자연사물의 미를 포함하기에 사실상 사회미와 자연미이다. "사회미"는 차이-이가 제시한 개념 중 하나로, 《미학개론》에서는 이에 대한 이의가 있지만 이를 기본으로 받아들였다. 예컨대 이 책에서 "현실미의 주요 측면은 사회생활의 미, 현실생활 속의 사회사물의 미, 일반적으로 흔히 사회미라고 부른다"[35]고 제시

---

33) 왕차오원: 《미학개론》, 인민출판사, 1984, p.30.
34) 왕차오원: 《미학개론》, 인민출판사, 1984, p.34.
35) 왕차오원: 《미학개론》, 인민출판사, 1984, p.39.

한다. 사회미의 범위에 관하여 마오쩌둥毛澤東의 《모순론》에 나오는 관점을 채택하는데 사회생활의 기본은 생산노동, 계급투쟁, 과학실험이고 선진 인물에 집중한다고 주장한다. 차이-이의 《미학원리》 속에서의 사회미와 대체로 유사하다.

자연미에 대한 이해는 객관파와 객관적 사회파의 차이를 전형적으로 보여준다. 차이-이는 자연미가 곧 자연사물에 있다고 주장했고, 《미학개론》은 실천적 관념에서 출발하여 자연미는 사회의 산물이자 역사의 결과로서 "자연의 인간화"라고 생각하였다. 자연미를 인간 활동의 대상이자 결과물로 만들었다.

객관적 존재인 현실미에 비해 예술미는 인간의 창조이다. 유물주의 반영론의 원칙에 근거하여 예술미는 현실미에 대한 반영이며, 제2성이고, 사회의식의 범주에 속하며, 이데올로기적이다. 한편으로 현실미는 예술미의 원천이며, 다른 한편으로 예술미는 현실미보다 높다. "예술은 삶에서 비롯되지만 삶보다 높다"는 말은 거의 오늘날 중국인들에게 일종의 상식common knowledge이 됐다. 이를 통하여 인간의 실천적 역할을 강조하는 한편 예술의 창조성에 대한 사랑을 밝혔다.

두 번째 분류에서 《미학개론》은 우아한 미, 숭고함, 비극, 희극(코미디) 등네 가지 심미 장르를 다뤘다. 우아한 미, 숭고함, 비극, 희극(코미디)은 항상대립되고 동시에 병행된다. 이 4대 심미 유형은 당대 중국의 모든 미학 원리 저서 검토의 중점이며, 대부분의 저서에서 이 4가지 유형을 나열할 뿐이다. 옛 소련의 미학자가 쓴 미학 원리 저서에서도 마찬가지였다.[36]서양 미학사에서 이 네 가지 심미 유형에 대한 연구가 가장 많고 마르크스주의의 전형적인 작가들의 분석도 많기 때문이다. 《미학개론》은 이 네 가지 유형에 대하여 사회충돌과 계급투쟁에 기초한다. 예를 들어 숭고함은 주체와 객체

---

36) 예를 들어, Авнер Яковлевич Зисъ의 《마르크스주의미학기초》(중국문연출판회사, 1985), ЮрийБорисович Борев의 《미학》(중국문연출판회사, 1985) 등 있다.

의 충돌과 대립, 그리고 대립 속에서 통일의 필연성을 나타내는 것이라고 생각하며, 비극은 두 가지 사회계급의 힘의 첨예한 모순을 해결하지 못하고, 필연적으로 한쪽의 실패와 파멸을 초래한다고 나타내며, 희극(코미디)은 역시 두 가지 사회계급의 힘의 충돌에서 곧 승리하게 될 새로운 사물이 낡은 사물에 대한 부정을 보여준다. 저자는 역사의 흐름에 따라 숭고함에서 희극으로, 비극에서 희극으로 바뀌게 된다고 주장한다. 실제 생활 속에서 이 4가지 유형은 서로 연결되고 상호 침투한 것이다.

(3) 심미의식

심미의식은 즉 미적 감각에 대한 넓은 의미와 좁은 의미의 구분이 있는데, 넓은 의미의 "미적 감각"은 심미 재미, 심미 능력, 심미 관념, 심미 이상, 심미 감각 등을 포함하며, 좁은 의미의 "미적 감각"은 미적 감각을 가리킨다.《미학개론》은 심미적 감수성을 주로 다룬다. 반영론의 원칙에 따르면 미적 감각은 미에 대한 반영이다. "심미의식은 사회의식의 한 종류이고, 사회 존재의 반영이며, 사람의 정신세계에 적극적으로 영향을 줌으로써 객관적 세계를 개조하는 활동에 역작용한다."[37]

《미학개론》의 심미 의식에 대한 분석 사고방식은 기본적으로 심미 대상에 대한 앞의 분석과 일치한다. 먼저 미학사상 심미 의식 문제에 대한 서로 다른 인식 노선에 관한 연구를 서술하고, 마르크스주의의 관점에서 심미 의식의 본질을 논한 후, 심미 의식과 과학과 도덕의 연계와 구별을 논한다. 심미의식의 기원과 본질에 대해 저자는"객관적 대상에 대한 주관적 반영형식이고 생산노동이란 사회적 실천의 객관적 토대 위에서 생겨났고 시대 역사의 발전에 따라 발전하고 변화한다"[38]고 주장한다. 이것이 바로 반영론의 토대 위에 실천론의 관점을 결합한 것이다. 저자는 심미의식과 과학

---

37) 왕차오원:《미학개론》, 인민출판사, 1984, p.67.
38) 왕차오원:《미학개론》, 인민출판사, 1984, p.78.

과 도덕의 연관성에 대해 진, 선, 미가 통일된 관점을 관철하고, 심미적 감수성은 정情과 리理, 감성과 이성, 직관과 공리의 통일이라는 특징을 갖고 있다고 본다.

차이-이의《미학원리》와 마찬가지로《미학개론》도 심미적 감수성은 복잡한 심리활동임을 인정하지만, 19세기 서양 심미심리학의 관점에 반대한다. 즉 "어떤 현대 자산계급 미학자들은 심미적 감수성의 복잡한 심리적 특징을 이용하여 그것의 어떤 현상이나 어떤 부분을 일방적으로 과장하고 왜곡하여 유물주의 반영론을 반대한다.그것들의 총체적 특징은 심미의 윤리의 기능과 인식의 작용을 지우고 각종 반이성주의와 주관적 유심주의를 널리 알리는 것이다."39)《미학개론》은 일반 심리학의 관점에서감각, 지각, 연상, 상상, 감정, 사유를 포함한 심미적 감수성 속의 심리 요소를 분석했다. 구체적인 창작 아이디어는 먼저 각 개념이 심리학에서 갖는 의미를 진술하고 이것의 심미 속에서의 표현, 역할, 의미 등의 문제를 규명하는 동시에 이를 반영론과 실천관으로 한정하는 것이다.

(4) 예술론

앞서 언급한《미학개론》에서 예술이 차지하는 비중은 가장 크다. 이런 무게 중심은주필인 왕차오원의 예술가로서의 신분과 관련된다. 왕차오원은 유명 조각가일뿐 아니라 작가이기도 하다. 문화대혁명 이전부터《신예술창작론》(1950),《신예술논집》(1952),《삶을 향해서》(1954),《예술의 기교를 논한다》(1956),《이일당십一以当十》(1959),《희문낙견(喜闻乐见)》(1963) 등 여섯 권의 문예평론집을 펴냈다. 교재 편찬 작업에 참여했던 류닝刘宁은 "왕차오원 선생은 예술적 실천경험이 풍부하며 예술은 심미의 창조적 활동으로서 예술창작에 있어서의 구상과 전달에 지켜야 할 법칙이 있으며, 예술 감상은 재창조이고, 반대로 예술 창작에 영향을 주며, 심미 객체와 주체 사이의 곳

---

39) 왕차오원:《미학개론》, 인민출판사, 1984, p.112.

곳에 능동적인 변증적 관계가 있다고 주장한다. 예술 창작, 예술 감상 등 교재의 많은 부분에서 그의 관점을 흡수했고, 교과서의 수정 과정에서도 그의 예술적 관점을 최대한 반영하려고 노력했다."[40]

《미학개론》3~6장은 예술가, 예술창작활동, 예술작품, 예술의 감상과 비평을 다룬다. "예술가" 부분에서는 "사회 분업과 예술가", "예술가의 생활 실천, 세계관과 예술 수양", "예술가의 창작 개성" 등을 고찰했다. "예술창작활동" 부분에서는 예술 창작에서의 구상 활동과 전달 활동을 분석한다. "예술작품" 부분에서는 예술품의 내용과 형식, 예술 종류 및 예술 풍격과 유파를 탐구한다. "예술의 감상과 비평" 부분에서는 예술 감상의 성격과 특징, 예술 비평의 특징과 기준 등을 분석한다. 총괄적으로 보면, 한편으로 예술에 대한 분석과 미에 분석이 일치하는 것은 마르크스주의의 반영론과 혁명 이데올로기의 이론적 틀 속에서 논하는 것이다. 예를 들어 예술가를 사회적 분업의 산물로 보고 사회주의 시절에 예술가는 본질적으로 노동자의 일부로 인민을 위해 봉사하는 직책으로 여겼다. 예술 구상 활동이 본질적으로 인식 활동의 하나이며, 예술가의 머릿속에 반영되고 객관적 현실에 대한 감각, 인식을 재현하는 과정이라고 지적한다. 이런 관점들은 모두 반영론의 사고 방향을 운용한 것이다. 다른 한편으로 예술가로서의 왕차오원은 많은 문제에 대해 예술 법칙에 부합하는 파악과 분석을 진행하였다. 예를 들어 예술가의 특수성을 강조하며 예술가의 재능, 기교, 창작 개성 등을 분석한다. 물질적 수단을 예술적 분류의 표시로 삼아 예술의 종류의 다양성과 통일성을 탐구하고 예술을 건축, 실용공예, 회화, 조각, 무용, 언어예술, 연극, 영화로 나누고 각각의 특징을 논했다.

요컨대, 왕차오원이 주필한 《미학개론》은 중화인민공화국 성립 이래, 관헌에 의해 쓰여진 최초의 미학 원리 교재로서 중요한 이론적 의의를 가진

---

40) 류닝刘宁 · 리스타오李世涛: 〈왕차오원 교수의 《미학개론》 편찬(1961-1981)에 참여한 추억 - 류닝刘宁 선생의 탐방록〉, 《문예이론연구》, 2008, 제3기.

다. 한편으로1950~60년대 미학 대토론의 이론적 성과를 녹여냈고, 마르크스주의의 반영론과 실천관이 그 이론적 토대가 되면서 이 책은 실천미학의 시초적 형태를 보여준다. 다른 한편으로 이 책의 주필인 왕차오원은 예술에 대한 이해가 두드러지고, 이후 미학 원리 교재에서 예술 부분에 대한 집필에도 영향을 미쳤다.

2. 양신楊辛·간린甘霖의《미학원리》와 류수청刘叔成 등의《미학 기본 원리》

양신·간린의《미학원리》(북경대학출판사, 1983, 제1판)와 류수청, 샤즈팡夏之放, 러우시융楼昔勇 등이 집필한《미학 기본 원리》(상해인민출판사, 1984, 제1판)를 같이 논할 수 있는데 이유는 이 두 권의 책이 공통점이 많기 때문이다. 즉 공통적으로 1980년대 초에 출판됐는데 전자의 초판은 1983년에 북경에서, 후자의 초판은 1984년에 상해에서, 대학 미학원리 교재로서 두 책 모두 잘 팔리고 재판이 계속 이어졌으며, 발행 부수가 매우 컸다. 또한 두 책은 모두 개정되었는데, 특히 류수청 등의《미학 기본 원리》는 지금까지 세 차례(1987, 제2판 / 2001, 제3판 / 2010, 제4판) 수정되었다. 이 두 책은 이론적으로는 리쩌허우의 미학관에서 비롯된 것으로 큰 독창성은 없지만 작성 과정에는 나름의 특색이 있어 미학의 원리를 보급하는 데 적지 않은 역할을 하였다. 두 책은 1980년대 초 출간된 미학 원리 부문 저서로서 우리가 중국 미학 이론의 진전을 살펴보는 데 어느 정도 대표성이 있다고 할 수 있다. 지금부터 그 요점을 간추려 각각 약설하도록 하겠다.

1) 양신·간린의《미학원리》

(1) 전체 프레임

차이-이, 왕차오원 등의 미학적 원리와 마찬가지로 이 책은 미학의 연구

대상이 미, 미적 감각, 예술이라는 것을 인정한다. 책 전체로 보면 미학의 3대 영역에 집중되지만 세 부분이 차지하는 비율은 불균형하다. 이 책은 모두 17장의 분량을 가지고 있는데 장별로 내용을 요약하자면 제1장은 "미학이 무엇인가"이고 서론이다; 제2장은 "서구 미학사에서 미의 본질에 대한 연구", 제3상은 "중국 미학사에서 미의 본질에 대한 연구", 제4장은 "미의 본질에 대한 초보적 탐색"이고 미의 본질을 검토한다; 제5장은 "진선미와 추"이고 미와 진, 선의 관계, 그리고 미와 추의 관계를 검토한다; 제6장은 "미의 발생"이고 구체적인 예술작품에서 미의 발생을 분석한다; 제7장은 "사회미", 제8장은 "자연미", 제9장은 "형식미", 제10장은 "예술미"이고 미의 형태에 관한 것이다; 제11장은 "예술의 경지와 정신의 전달"이다; 제12장은 "고궁, 인민대회당에서 각 시대의 미의 창조를 바라본다"이고 미의 시대성을 검토한다; 제13장은 "우아한 미와 숭고함", 제14장은 "비극", 제15장은 "희극"이고 미의 형태(심미범주)를 검토한다; 제16장은 "미적 감각의 사회적 근원과 반영형식의 특징", 제17장은 "미적 감각의 공통성과 개성 그리고 객관적 기준"이고 미적 감각을 다룬다. 이 책의 대부분은 미(미의 본질, 미의 형태, 미의 창조, 미의 범주)를 논하는데 총14장을 차지하고 있고, 미적 감각은 마지막 두 장을 차지하고, 전문적으로 예술을 다룬 장은 없다는 사실을 알 수가 있다. 이는 작가의 예술관과 무관하지 않다. 저자는 "미학은 예술의 일반적인 문제, 즉 예술의 모든 문제를 탐구하는 것이 아니라 예술미의 문제를 연구하고 예술미의 창조와 감상 문제를 연구하는 것이다"[41]라고 주장한다. 이는 미학 원리가 예술에 대한 연구만으로 범위가 축소되는 것으로, 왕차오원이 예술가, 예술작품, 예술비평을 미학 원리에 포함시킨 것과는 달리 리쩌허우가 주장한 예술사회학과도 다르다. 그럼에도 예술에 관한 지면이 거의 없는 것은 이 책의 결함이 아닐 수 없다.[42]

---

41) 양신·간린: 《미학원리》, 북경대학출판사, 1983, 제1판, p.9.
42) 1993년 개정판에서는 제12장을 "예술의 분류 및 각종 예술의 심미적 특징"으로 바꿔

(2) 이론 기초

이 책은 유물주의 반영론이 아닌 마르크스주의 실천관을 이론 기초로 삼 았다. 그래서 이 책은 미의 객관성을 인정하면서도 인간의 참여를 강조한 다. 미의 본질에 대한 논의는 미의 본질과 인간의 본질, 삶의 본질과의 관 계를 분석하면서 시작된다. 마르크스의 세 마디 말은 이 책의 입론의 근본 을 구성한다. 첫째는 "자유롭고 자각적인 활동은 바로 인간의 특성이다"[43] 이고, 둘째는 "사람의 본질은 … 모든 사회 관계의 총합이다"[44]이고, 셋째 는 "사회생활이 본질적으로 실천적이다"이다.[45] 저자는 이를 통해 "인간이 일정한 사회관계 속에서 실천활동을 하고 자유로운 창조를 하는 것은 인간 의 본질과 삶의 기본 내용을 보여준다"라고 지적한다. 실천의 관점으로 미 를 바라보는 저자는 "미의 근원은 사회적 실천에 있다"[46]라고 명확히 제시 하는데 이는 실천미학의 기본 관점이다. 하지만 미의 본질에 대하여 저자 는 또한 나름대로의 견해를 가지고 있다. 저자는 "실천에서의 자유로운 창 조는 인류의 가장 소중한 특성이다. 이 가장 소중한 특성의 형상적인 재현 은 바로 미이다"[47]라고 지적한다. 저자가 보기에 미의 본질은 바로 자유 창조이다. 자유 창조에서 어떻게 미가 발생하는가? 이에 대하여 저자는 세 가지 측면에서 설명하는데, 첫째, 생산노동은 자각적이고 의식과 목적을 가 진 활동이며, 둘째, 생산물에 반드시 인간의 의지가 낙인찍히며, 셋째, 대상 세계에서 자신을 직관한다는 것이다. 저자가 명확하게 지적하지 않았지만 기본적으로 미는 객관성과 사회성에 있고 실천에 대한 이해가 물질생산의 실천에 치우쳐 있는 리쩌허우의 미학과 실천관을 받아들였다는 것을 알 수

그 결함을 어느 정도 보완했다.

43) 《1844년 경제학 – 철학 수고》, 인민출판사, 1979, p.50.
44) 《마르크스엥겔스선집》제1권, 인민출판사, 1972, p.18.
45) 《마르크스엥겔스선집》제1권, 인민출판사, 1972, p.16.
46) 양신·간린: 《미학원리》, 북경대학출판사, 1983, 제1판, p.58.
47) 양신·간린: 《미학원리》, 북경대학출판사, 1983, 제1판, p.59.

가 있다. 그러나 저자가 제시한 미가 자유창조에 있다는 본질관에는 나름대로의 특징이 있다. 실천의 산물이라고 모두 미가 아니다. "자연의 인간화"의 결과에는 역시 추한 내용이 담겨 있다. "자유로운 창조"는 미가 아닌 것은 버린다는 뜻을 지닌다. "미는 인간의 자유로운 창조 활동을, 인간의 목적, 힘, 지혜와 새능의 실현을 인정해야만 하고 인간이 그 안에서 자유로운 창조의 기쁨을 느낄 수 있는 그런 삶의 이미지이다. 그래서 사회발전의 법칙에 부합하고, 사회실천의 전진요구를 표현하며, 인간의 진취적이고 이상적인 삶의 이미지를 인정하는 것만이 미이다."[48] 미에 대한 이런 규정은 어느 정도의 이론적 우세를 나타낸다.

(3) 작성 특색

이 책이 수많은 미학 원리 저서의 하나로 자리잡고 잘 팔리는 이유는 작성 특색과 무관하지 않다.

첫째, 중국 미학사와 결합해 미를 탐구하는 것이 이 책의 가장 큰 특징이다. 차이-이, 왕차오원의 미학 이론 저서에는 중국 미학사에 관한 내용이 거의 없다. 반면 이 책은 중국 미학사와 예술사 재료를 대량으로 도입하였다. 예를 들어, 제3장 "중국 미학사상 미의 본질에 관한 연구"에서 《국어》, 묵자, 공자, 맹자, 순자 등의 미에 관한 발언을 요약하고, 유협劉勰, 장언원張彥远, 백거이白居易, 유종원柳宗元, 왕부지王夫之, 예섭叶燮 등이 미를 논하는 시문 이론을 인용하여 저술하였다. 제11장에서는 중국 미학에서 "예술의 경지와 정신의 전달"이란 두 가지 개념을 집중적으로 다뤘다. 또한, 중국 미학사의 자료를 대량으로 도입하였지만, 여전히 유물주의사관과 혁명미학을 프레임으로 하여 유물/유심, 진보/반동이라는 서술어를 가지고 분석하였고, 인용한 자료도 단지 예시로서 전체 중심부에 봉사하였을 뿐, 중

---

48) 양신·간린: 《미학원리》, 북경대학출판사, 1983, 제1판, p.65.

국 자원을 이론적 차원에서 미학 원리의 체계에 끌어들이지 못했다.

둘째, 저자가 이 책에서 전문적으로 예술을 논하지 않았지만, 책 전체의 구체적인 논술에 중서문예의 사례와 일상생활의 사례를 많이 인용함으로써 딱딱한 이론에서 벗어나 생생하게 살아나는 것이 인기 요인이다.

2) 류수청刘叔成 등의 《미학 기본 원리》

(1) 전체 프레임

양신·간린의 《미학원리》가 체계적이지 못한 것에 비해 류수청 등의 《미학 기본 원리》는 체계성이 뛰어나다. 이 책은 "미학은 미, 그리고 인간의 미적 감각과 창조의 일반적인 법칙을 연구하는 학문"[49]이라고 밝히고 있다. 그 연구 내용은 똑같이 미, 미적 감각, 미의 창조를 포함한다. 왕차오원 등의 3대 분야와 비교하면 이 책은 "예술" 대신 "미의 창조"를 내세웠다. 미의 창조는 예술미의 창조뿐 아니라 현실미의 창조도 포함해야 한다고 주장한다. 예를 들어, 환경의 미화, 사회생활의 미화, 인간의 미화 등을 모두 현실미의 창조로 본다. 그중에서도 인간의 미화를 미육美育과 동일시한다. 이를 통하여 미학 연구의 네 번째 영역인 미육을 미의 창조에 포함시킨다.

3대 영역에 대응하여, 이 책은 3편으로 나뉘어져 있다. 제1편은 총 4장이 있는데 제1장은 미의 본질, 제2장은 형식미, 제3장은 미의 형태(자연미, 사회미와 예술미), 제4장은 심미적 범주(숭고함, 익살스러움, 우아한 미)를 논한다; 제2편은 미적 감각을 연구하는데 총 3장(5~7장)을 포함하며, 우선 미적 감각의 본질과 특징, 그 다음에 미적 감상과 판단, 마지막으로 미적 감각의 심리 요소를 논한다; 제3편은 미의 창조를 논하는데 총 5장(8~12장)을 포함하며, 제8장은 미의 창작의 일반적인 규칙, 제9장은 현실미의 창조, 제10장은 예술미의 창조, 제11장은 각종 예술의 심미적 특징, 제12장은 미육美育

---

49) 류수청 등: 《미학 기본 원리》, 상해인민출판사, 1984, 제1판, p.10.

을 논한다. 종합적으로 보면 세 부분간에 균형이 잡혀 있고 짜임새가 있어 무리가 없다고 할 수가 있다.

(2) 이론 기초

미의 본질에 관하여 저자는 인식론적 관점에서 미는 객관적이고 사회적이라는 리쩌허우의 관점에 공감한다. 저자는 미의 사회성을 중시하고 미를 사회현상, 역사발전의 산물이라고 여기기 때문에 실천의 관점에서 출발하여 "미는 인간의 본질적 힘의 감성적 구현"[50]이라고 주장한다. 이 서술은 분명히 "미는 이념의 감성적 구현"이라는 헤겔의 주장을 차용한 것이다. 저자는 인간의 본질적 힘을 세 가지로 설명하였다. 요약하자면 첫째, 질質로 보면 인간의 본질적 힘은 인류를 진보시키고 역사를 진전시키는 긍정적인 힘이다; 둘째, 양量으로 보면 감성적으로 나타나는 인간의 본질적인 힘의 미는 어떤 보편적인 공통성이 있다; 셋째, 내포된 의미로 보면 역사가 나아갈수록 인간의 본질적인 힘은 풍요로워지고 발전한다. 물론 저자는 인간의 본질적 힘의 형성과 발전은 생산노동과 사회 전반의 실천에 기초한 것이라는 점을 강조하였다.

상술한 세 가지 설명은 책 전체의 뼈대를 이룬다. 첫째의 설명에서 류수청 등은 인간의 본질적 힘을 "긍정의 힘"으로 보는데 양신·간린이 제시한 "자유로운 창조"와 비슷하다. "긍정의 힘"과 "자유로운 창조"는 사물의 미의 여부를 검증하는 "정치적 기준"이 되었는데 인류의 진보를 촉진하고 역사를 전진시키는 것이라면 "긍정의 힘"이고 미가 되고 그렇지 않으면 미가 될 수가 없다. 이 책의 사회미에 대한 논술을 비롯해 숭고함, 비극, 희극 등 심미 범주에 대한 분석이 이를 극명하게 보여준다. 예를 들어, "알맞은 형태로 인간의 일상, 사랑, 우정 등 인간의 적극적인 본질의 힘을 나타낼

---

50) 류수청 등:《미학 기본 원리》, 상해인민출판사, 1984, 제1판, p.26.

수만 있으면 모두 미이다"[51]라고 지적한다. 두 번째의 설명에서 저자는 미의 범위를 넓혔고, 현실에서 "진보적 경향을 가진 착취계급 구성원"이 창작한 것도 미일 수 있다는 한정된 논리로 이론에 해석력과 근엄성을 갖게하였다. 세 번째 설명에서 저자는 진화론적 논리로 인간의 본질적 힘의 역사성을 강조한다. 예를 들어, 제3편 "미의 창조의 일반적 법칙"이라는 부분에서 저자는 미의 창조의 역사적 발전을 논하는데 3개의 역사시기로 나누었다: 원시사회에서의 미의 창조, 사유제 조건에서의 미의 창조, 공산주의 사회에서의 미의 창조이다. 다른 역사적 시기에 창조된 미에 대한 저자의 분석은 한 층 한 층 진화하는 특징을 보였다.

(3) 작성 특색

전체적으로 책을 보면 1950~60년대 학문적 성과(미의 객관성과 사회성, 인간의 본질적 힘의 대상화)를 이론적 자원으로 계승하는 한편, 이 책보다 앞선 차이-이, 왕차오원 등의 미학 원리에 관한 저서를 어느 정도 참고, 흡수하였다. 예를 들어, 사회미에 관한 논술, 미적 감각의 심리요소에 대한 분석, 예술과 전형적 문제 등이 있다. 물론 이 책은 또한 나름대로 작성 특성을 지니고 있다. 양신·간린의《미학원리》와 마찬가지로 중외 미학사와 문예사의 예증을 많이 도입했다. 예를 들어, "원시사회에서의 미의 창조"부분에서 고고학과 인류학의 자료를 많이 열거해 읽을 때 지루하지 않다.

1980년대 초의 저서로서, 이 책은 당연히 매우 강한 시대적 한계를 가지고 있다. 예를 들어, 위에서 제시한 "정치적 기준"으로 미를 측정한다는 것등이 있다. 일부 결론은 피상적이면서도 독단적일 수밖에 없다. 예를 들면, 서구 형식주의 유파에 대한 인식, 즉 미래주의, 다다주의, 초현실주의 파벌은 "모든 전통을 부정하고 모든 형식미의 고유 법칙을 버리고, 사실상 형식

---

51) 류수청 등:《미학 기본 원리》, 상해인민출판사, 1984, 제1판, p.125.

에 대한 파괴에서 형식적인 파멸로 치닫는다고 주장하는데 이는 우리가 찬성할 수 없는 부분이다."[52] 특히 개정판에서는 이 부분의 내용이 삭제되어 편향된 이데올로기를 없애는 과정을 보여줬다.

제3절 실천미학의 성숙 형태

1950~60년대 미학 대토론은 유물주의 반영론을 철학의 기초로 삼아 미와 예술의 사회성을 중요시하였기에 반영론 미학이나 사회 미학이라고 부를 수가 있다. 리쩌허우와 주광첸은 글에서 각각 "실천"[53]을 언급했는데 미학의 선구자 역할을 했다. 리쩌허우가 말하는 실천은 주로 물질 생산의 실천이며, 주광첸은 정신 생산(문예 창작)을 실천의 내용으로 여긴다. 당시의 정치, 문화적 분위기에 비춰 그들이 도입한 실천 관점은 충분히 논의되지 못했다. 리쩌허우는 1970년대 말까지 〈철학의 비판을 비판한다 – 칸트를 평론하면서〉에서 마르크스주의로 칸트 철학을 개조하여 "실천"에 더욱 깊은 철학적 함의를 부여했다. 따라서 실천미학은 널리 받아들여져 1980년대의 주류 미학 사조가 되었다. 1989년에 쓰인 리쩌허우의 《미학사강美学四讲》은 실천미학의 대표작이라고 할 수가 있다.

1. 《미학사강》의 이론 기초

1970년대 말 개혁개방 정책으로 폐쇄된 중국의 문호가 활짝 열렸는데,

---

52) 류수청 등: 《미학 기본 원리》, 상해인민출판사, 1984, 제1판, p.103.
53) 리쩌허우: 〈미적 감각, 미와 예술을 논한다 – 주광첸의 유심주의 미학사상을 겸하여 논한다〉, 《철학연구》, 1956, 제5기; 리쩌허우: 〈생산노동과 세계에 대한 인간의 예술적 파악 – 마르크스주의 미학의 실천관점〉, 《신건설》, 1960년 4월호.

경제 분야도 그랬고, 사상 분야도 마찬가지였다. 형형색색의 서구 이론들이 갑자기 물밀듯이 중국의 사상계로 쏟아져 들어왔는데 "현대 서양문고"와 "미래로 가는 총서"가 대표적이다. 미학 분야에서도 리쩌허우가 주필한 "미학 번역문 총서"는 이 사조의 산물이다. 리쩌허우 본인도 철학, 미학, 중국사상사에 관한 논저《철학의 비판》(1979), 《미의 역정》(1981), 《화하华夏 미학》(1988), 《중국근대사상사론》(1979), 《중국고대사론》(1985), 《중국현대사상사론》(1987) 등을 펴내면서 미학계뿐 아니라 다른 분야에서도 많은 성과를 거둬 1980년대 사상계 전반의 핵심 인물이 되었다.

《미학사강》은 이전에 저자의 네 차례 강연 기록을 수정해 만든 책으로, 우선 1950~60년대 저자의 미학관을 계승하였는데 그의 내핵은 여전히 "마르크스주의 미학"이다: 그 다음으로 저자는 넓은 시야로 서구의 근현대 철학 유파와 미학 이론을 폭넓게 수용하였다. 칸트, 헤겔, 비트겐슈타인, 아이엘, 하이드겔, 플로이드, 마르쿠세, 멘로, 듀이, 인가덴, 도브헤나 등… 저자는 이러한 구시대적 서구인물과 그 관점을 비판적으로 수용하고 통합시켜서 자신의 이론 체계로 흡수하였다; 또한 이 책이 완성된 1980년대 중국 사회는 생산력을 극대화하기 시작했고, 과학과 기술에 대한 깊은 관심을 보여주는 등 과학주의 정신이 충만했다. 게다가 저자는 중국과 서양을 융합하여 이론의 독창성을 갖추며, 글이 세련되고 소탈하며, 기세가 비범하다. 위에서 언급한 이유들로 이 책은 1980년대 문화 정신과 시대적 분위기를 담은 고전이 되었다.

한마디로 《미학사강》의 이론적 토대는 《1844년 철학경제학 수고》에서의 "인간화된 자연"이라는 관념이고, 저자는 여기서 실천의 개념을 추려내고 실천미학을 구축한 것이다. 또한 칸트의 철학에 담긴 주체성의 개념을 녹여 역사의 시야에 포함시키고 인류학 본체론, 역사 본체론, 주체적 실천철학, 축적 등 독창적인 개념을 창조함으로써 미학 원리에 하나의 철학과 역사의 깊이를 갖게 했다.

리쩌허우는 1981년에 "미학이란 미적 경험을 중심으로 미와 예술을 연구하는 학과"라고 밝힌 바 있었다. 그의 《미학사강》은 그 발상을 그대로 답습해 미학을 먼저 논하고 이어서 미, 미적 감각, 예술을 논하였다.

2. 미학론

《미학사강》은 먼저 "미학이 무엇인가"라는 문제를 다루는데, 리쩌허우는 당시 유행하고 있던 3가지 견해에 반대하였다. 즉 차이-이蔡儀로 대표되는, 미학은 미를 연구하는 학문, 주광첸과 마치가 주장하는, 미학은 예술철학, 홍이란 등이 주창한, 미학은 심미관계를 연구하는 과학이라는 것이다.[54] 리쩌허우는 첫 번째와 세 번째 관점은 동어반복이고 두 번째 관점은 너무 좁다고 여겼다. 이에 관하여 그는 미학을 다원화해야 하고, 미학은 열린 가족이라는 관념을 제시하며 미학의 연구 대상에 대해 두 개의 표를 그렸다. 표에는 미학 연구 내용은 철학 미학에서 역사 미학으로 과학 미학까지 포함한다. 과학 미학은 기초 미학과 실용 미학을 포함하고 있으며, 실용 미학은 포괄 범위가 매우 넓어, 각종 문예 종류의 미학, 장식 미학, 사회 미학, 교육 미학 등을 포함한다. 이른바 장식 미학, 사회 미학, 교육 미학의 밑에 여러 내용으로 세분화되어 있는데 정말 체계적이고 방대하다. 리쩌허우는 자신의 분류가 억지스럽다는 점은 인정하지만, 가장 큰 문제는 서양 미학사든 중국 미학사든 이처럼 다양한 분야를 포괄한 적이 없으며, 그 분야의 대다수가 이미 미학 연구의 범위를 넘어섰기 때문에 리쩌허우 본인도 이에 대해 논할 수 없는 만큼 철학적 미학으로 돌아가야 한다는 점이다.

중화인민공화국 수립 이래 1980년대까지 중국 미학의 주류는 마르크스주의 미학이었고, 지난 몇 절에서 논한 차이-이, 왕차오원 등은 모두 마르

---

54) 홍이란은 "미학은 미를 다루는 독립적인 과학이다"라고 명확히 지적하였다. 홍이란: 《신미학강요纲要》, 청해인민출판사, 1982.

크스주의 미학을 대표하는 인물이었다. 리쩌허우 역시 이에 해당한다. 다만 리쩌허우는 그간의 마르크스주의 미학의 특징과 적폐를 예리하게 짚었다. 그는 마르크스주의 미학을 주로 일종의 예술 이론으로 여겼는데, "마르크스주의 예술론의 일관된 기본 특색은 예술의 사회적 효과를 핵심으로 하거나 주제로 삼는 것이다. 이 사회적 효과는 마르크스주의가 부르짖는 프롤레타리아 혁명사업과 비판정신과 연계되어 고려, 평가, 추정, 논평되기도 한다." 예술적 사회적 기능과 혁명적 투쟁에 대한 실질적 효용을 강조하고, 정치가 최고 기준이 되기 때문에 반영론적 인식론은 마르크스주의 미학의 초석이 된다"[55]라고 주장한다. 예술의 사회적 기능과 혁명적 투쟁에 대한 실질적 효용을 강조하고, 정치가 최고 기준이 되기 때문에 반영론적 인식론은 마르크스주의 미학의 초석이 되었다. 차이-이 등의 미학은 이런 특징을 뚜렷이 갖고 있다. 1980년대에는 이런 반영론적 미학이 시대에 맞지 않았고, 리쩌허우는 마르크스주의 미학이 발전해야 한다고 느꼈다. "프롤레타리아 혁명사업의 관점에서가 아니라 인류 전체의 물질문명과 정신문명의 성장건설의 관점에서, 즉 인류학 본체론의 철학적 관점에서 미와 예술을 다루고 연구해야 한다."[56] 발전의 결과로 리쩌허우는 인류학 본체론의 미학을 제시했다.

리쩌허우에게 인류학 본체론은 주체적 실천철학이라고도 하는데, 이는 칸트 철학과 마르크스 철학을 융합한 개념이다. 이 개념은 세 가지 함의를 담고 있다: 첫째는 인류학이다. 이 인류학은 문화인류학 의미에서의 인류학이 아니라 인류의 총체를 가리킨다; 둘째 주체성이다. 이 개념은 칸트철학에서 나왔는데 이 안에 또한 리쩌허우가 공예 – 사회구조(일명 도구본체)라고 부르는 객관적 측면(사회존재의 측면), 리쩌허우가 문화심리구조(일명 심리본체)라고 부르는 주관적 측면(사회의식 측면)이 포함된다; 셋째 실천이다.

---

55) 리쩌허우: 《미학삼서 · 미학사강美学三书 · 美学四讲》, 안휘문예출판사, 1999, p.452.
56) 리쩌허우: 《미학삼서 · 미학사강》, 안휘문예출판사, 1999, p.459.

즉 인류가 총체적으로 행한 역사적인 사회실천활동이고, 리쩌허우에게는 물질생산의 실천이 주된 의미였다. 인류는 역사적인 물질 생산의 실천을 통해 사회 존재의 본체를 이루기도 하고, 인간의 심리적 본체를 형성하기도 한다. 이런 관점에서 리쩌허우는 "역사적으로 형성된 인류문화인 심리석 구조가 어떻게 도구 본체에서 심리적 본체에 이르기까지 이미 많이 발달된 외적 물질문화에 맞설 수 있는 인류의 내재된 심리인 정신문명을 자각적으로 창조했는지를 찾아내서 교육학, 미학을 선도적인 위치로 재조정하는 것은 오늘날의 철학과 미학의 임무"57)라고 제시했다. 미학의 임무에 관한 리쩌허우의 서술은 1980년대 주류 이데올로기가 제시했던 물질문명과 정신문명의 "두 마리 토끼 잡기"에 호응하는 측면이 없지 않다.

3. 미론

미가 무엇인가에 대해 리쩌허우는 철학을 분석하는 사고방식으로 "미美"에 대한 어원학적 분석을 통해 미학사상에서의 주관파와 객관파의 미학관을 비판하였다. 주광첸으로 대표되는 주관파는 미와 심미 대상을 동일시하며, 차이-이로 대표되는 객관파는 미를 미의 성격으로 간주하였다. 그들의 연구는 심미 심리에 몰두하거나 대상의 외적 형식에 치중하는데 리쩌허우는 그들이 근원을 탐구하지 못했다고 주장한다. 정말로 물어야 할 것은 미의 근원이 무엇인지이다. "오직 심미 대상이나 심미의 성격이 아닌 미의 근원을 규정하거나 탐구해야만 진정한 의미에서 '미란 무엇인가'라는 문제를 철학적인 문제로 제기한 것이다."58) 이처럼 리쩌허우는 미의 본질을 미의 근원적 문제로 돌리고 둘을 동일시하였다.

---

57) 리쩌허우: 《미학삼서·미학사강》, 안휘문예출판사, 1999, p.465.
58) 리쩌허우: 《미학삼서·미학사강》, 안휘문예출판사, 1999, p.476.

1962년에 쓰인《미학삼제의美学三題议》를 시작으로 미의 본질과 근원에 대한 리쩌허우의 해답은 일맥상통한다. 즉, 미의 본질과 근원은 실천에서 나오고, 자연의 인간화에서 나온다는 것이다. 그러나 실천에 대한 이해에서 리쩌허우는 주광첸, 가오얼타이 등과 근본적으로 이견을 보였다. 주광첸은 정신분야의 생산도 포함시켰는데 그는 "인간은 노동실천을 통해 자연에 대한 가공, 개조를 통해 하나의 대상의 세계를 창조한다. 이 원칙은 공업과 농업의 물질 생산뿐 아니라 문예까지 포함한 정신적 생산에도 적용된다"[59] 라고 주장한다. 그러나 리쩌허우가 말하는 실천은 주로 물질 생산의 실천을 가리킨다.

또한, 리쩌허우의 미의 본질관은 1950~60년대와는 많이 달라졌음을 확인할 수 있다. 1차 미학 대토론에서 리쩌허우는 미의 객관사회설로 일가를 이뤘다. 1956년 이후 발표된《미적 감각, 미, 예술을 논한다》[60]에서 그는 미학의 기본은 인식론 문제이고, 미는 객관적 존재이며, 미적 감각은 미의 반영이라고 주장하면서 미는 인류 사회 생활의 산물, 즉 미의 사회성을 강조했다. 리쩌허우는 1980년대 주체적 실천철학을 제기하고 새로운 미학체계를 구축한 뒤 인식론 미학에서 실천 미학으로 전환했다. 이러한 전환이 당대 중국 미학의 진전에 중대한 의의가 있다는 것은 의심할 바가 없다.

미의 본질과 근원에 대한 답을 하고 나서 리쩌허우는 사회미와 자연미에 대해 탐구하였다. 사회미는 중국 미학 원리 중 독특한 개념으로 차이-이에 의해 제기되었고, 후대의 미학 연구자에 의해 널리 활용되었다. 서양 미학계에서도 자연미라는 개념에 대하여 이의를 제기해 많은 미학자가 자연미를 그들의 사고 범위에 넣지 않았다. 중국 미학계에서 사회미와 자연미를 중요시하는 것은 마르크스주의의 철학을 이론적 기초로 삼은 것과 밀접한

---

59) 주광첸:《담미서간谈美书简》, 상해문예출판사, 1980, p.51.
60) 원문은《철학연구》, 1956, 제5기에 게재됐는데 1980년에 상해문예출판사에서 출판한 《미학논집》에 수록되었다.

관련이 있다. 사회미와 자연미는 리쩌허우의 미학 체계에서 특히 중요하다.

또 리쩌허우는 진, 선, 미의 관계에서 미의 본질 문제를 논하였다. 그는 자연계 자체의 규율을 "진", 인류 실천 주체의 근본적인 성질을 "선", 진과 선의 통일이 곧 미라며 "진과 선, 합규칙성과 합목적성의 이런 통일이 바로 미의 본실이자 근원"[61]이라고 주장한다. 사회미에 있어서 선은 형식이고 진은 내용이고, 자연미에 있어서 진은 형식이고 선은 내용이다.

미의 본질은 자연의 인간화에 있기 때문에 사회미는 인간 실천의 산물이고 "사회미는 곧 미의 본질을 그대로 보여준다."[62] 리쩌허우는 사회미의 출현을 동적인 역사 과정으로 보고 정적인 성과로 응축했다. 또 실천의 역사성으로 인해 사회미의 내용도 풍부해지고 있다.

"사회미는 투쟁, 생활과정, 형태, 개인 인물의 행위사업, 각종 물질적 성과, 제품 등 그 외 역사의 폐허, 전통의 유적 등도 포함해서 광범위하다."[63] 형식미를 바라보는 리쩌허우의 시각은 특히 그의 실천 미학관을 보여준다. 1962년에 쓰인《미학삼제의美学三题议》에선 형식미를 자연미로,《미학사강美学四讲》에선 형식미를 사회미로 봤다. 이러한 이유는 형식과 법칙은 정신과 관념의 산물이 아니라 인류의 역사 실천 속에서 이루어지는데 목적성과 규칙성의 통일을 나타내기 때문이다. 인류의 역사 실천은 오늘날 과학기술 공법으로 구현되기 때문에 리쩌허우는 기술미학으로 칭하는데 이러한 관점은 여전히 공리주의의 특징을 지니고 있다.

자연미는 또한 자연의 인간화에서 나왔다. 리쩌허우는 "자연의 인간화"를 넓은 의미와 좁은 의미로 구분했는데, 좁은 의미의 "자연의 인간화"는 심은 화초수목처럼 사람이 가꾸었던 자연대상으로, 넓은 의미의 "자연의 인간화"는 인류가 자연을 정복한 역사의 척도로, 폭풍우, 바다, 황무지처

---

61) 리쩌허우:《미학삼서·미학사강》, 안휘문예출판사, 1999, p.485.
62) 리쩌허우:《미학삼서·미학사강》, 안휘문예출판사, 1999, p.486.
63) 리쩌허우:《미학삼서·미학사강》, 안휘문예출판사, 1999, p.487.

럼 인간이 개조했던 자연은 아니지만 심미의 대상이 되는 철학적 개념이다. 좁은 의미의 "자연의 인간화"는 넓은 의미의 "자연의 인간화"의 바탕이다. 리쩌허우는 주체적 실천의 본질적 역할을 강조하기 때문에 자연미와 사회미 사이의 차이를 쉽게 구별할 수 없고, 자연미는 사회미라고도 할 수 있다.

4. 미적 감각론

미적 감각에 대한 리쩌허우의 인식에도 농후한 과학주의 콤플렉스가 드러난다. 미적 감각은 심미심리학 전문 연구의 과제인 반면, 심미심리학은 수학을 바탕으로 과학적이고 실증적인 연구를 진행하며, 수학 방정식을 응용하여 심미 심리를 연구하자는 주장까지 제시했다. 이를 기준으로 하면 리쩌허우에게는 거리설, 감정이입설이 비과학적이며 실험 미학도 너무나 단순하다. 본인의 연구는 역시 철학의 길을 간다. 그는 아른하임의 격식탑 심리학과 융의 집단 무의식설을 중시하는데, 이는 그가 제시한 문화 심리적 구조, 축적과 관련이 있기 때문이다.

축적, 새로운 감성은 리쩌허우의 미학 체계에서 중요한 개념으로 미적 감각은 곧 새로운 감성의 문제이며, 축적과 새로운 감성의 두 개념은 또 자연의 인간화를 거쳐 이해되어야 한다고 생각한다. 자연의 인간화는 또한 외적인 자연의 인간화와 내적인 자연의 인간화의 두 가지 방면으로 나뉘는데, 전자는 인류가 노동으로 자연을 개조하는 역사적 성과를 말하며, 후자는 인간 자신의 감정, 욕망, 심지어 기관의 인간화, 즉 인간성의 조성을 가리킨다. "두 개의 '자연의 인간화'는 모두 인류 사회 전체의 역사적 성과다. 미학으로 말하자면, 전자(외적 자연의 인간화)는 객체 세계를 미의 현실로 만들었다. 후자(내적 자연의 인간화)는 주체심리에 심미적인 감정을 갖게 한다. 전자가 곧 미의 본질이고 후자가 미적 감각의 본질이며 모두 사회 전체의 실천적 역사를 통해 도달한다."[64] 이에 리쩌허우는 반영론의 시각에서 미적 감각은 미를 반영하는 것이 아니라 미와 미적 감각의 본질이 역사 속의 "자연의 인간화"로 귀결함으로써 그 둘이 병행하여 쌍방향으로 발전한다고 주장한다. 새로운 감성은 내적 자연의 인간화의 성과다. 축적도 사회적 실천을 통해 이뤄진 결과이고, "사회적이고 이성적이고 역사적인 것을 개체적이고 감성적이고 직관적인 것으로 축적한다는 것은 '자연의 인간화'의 과정을 통하여 이뤄졌다."[65] 이와 같이 리쩌허우의 미학체계는 자연의 인간화를 둘러싸고 이에 대한 다층적인 해석을 통해 이루어졌음을 알 수 있다.

리쩌허우는 이어 심미의 과정과 구조를 논리적으로 분석해 하나의 논리적 순서에 따라 심미 과정을 준비 단계, 실현 단계, 성과 단계로 나눴다. 준비 단계의 심미 심리는 주로 심미 태도에 있으며, 그 중에서도 심미 주의审美注意가 관건인 부분이며, 심의주의는 대상의 형식이나 구조에 대한 주의이다. 실현 단계에서 심미의 쾌락aesthetic pleasure 또는 심미의 감수aesthetic feeling를 얻는데, 리쩌허우는 이를 칸트의 심미 판단aesthetic judgement과 동일시했다. 칸트는 쾌락이 먼저냐 판단이 먼저냐를 미적 감각과 쾌감을 구별하는 열쇠라고 주장한다. 리쩌허우는 이 점에 주목해 감지, 상상, 이해, 감정 등이 교차하는 긍정적 심리 활동 과정과 심미의 주동성을 보였다고 생각한다.

심미 감지, 심미 상상, 심미 이해 등의 과정을 통해 "새로운 감성"이 만들어진다. 성과 단계에서 심미 관념이 생겨 심미적 흥미가 형성되고 심미적 이상을 배태하였다. 총괄적으로 보면, 리쩌허우의 심미적 심리 과정에 대한 묘사는 매우 창조적이다. 전에 왕차오원이 주필한 《미학개론》은 일반 심리학의 개념에 근거하여 감지, 상상, 이해, 감정 등 심리 요소의 심미 과

---

64) 리쩌허우: 《미학삼서·미학사강》, 안휘문예출판사, 1999, p.510
65) 리쩌허우: 《미학삼서·미학사강》, 안휘문예출판사, 1999, p.517.

정에서의 기능과 의의를 해석하였는데, 그 후에도 상당 부분의 미학 원리가 이를 답습하였기 때문이다. 리쩌허우의 심미 과정에 대한 논술은 텅서우야오膝守堯의 《심미심리묘사》에서 구현됐는데 이는 그 이후의 미학 원리에 영향을 주었다.

심미 형태는 심미 범주라고도 하는데, 일반적으로 미(우아한 미, 웅장한 미), 비(비극, 숭고함), 희(희극) 등을 가리킨다. 리쩌허우는 그의 체계적인 구조에 근거하여, 즉 자연의 인간화, 축적 등의 관점에서 새로운 감성의 창조를 탐구하였으나, 인간의 심미 능력을 눈과 귀를 즐겁게 하는 능력, 마음을 즐겁게 하는 능력, 정신을 즐겁게 하는 능력 등의 세 가지로 구분한다. 눈과 귀를 즐겁게 하는 것은 인간 감각의 인간화, 마음을 즐겁게 하는 것은 주로 정욕의 인간화, 정신을 즐겁게 하는 것은 일종의 최고급 심미 능력이고 일종의 도덕에 기반한 초도덕적 인생의 경지다. 이 세 가지 심미 능력이 한 층씩 점차 깊이 들어가 역사의 축적과 연마 과정을 구현하였다. 실제로 이 세 과정은 미적 감각의 다른 단계로 볼 수도 있다.

5. 예술론

리쩌허우는 예술사회학을 미학의 3대 연구 대상 중 하나로 보고 이에 착안해 최신 서양예술 이론을 취사선택하고 디키, 단토 등의 예술관을 부정하며 미학 수용을 심미심리학과 예술사회학의 융합에 대한 긍정적 평가로 받아들였다. 그러나 그는 예술사회학에 대한 논술을 펴지 못한 채 철학적 담론을 계속했다.[66]

---

66) 리쩌허우의 예술사회학에 대한 관점은 텅서우야오膝守堯에 의해 충실히 발휘되어 《예술사회학 묘사》라는 책에 담긴다. 예술사회학을 미학의 한 갈래로 보는 이 책은 "예술사회학을 심미 대상으로 구현된 예술, 즉 예술품, 예술사, 예술비평을 심미 대상의 존재, 역사, 감상으로 다루고 연구해야 한다. 한 시대의 예술이 미가 된 이유를

리쩌허우는 여전히 자연의 인간화, 감정의 본체, 축적 등의 핵심 개념으로 예술을 파악하는데, 그는 수잔 K랭거의 기호학적 관점을 흡수하여 예술품을 일종의 기호 시스템으로 보고, 인류의 심리 감정을 구축하고 확인하였다. 그가 보기에 예술품은 두 가지 조건을 갖추어야 하는데, 첫째는 인공으로 만든 물질 운반체로서 필요조건을 구성하고, 둘째는 주체의 심미 경험으로 충분조건을 구성한다. 양자의 통일된 만남으로 예술품을 심미 대상으로 만든다. 이로 인해 미의 본질은 도구 본체와, 예술 작품은 감정 본체와 연결된다. 미, 미적 감각, 예술 세 가지가 하나의 통일된 전체가 된다.

진화론적 의미와 역사성을 지닌 논리로 리쩌허우는 예술을 형식 측면, 이미지 측면, 의미 측면 등 세 가지 측면으로 나누었다. 이 세 가지 측면은 미적 감각의 차원에 상응한다. 형식 측면과 눈과 귀를 즐겁게 하는 능력과 관련돼 감각의 인간화를 나타내고, 이미지 측면과 마음을 즐겁게 하는 능력과 관련돼 욕망의 인간화를 나타내며, 의미 측면과 정신을 즐겁게 하는 능력과 관련돼 초월적 무한함을 나타낸다. 이 세 가지 측면은 또 다른 세 가지 축적유형에 대응하고 있는데, 형식 측면은 원시 축적과, 이미지 측면은 예술 축적과, 의미 측면은 생활 축적과 관련되어 있다.

리쩌허우의 입장에서 보자면, 발생학적으로 심미는 예술보다 먼저, 심미는 노동에서 기원한 것이고, 예술은 무술巫术에서 기원한 것이다. 인류 최초의 심미적 감각은 예술작품에 대한 감각이 아니라 형식 법칙에 대한 파악과 자연질서에 대한 감각이었다. 리듬, 순서, 운율과 같은 예술의 형식적 측면은 원시인들이 긴 노동의 과정에서 쌓아온 원시적 축적이라는 점에서 인간의 생물성과 사회성의 통일을 보여준다. 예술의 이미지 측면은 예술 작품에서 나타나는 구체적인 이미지를 가리키며, 고전 예술에서의 구상 세

알아내는 게 주된 목적"이라고 주장한다. (《예술사회학 묘사》, 상해인민출판사1987, p.31). 예술사회학에 대한 이런 인식은 예술사회학을 사회학의 활용법으로 보는 서구 학계의 인식과는 거리가 있다고 봐야 한다.

계와 현대 예술에서의 추상 세계를 포함한다. 이미지 측면은 마음의 정욕적 측면에 대응하고, 정욕에는 의식과 무의식의 복잡한 얽힘이 내포되어 풍부한 이미지를 생성하고, 예술적 축적을 이루게 된다. 예술작품의 의미 측면은 형식 측면, 이미지 측면과 서로 교차하는데 형식, 이미지에도 의미가 있다. 그러나 의미 측면은 순수한 인간성의 심리적 감정 본체의 구축에 관한 것이다. 삶의 축적은 "사회 분위기를 작품에 불어넣어 작품으로 하여금 특정한 삶의 의미와 심미 정서를 얻게 하고, 삶이 예술에 쌓이게 하는 것이다."[67] 삶의 축적은 예술에 있어서 창의적이며, 새로운 사회 분위기를 도입하여 기존의 축적을 변화시키기 때문이다.

요약하자면, 리쩌허우의 실천미학은 인간의 주체성, 실천의 역사성과 역동성을 중요시하기 때문에 상대적으로 정적인 사회미학에 대한 거대한 초월을 이루어냈다. 리쩌허우는 인류학 본체론, 도구본체, 감정본체, 축적 등 독창성을 지닌 개념을 제시하였고, 이러한 개념에 상대적으로 깊은 철학적 함의를 부여하여 미학이론에 상당한 이론적 깊이와 역사의 두께를 부여하였다.

리쩌허우의 미학이론에도 여러 문제가 있다는 점을 유념해야 한다. 첫째, 그의 이론은 미학의 분화와 과학화를 주창하고, "수학 방정식"으로 심미심리를 연구하며, 기술미학에 대한 추앙과 같은 예술사회학을 과학적으로 연구하는 것을 제안하는 등 과학주의의 숨결과 기술 숭배의 특징을 강하게 띠고 있어, 이러한 과학주의의 관점에 의문을 제기하지 않을 수 없다; 둘째, 리쩌허우의 이론 체계에서 몇 가지 독창성을 가진 중요한 개념은 학술계에서 공통된 의견을 얻기 어렵다. 예를 들어, "인류학 본체론"에서의 "인류학"은 문화인류학 의미에서의 인류학이 아니고 "예술사회학"도 사회학의 방법으로 예술을 연구하는 것이 아니다. 이런 개인적인 개념은 타인에게 수용되는 데 어려움을 초래하고 타인과 효과적인 대화를 형성하지 못하였

---

67) 리쩌허우: 《미학삼서·미학사강》, 안휘문예출판사, 1999, p.594.

다; 셋째, 리쩌허우는 인간의 총체적인 심미에 대한 고찰이 지나쳐 미의 개체성을 간과하며, 그의 이론 체계도 이성을 지나치게 중요시하고 감성을 경시하는 것 같다. 이는 또한 후실천미학에서 리쩌허우를 거듭 비판하는 대목이기도 하다.

제4절 실천미학의 발전과 혁신

1980년대 말 이래, 실천미학은 의문과 도전을 받았으나, 끊임없이 혁신과 발전을 거듭해 왔다. 저우라이샹의 "조화론 미학", 쟝쿵양蒋孔阳의 "미는 자유로운 이미지", 류강지의 창조자유론, 양언환杨恩寰의 미는 자유로운 형식, 장위넝张玉能의 신실천미학, 주리위안朱立元의 실천존재론 미학 등은 모두 실천미학의 내면을 풍부하게 하였고, 실천미학에 대한 발전이자 실천미학 계보에서 중요한 부분이 되었다. 본 절에서 논하려는 몇 편의 미학 원리 저서는, 예를 들어, 쟝페이쿤의 《심미활동논강》은 심미활동을 미학 연구의 출발점으로 삼아야 한다고 주장하는데 미학 원리를 작성하는 방법의 변신을 대표하며, 양언환의 《미학인론》은 실천미학에 대한 하나의 발전이며, 쟝쿵양과 제자인 장위넝, 주리위안 등의 미학 관점은 실천미학에 대한 발전을 이루었다.

1. 쟝페이쿤蒋培坤의 《심미활동논강》

지난 몇 절에서 다룬 몇 권의 미학 원리 저서는 미적 본질을 미학 원리의 논리적 출발점으로 삼고 이어 미적 감각과 예술에 대한 논술을 전개하였는데 이는 1980년대 초반 미학 원리의 전형적인 작성 패턴이었다. 1988년에 쟝페이쿤의 《심미활동논강》과 예랑叶朗이 주필한 《현대미학체계》는 동시에 출간되었는데 두 책 모두 "심미활동"을 미학 원리 연구의 출발점과 중점으로 삼아 새로운 미학 원리 작성의 패러다임을 형성하였다. 물론 두 책은 심미활동을 연구의 중심으로 삼는 것 외에는 내용과 관점에서 큰 차이가 있어 함께 논술을 펼치기는 쉽지 않다. 여기서 우선 쟝페이쿤의《심미활동논강》을 논하고, 예랑이 주필한《현대미학체계》를 다음 절에 논하도록 하겠다.

1) 이론 기초

《심미활동논강》(이하《논강》)의 이론 기초는 여전히 마르크스주의 실천철학이며, "미학적 검토는 마르크스주의의 지도를 견지해야 하며, 마르크스주의의 실천 관점과 역사 관점을 자신의 총체적 방법론 원칙으로 삼아야 한다"[68]라는 방법론적 원칙을 고수하고 있다. 그래서 이 책은 여전히 실천 미학의 계보에 속한다.

《논강》은 또 왕차오원, 양신과 간린, 류수청 등의 미학원리와는 분명한 차이를 보이는데,《논강》은 "심미활동"으로 "미의 본질"을 대체하였기 때문이다. 저자는 미의 본질을 출발점으로 한 연구에 근본적인 결함이 있고 그것은 인류 심미적 실천의 사변성에서 벗어났다고 주장한다. 미는 인류의 심미 활동에서 비롯되는 것이지, 심미 활동 밖에서 미리 만들어진 미가 아니라는 것이다. 이를 근거로《논강》은 "미학은 탐색이고 인간의 심미 활동의 모든 측면과 그 보편적인 법칙을 탐구하고 연구하는 과학의 학문"[69]이라고 제시했다. 처음으로 명확하게 심미 활동을 미학 원리 연구의 논리적 출발점으로 삼아 미학 원리 체계를 구축하였다. 이 책은 모두 5편 14장으로, 제1편(1~3장)은 심미 활동의 발생과 전개를 검토하며, 제2편(4~6장)은

---

68) 쟝페이쿤:《심미활동논강》, 중국인민대학출판사, 1988, p.8.
69) 쟝페이쿤:《심미활동논강》, 중국인민대학출판사, 1988, p.2.

심미 주체와 심미 객체 및 그 상호관계를 분석하는데 제6장에서 한 소절의 내용으로 미의 본질을 탐구하고, 제3편(7~9장)은 심미 심리 과정을 묘사하며, 제4편(10~13장)은 예술 중의 심미 문제을 연구하고, 제5편(14장)은 심미 교육을 다루었다. 내용적으로 보면 《논강》의 주체는 여전히 미, 미석 감각, 예술, 미육美育 등 전통 미학 원리의 네 가지인데, 미의 본질을 심미 활동으로 대체한 것에 불과하다.

이 책의 인용문을 살펴보면 기본적으로 사용된 이론 자원을 찾아 볼 수 있는데, 통계에 따르면 전체 276건의 인용문 중 마르크스 엥겔스 경전 이론은 총 94건(마르크스 엥겔스 전집 60건, 마르크스 엥겔스 선집 19건, 비율이 가장 높다), 서양이론은 138건, 1980년대 번역된 작품이 압도적으로 많았고, "미학 번역문 총서"가 널리 인용됐다. 중국 고전 문헌은 32편(이 중 24편은 《중국 미학 자료 선집》에서 나왔다)이 있다. 마르크스주의로 지도한 《논강》의 이론 자원은 여전히 마르크스주의 경전 저작 위주였지만 서양 이론에 대한 인용을 늘리면서 서양 이론, 특히 1980년대 이래 번역된 서양 이론 저작을 폭넓게 흡수했다는 것을 알 수 있다. 반면 중국의 문헌 인용은 상대적으로 적다. 《논강》은 서양의 이론 자원을 위주로 한 미학 원리 저서라는 것을 알 수가 있다.

2) 심미발생론

《논강》 제1편은 심미 활동의 발생, 전개 및 심미 유형의 변천 등을 중점적으로 논하였다.

《논강》은 심미 활동의 발생에 대해 먼저 서양의 심미 발생 이론을 열거하고 분석하였는데, 고대 그리스 데모크리투스와 아리스토텔레스의 모방설, 다윈과 구루스의 생체본능설, 실러와 스펜서의 놀이설, 테일러와 프레이저의 주술설 등이 있다. 특히 저자는 이 몇 가지 이론에 대해 토론하며 그것들의 합리적인 점을 충분히 긍정하였다. 하지만 이런 몇 가지 이론은 예술 기원 이론이라기보다는 심미 발생 이론에 해당하기에 심미와 예술을 동일시하는《논강》의 논리에 물음표를 붙여야 할 것이다.

《논강》은 이어 인간의 심미 수요의 발생, 심미 감각의 형성, 심미의식의 출현 등을 논했다. 일반적으로 심미 수요, 심미 감각, 심미 의식은 심미 심리학의 범위에 속한다고 하는데, 여기에서 심미 활동의 발생을 논하는 것도 일리가 있다. 저자는 마르크스의 수요 3단계(생존 수요, 향유 수요, 발전 수요)와 마슬로의 수요 5단계(생리 수요, 안전과 보장 수요, 사랑과 소속 수요, 존중 수요, 자아 실현의 수요) 이론에 근거해 심미 수요를 정신적인 향유와 발전의 수요로 간주하고 실질적으로 인류 생명의 자연스러운 수요라고 논술한다. 심미 수요는 어떻게 발생했는가? 인간의 기본적 생명활동인 노동에서 출발한 저자는 마르크스가 말하는 자유롭고 자발적인 활동이 "낙생樂生"의 성격을 지니고, 인간의 본질적 힘의 실현을 의미하며, 이화异化노동은 "생계"수단일 뿐이라고 주장한다. "인간의 심미 수요는 본질적으로 '낙생樂生'의 수요이며, 심미 활동이란 실제로 인간 자신의 생명 활동을 통해 즐거움을 얻는 활동이다."[70] 저자는 심미 수요를 인간의 본능적 수요로, 심미 수요의 발생 과정을 즐겁게 사는 인간의 수요가 의식되고 대상화되는 과정으로 본다. 심미 감각의 형성과 심미 의식의 출현에 대해 저자는 마르크스의 "노동설"로 설명하고 있는데, 이는 왕차오원 등의 주장과 일맥상통한다.

《논강》 제2장은 인류의 심미가 물질생산영역(도구제조, 기물장식, 인체장식에 관한 것), 사회교류와 사회활동 영역(주로 무술巫术활동) 및 자연 영역의 전개를 탐구하는데, 이 세 영역에 상응하는 3가지 심미 형태, 즉 물화物化 심미 문화(형식미), 물태화物态化 심미 문화(예술), 물태物态 심미 문화(자연미)를 제기하였다. 이 3개 영역에서 심미의 전개를 다룬 저자의 논술은 부족하고, 개별적 관점도 단편적이었다. 예를 들어, 원시인의 기물 장식이 단

---

70) 쟝페이쿤:《심미활동논강》, 중국인민대학출판사, 1988, p.28.

순히 사람들의 심미 수요를 충족시키기 위한 것이라는 저자의 주장은 실제로는 성립되기 어려운데, 기물 장식은 심미의 목적도 있지만 사회 공리적 목적이 더 중요할 수도 있기 때문이다. 독일 예술사학자 그로세르는 《예술의 기원》이란 책에서 인류학 자료를 많이 활용해 이 문제를 탐구했기 때문에 참고할 가치가 있다.

3) 심미유형론

미, 비悲, 희喜 등의 심미 유형은 미학 원리 연구의 중점 중 하나이다. 《논강》은 "역사와 논리의 통일" 방법으로 역사 이전 시기(史前期), 고대 문명기, 근대 문명기와 현 당대 심미 유형의 변천을 검토했다. 각 시기마다 저자는 중국과 서양의 종합과 차이를 함께 고려하였다. 저자는 헤겔이 제시한 "상징형'" 예술을 모티브로 하여 역사 이전 시기의 심미 유형을 "신비의 숭고함", 또 하나의 병존하는 심미 유형을 "순박한 조화"라고 표현한다. 후자에 대해서는 주로 중국 문헌을 인용해 증명했다. 예를 들어, 신석기 시대의 채도彩陶, 《상서尚书 · 순전舜典》에 나오는 "신인이화神人以和"71) · "팔음극해八音克偕"72)의 관점 등을 인용했다.

고대 문명기는 노예사회와 봉건사회의 시기를 가리키는데, 이 시기의 심미 유형은 주로 고전적 숭고함(노예사회)과 고전적 조화(봉건사회)였다. 그에 비해 역사 이전 시기의 숭고함은 이성보다 감성, 고전적 숭고함은 감성보다 이성이 앞선다. 중국의 예를 들어 《논강》은 리쩌허우가 《미의 역정》에서 설명한 청동기의 도철饕餮(전설상의 흉악하고 탐식하는 야수) 무늬의 미를 인용하였고, 서양의 예를 들어 고대 그리스 비극이 대표적으로 고전적 숭고함과 비극성을 동시에 보여준다고 본다. 봉건사회에서 심미 유형은 주로

---

71) 신과 인간은 시, 음악을 통해 사상, 감정을 교류할 수 있고 조화롭게 어울릴 수 있다.
72) 금金, 석石, 토土, 혁革, 명주실丝, 목木, 박匏, 죽竹 등 여덟 가지 악기는 서로 조화를 이룰 수가 있다.

고전적인 조화로서, 중국에서의 고전적인 조화는 "아雅"로 표현되고, 주창자는 주로 유교이며, 선진先秦의 도가는 다른 조화를 주창하였다. 위진魏晉 이후《논강》은 쭝바이화의 관점을 인용하여 "착채루김錯彩镂金73)과 "부용출수芙蓉出水"74)의 두 가지 유형을 제시하고, 우아한 미와 웅장한 미를 구분하여 "선진부터 당나라까지 주로 장미를 숭상하고 추구하였는데, 당나라 이후 점점 우아한 미를 숭상하기 시작했다"75)고 하였다. 서양에서는 주로 고대 그리스와 중세 시대를 논했다. 고대 그리스 부분에서는 빈켈만의 관점을 주로 인용했는데, 조각을 예로 들면 "고귀함의 단순함"과 "정숙함의 위대함"을 보여준다. 중세 부분에서는 길버트와 쿤의《중세미학》에 나오는 관점을 인용하면서 중세시대의 조화는 일종의 신적인 조화를 보여준다고 주장했다.

근대 문명기는 자본주의가 흥기하는 시기를 말하는데 이 시기의 심미 유형은 주로 비극적인 숭고함이었다.《논강》은 "숭고함이란 엄밀히 말하면 근대 부르주아 예술이 등장하면서 독립적인 심미 유형으로 자리 잡았고 숭고함에 대한 인류의 자각의식도 근대 문명 때부터 시작됐다"76)고 강조했다.《논강》은 헤겔이 제시한 낭만적 예술에 대해 분석하며 헤겔이 근대 부르주아 심미문화의 중요한 역사적 전환점, 즉 외적 세계에서 내적 세계로의 전환을 보였다고 주장한다.

《논강》은 비교적 일찍 황당함을 심미 유형 가운데에 포함시켰다. 당대 시기의 심미유형은 서양에서는 주로 황당무계한 것이었다. "바로 서구세계에서 사회, 문화, 심리 등의 분야에서 인간의 전반적 이질화는 인류의 미래에 대해 유례없는 깊은 우환의식과 인간의 존재에 대한 황당한 느낌을 낳

---

73) 여러 가지 색으로 도식塗飾하고 금으로 아로새긴 장식물; 시문詩文이 극히 정교精巧하고 화려華麗하다. .

74) 물 위에 갓 핀 연꽃. 문장이 청신하고 사랑스럽다는 것을 비유한다.

75) 쟝페이쿤:《심미활동논강》, 중국인민대학출판사, 1988, p.64.

76) 쟝페이쿤:《심미활동논강》, 중국인민대학출판사, 1988, p.68.

았다."77) 서구의 황당파 연극absurd theatre이대표적이다. 사회주의 국가에서는 "사회주의 그리고 미래사회의 심미 유형은 마르크스의 예언대로 인간과 인간, 인간과 자연, 인간과 사회의 한층 더 높은 '조화'를 구현할 것이며, 인간의 숭고한 이미지는 다시 한 번 그 모든 것을 빛낼 것"78)이라며 이질화 상태를 극복할 것이다.

일종의 역사주의 시각으로 심미 유형의 역사의 흐름을 개요적으로 묘사하는《논강》의 발상은 헤겔의 영향을 많이 받았다는 것을 알 수 있다. 다른 미학 원리 저서들에 비해 새로운 접근방식이 돋보인다. 이러한 접근방식은 심미 유형을 그 유래에 따른 문화어경语境에 포함시켜 이해함으로써 하나의 문화사적 시야를 보여주는 것이다. 그러나 그 문제 역시 분명하다.

우선, 판이한 중·서양의 역사를 이런 역사적 시기로 단순히 구분할 수 있느냐가 문제다. 둘째, 역사시대마다 복잡하고 다양한 심미 현상과 예술 현상이 담겨 있는데 이를 하나의 심미 유형으로 약정시킬 수가 있을지도 의문이다.《논강》은 고대 그리스 비극의 고전적 숭고함을 제시하면서도 비극적인 범주를 제시하고 그리스 조각을 예로 들며 조화의 미도 제시하였다.《논강》에서의 중국 심미 유형에 관한 논술을 보면 헤겔 접근방식의 무리함도 알 수가 있다. 저자의 선진부터 당나라까지 주로 장미를 숭상하고 추구하였고, 당나라 이후 점점 우아한 미를 숭상하기 시작했다는 관점은 분명 옳지 않다. 위진 시기의 주류 심미 유형이 우아한 미라는 것은 의심할 바가 없기 때문이다. 사실, 풍부하고 다양한 심미 현상에 직면하여, 일종의 약정의 방식으로 접근하기는 매우 어렵다. 중국의 미학 연구자 중 헤겔에게 깊은 영향을 받은 저우라이샹이 그런 발상을 적용했다는 것을 제외하고는 이런 방식으로 심미 유형에 접근하는 다른 학자는 드물다.

---

77) 장페이쿤:《심미활동논강》, 중국인민대학출판사, 1988, p.72.
78) 장페이쿤:《심미활동논강》, 중국인민대학출판사, 1988, p.72.

4) 미의 본질론

《논강》에서 미의 본질에 대한 논의는 심미관계에 대한 분석에서 접근하였다. 심미관계란 "인간이 심미 활동에서 맺은 주객체 간의 상대적 관계를 말한다."[79] 왕차오원은 《미학개론》에서 인식론의 시각에서 심미관계를 논하였고, 쟝페이쿤은 가치론의 시각에서 심미관계를 고찰했다. 소련의 미학자 수 스토로비치는 1972년에 펴낸 책 《심미 가치의 본질》에서 심미 관계를 가치 관계로 확립하였다. "인간의 심미 관계는 전통적으로 가치 관계였기 때문에 가치론의 태도가 아니면 이를 인식하는 일은 원칙적으로 불가능하다. 심미 관계의 객체 자체는 가치성이 있다."[80] 실천 관점에서 인간의 심미관계는 인간의 실천 활동 속에서 확립된 것이며, 또 가치론 관점에서 심미관계를 하나의 가치관계로 규정하는 쟝페이쿤의 관점과 유사하다. 이런 인식을 기초로 하여 미학을 하나의 인문학으로 보고, "존재보다 가치에 대한 추구, 혹은 인간 가치 체계에 대한 추구와 구축은 인문학과가 다른 학문과의 다른 점이다. 따라서 인문학과를 인문가치학과라고도 할 수 있다"[81]라는 학문적 본성을 지켰다. 그는 심미가 본질적으로 삶의 유한성을 넘어서 삶의 궁극적 의미와 가치를 얻기 위한 인간의 활동이라고 지적했다.

가치론의 관점이나 심미 관계에서 미의 본질을 보는 쟝페이쿤은 미의 본질은 심미 관계에 의해 결정되는 것이며, 미의 근원은 심미 관계에 있다고 주장한다. 심미관계는 본질적으로 가치관계이기 때문에 "미는 인간의 가치 활동에서 비롯되는 가치적인 존재이다."[82] 미는 주체적인 실체도, 객체적

---

79) 쟝페이쿤: 《심미활동논강》, 중국인민대학출판사, 1988, p.99.
80) (소련) 수 스토로비치: 《심미 가치의 본질》, 링지야오 번역, 중국사회과학출판사, 1984, p.20.
81) 쟝페이쿤: 〈당대미학연구에서 해결해야 할 두 가지 문제〉, 《문예연구》, 1992, 제6기.
82) 쟝페이쿤: 《심미활동논강》, 중국인민대학출판사, 1988, p.105.

인 실체도 아닌 심미 관계에 존재하는 "가치의 사실"로서 하나의 가치적인 존재이다. 이는 어떤 가치인가? 쟝페이쿤이 인간의 노동은 일종의 "자유로운 생명활동"이라는 마르크스의 관점에서 찾은 해답이 인간의 자유다. 그래서 그는 "미란 인간의 자유 본성에 맞는 가치사실이거나, 인간의 자유 생명을 나타내는 가치사실이다"[83]라고 미를 정의했다. 그에게는 심미의 유쾌함의 본질과 근원은 역시 자유로운 생명에 대한 구현, 그리고 이런 구현에 대한 체험과 관조에도 있다. 쟝페이쿤이 가치와 자유의 관점에서 미를 정의하는 것은 상당한 학술적 가치를 지니고 있다고 할 수 있다.

2. 양언환이 주필한 《미학인론》

양언환이 주필한 《미학인론》(요녕대학출판사, 1992)은 실천미학의 관점을 견지하였지만, 체계의 구축과 이론적인 관점에서는 창조성과 발전의 부분도 있어 일정한 대표성을 가지고 있다.

1) 이론 기초와 전체 프레임

실천미학 계보 중의 한 저서로 《미학인론》은 마르크스주의의 이론을 고수하고 있다: "마르크스가 제공하는 역사 유물주의 실천관과 자연의 인간화설은 미학의 과학이론과 방법론의 기초를 구성하고, 일련의 미학사상과 미학명제를 제시함으로써 과학이론과 방법론의 기초를 다졌으며, 변혁의 의의를 가지고 있다."[84] 《미학인론》은 현대 서양, 옛 소련, 중국의 미학 연구 상황을 요약해 각각의 장점과 부족함을 짚어냈다. 《미학인론》은 당대 서양 미학은 과학적인 역사관과 탄탄한 이론적 기초와 방법론 원칙이 부족하

---

83) 쟝페이쿤: 《심미활동논강》, 중국인민대학출판사, 1988, p.109.
84) 양언환 주필: 《미학인론》, 요녕대학출판사, 1992, p.49.

기 때문에 미학의 기본 문제에 대한 해답은 여전히 비과학적이라고 주장한다. 반면 당대 중국 미학은 마르크스주의 철학을 지도指导로 삼아 과학적인 이론과 방법론의 기초를 닦음으로써 건강한 발전의 길로 나아가고, 미와 예술의 철학 연구에서 중대한 성과와 획기적인 발전을 이룩했다. 이처럼 지도 원칙의 측면에서 보면《미학인론》은 차이-이의《미학 원리》, 왕차오원의《미학 개론》과 맥이 닿아 있는데 그것은 마르크스주의를 유일한 "과학적" 방법론으로 인정하고 이것으로 자기 이론의 프레임을 구축하려는 것이다.

똑같이 마르크스주의를 이론으로 삼지만 당대 중국의 미학자들은 미학 연구의 출발점에 대한 시각이 달랐다. 차이-이는 미의 본질, 리쩌허우는 미적 감각, 왕차오원은 심미 관계, 쟝페이쿤은 심미 활동을 미학 연구의 출발점으로 삼았다. 양언환은 심미관계와 심미활동을 종합하여 "미학은 일정한 심미관계에서의 심미활동을 연구대상, 즉 심미현상을 연구대상으로 삼아야 한다. 미학은 심미현상(심미관계에서의 심미활동)의 본질과 법칙을 밝히는 것이다."[85] 이를 토대로《미학인론》은 심미 경험(심미활동)을 미학 연구의 출발점으로 삼았다.

《미학인론》의 전체 프레임은 연구대상의 내재적 논리에 근거하여 심미 현상부터 시작하여 심미 경험(활동)을 출발점으로 삼고 객체와 주체, 외적과 내적 쌍방의 논리로 전개된다.《미학인론》은 그 이론의 프레임을 "심미 경험(활동)을 출발점으로 심미 객체와 심미 주체에 대응하여 연장, 전개, 심화, 심미문화까지 확장하고 심미의 기원으로 거슬러 올라가 심미의 실천이 아닌 것을 공통의 기초로 심미의 자유조형의 본질과 법칙(경지)을 제시한다. 이로써 개체 교육을 귀착점으로 삼아 개체가 자유롭게 창조하는 형식적 능력을 단련하고 육성해 개체의 자유롭게 추월하는 태도(경지)를 도야하고 가꾸면서 그들이 심미의 삶을 영위하도록 유도하려는 것이다"[86]라고 서

---

85) 양언환 주필:《미학인론》, 요녕대학출판사, 1992, p.29.

술하였다. 《미학인론》은 모두 15장으로, 기본적으로 이 프레임에 근거하여 구성한 것이다. 제1장 서론 외에 제2장부터 5장까지는 심미 객체인 심미 대상, 심미 속성, 심미 존재, 심미 본체 등에 대하여 분석하였다; 제6장부터 11장까지는 심미 주체인 심미 경험, 심미 메커니즘, 심미 개성, 심미 감상, 심미 비평, 심미 창조 등을 논하였다; 제12장은 심미 형태를 논하는데 이는 여전히 심미 객체의 범위에 속한다; 제13장은 심미 교육을, 제14장은 심미 문화를, 제15장은 심미의 기원을 논하였다.

이처럼 지금까지의 미학 원리 체계보다 《미학인론》은 마르크스주의 철학의 방법론 원칙을 고수하면서 이론과 실천, 논리와 역사를 결합한 방법론의 원칙을 관철하고 다양한 연구방법을 종합적으로 활용하였다. 구체적인 논술에서는 심미 객체와 심미 주체에 대한 분석을 더욱 강화함으로써 미의 본질과 예술이라는 두 가지에 대한 논의를 상대적으로 약화시켜 그 나름대로의 이론적 특색을 가진 미학 체계를 구축한 것으로 보인다.

2) 미의 본질과 심미 기원

《미학인론》은 미의 본질에 대한 내용은 많지 않지만 미의 본질은 의심할 여지없이 미학 원리 연구에서 회피할 수 없는 문제이고, 특히 실천 미학에는 더욱 그렇다고 할 수 있다. 미의 본질에 대한 해답은 실천미학의 근본을 이루었다고 할 수 있다.

실천미학은 의심의 여지없이 실천으로 미의 본질과 근원을 규정하는 것이다. 실천미학의 리더인 리쩌허우는 미의 본질과 미의 근원을 동일시하며, 두 가지 모두 실천, 자연의 인간화에서 나왔다고 생각하는데, 여기서 실천은 물질 생산의 실천을 말한다. 양언환의 관점은 기본적으로 이와 일치한다. 그는 1983년에 쓴 〈마르크스주의 실천관과 미학〉이라는 글에서 "미는

---

86) 양언환 주필: 《미학인론》, 요녕대학출판사, 1992, p.34.

물질 생산의 실천에서 탄생하는 것이고, 실천은 미의 근원이며, 실천에 의해 달성되는 합규율성과 합목성의 통일은 미의 본질이고, 도달한 척도와 형식의 통일은 미의 본질적 표현이다. 미의 이 비밀은 마르크스가 실천 관점, 자연의 인간화설을 세웠을 때에서야 비로소 제대로 밝혀져 나왔다"[87] 고 말했다. 그는 이후 아래와 같이 밝힌 바가 있다. "내가 인정하고 선택한 미학은 역사 유물주의 실천론 미학이나 실천 관점의 미학이며, 나는 독립적인 연구를 수행한 결과 미학은 심미 현상을 연구 대상으로 삼아야 한다고 생각한다. 그러나 심미 현상은 사회현상, 문화 현상으로서 그 역사와 현실의 깊은 기초는 단지 사회 실천일 수밖에 없다. 사회실천형식에는 여러 가지 단계가 있지만, 가장 기본적인 형식은 물질생산 실천일 뿐이고, 기타 형식은 모두 파생된 것이기 때문에 반드시 엄격히 구분해야 한다. 그러므로 미학 문제, 예를 들어 심미 실천 문제는 미학 영역 안에서 해결해야 하며, 또한 반드시 미학 영역 밖에서 해결해야 한다. 미학에 대한 연구는 미학 안에서도 미학 밖에서도 진행해야 한다. 이른바 미학 밖에서의 연구란 역사 유물주의 실천론에 근거해 물질 생산의 실천을 심미 실천의 기초와 근원으로 보는 것이다."[88]

《미학인론》은 양언환의 실천미학관을 관철하였으나 리쩌허우가 미의 본질과 근원을 동일시하는 것과는 달리 《미학인론》은 이 두 문제를 구분하였다. 이 책은 미의 본체가 두 가지 의미, 즉 미의 본원本源과 미의 본질을 담고 있다고 보고 이 두 가지 질문에 대해 각각 답하였다. 책에서 미의 근원은 인간의 사회실천활동에 있다고 제시하고 "'노동이 미를 창조했다'는 마르크스의 명제에 따르면 미는 노동에서 탄생했거나, 미는 인류의 물질생산 실천에서 탄생했다고 할 수가 있다. 노동, 실천은 바로 미의 본원이다"[89]라고 주장한다. 미의 본질에 관해서 《미학인론》은 "미의 법칙"부터

---

87) 양언환: 〈마르크스주의 실천관과 미학〉, 《요녕대학학보》, 1983, 제4기.
88) 양언환: 〈실천론 미학 단상록实践论美学断想录〉, 《학술월간》, 1997, 제6기.

검토하였고 미의 본질과 미의 법칙은 동등한 수준의 개념이며 미의 법칙을 분석하는 것은 바로 미의 본질을 제시하는 것이라고 주장한다. 미의 법칙이란 마르크스의 "인간도 미의 법칙에 따라 물체를 만든다"는 말에 근거하여 이해한 것으로, "미의 법칙"이 바로 조형 법칙이며, 주체가 "내재된 척도"에 따라 자연 형식에 대한 개조라고 주장한다. 이러한 개조는 주체의 척도와 자연형태의 통일, 즉 주체의 목적과 자연 법칙의 통일, 진과 선의 통일을 보여준다. 《미학인론》은 인식론과 가치론 두 가지 측면에서 "미는 일종의 가치 형식, 실천을 인정하는 형식, 또는 자유형식"[90]이라고 주장한다. 미가 자유 형식이라는 것은 《미학인론》에서 미의 본질에 대한 대답이다.

《미학인론》은 심미의 기원의 문제에 대해 본능설, 주술설, 유희설, 기호설, 노동설등을 들며 앞서 4개 학선의 합리성과 결함 어부를 분석한 다음 노동설만이 정확하고 합리적이라고 지적하며 심미의 기원이 노동에 있다고 명확하게 제시한다. 이는 앞서 논한 미의 근원이 실천에 있다는 관점과 맞닿아 있다.

3) 심미 경험론

미학 원리 연구의 큰 문제인 심미 심리학 문제에 대하여 6, 7장에 걸쳐 검토하였다.

제6장은 심미경험의 개념, 특징, 본질을 연구하였고, 제7장은 심미경험이 작동하는 심리 메커니즘을 분석하였다.

심미심리, 어떤 원리 저서들은 미적 감각이라 부르기도 하고, 심미 의식이라 부르기도 하며, 심미 경험이라 부르기도 하는데, 대부분은 혼동하여 사용할 수 있다. 《미학인론》은 심미심리와 심미의식이라는 두 가지 개념을 구분하여 심미심리는 심미의식과 다르며, 심미의식은 심미심리의 표층에

---

89) 양언환 주필: 《미학인론》, 요녕대학출판사, 1992, p.206.
90) 양언환 주필: 《미학인론》, 요녕대학출판사, 1992, p.221.

있고, 심미심리는 심층심리도 포함한다고 주장한다; 심미심리는 보편성을 가지고 있고, 심미의식은 시대성과 역사성을 가지고 있다고 여긴다.《미학인론》은 심미 경험을 세 단계로 나누었다: 첫째는 심미(심리) 경험의 측면으로, 이 단계는 또 심미경험의 발생(심미욕구, 심미수요), 실현(감각, 지각, 상상, 이해 등 심미능력)과 체험(심미만족, 심미쾌락, 심미감상 등)의 3단계로 나눌 수가 있다; 둘째는 심미(가치) 의식의 측면으로, 안정성을 갖는 심미기준과 심미취미를 가리킨다; 셋째는 심미 이론의 형성 측면으로, 심미경험에 대한 이론적 표현과 철학적 연구를 가리키는데 엄밀히 말하면 이는 이미 심미 경험에 속하지 않는다. 이는 심미 경험이 첫째와 둘째 단계의 문제를 주로 연구한다는 말이다.《미학인론》에서 심미 경험은 동적이고 복합적인 시스템으로 두 가지의 시동과 제어를 받는다. "한 편으로는 심미 수요의 시동이고, 다른 한편으로는 심미관념, 심미 이상의 조절이다. 이 두 가지의 심미 감각, 감정, 상상, 이해 등 다양한 심리 기능에 대한 제동이 항상 일치하는 것은 아니다. 종종 충돌을 일으켜 심미 경험의 매우 복잡한 상태와 체험을 하게 된다."[91] 《미학인론》은 실제 심미 활동 중 개인의 심미가 심미 관념, 심미 취미, 심미 이상과의 모순과 충돌이 필요하다는 것을 강조하였다. 이러한 충돌은 심미 경험을 풍부하게 만들기 때문이다. 개인 심미경험의 풍부함과 복잡성을 잘 설명한 것이다.

《미학인론》에서는 심미의 결과로 심미 이미지를 얻고 이를 주객체의 의향적 구조의 산물로 본다. 여기서 예랑이 주필한《현대미학체계》에서 심미 심리 부분의 내용을 참고하였다는 것을 알 수가 있다. 심미 경험의 특징에 대해서《미학인론》은 칸트가 제시한 미에 대한 4가지 요약을 답습하였다. 심미 경험은 무공리적인 감정의 즐거움, 개념없는 보편성, 목적없는 합목적성, 논리적 판단 없는 필연성 등 네 가지 특징을 가지고 있음을 지적하고, 이를 개체의 직관과 사회공리의 모순통일로 귀결시켰다. 심미 경험의 본질

---

91) 양언환 주필:《미학인론》, 요녕대학출판사, 1992, p.231.

에 대해 《미학인론》은 심미 경험은 본질적으로 자유로운 감정의 즐거움이라고 제시한다. 《미학인론》은 나아가 실천관으로 심미 자유에 대해 규정했는데, 심미 자유는 사회 실천의 산물로서 개인 감성과 사회 이성이 서로 융합되어 얻어지는 자유라고 여긴다. 여기서도 미의 본질에 대한 논의와 같이 자유의 시각에서 심미 경험의 본질을 규정하는 것으로 일관하였다고 할 수가 있다.

종합적으로 볼 때 《미학인론》은 실천미학의 기본 관점을 충실히 따랐고, 이론 체계와 관점에서의 혁신이 있었다. 구체적으로 아래와 같다: 첫째, 미의 본질과 미의 근원을 구분하여 "자유"로 미의 본질과 미적 감각의 본질을 규정하고, 미의 본질을 자유의 형식으로 간주하며, 미적 감각의 본질을 자유의 감정적인 유쾌로 간주해 미의 본질에 대한 검토를 풍부하게 하다; 둘째, 인식론과 가치론이라는 두 가지 각도를 결합해 미의 본질, 심미형태 등을 연구하여 비교적 종합적인 결론을 내렸다; 셋째, 심미심리를 하나의 동력 메커니즘으로 보고 심미경험 과정을 분석하는 데 치중하고 논리가 분명하다; 넷째, 개념에 대한 분석을 중요시하고, 구조도 분명하며, 표현도 분명하고, 한 장의 끝나면 그 뒤에 작은 매듭을 지어 요약하기 때문에 파악하기 쉽다. 이런 창작격식도 기릴만하다.

3. 쟝쿵양 등의 신실천미학

쟝쿵양은 실천미학의 대표적인 인물 중 하나로 독일 고전미학이 주요 연구 분야다. 제자가 많은데 미학 원리로 따지자면 장위녕張玉能, 주리위안이 실제 미학 사상을 계승하고 발전시킨 사람이라고 할 수 있다. 그 외에 주즈룽朱志榮이 중국 고전미학에서 의상을 중심으로 제시한 "의상론"의 미학도 빼놓을 수 없다. 여기서 쟝쿵양, 장위넝, 주리위안의 신실천미학을 논하도록 하겠다.

276

1) 쟝쿵양의 《미학신론》

1950~60년대 미학 대토론에서 사회생활의 실천 관점에서 미를 탐구한 쟝쿵양은 "미는 인간의 마음이나 의식이 아니며 마음대로 창조할 수 있은 것도 아니다. 인간의 사회생활에서 벗어난 일종의 물질의 자연속성으로 존재하는 것도 아니다. 인간이 자신의 물질과 정신의 노동 과정에서 점차 객관적으로 만들어 발전한 것이다"[92]라고 주장한다. 가오얼타이의 주관설과 차이-이의 객관설에 반대하며 미의 객관성과 사회성을 명시했다. 신 시기 이래 쟝쿵양은 그의 미학관을 더욱 발전시켰는데, 이는 《미학신론》(1993)에 전형적으로 나타나 있다.

《미학신론》에서 쟝쿵양은 미학 연구의 출발점으로 현실에 대한 인간의 심미 관계를 제시하고, 미학은 예술을 주요 연구 대상으로 하며, 예술을 통해 현실에 대한 인간의 심미 관계를 연구해야 한다는 그의 지론을 펼친다. 실제 미의 본질에 대한 그의 시각은 "새로운" 의미를 더한다. 종합해 보면, 쟝쿵양의 미의 본질관에는 아래와 같이 몇 가지 요점이 있다:

첫째, 미의 창조성. 쟝쿵양은 미를 개방적인 시스템으로 보고 끊임없이 변화하고 창조하는 가운데 있다고 여긴다. "우리가 말하는 창조는 물질의 기초 위에서 여러 요소들이 서로 연결되고, 모순되고, 서로 충돌하고, 그 다음 양적인 변화에서 질적인 변화로 이어지는 질적인 변화이다. 미의 창조가 따르는 것은 바로 마르크스주의의 이 보편적인 법칙이다. 이 보편적인 법칙에 따르면 우리는 미의 창조를 다층적이고 돌파적인 창조Cumulative emergence라고 생각한다. 이른바 다층적이고 돌파적인 창조란 두 가지 의미를 지닌다. 미의 형식 측면에서 이는 공간적 축적과 시간적 연관이 교차하면서 형성한 시공간적 복합구조이다. 미의 발생과 출현 측면에서는 이는 양적 변화로부터 질적 변화에 이르는 갑작스러운 변화를 가지고 있다. 우

---

92) 쟝쿵양: 〈미를 약론한다〉,《학술월간》, 1957, 제4기.

리가 아직 분석 추리할 겨를도 없이, 갑자기 우리 앞에 나타나서 우리를 확 잡아챈다."93) 이렇게 해서 미는 정적이고 완성된 대상이 아닌 역동적이고 변화하는 대상으로 보게 되었다.

둘째, 미의 차원. 미는 끊임없이 변화하는 가운데 다양성과 복잡성을 지니고 있다. 쟝쿵양은 미를 네 가지 차원으로 구분하였다: 자연물질적 차원, 지각표상적 차원, 사회역사적 차원, 심리의식적 차원이다. 자연물질적 차원은 미의 객관적 성격과 감성의 형식을 결정하고, 지각표상적 차원은 미의 전체 이미지와 감정적 색채를 결정하며, 사회역사적 차원은 미의 생활내용과 문화의 깊이를 결정하고, 심리의식적 차원은 미의 주관성과 풍부하고 복잡한 심리 특징을 결정한다. "그래서 미는 내용적이면서도 형식적이며, 객관적이면서도 주관적이며, 물질적이면서 정신적이며, 감성적이면서 이성적이다. 그것은 여러 가지 요소들이 다층적으로 다면적으로 축적되어 있기 때문에 우리는 미를 단순화할 수도, 고정시킬 수도 없다. 미는 끊임없는 창조 과정의 복합체이다."94)

셋째, 미는 인간의 본질적 힘의 대상화이다. 쟝쿵양은 "미는 인간의 본질적 힘의 대상화"라는 실천미학의 전형적인 명제에 공감하고 그 내면을 깊이 있게 분석하였다. 그는 인간의 본질적인 힘은 물질적 속성, 즉 인간의 자연력과 생명력, 또 인간의 정신적 속성, 즉 자의식과 정신력을 포함하는 다원적이고 다층적인 복합 구조라고 주장한다. 쟝쿵양은 인간의 본질적 힘의 사회성을 강조하면서 이를 사회역사의 산물이라고 지적하면서도 인간의 본질적 힘의 개체성을 부각시켰다. "인간은 생명이 있는 유기적인 전체이기 때문에 인간의 본질적인 힘은 추상적인 개념이 아니라, 살아 숨쉬는 발랄한 생명력이다. … 인간은 깊이, 높이, 아속雅俗, 미추美丑의 차이를 지니기 때문에 인간의 본질적인 힘은 서로 다르다."95) 바로 이 점에서 그

---

93) 쟝쿵양: 《미학신론》, 인민문학출판사, 1993, pp.136-137.
94) 쟝쿵양: 《미학신론》, 인민문학출판사, 1993, p.145.

는 다른 실천미학자들과 다른 점을 보여줬다. 리쩌허우의 실천미학에서 실천은 물질생산의 실천을 가리키고 주광첸은 예술을 또 하나의 생산으로 간주하는데 쟝쿵양은 실천에 대한 이해가 주광첸에 더 가깝고 인간의 본질적인 힘은 물질적 속성과 정신적 속성의 두 가지 측면을 포함한다고 여긴다. 동시에 쟝쿵양은 인간의 본질적인 힘의 개체성을 부각시켰다. 단체를 중요시하고 개체를 소홀하는 리쩌허우 실천미학의 편파를 바로 잡았다고 할 수가 있다.

넷째, 미는 자유의 형상이다. 인간의 본질적 힘의 대상화의 결과는 바로 형상이다. "우리가 미란 인간의 본질적인 힘의 대상화라고 하는 것은 사실은 미는 미의 법칙에 따라 창조되는 형상이기 때문이다."[96] 쟝쿵양은 미의 형상을 자유의 형상으로 보고, 세 가지 방면으로 논증하였다. 우선 미의 이상과 자유의 이상은 항상 한데 결합되어 있다.; 둘째, 헤겔, 마르크스, 엥겔스는 모두 자유에 대하여 논하였는데, 자유의 법칙은 객관적 필연 법칙에 대한 파악이기 때문에 합목적성과 합규칙성의 통일인 법칙으로서 자유의 법칙이라고 주장한다. "양자가 일치하면 미의 형상은 자유의 형상이 된다."[97]; 마지막으로 예술창작과 인간의 심미 감상에서 말하자면, 미의 법칙은 더욱 자유의 형상이다. 쟝쿵양은 미를 여러가지로 규정하는데 특히 미를 개방적이고 동적인 시스템으로 간주하여 미의 창조성과 계층성을 제시한다. 그리고 인간의 본질적인 힘의 정신성과 개체성을 중요시하는데, 리쩌허우의 실천미학을 크게 확장시키고, 실천미학의 혁신을 가능하게 하였다. 그래서 실천미학의 계보를 체계적으로 정리한 쟝후이章輝는 쟝쿵양을 "실천미학의 총화자"[98]로, 또 다른 연구자인 쟝궁张弓은 쟝쿵양을 "신실천

95) 쟝쿵양: 《미학신론》, 인민문학출판사, 1993, pp.171-172.
96) 쟝쿵양: 《미학신론》, 인민문학출판사, 1993, p.186.
97) 쟝쿵양: 《미학신론》, 인민문학출판사, 1993, p.194.
98) 쟝후이章輝: 《실천미학: 역사계보와 이론 종결》, 북경대학출판사, 2006.

미학의 창시자"[99])로 본다. 물론 이 두 가지 설이 모순되지는 않는다.

2) 장위녕이 주필한 《신실천미학론》

1990년대 이후 실천미학은 "후실천미학"의 도전을 받는데 한때 분분하고 형형색색한 유파들이 이를 대체하려 했다. 하지만 실천미학 옹호론자들도 적지 않았다. 장위녕은 실천미학의 영지를 지키며 실천미학의 반대자들에 맞서 신실천미학의 깃발을 들었다. 《신실천미학론》은 그가 2001년 신청한 국가사회과학기금 프로그램 《마르크스주의 실천미학 범주 체계》의 최종성과로 그의 미학관을 대표할 수 있다. 이 책은 상하편으로 구성되어 있는데 상편은 실천의 이론적 내포에 대해 서술하고, 하편은 심미적 범주를 논하였다. 여기에서는 상편에 대해 중점적으로 분석을 전개하도록 하겠다.

쟝쿵양의 제자인 장위녕은 쟝쿵양을 따라서 실천에 대해 분석하였다. 그는 쟝쿵양이 수행한 미의 차원에 대한 분석을 참고하여 실천도 다층적이고 개방적인 성격을 지닌다고 주장한다: "실천의 다층성이란 실천 자체는 다층적이고 축적된 구조라는 의미다. 실천의 개방성이란 실천이 고정불변의 구조가 아니라 시간과 공간 및 구체적 조건에 따라 끊임없이 조절되고 변화하는 항상 새롭고 달라지는 구조라는 의미다."[100] 장위녕은 실천을 물질 교환의 차원, 의식작용의 차원, 가치평가의 차원 등 3단계로 나누는데 3단계는 겹겹이 누적되는 관계이면서도 서로 엇갈리는 관계이다. 각 차원에는 또한 세 개의 시스템이 포함되어 있으며, 미의 서로 다른 특징을 결정한다: 물질 교환 차원에는 공구 운영 시스템, 언어 기호 시스템, 사회 관계 시스템이 포함되는데, 이에 상응하여, 그것들은 대상에게 미의 형상성, 감성적 감각성, 이성적 상징성을 갖게 하여, 어느 한 미의 대상에 나타나면 대상미

---

99) 장궁張弓:《역사 시점에서의 실천미학》, 법률출판사, 2009.
100) 장위녕 주필:《신실천미학론》, 인민출판사, 2007, p.4.

의 외관적 형상성이라고 일컬을 수 있다; 의식 작용계 차원에는 무의식 시스템, 잠재의식 시스템, 의식 시스템이 포함된다. 무의식 시스템은 수요를 주로 표현하므로 수용충동 시스템이라고 할 수 있다. 잠재의식 시스템은 주로 수요에서 목적으로의 전환을 나타내며, 목적 구축 시스템이라고 할 수 있다. 의식 시스템은 심미 활동과 예술 활동에서 감정을 중개하는 단계의 상태로 나타내며, 감정 중개 시스템이라고 할 수 있다. 이 세 개의 시스템은 미로 하여금 정신적 내포성, 초월적 공리성, 감정 중개성을 가지게 하는데 그 총체적인 특징을 감정 초월성이라고 할 수 있다; 가치 평가 차원에는 합규칙의 평가 시스템, 합목적의 평가 시스템, 합규칙과 합목적이 통일된 평가 시스템이 포함되는데 즉 진, 선, 미의 가치가 미의 대상을 합규칙성, 합목적성, 합규칙성과 합목적성의 통일성을 가지게 함으로써 미의 자유로운 구현이라고 귀결할 수가 있다.

실천의 다층성과 맞물려 장위닝은 실천을 물질생산, 정신생산, 언어실천 등 세 가지 유형으로 나눴는데, "인간의 현실 존재는 실천일 뿐이며 실천의 전체 속에 물질생산, 언어실천, 정신생산은 내적으로 통일돼 물질생산을 핵심으로, 언어 실천을 중개로, 정신생산을 구현으로 하는 교호작용을 하는 입체적 네트워크 시스템을 구성한다. 그 중에서 가장 구현되고 빛나는 것은 심미활동과 그 가치의 구현인 미이다"[101]라고 그는 주장한다. 여겨서 장위닝은 물질생산과 정신생산을 실천으로 보는 주광첸과 달리 언어실천을 포함시켜 실천의 전체로 보고 실천의 영역을 확장시켰다.

장위닝은 또한 하나의 시간적 논리에 따라 실천을 획득적 실천, 창조적 실천, 자유적 실천으로 나눴다. 획득적 실천은 초기 인류와 영장류의 동물이 공유한 것으로, 인간의 본질을 드러내기가 매우 어렵다. 창조적 실천은 자연에 없는 것을 창조하는 실천이며, 자유적 실천은 모든 물종의 잣대를 적용해서 하는 실천이다. 장위닝은 자유적 실천이 미와 미적 감각을 창조

---

101) 장위닝 주필: 《신실천미학론》, 인민출판사, 2007, p.28.

한 것으로 보고, 인식론과 가치론 등의 시점으로 미와 심미는 실천 창조의 자유에서 생겼다고 본다."예술은 심미 가치의 자유로운 구현이나 자유로운 창조이다."102)

장위녕은 그만큼 실천의 내포를 깊이있게 확장시키고 실천미학의 논의 영역과 해석력을 풍부하게 했다는 것을 알 수가 있다.

3) 주리위안이 주필한 《미학》

장쿵양의 다른 제자인 주리위안은 실천존재론미학을 제시하였다.

이는 하이데거 현상학의 영향을 받았음은 두말할 나위 없다. 실제로 당대 중국의 적지 않은 미학 원리, 예를 들어 펑푸춘彭富春의 《철학미학도론》, 우홍바오牛宏宝의 《미학개론》 등은 현상학의 영향을 깊이 받았다. 그러나 주리위안은 하이데거 현상학의 영향을 받았다고 인정하면서도 존재론의 근원을 마르크스로 거슬러 올라가게 했다. 마르크스는 "인간은 추상적으로 세계에 칩거하는 존재가 아니다. 인간은 인간 세상이다"103)라고 말하였다. 이에 따라 주리위안은 "마르크스는 실천론과 존재론을 유기적으로 결합시켜 실천론을 존재론의 근간으로 자리 잡게 했고, 존재론은 실천적 품격을 지녔다. 그런 의미에서 하이데거가 중요한 시사점을 줬지만 정작 실천존재론미학에 직접적인 근거를 제공한 사람은 마르크스였다. 우리는 바로 마르크스의 실천과 존재가 하나라는 사상을 철학적 기초로 하여 실천존재론미학을 구축하는 기본적 사고방식을 탐구하였다"104)라고 밝혔다. 그는 〈나는 왜 실천존재론미학으로 갔을까〉라는 글에서 실천존재론미학의 일곱 가지 주장을 펼쳤다: 첫째, 실천존재론미학은 여전히 실천론을 철학적 기초로 하지만 그 근간을 인식론에서 존재론으로 옮겼다; 둘째, 심미 활동은 삶의 실

---

102) 장위녕 주필: 《신실천미학론》, 인민출판사, 2007, p.76.

103) 《마르크스엥켈스선집》제1권, 인민출판사, 1995, p.1.

104) 주리위안朱立元: 〈나는 왜 실천존재론미학으로 갔을까〉, 《문예쟁명》, 2008, 제11기.

천을 위한 필수적인 구성요소일 뿐 아니라 인간의 기본적 존재 방식과 기본적 삶의 실천이기도 하다; 셋째, 실천존재론미학의 연구대상은 주객 이분의 사고방식을 넘어서 인간과 세계의 심미 관계와 그 현실의 전개 즉 심미 활동을 연구대상으로 한다; 넷째, 실천존재론미학의 한 가지 기본주장은 생성론으로 기성론을 대신하는 것이다; 다섯째, 자연미도 역시 기성이 아닌 생성물로 본다; 여섯째, 심미는 일종의 고급적인 삶의 경지이다; 일곱째, 실천적존재론미학의 논리적 구축으로 먼저 심미 활동(심미 관계의 구체적인 전개로서)을 논리적 시발점으로 삼아 심미 대상과 심미 주체가 심미 활동에서 어떻게 현실적으로 생성되는지, 그리고 심미 활동의 성격, 특성을 탐구한다. 이어서 대상형태와 주체경험 두 가지 측면에서 심미행태와 심미경험을 논하고, 그 뒤로 예술과 예술활동을 논하며, 마지막으로 심미교육 즉 미육 美育으로 정착시켰는데, 그의 논리의 프레임은 심미활동론 - 심미행태론 - 심미경험론 - 예술심미론 - 심미교육론이다.

주리위안이 주필한《미학》[105]은 위와 같은 논리로 구성되었는데, 전서는 모두 6편으로 되어 있다. 제1편은 서론이고 미학사와 미학의 기본문제를 논하며, 제2편은 심미활동론, 제3편은 심미행태론, 제4편은 심미경험론, 제5편은 예술심미론, 제6편은 심미교육론이다. 이 프레임에서 보면, 한 편으로 주리위안의 연구 아이디어는 스승인 쟝쿵양의 영향을 받았다는 것을 알 수가 있다. 쟝쿵양은 인간과 현실의 심미 관계를 미학 연구의 출발점으로 삼았고, 예술을 미학 연구의 중심으로 삼았는데, 이 두 가지는 모두《미학》에 나타났다. 다른 한편으로《미학》의 몇 장은 1980년대 이래의 미학 원리의 주요 내용을 그대로 계승하고 있다. 예를 들면, 쟝페이쿤과 예랑의 미학 원리 저서, 즉 심미활동을 연구의 출발점과 대상으로 하고, 심미범주, 심미경험(미적 감각), 예술, 심미교육 등은 모두 전통적인 미학 원리의 연구 내용이다. 물론《미학》의 이 몇 가지에 대한 논술은 독창적인 면도 보여줬다.

---

105) 주리위안朱立元 주필:《미학》, 고등교육출판사, 2001, 제1판 / 2006, 제2판.

예를 들어 구체적인 논술에 중국과 서양의 미학사가 잘 녹아 있다. 그 가운데 가장 큰 혁신은 그 철학의 근간인 실천존재론의 발상이다.

《미학》에서 주리위안은 또 실천존재론에 대해 좀 더 자세히 논하였다. 실천에 대하여 그는 국내에서 실천을 물질 생산 노동의 주류로 간주하는 세 가지 의견의 문제점을 지적하였다: "첫째는 실천의 존재론적 측면을 간과한 것이고, 둘째는 인간의 다른 실천형태를 배제한 것이며, 셋째는 인간과 자연의 관계에만 착안하여 실천을 논하여 인간과 세계의 다른 차원의 관계에 대한 판단을 중지시켰다."[106] 주리위안의 관점에서 볼 때, 먼저 마르크스의 일련의 논저에서 실천 개념은 가장 기초적인 물질 생산 활동뿐만 아니라 정치 활동, 도덕 활동, 심미 예술 활동과 기타 각종 정신 생산 활동과 광대한 일상적인 인간 생활 활동도 포함한다. 한 마디로 실천개념은 인간의 사회생활 전반을 포괄한다. 마르크스의 실천개념과 존재개념이 내적으로 융통하며 실천개념은 생성된 것이다. 주리위안은 마르크스의 존재론은 실천을 근간으로 하는 사회존재론이라고 제시했는데 이는 세 가지 기본적 특성을 지닌다: 첫째는 실천론과 긴밀하게 결합하는 것이고, 둘째는 실생활을 포괄하여 인간 존재를 이해하는 것이며, 셋째, 인간 존재를 구체적 사회관계로 접근하는 것이다. 많은 실천미학자와 마찬가지로 주리위안도 미에 대한 "자유"의 의미를 제시하는데 즉 "자유는 미학의 철학적 기초에서 미학의 내재적 문제로 넘어가는 중개 개념이며, 인간의 탄생, 실천 - 존재에서 심미 현상, 심미 활동으로 넘어가는 중개의 고리이기도 하다."[107]이다.

요약하자면 실천존재론은 역시 실천미학의 업데이트로 볼 수 있고, 신실천미학의 계보에 포함될 수 있다.

---

106) 주리위안 주필: 《미학》, 고등교육출판사, 2006, 제2판, p.58.
107) 주리위안 주필: 《미학》, 고등교육출판사, 2006, 제2판, p.62.

제5절 실천미학 이후의 이론 탐색

1980년대 후반에는 이미 실천미학에 대한 의문과 도전이 있었고, 미학 본체론은 실천미학에서 존재미학으로 방향을 틀었다. 리쩌허우의 실천미학을 가장 먼저 비난한 것은 류샤오보刘晓波의 "심미 절대자유론"이나, 이후 "후실천미학" 계보에 포함될 수 있는각종 새로운 주장 등, 예를 들어 양춘스杨春时의 "초월미학", 장훙张弘의 "존재미학", 판즈창潘知常의 "생명미학", 왕이취안王一川의 "체험미학" 등은 하이데거 실존주의미학에 영향을 받았고 실천미학에 충격을 주었다. 하지만 새로운 설이 아무리 현혹해도 실천미학을 대체하여 새로운 미학 체계를 제대로 갖추지 못하였다. 제3장에서는 이에 대해 여러 가지 해석이 나왔다. 따라서, 이 절에서 선정한 세 권의 미학원리 저서는 후실천미학에 포함되지 않는 또 다른 하나의 새로운 구축방식과 이론적 취향을 드러낸다. 예랑이 주필한 《현대 미학 체계》는 중국과 서양의 미학 자원을 통합하려고 하고, 장파张法의 《미학 도론》은 글로벌 이론적 시야에서 미학 체계를 되돌아보며, 류웨디刘悦笛의 《생활 미학과 예술 경험》은 제3장에서 제시하는 미학 본체의 생활론으로의 전환을 대표한다.

1. 예랑이 주필한 《현대 미학 체계》

쟝페이쿤의 《심미활동논강》과 같은 해 출간된 예랑이 주필한 《현대 미학 체계》(이하 《체계》)는 마찬가지로 미학 연구 대상을 심미활동으로 정했지만, 쟝페이쿤의 저서에서 서양 이론자원을 많이 차용한 것과 달리 중국 고전미학의 이론자원을 융합해 새로운 미학체계를 구축하려 했다.

1) 이론 기초와 전체 프레임

《체계》는 마르크스주의를 철학의 기초로 하고 있지만, 마르크스주의를 핵심 개념과 이론 체계로 하는 반영론미학과 실천미학에 비해, 이론의 시야가 확 트이고 다원적인 연구방법을 강조하며 현대적 형태의 미학 체계를 건설하려는 야망을 제시한다. 《체계》는 현대미학 체계가 다음과 같은 네 가지 원칙을 구현해야 한다고 제안하였다. 첫째, 전통미학과 현대미학의 관통을 나타내야 한다. "우리는 당대미학의 각 중요하고 영향이 큰 유파들을 체계적으로 분석하고, 그 중 합리적이고 가치 있는 것을 적당히 개조하여, 우리 자신의 시스템으로 흡수하고, 적절한 위치에 배치하고, 우리 체계의 한 부분을 구성해야 한다."[108] 둘째, 동방미학(주로 중국고전미학)과 서양미학의 융합이다. "현대형태의 미학은 다양한 문화적 시야를 가져야 하며, 동방미학(특히 중국미학)의 독특한 범주와 체계를 연구하여 서양미학과 중국미학을 융합시켜야 한다."[109] 셋째, 미학과 여러 이웃학과의 침투이다. "미학의 현대적 형태와 미학의 다양한 역사적 형태의 중요한 차이는 바로 이러한 다학제, 학제간, 초학제에 대한 연구로 이루어진 인접학과의 미학적 침투에 있다."[110] 넷째, 이론 미학과 응용 미학의 병진이다. 응용 미학의 발달로 "우리는 현대 미학 체계를 구축할 때 응용 미학을 충분히 중시해야 한다."[111]

지난 몇 절에서 설명한 바와 같이, 전형적인 미학 원리 체계는 미의 본질, 미적 감각, 예술, 미육美育이라는 네 부분을 포함하는데, 특히 앞의 세 부분은 흔히 볼 수 있다. 《체계》는 심미활동을 연구대상으로 미학을 심미형태학, 심미예술학, 심미심리학, 심미사회학, 심미교육학, 심미설계학, 심미발생학, 심미철학 등 8대 계열 학과로 분류했다.

이 책의 논술에 따르면 심미형태학은 인간 심미 활동이 역사 단계와 문

---

108) 예랑 주필: 《현대 미학 체계》, 북경대학출판사, 1988, p.22.
109) 예랑 주필: 《현대 미학 체계》, 북경대학출판사, 1988, p.23.
110) 예랑 주필: 《현대 미학 체계》, 북경대학출판사, 1988, p.28.
111) 예랑 주필: 《현대 미학 체계》, 북경대학출판사, 1988, p.29.

화권별로 어떻게 형성되고 변천해 왔는지 등을 살펴보며 심미 범주를 다룬다. 쟝페이쿤의《심미활동논강》과 마찬가지로《체계》는 미, 비悲, 희喜를 따로 논하지 않고 관련 문화적 큰 배경 속에 두어 연구를 진행한 것은 1980년대 말 심미문화 연구가 시작된 것과 무관치 않다. 심미예술학은 예술을 중점적으로 연구하고, 심미의상审美意象을 중심 범주로 한다. 심미심리학은 체계적으로 심미 감흥의 성질, 유형과 동적 구성을 밝힌다. 심미사회학은 심미활동과 사회의 상관관계를 연구하며, 심미문화를 둘러싼 사회학연구를 진행한다. 심미교육학은 어떻게 심미활동을 통해 사람을 만들어 심미개체가 자유인격의 이상을 향해 전면적으로 발전하게 할 것인가를 모색하는 것이다. 심미설계학은 응용미학에 속해 기술디자인과 밀접한 관계이며 핵심 범주는 기능미다. 심미발생학은 인류 심미 활동의 기원을 탐구한다. 심미철학은 주로 심미활동의 본질을 탐구하는데 핵심 범주는 심미 체험이다.

위의 8대 계열 학과와 전통 미학 원리의 네 부분을 대조해 보면, 심미사회학과 심미디자인학 외에 심미형태학, 심미발생학, 심미철학은 미의 본질, 심미심리학은 미적 감각, 심미예술학은 예술, 심미교육학은 미육에 대응한다는 것을 알 수가 있다. 그리고 심미사회학은 미의 본질연구에 포함될 수 있을 것 같다. 그렇다면《체계》의 연구대상은 미, 미적 감각, 예술 등 전통의 세 부분에서 벗어나지 못한다. "책의 체계 전체에서 볼 때 가장 핵심적인 범주는 심미감흥, 심미의상, 심미체험이다." 그러나《체계》는 중국 고전 미학 개념(심미체험, 심미감흥, 심미의상)으로, 중국 고전미학 자원으로 미학 체계를 구축하려는 것이 특징이다. 지금부터 가장 핵심적인 세 가지 개념을 분석해 보도록 하겠다.

2) 심미의상意象론

《체계》는 심미예술학을 미학의 한 갈래[112]로 보고 그 연구대상이 예술이며 그 핵심과제를 예술이 무엇인가에 대한 문제로 귀결시킨다. 이에 대해

이 책은 "중국 고전 미학은 예술의 본체를 심미의상라고 생각한다"[113]는 확답을 제시한다. 이를 예랑은 선명하게 고수하는데 2010년에 펴낸 미학 원리 저서의 "컬러 삽화본"은 바로 "미는 의상에 있다"라는 이름을 붙였다.[114] 《체계》는 먼저 중국 고대와 서양의 예술연구를 간단하게 정리한다. 이어서 예술과 예술품의 개념을 고찰하고, 중점적으로 "의상"을 분석하였으며, 또 의상의 구성관계로 서양의 현대파 예술을 분석하였다.

중국 고대의 예술 연구에 대해 《체계》는 "사대기맥四大奇脉": 원기元气론, 의상意象설, 의경意境설, 심미심흉心胸론을 요약하였다. 노자를 근원으로 한 도가 학설은 중국 예술의 진정한 정신을 대변한다고 지적하였다.[115] "사대기맥四大奇脉" 외에 "도道"와 "묘妙"의 두 가지 개념을 중점적으로 논하였다. "도道"는 중국 고대 미학의 철학 본체이고, "묘妙"는 중국 예술의 일종의 차원 높은 추구이며, 도에 대한 체득이자 깨달음이다. 책에서 "의상"은 중국 고전 미학의 기본이라고 제시한다. 서양의 예술연구를 근원연구(유희설, 심층심리설을 주로 논술한다), 본질연구(모방설, 표현설을 주로 논술한다), 조건연구(제임스 드와이트 다나 예술의 3가지 요소를 주로 논술한다), 본체연구(러시아 형식주의), 수용연구 등 다섯 가지로 나누고 신흥의 수용연구에 집중하여 논술하였다.

《체계》는 하이데거의 《예술작품의 근원》에 나오는 관점을 참고해 예술품과 기구의 연계와 차이를 분석했고, 후셀 현상학 용어를 차용해 예술 제작

---

112) 국내에서 "심미예술학"이란 제목으로 출판된 전문저서(예를 들어, 자오리안위안趙連元의 《심미예술학》, 수도사범대학교출판사, 2002)가 있고 내용에는 미, 미적 감각, 예술 등이 포함돼 있는데 미학원리와 별로 다르지 않다.

113) 예랑 주필: 《현대 미학 체계》, 북경대학출판사, 1988, p.90.

114) 예랑 주필: 《미는 의상에 있다》, 북경대학출판사, 2010.

115) 쉬푸관徐复观이 쓴 《중국예술정신》은 학술계에 큰 영향을 미쳤다. 이 책은 중국 문화에서 예술정신은 공자와 장자를 모델로 하고, 장자는 순수예술정신을 부각시켜 그림에 집중하였다고 주장한다. 이는 본 관점과 서로 참고할 수가 있다.

과 감상을 일종의 "의향적意向性" 행사로 간주했다. 이런 활동에서는 형식이 "의상"으로 바뀐다. "'의상'이란 조직적인 내적 통합의 결과물로, 내포된 의미를 지닌 감성의 세계다."[116]

《체계》는 "의상"에 중점을 두고 분석하였다. 저자는 우선 중국 고전 미학에서의 "의상"을 서양의 사르트르가 가리키는 "의상"과 후셀 철학에서 "의상", 서양 "의상파" 시인이 쓰는 "의상"과 간단하게 비교하여 전자의 독특성(심미의상)을 지적한다. 일반적으로 중국 고전 미학에서의 "의상"은 감정과 경치의 교감을 가리킨다. 《체계》는 또 "심미의상은 심미의 주객체 간의 의향적 구조에서 비롯되며 심미의 주객체 간의 의향적 구조에서만 존재할 수 있다"[117]고 현상학에서의 "의향적 구조"로 의상을 풀이했다. 《체계》는 심미의상을 흥상興象, 유상喻象, 추상抽象 등 3가지로 분류한다. "흥상"과 "유상"은 중국 고전 미학의 개념이고 "추상"은 현대의 개념이다. 흥상의 특징은 "천연天然"이고 "세계"를 중심으로 "자아"가 "세계"로 내려앉는다; 유상喻象은 "자아"를 중심으로 "세계"가 "영혼의 모험"이 되는 것이 특징이다. 또 유상喻象은 비유유상喻象, 상징유상喻象, 신화유상喻象으로 나뉜다; 추상抽象은 비재현非再現, 비개념非概念, 비유체非喻体의 의상을 말한다. 흥상 유상에 관한 예술 사례는 중국 고전시를, 추상에 관한 예술 사례는 중국 서예와 서양 추상예술을 예로 들었다.

《체계》는 완전히 중국화된 개념인 심미의상을 예술의 본체와 미학 원리의 핵심 개념으로 보는데 이는 중국 고전 미학의 자원을 미학 원리에 접목하는 데 적극적인 탐색과 개척을 하였다고 할 수 있다. 앞서 차이-이가 주필한 《미학원리》에서도 의상을 논했는데 그는 의상을 형상 사유의 결과물로 보고 전형적인 의상만이 미가 될 수가 있다고 주장하지만 《체계》는 의상을 본체의 지위로 끌어올렸다. 물론 저자의 논술에서 검토할 만한 점도

---

116) 예랑 주필: 《현대 미학 체계》, 북경대학출판사, 1988, p.111.
117) 예랑 주필: 《현대 미학 체계》, 북경대학출판사, 1988, p.116.

있다. 예를 들어, 예술 본체로서의 심미의상에 대하여 분류 묘사를 할 수 있을까? 이념을 미의 본체로 삼는 플라톤의 "이념"은 더 이상 분류할 수 없다는 것은 분명하다. 분류할 수 있다고 해도《체계》에서의 흥상, 유상, 추상의 분류는 억지스럽다. 주로 중국 시, 서예와 서양 추상 회화 등 정적 예술을 예로 삼아 논술하였는데, 음악, 연극, 영화 등 동적 예술에 대하여 개괄력이 떨어지는 것 같다.

3) 심미감흥론審美感兴论

심미감흥이라는 장에서 토론하는 것은 심미심리다.《체계》는 중국 고전 미학의 "감흥"으로 미적 감각, 심미 심리 등의 개념을 대체하였다. 책에서는 감흥에 대해 이렇게 설명한다: "'감흥'은 감성의 직접성(직관)이며, 인간의 정신이 총체적으로 일으키는 감발感发, 흥발兴发이며, 솟아오르고 넘쳐흐르는 인간의 생명력과 창조력이며, 인간 감성의 충만과 원만이며, 인간의 정신적 자유와 해방이다."118)

그동안 심미심리에 대한 연구는 주로 두 가지 모델이 있었다. 하나는 일반 심리학의 개념을 참조하여, 심미심리를 감각, 지각, 상상, 감정 등의 요소로 논술하는데, 왕차오원이 주필한《미학개론》이 대표적이고 류수청등 주필한《미학기본원리》도 그러하다; 다른 하나는 일종의 시간적 논리에 근거하여, 심미심리를 하나의 과정으로 간주하여 여전히 일반 심리학 용어로 그 과정을 묘사하는데, 리쩌허우의《미학사강美学四讲》이 대표적이고 이 책은 심미심리를 준비단계, 실현단계, 성과단계로 구분하였다. 쟝페이쿤의《심미활동논강》역시 심미심리를 비슷한 단계로 분류했다. 첫 번째 모델보다 두 번째 모델은 심미심리를 하나의 동적인 과정으로 간주하여 심미심리의 풍부함을 파악할 수 있다.《체계》는 바로 두 번째 모델로 심미감흥을 준

---

118) 예랑 주필:《현대 미학 체계》, 북경대학출판사, 1988, p.171.

비단계, 흥발단계, 지속단계로 분류한다. 준비단계의 심리 활동은 심미주의와 심미기대를 포함하고, 흥발단계는 심미지각, 심미상상, 심미깨달음과 심미감정을 포함하며, 지속단계는 심미음미와 심미심경을 포함한다. 특히 《체계》는 첸중수钱钟书의 관점과 자료를 인용해 "통감通感"을 거론하기도 했다.

《체계》는 심미감흥에 대해 정성定性분석을 하였는데, 실제로 미적 감각의 특징에대한 분석이며 다섯 가지 특징을 정리하였다: 무공리성, 직관성, 창조성, 초월성과 쾌락성이다. 《체계》는 또 심미감흥의 여섯 가지 유형, 즉 미감와 추감, 숭고함과 황당함, 비극감과 희극감을 구분하였다. 이 두 부분은 고금동서의 많은 문헌을 인용하여 증명한 것외에 이전의 미학 원리에 비해 그다지 특별한 점이 없다.

심미심리연구는 미학이론에서의 어려운 점이기 때문에《체계》는 심미감흥이란 중국화의 개념을 사용했지만 관련 논술은 기본적으로 이전의 심미심리의 연구를 그대로 답습하고 있어 이를 뛰어넘기는 어려울 것으로 보인다. 따라서《체계》는 "감흥"이라는 개념이 "심미감각", "심미경험'", "미적 감각" 등의 개념보다 심미심리의 다방면의 특징을 포용하고 개괄할 수 있는 개념이라고 생각했지만, 예랑은《미학원리》에서 모두가 쉽게 받아들일 수 있는 "미적 감각"이라는 보편적인 개념을 사용하기에 이른다.

4) 심미체험론

대부분의 미학 원리 저서에서 미의 본질이라는 문제는 가장 중요하고 먼저 논의되는 것이다. 《체계》는 이를 마지막 장에 두고 "심미체험"이라는 이름으로 심미철학, 즉 심미의 본질을 검토하여 미적 본질이라는 문제를 심미의 본질로 옮겼다.

《체계》는 우선 서양미학사에서 미의 본질에 관한 해답을 정리하면서 이성주의와 비이성주의의 두 가지 방향을 구분하여 이 두 가지 방향의 문제

점을 지적하였다: "서양미학사(심지어 서양철학사)는 길고 긴 시간 동안 하나의 기본적인 관찰방법이나 사고방식을 따르고 있었다: '나'를 세계와 분리시키고, 주체와 객체를 서로 분리시킨 다음 객관적인 태도로 대상에 대하여 외적인 묘사적 관측과 관찰을 한다."[119] 여기서 비판하는 것은 서양 전통철학의 이원론적 사고방식이다. 1950~60년대 미의 본질에 대한 논의는 여전히 그 연장선에 있다. 《체계》는 주객 이원론의 관념을 부정하고 립스의 감정이입설을 인정하는데 이는 주객 2분을 주객합일로, "미의 철학"에서 "심미철학"으로 전향하였다고 생각한다. 《체계》는 한발 더 나아가 딜타이로 대표되는 서양 체험철학과 후설로 대표되는 현상학에 촉수를 내민 뒤 그들의 관점을 받아들여 "심미는 곧 자유로운 체험"이라는 관점을 제시하는데 심미활동의 본질을 "체험"임을 인정한다. "'체험'은 서양 체험철학에서 만들어진 개념이다. 우리는 이 개념이 심미활동의 본질에 대해 잘 설명할 수 있고 중국 고전 미학(특히 왕부지의 미학)과 잘 맞는다고 생각한다. 그래서 우리는 이 개념을 서양 체험철학에서 추출해 심미철학의 핵심 개념으로 삼았다."[120] 이 관점은 서양 현대철학과 중국 고전미학을 잘 조화시킨 것이다.

심미활동의 본질을 체험으로 정립한 뒤 《체계》는 심미체험과 심미감흥, 심미의상의 상관관계를 논하였다. 저자의 입장에서 보면 이 세 가지는 동일하다. 심미감흥은 "주체가 의상 속에서의 존재에 대한 자유로운 체험"[121]이고, 심미의상은 심미활동에서 구축한 산물이며, "심미체험의 원인이자 심미체험의 결과"[122]이기 때문이다. 이런 인식으로 《체계》는 미의 본질을 규정하였다. 즉 "미(광의의 미)는 곧 심미의상(객관적 실재가 아님)이고,

119) 예랑 주필: 《현대 미학 체계》, 북경대학출판사, 1988, p.529.
120) 예랑 주필: 《현대 미학 체계》, 북경대학출판사, 1988, pp.540-541.
121) 예랑 주필: 《현대 미학 체계》, 북경대학출판사, 1988, p.542.
122) 예랑 주필: 《현대 미학 체계》, 북경대학출판사, 1988, p.544.

심미의상은 심미 활동(체험)의 산물이기 때문에 미는 마음에도 없고 사물에도 없고 심미 활동에만 있다. 다시 말해 미는 주체와 객체의 의향적 관계에만 존재한다."[123] 여기서 미의 본질을 심미의상으로 명확히 정립하고 미와 심미활동, 그리고 주체와 객체의 관계를 강조하였다.

《체계》는 이어 심미체험의 의향적 구조를 분석해 그 의향적 구조를 "생명력 있는 형식"이라고 주장한다. 《체계》는 생명력 있는 형식이란 "내內형식"을 가리키며 플라톤 이래의 철학자나 미학자(플로티누스, 샤프스베리 백작, 허치슨, 에디슨, 칸트, 실러, 후셀, 하이데거 포함) 등의 이에 관한 논술을 추적했다. 쉽게 말하면 생명력 있는 형식은 심미활동에서 생명의 초험적 상태를 가리키며, 생명은 시공간적 한계를 넘어 영원과 무한, 자유의 경계를 경험한다. 《체계》에서 하이데거의 "존재", "본진本真"등의 개념과 왕부지의 "현량설現量说(본영本荣 있는 그대로) 등의 관점을 비교 연구를 통하여 이를 주체와 객체 간 생명의 소통과 교합이 형식적으로 이뤄지는 것으로 간주한다.

《체계》에서 제시한 네 가지 원칙 중 하나인 중국 고전미학과 서양 미학의 교감은심미체험에 관한 연구에서 특히 돋보인다. 저자는 현상학의 많은 관념, 특히 "의상성구조"라는 개념으로 심미체험과 심미의상을 해석하려고 한다. 중국 고전 미학에서의 관련 논술과 맞물려 "의향성 구조"에 대한 이해가 정확하다고 할 수는 없지만[124], 중서이론의 융합에 있어서는 적극적으로 탐구하고 있음에 틀림없다.

총괄적으로 보면, 1980년대 말 출간된 《현대 미학 체계》는 마르크스주의 미학을 이론적 기초와 이론적 핵심으로 하는 종래의 반영론미학과 실천미학에 비해 큰 파격이다. 전통과 현대, 중국과 서양의 이론 자원의 융합을

---

123) 예랑 주필: 《현대 미학 체계》, 북경대학출판사, 1988, p.545.
124) 《현대미학체계》에서 "의향성"이론에 대한 수용 연구에 관하여 펑펑彭锋의 《도입과 변이: 시양미학이 중국에 있다》(수도사범대학교출판사, 2006) 제 9장 "현상학미학과 중국미학의 부합"을 참고함.

꾀하고 있는데, 특히 중국 고전미학의 자원을 위주로 심미의상을 핵심으로 하는 새로운 미학 원리 체계를 구축하여 미학원리의 중국화를 적극적으로 개척하고 미학원리의 중국화에 도움을 주었다. 이후 국내에서 주즈룽의 《중국미학원리》, 치즈샹祁志祥의 《중국미학원리》 등 중국 미학 원리를 이름으로 한 원리 저서 여러 권이 출간됐다.

2. 장파张法의 《미학도론》

1) 이론 기초와 전체 프레임

당대 중국 미학 원리 체계에는 항상 철학의 기초가 하나 있다. 실천미학은 마르크스주의 유물론과 실천관을 철학적 기초로 삼고, 후실천철학은 생명, 체험 등을 철학적 기초로 삼으며, 장파의 《미학도론》은 이러한 이론의 틀에서 벗어나 미학 학문 자체에서 출발하여 미학사의 시야와 글로벌한 마음으로 미학 이론을 사고한다. 장파는 미학 체계를 구축하려면 이러한 몇 가지 문제에 주의해야 한다고 생각한다: "첫째, 미학의 기본 문제를 정한다; 둘째, 미학의 기본 용어를 정한다; 셋째, 미학의 기본 문제와 기본용어를 역사적, 글로벌적, 우주적 시각으로 본다; 넷째, 자신이 깊은 역사의식을 가져야 하고 자신의 역사적 한계를 의식해야 한다. '하나님식'의 말이 아니라 구체적인 시공에 살고 시대적 한계를 받는 사람의 말로 미학을 논해야 한다. 총결 의식, 시대 의식, 개방 의식을 모두 지녀야 한다."[125]

이러한 인식에 근거하여 저자는 미학은 주로 다음과 같은 몇 가지 측면을 포함한다고 본다: 첫째는 심미 현상학이고 인간의 심미가 어떻게 시작됐는지, 어떻게 진행되었는지, 결과가 어떤지 등 인간 심미의 구체적인 상황을 분석하는 데 실제로 심미 심리학을 대응한다; 둘째는 심미 유형학이

---

125) 장파: 《미학도론》, 중국인민대학 2004, 제2판, p.23.

고 미, 비悲, 희喜 등 몇 가지 심미유형을 탐구한다; 셋째는 심미 문화학이고, 서로 다른 문화 중의 심미관념과 표현 형식과 그 심층 근원을 연구한다; 넷째는 형식미의 법칙이다; 다섯째는 미의 기원이고 인류문화학의 시각으로 미가 어떻게 발생했는지, 인간이 미를 어떻게 인식하게 됐는지를 검토한다; 여섯째는 미학의 학과 역사를 검토한다. 저자는 심미현상학, 심미유형학, 심미문화학, 형식미 법칙의 네 부분이 가장 중요하다고 본다. 지금까지의 패러다임 미학 원리 저서들, 즉 미, 미적 감각, 예술 등 3가지를 연구대상으로 한 미학적 체계와 비교하면,《미학도론》은 미의 본질, 예술에 중점을 두지 않고 심미현상학, 심미유형학, 심미문화학, 형식미 법칙을 가장 중요한 내용으로 간주한다. 이 네 부분 중 심미현상학은 심미심리학과 동일할 수 있으며, 심미유형학과 형식미 법칙도 기타 미학 원리 체계에서 많은 연구가 이루어지고 있다. 심미문화학 부분은《도론》의 가장 특색 있는 부분일 뿐만 아니라, 실제로 저자는 문화학의 시야를 전서에 관통하고 있으며, 이는《도론》의 최대 이론적 포인트를 구성하였다. 물론 저자의 다른 부분에 대한 분석은 역시 자신의 미학관에 근거하고 창의성을 지니고 있다.

《도론》은 총 7장으로 구성되어 있다. 제1장은 "미학이 무엇인가"이고 미학의 역사를 서술한다; 제2장은 "미는 무엇인가"이고 미학사에서 미의 본질에 대한 연구를 검토한다; 제3장은 "미는 어떻게 얻는가"이고 심미심리학을 논한다; 제 4장은 "미의 기본 심미유형"이고 심미유형학을 논한다; 제5장은 "미의 문화 모델"이고 심미문화학을 논한다; 제6장은 "미의 인류학 기원"이고 미의 기원 문제를 다룬다; 제7장은 "미의 우주학적 근거"이고 형식미 법칙을 논한다.

2) 미는 문화에 있다: 문화학의 시각

미학 원리 연구의 3대 축인 미, 미적 감각, 예술은 서양 미학사의 방향에 따라 추출됐는데 미의 본질에 대한 서양학자의 답안에 나타난 것은 서양문화정신이다. 다른 문화 유형의 미에 대한 대답에 모두 맞는 것이 아니다. 이전의 미학 원리가 이 문제에 주목하지 않았거나, 주목하였지만 기존 미학 원리의 틀에 갇혀 이를 돌파하기 어려웠을 것이다. 《도론》은 이 점을 분명히 인식하고 미를 생리적 쾌감이고, 이러한 생리적 쾌감은 언제나 문화적 쾌감으로 이어진다고 지적하였다. "문화의 높이에서만 어떻게 다른 형식이 아닌 이런 형식이 보편적인 형식이 되어 새로운 쾌감 구조의 대응물이 되었는지를 제대로 설명할 수 있다"[126]고 지적하였다. 저자는 또 문화쾌감을 일반 문화 쾌감과 최고 체험으로 나누었다. 전자는 문화의 모든 측면에 보편적으로 존재하는 형식에 대응하고, 후자는 문화의 본질을 가장 잘 갖춘 것으로 그 주요 구체화형식이 바로 예술이고 오직 우수한 예술만이 최고 체험을 불러일으킬 수 있다. 따라서 문화마다 예술 형식과 풍격이 다르다는 것은 "피크 체험이 다르기 때문이고 피크 체험이 다른 이유는 문화의 "도道"가 다르기 때문이다. … 다른 문화 모델이 다른 미를 만들어냈다."[127] 따라서 저자는 미는 문화적이고 미의 깊이가 문화의 깊이에 의해 만들어진다고 지적한다. 저자는 문화적 시각을 도입하면서 서로 다른 문화를 비교하고, 문화의 비교에서 서로 다른 문화 속의 미를 파악하였다.

"미의 기본적 심미유형" 부분에서 저자는 사회론이나 가치론의 입장에서 미, 비, 희등 심미유형을 폭넓게 논하지 않고 구체적인 문화 속에서 검토하였다. 저자는 중국 미학, 서양 미학, 인도 미학에서의 심미유형 이론을 탐구하였다. 이 중 중국은 당나라 사공도司空图의 《시품诗品》, 서양은 노스럽 프라이의 《비평의 해부》, 인도는 보로도의 《무론舞论》을 대표로 뽑아서 세 가지 문화의 심미유형의 이론을 해부하고 정리했다. 저자는 중국의 심미 유형을 아래와 같이 몇 가지로 요약하였다: "첫째는 강경하고 부드러운

---

126) 장파: 《미학도론》, 중국인민대학 2004, 제2판, p.23.
127) 장파: 《미학도론》, 중국인민대학 2004, 제2판, p.24.

것이고 우주천지 부분에서, 둘째는 신神, 일逸, 묘妙이고 주요 사상과 역사적 발전에서, 셋째는 사계절의 경치이고 우주 간 천지인의 상호침투와 운동에서, 넷째는24품이고 2,3,4 기본 분법의 전개이다. 중국 미학은 우주천지 자연의 운동을 핵심으로 전개되었는데 우주를 미로 정의하기 때문에 심미유형은 기본적으로 미의 유형이 된다."[128] 노스럽 프라이의 심미 유형 이론의 기본 구조는 "신(천당)과 마(지옥)의 선악 대립으로 이원적 대립의 두 단계를 이루며, 3가지 기본 유형(전기傳奇, 고모高模, 저모低模)을 낳아 5가지 유형(신화神话, 반어反讽, 전기傳奇, 고모高模, 저모低模)이 되고, 다시 4가지 유형(희극, 전기傳奇, 비극, 반어)이 되어 24상相으로 전개된다."[129] 인도의 심미범주는 맛과 정으로 되어 있는데, 저자는 보라도의《무론舞論》에 나오는 팔미八味와 팔상정八常情을 분석하여, 인도의 미학이 비록 구체적인 예술 부문에서는 객체 측면의 분류에 편중되어 있지만, 이러한 객체 분류는 주체심리의 팔미八味에 기초한다고 지적하였다. 저자는 세 가지 문화의 심미유형의 이론을 비교 연구해 "서로 다른 문화의 분류 패러다임에서 공약적 논리적 통일을 추구하려고 하였다."[130] 이러한 접근방식이 심미유형의 공통성을 나타내는 한편, 서로 다른 문화 속의 심미유형의 독특성도 나타낼 수 있다는 것은 분명하다.

미의 깊이가 다른 문화의 깊이 위에 세워진다는 관념에 근거해 "미의 문화적 모델"부분에서 저자는 서양, 중국, 인도, 이슬람 등 4가지 문화 중 심미이상과 그 문화적 함의를 각각 탐구하고 각각의 문화에서 가장 대표적인 예술을 예로 들어 해석하였다. 서양문화는 고대 그리스 조각을 예로 들며 서양미학의 이상을 조화로 요약하였는데 구체적으로 아래와 같이 몇 가지가 있다: 첫째, 인간의 존재와 허공 우주의 조화이다; 둘째, 초점은 인간의

---

128) 장파:《미학도론》, 중국인민대학 2004, 제2판, p.92.
129) 장파:《미학도론》, 중국인민대학 2004, 제2판, pp.96-97.
130) 장파:《미학도론》, 중국인민대학 2004, 제2판, p.101.

존재와 허공 우주의 심미 시점을 형성한다; 셋째, 그것이 보이는 미는 기하학적 의미와 미의 비율이란 형식을 지닌다. 이런 비율로 미의 형식을 결정할 수 있는 것은 형식 뒤에 있는 대립면의 투쟁이고, 대립면의 투쟁은 그 형식을 다른 형식으로 바꿔가고 있다."[131] 저자는 또 중세 기독교당, 르네상스 회화, 근대 교향악, 현대 서양예술을 예로 들며 서양 미학의 특징을 자세히 설명하였다. 중국 문화에 대해 저자는 중국인의 우주관을 가장 잘 보여주는 태극도太極圖를 입수해 "중국의 우주기氣, 음양陰陽, 오행五行에서 나온 대립적이고 성쇠를 서로 보완하며 순환하는 조화 사상이 미의 중국 패러다임의 이론적 토대"[132]라고 지적한다. 중국의 기气를 가장 잘 대변하는 우주의 예술은 중국의 서예와 회화인데, 저자는 이 두 가지 예술에 나타난 선의 흐름과 그 미학적 함의를 탐구하고, 또 중국의 제도적 건물인 자금성과 율시律诗를 예로 들어 중국 미학의 또 다른 심층 모델을 분석하였다. 저자는 미의 중국모델의 독특성을 "첫째, 심미시선은 우러러보다가 굽어살피고 먼 곳과 가까운 곳을 왕래하는 움직이는 시선이다; 둘째, 사물 뒤에 있는 것은 하나의 기음양오행氣陰陽五行의 의미 시스템"[133]이라고 요약하였다. 저자는 독특한 종교적 정서를 지닌 인도 문화의 특징을 살려 힌두교의 3대 주신과 그 안에 나타난 인도 미학의 특징(천지공 3계의 우주 공간, 화신 형상, 화신 시각 공간), 그리고 불교예술(불탑, 석굴암, 벽화, 무용)이 보여주는 인도 미학의 독특함을 분석하였다. 이슬람 문화에서의 미에 대하여 저자는 이슬람 정신을 가장 잘 나타내는 이슬람 사원을 꼽아서 분석하였는데, 이슬람 사원은 진주真主 자체에 부합하는 변증법적 구조임을 지적하였다. 저자는 위의 4가지 문화에서 미의 모델을 분석해 종교형 문화에서 "종교와 심미의 통합은 종교형 문화에서 미의 구체적 표현 형식"[134]이라고 지

---

131) 장파: 《미학도론》, 중국인민대학 2004, 제2판, p.141.
132) 장파: 《미학도론》, 중국인민대학 2004, 제2판, p.150.
133) 장파: 《미학도론》, 중국인민대학 2004, 제2판, p.162.

적하였다. 이러한 관점은 서양 미학을 중심으로 구축된 서구중심주의의 미학 이론을 깨는 데 긍정적인 의미를 가질 수 있다. "《미학도론》 중 미의 문화 패러다임의 제시에서 가장 의미 있는 것은 미학 원리에 의해 간과되었던 문제, 즉 심미경험에서 느낄 수 있는 미의 깊이의 문제이다."[135]

3) 중국미학자원의 도입과 통합

1980년대 초기의 미학 원리 저서의, 예를 들어 차이-이가 주필한 《미학원리》, 왕차오원이 주필한 《미학개론》과 같이 마르크스주의 철학을 기초로 하여 구축된 이론 체계, 이론 자원은 서양의 전통 미학과 마르크스주의 대표 작가의 고전 논저를 위주로 하며, 중국 전통 미학 재료의 인용은 거의 없었다. 그 후 중국 미학에 대한 연구가 깊어지고 중국식의 미학 원리 체계를 구축해야 하는 필요성이 대두되면서 중국 전통자원이 미학 원리에 점점 더 많이 편입되었다. 리쩌허우의 《미학사강美学四讲》에는 많은 전통 미학의 내용이 녹아들었지만, 전체적으로는 대부분의 미학 원리 저서에서 중국 미학의 도입은 아직까지는 "어휘"의 측면으로서 이를 일부 미학 이론이나 개념의 예시로 삼았다. 예랑이 주필한 《현대미학체계》는 전통 미학과 당대 미학의 관통, 그리고 동방 미학과 서양 미학의 융합이라는 원칙을 제시했는데 책에는 심미의상과 심미감흥 등 중국화의 개념을 제시하여 미학 원리에 중국미학의 진입을 크게 진전시켰다. 이에 비해 장파의 《미학도론》은 한발 더 나아가 중국 미학을 자원의 측면뿐만 아니라 이론적 측면에서도 미학 원리의 구축으로 들어가게 하는데 지금부터 간단하게 분석하도록 하겠다.

우선 중국 미학 자원의 도입이다. 《미학도론》 전서를 살펴보면, 구체적 논술에 중국 미학의 도입은 어디에서나 찾아볼 수 있다. 제1장 "무엇이 미

---

134) 장파: 《미학도론》, 중국인민대학 2004, 제2판, p.185.
135) 장파: 《20세기 중서미학원리체계 비교연구》, 안휘교육출판사, 2007, p.348.

학인가"에서 저자는 서양 미학의 역사를 간략하게 논술한 후, 곧이어 중국에서 미학의 발전사를 요약하고, 미학이 중국에 전래된 고증에서 당대 중국 미학의 개황까지를 논하였다; 제2장 "무엇이 미인가"는 미의 본질을 탐구하고, 주로 서양의 이론을 논하지만, 중국 미학계에서의 미의 본질에 대한 탐구도 다뤘는데 제5절인 "미가 어떻게 존재하는가"에서 중국미학에서 미가 언어적으로 어떻게 사용됐는지를 분석하였다; 제3장 "미는 어떻게 얻는가"는 심미심리에 대해 논하고, 19세기 심미심리학파의 각종 이론을 다룬 것인데, 구체적인 논술에서도 마찬가지로 중국 미학의 예증을 많이 사용하였다; 제7장 "미의 우주학적 근거"는 형식미를 분석하는데 마찬가지로 중국 미학 자원을 대량으로 도입하였다.

그 다음으로 중국 미학의 이론적 측면에서의 구축이다. 제7장 "미의 문화모델"에서 중국 미학을 서양 미학과 어깨를 나란히 하는 문화유형으로 분석하였다. 제4장 "미의 기본 심미유형"에서 중국, 서양과 인도의 심미유형 이론을 결합하여 미, 비, 희를 세 가지 큰 유형으로 분석하였는데 미를 우아한 미, 웅장한 미, 단정함으로 나누고, 비悲를 비태悲态, 비극, 숭고, 황당함으로 나누며, 희를 괴상함, 추함, 익살스러움으로 나눴다. 웅장한 미, 단정함, 비태, 괴상함과 같은 몇 가지 심미유형은 기본적으로 중국 미학에서 따온 것인데, 저자는 이를 보편성을 지닌 심미유형으로 변화시켰다. 제6장 "미의 인류학 기원"은 더욱 두드러지는데, 저자는 중국의 고대 문화를 예로 들며 미의 인류학 기원을 탐구하였다. 저자는 대량의 고고학적 자료와 선진의 전적을 바탕으로 미가 어떻게 의식(례)에서 잉태되며, "문(원시 문신, 조정의 면복 등)"에서 솟아나며, 원시 채색도에서 흐르며, 청동도철문青铜饕餮纹 장식에서 응결되며, 선진의 파례破礼에서 만들어지는 역사적 동태의 과정을 분석하였다.

《미학도론》을 보면 중국미학은 이미 미학 체계의 이론적 차원에 들어섰고, 이는 중국 미학 원리 체계의 구축을 크게 촉진하였다. 중국미학이 미학 원리에 반영될 때 "어휘"차원에서 "문법"차원으로의 전환을 크게 진전시켰다 할 수가 있다.

《미학도론》의 창조적인 점은 이러한 것들뿐만이 아니다. 제3장 "미는 어떻게 얻는가?"는 왕차오원이 주필한 《미학개론》 이래 일반심리학 개념에 심미심리와 리쩌허우의 심미심리과정을 응용한 분석모델이 아니라, 주광첸 등이 해방 전에 추앙했던 심미거리설, 직감설, 내모방설, 가정이입설 등을 포함한 서양의 19세기 심리학미학의 파벌로 돌아가 이를 중국미학이론과 융합시켰다. 심미거리설의 경우 에드워드 블로우의 심리적 거리, 현상학적 괄호, 중국의 허虛와 정靜으로 해석해 직관설을 중국의 의경意境이론에 접목했다. 저자는 또 미켈 뒤프렌의 심미현상학을 거울삼아 예술심미의 5가지 논리적 단계를 분석하면서 미의 부호화와 부호화 해체의 논리를 제시한다. 저자는 "구체적인 민족, 문화, 시대 속에서 미학의 기호화가 완료되면 미적 감각에 의해 부호화된 객체인 미는 공공의 정의이자 공인된 객관성으로 인식된다. … 현실적으로 우리가 미란 무엇인가를 말할 때 종종 기호화된 미의 사물을 가리킨다. 미의 사물은 민족, 문화, 시대의 지식 체계 중 하나로 구성된다."[136] 시대가 변하면서 이렇게 구축된 미는 부호화될 수도 있다. 이런 이론은 미의 문화적 본질을 잘 설명한다. 또 책에서 형식미를 강조한 것도 주목할 만하다.

물론 독창성을 지닌 미학 원리 저서로서 《미학도론》은 전통미학에서 주목한 예술문제에 대하여 충분히 검토하지 못하였고 자연미의 문제에 대하여 많이 언급하지 못했다는 등의 미흡한 점이 없지 않다.

3. 류웨디의 《생활 미학과 예술 경험》

류웨디의 《생활 미학과 예술 경험》은 글로벌시대와 대중문화시대라는 새로운 역사어경語境에 입각하여 풍부한 중·서양의 예술경험을 통해 실천

---

136) 장파:《미학도론》, 중국인민대학 2004, 제2판, p.84.

미학과 후실천미학을 넘어서려는 이론적 형태인 생활미학을 구축하였다. 21세기 중국미학이론에서 남을 모방하지 않고 스스로 일가를 이루고 있다고 할 수가 있다. 특히 미학분야와 다른 학문분야에서 생활론으로의 전환이 나타난 배경 아래에서 생활미학은 더욱 주목받을 만하다.

1) 이론기초와 전체 프레임

이 책의 가장 큰 이론의 구축으로서 생활미학은 후기 하이데거, 비트겐슈타인, 듀이 등 당대 서양철학과 중국 유교 미학을 철학적 기초로 삼았다. 이 책의 이론적 기초는 다원적인데 중국과 서양 미학사에 입각하여 당대 중국 미학계에서 60여 년 동안 미학 원리 연구에서 축적한 이론적 성과와 문제적 시야를 광범위하게 흡수하였다. 또 방대한 이론적 시야를 가지고 국제 미학계의 선진전인 문제를 체계에 포함시키는 한편, 풍부한 예술 경험과 당대인들의 일상적인 심미경험을 한데 융합하였다. 미학의 개방성과 학제적 원칙을 지닌 이 책은 중국 본토를 시야에 두고 일종의 "대미학" 연구의 홀로그램을 제시하였다. 이 홀로그램은 "미의 철학"을 중심으로 하고 이 통섭 아래 미학의 영역은 "인간 – 자신" 계통의 심리미학과 신체미학, "인간 – 자연" 계통의 자연미학, "인간 – 문화(예술 포함)" 계통의 심미형태학과 심미문화학 등을 포괄한다. 그중에서도 "인간 – 예술" 계통은 주로 예술철학과 예술형태학, 문류門类미학 등이 있다. 그리고 "인간 – 사회" 계통의 사회미학(윤리미학, 정치미학 등 포함), 미육美育학 등도 포괄한 지극히 개방적이고 방대한 체계이다.

책은 모두 14장으로 되어 있는데, 제1장은 "'미'의 '일상용어' 변별 분석이고 미를논한다; 제2장은 "'미학': 학과의 창설에서 학제간의 확장까지"이고 미학을 논한다; 제3장은 "'미가 미가 된 이유'에 관한 중서양 2가지 역사"이고 중서양 미학사를 논한다; 제4장은 "미학이 '중국에 있다'에서 '중국의' 미학까지"이고 중국 미학사를 탐구한다; 제5장은 "일상생활의 심미화와 심미의 일상생활화"이고 제6장 "'생활미학': 미를 어디에서 찾는가"인데 이 두 장은 당대의 미학 이슈로부터 전 책의 중점인 "생활미학"을 연구한다; 제7장은 "'원래 천지의 미'의 자연미학"이고 자연미를 논술한다; 제8장은 "'신용상통, 정변소임神用象通, 情变所孕, 정신은 물상에 의해 관통되며, 감정의 변화로 잉태된다'의 심리미학"이고 심미심리를 탐구한다; 제9장은 "'정가치正价值'의 심미형태를 깊이 묘사한다"이고 제10장은 "'마이너스 가치'의 심미형태를 깊이 묘사한다"인데 심미유형을 연구한다; 제11장은 "심미문화: '심미간성'을 모델로 한다"이고 심미문화를 토론한다; 제12장은 "'현대성'의 반성과 심미의 '현대성'"이고 현대성을 해부한다; 제13장은 "역사에서 예술이 무엇인가"이고 제14장은 "예술은 경험으로서, 경험은 예술로서"이고 예술을 검토한다.

《생활미학과 예술 경험》은 심미심리, 심미유형, 자연미, 예술 등 전통 미학원리에서 연구하는 주요내용을 기본적으로 망라하는 동시에 중대한 혁신을 보였다: 첫째, 미의 본질 문제만을 연구하지 않고 중서양 미학사에 입각하여 미학 자체에 대한 분석을 확대하여 미학 학과의 학제성을 강조한다; 둘째, 일상생활의 심미화, 환경미학, 심미의 현대성, 당대 예술이론 등 중국과 서양 미학계의 이슈와 전망성 문제를 이 계통에 통합했다. 지금부터 생활미학, 예술론 등 두 가지 주요 내용에 대하여 논술해 보겠다.

1) 생활미학론

2000년대 들어 "일상생활 심미화"가 미학문예학계의 화두로 떠오르자 학자들이 토론과 논쟁에 참여했다. 이것은 당대 문화 어경语境에 입각하여 제기한 새로운 문제이다. 서구학계는 포스트모더니즘 사회, 소비사회, 제2 매개시대, 이미지시대 등의 이름으로 현 사회를 부르는데, 심미의 일반화는 이 시대에 직면해 있는 문화적 사실로서 미학 연구에 대한 호응이 필요하다. 《생활 미학과 예술 경험》은 일상생활의 심미화 문제에서부터 생활미학을 파고든다.

류웨디는 당대 심미의 일반화에는 이중 운동의 과정이 내포되어 있다고 주장한다: "'일상생활의 심미화'와 '심미의 일상생활화'이고 전자는 포스트모더니즘 문화의 기본 방향에 대한 것이고, 후자는 포스트모더니즘 예술의 대체적인 취향에 대한 것인데, 이 두 가지는 보이는 것과 다르고 후자의 발생이 전자보다 훨씬 이르다."[137]

일상생활의 심미화라는 화두는 서양 학자들이 먼저 제시한 것으로 류웨디는 우선 마이크 페더스톤, 볼프강 웰치, 부르디외, 아도르노, 푸코, 비트겐슈타인, 로티, 장 보드리야르, 스콧 래시 등 당대 서양 학자들의 관련 논술을 이론적 자원으로 일상생활의 심미화 문제를 요약했다. 그는 간단한 정의를 내렸다: 일상생활의 심미화란 심미의 태도를 현실생활에 도입하면서 대중의 일상은 점점 더 많은 "예술의 품격"으로 가득 차 있는 것인데 생활용품의 심미성과 고고한 취미로부터 대중적인 취미로의 전환을 강조한다. 류웨디는 일상생활의 심미화 현상을 단순히 가치판단하지 않고 이를 표층의 심미화와 심층의 심미화로 구분했다. 전자는 대중의 몸과 일상 물질생활의 "표면 미화"이고 주로 "물질의 심미화"인데 엘리트와 대중의 경계를 넘어섰다; 후자는 인간의 내면세계를 파고든 "비물질의 심미화"이고 엘리트 계층의 심층 심미화와 대중계층의 심층 심미화로 구분된다. 저자에게 "생존미학"을 추구하는 푸코, "심미화의 사적 윤리 보완"을 주장하는 로티, 그리고 비트겐슈타인은 모두 엘리트 계층의 심층 심미화의 전형이다. 대중계층의 심층 심미화를 분석할 때 "'일상생활의 심미화'가 가장 두드러진 것은 당대 문화 내에서 모방식 '의상拟象, Simulacrum'의 폭발"[138]이라는 장 보드리야르의 "의상" 이론을 주로 인용했다. 당대의 영상물, 사진, 광고 등 시각문화는 모사본을 잃어버린 '의상'으로 진실과 상상의 갈등을 해소

---

137) 류웨디: 《생활미학과 예술 경험》, 남경출판사, 2007, p.84.
138) 류웨디: 《생활미학과 예술 경험》, 남경출판사, 2007, p.88.

하는 무한 복제의 결과물이다. 저자는 또 전현대는 "전분화"의 시대이고 현대는 끊임없는 "분화"의 시대이며, 후현대는 "분화 제거"의 시대라는 영국 사회학자 스콧 래시의 "분화/분화 제거" 3단론의 발전 논리를 인용하여 "'일상생활의 심미화'는 그 안에서 후현대의 '분화 제거' 과정의 미학적 표징으로, 생활과 심미가 서로 더 이상 '분화'되지 않는다는 것은 기본으로 정해질 수 있는 역사의 흐름이다"139)라고 주장한다. 이를 통해 저자는 일상생활의 심미화 문제에 대해 명쾌한 논술을 제시하였다.

뿐만 아니라 저자는 "일상생활의 심미화"의 역운동 과정인 "심미의 일상화"에 대해서도 짚어봤다. 둘은 같은 과정을 묘사한 것이 아니라 당대 심미의 확대 과정을 묘사한 것으로 근본적인 차이가 있다고 저자는 지적한다. 심미의 일상화는 주로 예술 영역에서 이뤄지는데, 저자는 19세기 말 20세기 초 이래의 아방가르드 예술 속 심미의 일상화 취향으로 거슬러 올라갔다. 미래주의의 "예술과 생활의 결합"으로부터 다다이즘의 대표인물인 마르셀 뒤샹의 "기성예술품"을 거쳐, 1960년대 이후 팝아트까지 이들의 창작에서 일상은 예술의 영역으로 접어들었다. 그러나 저자에 의하면 이들은 주로 엘리트 예술 실험일 뿐 심미의 일상화로의 근본적인 전향은 이뤄지지 않았다. 포스트모던 아트가 되어야만 예술이 비로소 진정으로 일상 생활로 돌아갈 것이다. 저자는 1960~70년대 이래 구미의 다양한 전위예술 사조(예를 들어 관념예술, 행위예술, 설치예술, 환경예술 등)를 모더니즘 예술과 비교하며 "모더니즘 예술은 '심미의 형식으로 일상생활을 표현하려'는 경향을 나타낸다면 포스트모더니즘 예술은 늘 '비심미非審美'의 형식으로 예술과 생활을 결합시켜 사람들의 관심을 최대한 일상 생활물품으로 유도한다고 할 수 있다"140)라고 주장한다. 저자는 관념예술, 행위예술, 환경예술을 중점적으로 분석했고, 이를 중국 고전의 미학 사상과 비교 연구했다. 언어학이 주

---

139) 류웨디:《생활미학과 예술 경험》, 남경출판사, 2007, p.89.
140) 류웨디:《생활미학과 예술 경험》, 남경출판사, 2007, p.93.

도하는 관념예술은 선종禪宗 미학과, 몸으로 돌아가는 행위예술은 유가儒家 미학과, 자연으로 돌아가는 대지예술은 도가道家 미학과 통한다고 주장한다. 이런 비교 연구는 서구의 현대 전위 예술을 파악하는 데 거울을 제공하면서 중국 전통 미학의 독특함을 보여주었다.

"일상생활의 심미화"는 미학과 생활의 관련을 더욱 부각시킨다는 분석에 기초해 제5장의 논평 부분에서 저자는 "생활미학"이란 주장을 명확히 제시하였다: "본 저서에서 새로운 '생활미학performing live aesthetics'을 주장하는데 이는 가장 넓은 의미의 미와 생활을 일종의 '변증대화'의 관계에 두고 고찰해야 한다는 것이다."141) 저자는 미와 생활의 관계에 대해 세 가지 측면에서 분석하였다: 첫째, 미는 생활이고 미는 생활을 근원으로 하며 미와 생활 사이는 일종의 "대화 관계"이다; 둘째, 미는 일상 생활과 비일상 생활 사이에 있다; 셋째, 참된 생활은 미이고 미의 활동의 가장 깊은 본원은 바로 참된 생활이다. "참된 생활"은 본 저서의 중요한 개념이다. 이른바 "참된 생활"이란 "현실 생활의 원발原发적이고 생기발랄한 원초적 경험의 상태이며, 이것도 역시 '미의 법칙'에 따라 형상화된 생활 상태이다."142) 제6장에서 저자는 현상학에서의 "본질직관本质直观" 개념과 도가 사상에서 "진真"의 개념으로 참된 생활을 조명할 뿐만 아니라 서구 철학사에 들어가서 미와 선, 진의 관계도 해부하였다. 저자에 의하면 참된 생활상태에서 진, 선, 미는 원래 일체로 모두 "미의 활동"으로 통일되어 있다. 이는 철학의 높이에서 생활미학을 정체론적으로 강조한 것이다.

1980년대 이래의 실천미학은 "주체성"이란 깃발을 높이 드는데 사실 이것은 서양 전통철학에서 강한 주객主客의 이분법 사고방식이고 생활미학이 강조하는 참된 생활과 미의 활동은 이 같은 이원적 대립을 해소하였다. 그런 의미에서 생활미학은 당대 중국 미학의 일종의 발전이 될 수 있다.

---

141) 류웨디:《생활미학과 예술 경험》, 남경출판사, 2007, p.102.
142) 류웨디:《생활미학과 예술 경험》, 남경출판사, 2007, p.109.

3) 예술론

예술은 미학 원리에서 중요한 연구 내용 중의 하나인데 앞에서 논한 미학 원리에서 예술부분에 대하여 많이 논하였고, 특히 왕차오원의 《미학개론》이 가장 대표적이다. 이들은 일반적으로 이러한 문제에 관심을 가진다: 첫째, 예술의 기원이고 서양 미학사에서의 몇 가지 이론을 종합하여 실천미학은 이를 "노동" 혹은 "실천"으로 귀결시킨다; 둘째, 예술의 기능이고 예술의 이데올로기성과 사회성을 강조한다; 셋째, 예술의 분류 원칙과 각 부문 예술의 심미적 특성이다; 넷째, 예술에 대한 계층이나 구조 분석이다. 류웨디의 《생활미학과 예술 경험》은 이런 맥락에 따르지 않고 예술이 무엇인지, 즉 예술의 본질 문제를 검토하였다.

우선 예술의 정의의 역사에 대한 고찰이다. 저자는 서양 미학사의 중요한 관점인 모방설, 표현설, 형식설을 정리한 뒤 역사적 단서에 따라 평하였다. 모방설은 서양 미학사에 가장 먼저 등장하고 가장 큰 영향을 미치는 예술의 정의로, 이에 대하여 저자는 5단계를 나눠서 논하였다: 첫째, 데모클레스, 플라톤, 아리스토텔레스 등으로 대표되는 고대 그리스 시대의 모방설이고 뒤의 두 가지의 차이도 분석했다. 플라톤의 모방설은 이념설을 근간으로 하여 원본과 모방본의 관계를 강조하는데, 아리스토텔레스의 모방설은 주로 창작 과정에 관한 것이다. 둘째, 르네상스 시대의 "거울설"이라는 관점은 다빈치가 주로 제시하였는데, 예술이 현실을 그대로 반영할 수 있다는 점을 부각시켰다. 셋째, 18, 19세기의 "사실주의" 설은 러시아 민주주의자로 대표되는데 예술을 사회생활의 반영, 재현, 복제라고 주장한다. 넷째, 19세기의 "자연주의"와 20세기의 "사진 사실주의"이고 둘 다 현실에 대한 사실적이고 객관적 묘사를 강조한다. 다섯째, 수잔 K.랑어를 비롯한 20세기를 대표하는 현대 모방 이론이다. 저자는 "표현설"을 3단계로 나눠 해석하였다: 첫째, 18세기의 낭만주의이고 노발리스를 비롯해 예술이 인간의 내면세계를 표현하는 점을 강조한다. 둘째, 19세기의 "유미주의"와 "인상주의"이고, "예술을 위한 예술"이라는 유미주의 슬로건처럼 예술과 현실의 단절을 강조한다. 셋째, 20세기의 표현주의 미학이고 크로치와 R. G. 콜링우드로 대표되는데, 크로치는 예술이 곧 직관이라고 주장하고, R. G. 콜링우드는 예술의 표현성과 상상성을 추앙했다.

형식설에 대해 저자는 예술 이론 중의 형식 문제에 주목하였다: 첫째, 음악 예술 중의 미의 형식이고 E. 한슬릭을 대표로 하는데 E. 한슬릭은 음악의 내용이 바로 음악의 운동 형식이라고 주장한다. 둘째는 조형예술의 형식주의 미학과 격식탑 심리학 미학이고 벨, 로저 프라이, 칸딘스키, 루돌프 아른하임으로 대표된다. 셋째, 언어예술의 구조주의 미학이고 페르디낭 드 소쉬르, 프레드릭 제임슨, 조나단 D. 컬러 등이 대표적 인물다. 또 저자는 중국의 고전미학에서 "예藝"에 관한 관점을 간략히 분석했다. 주로 유희재 劉熙載의 예술관("藝者道之形也", 예란 도의 형식이다)으로 대표되는데 이는 중국 고대 미학에서 "예藝"에 대한 기본적 이해를 나타냈다고 봤다. 이와 같은 역사적 고찰 끝에 저자는 포스트모던 시대의 예술적 상황을 분석하면서 포스트모던 예술은 미와 예술의 상관관계, 그리고 예술의 경계를 허물었다고 주장한다. 그리고 비트겐슈타인의 "개방적 개념"을 빌려서 예술은 "개방적 개념"으로서 존재한다고 제시하고 나아가 "예술"을 동사로 인식해야 한다고 지적하였다. 이것은 의심할 여지없이 새로운 관점이다.

제14장에서 저자는 "당대 예술의 시야에서 예술에 대한 새롭고 포괄적인 철학적 설명"[143]을 제공려고 한다.《분석미학사》,《시각미학사》 등의 저서를 출판하고 당대 영미英美의 분석미학과 실용주의 미학의 전통을 꿰뚫고 있는 류웨디는 이 장에서 리처드 슈스터만, 헤르츠, 듀이 등의 미학관을 인용하는데 특히 듀이의 예술이 곧 경험이란 예술관은 시사하는 바가 크다. "실용주의에서 심미 경험과 예술적 경험은 다른 유형의 경험과 단절되지 않는다. 심미 경험은 오히려 일상생활 경험의 원만한 상태이다."[144] 저

---

143) 류웨디:《생활미학과 예술 경험》, 남경출판사, 2007, p.289.

자는 일상적인 경험의 관점에서 예술을 다시 생각하는 것이 현재 미학 구축의 새로운 방법이라고 여긴다. 나아가 저자는 예술과 생활세계의 관계를 논하면서 예술과 생활세계는 쌍방향, 역동적, 교호작용의 "대화적 관계"라는 "예술간성芸術間性"이라는 개념을 제시하였다. 저자는 예술품에 형식층·문화층·개성층·정경情境층을 포괄하는 4중 규정도 적용했다. 그리고 예술의 경계를 확정하는 두 가지 원칙인 역사주의와 자연주의를 제시하였다. 저자가 말하는 역사주의는 디키의 "관행론"과 다르다. "우리가 말하는 '역사주의'는 예술을 정말로 역사 그 자체로 되돌려 놓고, 예술과 생활의 연속성 안에서 예술을 자리매김해야 한다."[145] 류웨디의《생활미학: 현대적 비판과 심미 정신의 재구성》에 이에 관한 논술이 많다. 자연주의란 예술을 인간 본성에 깊이 뿌리박은 것으로 보는 것이고 인간의 수요와 동력이 만들어내는 것이다. "예술의 경계는 '역사주의'와 자연주의'의 중간쯤으로 봐야 한다. 한편으로 예술은 인간의 자연 본성의 분출과 굴절에서 비롯된다고 인정하는 것인데 인류의 '내재된 경험'의 '축적'이다; 다른 한편으로 구체적인 역사 안에서 정해야 하고 규정해야 하며 지정해야 하는데 이것은 예술에 대한 인류의 '역사적 경험'의 축적이다. 이러한 절충과 융합은 두 방면의 원래 극단적인 색채를 약화시킴으로써, 현실 생활의 기초 위에서 더욱 높은 차원의 '융통'을 얻었다."[146]

저자는 서양 미학사와 당대 미학 이론에 대한 숙달된 파악에 기초해 예술의 본질에 대한 개략적인 논술을 펴는 한편, 예술 파악의 원칙과 기본 관점, 즉 일상 경험의 시점에서 예술을 파악하는 관점도 제시하였는데 이는 또한 생활 미학의 내용임을 알 수 있다.

또 다른 장들의 내용도 일반적인 것이 아니라 독특한 점이 있다. 예를

---

144) 류웨디:《생활미학과 예술 경험》, 남경출판사, 2007, p.300.

145) 류웨디:《생활미학과 예술 경험》, 남경출판사, 2007, p.308.

146) 류웨디:《생활미학과 예술 경험》, 남경출판사, 2007, p.309.

들어, 제4장에서 저자는 "미학"의 중국어 번역에 접근하여 민국民国학자의 미학의 수용과 전파에 이르기까지 미학의 중국 진출 과정에 대해 자세히 검토하였다; 제7장에서 서양학계의 환경 미학의 최신 연구 성과를 받아들여 자연미를 새롭게 해석하였다; 제9장과 제10장의 심미유형에 대한 연구에서 저자는 가치론의 관점에서 미, 비悲, 희喜 등 몇 가지 심미유형을 플러스 가치와 마이너스 가치란 두 가지 종류로 구분하였다; 제11장은 심미문화에 대한 논술이고, 저자는 생활미학적 시각으로 심미문화의 실질을 "생활의 심미화"라고 여기고 심미문화의 글로벌 타입(유럽문화, 중국문화, 인도문화)과 토종 타입(관官문화, 사士문화, 민民문화)을 구분하였다; 제12장에서 심미의 현대성 문제를 해부하였다.

류웨디의 《생활미학과 예술 경험》은 미학사, 특히 서양의 당대미학에 입각하여 시야가 넓고 정보의 양이 많으며 발전성이 강하다. 본 책에서 제시하는 "생활미학"은 현재의 역사적 상황에 기초하여 서양의 미학이론 및 당대의 예술 및 일상생활에서의 심미 경험을 융합한 중요한 이론창출로써 실천미학 및 후실천미학의 이론적 한계를 돌파하고 당대 중국 미학연구의 전환을 촉진하였다는 데 중요한 의의가 있다.

총괄적으로 보면, 당대 중국의 미학 원리 체계는 네 가지 형태를 이루고 있는데, 이는 반영론미학, 실천미학, 후실천미학, 실천미학 이후의 미학이다. 반영론 미학은 차이-이를 대표로 하며, 그는 유물주의 반영론 원칙을 미학 체계 구축에 적용하여, 미, 미적 감각, 예술에 대한 분석 모두 반영론을 초석으로 하였다. 반영론 미학의 "미"에 대한 인식론적 이해는 단순하고 단편적이기 때문에 비판하는 사람이 많고 적용하는 사람은 적어서, 얼마 지나지 않아 실천미학으로 대체되었다. 실천미학은 주로 마르크스의 《1844년 철학경제학 수고》에서 이론적 자원을 얻었다. 실천미학 내부에는 비교적 큰 계보가 있는데, 리쩌허우와 주광첸 모두 실천미학의 초기 인물이었다. 리쩌허우는 마르크스주의 철학, 칸트 철학, 서양 현대 철학을 결합하여 "축적", "인간화된 자연"을 제시하였고, 후기에는 "정본체情本体", "인간의 자연화" 등의 독창적인 개념을 제시하였다. 그는 실천에 대한 심도 있는 해석으로 더욱 중심 지위를 차지하고 실천미학의 영혼이 되었다. 많은 학자들이 실천미학의 내포를 계승 발전시켜 새로운 관점을 제시하고 이를 통해 미학 체계를 구축하였다. 예를 들어, 왕차오원의 심미관계론, 류강지의 창조자유론, 저우라이샹의 "조화론 미학", 쟝쿵양의 자유이미지론 등이 있다. 실천미학의 발전으로 덩샤오망邓晓芒, 장위닝 등이 신실천미학을, 주리위안은 실천존재론 미학을 내세웠다. 1980년대 말부터 1990년대까지 양춘스, 판즈창, 장흥 등은 "생존", "생명" 등의 핵심 개념을 중심으로 실천미학을 강렬하게 비판하면서 후실천미학을 형성했다. 후실천미학은 실천미학의 폐단을 지적하였는데 비판은 많지만 구축이 미흡해 학계에서 설득력 있는 논리로 이어지기는 어려웠다. 실천미학 이후의 이론적 탐구를 보면 예랑, 장파, 류웨디가 있는데, 예랑은 중국 전통 미학의 이론적 자원을 흡수하고, 장파와 류웨디는 각각 문화미학과 일상생활미학의 시점을 도입하였다. 이 세 가지 시점은 미학 원리 체계 구축의 한 측면으로 볼 수 있으나, 현재로서는 주류가 되기 어렵다.

그 후의 미학 원리 체계 구축할 때 아래와 같이 몇 가지를 주의해야 할 것이다. 첫째, 국제 미학과 연계하여 국제 미학계의 이론적 자원을 더 많이 흡수할 필요가 있다;둘째, 중국 전통 미학의 이론 자원을 섭취하고 이를 미학 원리에 통합시킬 필요가 있다; 셋째, 글로벌과 지방적 미학 원리와의 관계를 의식해야 한다. 미학 원리는 중국에서 "지방적 지식"으로 존재하지만, 글로벌한 성격을 가지고 있으며, 체계 구축에서 둘의 균형에 유의해야 한다; 넷째, 미학 원리를 작성하는 데 어떤 원칙을 고수할 것인가? 현재 반체계화, 비원리화, 무원칙화의 미학 원리를 작성하려는 경향이 있는데 미학 원리는 결국 이론의 수립이기 때문에 이런 경향을 명확히 반대할 필요가 있다. 포스트모던의 탈중심화, 파편화, 불확실성이 학술 체계 구축에 충격을 주긴 했지만, 미학 원리는 기본 이론으로 일관성 있게 접근해야 하고 각 파편화 미학 문제의 중첩이 되어서는 안 된다.

제5장

"서양미학사" 연구의
전체 경관

서양 미학사 연구는 중국 미학에서 언제나 "논리"가 앞선다. 이는 미학이 본래 서구에서 온 학문이라는 뜻으로, 중국에 오면 반드시 "중국화"하는 과정을 거치게 되지만, '중국에서의' 서양미학연구(더 넓은 의미의 "비교연구")든 "중국의" 미학사상 형성이든, 서양미학은 결코 빠질 수 없는 가장 중요한 자원이다. 중화인민공화국 수립 이전까지는 서구미학에 대한 연구가 거의 '병력이 뿔뿔이 흩어져 도주하는 상태'였지만 중화인민공화국 수립 이후에는 "병력 집중"의 추세가 나타나서 이른바 '서구미학사'라는 중요한 미학과 방향이 잡혔다. 본 장은 "중국에서의" 서양미학사의 저술과 서사에 초점을 맞추는 한편, 고전부터 근대에 이르는 서양미학 연구의 성과를 연구하는 데 중점을 두었다. "동방미학사"도 본 장의 마지막 부분에 포함시켰는데, 이는 동방미학사가 바로 서양미학사와 대조되기 때문이다.

제1절 역사를 중국식으로 서술한 "주광첸朱光潜 유형"

"서구미학사"를 정론한 첫 글은 주광첸이 1963년 《문회보文汇报》 3월 23일에 발표한 〈미학사의 대상, 의미, 연구방법〉으로, 주광첸의 옛 판 전집에 수록되지 못했고 필자가 대조해 본 결과, 기본적으로 나중에 책으로 출간된 《서구미학사》 서론 부분의 학술적 약자 판본이라는 것이 드러났다. 이에 앞서 1961년 8월 13일에 《문회보》에서 《미학 유산을 어떻게 정리할 것인가》라는 글을 발표하며 미학사 연구에 대한 초보적 탐구를 하기도 했다. 1978년 "문화대혁명"을 거친 주광첸은 또 〈미학사 연구의 관점과 방법〉이라는 글을 써서 자신의 미학사 연구 방법과 관점에 대해 진일보한 총화를 보여주며, 상부 구조와 이데올로기 간의 관계, 그리고 이를 미학에 적용할 수 있는가에 대한 의심과 재해석에 중점을 두었다.[1]

〈미학사의 대상, 의미, 연구방법〉이라는 문장으로부터, 주광첸은 결국 서양 미학사 연구의 "대상"을 확정하였다: 학문의 독립으로 볼 때 미학은 문예 비평, 철학, 자연 과학에 종속되는 것이었다가 "독립적인 사회과학"으로 발전하였다; 역사의 발전으로 볼 때, 서양 미학사상은 시종 "문예이론"에 중점을 두었다. "문예창작 실천에 근거하여 결론을 내린 다음에 창작 실천을 지도하기도 한다." 그런 후에, 주광첸이 받아들인 중국화 마르크스주의의 관점에 따르면, 미학도 "실천에서 인식으로, 또 인식에서 실천으로"라는 규율에 부합해야 하기 때문에, 미학은 사회적으로 절박하게 해결해야 할 문예방면의 문제에 중점을 두기 마련이며, 미학은 문예이론이나 "예술철학"이 될 수밖에 없다. "예술미"는 미의 "가장 높은 집중의 표현"인 만큼 방법론적 측면에서도 문예가 미학의 "주대상"이 돼야 한다. 물론 주광첸이 겸손하게 받아들이고 존경하는 미학사의 연구방법, 그 지도원리가 바로 변증유물주의와 역사유물주의이지만, 분명히 변증유물주의보다는 역사유물주의가 역사의 저술에 더 잘 적용되므로 미학사 연구에서 역사유물주의를 지침으로 삼아야 한다고 주장하였다.[2]

《서양미학사》가 출간되기 전에, 주광첸은 미학사 저서의 주요 구성 부분을 구성하는 글 여러 편을 발표했다. 〈크로치 미학의 비판〉(《북경대학학보》,

---

1) 주광첸: 〈미학사 연구의 관점과 방법〉, 《문학평론》, 1978, 제4기; 주광첸: 〈상부 구조와 이데올로기 간의 관계에 대한 질의〉, 《화중사범학원학보》, 1979, 제2기.
2) 주광첸: 〈미학사 연구의 관점과 방법〉, 《문회보》, 1963.3.23.

1958, 제2기), 〈헤겔 미학의 기본 원리〉와 〈헤겔 미학 체계〉(《철학 연구》, 1959, 8·9기), 레싱의 〈라오콘〉(《문예보》, 1961, 제1기), 〈디드로의 예술과 자연에 대한 생각〉(《광명일보》, 1961,2,23,), 〈아리스토텔레스의 미학사상〉(《북경대학학보》, 1961, 제2기), 〈헤겔 미학의 평가〉(《북경대학학보》, 1961, 제5기), 〈프랑스 신고전주의의 미학사상〉(《북경대학학보》, 1962, 제1기), 〈독일 계몽 운동 중의 미학사상〉(《북경대학학보》, 1962, 제2기), 〈비코의 미학사상〉(《학술월간》, 1962, 제11기), 〈실러의 미학사상〉(《북경대학학보》, 1963, 제1기) 등의 글에 실린 주요 사상은 모두 《서양미학사》에서 충분히 전개됐다.

주광첸의 《서양미학사》 상권은1963년 7월에 인민문학출판사에서 초판, 하권은 1964년 8월에 초판, 1979년 상하 2권은 개정을 거쳐 6월에 상권 2판, 11월에 하권은 2판을 각각 발행하였다. 이는 가장 많이 통용되는 판본으로, 이후 꾸준히 재판과 번각이 이뤄지고 있으며 나머지 출판사들도 이 고전을 잇달아 출간하고 있다. 《서양미학사》는 처음부터 대학 문과 교학과 학문적 계몽의 필요를 충족시켜 "중국인이 마르크스주의 관점의 지도 아래 쓴 최초의 《서양미학사》"라고 칭한다. 그리고 "모든 미학자와 모든 미학 문제를 전체적인 관점에서 분석하고 평가하는 데 능하다"[3]라고 인정을 받았다. 이 책이 쓰인 과정은 아래와 같다. 북경대학교 서양언어과에 재직하던 주광첸은 1961년 철학과의 필요에 따라 미학을 가르치는 교사를 양성하기 위해 미학전공반 수업을 시작하면서 서양미학사 강의를 만들기 시작했다. 1962년 중국과학원 "철학사회과학부"가 문과 교재회의를 열어 미학개론, 서양미학사, 중국미학사 등의 교과서를 편찬하기로 하는데 서양미학사를 교재 기획에 포함시켰다. 주광첸은 강의, 학습노트, 자료 번역본을 바탕으로 두 권으로 엮은 《서양미학사》를 펴냈다. 역사적으로 볼 때 세계 최초의

---

3) 장쿵양: 〈서양미학사 연구의 한 중요한 성과 - 《서양미학사》를 평한다〉, 《문학평론》, 1980, 제2기; 리싱천李醒尘, 〈중국 최초의 《서양미학사》의 특색과 성과 - 주광첸의 《서양미학사》를 평한다〉, 《중국전력교육》, 1988, 제12기.

미학사 전문 저서는 사실 독일인 콜러Koller가 1799년에 낸 《미학사 초고》이다. 18세기까지 서술된 이 미학사 초고는 "미학의 발생과 그 발전의 명료한 개요"를 독일 대학생들에게 가르치기 위한 교육적 목적이 명확한데 주광첸의 미학사도 그렇다. 물론 1858년 비엔나에서 출간된 지머만 Zimermann의 3권짜리 《철학 과학으로서의 미학사》는 흔히 서양 학계에서 미학사를 개척한 첫 저서로 여기는데 여기서 강조되는 철학적 시점은 후대의 미학사(주광첸의 관련 저술도 포함)에서 일관되어 왔다.

주광첸의 《서양미학사》는 주로 세 부분으로 구성되어 있다. 1부는 고대 그리스 로마시대부터 르네상스까지, 2부는 17세기, 18세기, 계몽운동, 3부는 18세기 말에서 20세기 초이다. 이는 전기 소크라테스 시기에서 크로치 시대까지를 일관하는 것으로 그야말로 고금을 관통하는 간결한 통사라고 할 수가 있다. 비교하면, 미국의 분석 미학자 먼로 비어즐리Monroe Beardsley 의 1966년 초판 《고대 그리스에서 현재까지의 미학사 – 약사Aesthetics from Classical Greece to the Present: A Short History》[4]는 교육의 관점에서 보든 미학사의 가치와 영향으로 보든 구미에서 차지하는 미학계의 지위가 주광첸의 《서양미학사》의 중국 내 지위와 유사하다. 물론 비어즐리는 분석미학자의 독특한 명확성으로 서양 미학사 전체를 조목조목 정리했으며 지금 보면 "약사"이지만 당시에는 "전사全史"였다. 주광첸이 20세기 초까지 썼던 것과 달리, 비어즐리는 미학의 기원에서 책이 출간된 1960년대까지를 썼다. 주광첸이 전체를 쓰지 못한 이유는 두 가지일 것이다. 하나는 사회적 이유로 이른바 "현대 부르주아 미학"이 매우 까다롭기 때문(그래서 니체와 쇼펜하우어의 미학은 회피함)이고, 또 다른 하나는 당시 학계가 구소련에만 개방되었었고 국제 미학 발전의 주류를 벗어나 있었기 때문에 그가 차라리 유학 중에 배운 미학 사상을 가볍게 쓰기로 하였기 때문이다. 좀 더 대조해

---

4) Monroe Beardsley, *Aesthetics from Classical Greece to the Present: A Short History*, New York: Macmillan, 1966.

보면, 주광첸의 역사 작성은 구소련의 미학사 작성 패러다임과 구미의 미학사가 작성 패러다임과 달리 확실히 중국화한 풍격과 특질을 갖추고 있다는 것을 알 수가 있다.

실제로 중국 미학계에 직접적인 영향을 끼친 번역된 서양 미학사 저서는 1980년대 중반에 이르러서야 영향을 미치기 시작했다. 이들 미학사의 일부는 구소련의 미학자에서 나왔으며, 그중에서도 역사적 재료를 훌륭하게 다듬은 오브 상니코프의 《미학사상사》(우안디뭇安迪 번역 섬서陝西인민출판사, 1986), 변증비판적 비판에 능한 샤스타코프의 《미학사 강령》(판선썬樊莘森 번역, 상해역문출판사, 1986)이 있었다. 또 더 중요한 영향을 끼친 것은 구미의 미학자들이다. 그 중에서도 가장 유행하고 가장 중요한 영향을 끼친 1892년 런던에서 출간된 영국 신헤겔주의 철학자 버나드 베르나르 보산케 Bernard Bosanquet의 《미학사》(장진张今 번역, 상무인서관, 1985, 초판)이고 헤겔화된 색채로 중국 학자들에게 널리 알려졌다.

그의 《미학삼강美学三讲》(저우쉬량周煦良 번역, 인민문학출판사, 1965)은 일찍 번역되고 출판되었다. 버나드 베르나르 보산케Bernard Bosanquet 본인은 미학사를 각 시대의 삶 속에 깊이 뿌리박은 "심미의식"의 역사로 인식하려 했지만, 구체적인 작업 과정에서 그리스 미학의 "도덕주의 원칙", "형이상학 원칙", 심미(형식) 원칙"의 귀납처럼 그는 사상가들이 정리한 사변 이론을 직면하면서 철학적이고 추상화된 방식으로 주로 다루었다.

중국 미학계에서 가장 큰 영향을 미친 것은 미학사 겸 예술사로 읽히는 헤겔의 《미학강연록Vorlesungen über die Ästhetik》이다. 헤겔의 학생인 호토 Heinrich Gustar Hotho가 수강 노트와 헤겔의 강의 요강을 참고하여 편찬한 책으로, 독일어판은 1835년부터 1838년까지 3권으로 나뉘어 출간되었다. 중국에서 주광첸이 주로 영문판이나 독일어판을 참고하여 번역하고 출판하였다. 상무인서관에서 출판된 이 시리즈 출판물은 《한역세계명작汉译世界名著》 총서에 수록되었고 1979년 1월 1권과 2권, 1979년 11월 3권(상), 1981년 7월에 3권(하)이 완간되었다. 주광첸의 필치로 번역된 《미학강연록》 3권은 중국 미학계의 번역 저서에서 가장 큰 내적 영향을 끼쳤을 것으로 보이며, 이는 서양미학에 대한 기본적인 이해뿐만 아니라 미학원리에 대한 주류의 건설에도 파고들었다.

비교해 보면 헤겔주의의 영향으로 버나드 베르나르 보산케의 미학사보다 늦게 나온 미학사의 영향은 그만큼 깊지 않은 듯하다. 예를 들어, 이탈리아 미학자 크로지가 1902년 펴낸 《표현의 과학이자 일반언어학으로서의 미학의 역사》(왕톈칭王天淸 역, 중국사회과학출판사, 1984)는 언어에 대한 지나친 관심으로 대중들의 기대에서 벗어났다. 미국 학자 길버트K. E. Gilbert와 쿤H. Kuhn의 《미학사》(샤쳰펑夏乾丰 번역, 상해역문출판사1989)는 1939년 뉴욕에서 출간돼 당시로서는 최신 미학사라 할 수 있었지만, 중국 독자들에게는 사료의 가치가 더 많았다. 실제로 지금까지 인정된 가장 질 좋은 서양 미학사는 폴란드의 저명한 미학자 타타코비츠W. Tatarkiewicz가 1962년 폴란드에서 초판으로 낸 3권짜리의 미학사이다. 이 책은 고대미학, 중세미학, 현대미학의 세 부분으로 구성되었으며 17세기까지만 써서 현 당대에 대해서는 언급하지 않았지만 이는 서구미학사 집필의 역사적 잣대인 것이 사실이다.[5] 타타코비츠W. Tatarkiewicz의 《미학사》 제1권인 《고대미학》은 2개 번역본(양리杨力 등 번역, 중국사회과학출판사, 1990; 리란理然 번역, 광서인민출판사, 1990), 제2권인 《중세미학》(추쉬웨이褚朔維 등 번역, 중국사회과학출판사, 1991), 제3권인 《현대미학》은 현재 중국사회과학출판사에서 적합한 번역자를 알아보고 번역할 계획인데 나중에 3권을 모두 《미학예술번역총서》에 수록하려고 계획하고 있다.

구미나 구소련의 미학사 참조를 통해 "중국 최초의 서양미학사"라는 명

---

5) W. Tatarkiewicz, *History of Aesthetics*. vol. 1, Ancient Aesthetics, edited by J. Harrell, The Hague: Polish Scientific Publishers, 1970 ; *History of Aesthetics. vol. 2, Medieval Aesthetics*, edited by J. Harrell, The Hague: Polish Scientific Publishers, 1970 ; *History of Aesthetics. vol. 3, Modern Aesthetics*, edited by C. Barrett, The Hague: Polish Scientific Publishers, 1974.

성을 얻은 주광첸의 《서양미학사》는 대체 불가능한 가치와 현지화 특색을 지닌 "중국의" 미학사라 할 수 있다. 이는 자료의 선택과 사사史事의 배치에 구체적으로 나타나 주광첸의 뒤를 이은 "중국에서의" 서양미학사 연구는 자신들을 위한 구도를 갖추게 됐다. 주광첸의 원래 구상 및 최종 실행에 따르면, 주요 미학 유파 중 주요 대표에 대한 선택은 다음과 같은 기준에 부합한다. 그것은 바로 "대표성이 비교적 크다", "영향이 비교적 크다", "고전적인 권위로 인정된다", "역사 발전의 실마리를 설명할 수 있다", "긍정적인 의의가 있다" 등이고 참고가 될 만한 인물이야말로 최종 《서양미학사》에 "입선"된다. 이 몇 가지 기준으로 볼 때, 주광첸은 주요 유파 중의 주요 인물을 "점으로 면을 대체하는 식"으로 선정하였다. 이는 마르크스주의의 "전형설"에서 말한 "전형환경 속의 전형적인 인물"에 가깝지만 주광첸은 이 인물들을 "유물사관唯物史观"의 역사적 단서에 포함시키고 유물주의 철학의 기본 입장으로 평가와 비판을 진행했다. 그러나 이런 비판은 구소련의 미학사와 비교하면 오히려 뚜렷한 특색을 갖지 못했다.

《서양미학사》는 중화인민공화국 건국 초기의 교재 패러다임으로 "시대 배경 - 인물 소개 - 저술 소개 - 사상 구현"이란 구조로 집필되었고, 당시 중외中外 문학사는 이에 맞춰 다시 썼다. 이를 통해 형성된 이른바 "주광첸 패턴"은 50여 년 동안 중국화된 서양미학사의 저술에 영향을 미쳤다. 이러한 기본 구도에서, 미학사 인물에 대한 주광첸의 선택은 그야말로 수많은 선택 끝에 확정되었고 후에 서양미학사에 입선된 가장 중요한 인물의 선택도 만찬가지였다. 또 주광첸의 역사 서술은 일관되게 역사의 논리적 단서를 강조해 왔다. 그래서 우리는 《서양미학사》에서 아래와 같은 인물들의 명단과 논리적 순서를 보게 된다: 옛 소크라테스 시대에는 피타고라스학파, 헤라클릿, 데모클레트를, 소크라테스 다음으로 가장 중요한 위치를 차지했던 철학자 플라톤과 아리스토텔레스를 엄선하였다; 로마시대에는 호라티우스, 롱기누스를 선택했고 로마와 중세를 연결하는 중요한 고리로 플로티노스를 선택했다; 중세에는 당연히 아우구스티누스와 토머스 아퀴나스를 선택했고 단테는 중세와 르네상스를 잇는 중요한 고리가 되었다; 르네상스 시대의 인물에 대한 주광첸의 선택은 다빈치, 로도비코 카스텔베트로 등이고 너무 일관되고 남달라 보였다; 프랑스 고전주의가 선택한 논리의 출발점은 데카르트이고, 그 다음이 바로 부알로이다; 영국 경험주의의 논리적 출발점은 베이컨이었고, 그 이후 인물들이 풍부해져 토머스 홉스, 존 로크, 샤프츠베리 백작, 허치슨, 데이비드 흄, 에드먼드 버크 등을 모두 충분히 논하였다; 프랑스 계몽주의 운동의 미학 사상은 구소련의 미학사에서 구미보다 더 중요한 위치를 차지하고 있다. 프랑스의 계몽 미학에서는 의심할 여지없이 볼테르, 루소, 디드로가 선정되었는데, 그중에서도 디드로의 "미는 관계에 있다"라는 설은 그 유물주의적 성향 때문에 특별히 중시되었다; 독일 계몽운동에는 고트슐레, 바움가르텐, 빈켈만, 레싱이 있는데 "미학의 아버지"인 바움가르텐의 사상은 분명히 이 미학의 하이라이트이자 중점이었지만, 헬드라는 대단히 중요한 미학자는 무시되었다; 이탈리아 역사학파에는 비코가 있는데 주광첸은 "시성詩性의 지혜"에 관심을 갖는 이 사상가에 대한 애착을 보인다; 독일 고전미학은 물론 주광첸이 고대 그리스의 미학을 서술한 제2의 피크타임이고 칸트를 시작으로, 괴테와 실러를 중개로, "집대성자"인 헤겔로 귀결시켰다. 그러나 안타깝게도 피히테와 셸링은 상대적으로 경시되었고, 독일 고전 미학(구미학계에서 이른바 "독일 유심론"의 미학)에 대한 각별한 관심은 중국 학계에서 공감과 관심을 이끌었다; 러시아 혁명민주주의와 현실주의는 중국 미학계와 구소련의 유사점으로 벨린스키와 체르니셰프스키를 선택하였다. 후에 중국에서 많은 서양미학 약사들은 체르니셰프스키의 "미는 삶이다"라는 이론을 받아들였는데, 이를 마르크스주의 미학 이전에 가장 성숙된 유물주의의 미학적 형태로 삼았다; 19세기 말과 20세기 초 심미 감정이입파는 신구세기의 전환적 힘의 하나가 되었는데, 주광첸이 그 안의 피셔, 립스, 카를 그로스, 베르논 리와 에바시(이 리스트가 누락되었다)에만 관심을 쏟고, 유미주의 미학의 대표인물인 니체와 쇼펜하우어를 의도적으로 누락시켰다; 다행히 주광첸은 자신이 마음에 들어하는 표현주의 미학의 대가였던 크로체로 《서양미학사》를 마무리하였고 20세기 서양미학의 서광으로 미학의 서양의 역정을 마무리했다.

세계적인 미학사의 작성을 참고로 하여 《서양 미학사》와 같은 역사 서술을 보면, 주광첸의 집필 패턴은 서양에서의 미학사 정리와 동일하면서도 또 서로 다르다는 것을 알 수가 있다. 동일하다는 이유는 서술 순서가 기본적으로 고대 그리스, 중세, 르네상스, 계몽운동에서 독일의 고전미학으로 전개하는 순서가 같고 또 서양 심미 심리학 제파와 크로체 사상과 연결되기 때문이다. 그러나 동시대의 구미의 작성과는 달리 주광첸은 현대미학 경신의 진전에 관심을 두지 않았다; 이와 동시에 이러한 중국화의 미학사는 구소련의 미학사와도 동일하면서도 다르다. 독일고전미학을 서사의 두 번째 중요한 고리로 삼고, 서양미학사의 발전과정을 고대 그리스에서 독일 고전미학까지 낮은 수준에서 높은 단계로 발전시켰다는 점에서 동일하다고 할 수가 있다. 유물화의 진화모델은 구소련의 미학에서 볼 때 러시아 민주주의로 발전해야만 역사의 고점에 도달하였다. 그러나 주광첸은 러시아 민주주의를 포함시켰지만 여기서 그치지 않고 감정이입파와 크로체의 단서를 끝까지 추적했다. 하지만 둘의 내면의 요구는 같았다: 마르크스주의 미학의 최종 성립이야말로 전체 서사의 논리적 종착점이었고, "옛 마르크스주의" 미학은 이런 역사의 흐름에서 볼 때 마치 만강귀해萬江歸海처럼 종점에서 "변증적 통합"을 이뤄야 한다.

이후 서양미학의 작성 중 "주광첸 모델" 점점 버려졌는데 가장 눈에 띄게 버려진 부분은 "논리적 서사" 부분이고, 그 중에서도 가장 눈에 띄는 것은 《서양미학사》의 종결어 중 네 가지 핵심적인 문제에 대한 역사적 소결이다. 이 네 가지 키워드는 "미의 본질", "형상사유", "전형적인 인물", "낭만주의와 현실주의"이다.6) 돌이켜 보면, 역사의 순서로 보면 전형적인

---

6) 주광첸: 〈낭만주의와 현실주의〉, 《길림대학학보》, 1963, 제3기; 주광첸: 〈역사의 발전으로 미의 본질을 바라본다〉, 《신건설》, 1963, 제6기.

인물은 기계반영론에만 얽매여 가장 먼저 지양되고[7], 그 다음 형상사고론은 "심미심리학"으로 대체되었으며, 낭만주의와 현실주의도 문예문제로 많이 간주되었지만, "미의 본질"을 통해 미학사를 통달하는 방식만이 오늘날에도 완전히 지양되지 않았다. 뒤의 세 가지 키워드로 서양 미학사를 통솔하는 것도 불가능하다는 것을 사실로도 입증하였다. 만약에 그렇다면 유물주의 이론에 국한된 누추한 견해를 낳을 수밖에 없다. 하지만 미의 본질로 고대 그리스에서 20세기 전엽까지 "서양의" 미학사를 통합하는 것은 가능하다. 그러나 이러한 역사적 논리적 발전을 고려하지 않는다면, 타타코비츠 W. Tatarkiewicz의 서양 미학사의 대상에 대한 이해는 역사 자체에 더 가까워질 수 있고, 이로써 미학사의 경계는 충분히 열릴 수 있을 것이다: 서양 미학사에는 "미학사상사"와 "미학명사사名词史", "외현外显미학사"와 "내은内隐미학사", 미학 "진술사"와 미학 "설명사", "미학 발견의 역사"와 "미학사상 유행한 역사" 등이 포함되어야 한다.[8] 이상형태의 서구미학사는 두 방면의 통일과 통합이어야 한다.

제2절 두 권의 "대통사大通史"와 기타 "소통사"小通史

1950년대 말부터 문화대혁명의 전야에 이르기까지 번역하고 추간하는 시점에서 볼 때, 많은 양의 해외 미학 자료가 계속 소개되었는데, 그중 매우 중요한 총서와 문선에는1959년에 창시한 《외국문예이론총서》와 《마르

---

7) 주광첸:《전형적인 성격설의 유럽 미학사상에서의 발전》,《인민일보》, 1961.8.3. 주광첸은 이런 방식을 통해 근대의 전형관과 전통을 연결시켰다. "유럽 문예 이론 저술에서 '전형'이란 단어는 근대에 유행했고, 과거에는 '이상'이 유행했다. 그래서 과거 많은 문예적 이상에 대한 언급이 사실은 전형적인 것이었다."

8) W. Tatarkiewicz, *History of Aesthetics*. vol. 1, *Ancient Aesthetics*, edited by J. Harrell, The Hague: Polish Scientific Publishers, 1991, pp.5-7.

크스주의 문예이론총서》가 있다. 1961년 세운 총서계획에 따르면 전자는 39종(지금까지 19종), 후자는 12종(지금까지11종)을 출간할 예정이었다. 현재 중국 사회과학원 문학소 문예이론팀이 1957년 7월 창간한 《문예이론번역총서》는 1958년 12월까지 6기가 나온 후 폐간됐다가 1961년 다시 출간돼 1965년까지 11기가 나왔다; 우리푸伍蠡甫가 주필한 《서양문예이론선》상·하권도 1963년부터 1964년까지 전문가 학자들을 모아 공동저술했다.

지금부터 《문예이론번역총서》의 주요 내용만을 예로 들어서 당시의 번역하고 소개하는 상황에 대하여 검토하도록 하겠다. 제1기는 주로19세기 영국 낭만주의자들의 주장을, 제2기는 주로 근대 독일과 프랑스의 낭만주의 문예사상을, 제3기는 셰익스피어를, 제4기는 주로 동유럽 작가들의 글을, 제5기는 주로18세기 서구의 미학사상을, 제6기는 주로 유럽의 비극 이론을, 제7기는 주로 유럽의 희극喜劇 이론을, 제8기는 주로19세기 중반 이후 세 명의 미학자들의 사상을, 제9기는 주로 셰익스피어가 논평한 글을, 제10기는 주로 인도의 고대 문예이론과 일본의 고대 문예이론을, 제11기는 주로 "형상사유"의 자료와 희극戲劇 미학을 번역하고 소개하였다. 이 선본적 성격을 지닌 번역총서를 통해 동방사상과 현대이론에 대하여도 언급하였지만 당시 절대적인 주류를 차지했던 번역·출간 내용은 주로 유럽의 고전미학과 문예이론 사상이었다는 것을 알 수가 있다. 《문예이론번역총서》은 당대의 글이나 자료를 싣지 않을 예정이기 때문에 다시 간행된 날부터 《고전문예이론번역총서》로 이름을 바꾸었다. 마찬가지로 중국 사회과학원 문학소 소련문학연구실에서 주관한 《현대문예이론 번역총서》는 1963년 1기부터 1964년 6기까지 출간된 번역총서로 책제목에 "현대"라고 밝히고 있지만 대부분의 번역문이 구소련의 연구에서 나왔거나 "소련이란 다리"를 통해 외국의 미학과 문예사상을 강 건너 불 보듯 하였다고 할 수가 있다.

주광첸의 《서양미학사》의 역사연구 외에, 서양미학사에 대해 비교적 일찍 개별적 연구를 진행한 전문저서는 루신汝信이 주필하여 1963년 4월에 출판한 《서양미학사논총》이다.9) "서양미학사"를 제목으로 삼은 이 전문저서는 중화인민공화국 수립 이후 출판된 첫 번째 서양미학 전문저서이고 주광첸의 《서양미학사》 상권의 출판보다 3개월이나 앞섰다. 주광첸이 직접 해외유학을 간 것과 달리 루신의 서양미학의 인물 사상 연구는 그의 스승인 허린贺麟 선생의 서양철학연구가 미학 영역으로 연장된 것이라고 할 수가 있다. 루신은 1961년 쟝페이즈姜丕之와도 《헤겔의 범주론 비판》(상해인민출판사, 1961)을 공저하였다. 플라톤, 아리스토텔레스, 프로티노, 레싱, 칸트와 18세기의 영국 미학, 헤겔부터 체르니셰프스키까지 《서양미학사논총》은 점으로 면을 대체하는 식으로 서양미학사의 큰 흐름을 그려냈다. 《서양미학사논총》에서 《서양미학사논총속편续编》(상해인민출판사, 1983)까지

루신汝信은 19세기 계몽시대의 "고트슐레 - 바움가르텐 - 빈켈만 - 레싱 - 헤르더 - 포스터"로의 발전의 실마리에 대한 묘사, 독일 고전 철학 시절의 "칸트 - 실러 - 셸링 - 헤겔"에 대한 구체적 묘사에 이르기까지, 그리고 디드로, 버크, 벨린스키, 플레하노프스키, 체르니셰프스키, 쇼펜하우어, 니체, 듀이 등의 미학 사상에 대하여 모두 다른 접점에서 심도 있는 연구를 진행하였다. 그래서 이 두 권의 서양미학사논총은 하나의 전체로 여겨져야 한다. 이런 연구 과정에서 저자는 끊임없이 새로운 인식을 얻었다: 플라톤과 아리스토텔레스의 미학 사상에 대하여 대조적인 연구를 진행하였고, 주광첸의 플라톤 영감설과 모방설의 관계에 대하여 의문을 제기하였다. 아리스토텔레스의 미적 감각과 윤리적 목적론은 완전히 분리될 수 없다고 주장하였고, 프로티노라는 알렉산드리아파 그리스 철학자의 미학 사상을 전면적으로 해석하였다. 18세기 독일 계몽운동의 미학의 내재적 논리적 단서를 총체적으로 다루었고, 일찍이 셸링의 《예술 철학》에 나타난 미학 사상을 깊이 연구하였으며, 실러의 미학을 칸트의 《판단력 비판》와 헤겔의 《미학》 사이

---

9) 루신·양위杨宇:《서양미학사논총》, 상해인민출판사, 1963, 이 책은 4월에 출판되었고 주광첸의 《서양미학사》는 같은 해 7월에 출판되었다.

의 고리로 삼았다. 체르니셰프스키의 사상을 깊이 검토하여 그의 서양미학에 대한 오해도 풀어냈다.

사실 루신이 가장 마음에 들었던 것은 체르니셰프스키의 미학 사상이었다. 루신은 체르니셰프스키의 미학 사상에서 입문하여 바로 헤겔 미학(특히 청년 헤겔의 인간에 대한 사상)에 대한 관심을 도입한다. 나아가 고대 그리스 미학 사상으로 거슬러 올라가서 체르니셰프스키의 주요 사상을 기본 비평 기준으로 삼아 서양미학사에서 가장 중요한 인물의 사상적 면모를 중점적으로 드러냈다. 이와 함께 루신의 미학사 연구에는 저자의 "인도주의" 배려가 담겨 있음을 확인할 수가 있다. "미학에서 역사 연구는 우선 자연사가 아니라 사회사, 즉 인간의 역사이다. 인간은 언제나 사회역사의 주체이기 때문이다."[10] 어떤 미학 문제도 인간을 떠나서는 안 되는 문제인 만큼 인간을 연구하고 중시하는 "인도주의 전통"은 루신의 미학 연구를 관통하는 기준선이 되고 있다.

1963년 주광첸의《사양미학사》상권과 루신·양위의《서양미학사논총》이 출간된 이후, 더 정확히 말하면《사양미학사》하권이 이듬해 출간 이후 중국의 서구미학사 연구는 한동안 쇠퇴했다. 앞을 보면《서양미학사》와《서양미학사논총》이전에는 중국에서 "서양미학사"라는 표제의 전문 저서가 출판되지 않았다. 뒤를 보면, 1980년대《서양미학사》재판과《서양미학사논총속편》이 출판되기 전까지 서양미학사라는 제목으로 쓰인 관련 저서가 출간되지 않았다. 이를 통하여 상·하권과 두 권의 논총이 가져야 할 역사적 가치를 알 수 있다. 80년대 초반부터 서양미학사 연구 쇠퇴의 양상이 개선되었고 서양미학연구의 칼럼이 속속 등장하기 시작하였다. 주광첸의《서양미학사》가 거듭 중판되고 재판됨에 따라, 그 집필의 패러다임은 중국식 서양미학사 작성의 "기본 패러다임"이 되었고, 그 영향의 심원함은 분명히 드러났다. 이러한 학술적 영향은 대륙지역에 국한된 것이 아니며, 홍콩과

---

10) 루신:《서양미학사논총속편续编》, 상해인민출판사, 1983, pp.2-3.

대만 지역의 미학계도 이《서양미학사》의 영향을 받았는데 이것이 바로 전에 언급했던 "주광첸 모델"이다. 이 패러다임은 또한 동아시아 학계에서 서양미학을 바라보는 독특한 접근법으로 볼 수도 있다.

지금까지 중국에서 최대 부서로 꼽히는 "대통사"는 쟝쿵양蔣孔陽, 주리위안朱立元이 주필한《서양미학통사》(7권짜리)이고, 국가사회과학기금 "85", "95" 기획에 중점 연구 성과로 중화인민공화국 수립 50주년을 위한 기념도서로 여겨졌다. 이 통사는 서양철학과 미학이 거의 같이 발전하는 실정에 따라 전체 서양미학의 역사적 진전를 "본체론", "인식론", "언어학"의 3단계로 구분하여 서양 전체 역사의 기본 발전 규칙을 제시하려 하였다. 이런 구분에 따라 본체론 단계는 고대 그리스 로마에서 16세기까지, 그중에서도 "고대 그리스 미학은 바로 본체론 미학이고, 당시 철학 본체론이 미학에서 전개되고 구현된 것이며, 서양미학사에서 본체론 단계의 가장 전형적이고 중요한 재현"11)이다. 인식론 단계는 17세기부터 19세기까지 철학과 미학이 인식론으로 전향하는 과정에서 "영국 경험주의"와 "대륙 이성주의"가 각각 대립의 라인에서 큰 기여를 했지만 독일 고전미학이야말로 서양의 "인식론 미학"의 완성 단계였다. "언어학 단계"란 주로 20세기를 말한다. 비록 "언어학으로의 전향"은 서양 철학에서 주로 영미의 논리적 실증주의와 분석철학을 가리키지만,《서양미학통사》는 이러한 전향이 대륙 인본주의의 맥락에서도 나타났고 현상학, 실존주의, 해석학의 미학에 이르기까지 모두 이러한 전향에 포함시킬 수가 있다고 여겼다. 보다 구체적으로 말하면, "실증 - 분석 미학", "현상학 - 실존주의 미학", "현대 언어학 - 구조주의 미학"이라는 세 가지 방향, 세 가지 사조, 세 가지 힘이 함께 작용해 20세기 미학의 "언어학으로의 전향"을 이끌었다.

《서양미학통사》는 역사의 시점에서 전체 서양미학사를 "3대 단계"로 정리했을 뿐만 아니라, 논리의 시점에서도 전체 서양미학을 "2대 주용 맥락"

---

11) 쟝쿵양, 주리위안 주필:《서양미학통사》, 상해문예출판사, 1999, 서론, p.15.

으로 귀납하였는데, 즉 넓은 의미의 "이성주의"와 "경험주의"를 부여받았
다는 것이다. 플라톤과 아리스토텔레스는 각각 서양미학의 두 가지 중요한
전통의 시작을 대표했고, 중세 초기와 말기의 아우구스티누스와 토머스 아
퀴나스도 두 파에 속해 "17세기 서양미학은 서로 관점이 명확한 두 개의
파벌, 즉 대륙 이성주의와 영국 경험주의로 분화되었다. 이는 플라톤과 아
리스토텔레스가 개척한 두 개의 전통이 새로운 시대에 계승되고 발전한 것
이라고 볼 수 있다."[12] 18세기의 계몽주의 미학도 두 줄기를 이어가는데
디드로의 프랑스 계몽 미학사상은 전체적으로 경험주의에 치우쳤고, 독일
계몽주의 미학자들은 이성주의의 여운을 더 많이 유지했다. 독일 고전미학
은 17, 18세기 이성주의와 경험주의의 두 주류를 아우르는 "총화와 통합"
이고 이는 중국화된 서양 철학사 연구에 의해 직접 추론된 결과다. 19세기
에는 본래의 경험주의가 실증주의로 발전해 나아가 과학 이성과 융합하게
되었지만 본래의 이성주의는 비이성주의의 대두를 가져오기도 했다. 20세
기의 미학만이 이런 구도에 포함되기 어렵기 때문에《서양미학통사》는 지
난 세기의 서양미학 전반에 걸쳐 "인본주의"와 "과학주의"라는 두 가지 주
조를 계속 취한다.

  《서양미학통사》1권 고대 그리스 로마시대의 미학은 판밍성范明生에 의해
완성되었는데 총74만 자이고 이 책은 미학사상을 철학적 계통의 관조에서
설명하는 데 더 많은 관심을 기울이고 국내 고대 그리스 로마의 철학에 관
한 연구의 덕을 많이 받았다.[13] 그 가운데 두 가지 포인트 중 하나는 피타
고라스학파, 헤라클레트, 엠페도클레스, 데모크리토스까지 옛 소크라테스
시대의 미학을 상세히 해석한 것이다. 또 하나는 그리스화와 로마시대의
미학을 깊이 있게 연구한 것으로, 주로 스토아 학파, 에피쿠로스 학파, 회의
론怀疑论 학파와 절충주의의 미학사상이 더해졌다. 제2권 중세시대와 르네

---

12) 쟝쿵양, 주리위안 주필:《서양미학통사》, 상해문예출판사, 1999, 서론, p.46.
13) 판밍성范明生:《서양미학통사·고대 그리스 로마 미학》, 제1권, 상해문예출판사, 1999판.

상스 시대의 미학은 루양陆扬에 의해 완성되었는데 총 42만 자이다.[14] 이 책은 미학사에 있어서 더 많은 돌파구를 마련하였다. 특히 중세 미학에 대한 연구는 전통적인 영역을 확실히 확대하였다. 저자는 원래의 인물에 성경의 미학 사상과 비잔틴 성상聖像 다툼의 논술을 추가하였을 뿐만 아니라, 사이비 디오니시우스, 보에티우스에 관한 논술, 중세기 민간 문예 미학에 대한 논술 등을 추가했는데, 국내에서는 모두 새로운 일이었다. 또 12, 13세기의 "신비주의 미학"과 "경원经院 미학"의 내적 계보를 비교적 온전하게 풀어냈다. 르네상스 시대 미학에 대한 저자의 논술은 관례에 따라 여러 인물의 사상을 논했을 뿐만 아니라 미학과 음악 미학을 구분해 서술한 데 이어 16세기에 이르러서는 다른 기준으로 바꿔서 독일, 프랑스, 영국, 스페인의 미학 사상을 따로 논하였다. 제3권 17, 18세기의 미학은 판밍성范明生에 의해 완성되었는데 총72만 자이다.[15] 이 책은 국별사国别史의 방식으로 베이컨에서 시작된 영국 미학(밀턴, 존 드라이든, 포프, 필딩, 존슨, 레이놀즈 등의 미학 사상이 추가됐다), 데카르트를 기점으로 한 프랑스 미학(파스칼의 미학 사상이 추가됐다), 뭇 별들이 모여든 독일 미학(헤르더의 미학 사상이 추가됐다), 비코로 대표되는 이탈리아 미학을 따로따로 논하였다.

《서양미학통사》 제4권 독일 고전미학은 차오쥔펑曹俊峰, 주리위안, 장위닝张玉能, 쟝쿵양에 의하여 완성되었는데 총 63만 자이다. 이 책은 통사通史 전체에서 가장 중요한 것이고 쟝쿵양으로 대표되는 독일 고전미학 연구의 연장으로 볼 수도 있다.[16] 차오쥔펑, 장위닝, 주리위안이 쟝쿵양에게 학위를 받을 때 쓴 논문은 각각 칸트미학, 실러미학, 헤겔 미학에 관한 연구였다. 이 책의 가장 큰 특징은 칸트와 헤겔 미학사상에 대한 연구이며, 전체

---

14) 루양: 《서양미학통사·중세기 르네상스 미학》제2권, 상해문예출판사, 1999.

15) 판밍성: 《서양미학통사·17, 18세기 미학》제3권, 상해문예출판사, 1999.

16) 차오쥔펑, 주리위안, 장위닝, 쟝쿵양: 《서양미학통사·독일 고전 미학》제4권, 상해문예출판사, 1999.

적 논리구조의 구현에 중점을 두었을 뿐만 아니라 그들의 미학사상이 형성된 역사적 순서에 따라 논하였다는 점이다. 칸트의 미학사상은 "전비판기", "과도기"와 "비판기"로 구분되며, 칸트의 말년과 그의 유저遺著들에서 나타나는 미학사상에도 주목하였다. 헤겔의 미학도 전기의 미학사상에서 출발해 《정신현상학》에서의 미학사상을 밝히고 칸트, 피히테, 실레, 셸링과 낭만주의 사상에 대한 헤겔의 비판도 곁들였다. 동시에 "예술해체"의 새로운 해석과 《미학》의 내재적 모순에 주목했다. 제5권 19세기의 미학은 장위닝, 루양陆扬, 장더싱張德兴 등이 완성했는데 총62만 자이다. 이 책도 계속 국별사国别史의 구도를 이어갔고, 마르크스주의 미학과 러시아 민주주의 미학사상도 포함했다.[17] 독일, 프랑스, 영국의 미학사 구분은 매우 거시적이다. 헤겔주의와 신칸트주의가 주도하는 철학 미학 이후 형식주의 미학, 심리학 미학, 생명철학의 미학, 예술과학과 관념론적 미학 등의 5개 파벌로, 프랑스 미학은 낭만주의 미학, 현실주의와 자연주의 미학, 실증주의 미학, 유미주의와 절충주의 미학 등의 6개 파벌로, 영국 미학은 낭만주의 미학, 유미주의 미학, 사회학 미학, 신헤겔주의 미학, 심리학 미학, 진화론 미학 등의 6개 파벌로 구분하여 근대 서양 미학의 주조를 매우 정확하고 적절하게 논술하였다. 제6권과 제7권 20세기의 미학은 주리위안, 장더싱 등이 완성했는데 총 125만 자이고 분량이 가장 많다. 이 책은 "현대 인본주의 미학"과 "현대 과학주의 미학"의 역사적 대립을 다루었다. 현대 서양 미학을 "형성, 초창기"(20 세기초부터 20년대 말까지), "다원적 전개기"(30~50년대), "변동, 성숙기"(60년대 이후부터 80년대 이전까지), "80, 90년대의 최전방 사조"라는 4단계로 구분했다.[18] 더욱 특색 있는 것은 이 두 권의 책은 연구의 중점과 이론적 특징에서 현대 서양 미학의 기본 방향을 귀납하려고 한다는 것이다. 한편, 연구 중점의 두 번의 역사적 전향은 각각 예술가와 창작에서

---

17) 장위닝·루양·장더싱: 《서양미학통사·19세기의 미학》제5권, 상해문예출판사, 1999.
18) 주리위안·장더싱: 《서양미학통사·20세기의 미학》제6, 7권, 상해문예출판사, 1999.

텍스트 연구로, 그리고 텍스트 연구에서 독자와 수용으로의 전향이다. 다른 한편, 두 가지 근본적인 전향은 이른바 "비이성으로의 전향"에서 "언어학으로의 전향"으로 이 두 권의 논설에서도 2대 "주요 경향", 두 번의 "전이", 두 가지의 "전향"의 기본 관점이 관철되었다.

21세기에 들어 2001년 국가사회과학기금 입안부터 루신이 주필한 《서양미학사》(4권짜리)는 최신 "대통사大通史"로 등장하였다. 총 270만 자에 이르는 4권짜리의 이 저서는 8년 가까이 걸려 완성됐고, 당대 중국 미학계 노중청老中青 3대 학자들이 한데 모아서 요약했다. 이 미학통사는 "미학의 역사"를 전체적으로 발전하고 있는 미학사상사로 삼아 "철학이념", "예술원元이론", "심미풍상風尚"의 3자 결합과 상호작용의 논리구조인 "미학사상"을 역사의 틀 안에 새롭게 집어넣어 입체적으로 완결화하는 역사전체를 형성했다.[19] 이 전문저서는 "서양", "미학", "역사"의 세 가지 키워드를 명확하고 깊이 있게 해석하여 전체적인 연구방법론에서 새로운 돌파구를 마련하였다: 먼저 "서양"을 지역 개념에 기초한 문화 사상의 범주로 보고 범주 외연外延으로 이 범주의 합법성 문제를 내실화한다는 문제(예를 들어 독일 관념론 철학자의 미학이 러시아와 북유럽에 미치는 영향, 프랑스 당대 미학의 국제적 영향 등을 내실화하였다)를 고려하였다. 또한 미학사상의 지역적 공간인 민족문화의 특성을 "서양"이라는 개념의 내포에 반영하였다; 다음으로 서양 사상사와 학술사에서 "미학"에 대한 3가지 주요 이해의 논리적 합리성을 고려해서 사상의 역사적 사실에 근거하여 철학, 예술사상, 심미 풍상 정취審美風尚情趣의 해석과 연구를 통합시켰다; 마지막으로 학문사를 바탕으로 학술사, 사상사, 사회사, 그리고 보편적인 큰 역사의 몇 가지 측면과의 관계와 상호영향을 정리하고 종합하는 데 유의하였다.

---

19) 루신 주필:《서양미학사》, 중국사회과학출판사, 2005, 서언, p.10. 4권짜리《서양미학사》의 성과 소개에서 이 책 참작자參編者인 필자는 프로젝트를 마무리하는 보고서에서 각 권의 저자들이 제공한 내용을 일부 받아들인 데 대해 감사드린다고 밝혔다.

루신이 주필한《서양미학사》1권은 "서양 고대 미학"으로 고대 그리스 로마 미학과 중세 미학으로 나뉘는데 링지라오凌继尧, 쉬헝춘徐恒醇에 의하여 완성되었다.[20] 이 책의 창조적인 점은 먼저 플라톤의 이념론을 재평가한다. 플라톤의 이념은 소박한 방식으로 제시된 자연 법칙과 사회 법칙이고 그가 이러한 법칙으로 오래된 신화를 대체하려고 노력했으며 만물의 법칙에 대한 플라톤의 탐구는 신화에서 인간의 사유로의 중대한 변혁을 보여줬다고 주장한 것이다; 다음으로 플라톤의 미학과 아리스토텔레스의 미학의 관계를 재평가한다. 플라톤의 철학과 미학의 핵심 범주인 "이념"을 거의 통째로 아리스토텔레스로 옮겼고 둘 다 사물의 이념으로 사물을 생각한다는 점을 버리지 않았지만, 후자가 전자와 구분되는 것은 바로 사물의 이념이 사물 자신에 존재하고 그 밖에 존재하지 않는다고 인정하는 원리라고 주장한 것이다; 마지막으로 플로티노스의 미학 사상을 재평가해 그리스 로마와 중세의 교분인 미학자의 사상이 그리스 로마 미학의 한계를 벗어나지 못했다고 주장한 것이다. 고대권은 각종 사회사상현상의 상관관계에서(예를 들어 플라톤 저작에 있어서의 철학과 시, 로고스와 신화의 결합 등이 있다.) 고대미학 내용의 풍부함, 복잡함과 모순성을 제시하였을 뿐만 아니라 역사 속에 내포된 당대의 계시를 제시하는 데 중점을 두었다.(예를 들어 우의寓意와 상징의 관계, 종교 고전문화 이미지와 심미 내포와의 관계 등에 대하여 새로운 학문적 발굴로 이어진다.)

　　제2권은 "서양근대미학"의 상편으로 르네상스 시기 미학과 계몽운동 시기 미학을 양분하여 펑리쉰彭立勋, 츄쯔화邱紫华, 우위민吴予敏 등에 의하여 완성되었다.[21] 이 책은 거시적으로 사조, 유파 및 각종 문제, 이론, 학설의 "형성과 발전" 연구에 중점을 두고 나열과 반복 서술의 전통적인 연구 패

---

20) 링지라오·쉬헝춘:《서양미학사·고대 그리스 로마 미학과 중세 미학》제1권, 중국사회과학출판사, 2005, 3월판.

21) 펑리쉰·츄쯔화·우위민:《서양미학사·르네상스에서 계몽운동 미학까지》제2권, 중국사회과학출판사, 2006, 12월판.

러다임을 돌파하여 사상 발전의 유기적 정체성整体性과 내재적 규칙성을 중점적으로 해석하였다. 흄의 미의 본질관, 버크의 숭고 이론, 디드로의 "미는 관계에 있다"라는 설과, 레싱의 시민희극戏剧론, 비코의 심미 감정 이입설 등에 대한 해석은 규칙성을 따를 뿐 아니라 새로운 해석을 낳았다. 동시에, 미시적으로 르네상스, 경험주의, 이성주의 및 계몽운동 시기의 미학사상을 설명할 때, 이러한 이론과 학설(내재감관설, 심미취미론, 미는 조화에 있다는 설, 미는 보완이다는 설)이 제기되었을 때의 원뜻을 주의하면서, 당대의 관점과 시야에서 살펴보려고 하였다. 이 밖에 보카치오의 비극과 희극관, 라블레의 괴짜 미학 관념 등에 대한 연구는 르네상스 미학에 대한 연구의 공백을 메우고 몽테뉴, 흄름의 미학 사상도 보완했다.

제3권은 "서양근대미학"의 다른 하편으로 독일의 고전미학과 19세기 다른 나라들(주로 영국과 프랑스를 지칭)의 미학사조와 유파로 분류되며, 리펑청李鵬程, 왕커핑王可平, 저우궈핑周國平 등에 의하여 완성되었다.[22) 이 책은 '독일 관념론으로 철학자의 미학을 논한다"와 "독일 낭만주의 문학의 미학"이란 정확한 개념으로, 중국에서 주도했던 "독일 고전 미학"이란 개념을 대체하면서 미학과 철학 체계 간의 상호작용(예를 들어 예술 형이상학이 철학보다 높다는 셸링의 관점을 제시하였다)에 주목했다. 뿐만 아니라 아래와 같이 몇 가지 측면에서도 이 책의 창의성을 찾을 수 있다. 즉 칸트 판단력 학설이 철학 체계에서 갖는 의의를 새롭게 규명했고, 쇼펜하우어와 니체 미학의 형이상학의 함의에 대한 해석에도 개척의 의미를 지녔다. 또한 영국 러스킨의 미학 사상에 대해 비교적 자세하게 설명하였는데 역사적으로 볼 때, 일찍이 20세기 중반에 중국은《러스킨의 예술론》(류쓰쉰刘思训 번역, 대광서국 1936)과 같은 연구 저서를 번역하였다. 또 19세기 독일의 미학이 철학을 벗어나 심리학과 사회학으로 가는 과정에 대하여도 밝혀서 미학사

---

22) 리펑청·왕커핑·저우궈핑:《서양미학사·19세기의 미학》제3권, 중국사회과학출판사, 2008, 1월판.

의 일관성을 더하였다.

제4권은 "서양현대미학"으로 진후이민金惠敏, 훠구이환霍桂寰, 자오스린趙士林, 류웨디刘悦笛 등에 의하여 완성되었다. 이 책은 20세기 전반에 걸쳐서 펼쳐졌고 외국어 원시 문헌에 대한 연구를 중요시하며 많은 외국 전문가들도 참여시켰다.(예를 들어 프랑스 미켈 뒤프렌 협회 회장인 마리본 세종 Maryvonne Saison을 초청하여 미켈 뒤프렌 사상을 작성하였다)[23] 우선 학설사의 체계성과 학통적 원류라는 의미에서 당대 서양 미학자의 개인사상을 사상사의 전체적 맥락에서 학술논리로 분류하고 유파의 구축을 시도함으로써 미학사의 학문적 체계성 구축의 방향을 적극적으로 모색하였다. "인본주의"와 "과학주의"를 20세기 서양미학사의 양대 흐름으로 삼던 중국 학계의 관례를 깨고 둘 다 계몽적 이성에 뿌리를 둔 현대적 범주에 속한다고 주장하였다. 이러한 구조로 볼 때 20세기 전반에 걸친 구미 미학은 최초의 "형식주의 미학"과 "표현주의 미학"이 당시 미학사상의 중요한 두 날개로 작용했고, "무의식 미학"의 영향도 매우 컸으며, "생명 미학"과 "거리 미학"도 성행하였다. 서양 미학사가 20세기 중엽으로 접어들면서 "실용주의 미학", "기호론 미학", "현상학 미학", "실존 미학" 등의 온갖 꽃들이 아름다움을 다투듯이 전개되어 20세기의 미학 계보를 충분히 펼쳤다. 20세기 중반 이후 비트겐슈타인에서 시작된 "분석미학"이 구미 미학의 주류를 이뤘지만 루카치에서 시작된 "사회비판미학", "게슈탈트 미학", "해석학 미학", "수용 미학" 등은 모두 나름대로 사상적 지위를 얻었다. 20세기 말 서양미학이 포스트모던 단계에 진입하였고 이는 이 세기 미학의 종말기이기도 하다.

이러한 중국화된 "서양 미학사"의 기본 패러다임의 영향과 선도로 서양 미학 연구는 비약적으로 발전하는 역사적 시기로 접어들었다. 쇄국을 벗어

---

23) 진후이민·훠구이환·자오스린·류웨디 등: 《서양미학사·20세기의 미학》 제4권, 중국 사회과학출판사, 2008, 5월판.

나 개혁, 개방으로 나아가는 완전히 새로운 역사의 상황에서, 주광첸의《서양 미학사》가 1979년에 개정, 재판됨에 따라, 서양 미학 연구의 전문 저서와 논문이 출현하였다. 덕분에1980년대 초반에 서양 미학 연구의 국면을 타개하고, 통사와 단대사연구를 병행하는 구조를 확립한 것이다. 서양 미학사도 20세기 이전의 서양 고전 미학에 대한 연구에 그치지 않고 20세기의 미학사도 직접 연구로 끌어들였다.

장쿵양의《독일 고전미학》(상무인서관, 1980)은 단연히 첫손에 꼽혔다. 이 저서는 사실 중국화한 서양 미학 연구의 "해파海派(상해파)" 스타일을 활짝 열었다. 장쿵양의 많은 제자들은《서양미학통사》와 같은 다른 저술에서 이런 스타일을 이어받아 루신의《서양미학사》로 대표되는 "경파京派(북경파)"와 구별되었다. 1965년《독일 고전미학》초고가 완성됐을 때부터 계산하면 중국에서 독일 고전미학에 관한 첫 연구 전서인 이 책은1960년대의 성과에 속해야 한다. 따라서 이 책은 여전히 독일 미학에 대한 "이데올로기 비판"을 주요 기조로 하고 있지만, 중국 미학에서 가장 중요했던 서양 미학 자원에 대한 심층 연구를 총체적으로 수행함으로써 이 미학사에 거시적인 역사적 위치를 부여하고 있다: "이전의 미학적 경험, 특히 18세기 영국, 프랑스, 독일 3국의 미학적 경험을 총결하였다; 19세기 후반부터 20세기까지 부르주아 계급의 다양한 미학사상을 열었다; 변증법이라는 선진적인 방법을 미학 연구의 영역에 전면적으로 도입하였다; 18세기 형이상학의 유물주의 미학과 마르크스 레닌주의 미학 사이의 중개 역할을 하였다."[24] 물론 이런 비판은 칸트부터 시작해서 헤겔로 끝을 맺었는데 양자의 논리적 발전 사이에는 철학자로서의 미학자인 피히테와 셸링, 문학가로서의 미학자인 괴테와 실러 등이 포함되는데 이것은 이후 중국에서 독일 고전 미학이 계속 연구되는 기본 구도에 영향을 주었기 때문에 하나의 고전적인 미학 단대사 저서가 됐다.

---

24) 장쿵양:《독일 고전미학》, 상무인서관, 1980, pp.53-54.

1983년은 서양 미학 연구의 풍년이었다. 이 해에 루신은 《서양미학사논총》에서 미학자 개별 연구의 발상을 계승하여 《서양미학사논총속편》을 출판하였고, 쩡판런曾繁仁은 이와 유사한 인물 개별 저서인 《서양미학간론》(산동인민출판사, 1983)을 출판하였다. 또 서양 미학 연구의 시야는 옌궈중阎国忠의 《고대 그리스 로마 미학》(북경대학출판사, 1983)의 출판으로 서양 미학의 2,000여 년 전의 근원으로 거슬러 올라갔을 뿐 아니라, 주디朱狄의 《당대서양미학》(인민출판사, 1983)의 출판으로 20세기라는 최신 시대에도 깊이 파고들었다. 또한 문류미학사의 관점에서 보면 쉬지민徐纪敏의 《과학미학사상사》(호남인민출판사, 1987)가 특색이 있고, 미학자 차이-이蔡仪가 주필한 "미학지식총서"에서 투투涂途가 집필한 《서양미학사 개관》(이강출판사, 1984)과 같이 소개하는 소책자들도 있는데 이들은 모두 서양미학사 연구의 열풍을 이끌었다. 주디朱狄의 《당대서양미학》의 출판은 더욱 중요한 가치가 있는데, 이는 중국어학계에서 처음으로 20세기 미학사를 총체적으로 다룬 첫 번째 전문 저서로, 오늘날까지도 사료적, 연구적 가치가 매우 크다. 이 전문저서에서는 유파사의 기법을 최초로 도입하여 현대 서양미학을 10개의 주요 유파에 포함시킴으로써 이들 유파의 대표적인 인물들의 미학사상을 구체적으로 보여줬다. 주로 아른하임의 "완형심리학 미학", 프로이드와 융의 "심리분석 미학", 산타야나의 "자연주의 미학", 듀이·페퍼의 "실용주의 미학", 토머스 먼로의 "신자연주의 미학", 콜링우드와 리드의 "표현론 미학", 뒤프렌의 "현상학 미학", 리처즈의 "신실증주의 미학", 비트겐슈타인과 바이츠의 "분석 미학", 카시러와 수잔 랭거의 "기호론 미학" 등이 있다. 저자는 60년대 중반까지만 썼기 때문에 수많은 유파의 대표인물들이 더 논의되어야 하고 여러 유파의 역사적 순서는 조정되어야 했지만, 유파를 구분하여 "인물로 유파를 대체하는 작성 방법"은 현대미학사 연구 전반에 걸쳐 계승되어 왔다. 주디는 주광첸과 마찬가지로 10개 유파의 기본 사상을 기술한 후, 논리의 높이에서 몇 가지 기본 문제를 정리하였다: 미의 본질 문제에 관한 논쟁, 심미 경험의 각종 요소에 관한 분석, 당대 서양 예술에서의 미학 문제와 각종 예술 중의 미학 문제 등이 있다. 그중에서 미학자를 분석하는 딕키의 예술 "관행"론에 대한 검토는 이미 시야를 70년대까지 넓혀서 모두가 《당대서양미학》의 전망성을 증명하였다.

　주광첸의 《서양미학사》가 유파별로 구분되어 구미의 작성 방법과 더 가까웠다. "현대서양미학"은 중국에서 20세기 이래의 미학사를 일컫는 말로, 주디의 《당대서양미학》(당대란 보통 현대를 말한다)처럼 서양미학사전이나 백과전서적 방식으로 쓰인 유파사는 구미 학계에서 늘 주류는 아니었다. "서양에서" 20세기 미학을 보는 방식을 중국에서의 이런 "현대 서양 미학" 유파사流派史의 작성 방법과 비교해 보면 중국 학계의 구분만큼 그렇게 완벽하지 않은데다가 주로 미학 전통을 분석하는 것이 절대적이었다. 현 국제미학협회 회장인 미국학자 커티스 카터를 예로 들면서 비어즐리가 쓴 1960년대까지의 미학사를 이어받은 인물들을 보면 아른하임, 수잔 랭거 등 소수의 미학자를 제외하고 그중의 절대다수가 분석미학 전통에 속해 있으며, 분석 전통의 역사의 핵심적 지위는 확실히 흔들릴 수가 없었다. 또 《미학의 역사사전》을 예로 들어 20세기 미학을 어떻게 보고 있는지 살펴보는 온당한 관점에서는 20 세기의 미학은 크게 두 가지 주류로 구분되는데 바로 "분석 전통The Analytic Tradition"과 "대륙 전통The Continental Tradition"이다. 이 밖에 "관념론"(국내에서 논한 신헤겔주의와 표현주의 미학자의 일부 포함)과 "실용주의"(신자연주의자도 포함), 비평과 해석, 심리학과 예술, 예술운동과 예술사, 음악, 영화, 건축미학 등이 이 뒤를 이었다. 그러나 90년대 이래의 미학 연구는 분석전통, 대륙전통, 예술과 예술사, 영화미학과 대중예술, 음악미학 등 주요 학문 분야로 구분되었는데[25] 이는 동아시아의 넓은 시각과 세밀한 구분과는 분명히 거리가 있다.

　1980년대에서 90년대로 전환되는 시기에 중국에서 쏟아져 나온 서양미

25) Dabney Townsend, *Historical Dictionary of Aesthetics*, Landhanm and Oxford: The Scarecrow Press, 2006, pp. 357-370.

학사 전문저서는 주로 펑리쉰彭立勛의 《서양미학 명작인론》(화중공학원출판사1987), 양언환杨恩寰의 《서양미학사상사》(요녕대학출판사1988), 장파张法의 《20세기 서양미학사》(중국인민대학출판사, 1990), 쩡판런曾繁仁이 주필한 《현대미학사조》(산동문예출판사, 1990), 딩펑丁枫의 《서양 심미관 원류학사西方审美观源流学史》(요녕인민출판사, 1992), 마오충제毛崇杰·장더싱张德兴·마즈马驰의 《20세기 서양 미학의 주류》(길림교육출판사, 1993), 장치췬章启群의 《철인哲人과 시: 서양 당대 일부 미학 문제의 철학적 근원》(안휘교육출판사, 1994), 뉴훙바오牛宏宝의 《20세기 서양 미학 주조》(호북인민출판사, 1996), 저우라이샹周来祥이 주필한 《서양 미학 주조》(광서사범대학 출판사, 1997), 저우셴周宪의 《20세기 서양 미학》(남경대학출판사, 1997), 링지야오凌继尧의 《서양미학 예술학의 정수》(상해인민출판사, 1998) 등이 있는데, 미학사에 대한 연구가 한층 더 심화되고 전면적으로 진행되었다고 할 수가 있다. 이 전환기는 서양 미학 연구의 제2의 붐이라 할 만큼 관련 전문 저서들이 대거 출간됐을 뿐만 아니라 연구논문 전체의 수준도 크게 향상되었다. 이 중 "주광첸 모델"을 가장 직접적으로 받아들여 확장한 저서는 주광첸의 조교였던 리싱천李醒尘의 《서양미학사교정教程》(북경대학출판사, 1994)이다. 독일어와 러시아어를 습득한 기초에서 서양 미학사를 쓴 저자는 "미학사는 미학 연구나 미학 과학의 중요한 부분이자 전문적이고 독립적인 지식 분야로, 실질적으로는 학설사 혹은 사상사, 즉 각종 미학사상, 미학학설이나 미학 이론, 그리고 미학 유파가 발생하고 발전한 역사"라며 "미학사는 역사과학이자 이론과 학이란 이중성을 가지고 있다"[26]라고 변증법적으로 미학사를 자리매김하였다. 바로 탄탄한 독일어 기초 덕분에 독일 계몽운동 미학과 독일 고전미학에 대한 저자의 논술을 쉽게 이해할 수 있었다. 전자에서는 헤르더와 포르스터의 미학 사상이 더해져서, 후자에서는 칸트에 대한 해석이 창조적이고, 초기 낭만주의 미학사상에 대한 논술이 독일의 고전미학 체계를 풍

---

26) 리싱천李醒尘의 《서양미학사교정教程》, 북경대학출판사, 1994, pp.2-3.

부하게 하였다. 더 중요한 것은 《서양미학사교정敎程》은 약사이지만 다른 저서처럼 20세기 초반에 끝나지 않고 20세기 전반으로 시각을 이어가 표현주의 미학, 자연주의 미학, 형식주의 미학, 정신분석 미학, 분석 미학, 현상학 미학, 존재주의 미학, 기호론 미학, 게슈탈트 심리학 미학, 사회비판 미학, 구조주의 미학과 해석학 미학의 순으로 정리했기 때문에 진정한 의미의 "소통사小通史"가 된 것이다.

주리위안이 주필한 《현대서양미학사》(상해문예출판사, 1993)는 20세기 서양미학을 전체적으로 깊이 연구한 중요한 저서로, 이전에 쓴 주리위안·장더싱張德兴의 《현대서양미학유파평술》(상해인민출판사, 1988)과 같은 약사적인 저서들과 비교하면 이미 매우 풍부해졌다. 이 책은 20세기 초부터 80년대까지의 해체주의까지 총 30장, 113절이지만 기본적인 구도는 휴머니즘과 과학주의의 모순과 성쇠를 주요 구조로 하였다. "서양 휴머니즘 미학"이란 이 책에서 주로 "표현주의", "직관주의", "정신분석 미학", "심리분석 미학", "신토머스주의 미학", "존재주의 미학", "현상학 미학", "기호학 미학", "프랑크푸르트 학파 미학", "해석학 미학" 등을 가리킨다. "이 모든 유파는 심미 활동에서 주체가 역할을 결정하고 심미의 절대적 자유와 초월성을 추구하며 비이성적 요소로 예술창조와 감상의 본질을 설명하려는 생각을 갖고 있다. 이런 것들이 헤겔로 대표되는 전통미학에 맞서 현대 휴머니즘 미학의 반전통적 경향을 보여준다."27) 이와 대조되는 것은 "과학 철학 미학"인데 주로 "자연주의 미학", "실용주의 미학", "어의语义학 미학", "분석 미학", "격식탑 심리학 미학", "구조주의 미학" 등 많은 유파들을 통하여 구현됐다. 《현대서양미학사》는 현대 서양 미학사의 상징적인 저서로서, 중국에서의 현대 미학사 연구가 날이 갈수록 무르익는 것을 상징하고 당대 중국의 현대 서양 미학사 연구에 심대한 영향을 주었다.

21세기에 들어 중국 미학계에서 세 번째의 서양 미학 연구 열풍을 맞이

---

27) 주리위안 주필: 《현대서양미학사》, 상해문예출판사, 1997(제3판), p.21.

한다. 새 세기 첫 해에 청멍후이程孟辉가 주필한 《현대 서양 미학》(상해인민
출판사, 2000) 상·하권이 출판되어 새로운 국면을 열었는데, 이후 계속해서
출판된 전문 저서는 주로 다음과 같다. 우충吳琼의 《서양미학사》(상해인민출
판사, 2000), 뉴홍바오牛宏宝의 《서양현대미학》(상해인민출판사, 2002), 장파의
《20세기 서양미학사》(사천인민출판사, 2003), 장치췬章启群의 《신편新编서양
미학사》(상무인서관, 2004), 장위닝의 《서양미학사조》(산서교육출판사, 2004),
청멍후이程孟辉의 《서양미학정수》(인민대학출판사, 2004), 장치췬章启群의 《서
양 고전시학과 미학》(안휘교육출판사, 2004), 링지야오凌继尧의 《서양미학사》
(북경대학출판사, 2004), 저우셴周宪의 《20세기 서양 미학》(고등교육출판사,
2004), 펑펑彭锋의 《서양의 미학과 예술》(북경대학출판사, 2005), 주리위안朱
立元이 주필한 《서양미학범주사》(산서교육출판사, 2006), 주리위안의 《현대
서양미학 20강》(무한출판사, 2006), 덩샤오망邓晓芒의 《서양미학사강史纲》(무
한대학출판사, 2008), 청멍후이程孟辉의 《서양미학문예학논고》(상무인서관,
2008), 장셴건张贤根의 《20세기 서양미학》(무한대학출판사, 2009) 등이 있다.
최근 여러 권으로 구성된 전문 저서로는 편집장인 주리위안, 부편집장인
루양陆扬, 장더싱张德兴 등이 저술한 3권짜리의 《서양미학사상사》(상해인민
출판사, 2009)가 있다. 이 시기의 미학연구는 계속 심화되고 있다. 한편으로
는 "주광첸 모델"이 한 층으로 보완, 발전되었다(링지야오의 《서양미학사》 자
료가 더욱 상세하고 분석이 더욱 깊다); 다른 한편으로는 현대 서양 미학 연구
는 실제로 미학계의 관심사가 되었다. 나아가 미학사 연구의 중심은 1980
년대부터 고전 미학 중심에서 신구세기가 바뀐 이후 현대 미학을 연구 주
체로 삼았다고 할 수 있다. 그리고 미학사 연구는 점차 서양과 함께 해 나
가고 있는데, 중요한 논거 중 하나는 루신이 주필한 《서양미학사》 제4권에
외국의 저명한 전문가들이 집필과 연구에 참여하게 되었다는 것이다.

최근 서양미학사 연구에서 노중청老中靑 3대 학자들이 모두 이 작업에
뛰어들었다는 것을 알 수 있다. 고전미학 연구에서 링지야오의 《서양미학
사》와 장치췬章启群의 《신편新编 서양미학사》는 각각 두 가지 취향을 대표

340

하는데, 전자는 주광첸 모델을 계속 밀고 나가려 하고, 후자는 인물을 더욱 정밀하게 선택하여 낡은격식을 돌파하려 한다. 현대 서양 미학 연구에서 장파가 개정한《20세기 서양 미학사》는 매우 특색이 있다. 예를 들어 그는 표현주의, 정신분석, 존재주의 미학의 키워드를 각각 "표현", "은유", "황당"으로 요약하고, 50~60년대를 "체계 구축의 시대"로 정하며, 이후의 서양미학은 포스트모던으로 나아갔다고 주장한다; 저우셴이 개정한《20세기 서양 미학》은 "비판이론으로의 전환"(짐멜, 오르테가, 루카치, 아도르노, 벤야민, 리오타, 장 보드리야르, 제임슨 등의 미학 포함)과 "언어학으로의 전향"(크로치, 카시러, 하이데거, 비트겐슈타인, 바흐킨, 바트, 가다머 등의 미학사상 포함)을 단서로 20세기의 중요한 철학자 미학자들의 관련 사상들을 풀어냈다.

근래의 서양미학통사 저서는 주리위안이 주필한《서양미학사》3권짜리 (상해인민출판사, 2009), 덩샤오망의《서양미학사강史纲》(상무인서관, 2018) 등이 있다. 그중에서《서양미학사》편집팀에서 쓴《서양미학사》(고등교육출판사, 2015 초판, 2018 재판)는 교육부에서 기획한 집단 집필의 산물이고 교육보급에 중요한 역할을 하였다.

서양미학의 "범주사 연구"분야에서 청멍후이程孟辉의《서양비극 학설사学说史》(중국인민대학출판사, 1994)는 개별 연구의 대표작이라고 할 수 있는데, 이 책은 전체 서양미학사의 비극에 관한 사상들을 하나씩 상세하게 이론을 정리하고 객관적으로 평가하였다. 펑펑彭锋의《서양의 미학과 예술》도 서양미학 사서辞书의 순서에 따라 중요한 범주를 정리했고, 쓰유룬司有仑이 주필한《당대 서양미학 신범주 사전》(중국인민대학 출판사, 1996)도 20세기 미학의 범주를 포괄하려 했다. 주리위안이 주필한《서양미학범주사》는 총 160만 자, 3권본인데 논리적 범주라는 더 높은 이론적 측면에서 또 다른 서양미학사를 그리고 있다고 할 수 있다. 이 집단 집필의 전문 저서가 묘사한 범주에는 '존재', '자연', '자유', '실천', '감성', '이성', '경험', '언어', '예술', '미', '형식', '감정', '재미', '조화', '게임', '심미교육', '재현', '표현과 재현', '우아한 미', '숭고함', '희극과 희극성', '고전과 낭만', '상징', '추丑',

'황당', '현대성과 후현대성' 등이 있다. 이 책은 미학이라는 빌딩의 역사는 미학 범주의 역사 위에 놓여야 하고, 미학 범주의 역사는 미학의 역사적 근간이며, 미학의 역사는 결국 미학을 구성하는 기본 범주이기 때문에 특정한 역사적 시기의 특정한 내포 위에 있어야 한다고 주장한다. 따라서 미학의 범주에 대한 역사적 파악은 미학 자체의 발전사에 대한 미시적 파악과 역사의 환원이다.

　서양미학 연구가 중국에서 전방위로 부상하고 미학 연구의 주류가 된 것은 상당 부분에서 외국 미학의 번역, 소개 덕분이다.《외국미학》창간호에서 주광첸 선생은 축하 편지에 "세계를 보는 데 외국어가 필요하다"라고 했는데 이는 서양미학사 연구의 가장 기본적인 조건이기도 하다. 1980년대 초부터 북경대학 철학과 미학실에서 편찬한《서양미학자가 미와 미적 간각을 논한다》(상무인서관, 1980), 마치马奇가 주필한《서양미학사자료선》(상·하권, 상해인민출판사, 1987), 중국사회과학원 철학소 미학연구실에서 합편한《미학번역문》(제1, 2, 3집, 중국사회과학출판사, 1980, 1982, 1984) 등은 서로 다른 역사적 시기에 나름대로 역할을 수행하였다. 루신이 주필하고 상무인서관에서 출판된《외국미학》시리즈 간행물은 "책으로 간행물을 대신하다"라는 형식을 취하여 18호까지 전문지의 구도로 출판되었는데, 번역하고 소개한 글들은 모두 국내 선진 수준에 이르렀고 미학계에 큰 영향을 주었다. 이 단계에서 청멍후이程孟辉가 많은 편집을 맡았으나 애초의 20권이 모두 나오지 않은 상태에서 강소교육출판사에서 2009년에 드디어 19호로 복간됐다. 이 밖에 자오셴장赵宪章이 주필한《20세기 외국미학 문예학 명저정의名著精义》강소문예출판사, 1987, 주필인 옌궈중阎国忠과 부주필인 취거런曲戈任이 공저한《서양 저명미학자 평전评传》(안휘교육출판사, 1991) 상·중·하 3권, 주리위안이 주필한《서양미학 명저 제요提要》(강서인민출판사, 2000) 등 미학자의 생애와 미학 저서에 대하여 소개하는 저술들도 보급의 역할을 수행하였다.

　더 중요한 것은 외국 미학에 관한 전문 저서를 직접 번역하고 출간하는 것이다. 그중에서도 가장 중요하고 영향이 큰 것은 "미학 번역문 총서美学译文丛书"인데, 총서의 발원지는 중국사회과학원 철학소 미학실이다. 1980~90년대 중국 사회과학출판사가 주축이 된 출판기관에서 리쩌허우李泽厚 선생이 주필한 대형 총서 "미학 번역문 총서美学译文丛书"가 출간됐다. 옛 편집장이 "가장 먼저 시작하였으나, 보폭이 가장 느렸다", "힘에 부쳐서 황소걸음", 또 "스스로 멈추었다"라고 칭한 이 책은 중국의 미학, 철학, 예술, 문화를 크게 발전시켰다.[28] 텐슈요滕守尧가 총서의 실무를 맡았는데 중국사회과학출판사에서18권, 요녕인민출판사에서 12권, 광명일보출판사에서 11권, 중국문련출판사에서 8권을 출판하였다. "서학동점西學東漸"의 또 다른 개척적 학술 프로젝트이자 당시 "미학열美學熱"과 "문화열文化熱"의 전개에 적극적이었던 만큼 그 심대한 영향은 두고두고 평가되어야 할 것이다.

제3절 서양미학사를 대조로 삼는 "동방미학사"

"동방 미학사"는 서양 미학사의 대응물로 등장하는데, 이는 "동방"의 발견이 문화적 상대적 함의와 의미를 갖기 때문이다. 이런 "상대"란 어느 한쪽이 빠진, 동서양 모두 자체의 폐쇄된 상태에서는 근대적 의미의 "동방"을 발견할 수 없다는 것을 의미한다. 반대로 동서 문화가 거부에서 접촉으로 바뀐 뒤에야 "동방"은 비교문화적 시각에서 정성定性을 얻을 수 있다.[29] 최초로 서양 미학에 접촉해 수입하는데 일본이 다리 역할을 했듯이 근대 중국에서 "동방"의 함의를 또한 일본을 통하여 접촉하였다. 그러나 이 두 단어를 "동방미학" 또는 "원동远东미학"으로 묶은 것은 프랑스의 저명한

---

28) 현재 이 총서는 중국 사회과학출판사에서 복간하게 됐는데 자오젠잉赵劍英, 류웨디가 주필하고 "미학예술학번역문총서"로 이름을 바꾸었다.

29) 펑슈인彭修银, 류웨디: 〈문화상대주의와 동방미학의 구축〉, 《천진사회과학》, 1999, 제5기.

학자르네 그루세가 《그리스에서 중국으로》(1948)에서 최초로 하였고 문화적 상대성 관념이 보편적이고 비교 사상이 무르익는 분위기에서 제시하였다. 이런 새로운 상황에서 동방 미학을 함께 구축하려는 노력은 시작되었는데 서양에서는 토머스 먼로의 《동방미학》(1965)이 있고 동방에서는 이마미치 아리노부今道有信의 《동방의 미학》(1980)이 있으며 1980년대부터 중국 학자들도 이 위대한 프로젝트에 참여하기 시작했다.

기본 자료로 보면 진커무金克木가 주필한 《고대인도 문예이론 문선》(인민문학출판사, 1990), "남개대학교 동방예술 계열 미술 번역 총서"에 속하고 판찡范曾이 주필한 《동방미학》(남개대학출판사, 1987), 전 소련의 《예술대사가 예술을 논한다》(문화예술출판사, 1987), 뉴즈후이牛枝慧가 주필한 《동방예술미학》(국제문화출판회사, 1990), 차오순칭曹顺庆이 주필한 《동방문논선》(사천대학출판사, 1996) 등은 동방 미학의 기본 문헌을 여러 책에서 모아 기록하였다. 뉴즈후이牛枝慧가 주필한 "동방미학총서"는 중국인민대학출판사에서 출판되게 됐고 1990년 9월부터 1993년 5월까지 인도미학, 일본미학, 러시아미학, 중동미학의 전문저서를 체계적으로 번역했는데 특히 일본 미학의 번역, 소개에 중요한 가치를 지닌다. 그 중에서 중요한 역저는 아래와 같다: 인도 파드마 수터의 《인도미학이론》(어우젠핑欧建平 번역, 중국인민대학출판사, 1992), 러시아 오브샹니코프의 《러시아미학사상사》(장판치张凡琪 등 번역, 중국인민대학출판사, 1990), 미국 토머스 먼로의 《동방미학》(어우젠핑欧建平 번역, 중국인민대학출판사, 1990), 일본 이마미치아리노부今道有信의 《동서양 철학 미학 비교》(리신펑李心峰 번역, 중국인민대학출판사, 1991), 일본 야스다 다케시와 다다 도타로의 《일본고전미학》(차오윈디曹允迪 번역, 중국인민대학출판사, 1993), 그리고 야마모토 마사오의 《동서양 예술정신의 전통과 교류》(뉴즈후이牛枝慧 번역, 중국인민대학출판사, 1992) 등이 있다. 그 밖에 근래의 "심미 일본 계열" 총서에도 3권의 역저가 포함돼 있다: 모토오리 노리나가本居宣长의 《일본물쇠日本物衰》(왕샹위안王向远 번역, 길림출판그룹유한공사, 2010), 노가아사츠구能势朝次와 오오니시카츠노리大西克礼의 《일본유현

日本幽玄》(왕샹위안王向远 번역, 길림출판그룹유한공사, 2011), 오오니시카츠노리大西克礼의 《일본풍아日本风雅》(왕샹위안王向远 번역, 길림출판그룹유한공사, 2012) 등이 있다. 이후 진커무金克木의 〈동방미학이나 비교미학에 대한 생각〉(《문예연구》, 1988, 제1기), 롄징廉静의 《동방미학토론회》(《문예연구》, 1989, 제1기), 린퉁화林同华의 《동방미학 약술》(《문예연구》, 1989, 제1기), 위츄위余秋雨의 《동방미학에 관하여》(《동방예술》, 1994, 제1기) 등은 모두 초기 동방 미학을 연구하는 데 중요한 텍스트들이다.

진커무金克木, 창런샤常任侠, 지셴린季羡林은 모두 동방 미학 연구의 주요 주창자이며, 진커무는 그의 인도 미학 연구로, 창런샤는 그의 동방 예술 연구로, 지셴린은 그의 동방 언어와 문화 연구로 동방 미학 연구에 견실한 기초를 제공하였다. 세계 미학과 문론의 발전으로 볼 때 화하고전, 인도고전과 서양고전의 미학문론은 세계 전통의 3대 서브 시스템으로 후대의 다양한 문론학설이 모두 이런 "뿌리"와 "근원"에서 흘러나왔다는 견해에 지셴린은 기울어졌다. 진커무의 〈동방미학 연구 말의末议〉는 동방미학을 구축하는 각종 원칙을 제시하였다. 우선은 "실实에서 허虚까지"의 원칙을 지켜야 한다. 서양 미술사 모델로 동방미학을 연구하려면 흔히 철학사와 예술사의 틀에 떨어지기 쉽기 때문에, "속俗으로 아雅를 판단해야 한다". 즉, 아래로부터 위까지의 방식대로 예술 실천으로부터 출발하는 것이지 철학 사상의 출발로 동방 문화를 고찰하는 것이 아니다. 동시에 "지금에서 옛날로 거슬러 간다"의 원칙도 지켜야 하는데 예술로부터 사상을 좇고, 문화 현상에서 문화 심리를 파고들다가 철학의 높이까지 올라간다는 것이다. 따라서 동방미학의 연구방법은 "예술에서 사상까지, 밖에서 안까지, 실实에서 허虚까지, 아래에서 위까지, 또 현재로부터 고대까지"30)라고 할 수가 있다. 진커무가 따로 강조한 대로 동방 미학 연구는 각국의 미학을 나눠서 하는 것이 아니라 동방을 전체로 하는 것이므로 동방 각국 문화 내부의 협력과 협

---

30) 진커무의 〈동방미학 연구 말의末议〉, 《문예연구》, 1989, 제1기.

동이 필요하다.

2000년부터 중한일 3국은 "동방미학 국제학술회의"를 정기적으로 개최하기 시작했다. 첫 회의는 같은 해 7월에 후허하오터呼和浩特에서 열렸는데 중국, 일본, 한국에서 온 전문가 70여명은 "21세기 동방 미학의 국제적 위상 및 연구 전망"에 대해 의견을 교환하며 논쟁을 벌였다.

《문사철文史哲》 2010년 제1기에서 "동방미학의 연구 전망"을 주제로 필담 시리즈를 발표하였다. 한국 영남대 민주식 교수와 일본의 히로시마 대학 아오키 타카오靑木孝夫 교수는 이마미치아리노부今道有信를 이어 동방미학을 연구하는 데 중국을 중요한 "제3자"로 참여시켜야 동아시아 미학의 그림을 전체적으로 그려 낼 수가 있다는 것을 의식하였다. 첫 회의의 성공적인 개최에 이어 제2, 3차 회의가 한국의 대구, 일본의 히로시마에서 각각 개최되었고, 2006년 제4차 "동방미학 국제 학술회의"는 다시 중국으로 돌아왔는데 천진시 미학학회와 남개대학이 공동 주최하였다.

2002년 중화미학학회, 중국사회과학원, 북경제2외국어학원이 공동 주최한 "미학과 문화: 동방과 서양" 국제 학술 대회는 북경에서 열렸다. 중국, 미국, 이탈리아, 호주, 한국, 인도 등 17개국과 지역에서 온 학자들이 참여한 이번 회의에서는 동서양의 미학은 서로 대립적인지 보완적인지, 각자 독립적으로 발전할지 아니면 끝임없이 서로 영향을 미칠지가 이번 회의에서 논의된 이슈 중 하나이기도 했다.

동방 미학의 국내 전문 연구 저서로 보면 츄쯔화邱紫华는 2003년에 《동방미학사》(상·하권, 상무인서관, 2003)을 출판하였다. 이 책은 인류의 심미사상이 "발생학发生学"과 같은 시발점을 지닌다는 점에서 출발하여 고대 이집트, 페르시아, 인도, 일본과 중국의 동방 미학 사상 체계를 완전하고 체계적으로 소개하였는데 동방 미학은 고대 그리스 이래의 서양 미학과 뚜렷한 특징으로 차별화되는 전체적인 문화적 면모를 갖추었다고 주장한다. 고대 이집트의 미학사상은 고대 이집트의 심미의식, 이집트 예술의 종교적 원동력, 이집트 선사예술의 특징, 이집트 예술의 역사적 분기, 이집트 건축, 부조浮雕, 벽화, 조각예술의 미학적 특징 등을 포함한다. 수메르-아카드, 고바벨론, 히티제국, 아시리아의 미학 사상에 관하여 국내 학자가 드물게 논했는데 주로 고대 수메르의 미학 사상, 고대 메소포타미아 각 민족들의 미학 사상, 히브리, 페르시아, 아랍 이슬람 민족의 미학 사상, 히브리 민족의 미학사상, 고대 페르시아 민족의 미학사상, 아랍 이슬람 종교의 철학사상 등을 다루어 연구 공백을 메울 가치를 지닌다. 그 밖에 츄쯔화邱紫华의 《동방예술과 미학》(고등교육출판사, 2008), 왕거밍王革命과 공저한 《동방미학 범주론》(중국사회출판사, 2010), 츄쯔화가 주필한 《동방미학 원리》(화중사범대학출판사, 2016)은 동방예술뿐만 아니라 "분산방사放射"라는 특질을 가진 동방 미학 범주의 시적 측면에도 초점을 맞췄다.

펑슈인彭修银의 《동방미학》은 일본 미학에 관한 연구를 바탕으로 썼는데 상편은 "글로벌 시대의 동방미학"으로 동방미학의 이론형태, 세계 미학에서의 지위와 역할, 형성된 문화 환경 등 여러 면에서 비교하며 역사적인 정리를 하였다. 더불어 인도, 이슬람 아랍, 일본 등의 국가와 지역 미학의 특징을 민족 문화의 심층 구조적 시점에서 검토하였다. 중편은 "동방미학 속의 '타자他者'"이고 근대 이후 일본이 서양미학과 문예이론을 받아들이는 과정의 상황을 분석하였다. 특히 일본 근대 미학에 중요한 영향을 끼친 몇 명의 미학자인 니시 아마네西周, 페놀로사, 오카쿠라 텐신 등에 초점을 맞췄다. 이와 동시에 중·일 근대의 "미학", "미술" 등의 중요한 개념의 형성 과정에 대하여도 검토하였다. 하편은 "동방미학 속의 '니혼바시'의 역할"이고 "서양-일본-중국"의 패턴으로 분석하여 중국 미학에서 "니혼바시"의 독특한 역할을 깊이 있게 제시하였다. 펑슈인彭修银이 새로 출판한 저서로는 《중국 현대문예학 개념에서의 "일본 요소"》(중국사회과학출판사, 2016) 등이 있다.

결론적으로 동방 미학사 연구는 중국에서 활발하게 이루어지고 있다. 그러나 일본의 연구와 일정한 차이가 있고 동방미학 자료의 번역과 정리가 필요하기 때문에 연구자들에게 훌륭한 동방 언어의 기초를 요구하고 있다.

물론, 동방 문화 간의 "내적 비교 안목"은 더욱 필요하며, 이로써 동서양간의 비교만 하는 "외적 안목"으로의 비교 미학 연구 패러다임에 빠지지 않게 될 것이다.

제4절 "비교미학"과 해외의 중국 미학

중국에서의 비교미학 연구는 20세기 초엽부터 왕궈웨이王国维에서 시작된 미학 1세대가《인간사화人间词话》,《홍루몽 평론》에서 비교의 방법을 자각적으로 사용했을 정도로 훌륭한 역사적 전통을 갖고 있다. 1940년대 미학자 주광첸의《시론诗论》은 당시 시의 비교미학 방면에서 최고의 성과를, 쭝바이화宗白华의 유명한 글인〈중국과 서양 화법画法의 연원과 기초를 논하다〉는 시각 비교 미학 영역에서 최고의 경지를 대표했다. 또한 덩이저邓以蛰의〈화리탐미画理探微〉는 회화연구에서 비교미학의 중요한 예이기도 하다. 저자는 비교를 통하여 아래와 같은 결론을 내렸다: "서양 그림은 주로 색을 그리고 중국 그림은 주로 "필치"를 그린다. 그림에서의 필치는 시에서의 언어와 같기 때문에 화가가 필치를 사용하는 것은 시인이 언어를 사용하는 것과 같다."[31] 그러나 이러한 훌륭한 전통은 중화인민공화국 수립 이후 한동안 단절되었는데, 이는 서양세계와의 괴리때문이기도 하고, 중서 구별이 주가 된 비교미학이 당시의 미학 연구의 기본이 되지 못했기 때문이며, 학술적 상황의 근본적인 전환을 암시하기도 한다.

문화대혁명 이후 비교미학연구가 새롭게 제기되었고, 후징즈胡经之가 1981년 발표한〈비교문예학만설比较文艺学漫说〉(광명일보 1981년 2월 25일)은 비교문학으로부터 "미학의 비교"의 필요성과 절박성을 이끌어냈다. 1984년 중화전국미학회와 호북성미학학회가 연합하여 무한에서 "중서미학예술비

---

31) 덩이저邓以蛰:〈화리탐미画理探微〉,《철학평론》, 1942, 제10권 제2기.

교세미나"를 개최한 다음에《중서미학예술비교》(호북인민출판사, 1986)를 편찬하였다. 그중 쟝쿵양이 제출한 논문인〈중서 미학비교연구에 대한 생각들〉은 "비교미학"을 독립적인 부문의 문제로 처음 제시하고 이론적으로 충분히 논증했다. 라오펑쯔饶芃子가 주필한《비교문학과 비교미학》(기남대학출판사, 1990)은 더 늦게 추정推定된 관련 문집이고, 왕성핑王生平의《"천인합일天人合一"과 "신인합일神人合一" - 중서미학의 거시적 비교》(하북인민출판사, 1989)는 1980년대의 거시적 시점으로 연구한 최초의 저서이다. 결론적으로 학술의 출판과 학과 설립은 비교미학을 학자들이 주목하는 독립적인 연구방향이 되게 했다. 비록 퉁쉬佟旭, 추이하이펑崔海峰, 쑨바오인孙宝印, 리어우李欧, 판보樊波 등은 "중국문화서원中国文化书院"을 위해《비교미학》의 내부 자료를 쓴 적은 있지만, 비교미학의 진정한 번영은 1990년대가 되어야 이루어진다.

저우라이샹, 천옌陈炎의《중서비교미학대강中西比较美学大纲》은 최초의 "거시적 비교미학" 연구의 성공작이다. 세계 미학사상사의 양대 미학 체계인 중국 고전 미학과 서양 고전 미학의 주요 특색은 "체계의 차이"와 "이론적 형태의 차이"로 요약될 수 있다. 서양은 "재현"에, 동방은 "표현"에 치우쳐 있으며, 동서양 모두 재현과 표현의 결합을 강조하지만 서양은 재현, 모방, 사실에, 동방은 표현, 서정, 뜻의 표현에, 서양은 미와 진真의 통일에, 동방은 미와 선善의 결합에 더 치중하고 있다는 것이 저우라이샹의 일관된 견해다.[32] 이 같은 "이원二元대립"의 정체성을 비교하는 결론은 일찍이 1980년대에 널리 받아들여졌다. 예컨대 쟝쿵양은 동공이곡同工異曲[33]처럼 서양예술이 모방을 중요시하기 때문에 모방설은 서구미학사상의 중심이었으나 중국예술은 서정과 "감물음지感物吟志"[34]를 중요시하기 때문에

---

32) 저우라이샹, 천옌陈炎:《중서비교미학대강中西比较美学大纲》, 안휘문예출판사, 1992.
33) 곡은 달라도 교묘한 솜씨는 똑같다, 서로 다른 사람의 문장이나 언변 등이 똑같이 훌륭하다.

미학사상이 "표현설"에 치우쳤다고 주장한다.35) 《중서비교미학대강中西比較美学大纲》에서 저자는 헤겔식의 역사와 논리가 통일된 방법으로 여러 비교 미학의 결론을 도출하였다: 형태론으로 보면, 중국 고대는 "경험 미학", 서양 고대는 "이론 미학"이다; 본질론으로 보면 중국 고전은 "윤리 미학", 서양 고대는 "종교 미학"이다; 심미 이상론으로 보면, 중국과 서양은 모두 조화의 고대미에서 대립의 근대미, 대립적이면서도 조화로운 현대미까지의 과정을 겪었다; 예술 특징론으로 보면, 중국과 서양은 모두 고대의 일원一元적 예술에서, 근대의 이원二元적 예술, 현대의 다원多元적 예술의 과정을 겪었다.

장파가 1994년 출판한 《중서미학과 문화정신》은 비교미학의 새로운 논점을 제시하였다. 책에서 중서문화정신의 차이를 주로 세 가지로 나타냈다고 주장한다. 즉 서양은 실체세계이고 중국은 허실상생虛實相生하는 세계이며, 서양은 실체의 형식, 중국은 형식 뒤의 허체를 중요시하며, 서양은 형식 때문에 명료함, 중국은 허체 때문에 이미지 밖의 이미지의 경지를 추구한다는 것이다. 이 세 가지 차이는 중서미학의 두 가지 체계의 차이점이고 이는 구체적으로 나타난다. 첫째는 미학 유형의 체계를 둘러싼 심미범주의 차이다. 이 책은 "조화'", "비극", "숭고", "황당함과 소요逍遙"를 기점으로 중서미학의 이 네 가지 범주의 차이를 논하였다. 둘째는 예술작품을 핵심으로 하는 심미 대상의 이론체계를 둘러싼 심미 대상, 심미 창조, 심미 감상의 세 가지 측면에서 전개된다. 심미 대상에는 심미 대상의 구조와 심미 대상의 경지가 포함되어 있는데, 전자는 글과 형식의 깊은 단계로, 후자는 전형과 경지의 차이로 나타난다. 심미창조는 일반적인 창작이론과 영감이

---

34) 감물음지感物吟志는 외물에 자극을 받으면 일정한 감응이 일어난다는 뜻이다. 마음에 감명을 받아 읊조리다. 중국 남조南朝 문학이론가 유협刘勰의 《문심조룡文心雕龍·명시明詩》에서 따왔다.

35) 장쿵양: 〈중국고대미학사상과 서양미학사상의 몇 가지 비교연구〉, 《학술월간》, 1982, 제3기.

론으로 나뉘며 심미감상에서는 중국관, 품品, 깨달음, 서양의 인식과 정형화 등 일련의 이치를 부각시킨다.[36] 이 책의 개정판(중국인민대학출판사, 2010) 부록에서 저자는 서양의 로고스, 중국의 도道와 인도의 범梵을 기반으로 한 문화적 차이를 비교하며 서양은 실체철학에서 비롯된 실체와 허공虛空의 대립, 인도는 우주 자체에서 온 환상구조, 중국은 기氣의 우주에서 비롯된 허실상생虛实相生이라고 주장한다.

"외래시점"으로의 중국 미학연구에 해외 학자들의 기여가 역사 때문에 소홀해지는 경우가 많은데, 이들도 역시 매우 중요시해야 한다. 예를 들어 프랑스 아카데미Academiedes Sciences, InstitutdeFrance 원사院士 레네 그루세가 1929~1930년 출판한《동방의 문명》에서 "중국 예술 법칙의 확립"을 미학적으로 풀어냈다. 당대 신토마스주의의 대표인물인 자크 말리탄이 1953년 출판한《예술과 시 속의 창조적 직감》에서도 중국 미학에 대한 논의가 나왔다. 중국의 미학은 '동방의 미학'의 가장 중요한 구성요소로서 연구되었던 것이다. 미국 신자연주의 미학자 토머스 먼로가 1965년에 저술한 영문 전문 저서《동방미학》에서 중·일 미학과 인도 미학을 비교 연구도 하였다. 토머스 먼로의 동방 미학 연구에 자극을 받아 당시 국제미학협회 부주석이었던 이마미치아리노부今道有信는 중국 학자의 도움을 받아 1980년에《동방의 미학》을 출간했는데 그중에서 "공자의 예술 철학" 연구는 중국학자에게도 시사하는 바가 많았다.

미시적 연구 측면에서 일본학자 카사와라츄우지笠原仲二가 1979년 출간한《고대중국인의 미의식》에서 어원학 시점으로 중국인의 원초적 미의식을 검토하였고, 러시아 학자 크리바쇼프가 1982년에 출간한《중국 고대미의 개념》에서 이에 대하여도 깊이 파고들었다. 쫑바이화에게 공부했던 러시아 학자 예 차바츠카야가 1987년에 출간한《중국 고대 회화绘画 미학 문제》에서 중국회화 미학에 대하여 보다 포괄적인 논의를 하였다. 러시아의 많은

---

36) 장파:《중서미학과 문화정신》, 북경대학출판사, 1994.

동방 미학자들이 여러 권의 《세계미학 사상사 자료선》을 집필하였다. 물론 오스왈드 실런이 선별하여 편집한 《중국인이 회화 예술을 논하다》(1936)과 수잔 부시가 선별하여 편집한 《중국문인이 회화绘画를 논하다》(1971)는 회화의 기초문헌 번역에 더 비중을 뒀다. 최신 연구 성과는 여러 권의 동서 미학사를 저술하였던 러시아의 유명한 미학자 콘스탄틴 도고프가 2010년 국제미학대회에서 보낸 《중국미학》이라는 소책자인데 여기서 유교, 도가, 불교의 미학을 체계적으로 조명했다.

유럽 대륙에서 "구이求異" 성향으로 알려진 독일 본Bonn 한학파漢學派는 전통적인 독일 한학漢學 연구와 달리 중국 미학 연구가 그의 내실內實이 되고 있고 롤프 트라우제텔Rolf Trauzettel과 볼프강 쿠빈Wolfgang Kubin은 이 학파의 핵심적 역할을 했다. 볼프강 쿠빈은 1985년에 《투명한 산: 중국문학의 자연관 발달》Der durchsichtige Berg: Die Entwicklung der Naturanschauung in der chinesischen Literatur을 출판하였는데 중국의 자연미학에 대하여 깊이 파고들었다. 겉으로 보면 저자는 《시경诗经》, 《초사楚辞》, 그리고 당나라의 시에 나타난 자연 묘사를 미학적으로 승화시켰다. 하지만 실제 그의 관심은 한위汉魏부터 남조까지의 중국 문인들의 "자아의식"이 발흥했던 시기에 맞춰 "상징으로서", "위험으로서", "역사 발전 과정으로서", "마음의 평온으로서"의 중국 문인 경상镜像 속의 자연관을 심도 있게 해석하였다. 그 외에 볼프강 쿠빈의 중국 고전 희극戏剧 연구도 특색이 있다. 볼프강 쿠빈은 롤프 트라우제텔과 프랑스 한학자 프랑수아 졸리엔Fransosois Jullien의 한학 연구를 같은 유형으로 보았다. 프랑수아 졸리엔이 1992년에 출판한 저서인 《세势: 중국 효능의 역사》와 《불가능한 나체》 등에서 중국 미학사상에 주목했다. 이 학자들의 공통된 특징은 바로 새로운 서양 시각으로 중국 미학을 되돌아보는 것이다. 아른하임 조차도 1997년 《영국미학잡지》 춘계호에 〈중국 고대 미학과 그 현대성〉이라는 논문을 발표하였다.

또 다른 중요한 독일 한학자 카를 하인즈폴Karl-HeinzPohl은 1982년 정판교郑板桥의 시, 책, 그림의 미학을 연구해 토론토대에서 동아시아 연구 박사학위를 받았다. 그는 1990년 《상외지상 – 중국미학사 개황》*Bilder jenseits der Bilder – ein Streifzug durch die chinesische Ästhetik*을 썼을 뿐만 아니라 그의 더욱 포괄적이고 깊이 있는 전문 저서인 《중국미학과 문학이론》*Ästhetik und Literaturtheorie in China*도 2006년에 출판되었는데, 이 책은 독일어판 《중국문학사》의 제5권에 속한다. 이 책은 "언어와 사유"라는 중국 미학의 기본 원소와 관점에서 시작하여 《시경詩經》에서 줄곧 왕궈웨이의 《인간사화人间词话》까지 2,000년 동안의 중국미학과 문학이론사를 정리했다. 그리고 "정경교융情景交融(경물 묘사와 감정 토로가 융합되다)", "의재언외意在言外(뜻이 말 밖에 있다, 말에 나타난 것 이외에 숨어 있는 다른 뜻이 있다)", "무법지법无法之法", "자연창조自然创造", "천인합일天人合一"과 같은 중요한 미학적 명제들을 논하는 데 초점을 맞췄고 중국 고전의 미학이 유·도·불 3개 사상의 합류로 인해 생겨난 독특한 구조를 그렸다. 문학 위주의 서술 외에도 중국그림의 미학적 토대가 되는 "기운气韵", 소식苏轼과 "흉유성죽胸有成竹(대나무를 그리기 전에 마음속에는 이미 대나무의 형상이 있다. 일을 하기 전에 이미 전반적인 고려가 되어 있다)"이라는 대나무 그림의 미학, 청나라의 "무법지법无法之法" 회화绘画 미학이 삽화로서 존재한다.[37] 미국비교문학학회 회장 하운 사우시Haun Saussy의 《중국미학문제》*The Problem of a Chinese Aesthetic*(1993)는 《시경》에 대한 유가의 주석사를 해체주의 수사독해법으로 재구성하는데 이를 일종의 "풍자성"의 고전 미학 모델로 보았다. 이와 유사하게, 《중국미학》*Chinese Aesthetics: The ordering of Literature, the Arts, and the Universe in the Six Dynasties*(2004)이라고 직접 명명된 많은 전문 저서들은 문학에 대한 연구나 단대사에 대한 진술에 기울어져 있다.

오리지널 중국 미학사를 진정으로 해외에 알린 것은 중국 철학자이자 미학자 리쩌허우가 번역하고 출판한 일련의 저서를 통하여 완성되었다고 할

---

37) Karl-Heinz Pohl. *Ästhetik und Literaturtheorie in China. Von der Tradition bis zur Moderne*. München, K. G. Saur 2006.

수 있다. 리쩌허우가 1981년 문물출판사에서 초판으로 출간한 《미의 역정美的历程》은 1988년 북경의 대외 출판사인 조화출판사Morning Glory Publishers에서 번역 출판되었는데 이는 1983년 중문판을 번역한 것이다. 물론 세계에 더 큰 영향을 끼친 것은 1988년 옥스퍼드대학교출판사의 판본으로, 부제가 "중국미학연구Path of Beauty: A Study of Chinese Aesthetics"로 보충됐다. 미학 원리에 관한 리쩌허우의 전문 저서인 《미학사강美学四讲》은 1989년 삼련출판사에서 초판을 낸 후에 영어로 번역되어 리쩌허우와 번역자가 공동서명하고 《글로벌의 시각으로Four Essays on Aesthetics: Toward a Global Perspective》란 부제로 보충되어 2006년에 출판되었다. 1989년 리쩌허우가 중외문화출판사에서 초판을 낸 《화하미학华夏美学》은 2009년 하와이대학출판사에서 출판되었는데 책의 제목은 《중국 미학의 전통The Chinese Aesthetic Tradition》으로 직역하였고 번역문은 매우 정교하다.

이 밖에 다른 중국 미학 연구자의 외국 전문 저서도 있다. 주리위안과 미국 학자 블로커Gene Blocker가 공동 편집한 《당대 중국 미학Contemporary Chinese Aesthetics》은 1995년 《아시아의 사상과 문화》 제17권에 발표되어 당시 국내 미학 연구 상황을 해외에 소개했다. 가오졘핑高建平의 박사논문 〈중국예술의 표현적 동작: 서예에서 그림으로〉는 1996년 웁살라에서 출판되었다. 이 책은 중국예술이론의 표현성과 동작성, 감정과 예술형식의 관계 등을 논하였는데 구체적으로 중국 회화绘画에서의 선线의 성질, 곡선미의 기준, 그리고 선과 선의 관계, 중국예술의 특징과 인간의 동작 간의 관계, 표현적 동작이 어떻게 재현적인 이미지에 도전하는지 등을 구체적으로 다루었다. 결국, 저서 전체는 중국과 서양의 예술사상을 비교적 총결하여 "형식적인 미"와 "표현적인 미"를 구분하고, "구별"과 "표현성"을 목적으로 하는 기호의 두 가지 필기의 이미지를 구분함으로써, 결국 두 가지의 전체관인 주객 이분에 기초한 "유기적 전체" 사상과 주객 일체에 기초한 표현적 동작 전체의 차이로 귀결하였다.[38]

최신의 당대 중국 미학 연구 전문 저서는 국제미학협회 미국집행위원 메리 위즈먼과 총집행위원 류웨디가 공동 주필한 영문판《당대 중국 예술 전략Strategiesies in Chinese Contemporary Art》은 세계적으로 유명한 브릴학술출판사에서 출간됐다. 이 책은 중서 미학자와 예술비평가들의 적극적인 대화를 통해 당대 중국 예술의 이론과 실천이 보여주는 당대성과 풍부함을 세계에 드러냈고, 미국 철학자 아서 단토를 비롯한 중서학자들이 적극적 참여했다. 전체 문집은 위즈먼의《당대 중국 예술 전략》을 시작으로 류웨디의《관념, 신체와 자연: 예술 종결 이후와 중국 미학의 신생》으로 마무리하여 예술과 생활의 관련성은 갈수록 조밀해질 것으로 예견된다. 메리 위즈먼의 말처럼 이 새 문집은 중국 예술과 그 이론의 재생을 재현하기 위해 노력했고, 류웨디는 2009년의《국제미학연간國際美学年刊》부터 이 책까지 중국 미학과 예술의 "신중국성"Neo-Chineseness을 주창했다.[39] 미국 브린모어대 마이클 크라우츠 교수는 이 책이 "당대 중국 문화의 중요한 공헌, 당대 중국 문화의 다문화적 영향의 중요한 공헌, 중국 문화의 의미에 대한 철학적 이해의 중요한 공헌이다. 저자는 중국뿐 아니라 미국의 철학자들과 예술사학자들도 포함시켰는데 이는 그들이 당대 중국 전위 예술 연구에 관하여 처음으로 호흡을 맞춘 것이다"라고 언급하며 이는 정말로 "현저한 성과"[40]라고 평가했다.

2014년 "미국미학협회"American Society for Aesthetics에서 "아시아 미학"의 중요 참고서 목록을 작성하였는데 그중에 중국계 저자가 편찬한 저서 세 권이 포함되어 있다. 중국 미학의 외국어 저서는 인도와 일본에 비하면

---

38) Gao Jianping, *The Expressive Act in Chinese Art: From Calligraphy to Painting*, Uppsala: Acta Universitatis Upsaliensis, 1996.

39) Liu Yuedi, "Chinese Contemporary Art: From De-Chineseness to Re-Chineseness", *in International Yearbook of Aesthetics*, Volume 13, 2009, pp. 39-55.

40) Michael Krausz, "Volume Foreword", in Mary B. Wiseman and Liu Yuedi eds., *Subversive Strategies in Contemporary Chinese Art*, Leiden: Brill Academic Publishers, 2011, p.XI .

훨씬 적다는 것은 사실이다. 앞으로 이 "미학대국"의 역사와 현재의 위상에 걸맞게 따라잡아야 할 것이다. 세 권 중에서 첫 번째 책은 리쩌허우의 《중국심미전통》[41]인데 이 책은 "리쩌허우가 고대로부터 초기 현대까지의 중국 미학사상에 대해 종합한 것이다. 그는 옛 유가儒家, 유가儒家, 도가道家, 선종 불교禪宗佛敎의 사상을 결합하여 중국 문화와 철학에서의 예술과 미학의 핵심적 역할에 대하여 토론하였다. 통치, 수양과 실현, 그리고 윤리는 이 책에서 모두 심미활동이 실현되는 여러 가지 경로로 여겨진다"라는 평을 받았다.

두 번째 책은 류웨디와 커티스 카터가 공저한 《생활미학: 동방과 서양》[42]이다. 이 책은 "생활미학을 논하는 첫 문집으로 아시아와 서양의 문화 대화를 통하여 일상생활에 관한 미학을 구축하는 데 착안한다. 책에 미학과 윤리의 관계에 관한 복잡한 글, 미학, 예술적 체험과 일상생활 간의 연속성에 관한 복잡한 글, 인류의 번영과 철학에서의 미학의 핵심적 역할에 관한 원논점에 관한 복잡한 글도 있다. 동서양의 비교미학에 초점을 맞춰 일상적인 존재와 대상을 사용하는 데에 중요한 철학적 공헌을 하였다"라는 평을 받았다. 그 밖에 《철학평론Philosophy in Review》 잡지에서도 이 책에 대하여 영어 서평을 발표하였다.[43]

세 번째 책은 주리위안과 블로커가 공동 편집한 《당대 중국 미학》 문집[44]이다. 이 책은 "중국 중요한 미학자들의 최근 작품들의 번역집이며 중

---

41) Li Zehou, *The Chinese Aesthetic Tradition*, Translated by Majia Bell Samei, Honolulu: University of Hawai 'I Press, 2009.

42) Liu Yuedi and Curtis L. Carter eds, *Aesthetics of Everyday Life: East and West*, Newcastle upon Tyne: Cambridge Scholars Publishing, 2014, pp.vii-viii.

43) Jane Forsey, "Aesthetics of Everyday Life: East and West", *Philosophy in Review*, Vol. 35, No.6(2015).

44) Zhu Liyuan and Gene Blocker eds., *Contemporary Chinese Aesthetics*, New York: Peter Lang Publishing, 2012.

국전통, 서양과 다문화 미학과 예술에 관한 글을 포함한다. 여기에 나온 작품들은 주류 미학 주제에 관련되는데 예를 들어, 미, 예술감상과 비평, 심미판단과 그림, 그리고 공간의식과 같은 중국 예술사에서 드문 주제도 있다"라는 평을 받았다.

글로벌 시대에 접어들어 당대 중국 미학 연구는 점점 더 글로벌의 발자취를 쫓아가고 있는데, 2010년 중국에서 개최된 "제18회 국제미학대회18th International Congress for Aesthetics"가 이를 상징적으로 보여주는 것이다. 실제로 이런 고도의 중서미학이 빈번하게 교류하면서 서로 다른 문화 간의 미학 비교 연구의 패러다임도 바뀌기 시작했다. 필자가 2009년 "제8회 문화간 철학 국제대회8th International Congress of Intercultural Philosophy"에서 발표했듯이, 당대 세계 철학의 "문화상호주의interculturality"가 돋보인다: 만약 "비교철학"이 두 평행선 사이에서 비교를 하고 있고 "다문화 철학"은 "다리"의 양쪽 끝에서 출발하여 서로 교통하고 있다면, "문화상호주의 철학"은 서로 다른 철학 전통의 융합에 더 큰 관심을 쏟고 있다고 할 수가 있다.

"비교미학", "다문화미학"에서 "문화상호주의 미학"으로 전환하는 것도 미래의 기본 흐름이고, 차별diversity, 상호 작용interaction, 통합integration은 이 이 세 가지 미학 발상의 서로 다른 단계의 임무가 될 수 있다. 국제미학 협회가 적극적으로 주창하고, 국제미학 분야의 새로운 운동이 주장하듯이 오늘날의 글로벌미학은 "문화상호주의로의 전향" 문제에 직면해 있다. 이러한 전향은 단지 "대화"에 그치는 것이 아니라 문화 간의 "잡어雜语"에 동의하고 있는데, 이는 과거 이론가들이 동쪽에서 서쪽으로, 남에서 북으로 바라봤지만 이제는 관념을 바꿔서 세계무대에서 과거의 동쪽과 남쪽에서 서쪽을 어떻게 바라봤는지를 드러내야 한다. 이는 국제 미학계가 미학 분야에서의 문화 전향뿐 아니라 더 광범위한 분야에서의 "문화상호주의로의 전향"에도 제 역할을 해야 한다는 의미다.

"중국미학사" 작성의
다양한 유형

20세기 초 미학이 중국에 들어온 후 왕궈웨이王国维, 량치차오梁启超 등 최초 미학자들은 즉시 중국 전통미학에 대한 연구를 시작하였다. 그들은 서양 미학의 이론을 거울삼아 중국 전통의 미학자원에 대해 현대적인 상세한 해식과 발굴을 진행하였다. 그 최초의 저자와 성과로는 예를 들면 왕궈웨이의 《홍루몽红楼梦》에 대한 해독, 《인간사화人间词话》 중의 "경지境界" 개념의 제출 등이다. 그 후에 주광첸朱光潜, 쭝바이화宗白华 등의 학자들은 중국 미학 연구에서 더욱 탁월한 성과를 거두었는데 그중에서도 쭝바이화宗白华의 연구는 후세의 중국미학연구에 커다란 영향을 주었다.

　중화인민공화국이 성립된 이래의 중국미학연구는 크게 말하면 1976년을 분계선으로 전후 두 단계로 나눌 수 있다. 전 단계는 20세기 50~60년대를 말하는데 이 단계에서는 미학에 대한 토론에 집중하였다. 이 기간 중국 미학의 연구는 가뭄에 콩 나듯 보잘 것 없었다. 통계에 따르면 1955년부터 1965년까지 "국내의 신문, 잡지 등의 간행물에 약 50편의 중국 고전미학에 관한 글이 발표되었다."[1] 그 주제는 비교적 산만했고 정서, 산수화 심미, 묵자墨子, 유협刘勰 등의 미학사상에 대한 초보적 탐구 등이었다. 예를 들면 저빈제褚斌杰의 〈중국 고대미학 저작의 연구사업을 중시하자〉(《문예보文艺报》, 1956, 제7기)라는 주장은 당시의 상황에서는 공명을 일으키기에는 매우

---

[1] 잔항룬詹杭伦: 〈당대중국고전미학연구개관〉, 《서북사범대학학보》(사회과학판), 1988, 제1기.

어려웠다. 리쩌허우李泽厚가 쓴 〈"경지"잡담〉(《광명일보》, 1957년 6월9일, 16일)도 있다. 주의할 만한 것은 쫑바이화가 그 기간에 발표한 몇 편의 중국예술 속의 미학문제에 관한 글이다. 예를 들면 《산수시화의 단상에 관하여》(《문학평론》, 1961, 제1기), 〈중국예술표현 속의 허와 실〉(《문예보》, 1961, 제5기), 〈중국서예 속의 미학사상〉(《철학연구》, 1962, 제1기), 〈중국고대의 음악우화寓言와 음악사상〉(《광명일보》, 1962년 1월 30일) 등인데 가히 얻기 힘든 탁월한 의견이라고 말할 수 있다. 언급할 가치가 있는 것은 1961년에 중공중앙에서 전국문과교재사무실을 성립해 통일된 고등학교 문과교재를 집필하였는데 왕차오원王朝闻이 주필한 《미학개론》, 주광첸이 쓴 《서양미학사西方美学史》, 쫑바이화가 위임을 받아 주필한 《중국미학사》이다. 유감스럽게도 《중국미학사》는 마무리되지 못했는데 후에 출판된 《중국미학사자료선집》이 바로 이 과제의 성과이다.

　"문화대혁명" 이후 중국 고전미학 연구는 점차적으로 전개되었다. 20세기 70년대 말의 최후 몇 년 간에 관련 연구는 여전히 많지 않았다. 1979년 쫑바이화 선생이 〈중국미학사 속의 중요한 문제의 초보적 탐구〉라는 글을 발표하였다. 글에서 중국미학사의 특징과 방법, 선진先秦공예미술 및 《주역易经》 속의 미학사상, 고대회화, 음악과 원림园林의 미학사상에 대하여 다듬어 탐구하여 매우 영향력이 있는 많은 관점을 제출하였다. 스창둥施昌东이 출판한 《선진제자미학사상논평》(중화서국, 1979)은 새로운 시기에 출판된 첫 번째 중국미학전문저서이다. 이 책에서 "미美"라는 이 개념을 중심으로 선진제자先秦诸子에 관련된 "미"의 사상에 대하여 분석하였다. 이 책 속의 사상은 성향에서 아직 유물주의, 유심주의의 두 가지 노선투쟁사관의 영향에서 벗어나지 못하였다. 1980년 북경대학 철학학부 미학연구실에서 선택 편집하여 《중국미학사자료선집》(상하)을 출판하였다. 이 책에서 처음으로 중국 고전미학 자원에 대하여 체계적으로 정리하여 학술계에서 비교적 큰 영향을 불러일으켰다. 20세기 80년대 초의 미학원리 창작에서 사용된 중국미학의 재료들은 대다수가 이 책에서 얻어온 것이다. 1981년에 매우 가치가 있는 두 권의 중국미학 저작이 출판되었는데 하나는 쫑바이화의 《미학산책》(상해인민출판사1981)이고, 다른 하나는 리쩌허우의 《미학여정》(문물출판사1981)이다. 이 두 책은 이후의 중국미학 연구에 중대한 영향을 주었을 뿐만 아니라 모두 경전经典저작이 되었다. 1983년 《복단대학 학보》 편집부에서 《중국고대미학사연구》를 편집하였는데 거기에는 1980년부터 1982년까지의 대학교 학보에 발표된 30편의 중국미학 연구 논문을 수록하였다. 언급된 내용은 고대문예시론, 회화 중의 미학사상 탐구, 불교미학사상 연구 및 노자老子로부터 포송령蒲松齡에 이르기까지 모두 20명의 미학사상의 초보적 탐구를 수록하였다. 또한 1983년 강소성 미학학회 등 몇 개 부문에서 주최한 "중국미학사학술세미나"가 무석无锡에서 열렸다. 이는 국내에서 개최한 최초의 중국미학사 토론 연구회의였는데 모두 80여명이 참가하였다. 회의에서는 중국미학사의 연구 대상, 방법, 체계, 범주, 중국과 서양 미학의 비교 및 역대 대표성이 있는 미학사상가의 사상을 둘러싸고 토론을 진행하였다. 회의 후에 그 내용을 모아 《중국미학사학술토론회논문선집》(강소성미학학회, 1983년)을 편집 출판하였다. 이후 세차게 타오르는 제2차 미학열기에 따라 학계에서는 중국미학에 대한 연구 또한 지속적으로 고조되었고 연구 성과도 날이 갈수록 많아졌다. 잔항룬詹杭伦의 통계에 따르면 1979년부터 1987년까지 중국 고전미학연구에서 "대략 500편의 연구논문이 발표되었다. 뿐만 아니라 20여 권의 연구 전문저작도 잇따라 출판되었다."[2] 이 기간에 출판된 중국미학사에 관한 저작으로는, 예를 들면 리쩌허우, 류강지刘纲纪의 《중국미학사》(선진권, 위진남북조권, 중국사회과학출판사, 1984, 1987), 예랑叶朗의 《중국미학사대강》(상해인민출판사, 1985), 민저敏泽의 《중국미학사상사》(제노서사齐鲁书社, 1987, 1989), 정친용郑钦镛, 리샹더李翔德의 《중국미학사화》(하북인민출판사, 1987) 등이 있다.

---

2) 잔항룬詹杭伦: 〈당대중국고전미학연구개관〉, 《서북사범대학학보》(사회과학판), 1988, 제1기.

만약 20세기 80년대의 중국미학연구가 초보적인 규모를 갖추었다면 20세기 90년대 이래의 중국미학연구는 골격을 갖추었다고 말할 수 있다. 20세기 90년대 이래 비록 미학연구는 총체적으로 냉담기에 처해 있었지만 학계의 중국 전통미학에 대한 연구는 도리어 증가했지 줄지 않았다. 황바이칭黃柏青의 통계에 따르면 1989년부터 2003년까지 모두 미학사 종류의 저작이 66종 출판되었는데 그중 1994부터 1998년까지 25종이 출판되었고 1999년부터 2003년 사이에는 32종이 출판되었다.3) 이런 종류의 통계는 있는 그대로 하나도 빠짐없이 완벽하기는 매우 어렵다. 예를 들면 윗글에서 언급한 《중국미학사학술토론회논문선집》과 《중국미학사화》는 위의 통계에 들어가지 않았다. 다시 다른 통계를 보기로 하자. 류구이룽刘桂荣이 1997년부터 2007년까지 10년간의 중국고전미학연구성과(전문저작 출판과 석박사 논문을 포함)에 대하여 통계를 내었다. 이 통계에 의하면 관련 논저가 모두 422부였고 그중 예술미학 연구가 142부, 미학사연구가 47부, 인물연구 39부 등이었다.4) 수량으로 많다고 할 수 있다. 물론 한편으로 우리는 양과 질이 결코 비례하지 않는다는 것을 고려해야 한다. 특히 당대 중국의 학술평가체제는 학술생산에 대하여 "너무 성급히 서두르면 도리어 일을 그르친다."는 학술적 풍토가 있었다는 것을 고려해야 한다. 다른 한편, 마찬가지로 긍정해야 할 것은 중국미학연구는 많은 영역에서 대폭적인 개척을 진행하고 연구의 넓이와 깊이에서 모두 상당한 성적을 거두었는데 통사, 단대사, 부문미학 아니면 주제의 연구에서도 다량의 논저들이 세상에 나왔다는 것이다. 통사의 연구를 예로 들면 20세기 90년대 심미문화연구는 하나의 핫이슈로 떠올랐다. 중국 미학분야 역시 신속하게 이런 시각에서 중국고대

---

3) 황바이칭黃柏青:《다차원적인 미학사 - 당대중국전통미학사저작연구》, 하북대학출판사, 2008, pp.22-23.
4) 류구이룽刘桂荣:〈회고와 반성 - 중국고전미학 현대성건설10년〉, 샤오무瀟牧·장웨이張伟 주필:《신중국미학60년 - 전국미학대회(제7회)논문집》에 수록, 문화예술출판사, 2010, p.419.

심미문화 연구를 진행하고 많은 연구 성과를 출판하였다. 예를 들면 천옌陳炎이 주필한 《중국심미문화사》(4권짜리, 산동화보출판사, 2000년)과 쉬밍许明이 주필한 《화하심미풍습사》(11권짜리, 하남인민출판사, 2000년) 등은 모두 넓게 화제에 오르내리고 있다. 본 장에서는 통사연구, 단대사연구, 심미범주연구, 인물텍스트유파로 분류한 후 차례로 논술을 전개하도록 하겠다(서술의 연관성을 위하여 본 책에서는 개별 장절의 자료통계와 기술을 2011년까지 연장한다).

제1절 중국미학사상, 범주와 문화통사

중국 고대는 한편으로 풍부한 미학자원을 가지고 있었지만 다른 한편으로는 미학이라는 이 학문이 없었다. 때문에 이른바 중국미학사란 현대 학문 분야 의미에서 사용하는 미학개념이며 중국 전통 미학자원에 대한 지식구축과 그것을 정리하여 쓴 결과이다. 20세기 80년대 이래 중국미학통사 관련 저작은 도처에서 볼 수 있다. 이러한 저작들은 중국미학사의 연구 대상, 연구 방법, 기본문제 및 작성법에 대한 서로 다른 이해에 따라 다른 작성 유형이 출현하였다. 어떤 저작은 미학사상에 편중하고 어떤 저작은 심미의식에 초점을 모으고 어떤 저작은 심미범주에 집중하였으며 어떤 저작은 심미문화에 착안하고 어떤 저작은 심미풍습에 관심을 가졌다. 이로부터 바로 미학사상사, 심미의식사, 심미범주사, 심미문화사, 심미풍습사 등의 중국미학사가 형성되었다.

장파张法는 "신神", "골骨", "육肉" 이 세 가지 범주로 중국미학사 저작에 대하여 개괄하였다. 첫째로는 "육"형으로 저술하였다. 리쩌허우, 류강지의 《중국미학사》와 민저敏泽의 《중국미학사》를 그 대표로 하는데 그들은 일종의 완전한 전체로 각 시대, 각 시대 속의 중요인물, 중요인물의 주요저작, 주요저작 가운데의 주요사상을 강조하였다. 둘째로는 "골"형으로 저술하였다. 예랑의 《중국미학사대강》과 천왕형陳望衡의 《중국고전미학사》를 그 대표로 하는데 그들은 범주, 명제와 역사발전의 통일을 강조하였다. 셋째로는 "신"형으로 저술하였다. 리쩌허우의 《화하미학》을 그 대표로 하는데 그들은 관념과 사상 발생, 발전, 전환, 변화를 부각하고 역사의 큰 흐름을 나타냈다.[5] 류웨디刘悦笛는 지금에 이르기까지의 중국미학사연구는 두 가지 "기본패러다임基本范式"을 형성하였다고 여겼다: 한 가지는 좁은 의미에서의 미학연구패러다임인데 이를 또 두 가지 "아유형亚类型"으로 나누었다. 한 유형은 "사상사思想史"의 작성법에 따라 창작하는 것이다. 다른 유형은 "범주사范畴史"의 작성법에 따라 창작하는 것이다; 다른 한 가지는 넓은 의미에서의 "대미학大美学" 혹은 "범문화泛文化" 연구패러다임이다.[6] 황바이칭黃柏青은 또한 네 가지 패러다임으로 구분하였다: 심미이론미학사, 심미문화미학사, 심미풍습미학사, 심미의식미학사이다.[7] 비교하여 보면 류웨디에 의해 지적된 "사상사"의 작성은 기본적으로 장파의 "육"형 저술과 대응되고 "범주사"의 작성은 장파의 "골"형 저술에 대응되지만 "범문화泛文化"의 작성은 황바이칭黃柏青의 이른바 심미문화미학사와 심미풍습미학사에 대응된다. 본서에서는 류웨디의 관점을 취하여 중국미학사의 작성을 사상사, 범주사와 문화사 이 세 가지 유형으로 나누는 동시에 전형적인 저작들을 선택하여 논술하고자 한다.

1. 사상사 작성법의 중국미학사

사상사작성법, 범주사작성법을 포괄하여 실제로 펑유란冯友兰을 대표로

---

5) 장파: 《중국미학사》, 사천인민출판사, 2006, p.3.
6) 류웨디: 〈중국미학 30년: 문제와 반성〉, 《문사철文史哲》, 2009, 제6기.
7) 황바이칭: 《다차원적인 미학사 – 당대중국전통미학사저작연구》, 하북대학출판사, 2008, pp.125. 황바이칭은 또 중국 심미이론미학사를 "육肉" 모드, "골骨" 모드, "신神" 모드, "망網" 모드, "기氣" 모드, "점點" 모드 등 6가지 모드로 구분하였다.

하는 중국철학사 작성 패러다임의 영향을 거울로 삼은 것이다. 평유란은 일찍이 "철학은 본래 서양의 명사이다. 지금 중국철학사를 말하려는 것은 그 주요사업의 하나가 바로 중국역사상의 각종 학문 속에서 서양에서 소위 철학이라 할 수 있는 그것을 뽑아서 서술하려는 것이다."[8]라 말했다. 다시 말하면 서양철학 속의 개념을 변통하여 중국철학 중의 재료를 선택해서 대응시키려는 것이다. 20세기 80년대 중국미학사 작성은 초창기에 처해 있었는데 이런 작성 패러다임을 거울로 삼은 것은 그래도 사리에 맞는 일이다.

리쩌허우, 류강지가 공동 집필한 두 권으로 된 《중국미학사》는 비록 단지 선진권先秦卷과 위진남북조권魏晉南北朝卷만을 완성하였지만 그것이 상대적으로 일찍 나왔기에 창조력이 강할 뿐만 아니라 비교적 큰 영향력을 가지고 있어 사상사 작성법의 대표라 할 만하다.

이 책의 서론부분에서 중국미학사의 대상과 임무, 연구방법, 중국미학사상의 기본특징, 중국미학의 발전과정에 대하여 깊은 탐구를 진행하였다. 그중에서 중국미학사의 연구 대상에 대한 분석은 위 책의 독특한 점을 특히 뛰어나게 보여주었다. 책에서는 미학사의 연구를 넓은 의미와 좁은 의미두 부분으로 나누었다. 넓은 의미의 연구는 그 대상이 이론형태의 미학사상에 한정하지 않고 문학예술 및 사회풍습 속에 표현된 심미의식에 대하여 전면적으로 고찰한 것도 포함한다. 좁은 의미의 연구는 오직 체계적인 미학이론을 연구 대상으로 한다. 비록 이 책의 넓은 의미의 연구가 중국미학사에 대해 말하면 더욱 적합하고 중요하다고 여기겠지만 의심할 바 없이 직면한 자료가 방대하고 처리하기 어렵다. 그러나 좁은 의미의 연구는 자체적으로 그 우세가 있다. "좁은 의미의 연구는 중국미학이론의 발전 및 그에 따르는 각종 범주, 명제, 원리의 실질을 깊이 이해하고 더욱 순수한 사변 시점에서 중국미학의 정신과 특색을 파악하는 데서 중요한 의의를 가진다. 현재 각종 조건의 제한 때문에 본서는 중국미학에 대하여 좁은 의미

---

8) 평유란: 《중국철학사》(상), 중화서국, 1984, p.1.

의 연구방식을 채취하였는데 주로 역대 사상가, 문예이론가, 문예이론비평가들의 저작 중에 발표된 관련 미와 예술언론을 연구 대상으로 한다."9) 또한 이 책은 중국미학사 연구와 중국문예이론비평사 연구의 연계와 구별을 나누었는데 양자가 비록 다 같이 예술을 연구 대상으로 하지만 미학은 "주로 철학 – 심리학 – 사회학의 시점에서 인류의 심미의식 활동의 특징 및 그 역사발전이 어떻게 예술 속에서 표현되는가를 치중하여 분석하고 미에 관한 여러 가지 규칙적인 것들이 어떻게 예술 속에서 표현되는가를 분석한다."10) 하지만 예술이론의 주요대상은 "각종 예술작품의 구체적인 구성 규칙, 예를 들면 예술의 내용, 제재, 형식, 장르, 기법, 기교, 스타일, 유파와 그 역사에서 생겨나고 변천하며 발전하는 구체적인 과정 등을 상세하게 고찰하는 것이다."11) 상술한 분석에 근거하여 알 수 있듯이《중국미학사中国美学史》는 기본적으로 리쩌허우의 미학원리 시각으로 역대 철학가 및 문예이론 속의 미, 미감과 예술적 사상을 연구하는 것이다. 이로부터 이 책은 연구방법상에서 실천미학의 방법론 원칙을 따랐다. 즉 마르크스주의철학을 지도사상으로 하였다. 리쩌허우는 미는 물질생산 실천에서 연원하였다고 생각했으며 아울러 각 역사시기의 심미의식은 결국에는 각 시대의 물질생산 상황을 결정한다고 여겼다. 그런데 그는 양자를 간단하게 연결시키지 않고 양자 간에 복잡한 관계가 있다고 인식하였다. 이런 인식에 기초해 시대별 물질적 생산상황과 그 미학적 사상 사이의 연관성에 대해 적지 않게 논하고 있다.

또한 이 책은 연구방법상에서 긍정적인 점이 있는데 바로 투쟁사관을 포기하고 역사와 논리가 서로 통일된 연구방법을 제기하였다는 것이다. 투쟁사관은 한동안 중국역사 연구에서 가장 주요한 연구방법이었다. 투쟁사관

---

9) 리쩌허우, 류강지:《중국미학사》(제1권), 중국사회과학출판사, 1984, p.6.

10) 리쩌허우, 류강지:《중국미학사》(제1권), 중국사회과학출판사, 1984, p.6.

11) 리쩌허우, 류강지:《중국미학사》(제1권), 중국사회과학출판사, 1984, pp.6-7.

은 단순히 인물의 사상을 유물과 유심 두 개의 파벌로 간단하게 나누고 전자를 긍정하고 후자를 비판하였다. 20세기 70년대 말과 80년 초의 많은 사학 저작들은 투쟁사관의 영향을 깊이 받았는데 예를 들면 스창둥施昌东의 《선진미학사상서술》과 《한나라미학사상서술》이 바로 그러하다. 《중국미학사》는 이런 방법의 폐단을 명확히 지적하고 이런 근거로는 중국미학의 발전 과정을 정확하게 인식할 수 없다고 여겼다. 이 책은 중국미학사의 발전 과정에 대해 아래와 같은 인식을 가지고 있다. "중국미학사상의 변화 발전은 역대 각 계급(주로 통치계급)의 심미 요구, 심미 이상의 변화와 갈라놓을 수 없으며 동시에 이런 변화는 또 물질생산의 발전, 사회생활 속의 인간과 인간의 관계, 인간과 자연의 관계 변화와 갈라놓을 수 없다."[12] 이런 관념은 비록 "경제결정론"의 의미는 없지 않지만 저자는 역사와 논리의 통일을 더욱 중요시하고 중국미학 역사 변천의 풍부성과 복잡성을 충분히 드러냈기에 투쟁사관과 비교하면 의심할 바 없이 큰 진보이다.

상술한 분석을 통하여 우리는 《중국미학사》의 작성 패러다임을 파악할 수 있는데, 이것은 역대 철학가 그리고 문예 이론 저서를 취하여 그중의 미학 사상을 분석하였다는 것이다. 선진미학은 철학가를 주체로 하였다. 이 책은 공자孔子, 묵자墨子, 맹자孟子, 노자老子, 장자庄子, 순자荀子, 굴원屈原, 한비韩非 등의 인물의 미학사상을 논급하였다. 저작에는 《주역周易》과 《악기乐记》를 골라 선택하고 그중의 미학사상을 분석하였다. 양한两汉(전한과 후한)에서도 똑같이 인물이 다수를 차지하는데 철학가 동중서董仲舒, 왕충王充, 사학가 사마천司马迁, 문학가 양웅扬雄, 이외에 또 《회남홍열淮南鸿烈》, 한부汉赋이론, 《모시서毛诗序》 그리고 한나라 서예 이론 속의 미학사상을 포함하였다. 위진남북조의 미학사상은 매우 풍부해 《중국미학사》는 상하 두 권씩 총 20장으로 나누어 다루고 있다. 이 시기에 문예이론 저작은 현저히 많아졌다. 이 책은 모두 12장으로 그것에 대해 분석하였는데 그중에서

---

12) 리쩌허우, 류강지: 《중국미학사》(제1권), 중국사회과학출판사, 1984, p.19.

문학 이론은 4장으로 언급하였다: 조비曹丕의 《전론·논문典论·论文》, 육기陆机의 《문부文赋》, 유협刘勰의 《문심조룡文心雕龙》과 종영钟嵘의 《시품诗品》 등; 음악 이론은 2장으로 언급하였다: 원적阮籍의 《악론乐论》과 혜강嵇康의 《성무애악론声无哀乐论》; 서예이론은 2장으로 언급하였다: 위진서론魏晋书论 중의 미학사상과 제양서론齐梁书论 중의 미학사상; 회화绘画이론은 4장으로 언급하였다: 위진화론魏晋画论 중의 미학사상, 종병宗炳의 《화산수서画山水序》, 왕미王微의 《서화叙画》, 사혁谢赫의 《화품画品》과 요최姚最의 《속화품续画品》; 또 철학사조 및 저작 중의 미학사상 예를 들면 인물 품평, 위진 현학, 《열자列子》, 갈홍葛洪의 《포박자抱朴子》, 동진东晋 불교학 중의 미학사상, 이 외에 또 도연명陶渊明의 미학사상 등을 포함하였다. 이 책은 위진남북조까지 쓰고는 더는 써 내려가지 못했다. 이로 알 수 있듯이 이런 패러다임으로 써 내려가면 갈수록 넣어야 될 자료들이 많아지니 장파가 "육肉형"이라 명명한 것이 아주 구체적이다.

구체적인 연구에서 《중국미학사》가 탐구한 미학사상은 리쩌허우가 논술한 미학의 세 가지 측면, 즉 미학의 본질, 심미심리학과 예술사회학인데 그 장절의 표제로부터 바로 이 점을 알 수 있다. 예를 들면 공자 미학사상의 논술은 5절로 나누었는데 제1절은 "공자미학사상의 기초 - 인학仁学", 제2절은 "공자의 인학仁学을 기초로 한 예술관 - '성우악成于乐'과 '유우예游于艺'", 제3절은 "공자가 예술의 작용을 논하다 - '흥兴', '관观', '군群', '원怨'", 제4절은 "공자의 문文, 질质 통일의 심미관과 그에 따르는 미학 비평의 척도 - 중용中庸", 제5절은 "공자미학의 역사지위"이다. 장자庄子의 미학사상에 대한 연구 방향은 더욱 분명한데 5절로 나누었다. 제1절은 "장자의 미학과 그의 철학", 제2절은 "장자가 미를 논하다", 제3절은 "장자가 심미감수를 논하다", 제4절은 "장자가 예술을 논하다", 제5절은 "장자미학의 역사지위"이다. 기타 장절의 연구 방향 역시 이와 비슷하다. 명백히 《중국미학사》는 미학원리의 패러다임을 거울로 삼고 역대의 중요인물 및 문예이론저작 중의 미, 미감과 예술의 상관 사상에 대하여 분석하였다.

이 책에 대해 또 몇 가지 점을 더 언급할 필요가 있다. 하나는 인용된 자료가 풍부하고 독창적이며 사람들에게 중국 전통미학이 매우 깊고 넓으며 크다는 사실을 알게 하였으며 후배들에게 중국미학사를 쓰는 데 거울로 삼게 하고 자신감을 주었다. 다른 하나는 중국미학사상의 여섯 가지 기본 특징을 제시하였다. (1) 미美와 선善의 통일을 매우 강조했다. (2) 정情과 이理의 통일을 강조했다. (3) 인지认知와 직각直觉의 통일을 강조했다. (4) 인간과 자연의 통일을 강조했다. (5) 고대 인간의 인도주의정신을 풍부히 하였다. (6) 심미경지를 인생의 최고 경지로 하였다.13) 이 여섯 가지 특징은 중국미학의 특점을 부각시켰다. 셋째, 중국미학의 네 가지 사조思潮를 제출하였다: 유가미학, 도가미학, 이소楚骚(초사를 일컫기도 함)미학과 선종禅宗미학을 제기하였다. 리쩌허우는 1981년 쭝바이화의 《미학산책》을 위하여 쓴 서언에서 중국미학의 네 가지 사조설思潮说을 제기하였다. 그에 의하면 "중국미학의 발전은 근본적으로 말하면 이 네 가지 사조가 다른 역사시대에서의 탄생, 변화와 발전이고 그 사이에 또 여러 가지 상호 대립하고 상호 보충한 복잡한 상황이 존재하고 있었음에 틀림없다."14) 이 주장은 비록 논의할 여지가 있지만 적지 않은 영향을 일으켰다. 예를 들면 장파는 중국미학은 5대 줄기가 있다고 여겼는데 바로 상술한 4대 줄기에 명청明清사조를 더한 것이다. "유儒, 도道, 명청사조는 3대 기본점이고 굴屈과 선禅은 전 3자에 대한 보충 혹은 조화이며 굴屈은 유儒와 도道의 보충이고 선禅은 유儒, 도道와 서민 취미의 조화이다".15)

민쩌敏泽의 《중국미학사상사》(총3권, 제노서사齐鲁书社, 1987-1989)는 위에서 거론한 책과 똑같이 사상사 작성의 모범이다. 미학의 연구 대상에 대하여 민쩌敏泽는 "미학사상사 연구 대상에서 가장 중요한 점은 바로 우리의

---

13) 리쩌허우, 류강지: 《중국미학사》(제1권), 중국사회과학출판사, 1984, pp.20-34.
14) 리쩌허우, 류강지: 《중국미학사》(제1권), 중국사회과학출판사, 1984, p.20.
15) 장파: 《중국미학사》, 사천인민출판사, 2006, p.294.

위대한 민족의 심미의식, 관념, 심미활동의 본질과 특징이 발전한 역사를 연구해야 한다는 것이다."고 밝혔다.[16] 리쩌허우, 류강지의《중국미학사》의 "협의적 연구"와 비교하면 민쩌의《중국미학사상사中国美学思想史》 역시 "협의적 연구"에 가깝다. 선진한위남북조 부분의 주요인물 및 문예이론저작에 대한 선택에서 양자 역시 대체로 같다. 심지어 논술된 점 또한 비슷한 곳이 있다. 예를 들면《회남자淮南子》 미학사상에 대한 논술에서 두 책은 모두 그중의 미의 객관성, 상대성과 다양성, "문文"과 "질质", 예술 창조 및 감상 그리고 형形과 신神 등의 미학사상을 논하였다.

물론 이 책 역시 그 나름대로의 특징이 있다. 첫째는 체계가 방대하다. 민쩌는 한 사람의 힘으로 세 권의 창작을 완성하였는데 시간상으로 원시사회부터 현대에까지 넘나들었고 섭렵한 것이 아주 광범위하여 존경스럽다. 이 책은 2004년에 수정 재판되었는데 "체적体积이 크고 단정하며 종합적이고 포괄적이며 일가견이 있는体大周正 综赅有方"[17] 책으로 평가되었다. 둘째는 고고학의 문헌자료를 활용하여 선사시대의 심미의식을 고찰하였다. 20세기 80~90년대의 중국미학사 저작은 일반적으로 바로 선진先秦에서 시작했는데《중국미학사상사》는 원시시기와 상주商周시기까지 거슬러 올라갔다. 출토된 문물(예를 들면 청동기) 및 상관 문헌자료에 근거하여 심미의식의 맹아를 탐구하였고 중국미학사의 시야를 넓혔으며 그 후의 미학사 작성에 매우 훌륭한 예를 제공하였다. 셋째는 문화의 환경 속에서 미학사상의 생성과 변화를 서술하였다. 예를 들면 위진남북조魏晋南北朝의 미학부분 등이다. 저자는 세 개 장의 편폭으로 위진남북조 시기의 사상과 문화(현학, 불교, 도교를 포함) 및 자연미, 개성의 발견 등 이 시기의 미학사상 그리고 문학예술에 대한 작용을 논술하였다. 넷째는 중요한 미학범주와 명제의 상세

---

16) 민쩌:《중국미학사상사》(제1권제) "서", 제노서사齐鲁书社 1987, p.1-2.
17) 위안지시袁济喜: 〈체대주정 종핵유방体大周正 综赅有方 - 민쩌敏泽 선생의 신판《중국미학사상사》를 평한다〉,《문학평론》, 2005, 제2기.

한 해석을 강조하였다. 예를 들면 제1권 제20장 "새로운 미학관념의 탄생과 형성"이란 표제로 위진남북조시기의 "기운气韵", "형신形神", "풍골风骨", "상외象外", "경지境界" 등 중요 미학범주의 출현 및 변화에 대하여 고찰하였다. 제2, 3권에서는 이를 테면 "흥상兴象", "흥기兴奇", "의상意象", "미味", "운운韵" 등과 같은 범주에 대해 해석하였다.

이 밖에 린퉁화林同华의 《중국미학사논집》(강소인민출판사, 1984), 저우라이샹周来祥이 주필한 《중국미학주조中国美学主潮》(산동대학교출판사, 1992), 장한张涵·스훙원史鸿文의 《중화미학사》(서원西苑출판사, 1995), 인제殷杰의 《중화미학발전논략》(화중사범대학교출판사, 1995), 왕샹펑王向峰의 《중국미학논고》(중국사회과학출판사, 1996), 치즈샹祁志祥의 《중국미학통사》(인민출판사, 2008)와 《중국미학전사》(총 5권, 상해인민출판사, 2018), 쩡쭈인曾祖荫의 《중국고전미학》(화중사범대학교출판사, 2008), 위민于民의 《중국미학사상사》(복단대학교출판사, 2010), 예랑叶朗이 주필한 《중국미학통사》(총8권, 2014), 장파张法가 주필한 《중국미학사》(고등교육출판사, 2015, 2018) 등과 같은 저작들을 모두 미학사상사의 저작으로 볼 수 있다. 린퉁화林同华는 "중국 미학사의 대상과 과제에 대한 나의 이해는 중국의 예술미와 이를 구현하는 이론에 대해 연구해야 한다는 것이다."[18] 《중국미학사논집》은 바로 예술을 중심으로 중국 원시사회의 회화绘画미, 춘추시대의 미학사상, 고개지顾恺之의 회화绘画사상, 당나라의 문예사상에서 중국 현대 연극미학사상에 이르기까지의 내용을 고찰하였다. 장한张涵, 스훙원史鸿文의 《중화미학사》는 6장으로 나뉘었는데 매 장은 아래 분류미학사상과 철학미학사상에 따라 분절하여 논술하였다. 왕샹펑王向峰의 《중국미학논고》는 전서를 7편으로 나누어 선진제자先秦诸子로부터 마오쩌둥의 미학사상까지 탐구하였는데 주요 철학가 및 문예이론가의 미학사상을 논술했다. 그 뿐만 아니라 제4편 당나라 미학부분에서 저자는 또 두보杜甫, 유우석刘禹锡와 이하李贺 등의 시가도 전문적으로

---

18) 린퉁화: 《중국미학사논집》, "자서", 강소인민출판사, 1984, p.1.

분석하고 중점을 그 사회 비판에 대한 의미 고찰에 두었다. 치즈샹의《중국미학통사》에서는 "미는 사람들을 보편적으로 기쁘게 하는 대상이다"라는 미의 본질관에 착안하여 맛을 미로, 정을 미로, 도를 미로, 동일한 구조를 미로, 학문을 미로 삼아以味为美, 以意为美, 以道为美, 同构为美, 以文为美 이들이 복합적으로 상호 보충하는 것이 중국고대미학정신의 전체적인 풍격과 면모를 구성하였다고 여긴다. 이러한 미학관념을 주요 줄거리로 선진先秦으로부터 근대에 이르는 미학사상을 탐구하였다.

2. 범주사范畴史 작성법의 중국미학사

예랑의《중국미학사대강》은 범주사 작성법의 대표작이다. 책의 서론 부분에서 중국미학사의 대상과 범위에 대하여 정의를 내렸다. 이전의 학계에는 중국미학사의 연구 대상에 관한 두 가지 관점이 있었다. 하나는 역사상 미의 이론에 관한 연구인데 예랑은 이런 관점은 너무 지나치게 협소하다고 여겼다. 왜냐하면 "중국고전미학체계에서 '미'는 중심적인 범주가 결코 아니며 또한 최고 단계의 범주도 아니다. '미'라는 범주는 중국고전미학 속에서 서양미학에서처럼 그렇게 중요한 지위에 있지 않았기 때문이다."[19] 다른 하나는 중국 심미의식의 발생과 발전, 변화의 역사를 연구하고 미학 이론뿐만 아니라 각 시대의 문예작품이 보여주는 심미의식도 연구해야 한다는 것이다. 예랑은 이런 견해가 또 너무 지나치게 광범위하다고 여겼다. 그가 보기에 "한 부의 미학사는 주로 미학적 범주, 미학적 명제의 탄생, 발전, 전환의 역사이다. 때문에 우리가 중국미학사를 쓸 때 마땅히 각 역사시기에 출현한 미학적 범주와 미학적 명제 연구에 치중해야 한다"[20]는 것이다.

---

19) 예랑:《중국미학사대강》, 상해인민출판사, 1985, p.3.
20) 예랑:《중국미학사대강》, 상해인민출판사, 1985, p.4.

예랑은 이 관점에 대하여 한 걸음 더 나아가 전개하였다. 그는 한 민족의 심미의식사를 두 개 계열로 나누었다. 하나는 형상적 계열 즉 문학예술이고 다른 하나는 범주의 계열, 예를 들면 "도道", "기气", "상象", "묘妙", "풍고风骨" 등이다. 형상계열의 연구는 문학사와 예술사이고 범주계열의 연구는 미학사이다. 양자의 교차는 예술비평사이다. 때문에 미학사와 심미의식사를 동일시할 수 없다. 심미의식사는 미학사와 각 문파 예술사를 더한 것과 같다. 이렇게 예랑은 중국미학사의 연구 대상에 대하여 명확히 정의하였다.

예랑은 중국미학사를 네 개 시기로 나누었다. 첫째로는 선진양한先秦两汉 시기인데 중국고전미학의 발단기이다. 선진先秦을 중국미학의 발단기로 제출한 일련의 명제들은 전체 중국고전미학의 발전에 철학적 기초를 닦아놓았고 한나라 미학은 선진미학과 위진남북조魏晋南北朝미학 사이의 과도기 형태이다. 둘째로는 위진남북조로부터 명나라까지인데 중국고전미학의 전개시기이다. 그중 위진남북조와 명나라 후기가 가장 중요하다. 셋째로는 청나라 전기인데 중국고전미학의 총화기이다. 왕부지王夫之와 예섭叶燮 두 사람의 미학체계를 그 대표로 하는데 중국고전미학의 절정기이다. 넷째로는 중국근대미학시기인데 량치챠오梁启超, 왕궈웨이, 초기의 루쉰鲁迅과 차이위안페이蔡元培의 미학을 그 대표로 한다. 앞의 3 개 시기에 대한 연구는 이 책의 중점이다. 제1편(중국고전미학의 발단)의 선진先秦부분에서 노자, 공자, 《역전易传》, 《관자管子》, 장자, 순자와 《악기乐记》 중의 미학범주를 고찰하였고 한나라의 《회남자淮南子》와 왕충王充 미학을 집중적으로 분석하였다; 제2편(중국고전문학의 전개)에서는 위진남북조 미학을 상하 두 장으로 나누었는데 첫 번째 장에서는 득의망상得意忘象, 성무애악声无哀乐, 전신사조传神写照, 징부미상澄怀味象, 기운생동气韵生动 등의 범주를 탐구하였고 두 번째 장에서는 전문적으로 유협刘勰의 《문심조룡》을 분석하여 은수隐秀, 풍골风骨, 신사神思, 지음知音 등의 범주를 연구하였다. 당唐, 송宋, 원元, 명明, 청나라 전기부분은 예술분류별로 장절을 나누고 각각 당나라5대의 서화书

画미학, 시가미학, 송원宋元의 서화미학, 송원시가미학, 명청明淸소설미학, 명청연극미학과 명청원림園林미학 속의 미학범주, 명제 혹은 사상을 고찰하였다. 예를 들면 송원서화미학부분에서 곽희郭熙의 "몸소 산천에 가서 얻는다身卽山川而取之", 소식苏轼의 "속에 이미 준비가 되어 있다成竹在胸"와 "눈앞의 사물에 넋을 잃는다身与竹化", 그리고 산수화의 "원远"의 경지와 "일품逸品"의 내포를 분석하였다. 제3편(중국고전미학의 총화)에서 저자는 주로 왕부지의 미학체계, 예섭叶燮의《원시原诗》, 석도石涛의《화어록画语录》과 유희재刘熙载의《예개艺概》를 분석하였다. 예를 들면 "예섭의 미학체계" 1절에서 저자는 예섭의 예술본원론과 미학이론에 관한 "이理", "사事", "정情", 시가의 특징에 관한 "아련함을 도리로 여기다幽渺以为理, 상상을 경치事로 여기다想象以为事, 매혹을 정으로 여기다惝恍以为情", 예술창조력에 관한 "재才", "단담胆", "식识", "력力", 시품과 인품 간의 관계에 관한 "흉금胸襟"과 "면목面目", 예술발전에 관한 "정正", "변变", "성盛", "쇠衰" 등의 범주 혹은 명제를 분석하였다.

　전체적으로 볼 때 예랑의《중국미학사대강》은 최초의 통사류 미학전문 저서로서 "범주사"의 작성패러다임을 창조하여 그 다음의 미학사 작성에 매우 큰 영향을 끼쳤다. 예랑은 책에서 수많은 창의적인 관점을 제기하였다. 예를 들면 첫째, 노자 미학은 중국미학사의 기점이라고 제기하였다. 저자는 역사순서와 이론 자체라는 두 측면에서 노자미학이 중국미학사의 기점이라는 것을 논증하였다. 저자는 "노자가 제기한 일련의 범주, 예를 들면 '도道', '기气', '상象', '유有', '무无', '허虚', '실实', '미味', '묘妙', '허정虚静', '현감玄鉴', '자연自然' 등은 중국고전미학이 자신의 체계와 특징을 형성하는 데 매우 거대한 영향을 미쳤다. 중국고전미학의 심미객체, 심미관조, 예술창조와 예술생명에 관한 일련의 특수한 견해, 중국고전미학의 '징회미상澄怀味象(맑고 깨끗한 마음을 품고 이치를 보다)'에 관한 이론, 중국고전미학의 '기운생동气韵生动'에 관한 이론, 중국고전미학의 '사물밖에서 경지가 나온다境生于象外'에 관한 이론, 중국고전미학의 '허실결합虚实结合'에 관한 원칙, 중국고전미학의 '미味'와 '묘妙'에 관한 이론, 중국고전미학의 '평담平淡'과 '박졸朴拙'에 관한 이론, 중국고전미학의 심미도량에 관한 이론 등 그들의 사상발원지가 바로 노자철학과 노자미학이다"[21]라고 밝히고 노자미학에 대하여 높이 평가하였다. 둘째, "의상설意象说"은 중국고전미학의 기본정신을 대표한다고 제기하고 아울러 의상意象을 예술의 본체로 보고 그것을 전서全书의 핵심범주로 하였다. 저자는 유협刘勰이 《문심조룡文心雕龙》에서 "의상"의 개념을 제출하였다며 "위진남북조 미학자들이 '의상'이라는 범주를 제출할 때부터 사람들은 예술의 본체는 '의상'이라 인식하였고 예술의 창조는 바로 '의상'의 창조이다"[22]라고 밝혔다. 이리하여 저자는 당나라 이후의 미학범주와 명제를 분석할 때 바로 심미의상을 둘러싸고 논의를 전개하였다. 예를 들면 저자는 당나라 손과정孙过庭의 "자연의 묘유와 같다同自然之妙有"와 형호荆浩의 "사물의 형상을 기준으로 진실함을 얻는다度物象而取其真"가 바로 심미의상을 담론한 것이라고 생각했다. 저자가 제출한 송원宋元시가미학은 심미의상 자체의 분석을 중요시하였다. 예를 들면 정情과 경景의 관계, 시诗와 화画의 관계이다. 저자는 시가심미의상을 왕부지 미학체계의 중심으로 하고 왕부지의 "현량설现量说"이 심미의상의 기본성질 즉 심미의상은 반드시 직접적인 심미관조로부터 탄생한다고 설명하였다. 또한 시가의상의 전체성, 진실성, 다의성과 독창성 등의 특징을 논술하였다. 명백히 저자가 제출한 "미는 의상에 있다美在意象"는 바로 이를 기초로 한 것이다. 셋째, "의경" 범주의 탄생, 미학내포에 대하여 비교적 상세하게 연구하였다. 저자는 사공도司空图의 《24시품诗品》에 대한 분석을 통하여 "사공도의 《24시품》은 뚜렷하게 '의경'의 미학본질을 나타내고 의경설과 노자미학(및 장자미학)의 혈통관계를 나타냈다. '의경'은 고립적인 물상표현이 아니라 허실결합적인 '경境'의 표현이다. 다시 말하면 조화로운 자연의

---

21) 예랑: 《중국미학사대강》, 상해인민출판사, 1985, p.19.
22) 예랑: 《중국미학사대강》, 상해인민출판사, 1985, p.243.

기운이 생동하는 풍경 표현이며 우주의 본체와 생명의 도기道气로서의 표현이다. 이것이 바로 '의경'의 미학본질이다"[23]라고 지적하였다. 넷째, 청명明清의 소설미학, 연극미학에 대하여 비교적 심도 있게 연구하였다. 저자는 이지李贽 철학이 청명소설미학의 영혼이라 여기고 대량의 사료에 근거하여 명청소설 비평 속에 언급된 소설의 진실성, 전형인물의 묘사 등의 문제를 분석하였다.

천왕형의 《중국고전미학사》(호남교육출판사, 1994, 무한대학출판사, 2007)는 마찬가지로 중요 범주와 명제로 중국미학사를 구축하고자 하는 이론저작이다. 그의 연구 대상은 예랑의 《중국미학사대강》과 비슷하다. 즉 중요한 철학가와 문예이론저작 중의 미학범주와 미학명제들이다.

이 책에서 저자는 중국고전미학 체계가 "의경意象"을 기본범주로 하는 심미본체론체계, "미味"를 핵심범주로 하는 심미체험론 체계, "묘妙"를 주요범주로 하는 심미품평론品评论 체계, 그리고 진선미真善美가 서로 통일된 예술창작이론체계로 구성되었다고 제기하였다. 명백히 저자가 제출한 이 네 개 측면은 미학원리의 중요한 3부분인 미의 본질(심미본체), 미감(심미체험과 심미품평)과 예술에 대응한다. 이것으로 알 수 있듯이 천왕형의 작성 패러다임도 리쩌허우, 유강지刘纲纪, 민쩌敏泽 등의 사람들과 다름없다. 다른 점은 그가 쓴 것은 미학범주사이고 그는 심미범주와 명제로 중국미학을 구축하고자 하는 것이다.

《중국고전미학사》 전서는 모두 5편 48장으로 약 백만 자에 달한다. 저자는 중국미학사를 다섯 시기로 나누었다. 선진先秦미학은 중국고전미학의 초석기이고 한나라와 위진남북조 미학은 중국고전미학의 돌파기이며 당송미학은 중국고전미학의 전성기이고 원명미학은 중국고전미학의 전환기이며 청나라 전기미학은 중국고전미학의 총화기이다. 저자는 중국의 독특한 심미관념의 네 가지 요점을 제기했다: "(1) 중화中和를 숭상하는 심미이상,

---

23) 예랑: 《중국미학사대강》, 상해인민출판사, 1985, p.276.

(2) 변화무쌍을 숭상하는 심미경지, (3) 정신 전달을 숭상하는 미학창조, (4) '악乐'과 '선线'의 심미의미를 숭상하는 것"24)이다.

크게 말하면 저자는 미학원리의 미론, 미감론과 예술론 등 몇 개 내용으로 중국고전미학을 파악하고 구체적인 작성에서는 중요 범주와 명제를 근간으로 하였다. 예를 들면 제1장 노자미학사상에 관한 연구에서 예랑과 마찬가지로 천왕형은 중국고전미학의 발단을 노자로 확정하고 세 개의 절에 걸쳐서 미의 철학, 심미이상과 심미심경을 논술하였다. "미의 철학"에서는 "도법자연道法自然(도는 자연을 본받는다)", "대상무형, 대음희성大象无形, 大音希声(가장 큰 형상은 모양이 없고 가장 큰 소리는 들리지 않는다)", "신언불미, 미언불신信言不美, 美言不信(미더운 말은 아름답지 않고 아름다운 말은 미덥지 못하다)", "무위무불위无为无不为(아무 것도 하지 않으면 모든 것이 잘 해결된다 - 아무 것도 하지 않지만 아무 것도 하지 않는 것이 없다)" 등의 명제를 탐구하였다; "심미이상"에서는 "변화무쌍을 숭상하다崇尚空灵", "담담한 것을 숭상하다崇尚恬淡", "온화하고 부드러운 것을 숭상하다崇尚阴柔", "소박하고 진솔한 것을 숭상하다崇尚朴拙" 등의 사상을 탐구하였다; "심미심경"에서는 "유심우물지초游心于物之初(사물의 원 상태에 전념해야 한다)", "조제현람涤除玄览(일체 잡념을 제거하고 심령이 텅 비어야 더욱 밝은 눈으로 세계를 관찰할 수 있다)", "치허극, 수정독致虚极, 守静笃(심령이 허와 정의 극에 달하다)"의 관점을 탐구하였다. 장자 미학사상은 열 개 절의 편폭으로 다루었다. 미론은 세 개 절로 나누었다: "천지유대미이불언天地有大美而不言(천지는 대단히 아름답지만 말하지 않는다)", "여여서시도통위일厉与西施道通为一(강유刚柔, 미추美丑, 시비是非 등은 '도道의 깊이에서 보면 상통하고 동일하다)", "덕유소장이형유적망德有所长而形有的忘(괴물 같은 인물이라도 인격 정신상 미가 있으면 사람들은 그의 형체의 누추함을 잊어버린다)"; 미감론은 네 개 절로 나누었다: "소요유逍遥游(아무런 구속도 받지 않고 자유롭게 거닐다)", "심재心斋", "좌망坐忘",

---

24) 천왕형: 《중국고전미학사》, 호남인민출판사, 1998, p.25.

"물화物化"; 예술론은 세 개 절로 나누었다: "언言"과 "의意", "도道"와 "기技", 공리와 비공리功利与非功利이다. 이런 장절의 배치는 이 책의 작성 패러다임을 더욱 잘 나타낸다.

이 책은 아래와 같은 몇 가지 특징을 가지고 있다: 첫째, 중국고전미학의 기본범주와 명제를 더욱 전면적으로 분석 정리하였고 체계가 방대하며 골격이 뚜렷하다. 둘째, 주요 철학사조의 영향하의 미학관점에 대하여 비교적 상세하게 논술하였다. 예를 들면 유가미학, 현학과 미학, 선종미학, 송나라의 이학理学과 박학朴学, 명나라의 심학心学과 미학, 청나라의 박학과 미학이다. 셋째, 역대 문예이론 중의 미학사상과 미학명제를 탐구하였다. 예를 들면 원명元明의 미학부분인데 원나라의 희곡미학, 시화미학, 명나라의 희곡미학, 명나라의 소설미학, 명나라의 회화원림园林미학을 섭렵하였고 내용이 풍부하다.

왕전푸王振复가 주필한《중국미학범주사》(총 3권, 산서인민출판사, 2006)는 "범주사"로 명명한 최초의 중국미학사 저작이다. 전서全书는 "기기, 도道, 상象"의 세 개 기본범주를 서로 관통하였다. 저자는 "중국미학범주사는 하나의 기기, 도道, 상象'으로 구성된 동태삼차원 인문구조인데 인류학 의미면에서 '기', 철학적 의미면에서 '도', 예술학 의미면에서 '상'으로 구성되었다. 이 삼자는 중국미학범주사의 본원, 줄기와 기본범주로서 각자는 범주군락을 구성하고 상호 침투되며 공동으로 중국미학범주의 역사, 인문 건축물을 구축한다"25)고 제기하였다. 연구방법상에서 이 책은 "역사 원상 복구", "원본 복원"을 채용하면서 "역사가 우선이다"라는 학문에 임하는 원칙을 견지하였다. "역사와 인문이 가지고 있는 구체성, 현실성의 범주를 단순히 인위적인 논리문제로 맞추는 것이 아니라 반대로 반드시 범주의 논리문제를 일정한 역사의 '언어환경'context(또한 '문맥'으로 번역할 수 있다) 속에서 해결해야 한다."26) 왕전푸에게는《중국미학의 문맥노정》(사천인민출판사, 2002)이

---

25) 왕전푸 주필:《중국미학범주사》, 산서인민출판사, 2006, "머리말", p.1.

라는 저작이 있었는데 《중국미학범주사》는 바로 이 책의 연구 패러다임을 계승하였다.

이 책은 3권으로 구성되었다. 제1권에서는 중국미학범주가 배태되었다 (선진先秦부터 진한秦汉까지). 제2권에서는 중국미학범주가 구축되었다(위진 魏晋부터 수당隋唐까지). 제3권에서는 중국미학범주가 완성되고 종결되었다 (송원宋元부터 청명明清까지). 매 권은 또 두 편으로 나뉘어 있다. 제1권 제1 편 제1부분에서 저자는 천인天人관계 중의 "생명체험"을 착안점으로 선택 하고 "천인지학天人之学과 선진미학범주의 배태"를 분석하였다. 저자는 통 시적인 시점으로 원시사회에서 형성된 "천인합일天人合一", 은상殷商 시기 에 형성된 "제帝", 서주西周 시기에 형성된 "천天", 춘추春秋부터 전국战国 시기에 형성된 "도道", 전국 중기에 형성된 "심心", 전국 후기에 제출한 "군群"과 "이理" 등의 개념을 탐구하였다. 저자는 상술한 개념에 대하여 상 세하게 서술하고 그것들이 변하는 시간과 공간의 모순변화 속에 처해있다 고 여겼다. 제2부분에서 저자는 "심성지학心性之学과 선진미학범주의 배태" 를 탐구하였다. 3장의 편폭으로 선진제자들이 논한 "도道", "기气", "상象" 범주를 탐구하였다. "도道" 범주에 대하여 저자는 노자가 도의 본체지위를 확립하고 장자가 논하는 "도통위일道通为一"의 도물道物관계는 전반 중국 고전예술의 내재적 심미취지에 영향을 주었다고 제기하였다. 공자는 인仁 으로 도道를 해석하고, 도에 덕성과 성품을 부여하였으며, 맹자孟子는 인仁 과 도道를 내재적 심성화心性化하고 순자는 예악을 도道로 제창하여 그것을 외재적으로 규약화规约化하였다. 《주역》에서는 "일음일양지위도一阴一阳之 谓道(음양은 사물 모순의 두 개 대립면을 말하고 도는 사물 발전의 규율을 말한다. 음도 있고 양도 있는 이것이 바로 도이다. 즉 사물 발전의 규율이다)", "입인지도 왈인여의立仁之道曰仁与义(인의도덕을 확립하는 것은 인仁과 의义 두 방면이다)" 를 제기하였는데 도의 철학본체와 덕성본체를 융합하였다. "기气"의 범주

---

26) 왕전푸 주필: 《중국미학범주사》, 산서인민출판사, 2006, "머리말", p.4.

에 대하여 저자는 심성론心性论과 결합하여 노자, 관자管子, 장자, 공자,《성
자명출性自命出》, 맹자, 순자,《주역》에서 "기气"와 관련된 사상과 관념을
탐구하였다. 저자는 "선진제자의 기론과 인성론은 철학哲学, 윤리, 미학을
하나로 통합하였다. 바꾸어 말하면 기와 심성에서 생명을 말하려고 하면
그 철학사상, 도덕관념을 엿봐야 할뿐만 아니라 그 속에 깃든 미학사상의
참뜻도 체득해야 한다"[27]고 지적하였다. "상象"의 범주에 대하여 저자는
선진문헌 속의 관련 몇 개 명제를 분석하였다. 예를 들면《좌전左传》중의
"주정상물铸鼎象物", 노자의 "대상무형大象无形", 장자의 "상망象罔",《주역》
의 "역자易者, 상야象也" 등이다. 그리고 선진문헌 속의 언의言意관계(예를
들면 "입상이진의立象以尽意") 및 몇 가지 예술범주(중화中和의 미美·문文·시
诗·악乐)를 탐구하였다. 제2편 "우주론과 진한미학범주의 배태"에서는 주
로《회남자淮南子》,《여씨춘추吕氏春秋》,《황제내경黄帝内经》등의 문헌을 중
점으로 한나라 미학 속의 천인天人관계, 성性, 정情, 욕欲 간의 관계, 그리고
기气, 상象, 도道라는 3대 범주의 내포적 발전 변화를 분석하였다.

제2권의 제1편과 제2편에서는 위진남북조의 미학범주와 당나라 미학범
주를 탐구하였다. 위진남북조 미학부분에서는 현학미학본체론범주(도道, 기
气, 무无, 유有, 자연自然, 성性, 화化, 의意), 불학미학범주(선禅, 반야般若, 상相,
열반涅槃), 유학미학범주(성정性情, 심성心性)과 예술미학범주(기气, 운韵, 율
律)이 언급되었다. 당나라 미학부분에서는 심미본체론범주(원元, 도道), 심미
주체론범주(심心, 성性, 정情, 인의仁义, 성圣, 영灵, 불평칙명不平则鸣), 심미창
조론범주(풍골风骨, 미자美刺, 법도法度, 부미浮靡), 심미체험론범주(공空, 오悟)
와 심미품격론범주(품격品格, 아정雅正, 정토净土, 의상意象, 의경意境)가 언급
되었다.

제3권의 제1편에서는 송나라부터 명나라까지의 미학범주를 탐구하였다.
저자는 이 단계를 중국미학범주의 충분한 발전과 동태발전 시기라고 여겼

---

27) 왕전푸 주필:《중국미학범주사》, 산서인민출판사, 2006, "머리말", p.124.

다. 저자는 중점을 북송미학에 두고 "도道 - 기气 - 상象" 삼차원 미학범주체
계로 북송사상사(이학理学)에서의 논리구축과 역사발전을 논증하였다. 나아
가 정주리학程朱理学으로부터 육왕심학陆王心学으로까지 전변하는 가운데
언급된 "이理", "심心" 등의 범주의 변화 발전을 분석하였다. 저자는 도道
- 기气 - 상象을 핵심으로 남송으로부터 명나라 중엽에 이르기까지의 미학
범주를 탐구하였다. "이"의 범주군락은 문도론文道论, 이취理趣, 이장理障,
신리神理, 진真, 법法, 장법章法 등을 포함한다; "기"의 범주군락은 기운气韵,
기상气象, 웅혼과 비장雄浑与悲壮, 기격气格, 격조格调 등을 포함한다. 의경은
이 시기에 새롭게 발전하였는데 선유시禅喻诗, 청공清空과 묘오妙悟 등을 포
함한다. 명나라 말기의 미학범주는 "정情"을 위주로 하였는데 저자는 이에
대하여 한 장에서 전문적으로 분석하였다. 이지李贽의 동심童心설, 원굉도
袁宏道의 성령性灵설, 탕현조汤显祖의 유정唯情설, 서위徐渭의 본색本色설, 풍
몽룡冯梦龙의 정교情教설에 대하여 탐구하였다. 제2편에서는 청나라 미학범
주를 연구하였다. 저자는 청나라가 상실尚实 미학범주의 완성이자 중국미
학범주의 종결이라고 여겼다. 책에서 道 - 기气 - 상象 삼대 범주의 청나라
미학에서의 변화 발전 및 내포에 대하여 분석하였다. 예를 들면 "기气"란
범주에는 왕부지의 "태허일실太虚一实", 부산傅山의 "기재이선气在理先" 등
의 명제가 나타났는데 기气를 이理의 어두운 그림자 속에서 해방시켰다. 예
섭叶燮은 "기가 이·사·정을 관통한다气贯理·事·情" 등의 관점을 제기하고,
심덕잠沈德潜의 격조格调설, 옹방강翁方纲의 기리肌理설 등도 타나났다;
"상"이란 범주에는 왕부지의 현량现量설, 왕사정王士祯의 신운神韵설, 왕궈
웨이의 경지境界설 등이 나타났다.

왕원성王文生의 《중국미학사: 정미론情味论의 역사발전》(상·하, 상해문예
출판사, 2008)은 비교적 특징이 있는 저작이다. 이 책은 "정미情味"라는 범
주를 연구 대상으로 하여 깊이 고찰하였다. "정미"를 선택한 까닭은 "나는
오직 '정미'만이 선명하게 서정문학의 본질을 표시할 뿐만 아니라 또 그 영
향을 포함하며 전면적이고 정확하게 서정문학 미감작용의 의계义界(한 마디

혹은 몇 마디 말로 단어 의미의 한계를 천명하고 단어가 표시하는 개념의 내포에 대해 서술 혹은 정의하는 것을 말한다. 이런 방법을 "의계"라 한다)를 개괄한다고 생각하기 때문이다. 정미는 중국서정문학의 미감과 가치이다. 정미는 중국 사람들의 심미습관을 배양하였다. 이런 습관은 다시 돌아와서 서사문학, 음악회화 등 각 영역의 저자들이 그들의 창작에서 정미를 고품격으로 삼을 것을 요구한다. 따라서 정미는 중국문예발전의 방향과 중국미학연구의 핵심이 되었다. 이《중국미학사》는 실제상으로 서정문학의 정미가 이론과 실천 속에서 형성, 발전하고 아울러 전면적으로 기타 문예 영역의 역사에까지 확장된 역사이다."[28] 이런 이해에 근거하여 이 책은 주로 두 가지 측면의 내용을 포함한다: 첫째는 정미론情味论의 형성과 발전을 고찰한 것이고 둘째는 송나라 이후 문학작품 속에 구현된 정미를 분석한 것이다. 정미론의 역사 변화 발전으로 말하자면 저자는 공자가 우선 "미味"와 문예의 미감을 연계시켰다고 여겼다. 정미론은 위진남북조(종영钟嵘의 관련 논술을 위주로)에서 싹트고 형성되어 당나라 사공도司空图의《24시품》을 거쳐 확립되었다. 아울러 엄우严羽의《창랑시화沧浪诗话》는 중국미학의 이정표가 되었고 명나라 문학 속의 "진시真诗"론은 정미를 핵심으로 하는 중국미학사상의 이론화와 체계화가 되었다. 정미론은 청나라에서 한 단계 더 발전하였는데 주로 왕사정王士祯의 "신운神韵"설, 원매袁枚의 "성령性灵"설, 옹방강翁方纲의 "기리肌理"설과 주제周济의 "기탁寄托"설에서 표현되었다. 저자는 전문적으로 송시, 송사, 원곡, 명나라 시사诗词, 산문, 전기《모란정牡丹亭》, 청나라의 시사 그리고《홍루몽红楼梦》중의 정미론情味论을 고찰하였다. 그리고 20세기 중국문학에서 정미가 감소한 원인에 대하여 분석하였는데 네 가지 원인을 제기하였다. 첫째, 맹목적인 서양화 추종이 그 주요원인이다; 둘째, 왕궈웨이의 "무아지경无我之境"과 T.S.엘리엇Thomas Stearns Eliot(1888-1965)

---

28) 왕원성王文生:《중국미학사: 정미론情味论의 역사 발전》, 상해문예출판사, 2008, "머리말", pp.2-3.

의 "무개성문학"의 관점; 셋째, 예웨이롄叶維廉이 제기한 "이물이물以物以物"과 "순산수시纯山水诗"의 창작방법; 넷째, 생활을 반영해야 한다는 표준으로 서정문학을 규범화하였다는 것이다. 총체적으로 보면 이 책은 서정문학을 연구 대상으로 학계에서 관심을 별로 받지 못하던 정미라는 미학범주에 대하여 깊이 있는 분석을 진행하여 공백을 메웠다는 의의를 지닌다. 물론 정미론에 대한 탐구에 국한되어있기 때문에 저자는 사공도司空图를 "중국미학의 창조자"로 보았고《창랑시화沧浪诗话》를 "중국미학의 이정표"로 보았다. 이런 관점은 상론할 가치가 없는 것은 아니다. 더군다나 저자는 시야를 "서정문학"에 두고 기타 예술유형에 대해서는 관심을 주지 못했다.

이외에 위위안郁沅의《중국고전미학초편初编》(장강문예출판사, 1986)은 15장의 편폭으로 선진에서부터 당나라까지의 주요인물의 미학사상을 분석하였다. 공자孔子, 장자庄子, 굴원屈原, 왕충王充, 조비曹丕, 육기陆机, 갈홍葛洪, 유협刘勰, 종영钟嵘, 한유韩愈, 유종원柳宗元, 백거이白居易, 사공도司空图 등을 언급하고 마찬가지로 미학범주 혹은 명제를 개요로 하였다. 판윈가오潘运告의 《노자老子로부터 왕궈웨이까지 – 미의 신유神游》(호남인민출판사, 1991)에서는 노자로부터 왕궈웨이에 이르기까지 모두 70명 인물 및《역전易传》,《악기乐记》등 6부의 중요 전적典籍의 미학개념 혹은 범주를 탐구하였다. 예를 들면 묵자墨子의 비악非乐, 양웅扬雄의 문질상부文质相副, 갈홍葛洪의 논미와 심미 등을 선택하여 비교적 간략하게 논술하였다. 쉬린샹徐林祥의《중국미학초보》(광동인민출판사, 2001)는 모두 8편인데 선진으로부터 근현대 시기까지의 미학에 대해 연구하였다. 전 7편은 고대미학 부분인데 사상가 혹은 문예이론가의 미학명제 혹은 미학범주를 주요 탐구대상으로 하고 제8편의 근현대부분에서는 주로 량치차오梁启超, 왕궈웨이, 차이위안페이蔡元培, 쭝바이화, 주광첸의 미학사상을 분석하였다.

3. 문화사 유형의 중국미학사

20세기 90년대 미학학계는 심미문화 열기를 불러일으켰다. 프랑스 연감학파年鑑学派 문화사학의 연구방법도 중국학계에 영향을 주었다. 이 영향을 받고 학계에서는 심미문화의 시점으로 중국미학사를 쓰기 시작하였다. 따라서 심미문화사의 작성 패러다임이 형성되었다. 전형적인 대표로 천옌陈炎이 주필한 《중국심미문화사》(산동화보출판사, 2000)과 쉬밍许明이 주필한 《화하심미풍습사华夏审美风尚史》(하남인민출판사, 2000), 그리고 저우라이샹이 주필한 《중화심미문화통사》안휘교육출판사, 2007을 꼽을 수 있다.

천옌陈炎이 주필한 《중국심미문화사》는 총 네 권으로 되어 있다. 랴오췬廖群이 쓴 선진권先秦卷, 이핑처仪平策가 쓴 진한위진남북조권秦汉魏晋南北朝卷, 천옌이 쓴 당송권唐宋卷과 왕샤오수王小舒가 쓴 원명청권元明清卷 등이다. 이 책은 출판된 후 여러 번 재인쇄되고 재판되었다. 2007년 고등교육출판사에서 이 책의 축약본인 《중국심미문화간사简史》를 출판하였고 아울러 "보통고등교육 '11차 5개년 계획' 국가급계획교재"로 지정되었다.

이 책의 서론 부분에서는 심미문화의 작성 패러다임을 소개하였다. 저자는 이전의 미학사 저작을 "형이상形而上"의 "심미사상사"와 "형이하形而下"의 "심미물태사审美物态史"로 나누었다.[29] 전자에서는 오로지 고대문헌 속의 미학관념에 관심을 가졌고 후자에서는 구체적인 예술품을 분석하는 데 치중하였다. 심미문화사는 바로 양자의 통일이며 "문화의 이런 '도道', '기器' 사이의 중간 성질에 처해 있기 때문에 '심미문화사'는 논리사변의 '심미사상사'와 다를 뿐만 아니라 또 현상묘사의 '심미물태사'와도 다르다. 대신 그 특유의 형태로 양자 사이에 존재하는 틈을 메운다: 한편으로 실증적 물태사物态史로 사변적인 관념사를 바로잡고 검증하였다. 다른 한편으로

---

29) 사실 그동안 중국 미학사는 기본적으로 심미사상사였고, 여기서 말하는 "심미물태사"는 예술사 연구의 영역이 더 많았다.

사변적 관념사로 실증적 물태사를 개괄하고 승화시켰다." 《중국심미문화간사》의 서설 부분에서 저자는 또 "본서에서 우리는 다양한 심미물상을 마주볼 것이다: 생활에서 예술까지, 순예술純艺术에서 범예술泛艺术까지, 중국고대역사상의 일체 중요한 심미활동이 모두 우리가 관심을 갖는 대상이 될 것이다. 그러나 본서는 이런 심미활동의 예술기교를 탐구하지 않을 뿐만 아니라 지나치게 전문적인 텍스트 분석도 하지 않는다. 대신 이런 현상을 통하여 각기 다른 시대의 심미사상, 심미취미를 이해하며 그리고 더 나아가 우리의 심미시야를 확대하고 우리의 심미소양을 풍부하게 하며 우리의 심미능력을 향상시키려 한다"30)고 썼다. 심미문화사를 "도道", "기器" 사이의 문화형태로 정의한 후 저자는 또 그것을 귀납, 연역 사이의 묘사형태와 이론, 실천 사이의 해석상태로 정의하였다.

명백히 알 수 있듯이 심미사상사에 비하면 심미문화사의 연구재료가 다양하다. 심미문화사를 연구하면서 예술형태로 존재하는 대량의 물태심미대상이 미학사의 시야에 들어왔다. 이것은 랴오췬廖群이 쓴 선진권先秦卷에서 더욱이 분명하게 표현되었다. 선진권은 모두 선사, 하상夏商, 주나라와 전국战国 네 개 시기로 나뉘어 있다. 선사시대에는 6소절이 있다: "홍색장식물红色饰物: 산정동인山顶洞人이 움트기 시작한 심미소식消息", "채도기彩陶와 음식: 미는 생활에 있다", "물고기, 개구리, 새: 그림을그리고 부조한 생식生殖이미지", "토템춤과 모신상母神像: 모계씨족의 우상숭배", "짐승의 얼굴무늬옥종兽面纹玉琮: 남권男权과 신비위력의 상징", "형천무간척刑天舞干戚: 영웅신 시대의 혈과 불의 예찬" 등이다. 분명한 것은 고고학에서 출토한 기물器物을 주요재료로 하고 신화전설을 보조로 하여 원시인의 생활과 심미에 대하여 묘사와 해석을 진행하였다. 비교해 보면 심미사상사 속에서 많은 분량을 차지했던 선진제자先秦诸子들이 심미문화사에서는 도리어 크게 줄

---

30) 천옌陈炎 주필, 랴오췬廖群 저: 《중국심미문화사·서론》(선진권), 산동화보출판사, 2000, p.3.

어들었다. 선진권 제4부분 "전국 격정의 개성 전개" 중에서는 한 절의 편폭으로 유儒(공자, 맹자, 순자,《예礼》), 묵墨, 법法을 토론하였고 나머지 절에서는 각각 제자 산문, 음악, 미술과 초사楚辞예술을 탐구하였다. 다시 말하면 천옌陈炎이 쓴 당송권은 모든 절의 연구 대상이 모두 예술이다. 예를 들면 당나라 초기부분 연구는 건축, 조각, 복식, 서예, 회화, 시가, 변문骈文이고 남송 부분의 연구는 화본画本, 희곡戏曲, 회화绘画, 조각, 시가, 산문이다. 저자는 이러한 문학예술작품이 구현하는 예술풍격, 심미특징, 심미이상에 대하여 분석하였다. 당송미학사상사 중의 중요한 텍스트와 중요 개념, 예를들면 사공도司空图의《24시품》, 엄우严羽의《창랑시화》, 의경이론 등은 전문적으로 논술하지는 않았다.

저자는 "심미문화사"의 출현이 미학사연구형태의 진정한 성숙을 상징한다고 여겼다. 이는 상기한 미학사상사와 미학범주사와는 확실히 판이한 새로운 사고이며 중국미학사 연구방법에 대한 중요한 혁신이다. 일종의 새로운 연구패러다임으로서 심미문화사는 많은 장점을 가지고 있다. 첫째, 미학연구의 범위를 확대하고 미학연구의 영역과 시야를 풍부히 하였다; 둘째, 미학이론에 대한 실적이 많지 않은 시기, 예를 들면 상고远古, 한나라, 당나라 등의 시기, 이런 시각은 더욱 그 장점을 찾아낼 수 있다; 셋째, 연구 대상을 문학예술 및 기물器物을 위주로 하고 묘사와 해석을 연구방법으로 하기 때문에 문장이 확실히 간결하고 생동감이 넘쳐 사람들이 쉽게 받아들일 수 있고 객관적으로 중국전통예술과 미학에 대한 사람들의 이해를 증진시킬 수 있다. 동시에 약간의 결점이 존재하는 것도 피할 길이 없다. 예를 들면 위에서 말한 바와 같이 실체적인 문예에 대한 서술이 과다하고 중국미학사상에서 일부 중요한 이론을 의외로 소홀히 하였다.

저우라이샹이 주필한《중화심미문화통사》는 한 질이 여섯 권으로 구성되어 있다. 저우라이샹·저우지원周纪文이 쓴 진한권·이스처仪式策가 쓴 위진남북조권, 한더신韩德信이 쓴 수당隋唐권, 푸허위안傅合远이 쓴 송원권, 저우지원이 쓴 명청권과 류닝刘宁이 쓴 20세기권 등이다. 비록 이 책은《중국 심미문화사》와 똑같이 심미문화사이지만 심미문화에 대한 양자의 관점이 똑같은 것은 아니다. 저우라이샹이 총론에서 심미문화의 개념, 대상, 범위와 방법에 대하여 탐구하였다. 저자는 심미문화는 두 측면을 포함하는데 문화객체로부터 말하면 그것은 일종 심미속성을 가진 문화이며; 주체로 말하면 그것은 심미의 시점으로부터 심미의 태도, 심미의 방법과 심미의 관념을 연구하고 설명한 일종의 문화라고 여겼다. 심미문화의 연구범위는 다섯 가지 큰 내용을 포함한다: 첫째로는 역대로 중요한 미학자, 미학저작의 미학사상이다; 둘째로는 각종 유형의 문학예술현상이다; 셋째로는 인류의 생산, 생활 등 물질성 문화 속에 포함된 심미 구성요소의 문화이다; 넷째로는 인류사회생활의 축제문화, 풍습습속 문화 속의 심미정취이다; 다섯째는 풍부한 심미성의 전장典章제도와 윤리정치 등 기타 인류의 문화이다. 저우라이샹은 또 중화심미문화의 근본정신은 "중화中和"이며 중화심미문화는 세 가지 기본특징을 가지고 있다고 지적하였다: 첫째, 유교, 도교, 불교는 상호 보충하고 삼교는 합류한다; 둘째, 문文, 사史, 철哲은 조화되며 감성과 이성의 통일이다; 셋째, 중화문화의 범심미화, 윤리성과 심미성은 융합한다.

심미문화에 대해 상술한 이해에 근거하여《중국심미문화사》와 비교하면 《중화심미문화통사》는 나름대로 특징이 있는데 그 연구대상으로 말하자면 만약 전자가 "도"와 "기器" 사이에 갇혀 있다고 한다면 후자는 오히려 "도"와 "기器"가 거듭하여 더해지는 것에 더 가깝다. 작성 격식에서 각 권의 앞의 몇 장은 일반적으로 구체적인 시대의 사회배경, 사상배경, 심미이상 및 심미문화의 총체적인 특징에 대해 분석하고 해당 시대 이론 형태적 미학사상을 연구한다. 그 다음에 각 부류의 문학예술, 생활미학을 탐구하는데 앞의 4권은 기본적으로 이 패턴을 따랐다. 이리하여 "진한권"에서 선사시기의 옥기玉器, 석기石器 등 출토기물, 신화전설, 《시경》과 초사楚辭, 한부汉赋, 한화상석汉画像石을 연구했을 뿐만 아니라 심미사상사에 대해서도 풍부하게 연구하였다. 예를 들면 제5장에서는 전문적으로 공자, 맹자, 순자를 논하고 제6장에서는 노자와 장자를 논하고 제8장에서는 《회남자淮南子》와 동중서董仲舒를 논하였다. 덧붙이자면 이핑처仪平策는《중국미학문화사》중의 "진한위진남북조권"의 작성에 참여하는 동시에《중국심미문화통사》중의 "위진남북조권"의 작성에도 참여하였다. 두 책을 서로 비교하면 "물태사" 부분에서 즉 위진남북조 시기 문학예술에 대한 분석은 거의 일치하지만 후자의 앞의 3장은 이론분석에 집중하였다. 제1장은 위진남북조 시기의 사회배경과 사상배경 그리고 이 시기 심미문화의 특징을 간단하게 서술하고 제2장은 철학형태(위진현학魏晉玄学과 반야불학般若佛学)의 심미문화적 전환을 논의하였으며 제3장은 미학형태의 심미문화 재구성을, 주로 문예이론 속의 미학사상에 대하여 분석하였다. 수당권과 송원권의 상황도 유사하다. 예를 들면 수당권은 모두 14장, 앞의 3장은 수당시기의 사회와 문화 배경, 심미이상과 심미문화 특징을 논술하고 뒤의 몇 장은 각각 서예, 시가, 회화绘画, 조각, 악무乐舞, 공예미술, 건축, 풍속, 복식과 음식을 탐구하였으며 마지막 장에서는 수당 시기 심미문화, 역사적 지위와 현대적 의의에 대하여 총괄하였다. 송원권은 총 4장으로 이루어져 있다. 제1장은 서론인데 송원 시기의 사회배경, 송원심미문화의 특징을 서술하였다. 제2장에서는 송원 시기의 미학사상을 탐구하였다. 제3장에서는 송원 시기의 예술(시사诗词, 산문, 회화绘画, 서예, 산곡散曲, 잡극, 조각)을 분석하였다. 제4장에서는 송원 공예와 생활풍속(원림园林, 복식, 도자기, 음식) 속의 심미정취를 연구하였다. 명청권은 비교적 큰 편폭으로 미학이론명청권은 모두 19장으로 이루어져 있는데 앞의 8장은 미학이론에 착안하였다에 관심을 돌렸다. 20세기권의 기본은 미학이론에 대한 연구이다. 총체적으로 말하면《중화심미문화통사》는 미학사상과 심미실천을 골고루 검토하고 도道와 기器를 한데 결합하였다.

쉬밍许明이 주필한《화하심미풍상风尚사》와 천옌陈炎이 주필한《중국심미문화사》는 2000년도에 동시에 출판되었는데 두 책은 흔히 함께 논의된다. 확실히 두 책은 중국미학사 작성의 새로운 시각과 새로운 생각, 즉 문화사의 작성법을 대표한다.《화하심미풍상사》는 한 질이 열한 권인데 쉬밍, 쑤즈훙苏志宏이 쓴 서권序卷인 "등룽기봉腾龙起凤"(총론), 왕웨친王悦勤, 후샤오후이户晓辉가 쓴 제1권 "부앙생식俯仰生息"(선사 시대), 펑야페이彭亚非가 쓴 제2권 "욱욱호문郁郁乎文"(선진 시대), 왕쉬샤오王旭晓가 쓴 제3권 "대풍기혜大风起兮"(한나라 시대), 성위안盛源·위안지시袁济喜가 쓴 제4권 "육조청음六朝清音"(육조 시대), 두다오밍杜道明이 쓴 제5권 "성세풍운盛世风韵"(당나라 시대), 한징타이韩经太가 쓴 제6권 "상양양단徜徉两端"(송나라 시대), 류전刘祯이 쓴 제7권 "구란인생勾栏人生"(원나라 시대), 뤄쥔쥔罗筠筠이 쓴 제8권 "잔양여혈残阳如血"(명나라 시대), 판메이쥔樊美筠이 쓴 제9권 "속적남상俗的滥觞"(청나라 시대), 쟝광쉐蒋广学, 장중츄张中秋가 쓴 제10권 "봉황열반凤凰涅槃"(근대) 등이다. 전서는 약 3백만 자로 체계가 방대하다고 할 만하다.

총서总序 부분에서 쉬밍许明은 이 저서기 20세기 90년대에 기인했다고 언급했다. "다들 좀 더 전통적인 생각을 바꿔서 큰 미학사를 쓸 필요가 있다고 느꼈을 것이다. 전통적인 미학사는 통상 미학사상사이며 역대 철학자나 문예 이론가의 이론적 발전사이다. 미학과 관련된 예술적 부분이나 일상생활에서의 심미 현상은 연구 대상에서 제외됐다. 이것은 결함이 있는 미학사 서술이다."31) 이 관점은 천옌陈炎의 견해와 같다. 모두 기존의 미학사상사의 작성법에 만족하지 않고 일종의 "대미학大美学" 표현 쪽으로 마음을 기울인 것이다.32)

일종의 대문화의 시야에서 보면 심미풍상风尚사 역시 심미문화사의 범위에 받아 넣을 수 있다. 하지만 천옌陈炎의 심미문화사에 비하면 심미풍상사의 연구대상에 무게가 실려 있다. 쉬밍许明은 문화를 물질 문화층, 제도 문화층, 행위 문화층과 심태 문화층으로 구분할 수 있다고 하였다. 그는 심미풍상의 핵심은 행위 문화층에 있다고 여겼다. "풍상은 습속, 예속, 풍속으

31) 쉬밍 주필:《화하심미풍상사》"총서", 하남인민출판사, 2000, p.1.
32) 쉬밍은 1980년대 초 전국 첫 미학회의에서 "대미학" 개념이 거론됐지만 가설에만 그쳤다고 언급하였다.

로 구성된다. 일종의 대중적인 문화 행위로 구성된 '풍상'은 어떤 의의에서의 경향성이 형성되었다는 것을 의미하며 하나의 유행이 된다. 때문에 심미적, 예술적, 정취적 습속이 행위 문화층의 심미범위를 구성하였다."[33] 이에 따라 심미풍상의 연구는 민속학 연구와 밀접하게 연관되어 있어 심미적인 민속학 연구라고 할 수 있다. 심미풍상 연구의 교차성에 비추어 보아 저자는 심미풍상의 연구범위를 이렇게 네 단계로 확정하였다: "첫째, 행위 문화로서의 습속, 풍속 및 관련 민간예술; 둘째, 물질문화 측면으로서의 건축, 조각, 복식, 장식 등 물질예술; 셋째, 정신문화범위로서의 아문화雅文化, 아예술雅艺术, 시가, 소설, 회화, 희곡, 음악 등; 넷째, 한 시대의 심미 정신의 이론으로 대변되는 미학이론이다."[34] 이 네 단계는 저우라이샹이 정한 심미문화의 연구범위와 매우 비슷하다. 그런데 행위문화층의 내용에 관심이 많았다.

연구 방법과 작성 사유에서 저자는 프랑스 연감학파의 대표 인물인 브로델의 연구 방법, 브로델의《15세기에서 18세기의 물질문명, 경제 및 자본주의》라는 책을 거울로 삼아 사건과 인물을 주선主线으로 하는 전통적인 역사 창작방법을 타파하고 일종의 총체적 역사 시점으로 역사 화권画卷(장려한 풍경이나 감동적인 장면)을 다차원적으로, 형상적으로, 다각도로 펼쳐보였다. 이런 새로운 사학의 작성방식은 저자들에게 매우 큰 깨달음을 주었다. 각 권의 책을 쓰는 가운데 저자는 총체적 역사관을 출발점으로 "박물관 전람실"의 "진열식" 서사叙事방식으로 연구를 전개하였다. 예를 들면 제1권에서는 선사시기의 거실, 돌도끼, 장례, 문식(무늬장식), 음식, 무용, 복식, 옥기, 암벽화, 신화, 예의 등의 내용을 탐구하였다; 제2권에서는 선진의 예문제도礼文制度, 시락지풍诗乐之风, 관능향락官能享乐, 양생놀이养生游乐, 인물풍신人物风神, 가무문학歌舞文学, 건축공예, 자연심미 등의 내용을 분석하였

33) 쉬밍 주필:《화하심미풍상사》"총서", 하남인민출판사, 2000, p.20.
34) 쉬밍 주필:《화하심미풍상사》"총서", 하남인민출판사, 2000, p.23.

다; 제3권에서는 한나라의 연향宴饗, 복식, 기구, 후장后葬 등의 사회풍토, 구선求仙(신에게 빌다), 치상治喪, 명절 등의 민간풍속, 예악, 의관衣冠, 거마 车马 등의 왕실제도, 건축, 대부大賦, 조각, 화상画像, 놀이 등의 문예를 보여 주었다. 제7권에서는 원나라의 잡극, 산곡, 회화, 서예, 건축, 복식, 음식 등의 내용을 고찰하였다. 제9권에서는 청나라의 복식, 오락, 희곡, 소설, 도자기, 가구 등의 내용을 분석하였다. 나머지 몇 권은 더 이상 하나하나 열거하지 않겠다.

비록 각 권의 작성격식은 완전히 일치하지는 않지만 각 권의 작성에서 풍속과 문예의 묘사를 위주로 하거나 이론적인 분석을 위주로 하였다. 시대마다 상황이 각기 독특성이 있기 때문에 자연히 하나로 처리하기도 어렵다. 총괄적으로 보면, 이 총서는 중국 미학사의 새로운 작성법을 구현하였다.

이외 장파는 《미학도론导论》에서 그의 미학관을 잘 논술하였다. 그는 미가 문화적이라고 명확하게 제출하고 문화적 시점에서 미를 이해해야 한다고 주장하였다. 이런 연유로 그의 미학관을 "문화미학"이라 할 수 있다. 이러한 미학관은 그의 《중국미학사》에서 구현되는데 두 가지로 요약할 수 있다.

첫째, 각 시대의 문화적 배경에 대한 계시揭櫫를 중요시했다. 예를 들면 그는 육조六朝 미학의 문화적 기초를 세 개 방면으로 요약하였다: 우주 본체의 허령화虛灵化, 개성의 자각 및 심미체계의 확대와 진화이다. 그에 의하면 육조시기 현학의 "무无"와 불학의 "공空"은 우주의 허령화虛灵化를 이끌었고 육조 미학에 여러 방면으로 깊은 영향을 미쳤다. "하나의 무无의 우주에서 심미는 정치, 등급, 윤리 등 사회로부터 근거를 찾을 것이 아니라 미 그 자체에서 터득해야 한다."35) 육조 선비들의 개성적인 자각과 깊은 정은 "육조 심미와 예술의 외형과 내포에 직접적인 영향을 미쳤는데 한나라 대표 집단의식의 유형화 심미를 끝내고 육조의 개성적인 색채를 나타내는 정취 있는 심미와 예술이 활짝 열리게 하였다."36) 그는 사회 변화가 송

---

35) 장파: 《중국미학사》, 사천인민출판사, 2006, p.80.

나라의 미학을 이해하는 관건이라고 생각했다. 그는 송나라 사회 변화를 세 가지 방면으로 개괄하였다: 첫째는 주류 경제형태인 농촌 경제구조의 변화이다; 둘째는 시민문화의 대두이다; 셋째는 선비들의 특수한 지위이다. 저자는 송대의 미학적 풍모에 영향을 끼친 4가지 문화적 요소로 화원畵院, 서원書院, 문방文房, 기와지붕 난간을 꼽았다. 분명한 것은 각 시대별 문화 배경에 대한 장파의 탐구는 문화사와 사상사의 거시적 시점에서 접근한 것이다.

둘째, 문화 전체적인 시점으로 중국의 전통미학을 이해하는 것이다. 장파는 중국 미학을 조정朝廷 미학, 선비 미학, 민간 미학, 시민 미학 등 네 개 부분으로 나누었다. 그는 이러한 네 가지 미학은 결코 네 가지 독립적인 미학 체계가 아니라 중국 미학을 구성하는 네 가지 배경이라고 지적하였다. 그는 이 네 가지 미학의 역사적 진전과 상호 관계를 논술했다. "하夏나라로부터 한나라까지 미학은 주로 조정과 민간의 관계를 참고하여 미학을 사고해야 하였는데 그 전형적 대표는 바로 순자, 《악기乐记》, 《시대서诗大序》에서 보인 미학이다. 위나라, 진나라 최초에 미학은 주로 선비 자신이 문화 속에서 도대체 어떤 위치에서 미학을 사고해야 하는가를 고려하였다. 이것이 바로 이른바 선비들의 자각에 바탕을 둔 미적 자각의 시기였다. 송원명청 때에 미학은 시민의 취미에 주목하고 그것으로 미학을 사고하였다. 이것이 바로 이지李贽에서 이어李渔로 이어진 명청미학이다."37) 위진 시기에 선비들은 자각에 이르고 문화는 자각으로 향하여 상대적으로 독립적인 형태를 띤 선비미학체계가 생겨났다. 중당中唐(일반적으로 목종장경 원년(821)에서 희종간부 2년(875) 사이를 중당이라 한다)은 백대百代 사이로 간주되었는데, 이때부터 중국 사회는 변화가 일어났다. 송원 이후 시민문예는 더욱 크게 성행하여 시민미학이 중요한 부분이 되었다. 조정朝廷 미학에 대한 그의

---

36) 장파: 《중국미학사》, 사천인민출판사, 2006, p.82.
37) 장파: 《중국미학사》, 사천인민출판사, 2006, p.292.

논술은 주목할 만하다. 이른바 조정 미학에 대해 장파는 다음과 같이 정의를 내렸다. "조정의 미학체계는 건축建筑, 기물器物, 복식, 전장典章제도를 일체로 하는 중국 사회의 주된 구조의 기초이며, 중국 지혜의 결정체이다. 그 특징은 소농경제조합을 어떻게 긴밀한 대통일 왕조가 되게 하느냐이다. 그것은 경제적인 기초가 있으면 곧 어떤 사회 구조와 관념 형태가 있다는 단순화 이론을 뛰어넘어 경제기반, 사회구조, 정치제도, 관념형태, 미학체계의 고도로 통합된 동방문화의 형태를 보여준다."[38] 먼 옛날부터 진한 시기까지의 미학을 장파는 모두 조정 미학체계에 넣어 해석하였다. 중국 미학계에서는 선사미학과 하상주夏商周미학에 대해 탐구하였는데 주로 출토문물, 고대 전적 및 문자 등의 재료에 근거하여 기물의 심미적 특징, 심미적 풍모를 분석하고 그것이 구현한 심미의식, 심미이상 등의 문제에 대해 탐구하였다. 장파는 이 자료들을 기초로 하여 고도로 이론화된 시점으로 상고 미학에서 하상주에 이르는 변환을 "예礼"(원시적 정합성과 미), "문文"(심미적 대상의 총칭), "중中"(문화핵심 및 심미원칙), "화和"(심미적 이상과 심미적 원칙), "관观"(심미적 방식의 기초), "악乐"(심미적 주체의 구성) 등 여섯 가지 방면으로 귀결시켰다. 그리고 채도기, 음식, 복식, 건축, 음악, 시가 등의 예술 사례를 따로따로 상세히 해석했다. 그가 보기에, 중국 심미문화는 먼 옛날부터 진화되었다. 바로 먼 옛날의 단순한 의식이 조정 미학체계로 진화한 과정이었다. 선진미학의 주체는 유, 도, 묵, 법, 굴屈 제가诸家였다. 이들은 이미 선비(士人) 계층에 속했는데 장파는 여전히 조정 미학적 시점에서 그것에 대해 이해했다. 그는 하상주夏商周의 3대 정합성正合性인 조정朝政 미학체계가 선진先秦에 이르러 이미 변천이 생기고 미적 감성의 쾌적성이 정치적 권위와 종교적 신성성과 분리되었으며 이 전환은 춘추에서 시작하여 전국에 이르러 철저히 완성되었다고 생각했다. 조정미학의 구조로 그것을 보면 공자가 제출한 "문질빈빈文质彬彬(우아하면서도 질박하다), 그리고

---

38) 장파:《중국미학사》, 사천인민출판사, 2006, p.9.

394

군자"는 일종의 인심仁心 - 정치 - 미학 일체의 사상이다. 순자는 제왕 중심의 조정미학을 재건하고 굴원은 충신을 중심으로 한 조정 미학을 세웠다. 진한 시기에 조정 미학을 재건하였는데 일종의 만물을 수용하는 거대한 기백으로 나타냈다. 이를 통해 알 수 있듯이 장파는 조정 미학체계로 삼대(하상주)부터 진한까지의 미학을 다루었다. 사실상 이 몇 단계의 미학을 문화의 전체 속에 포함시켜 살펴보았는데 그것은 이때의 미학이 바로 정치 - 사회 - 윤리와 긴밀히 결합되어 있었기 때문이다. 그는 "여기서 미학은 주로 문화로 인식된다"[39]고 명확히 지적하였다. 바로 그것을 문화 전체로 인식했기 때문에 이 시기의 미학이 비로소 더 잘 파악된 것이다.

4. 의식사意识史 유형의 중국미학사

심미의식은 미학 원리에 자주 언급되는 개념으로 일반적으로 미적 감각으로 간주된다. 심미의식사의 작성법은 결코 새로운 견해가 아니다. 상기한 사상사, 범주사 심지어 문화사도 모두 광범위한 심미의식사로 볼 수 있으며, 40년 이래 심미의식으로 명명한 미학사는 적지 않다. 최근 몇 년간 두 편의 저작이 비교적 두드러지는데 하나는 주즈룽朱志荣이 주필한 《중국심미의식통사》(총8권, 인민출판사, 2017)이고 다른 하나는 천왕헝이 주필한 《문명전의 "문명": 중화선사심미의식연구》(상·하, 인민출판사, 2017)이다.

《중국심미의식통사》는 선사 시기부터 청나라까지 다루었으며 총 8권이다. 국내 최초의 '심미의식'으로 이름 붙여진 통사이다. 이 저서는 실제로 쭝바이화와 리쩌허우 등 선배들의 관념을 관철시켰다. 쭝바이화는 일찍이 아래로부터 위로의 실증 연구를 제창하였다. 리쩌허우 역시 넓은 의미의 미학사 연구는 문학예술에서 사회풍습까지 그 안에 표현된 심미의식에 대

---

39) 장파: 《중국미학사》, 사천인민출판사, 2006, p.78.

하여 전면적으로 고찰해야 한다고 지적하였다. 주즈룽은 "총서론"에서 심미의식은 감성적으로 머릿속에 살아있는 것이고 심미활동과 예술창작 속에 체현된 심미적 경험이며 미학사상과 미학이론의 원천이라고 지적하였다. 연구방법에 대하여 말하면 이 저서는 기器에서 도道에 이르는 방식을 채용하였다. 구체적인 문물유물, 예술작품과 일상생활에서 출발하여 그 예술형식에 대해 묘사, 개괄, 총결을 진행하는 가운데 그 속의 심미적 법칙을 발견하는 데 중점을 두었다. 그리하여 우리는 선사시대의 도기陶器, 옥기, 암벽화, 상주商周의 청동기, 그리고 이후의 문학, 그림, 서예, 음악, 무용은 물론 원림, 건축, 공예, 가구에 이르기까지 연구의 시야에 포함된 것을 알 수 있다. 구체적인 연구에서 여러 학과의 융합을 제창하였다. 예술학, 고고학, 인류학, 사회학 등 학과의 연구 방법을 총괄하고 최대한 흡수하여 활용함으로써 미학 연구의 학제간성을 구현하였다. 이 계열의 책은 기물, 예술작품 등에 대하여 형이하적(형체를 갖추어 나타나 있는 물질의 영역과 관련된 것) 시점에서 중국미학사를 쓰는 데 매우 좋은 모범을 제시하였다. 물론 그 중에는 피할 수 없는 약간의 문제가 존재한다. 이를 테면 저자가 여러 명이라서 작성격식을 하나로 통일하기는 어렵다. 이 역시 여러 사람이 쓴 통사류 저작들이 모두 직면한 문제이다. 또 예를 들면 형이하적 기물과 작품에서 나타나는 심미의식이 어떻게 형이상적 사상관념 속의 심미의식과 융합하여 상호작용을 하는지를 논의하지 않았다. 때로는 이것을 돌볼 때 저것을 놓치기도 하는 것이다.

천왕형의 《문명전의 "문명": 중화선사심미의식연구》(상·하, 인민출판사, 2007)에서 주목한 것은 선사史前이다. 그는 선사 시기의 고고학 기물과 관련 신화전설을 연구 대상으로 삼아 구석기시대 말기부터 문명 시작(하조夏朝)까지의 중화민족의 심미의식의 발생, 발전 상황을 탐구했다. 사료가 비교적 풍부하여 일부 중시할 만한 결론을 얻었다. 예를 들면 심미의식은 인류의식의 어머니, 인성의 각성과 심미의 각성은 선사문화의 주제, 중화문명은 선사심미 속에서 배태된 것 등이다.

총괄적으로 보면, 심미사상사, 심미범주사, 심미문화사, 심미의식사는 중국 미학사 연구의 네 가지 이론적 패러다임을 대표한다. 그러면 새로운 중국 미학사를 어떻게 작성해야 할까? 우리는 생활미학이 중국미학사 연구에 새로운 시점을 제공할 수가 있다고 본다.

생활미학을 중국미학을 연구하는 새로운 시점으로 삼을 때, 그것으로 얻을 수 있는 것, 그리고 고려해야 할 것은 다음과 같다.

(1) 연구 영역의 확대. 생활미학에서 주목하는 것은 옛사람들의 일상 속의 미와 예술이며, 포괄하는 내용은 매우 광활하다. 크게 말하면 사람들의 의衣, 식食, 주住, 행行의 각 분야에 관계된다. 첫째는 물질문화의 방면에서 구현된다. 예를 들면 복식, 음식, 거실居室, 일상그릇, 일상공예 등이다; 둘째는 일상적인 활동에서 구현된다. 예를 들면 문인교유文人交游, 유희오락, 명절축제, 민속풍토 등이다. 강조할 만한 가치가 있는 것은 기존의 중국미학사 연구는 "대전통"인 선비미학에 집중됐다면 오늘날 미학사 연구는 그동안 간과되었던 "소전통"의 민간미학과 민속미학을 연구중점으로 한다는 것이다.

(2) 연구 자료의 확장. 기존의 중국미학사 연구 자료에는 주로 크게 세 가지 내용이 있었다. 하나는 역대 사상가들의 미에 관한 말과 글이고 둘째는 역대 문론, 서론, 화론 등의 문예이론 저작이며 셋째는 역대의 문예작품인데 앞의 두 가지에 더욱 중점을 두었다. 그리고 생활미학은 포함하는 대상이 넓기 때문에 연구 자료에서 위 몇 가지를 제외하고 역사와 전기, 시문, 필기, 지방지, 민속 저작, 그리고 영상학의 자료로 삼을 수 있는 회화, 조각, 민간 미술 등이 취재의 출처이다. 물론 이는 연구에 더욱 큰 어려움을 가져다주고 또한 연구자에 대한 요구도 많아지게 했다.

(3) 연구방법의 혁신. 전통적인 문헌 정리, 사론 결합과 같은 연구방법을 제외하고 필자는 새로운 연구방법도 받아들이는 것이 필요하다고 여기기 시작했다. 첫째, 인류학의 연구방법을 도입해야 한다. 인류학은 언어환경 context 연구를 중시하고 전체적인 연구방법을 강조한다. 최근 몇 년 동안

한창 융성하고 있는 예술 인류학은 문화적인 언어 환경 속에서 예술을 연구하는 것을 중시하고 있다. 예를 들면 미국 학자 존 해처가 말한 바와 같이 "우리가 박물관과 예술 서적에서 볼 수 있는 미주, 아프리카 혹은 오세아니아에서 온 대부분의 예술품들은 사실상 더 큰 예술 전체의 작은 부분이다. 가장 분명한 예로 가면[面具]이 있는데 이것이 속한 예술 전체에서는 복식, 착용자의 행동, 음악, 그리고 전부의 공연이 포괄된다. 이런 공연은 며칠 동안 지속될 수 있을 뿐만 아니라 대량의 예술품을 포함한다. 심지어 푸에블로족처럼 1년간 지속되는 의식 주기의 일부일 수도 있다. 어떻게 보면 가면 하나 자체를 예술품으로 치부하면 우리의 문화적 기준을 강요당하기 마련이다. 그래서 우리가 예술품의 심층적 의의를 얻으려면 우리에게 제공된 산발적인 단편들에 만족할 것이 아니라 우리는 흩어진 것을 한데 모아서 그 예술적 언어 환경과 문화적인 언어 환경을 구상해야 한다는 것을 인식할 필요가 있다."40) 미와 예술은 원래 일상생활에서 탈태脱胎한 것인 만큼 그것에 대한 이해 역시 마땅히 일상생활의 언어 환경 속에 그대로 버려두고 정체성을 자세히 살펴보아야 한다. 프랑스의 한학자 마르셀 그라넷Marcel Granet은 《시경》에 대한 중국 주경가注经家(경서를 기록하는 사람)들의 도덕 비부比附와는 다르게 반대로 기념일 경축 의식의 관점에서 상세히 해석하여 많은 신선한 결론을 얻어냈다. 예를 들면 "증점지지曾點之志"에 대해 중국의 미학 논저가 일반적으로 공자의 심미적 경지에 대한 추구로 본다면, 그라넷은 "증점지지"의 의미가 기우祈雨 의식이라고 여겼다. "노나라에서는 봄의 어느 시점에 (이런 시기는 다소 변화가 있지만 꼭 '춘복기성春服基成'의 시기와 서로 맞아떨어진다) 강가에서 기우기념일 행사를 거행한다. 두 팀의 공연자들이 노래하고 춤을 춘다. 이 축제는 헌제献祭와 향연飨宴으로 끝을 맺는데 그 기본적인 특징은 강을 건너는 것이다."41) 의심할 여지없이

---

40) Evelyn Payne Hatcher: *Art As Culture: An Introduction to the Anthropology of Art(second edition)*, London: Bergin&Garvey, 1999, p.13.

"중점지지"는 심미적 추구를 나타낸다. 그러나 그 일언반구를 뽑아내서 단지 미학적 시선으로만 이해하려 한다면 오독하기 쉬우므로 그 요점을 알수가 없다. 예를 들어 만약 이를 의식儀式의 언어 환경 속에 두고 이해하면그 정수를 더욱 얻을 수 있을 것 같다. 둘째, 신문화사의 연구방법을 거울로 삼았다. 20세기 80~90년대에 국제학술계에서 한 줄기의 "문화적 전향"이 출현했는데 사학계에서 보자면 바로 "신문화사"의 출현이다. 신문화사의 두 가지 두드러진 특징은 표상과 실천에 대한 관심이다. "'실천'은 신문화사의 구호 중 하나이다. 다시 말하면 그들은 신학의 역사가 아니라 종교실천의 역사를 연구해야 하고, 언어의 역사가 아니라 이야기(말)의 역사를연구해야 하며, 과학이론의 역사가 아니라 과학실험의 역사를 연구해야 한다."42) "실천"의 이론을 미학에 응용하면 미학사는 미적 실천의 역사를 연구해야 함을 알 수 있다. 다시 말하면 미의 창조, 구현, 감상, 소비 등의 "실천"이기도 하다. 분명히 여기의 "실천"은 리쩌허우의 "실천미학"의 "실천"과 큰 차이가 있다. "실천미학"은 "축적"을 추앙하며 미는 실천의 산물이고 정태 쪽으로 기운다고 여기며 완성에 가까울 때, 이 "실천"은 미란 바로실천 속에 있고 동태적인 것이며 진행형이라고 주장한다. 즉 "실천미학"이강조한 것은 행동과 과정이다. 예를 하나 들면 예컨대 고대 문사의 교유활동에는 유희, 주연宴飮, 시문창화詩文唱和, 가무, 산수, 궁실宮室, 원림 등다방면의 미학과 예술 활동이 망라되는데 입체적이고 역동적인 과정으로서 구체적인 사회 언어 환경과 문화 언어 환경을 결합해 연구해야 한다는것이다. 이 외에 신문화사의 성별 연구도 마찬가지로 주목을 받을 만하다.그동안의 미학사 연구는 성별문제를 고려하지 않았는데 실제로 일종의 남성적 시점이 숨겨져 있고 여성미학은 거의 배제됐다. 생활미학, 특히 중당

---

41) 마르셀 그라네:《고대중국의 축제와 가요》, 자오빙샹赵丙祥·장훙밍张宏明 번역, 광서사범대학출판사, 2005, p.139
42) 피터 버크:《문화사란 무엇인가》, 차이위후이蔡玉辉 번역, 북경대학출판사, 2009, p.67.

中唐 이후 시민사회가 융성해진 이래의 생활미학에 만약 여성미학의 시점을 도입한다면 중국 미학사 집필에 새로운 활력을 불어넣을 수 있을 것이다. 이 밖에 신문화사가 주목한 음식과 복식, 거실에 중점을 둔 물질문화, 그리고 신체의 시점 등은 모두 생활미학이 참고할 만한 가치가 있다.

생활미학을 제외하고 천하미학天下美學과 정치미학도 마찬가지로 주목할 만하다. 청나라 말기 이래의 중국은 세계 체계 속의 한 민족국가로 변했다. 여기에서 탄생한 중국미학연구는 대전통으로서의 한족문인미학에 더 많은 관심을 가지고 소수민족의 미학, 민간의 미학을 소홀히 하였다. 사실상 고대 중국은 일종의 천하 체계였다. 화하와 사이四夷(옛날, 중국에 인접한 국가인 동이東夷·서융西戎·남만南蠻·북적北狄)는 유기적인 전체로서 오랫동안 상호 작용 속에 있었다. 최근 몇 년 동안 학계에서는 이를 많이 인지하였다. 장파는 여러 차례 글을 써서 이 점을 지적하였다. 그가 보건대 중국미학은 화하를 중심으로 한 화이華夷일체의 미학으로, 화하의 미학과 사이四夷의 미학은 각기 다른 특징을 가지고 있을 뿐만 아니라 또한 서로 거울로 삼기도 하였다. 화하미학은 한편으로는 중화의 핵심지역인 지역문화의 미학을 구현하였고 다른 한편에서는 또 중국형을 대표하는 우주와 천하의 미학을 구현하였다. 바로 한족은 다민족 융화의 결과이기에 화하의 미학 속에는 본래 사이의 미학이 깃들어 있다. 중국미학이 체현한 것은 화하華夏뿐만 아니라 전체적인 천하관으로서의 미학美學이기도 하다. 때문에 중국미학사는 천하 핵심으로서의 화하 미학을 나타내야 할 뿐만 아니라 또한 지역적 특색을 지닌 사이의 미학사상도 구현해야 한다. 이렇게 해야만 화하의 천하관天下觀을 지닌 미학美學이 비로소 자신의 내적內的 깊이를 과시할 수 있다.[43] 천하관의 시야에서 사이의 미학을 어떻게 연구할 것인가는 여전히

---

43) 장파: 〈중국고전미학의 4대 특징〉, 《문예이론연구》, 2013, 제1기; 장파: 〈고대중국 천하관 중의 중국미학 – 중국 미학사 연구에서 누락된 하나의 문제를 시론한다〉, 《정주鄭州대학학보》, 2010, 제5기.

하나의 미개척 과제이다.

21세기에 들어서 정치미학은 국내외에서 새롭게 대두된 의제 중 하나이다. 정치적 시점에서 미학을 반성하고 미학적 시점에서 정치를 바라보면서 정치와 미학의 내재적 연관성을 중시하는 것이다. 어떤 학자들은 이를 하나의 시점으로 다시 중국고전미학을 다루고 있다. 장파, 류청지刘成纪, 위카이량余开亮 등의 학자들이 이러한 시점을 개척하였다. 그들은 한목소리로 중국 고전미학이 주목해야 할 대상은 문학예술뿐만 아니라 천하국가라는 넓은 시야라고 주장한다. 중국 문학예술의 가치도 단지 성정性情을 즐겁게 하는 것에만 있는 것이 아니라 정치에 시적 의미를 불어넣고 또 이상적 측면에서 정치를 이끌어가는 이중적 기능에도 있는 것이다. 먼 옛날의 예기礼器, 선진의 예악제도는 모두 정치와 밀접한 관계를 가지고 있으며 정치 미학의 원칙에 따라 구축된 것이다. 정치미학은 중국 미학사 연구에 새로운 시점을 가져다주고, 주나라, 한나라, 북조, 당나라, 청나라 등 미학사 연구에 대한 취약점을 보완할 수 있다.44)

이외에 생태미학, 환경미학, 신체미학 등도 하나의 새로운 시점을 구성하였다. 이러한 새로운 시점으로 중국미학사를 다시 쓸 것인지 아니면 그것을 중국미학사의 다중적 작성 위도에 포함시켜 새로운 중국미학사를 구축해 나갈지 기대된다.

제2절 중국단대斷代미학사 연구(상)

단대미학사 연구는 3단계로 이루어지는데, 1970년대 말에서 80년대까지

---

44) 류청지: 〈중국미학과 전통국가정치〉, 《문학유산》, 2016, 제5기; 장파: 〈정치미학: 역사
원류와 당대리로理路〉, 《문예쟁명》, 2017, 제4기; 위카이량: 〈중국고전 정치미학의 이
론 계기, 기본원칙, 미학사 한도〉, 《문예쟁명》, 2017, 제4기.

는 중국 미학연구의 초창기였고 이 시기에 단대미학사 연구는 매우 적었다. 스창둥施昌东의 《선진 미학사상》과 《한나라 미학사상》, 위민于民의 《춘추전 심미관념의 발전》과 위안지시袁济喜의 《육조미학》이 이 기간에 출간된 저서다. 90년대에는 우궁정吴功正의 《육조미학사》, 《당대미학사》, 훠란霍然의 《당나라 미학사조》, 《송나라 미학사조》 등 단대미학사 저서가 상대적으로 많이 나왔다. 2000년 이후 단대미학사 연구가 절정에 달해 저서가 많아졌고, 선진, 송나라 미학에 대한 연구 성과는 이 단계에 집중됐다.

전체적으로 보면, 단대 미학사 연구는 다음과 같은 몇 가지 유형으로 나눌 수 있다: 첫째는 미학사상 연구로, 예를 들면 스창둥의 연구와 같이, "미"를 핵심으로 관련 문헌 중에서 미를 논하는 자료를 정리하고 분석하였다. 왕밍쥐工明居의 《당나라 미학》(안휘대학출판사, 2005), 정쑤화이郑苏淮의 《송나라 미학사상사》(강서인민출판사, 2007)는 모두 미학사상에 대한 연구이다. 둘째는 심미 의식 연구로, 이러한 연구는 심미 이론과 심미 실천의 결합을 중시한다. 예를 들어, 천리췬陈立群의 《선진 심미의식의 준비》(중산대학출판사, 2008), 주즈룽朱志荣의 《상商나라 심미의식 연구》(인민출판사, 2002), 《하상주 미학사상 연구》(인민출판사, 2008), 장링충张灵聪의 《충돌에서 융통으로: 명나라 말기에서 청나라 중엽까지의 심미의식 변천론》(복단대학출판사 2000), 훠란霍然의 《당나라 미학사조》(창춘출판사, 1997), 《송나라 미학사조》(창춘출판사, 2007), 《선진 미학사조》(인민출판사, 2006), 천왕헝陈望衡의 《문명 이전의 "문명": 중화 사전史前 심미의식 연구》(상·하, 인민출판사, 2017) 등이다. 셋째는 심미문화 연구이다. 예를 들어, 저우쥔핑周均平의 《진한 심미문화의 거시적 연구》(인민출판사, 2007), 이핑처仪平策의 《중고심미문화통론》(산동인민출판사, 2007), 류팡刘方의 《당송변혁과 송나라 심미문화의 전형》(학림출판사, 2009), 《송나라 유형의 문화와 송나라 미학정신》(파촉巴蜀서사 2004) 등이다. 넷째는 통론형 미학사상으로서, 미학사상, 미학범주, 문예이론을 모두 포함하는데 우궁정의 연구가 대표적이다.

1. 선진 이전의 미학 연구

선사시대에는 정확한 기록도 없고, 더욱이 믿을 만한 역사가 없었다. 그래서 초기 중국 미학사 연구자들은 대부분 선진의 공자나 노자로 시작하였다. 물론 이는 당시 미학 사상사연구가 남아 있는 문헌자료에 의존해야 했던 것과도 직결된다. 그러나 근원을 캐려는 충동을 가진 학자들은 이러한 사고의 문제점을 깨달았고, 선진의 미학사상이 단번에 성숙할 수는 없고 미의 태동기가 길었을 것이라 여기기 시작했다. 이 시기에는 문헌이 없는데도 수많은 출토기물(석기, 도기, 옥기, 청동기 등 고고학 자료)이 있었고, 후대의 문헌자료에도 이들 시대의 신화에 대한 설화가 적지 않았다. 이를 통해 선사시대 생활상과 심미의식을 구상하고 규정하였다.

위민于民의《춘추전 심미관념의 발전》(중화서국, 1984)은 해방 후 최초로 춘추 이전의 심미관념을 연구한 저서다. 이 책은 3부로 나뉘며 1부 제목은 "심미예술의 탄생"이다. 연구방법에 대하여 이 책은 "중국 고대 심미예술의 기원을 연구하는 것은 고고학 작업의 성과를 충분히 활용하고, 유물에 관한 필요한 고찰과 신화 설화에 관한 연구를 결합해 변증적이고 역사적으로 분석해야 한다"[45]고 제안했다. 이 책은 이런 발상을 관철해 출토 유물 및 문헌 자료와 결합해 물질적 제품인 석제 도구부터 정신적 제품인 규벽圭璧(옥기玉器), 생산 활동에 적응하는 울부짖음부터 표정 있는 노래(시가), 도구 제작에서 사용 중인 음성의 느낌부터 악기 연주에서의 심미감각(음악)까지, 사냥 활동의 재현부터 진실과 환상을 결합하는 원시무용(무용)까지, 사실적인 그림부터 비사실적인 기하문几何文(도안)까지를 분석하였는데 이는 사실상 몇 가지 예술의 형성 과정을 다룬 것이다. 저자는 마르크스주의의 미학관을 받아들여 예술은 실천에서 비롯되며 주로 물질적 생산의 실천에 기인한다고 본다. 2부 "하은夏殷노예제의 미적 특징"은 주로 하상夏商

---

45) 위민于民:《춘추전 심미관념의 발전》, 중화서국, 1984, p.6.

청동기의 도끼무늬를 연구 대상으로 도끼무늬의 변천, 도끼무늬가 보여주는 사회시대적 배경과 심미적 의미 등을 분석했다. 저자는 청동예술의 심미 관념으로 "지신간知神奸", "소제공昭帝功", 명감계明鑒戒의 세 단계를 거쳤다고 주장한다. 사회적 기능을 더욱 고려한 것이 분명하다. 3부에서는 "춘추시대 심미 범주의 출현과 영향"을 분석하는데 미와 선, 문文과 질質, 아雅와 속俗, 음音과 심心, 중화中和와 비중화非中和, 물과 욕 등이 포함된다. 저자는 문자학과 선진 전적典籍 중의 관련 자료를 활용하고 사회적 배경을 결합하여 이러한 범주의 원류, 변천, 내포 및 영향 등의 문제를 탐구하였다. 저자는 "공자의 미학적 사상의 내용이 물 흐르듯 자연스럽게 형성되고 있음을 춘추시대 심미관념의 발전에서 어렵지 않게 느낄 수 있다"[46]고 적었다. 사회적 배경을 걸힙해 예술의 기원과 미학 관념의 변천에 대해 연구한 이 책은 우리가 춘추 시기 이전의 심미 관념을 인지하는 데 큰 기여를 하였다.

이 시기 심미의식에 대한 연구는 핵심이 됐다. 예를 들어, 쩌우화邹华의 《중국미학원점해석》은 중국 고대 미학의 근원인 심미의식을 탐구하고 있다. 이 책은 중국 고대 종교와 중국 고대 인성 구조의 관계에서 착안해 "사상삼권四象三圈"의 관점을 제시하였다. 그는 원점 해석의 네 가지 차원을 제시했다. 첫째는 원점 해석과 심미 의식, 즉 심미 의식의 문제를 논하는 것이다. 둘째는 심미 의식과 인성 구조로, 심미 의식 건설은 인성 구조 위에 있고, 감성과 이성은 인성 구조를 구성하는 두 가지 기본적인 측면이기에 인식론과 존재론의 이중적 의의를 가지고 있다. 셋째는 고대 인성 구조와 고대 종교이다. 고대 종교는 고대 인성 구조를 이해하는 접점으로, 원시 종교는 자기 숭배와 조상 숭배의 두 가지 측면으로 분화되어 있는데 전자는 창세신화를, 후자는 영웅신화를 낳는다. 넷째는 중국 고대 인성 구조와 중국 고대 종교다. 이 책은 직접적인 기물이나 문헌에 입각한 연구 방법보

---

46) 위민: 《춘추전 심미관념의 발전》, 중화서국, 1984, p.186.

다 이론적 추론에 치중해 선민先民의 심미의식을 이해하는 새로운 발상을 제공하였다.

주즈룽의 《상商나라 심미의식 연구》는 감성적인 이미지를 심미 의식이 잉태하여 발전하는 기초로 생각하며, 商상나라의 문자(갑골문, 금문), 문학(《역易》괘사卦爻辭, 《상서尚书·반경盘庚》, 《시경诗经·상송商颂》), 도기陶器, 옥기, 청동기를 연구하여 그 조형, 문양, 예술 풍격과 심미 특징을 분석하였다. 이 책은 商상나라 심미 의식의 기본 특징으로 "商상나라의 자발적인 입상立象적 예술창조에서 강한 주체의식이 드러난다"[47]고 제기했다. 그리고 상나라 심미의식은 실용에서 심미로의 전환이 이뤄졌다고 본다. 《상나라 심미의식 연구》의 뒤를 이어, 주즈룽은 《하상주夏商周 미학사상연구》을 출판하였는데 이 책에는 심미의식이 생겨난 것 역시 먼 석기시대로 거슬러 올라갈 수 있다는 앞선 저서의 관점이 그대로 담겨 있다. 구석기시대부터 신석기시대까지 사람들의 심미의식은 태동으로부터 성장했으며, 주즈룽은 "하상주 3대 문명의 변천은 자발에서 자각으로, 소박한 심미의식에서 상대적으로 풍부한 이론형태로 나아가 성숙한 미학사상으로 발전하는 과정"[48]이라며 하상주를 과도기이자 전환기로 제시했다. 연구 방법에서도 이 책은 중시할 점이 있다. 기물을 주요 연구 대상으로 하면서도 저자는 왕궈웨이 선생이 제시한 "2중 증거법"을 활용해 "지하 실물과 종이 위의 유문遗文이 서로 해석되고 지하의 재료로 종이에 있는 재료를 보충하고, 들판의 고고考古 성과와 문헌 기록이 서로 보완된다"고 설명했다. 이런 방법론에 따라 이 책의 연구 대상은 3대 서예(갑골문, 청동기 명문), 문학(《시경》, 《초사》, 제자诸子 산문), 미학사상(선진의 유도儒道 등)이다. 탁상재료와의 상호참증參证을 통해 출토 기물이 살아나고 기에서 도로 도기가 하나로 합쳐져 연구방법의 풍부성과 과학성을 보여줬다.

---

47) 주즈룽: 《상나라 심미의식 연구》, 인민출판사, 2002, p.58.
48) 주즈룽: 《상나라 심미의식 연구》, 인민출판사, 2002, p.6.

천리췬陳立群의《선진 심미의식의 준비》(중산대학출판사, 2008)는 한때 왕전푸가 주필한《중국미학범주사》에 수록됐다. 이 책은 선진시대를 미학의 준비기간으로 보고 천인관계에서 "사람"이나 "생명"을 선택함으로써 선진시대의 심미의식을 탐구한다. 저자는 "생명체험"을 고찰 대상으로 "생명체험"을 근본적 범주로 삼고, "미"와 "예술"은 모두 이차적인 것으로 본다. 저자는 천인 관념의 변천, 심미의식의 변천, 천인 관념의 변천과 심미의식의 변천 사이의 연관성이라는 세 가지 단서를 제시한다. 저자는 문헌자료에 근거해 원시사회의 "천인합일", 은상殷商 시대의 "제帝", 서주시대의 "천天", 춘추에서 전국전기까지의 "도道", 전국 중기 맹자와 장자가 제시한 "심心", 전국 후기 순자와 한비자가 제시한 "군群"과 "이理" 등의 범주를 고찰하고 심미적 변천사를 제시한다. 저자는 "제帝"의 관념은 중국인의 "생명체험"에서 "다시 태어난다"의 성향을 낳았다. "천天"이란 관념의 출현은 그때 사람들로 하여금 주체와 실천의 초기의식을 갖게 하고, 선善을 중요시하는 심미적 성향을 낳게 하였다. "도道"는 인간 생명의 근본모습을 구현해 인격미 의식을 싹트게 한다. 마음의 범주는 심천心天의 합일을 체험했다는 것을 의미하며, 생명의 자유를 이룬다. 군群과 이理의 관념은 사람의 "생명체험"을 사회화하게 하고 심미의식의 발전을 정체停滯시켰다.

또 1절에서 서술된 여러 심미문화통사 중 예를 들어, 랴오췬廖群의《중국심미문화사》(선진권)에서 선사史前와 하상주夏商周 시기에 대한 연구, 왕웨친王悅勤, 후샤오후이户曉輝의《화하심미풍상사華夏心美風尙史·부앙생식俯仰生息》, 천왕헝의《문명 이전의 "문명": 중화 사전史前 심미의식 연구》등은 바로 이런 고고학 자료와 신화 전설을 활용해 문화사 연구를 진행했는데, 이곳에서는 더 이상 논의를 전개하지 않겠다.

2. 선진 미학 연구

선진先秦은 사상사의 "축軸의 시대"로 여겨져, 제자諸子들이 경쟁하고 백

가쟁명이 되었다. 유가와 도가는 중국 전통문화의 기본 틀을 다졌다. 선진 미학은 중국 전통미학에서 가장 중요한 단계 중 하나라고 할 수 있다. 출판 한 성과를 보면 선진미학에 대한 연구는 주로 인물이나 텍스트(노자, 장자, 《주역》)에 집중되어 있고, 단대의 성격을 띤 선진미학사는 흔치 않다.

스창둥施昌东의 《선진제자미학사상술평述评》(1979)은 신중국 성립 이후 최초로 출간된 중국 미학사류 전문저서다. 이 책에서 스창둥施昌东은 공자, 묵자, 노장, 맹자, 순자와 한비자의 미학사상을 검토하였다. 그는 유물유심 두 노선의 투쟁을 뼈대로 세운 다음, "미"를 중심으로 미의 본질, 미와 추, 미와 선, 미와 미감, 문文과 질质, 예와 악 등의 문제를 다룬 제자诸子의 미 에 관한 자료를 정리·분석하였다. 이 책은 두 노선의 투쟁으로 선진 제자 의 사상을 총괄하기 때문에 단순하고 단편적이지만, 중국 미학사 연구의 첫 단추를 잘 끼웠다는 점에서 공로를 인정할 만하다.

양안룬杨安仑·청쥔程俊의 《선진미학사상사략史略》(1992)에서는 "미학사 상사"를 연구할 때 중국 미학사상사의 연구 대상으로, 저술된 미학사상과 문예작품에서의 미학사상 이렇게 두 가지를 꼽는다. 책에서 중국 미학사상 사의 4가지 연구방법을 제시하였다. 첫째는 궁극의 근원을 찾아내는 것이 다. "다른 생산 방식에 따라 서로 다른 이데올로기가 생기고, 다른 미학사 상도 생긴다. 따라서 이데올로기의 궁극적 근원을 탐구하려면 물질 생산에 서만 찾을 수 있을 뿐이지 정신 자체에서 찾을 수 없다."[49] 둘째는 각종 이데올로기의 상호작용을 연구하는 것이다. 셋째는 계급 분석 방법을 활용 하는 것이다. 넷째는 미학 사상의 내부 규칙을 찾아내는 것이다. 이 책의 연구시기는 선진시기에만 한정되지 않고 원시시대의 심미의식의 기원과 변화를 연구했다. 저자는 원시예술의 기원이 생산노동에서 비롯되었고, 종 교활동과 오락활동도 심미의식의 기원을 만들었다고 여긴다. 저자는 갑골 문, 금문金文, 청동기의 심미적 특징과 심미적 가치를 분석해 그 속에 나타

---

49) 양안룬·청쥔程俊: 《선진미학사상사략》, 악록서사岳麓书社, 1992, p.16.

난 심미의식을 검토하였다. 제3장은 예와 악, 문文과 질质, 미와 선 등을 포함하는 선진 이전의 심미 범주를 고찰하였다. 5~11장에서는 공자, 맹자, 순자, 노자, 장자, 《주역》, 굴원 등의 인물이나 텍스트 속 미학사상을 연구하여 미, 미감, 예술의 세 가지에 집중하였다.

훠란의 《선진미학사조》는 《당나라 미학사조》와 《송나라 미학사조》에 이은 세 번째 단대사 저서이다. 그는 미학 사조에 대해 "어느 역사 시기에서는 미학 분야에서 일정한 계급이나 계층의 이익과 요구가 반영되는데 그중에서 거대한 영향을 끼치는 것은 사상의 흐름이다"[50]라고 규정했다. 한 가지 논리적 순서로 그 시대의 심미 사조를 분기적으로 파악하는 이 세 저서 사고방식의 일관성을 알 수가 있다. 저자는 선진미학을 4개 시대, 7단계로 나누어 선사 설화시대를 심미의식의 준비 난계로 보고 석기, 도분陶盆 등의 출토 기물과 원시 악무乐舞를 분석했다; 하夏나라는 선진 미학 관념의 축적 단계로 신화 전설과 시, 악, 무가 하나로 합일하는 것 등을 연구하였다; 상商나라는 선진 심미관념이 태동하는 단계로 현조玄鸟 토템과 인제人祭 의식, 동이악무东夷乐舞를 고찰하였다; 주周나라는 다시 4단계로 나뉘는데, 서주와 춘추는 선진의 미학 관념이 모여 융합하는 단계에 속한다. 춘추전국지교之交는 선진 미학 사조의 발흥 단계로, 도가의 은일隐逸미학, 유가의 입세入世미학, 묵가의 절용节用미학을 분석하였다; 전국 중기는 선진 미학 사조의 전개 단계로 맹자, 장자, 초사楚辞의 미학 사상을 검토하였다; 전국 후기는 선진 미학 사조의 절정 단계로, 복식, 음악, 조각, 서커스 등 예술 형식의 번영, 그리고 순자와 한비자의 미학 사상으로 구체화되었다. 저자는 "미학적 관념이 형성되고 변천되는 것은 사회적 존재의 반영"[51]이라는 일종의 반영론적 미학관을 근거로 하였다. 문학예술의 번영을 미학사조 번영의 징표로 본 저자는 전국 후기를 선진미학사조의 절정으로 삼고 있다.

---

50) 훠란: 《선진미학사조》, 인민출판사, 2007, "자서", p.1.
51) 훠란: 《선진미학사조》, 인민출판사, 2007, "자서", p.228.

그 밖에 펑야페이彭亚非의《선진심미관념연구》(1996)는 제자诸子들이 주축이 된 선진문헌에 근거해 선진시대의 오관五官 심미관, 정교政教 심미관, 도덕 심미관, 중화中和 심미관, 양생养生 심미관, 질박한 심미관, 도상道象 심미관을 7장으로 나누어 다루었다.

최근 출간된 관련 저서로는 장옌옌张艳艳의《선진 유도儒道 신체관과 그 미학적 의미 고찰》(상해고적출판사, 2007), 후쟈샹胡家祥의《선진철학과 미학 논총》(중국사회과학출판사, 2010), 쉬안샤오양轩小杨의《선진 양한两汉 음악미학사상연구》(중국사회과학출판사, 2011), 위카이량余开亮의《선진 유도儒道 심성론미학》(북경사범대학출판사, 2015), 류청지刘成纪의《선진 양한两汉 예술관념사》(상·하, 인민출판사, 2017) 등이다. 위카이량과 류청지의 두 저서는 최근에 쏟아져 나온 두 편의 역작이기 때문에 주목할 만하다. 편폭이 제한되어 여기서 논술하지는 않겠다.

3. 한나라의 미학연구

한나라 초기에는 황로지술黄老之术(황제와 노자의 지혜)로 나라를 다스리다가 무제 때 "독존유술独尊儒术(유가의 학술을 독존한다)"이 통일된 대제국의 주류 이데올로기가 되었다. 한편으로는 한나라의 웅대한 정신적 풍모를 조성했고, 다른 한편으로는 문학예술도 "조정미학朝廷美学"의 영역에 포함시켰다. 이 시기 가장 중시된 이론 저서로《회남자淮南子》와《논형论衡》이 있는데 그 안에 약간의 미학이 담겨 있지만 미학이 아닌 철학 저서이다. 따라서 한나라 미학은 발달하지 못했다. 이에 대하여 예랑은 "한나라의 미학은 선진 미학에서 위진남북조미학까지 발전하는 과정 사이에 있는 과도기적 성격을 지닌다"[52]라고 지적하였다.

---

52) 예랑:《중국미학사대강》, 상해인민출판사, 1985, p.159.

스창둥施昌东의 《한나라미학사상술평述评》(1981)은 동중서董仲舒, 《회남자淮南子》, 양웅扬雄,《백호통의白虎通义》와 왕충王充의 미학 사상에 대해 연구했다. 이 책은《선진제자의 사상술평》의 사상을 이어받아 유물유심의 노선투쟁을 뼈대로 하고 "미"를 단서로 하여 관련 문헌 中에서 "미美"("악", "예악")와 관련된 자료를 정리하였다.

저우쥔핑周均平의 《진한 심미문화의 거시적 연구》(2007)는 그의 박사논문을 수정한 심미문화사 관련 저서다. 이 책의 제1장은 "심미문화"의 개념, 연구 대상, 연구 방법과 연구 의의 등의 문제를 검토하고 국내에서 심미문화에 관한 각종 관점을 정리를 한 뒤에 저자는 자신만의 연구 발상을 제시하였다. "특정 시대의 심미문화정신과 심미문화정신을 집약적으로 구현하는 심미적 이상을 핵심으로, 심미 문화생태를 전제와 토대로, 이론적 형태의 미학적 사상, 감성적 형태의 문학예술과 생활형태의 행동방상을 주요 내용으로 … 이들의 전반적인 운동과 상호 연계, 상호작용의 특성과 규칙성에 대한 이론적 파악과 심층적인 해석을 통해 특정 시대 심미문화의 내적 정신, 기본 풍모, 변천 궤적을 보여준다."53) 이러한 사고방식에 따라 저자는 제2장에서는 "대일통大一统"의 정치, 자연환경, 과학기술, 민족통일, 음양오행의 우주관 등 진한秦汉시대 심미 문화생태를 논하였다. 제3장에서는 진한秦汉 심미문화의 심미적 이상과 기본적 특징을 분석하였는데, 저자는 "장려하다"로 진한 심미문화의 심미적 이상을 개괄하고, 그 기본적 특징을 현실과 낭만의 교차, 번부繁富와 순진함의 통일, 묵직함과 비동飞动의 통일, 미와 선의 통일 등 네 가지로 요약하였다. 제4장에서는 진한 심미문화의 역사적 지위를 고찰하였는데, 한나라 미학은 일반적으로 하나의 과도기로 여겨지지만, 저자는 진한의 미학을 높이 평가하였다. "선진先秦에 비하면 진한은 심미의 독특한 성질과 효용에 관한 검토의 측면에서 중요한 한 걸음을 내딛어 심미를 자각으로 이끌었다. 이는 미의 가치 상승, 정서적 상승,

---

53) 저우쥔핑:《진한 심미문화의 거시적 연구》, 인민출판사, 2007, p.14.

410

자연적 심미관의 발전과 돌파 등에서 주로 나타난다."54) 이런 관점들은 진한의 미학에 대한 새로운 논단으로 볼 수 있다. 저자가 이런 관점들을 사료에서 소집한 것은 어느 정도 설득력을 가지고 있다.

류청지의 《형이하의 불멸: 한나라 신체미학고론(考论)》(2007)은 "신체미학"의 시점에서 한나라의 미학을 새롭게 개척하였다. 신체미학은 최근 몇 년 동안 전래된 개념으로 미국의 실용주의 미학자 슈스터만이 주장한 것이다. 실제로 1950, 1960년대에는 서양학자들이 신체연구에 대해 많은 성과를 거두었다. 동아시아 학자들은 이를 하나의 연구시점으로 삼아 중국 사상사의 신체를 연구하고, 일본과 중국 대만 학자들도 이와 관련된 일을 많이 했다. 이 책은 5장으로 나누어 "양한兩汉 미학 중에서 신체에 대한 규정", "한나라 미학 중의 몸과 세계", "한나라 미학 속 예악礼乐 복식", "몸의 죽음과 죽음의 초월", "양한兩汉 신체관이 위진魏晋미학을 열기 시작했다" 등의 문제를 검토하였다. 저자는 "신체 미학"으로 한나라 미학을 살펴보았다. 전통 미학사의 연구 분야와 비교하며 중국 고대에는 신체를 어떻게 보았는지, 한나라 상술相术 및 형신形神에 대한 한나라 사상가들의 이해, 기화론气化论의 신체관과 천인합일의 관계, 유가儒家 예악礼乐 복식과 신체의 관계, 한나라 신선 신앙 및 신체의 불멸에 대한 한나라 사상가들의 다른 이해, 한나라 신체관이 위진미학에 끼친 영향 등 새로운 문제를 많이 제기하였다. 이에 따라 그동안 중시되지 않았던 새로운 소재들이 많이 포함되게 되었다. 예를 들어, 왕부王符의 《잠부론潜夫论》에서 골상骨相을 논하는 글, 동중서董仲舒의 천인감응天人感应에 대한 논술, 《태평경太平经》에서 수선修仙을 논하는 이론 등이 있다. 저자는 양한兩汉의 신체관이 위진미학을 여는 역할을 했다고 여긴다. 이 책 제5장에서 이 점을 전문적으로 논하여 "역사의 유기적 연장의 관념에서 출발하여 위진미학 연구를 위한 새로운 방향의 위도를 배치하고자 한다."55) 한나라 찰거제察举制와 인물 품조品藻,

---

54) 저우쥔핑: 《진한 심미문화의 거시적 연구》, 인민출판사, 2007, p.269.

신체의 죽음과 위진풍도魏晉风度, 신체의 불멸과 위진문학예술 사이의 계승관계를 탐구하였다. 이 책은 중국 전통 미학을 쓰는 데 새로운 발상을 제공하고, 한나라 미학과 위진미학의 연원관계를 이해하는 데 주목할 만한 해석을 제시했다고 한 수 있다.

녜춘화聶春华의 《동중서董仲舒와 한나라 미학》(광서사범대학출판사, 2013)은 동중서의 천인사상, 자연미론, 예악미론, 경학经学해석미학 등을 포함한 동중서의 미학을 다루고 있다.

4. 위진남북조 미학연구

위진남북조는 육조六朝라고도 한다. 육조시대는 흔히 문학예술의 자각시기로 여겨졌는데, 이 시기에는 선비들의 심미가 크게 중시되었을 뿐만아니라 문학예술도 번성하고 이론저작도 앞다퉈 나왔다. 이 때문에 육조미학, 특히 위진미학은 중국 미학계에서 가장 주목받는 연구 대상으로 여겨질 정도로 이론적 성과가 많았다. 여기서는 육조미학사 두 권을 분석하고, 위진미학의 연구실태를 다음 절에서 정리하도록 하겠다.

육조미학사는 위안지시袁济喜의 《육조미학》과 우궁정吳功正의 《육조미학사》로 대표된다.

위안지시의 《육조미학》(1989)은 비교적 일찍 출판된 육조미학사 전문저서이고 1999년에 수정되었다. 이 책은 심미적 범주와 명제를 연구 중심으로 인물품조, 현학玄学사조와 불교철학의 영향 아래 있는 육조미학을 탐구하여 육조문예 이론 중 심미창작, 심미감상, 심미양식, 형식미와 관련된 이론을 분석했다. 제1장 "인물품평과 심미"는 육조미학 이론구조의 논리적기점으로, 한나라말부터 육조까지 인물품감品鉴 및 관련된 인격미, 문예미

---

55) 류청지: 《형이하의 불멸: 한나라 신체미학고론》, 인민출판사, 2007, p.322.

등의 심미관념의 변천을 정리하고, 조비曹丕의 "문기설文气说"과 고개지顾愷之의 "전신사조传神写照" 등의 문예이론을 중점적으로 연구하였다. 제2장 "'유무지변有无之辨'과 심미"는 위진현학玄学이 미학 사조의 변천에 끼친 작용과 그에 따른 자연산수감상과 예술이론 중의 본체론적 심미관을 분석하고, 현학 분야의 "언의지변言意之辨"이 심미이론에 미치는 영향(예컨대 은수隐秀, 의상意象 등의 이론)을 분석하였다. 제3장 "자연의 도와 심미"는 본말本末의 유무와 밀접한 관련이 있는 자연 범주가 육조시기에 이르러 새롭게 발전한 것을 분석하여 각각 인격미, 예술미, 창작 구상 이론의 방면에서 탐구하였다. 제4장 "불교와 심미"는 육조미학의 범주인 "형신론形神论"과 "조상론造像论"에 대한 불학佛学의 해석과 발전, 그리고 불학의 영향에 의한 심미경계론과 수양론을 논하였다. 제5장 "감정과 심미"는 육조미학 심미 주체론의 감정론을 분석하여 문학 감정의 개체성과 표현성을 중점적으로 탐구하였다. 6~8장 "심미창작과 심미감상", "개성의 풍채와 심미풍격", "형식미 이론"은 유협刘勰의 《문심조룡文心雕龙》을 중점 텍스트로 하여 육조미학 가운데 예술 창작 이론과 감상 이론에서의 중요한 범주를 밝혀냈다. 예를 들면 심미 창작의 "허정설虚静说", "신사설神思说", "감흥설感兴说", "글을 써서 정감에 잠기다"로 구현된 심미적 감상론, "풍청골준风清骨峻, 편체광화篇体光华"에 나오는 풍골설风骨说, "문필의 변", "제량성율론齐梁声律论" 등의 형식미의 이론이 그것이다. 이 책은 육조미학의 이론적 요체(인물품조, 현학, 불학)를 파악하여 육조시대 주요 심미적 범주를 비교적 상세하게 정리했다고 할 수 있다.

위안지시袁济喜의 《육조미학》이 심미사상을 다룬다면 우궁정의 《육조미학사》(1994)는 심미사상과 문예이론을 함께 다룬다. 우궁정은 아래와 같이 지적하였다. "내가 이해한 중국 미학사(물론 단대미학사 포함)는 두 부분으로 이뤄져 있다. 즉, 원元미학과 미학학은 양립하였으나 일맥상통하고, 이수분류二水分流는 일원을 이루었다는 것이다. 미학학은 이론 형태에 속하며 인지성이 비교적 강하다. 육조의 입장에서 말하자면 예를 들면 유협刘勰의

《문심조룡文心雕龙》, 종영钟嵘의 《시품》, 소통萧统의 《문선서》, 소자현萧子显의 《남제서南齐书·문학전론文学传论》 등의 문학의 실천적 창작현상은 감성적이고 역동적이며 변동적이고 심미적 활력이 왕성하다." 그는 미학사를 작성하는 데 원이론元理论, 문예이론을 함께 중요시한 것이나. 그의 몇 부의 단대미학사는 모두 이런 연구의 발상을 관철시켰다. 모두 7장으로, 제1장은 학술사상(경학에서 현학으로), 심미관념, 미학풍격 등에 나타난, 한나라 미학에서 육조미학으로의 이행에 대해 설명하고 있다. 제2장은 육조미학의 시대적 배경을 연구하였는데, 예를 들면 장원庄园경제, 현학사조, 선비풍조, 은둔정조隐逸情调, 불학佛学사조, 사회풍습 등이다. 제3장에서는 육조 시기의 자아 발견과 자연에 대한 발견을 간단히 분석하였는데, 즉 쫑바이화가 말한 "위진인은 밖으로 자연을 발견하고 안쪽으로 자신의 애틋함을 느꼈다"이다. 제4, 5장은 책의 중점으로 편폭이 책의 3분의 2를 차지한다. 제4장에서 탐구하는 것은 심미 범주로 묘妙, 언의言意, 여丽, 기운气韵을 포함한다. 제5장은 분류미학이고 회화绘画미학, 서예미학, 악무乐舞미학, 조각미학, 원림园林미학, 문학미학을 포함한다. 그리고 문학미학은 또 시가 부문(곽박郭璞, 도연명陶渊明, 사영운谢灵运, 안연지颜延之, 포조鲍照, 사조谢眺, 심약沈约, 소씨부자萧氏父子), 변부骈赋산문 부문(동진东晋, 유송刘宋, 유량진刘梁陈 세 시기로 나눈다), 소설 부문(지괴소설志怪小说, 지인소설志人小说), 이론 부문(《문심조룡文心雕龙》,《시품》, 소씨 부자의 문학이론] 등이다. 제6장, 제7장에서는 육조의 미학을 총결하였다. 저자는 "육조는 중국 미학의 자각으로, 기본적으로 정형화된 시기이다. 육조는 중국 미학이 각 분야에서 전면적으로 발달한 시기다. 육조는 심미 주체인 인간의 심미기관器官이 기본적으로 성숙하는 시기로 사람의 정서적 구조의 다면성을 발견하고 느끼게 된다"56)고 말했다. 이런 관념은 기본적으로 육조미학에 대한 학계의 정체성을 대표한다. 전반적으로 보면, 책의 전편이 방대하고, 육조미학이 각 방면, 특히 문학

---

56) 우궁정:《육조미학사》, 강소미술출판사, 1994, p.826.

위주의 부문미학에 끼친 영향을 비교적 상세하게 연구하였다. 물론 더 깊이 검토해야 할 부분도 있다. 예를 들면, 문학미학 부분에서 조위曹魏와 서진西晉 시대의 문학에 대한 관심이 부족했던 것 같다.

리룽李戎의 《현명玄冥에서 시작되고 대통大通에서 뒤집다 - 현학과 중국미학》이라는 책의 앞의 5장은 위진 현학사를 정리하였다. 정시正始부터 현학의 창도자였던 하안何晏과 왕필王弼, 죽림竹林 시기의 혜강嵇康과 완적阮籍, 동진東晉 시기의 불현佛玄은 현리玄理를 정으로 바꾸는 도연명陶淵明과 합류했다. 뒤의 6장은 주로 현학으로 미학을 논의하는 심미적 범주와 현학의 영향을 받은 인물들에 대하여 분석하였다. 쭝바이화 선생은 위진을 중국 미학 전환의 관건으로 제시하였다. 중국인의 심미적 재미는 "착채루금錯采缕金(시문의 어휘가 화려하다는 것을 표현한다)"에서 "부용출수芙蓉出水(갓 피어난 연꽃. 청신한 시문이나 천혜의 여자를 표현하기도 한다)'로 바뀌어 자연스러운 표현과 개체 인격의 드러남을 추구하였다. 저자는 위진현학을 중국 미학의 대전환의 계기로 보고, 사람들의 사고방식을 변화시켜 "입상이진의立象以尽意"에서 "득의이망언得意而忘言"으로 주체의식의 복귀와 비극적 감정의 흥취를 가져왔다. 현학은 사람들의 심미적 이상을 질적 사실에서 공허한 영적인 것으로 바꾸게 하였다. 이런 관점들은 의심할 여지없이 모두 쭝바이화의 영향을 깊이 받았다. 저자는 현학으로 미학을 논의하는 몇몇 심미적 범주에 대해 3장에 걸쳐 정리하였는데, 여기에는 무无와 공空, 현玄과 묘妙, 자연, 득의망상得意忘象과 득이망언得意忘言, 전신传神과 신운神韵, 기운, 풍골, 맛, 경지 등이 포함된다. 구체적인 작성 과정에서 저자는 위진 현학 및 문예 이론에 관한 자료를 활용하며 해석하였다. 저자는 사공도司空图의 《24시품》과 소식苏轼의 인생관과 문예이론에 대해서도 탐구하였다. 저자는 사공도司空图를 "현학으로 시학을 논하는 이론가"로 규정한 다음 《24시품》과 《노자》, 《장자》에 나와 있는 관련 문자의 대비를 통하여, 《시품》의 일련의 중요한 개념은 모두 노장의 저서에서 나온 것이라며 "사공도의 불후의 공은 도가의 철학을 예술화한 데 있다"[57]고 말했다. 저자는 소식을

"추모도잠追慕陶潛, 귀성불현归诚佛玄. 즉 도잠을 추모하고, 불현에게 귀순하다"라고 규정하고, 그의 인생 역정 및 문예 주장을 통해 그 속의 현학적인 경향을 분석하였다.

5. 당나라 미학연구

당나라에는 문학예술의 성과가 풍부하고, 시가예술이 눈부시게 빛나며, 서예와 회화绘画 또한 한때 찬란했다. 반면 당대의 이론적 저서는 상대적으로 적었다. 이것은 당나라의 미학을 쓰는 데 일정한 어려움을 가져왔다. 지난 절에서 분석한 심미 범주류 저작 중 예랑의《중국미학사대강》과 같이 아주 적은 지면에서나마 당나라 서화미학과 시미학의 몇 가지 범주나 명제를 검토하였고, 특히 의경意境 이론에 중점을 두었다. 천옌陈炎이 주필한 심미문화사는 심미와 문예창작의 실천을 결합해 작성했기 때문에 내용이 비교적 충실하다.

당나라 미학사 저서는 세 권을 꼽을 수 있는데, 첫째는 훠란의《당나라 미학사조》, 둘째는 우궁정의《당나라 미학사》, 셋째는 왕밍쥐王明居의《당나라 미학》이다.

훠란의《당나라 미학사조》(1990)는 당나라 미학사조의 전환에서 착안하여 출판한 최초의 당나라 미학사 저서다. 미학사조가 무엇인지에 대해 뚜렷한 정의를 제시하지 않은 저자의 책 전체를 보면 사회의 심미 심리의 변화를 논술하고 참고자료로는 전형적인 문학예술작품 및 생활풍토, 역사적 사건 등을 활용하였다. 이는 사회배경 분석을 통해 나타난 심미관념, 심미적 이상, 심미심리를 파악하려는 것이다. 저자는 당나라의 미학을 기원, 발

---

57) 리룽李戎:《현명玄冥에서 시작되고 대통大通에서 뒤집다 – 현학과 중국미학》, 화성출판사, 2000, p.218.

단, 전개, 깊이, 종말 등의 다섯 단계로 나눈다. 저자는 당나라 미학의 기원에 대해 자신의 관점을 제시하였다. 그에 의하면 당나라 미학 사조는 강남육조江南六朝보다 북조의 영향을 더 많이 받았다고 한다. 즉"민족의 대통합이 경제, 정치, 문화의 각종 조건보다 먼저 형성된 시대적 특색의 태동, 당나라 미학적 사조의 근본적 원인이라고 생각한다. 당대의 경제, 정치, 문화의 각종 조건은 그 바탕 위에서 이루어졌다. 민족의 대통합은 당나라 300년 동안 지켜온 시대적 미학사조의 물꼬를 텄다"58)고 밝혔다.

이 책은 학계에서 공인하는 당나라 초初, 성盛, 중中, 만晩 4시기에 따라각각 논술을 펼쳤고, 제3편인 "당나라 미학사조의 전개" 즉 성당盛唐 부분을 예로 들었다. 총 4절인데 제1절은 "대막웅풍大漠雄风"이고 왕창령王昌龄,고적高适, 잠삼岑参, 왕유王维 등의 변새시边塞诗가 "대막웅풍大漠雄风"을 보여주는 주요 자료가 되고 있다. 저자는 "성당盛唐 변새시군의 등장은 당시생기가 넘치는59)시대의 사회적 마음가짐과 직결된다"고 지적한다. 이 사회적 마음가짐이란 초성당 시대의 상무지풍尚武之风을 가리킨다. 제2절 "시정화의诗情画意"는 성당 산수전원시인이 창조한 아름답고 고즈넉하며 소박하고 아담한 미학의 경지인데, 왕유王维의 시와 회화, 이사훈李思训의 회화로도 이와 같은 미학의 경지를 전해준다. 저자는 은일구명隐逸求名하는 사회풍조가 산수전원시의 창작을 조장했다고 지적하고, 육조시대의 은둔하는마음과 심미심리의 대비를 통해 성당 미학사조의 독특성을 밝혀냈다. 제3절은 "백천회해百川会海"인데 성당시대 도교, 불교, 경교景教, 마니교摩尼教,이슬람교 등의 여러 종교가 뒤섞인 현상으로, 성당시대 다원적인 사회적마음가짐과 심미의식을 잉태하고 있다. 제4절은 "성세지변盛世之颠"인데역사책, 필기 및 시에서 나타난 유협游侠의 이미지와 당현종의 모습을 예로들며 성당시대 미학사조의 흥성은 개원开元, 천보天宝연간 신명이 빛났던

---

58) 훠란:《당나라 미학사조》, 장춘출판사, 1990, p.48.
59) 훠란:《당나라 미학사조》, 장춘출판사, 1990, p.124.

시대적 심미군의 풍습과 그 웅장하고 건강하다는 심미관념에서 비롯되었다고 제기한다. 이를 종합하면 저자는 각 시기의 역사적 배경에 대한 서술과 전형적인 문학예술 및 심미적 현상을 채택해 시대적 심미심리를 분석하는 발상의 글쓰기를 한 것이다.

우궁정의 《당나라 미학사》는 《육조미학사》의 기법과 풍격을 이어가며, 전책은 8편 45장 72만여 자로 분량이 매우 방대하다. 제1편은 수나라 미학을, 제8편은 오대五代 미학을 논하고 총 6편인 주체 부문에서는 당나라 미학을 연구하고, 제7편은 전기 소설 미학, 원림园林 미학, 서예 미학, 악무乐舞 미학, 미술 미학, 복식 미학 등의 분류 미학을 검토하였다. 저자는 서문에서 자신의 미학관과 글쓰기 원칙을 다루면서도 당대 시대별 심미사조의 큰 차이에 주목해 당대 미학을 초당, 성당, 성중당간 교체, 중당, 만당 5단계로 나눠 논의하였다. 또 당나라 미학은 시인이 주체가 되었기 때문에 《당나라 미학사》에는 당나라에서 가장 뛰어난 시인이 집중되어 있다. 초당初唐에서는 이세민李世民, 초당사걸初唐四杰, 유희이刘希夷, 장약허张若虚, 진자앙陈子昂이 언급되었다. 성당盛唐에서는 장설张说, 오중시파吴中诗派, 영남시인岭南诗人, 왕유王维, 맹호연孟浩然, 왕창령王昌龄, 고적高适, 잠삼岑参, 은번殷璠, 이백李白을 검토하였다. 성중당盛中唐의 교체 전환 인물은 두보이다. 중당中唐에는 맹교孟郊, 한유韩愈, 이하李贺, 유종원柳宗元, 유우석刘禹锡, 백거이白居易, 원진元稹이 있다. 만당晚唐에서는 이상은李商隐을 선택했다.

저자는 당나라 미학사를 작성하는 일곱 가지 원칙을 제시했다: "전체 중국 미학통사를 근거로 하고, 당시의 사회, 문화를 배경으로 한다. 미적 현상을 대상으로 하고, 심미적 범주 안에서 해석하고 설명한다. 심미적 심리구조를 중심으로 하고, 구체적인 심미적 활동을 스크린으로 한다. 미학 이론과 미학적 실천을 병합하여 구성하고, 묘사와 평가, 사실과 사론史论, 판단과 깨달음, 사변과 체험, 사안분석과 전체 파악을 결합하는 기본 저술방식으로 유동적이고 입체적인 미학사를 구축하고자 한다." 이 몇 가지 원칙은 전체 책을 집필하는 데 구현되었다. 저자는 "미학사는 심미심리구조사다.

심리적으로만 미를 이해하고 파악할 수 있다"[60]고 주장한다. 따라서 심미적 심리구조는 책 전체를 관통하는 한 줄기다. 구체적인 작성 과정에서 저자는 각각의 시인을 심리구조적으로 파악하고, 그의 인생역정과 시작품에 대한 체험적 해석을 통해 그 시의 심미적 스타일과 그 사람의 심미적 심리를 그려내고, 그가 대표하는 시대미학적 정신을 탐구하고자 한다.

왕유王維의 경우 저자는 인생 역정을 먼저 언급하면서 변고変故가 생활태도에 영향을 미쳐 심미적인 태도에 영향을 미쳤다고 지적한다. 예를 들어, "왕유는 노후에 마음가짐이 많이 변했고 더 이상 젊었을 때의 열정과 호기, 충동 대신 평온함, 한가로움, 심지어 냉담함으로 바뀌었다. 그 마음가짐의 변화는 필연적으로 심미적 감각의 변화를 가져온다"[61]고 쓰는 것이다. 저자는 왕유의 시에 대한 정독을 통해 그의 시가 지닌 심미적 특징과 그 시에 구현된 왕유의 심미적 심리를 밝혀내고, 그의 심미감각에는 공간적 심미 의식이 뚜렷하고, 발달해 있고, 영민하며, 세밀한 심미적 감각능력이 있으며, 색채의 깊이, 색조의 냉난冷暖, 성률声律적 미에 대한 감각도 상당히 뛰어나다고 지적한다. 그러면서 아래와 같이 높이 평가하였다. 즉 "왕유 시의 미는 진정한 성당의 맛이며, 구상적이면서도 추상적이며, 징실征实적이면서도 공허하며, 성당의 체격, 무드가 있다. 그의 풍부하고 정미精微하며 영민하고 섬세한 심미 감각은 순전히 성당 사람들이 가지고 있는 것이다. 그의 심미적 감각 경험은 중국의 심미심리학을 풍부하게 하고 중국의 심미적 경험을 크게 발전시켰다."[62] 또 중당中唐 시대 백거이의 경우 그의 인생역정을 분석한 결과, 그는 출세와 입세에 대한 태도가 상당히 원만하거나 은신隐이나 벼슬에도 침착하게 대처할 수 있는 성찰의식과 균형감각이 강하다는 것에 문화적 심미적 심리의 이원적 구조를 보여주었다. 그는

---

60) 우궁정:《당나라 미학사》, 강소미술출판사, 1994, "머리말" p.4.
61) 우궁정:《당나라 미학사》, 강소미술출판사, 1994, "머리말" p.227.
62) 우궁정:《당나라 미학사》, 강소미술출판사, 1994, "머리말" p.235.

제6장 "중국미학사" 작성의 다양한 유형 419

문학의 사회적 기능을 중시하여 많은 풍유시讽喻诗를 창작하였는데, 이것은 일종의 치용致用적인 미학 사상이다. 한편으로 동시에 그는 또 많은 한적闲适한 시를 썼다. 우궁정은 백거이의 심미심리, 미학사상, 시가창작 등 세 가지 모두 심미심리적 이원구조가 드러났다고 본다. 왕창령王昌龄의 의경론意境论, 사공도司空图의 《시품》과 같은 당나라의 미학 이론은 상대적으로 적었다. 저자는 각 시기 미학사의 역사적 지위, 심미적 특징 등의 문제를 총결하였다. 예를 들어, 초당初唐 심미 활동의 특징으로 이정移情작용과 수법의 활용을 중시하고, 심미적 체험의 "물화物化"을 이루었으며, 웅장한 심미의 경지를 구현했다는 점을 들 수 있다. 성당 미학은 풍골과 기운이 공존하는 기세와 한적闲适의 공생을 나타냈고, 성당盛唐보다 중당中唐은 심미영역, 범위, 대상의 확대가 나타났으며, 이때의 시가미학은 더욱 다양해져 시가 심미에서 많은 새로운 면과 경지를 개척하였다. 만당晚唐미학은 내성화되었으며, 가장 큰 특징은 형식미학, 유미唯美학, 순미학, 그리고 사공도司空图를 순미학사상의 대표로 하였다는 점이다. 특히 저자는 당나라 초기 사학과 미학의 연관성에 주목해 유지기刘知几의 《사통史通》의 시대적 의미와 역사적 파장을 검토하였다. 이 밖에도 저자는 선인들이 덜 섭렵했던 수나라 미학과 오대 미학을 전문적으로 연구했다.

왕밍쥐王明居의 《당대미학》은 앞선 두 저서에서처럼 당나라의 미학사조를 분할 묘사하지 않고 당나라 미학적 범주와 미학적 명제에 대한 연구에 집중하고 있다. 상권은 당나라 미학의 9대 해석적 범주를 분석했는데, 유무有无, 방원方圆, 일다一多, 대백약욕大白若辱, 대음희성大音希声, 대상무형大象无形, 대교약졸大巧若拙, 동정상양动静相养 등이다. 이들 범주는 대부분 《노자》에서 나온 것으로 저자는 그 본래 의미를 설명한 뒤 당나라 문예이론이나 철학사상에서 밝혔다. 상권은 또 당나라 미학의 10대 이론으로 박질론朴质论, 풍골론风骨论, 흥상론兴象论, 청진론清真论, 침울론沉郁论, 미자론美刺论, 명도론明道论, 추괴론丑怪论, 의경론意境论, 품격론을 검토했다. 저자는 이 10대 이론에 대해 짧은 분량으로 분석하였는데 이러한 이론들은 주로 시문의 창작 영역에 나타난다. 예를 들면 박질론의 주창자는 주로 당나라 초기 시인 및 사가史家 유지기刘知几이다. 진자앙陈子昂은 풍골론을, 은번殷璠은 흥상론兴象论을, 이백은 할랄론을, 두보는 침울론을, 백거이는 미자론을, 한유는 명도론과 추괴론을, 왕창령王昌龄은 의경론을 제기했고, 풍격론은 교연皎然의 《시식》과 사공도司空图의 《24시품》에 나타났다. 그중에서도 의경론과 풍격론이 가장 중요하다. 하권은 인물을 골자로 하여 10장의 분량으로 그 시대 사람들의 미학사상을 다루고 있어 위에서 열거한 9대 범주와 10대 이론에 대한 구체적인 전개로 볼 수 있다. 예를 들어, 제7장에서는 한유韩愈의 미육관美育观과 기괴설을 다루고 있으며, 류종원柳宗元의 심미관과 괴이설, 제11장과 제12장은 서예 이론에 집중하여 이세민의 사思와 신회론神会论, 우세남虞世南의 절려응신론绝虑凝神论 등을 다루고 있다. 종합해 보면 이 책은 당나라의 미학적 범주와 미학적 사상을 비교적 포괄적으로 정리했다고 할 수 있다.

6. 송나라 미학연구

《당나라 미학사조》의 뒤를 이어 송나라 미학을 발단, 발흥, 전개, 격동, 신변新变과 고봉高峰의 여섯 시기로 나눈다는 휘란의 《송나라 미학사조》 (1997)는 당나라 미학사조처럼 명확한 경계설을 제시할 수 없는 논리적 순서에 따른 것이다. 대체로 북송초년은 발단기, 다음으로 발흥과 전개기, 북송말년은 격동기, 남송초기는 신변기, 남송후기는 절정기라고 할 수 있다. 저자는 또 송인의 시사문장, 예술작품, 문예이론, 역사적 사건, 철학사조 등을 재료로 각 시기의 심미적 재미, 심미적 심리의 특징과 변천을 검토한다. 저자는 아래와 같이 지적하였다. "송나라 미학사조의 뛰어난 점은 북송 서재 미학이 스스로 일파를 이룬 독립적인 스타일뿐 아니라 남송에 들어와 추락의 길을 걷지 않고 송인들의 심미적 심리가 성숙했음을 보여준다. 시,

사词, 그림 등 예술 부문의 높은 성숙함을 나타내면서도 북송北宋 주돈이周敦颐, 이정二程에서 주희朱熹로 전해진 신유학新儒學인 이학理學사상을 표현하여 미학분야에서 지배적 지위를 얻었다는 것도 나타낸다. 송나라의 시가 이론이 전후 몇 세대의 지속적인 노력 끝에 강서시파 유풍의 영향에서 벗어나 초보적인 학문의 전수에서부터 시가의 규율을 탐구하기까지, 결국 엄우严羽의 《창랑시화沧浪诗话》가 전인들이 미처 알지 못했던 이론으로 절정에 이르러 등장하게 되었다는 것도 나타낸다."63)

정쑤화이郑苏淮의 《송나라 미학사상사》(강서인민출판사, 2007)는 16장에 걸쳐 송나라의 미학사상을 다루고 있다. 예를 들어, 북송시대의 소옹邵雍, 주돈이周敦颐, 장재张载, 이정二程, 남송시대의 주희朱熹, 육구연陆九渊, 진량陈亮, 에직叶适 등 양송시대의 중요한 이학사상을 포함하고 있다. 문학가의 미학 사상을 다루며, 예를 들어, 북송 초기의 지원智圆, 구양수欧阳修, 왕안석王安石, 소식苏轼이다. 회화绘画의 미학 사상을 다루며 화론画论적 저서를 위주로 하여 유도순刘道醇의 《송나라 명화평》, 황휴복黄休复의 《익주명화록益州名画录》, 곽희郭熙의 《임천고치林泉高致》, 곽사郭思의 《화론》, 석화광释华光의 《화광매보华光梅谱》, 동유董逌의 《광천화발广川画跋》, 등춘邓椿의 《화계画继》, 한순전韩纯全의 《산수순전집》 등을 언급하였다. 시 미학사상으로는 시화류诗话类 저서가 주를 이루며, 장계张戒의 《세한당시화岁寒堂诗话》, 진사도陈师道의 《뒷산시화后山诗话》, 강기姜夔의 《백석도인시설白石道人诗说》, 엄우严羽의 《창랑시화沧浪诗话》 등을 포함한다. 또 왕작王灼의 희곡미학 사상, 양만리杨万里, 심의부沈义父의 음악미학 사상, 그리고 장염张炎의 사词미학 사상을 논했다. 전체적으로 볼 때 《송나라 미학사상사》는 통사 작성의 미학적 범주사 유형에 포함될 수 있는데, 예랑 등의 작성법과 유사하게 사상가나 문예 이론 저서의 관련 글자, 특히 기본 개념이나 범주, 명제 위주의 문자를 골라내어 논술하였다. 저자는 송나라 이학자의 미학사상에 충분

---

63) 훠옌霍然: 《송나라 미학사조》, 장춘출판사, 1997, p.392.

한 관심을 보였고, 그동안 학계에서 외면받았던 문예 이론 저서의 미학사상, 특히 석화광释华光의 《화광매보华光梅谱》, 한순전韩纯全의 《산수순전집》 등 화론画论사상을 탐구했다.

우궁정吳功正의 《송나라 미학사》(2007)는 총 5편으로 구성돼 있는데 제1편은 송나라 미학의 시대배경을, 제2편은 북송미학을, 제3편은 남송미학을, 제4편은 장르미학을, 제5편은 금원金元 미학을 논하였다. 이학과 미학에 대해 우궁정吳功正은 정쑤화이郑苏淮처럼 이학자의 미학사상을 크게 분석하지 않고, 심미본체론, 심미적 심리상태, 심미범주의 세 가지 관점에서 이학미학을 탐구한다. 이를 통해 이理, 기气라는 송나라의 두 방면의 이학본체가 심미의 본체에 들어가고, 이학은 송인의 심미심리를 내성적으로 만들었다고 생각하여 특별히 "함영涵泳"이라는 미학 범주를 제시했다. 남송의 이학자 중에서는 주희朱熹와 엄우严羽의 미학사상을 탐구하였다. 우궁정은 자신이 가장 잘 아는 문학미학에 중점을 두었다. 예를 들어, 제2편에서 북송을 초중후 3기로 나눠 각 시대의 시 미학과 사词미학을 논하였다. 시와 사의 작품에 대한 체험적 해석에 치중하여 작품의 심미적 양식과 창작기법을 분석하고, 저자의 심미적 마인드를 발현해 시대의 미학적 정신을 게시하였다. 그 다음으로는 분문미학을 검토하였다. 저자는 소설과 희곡미학, 건축과 원림미학, 서예미학, 미술미학, 체육, 백희百戏, 음악, 무용미학을 검토하였는데 내용이 풍부하다. 우궁정은 학계에서 덜 섭렵한 금원金元 미학에 대해서도 전문적으로 검토하였는데 이 시기의 미학사상, 문학미학, 서화미학 등이 포함된다. 특히, 그는 원나라의 미학에 대해 회화, 산곡散曲, 잡극杂剧 등에서 모두 창조성을 가지고 있다고 충분히 긍정하였고, 원나라의 사회, 문화정신과 미학은 심미영역, 미학정신, 복고사조, 심학 – 미학 등 여러 방면에서 통합되었으며, 원나라의 미학은 다민족이 함께 창조한 결과이며, 원나라의 미학은 명청미학에 깊은 끼쳤다고 논하였다.

류팡은 중국 미학과 송나라 미학을 열심히 연구하는 학자로 《시적 서거栖居의 명상 – 중국 선종미학 사상연구》(사천대학출판사, 1998), 《생명의 시적 사상 - 문화적 시야에서의 중국 미학》(현대 중국 출판사, 2002), 《중국 미학의 기본정신과 현대적 의미》(파촉서사, 2003), 《중국 미학의 역사 진진과 그 현대적 변형》(파촉서사, 2005), 《송형宋型문화와 송나라미학 정신》(파촉서사 2004), 《당송변혁과 송나라심미문화 변형》(학림출판사, 2009) 등의 저서를 출판하였다. 제목에서 알 수 있듯이 그의 송나라 미학 연구는 심미문화사의 작성 유형에 포함될 수 있지만, 그 책 또한 나름대로의 뚜렷한 특색이 있는데 특히 연구 방법의 혁신이 그러하다.

류팡의 《송형宋型문화와 송나라 미학 정신》은 이전의 중국 미학 연구 방법에 만족하지 못하고, 연구 방법에서 비교적 큰 혁신을 이루었다. "현대사회학, 역사학, 문화인류학, 사상사 등의 분야의 새로운 방법을 연구방법에 결합, 참고, 흡수하고, 문화사, 사상사, 사회사, 종교사, 문학사 및 지역문화, 사회심리, 사대부 집단 등 다방면의 지식이론을 융합하려고 노력한다. 그리고 중국 미학사 연구의 오랜 기간 동안 텍스트에서 텍스트로, 이론에서 이론으로, 이론 사상을 배태한 특정 문화의 토양을 벗어나려는 이론 연구 모델을 돌파하여 특정 문화 사상과 미학사상을 형성해 온 각종의 복잡한 동태 관계, 영향과 상호 침투를 연구하는 것으로 대신하고자 한다."[64] 그는 막스 베버Max Webe의 "이상적 유형" 관념을 본떠 "송형문화宋型文化"라는 개념을 제시하면서 송형문화는 하나의 문화유형으로 정신적, 제도적, 물질적 측면의 3차원적 문화구조의 산물이라고 주장한다. 이 책의 제2~4장에서 이 세 가지 측면에 대한 분석을 전개하였다. 송대 이학은 송형문화의 정신적 핵심을 구성하는 것으로 여기고 저자는 송나라의 유교는 일종의 "곤경의식" 속에 있기 때문에 송나라의 정신문화는 내재적인 전향을 초래했다고 주장한다. 이때의 문화는 "이理", "도道"를 숭상하기 때문에 이성과 이취理趣를 숭상하게 만들었다. 저자는 과거 제도를 예로 들며 송나라 문화의 제도적 측면을 분석하면서 과거 제도가 송나라 미학의 인문적 취지와 서권書

---

64) 류팡: 《송형宋型문화와 송나라 미학 정신》, 파촉서사 2004, p.14.

卷 정신의 특징 형성을 보장한다고 본다. 제4장은 송형문화의 물질적 측면, 농업생산 방식과 도시번영이 송나라 문화의 물질적 토대를 이루고 있다는 것을 논술하였다. 이어서 제5장은 당오대唐五代의 신앙 위기에서 송나라 미학이 심미인격을 추앙하는 이유를 분석하였다. 제6장과 제7장은 이상적인 심미인격의 재건과 이상적인 심미인격에 대한 송나라의 미학적 패러다임의 구조를 분석하였다. 8~10장에서는 송나라의 은일隱逸문화를 살펴보았다. 제11~13장은 종교선禪에서 미학선美學禪으로의 변천, 송나라 선종미학의 중요한 범주와 방법을 다룬 선종미학禪宗美學에 관한 문제를 다루었다. 제14~16장은 송나라 회화 미학을 분석하여, 왕유王維 회화의 승격과 송나라 심미 문화환경과 심미관념의 변천, 궁중회화의 오락화, 제도화와 그 심미적 흐름 등의 문제를 검토하였다.

《당송변혁과 송나라 심미문화전형》이란 책에서 류팡은 연구방법 혁신의식이 더욱 뚜렷해지는데 이는 기존의 중국미학 연구방법을 비판하는 데서 확인할 수 있다. "오랫동안 우리의 미학연구는 연구대상을 그를 탄생시킨 역사문화적 환경에서 생략해 왔고, 풍부한 내실을 지닌 연구대상을 서양의 이론적 연구기준에 부합하는 메마른 몇 가지 항목으로 추상화했다."65) 그는 "기존의 연구를 진지하게 정리하고 새로운 안목, 새로운 방법과 새로운 성과로 오랫동안 가려져 있던 중국 심미문화의 독특한 콘텐츠에 대한 논의 영역을 열어 새로운 학문적 안목과 문제의식으로 문화적 시야와 내재적 이치를 고민해야 한다. 역사적 문화 환경에서의 복잡한 관계와 다중적 서사적 단서 속에서 송나라의 심미적 문화 변화를 연구해야 한다"66)고 지적하였다. 그가 사용한 새로운 방법은 주로 당대 문화인류학자 게르츠의 "딥스케치" 이론과 새로운 문화사 연구법이었다. 문화인류학은 언어적 환경 연구와 정체성 시각을 강조하고, 게르츠의 해석 인류학은 문화를 하나의 해

---

65) 류팡:《당송변혁과 송나라 심미문화전형》, 학림출판사, 2009, p.4.
66) 류팡:《당송변혁과 송나라 심미문화전형》, 학림출판사, 2009, p.5.

석으로 간주해 이를 송나라 미학 연구에 적용할 때 "송나라에 나타난 심미적 문화현상을 기존의 것이 아니라 특정한 문화역사적 언어환경에서 새롭게 생겨난 것으로 보고 왜 발생했는지, 어떻게 생겨났는를 묻고 고민하는 것이다. 특정 심미문화 현상을 고립된 존재물로 보는 것이 아니라, 그에 영향을 미치는 각 요소 사이의 상호 연관을 생각해야 한다."67) 책에서 저자는 세 가지 주제를 중점적으로 고찰하였다. 첫째는 송나라의 유민遺民과 남송말기의 승려들을 포함하는 범중엄范仲淹으로 대표되는 송나라 사대부 계층을 해석하는 것이다. 엄광严光 은사隐士의 이미지 재구성과 끊임없는 재구성 과정은 송나라 사대부의 독립적 인격과 자유정신에 대한 추구를 보여준다. 둘째는 송나라 시민의 심미문화의 부상과 번영을 다룬 것으로, 저자는 송나라의 도시제도 변혁에 대한 분석을 통해 송나라의 도시기능이 경제와 상업으로 이동하면서 시민 심미문화의 발흥을 위한 무대가 마련됐다고 지적하였다. 저자는 송나라 필기笔记, 시문, 소설 등의 문헌에 근거하여 일상생활의 변경汴京 도시都市상, 시민문학의 북송동경东京 대중심미문화와 오락공간, 축제 및 시민오락공간, 러브스토리가 벌어지는 중요한 장면과 시민이 꿈꾸는 도시 글쓰기 등을 분석했다. 셋째는 송나라 출판업과 심미문화의 관계를 고찰한 것으로 저자는 송나라 인쇄매체의 발달과 출판문화의 번영, 출판의 번영이 송나라 문학의 창작, 전파, 독서에 미치는 영향, 송인 문집의 간각刊刻, 출판이 문학의 전파와 수용방식에 끼친 영향, 방각坊刻출판이 송나라 문학의 풍상과 발전에 끼친 영향, 새로운 문학 생산의 발생 등을 분석했다. 이 몇 가지 문제는 중국 미학 연구자들의 주목을 많이 받지는 못했다. 하지만 저자는 새로운 연구 방법으로 참신한 문제를 제기하고 검토하였고 이런 연구방법과 연구시각은 중요시할 만하다.

---

67) 류팡:《당송변혁과 송나라 심미문화전형》, 학림출판사, 2009, p.16.

7. 명청 미학연구

　명·청 양대 왕조는 미학 사상과 문예 창작이 매우 풍부했는데, 이는 단대사를 쓰는 데 많은 어려움을 가져왔다. 특히 청나라 전·중·후기 사회가 크게 단절되고 서구 문화가 강하게 유입되면서 중국 전통문화는 미학사를 쓸 때 이를 관통하지 못할 정도로 충격을 받았다. 이 때문에 명·청 양대의 단대미학사 저서는 찾아볼 수 없었다. 현재의 연구 성과는 명나라 말기의 심미사조와 생활미학 연구에 집중돼 있다.

　장링충張灵聪의 《충돌에서 융통으로 - 명나라 말기~청중엽 심미의식의 변화론》은 명나라 말기~청대 중엽까지의 심미의식 변화 문제를 다루고 있는데, 저자는 미학사를 심미의식사로 써야 하고 집필에는 사史와 논论의 결합, 점과 면의 결합, 이론과 실천의 참증参证, 예술과 인생의 결합, 연구방법에서 예술적 스타일과 선비의 마음가짐의 상호작용을 중시해야 한다고 주장한다. 여기서 출발하여 저자는 명말청초와 청중엽의 심미의식을 각각 상하 두 편 총 10장으로 나누어 검토하였다. 저자는 문예 이론부터 시작하여 이 두 시기의 심미 의식에 대하여 간결하게 개괄하였다. 예를 들면 명말청초의 심미의식은 다음과 같다: 계몽에서 독특한 혁신의식, 진흙에서 사심師心으로의 개화의식, 한가하고 안일함에서 정통으로의 상아尚雅의식, 현사玄思에서 경세经世로 나아가는 구실의식과 묘당에서 민간으로 나아가는 통속적인 의식, 소박하고 박학하며 세밀하고 우아함이 바로 청중엽의 심미주조이다. 자의적이고, 새로운 것은 청중엽의 성性의 영적 여운을 남기고, 건성을 쌓은 웅장함과 중후한 것을 청중엽의 숭고한 의식으로 삼는다는 것이다.

　장웨이자오張维昭의 《역리와 회귀 - 명나라 말기 사인士人의 미학적 태도의 현대적 관조》(봉황출판사, 2009)는 만명사인의 문화적 취향을 통해 그들의 심미적 마음가짐, 심미적 이상 등을 검토하였다. 저자는 명나라 말기 사인의 생명에 대한 객체의 감정을 감상과 광기로 귀결하고, 꽃, 책, 술, 유흥에 대한 그들의 애호를 통해 그들의 병폐 심리를 분석하며, 그들의 상정사조尚情思潮를 진眞, 신神, 호방의 미와 원한의 미로 표현한다. 저자는 "명나라 말기 사인은 자신의 자유, 편의를 추구하고 자연의 성정 속에서 생명의 율동의 운치미와 정취미를 관조한다. 그들의 이런 미학적인 태도는 강렬한 개인 각성의 빛을 발하며 한편으로는 광기, 치기, 괴기, 취미로 독립적이고 자유로운 인간성을 과시하고, 다른 한편으로는 동진童眞의 마음으로 개체를 자기 것으로 인정하며 사심을 형성하고 있다"[68]고 여긴다. 저자는 명나라 말기 사인의 미학적 태도가 유학儒學 문화에 대한 역설과 회귀에서 비극적 의식을 드러냈다고 본다.

명나라 말기의 생활미학 분야 저서로는 자오챵趙强의 《"물物"의 부상: 전현대 날기 중국 심미풍상의 변천》(상무인서관, 2016), 쩡팅팅曾婷婷의 《명나라 말기 문인 일상생활 미학 관념 연구》(기남대학출판사, 2017), 류위메이刘玉梅의 《이어李漁생활 심미사상 연구》(중국사회과학출판사, 2017) 등이 있다.

전체적으로 볼 때, 중국의 단대미학사의 연구는 각 시대에 와 닿았지만, 연구 상황은 결코 균형이 맞지 않는다. 선진, 육조, 당대, 송대에 대하여 많이 연구한 반면, 명, 청대에 대하여 비교적 적게 연구하였다. 연구방법에서, 1980~90년대 연구는 유물주의반영론이나 실천미학의 사고에 많이 의존하였고, 1990년대 이후에는 문화사의 시점, 해석학의 시점, 신체미학의 시점, 생활미학 시점 등 연구의 시점과 연구 방법이 어느 정도 확장되고 심화되었다.

이 절은 중국 고전의 단대미학사 저서에 대한 분석에 집중되어 있으며, 또한 근현대미학사의 연구 저서가 많은데 여기서는 책 목록만 열거하고 분석은 하지 않겠다. 이 저작들은 다음을 포함한다:

---

68) 장웨이자오: 《역리와 회귀 - 명나라 말기 사인士人의 미학적 태도의 현대적 관조》, 봉황출판사, 2009, p.221.

- 루산칭卢善庆:《중국근대미학사상사》, 화동사범대학출판사, 1991.
- 녜전빈聂振斌:《중국근대미학사상사》, 중국사회과학출판사, 1991.
- 황졔黄洁:《중국근대문예미학사상사강》, 중경重庆출판사, 2001.
- 덩뉴둔邓牛顿:《중국현대미학사상사》, 상해문예출판사1988.
- 천웨이陈伟:《중국현대미학사상사강》, 상해인민출판사, 1993.
- 펑샤오룬封孝伦:《20세기 중국미학》, 동북사범대학 1997.
- 주둥리祝东力:《정신의 여행: 신 시기 이래의 미학과 지식분자》, 중국방송출판사, 1998.
- 루신汝信 주필:《미학의 역사: 20세기 중국미학 학술적 발전 과정》, 안휘교육출판사, 2000.
- 쩌우화邹华:《20세기 중국미학연구》, 복단대학출판사, 2003.
- 장치췬章启群:《백년 중국미학사략史略》, 북경대학출판사, 2005.
- 녜전빈聂振斌 등:《사변의 사상: 20세기 중국미학주제사》, 운남대학출판사, 2003.
- 위안지시袁济喜:《승속과 초월承续与超越: 20세기 중국미학과 전통》, 수도사범대학출판사, 2006.
- 쉐푸싱薛富兴:《분화와 돌파: 중국미학 1949-2000》, 수도사범대학출판사, 2006.
- 왕더성王德胜:《20세기 중국미학: 문제와 개별 안건》, 북경대학출판사, 2009.
- 유시린尤西林:《심체心体와 시간: 20세기 중국미학과 현대성》, 인민출판사, 2009.
- 우즈샹吴志翔:《20세기의 중국미학》, 무한대학출판사, 2009.
- 자오스린赵士林:《당대중국미학연구개술》, 천진天津교육출판사, 1988.
- 자오스린赵士林:《당대중국미학》, 천진天津교육출판사, 1988.
- 주춘밍朱存明:《감정과 계몽: 20세기 중국미학정신》, 서원西苑출판사, 2000.
- 양춘창杨存昌 주필:《중국미학연구 30년》, 제남출판사, 2010.
- 리쑹李松 주필:《중국미학사 학술 문서》, 무한대학출판사2017.
- 치즈샹祁志祥:《중국현당대미학사》, 상무인서관, 2018.

제3절 중국단대미학사 연구(하)

위진미학은 중국 미학사 연구의 큰 이슈이자 중점이므로 성과가 매우 뛰어나 여기서 전문적으로 논술하도록 하겠다.

현대 학술상의 위진미학 연구는 루쉰魯迅에서 시작되었다. 그는 1917년에 《위진의 풍도 및 문장과 약葯과 술酒의 관계》라는 제목으로 강연하였는데 위진문학 스타일과 문인의 개성 및 사회 환경 사이의 상호작용 관계를 분석했다. 글에서 제시된 "위진풍도魏晉风度"의 개념은 후대에 널리 받아들여졌고, 그 여러 관점도 후대 위진미학 연구에 심대한 영향을 미쳤다. 쫑바이화가 1940년 쓴 《세설신어世说新语와 진인晉人의 미를 논한다》는 위진미학 연구에 또 다른 중요한 문헌이다. 이 글에서 제시한 많은 관점은 거의 없어지지 않고 있는 이론이다. 주목할 만한 것은 위진을 서양의 르네상스 시대에 견주었는데 스위스 사학자 부르크하르트의 《이탈리아 르네상스 시대의 문화》의 영향을 받은 것이 분명하다. 예로, 제4편 "세상의 발견과 인간의 발견"의 제3장 "자연미의 발견", 제4장 "인간의 발견" 등을 들 수 있다. 또 쫑바이화는 "진晉나라 사람들은 밖으로 자연을 발견하고 안으로는 자신의 깊은 정을 발견하였다"고 지적했다. 이 밖에 펑유란冯友兰, 머우쫑싼牟宗三, 천인커陈寅恪 등도 위진미학을 두루 섭렵했다.

중화인민공화국 수립 이후 위진미학 연구는 1980년대 이후 집중됐다. 중국 미학사 연구에 중점을 둔 위진미학 연구는 다각도, 다측면으로 펼쳐져 많은 연구 성과를 냈다. 1980년대에는 리쩌허우, 류강지의 《중국미학사》(위진남북조편, 1987)와 위안지시袁济喜의 《육조미학》(1989) 등 위진미학의 연구 전문서 2권이 나왔다. 그러나 1980년대 위진미학 연구는 리쩌허우의 《미의 역정》(1981), 예랑의 《중국 미학사 대강》(1985), 민쩌敏泽의 《중국 미학사상사》(1987) 등 중국 미학의 정체성에 녹아 있다. 90년대 이후 위진미학 연구 성과가 나날이 증가하면서 우궁정吴功正의 《육조미학사》(1994), 이핑처仪平策의 《중국심미문화사》(진한위진남북조권, 2000), 성위안盛源, 위안지시袁济喜

의 《화하심미풍상사》(육조청음, 2000) 등 통사적인 연구가 때때로 나왔다. 특집적인 연구는 더욱 큰 성과를 거두며 대성황을 이루었다. 앞의 두 절에서 통사와 단대사의 위진미학에 관한 연구를 이미 정리했기 때문에 이 절은 위진미학에 집중되어 있다. 관련 연구 성과를 종합해 보면, 위진미학 연구는 다음과 같은 7가지 주제에 집중되어 있다:

1. 사인士人미학연구

위진미학의 두드러진 특징은 사인을 주제로 전개되었다는 점이다. 위진 사인은 위진 미학의 창조자일 뿐만 아니라, 그 계승자와 구현자이기도 하다. 위진 사인의 풍채와 용모, 언행, 일상생활, 인격적 특성, 정신적 기질 등은 모두 심미적이고 예술적이라고 할 수가 없다. 따라서 위진사인미학에 대한 연구는 위진미학 연구의 가장 중요한 내용을 구성하고 있으며, 이는 크게 두 가지로 나눌 수 있다.

1) 위진풍도魏晉风度연구

"위진풍도"는 위진 선비들의 모습, 언행, 생활양식, 정신기질 등에서 나타나는 전반적인 선비들의 미학적인 풍모를 말한다. 이 개념은 루쉰魯迅 선생이 《위진풍도 및 문장과 약药, 술酒의 관계》라는 글에서 처음 제시해 학계에 널리 받아들여졌다. 왕야오王瑶의 《중고문인 생활》(1951)은 논문집으로 그중의 〈문인과 약药〉, 〈문인과 술酒〉 등에 나타난 글의 관점은 루쉰의 영향을 직접 받았다. 《미의 역정》에서 "위진풍도("라는 제목으로 위진미학을 논한 리쩌허우는 "위진풍도"를 사람의 각성과 자각으로 요약한다. 1990년대 이래로 관련 연구 성과는 아래와 같다: 닝쟈위宁稼雨의 《위진풍도 - 중고문인 생활행위의 문화적 함의》(1991), 류캉더刘康德의 《위진풍도와 동방

인격》(1991), 푸강傅剛의 《위진풍도》(1997), 류쭝쿤刘宗坤의 《위진풍도와 그의 문화표현》(1997), 천홍陈洪의 《시화인생: 위진풍도의 매력》(2001), 판쯔예范子烨의 《중고문인 생활연구》(2001), 츄사오핑邱少平의 《위진명사名士연구》(2004), 위안지시袁济喜의 《중고미학과 인생강연록》(2007), 닝쟈위宁稼雨의 《위진명사名士풍류》(2007), 런화난任华南의 《위진풍도론》(2007), 리슈졘李修建의 《풍상: 위진 명사名士의 생활미학》(2010) 등이 있다.

   이 책들 중에서 역사를 중심으로 하여 위진의 여러 시대 선비들의 풍채를 탐구하는것도 있는데, 천홍陈洪, 츄사오핑邱少平, 런화난任华南 등의 저서가 바로 이러한 발상을 나타낸다. 산발적으로 위진시대 학술사조와 위진시대 선비들의 인물인 품조品藻, 청담清谈, 약주药酒, 예술 등의 일상적인 활동을 통해 위진의 명사풍도를 보여주는 것도 있는데, 닝쟈위宁稼雨, 류쭝쿤刘宗坤, 판쯔예范子烨, 위안지시袁济喜, 리슈졘등의 저서가 그것이다. 닝쟈위의 《위진풍도 – 중고문인 생활행위의 문화적 함의》와 류캉더刘康德의 《위진풍도와 동방인격》은 위진풍도에 대하여 전체적으로 연구한 최초의 전문저서이다. 닝쟈위는 위진문제门第관념, 남북문화 차이, 인물품조, 위진학술사조(현학, 불학), 위진사인의 성정특징, 위진문예, 위진풍속(약, 술, 복식, 박희博戏) 등에서 위진풍도를 비교적 포괄적으로 보여주었는데, 그 목표는 "살아 있는 위진문화의 풍모도를 묘사하는 것"이었다. 닝쟈위가 여러 면에 걸쳐 논의를 펼쳤다면, 류캉더는 자연생태, 사회세태, 학술상태의 세 가지 방면에서 위진풍도 흥기의 역사와 문화적 요인을 탐구했다. 류캉더의 경학과 위진풍도의 생성 간의 내적 관계에 대한 탐구는 주목할 만하다. 후한后汉 유학游学 수업학경受業學經의 양상은 한나라 이래의 학수 가법學守家法과 고집 일면의 풍조를 타파하고, 이것이 경학의 형식이나 내용에서 심각한 변화를 불러와 위진풍도의 생성과 직결되게 한다는 것을 제시하였다. 나머지 저서는 위진풍도의 여러 측면에 대해 다소 언급하고 있지만, 다만 연구에 치중하는 부분이 깊이가 다를 뿐이다.

   소수의 저작은 위진풍도魏晋风度의 역사 수용 문제를 탐구하였다. 가오쥔린高俊林의 《현대 문인과 위진풍도 - 장타이옌章太炎, 주周씨 형제를 사안으로 한 연구》(2007)는 현대 문인 장타이옌, 루쉰, 저우쭤런 등 3명을 예로 선정해 "위진풍도"가 사상과 문자의 두 가지 측면에서 이들에게 미친 영향과 "위진풍도"의 긍정적 자원을 어떻게 받아들여 창조적으로 전환했는지 살펴봤다. 저자는 장타이옌이 제창한 "오조학五朝學"과 작성 스타일, 루쉰)의 정신적 기질, 생활 태도, 문체 스타일, 저우쭤런의 산문에 대한 선호와 그 은사隱士의 태도를 연구하여 이들 세 사람의 위진풍도에 대한 수용과 개조를 해부하였다. 이 밖에 리슈졘은 《풍상: 위진명사의 생활미학》에서 당나라의 《몽구蒙求》, 명대의 《유몽영幽梦影》, 현대학자 루쉰, 쫑바이화, 펑유란冯友兰을 선정하여 위진사인 이미지에 대한 역사적 수용 문제를 간략히 검토하였다. 그러나 위진풍도가 후대에 미치는 영향이 큰 점을 감안하면 위진풍도에 대한 수용 연구는 상대적으로 적어 여전히 심도가 깊지 못하다는 점을 지적할 수 있다.

2) 위진사인士人의 인격과 마음가짐 연구

위진 이후 역대 위진 사인의 인격에 대한 평가는 엇갈렸고, 인정과 반대의 관점이 있었다. 그러나 그에 비해 공감하는 목소리가 다수를 차지했고, 위진의 풍류는 후세 사람들에게 향수를 불러일으켰다. 근대학자 예를 들면, 장타이옌章太炎, 류스페이刘师培, 량치차오梁启超, 펑유란冯友兰, 룽자오쭈容肇祖 등이 이를 극찬했다. 쫑바이화 선생의 위진 사인에 대한 평가는 의심할 여지없이 큰 영향을 끼쳤다. 그는 위진 사인이 자연, 철리哲理, 우정에 대해 모두 "일왕정심一往情深(정이 깊다)"하며, 그 정신이 가장 해방되고 자유롭다고 생각한다. 성품이 진솔하고 도량이 넓은 등 위진 사인들의 인격이 높음을 충분히 인정한다. 이런 관점은 후세에 영향을 크게 주었는데 대부분의 저서가 이 같은 맥락에서 진행되고 있다.

가오화핑高华平의 《위진현학자 인격미 연구》(2000)는 위진사인의 이상적인 인격을 다룬 것이다. 저자가 보기에 현학인격은 본래 성품이며, 개체의 인격인 생명이 진眞에 기초한 통일을 추구하고 명교名教와 자연이 "무사无私", "위공为公에 기초한 통일을 추구하며 궁극적으로 도道와 동일하고 "천지만물오일체天地万物吾一体"의 최고의 심미적 경지를 이루는 것이 기본 특징이다. 저자는 혜강稽康, 지둔支遁, 사안謝安, 도연명陶淵明을 위진현학자 인격미의 모범으로 보고 이를 충분히 인정하였다. 《세설신어》는 위진사인의 미학을 연구한 가장 주요한 텍스트이다. 닝쟈위宁稼雨의 《위진사인 인격정신 - 〈세설신어〉 중의 사인정신사》(2003)는 《세설신어》를 연구 중심으로 《세설신어》의 작성 과정, 분류 설정이 위진사인의 인격정신에 대한 확인과 이해를 탐구해 위진사인의 사회생활과 정신변천, 위진사인의 현학인생 태도, 《세설신어》에 나온 불학, 신선도교와 사족정신 간의 관계를 분석했다. 저자는 위진사인의 인격정신이 사회 의지와 분리된 개체성, 사물의 본질을 중시하는 정신성, 실용적 공리를 초월하는 심미성의 3대 특징을 갖고 있다고 보고 위진사인의 인격정신 역시 긍정적으로 평가한다. 관련 저서로는 대만 학자 리칭윈李清筠의 《위진명사 인격 연구》(2000), 저우하이핑周海平의 《위진명사 인격 변천사》(2007)도 있다.

　　1980~90년대 프랑스 연감학파年鑑学派는 대륙학계에 큰 영향을 미쳤다. 연감학파의 마음가짐사는 일종의 연구 발상이 되어 중국 고대 사인士人들의 마음가짐에 대한 연구에 참고되었다. 뤄쫑챵罗宗强의 《현학과 위진사인의 마음가짐》(1991)이 그것이다. 수많은 저서가 위진사인의 인격을 충분히 인정했던 것과 달리 이 책은 위진사인의 인격을 다르게 해석하였다. 저자는 정치 정세와 철학 사조가 선비들의 마음 상태를 변화시키는 두 가지 중요한 요소라고 생각한다. 그중에서도 철학 사조는 선비들의 인생 이상, 생활 정취, 생활 방식과 정신 생활에 미치는 영향이 가장 근본적이다. 이러한 관념에 기초하여, 저자는 정시正始, 서진西晋, 동진东晋의 정국政局의 변화와 현학 사조의 변천을 분석하여 3단계 선비들의 마음가짐에 대해 심도 있게 논의하였다. 저자 입장에서 혜강稽康은 "비극의 전형"이고 완적阮籍은 "고

뇌의 상징"이다. 서진사인西晋士人은 명분을 추구하고 자기보호를 잘하며 향락을 추구한다. 동진사인东晋士人은 평온한 정신 세계와 우아하고 여유로운 풍모를 추구하는 마음가짐의 특징으로 표현된다. 위안지시袁济喜의《인해고주人海孤舟 - 한위汉魏 육조사六朝士의 고독의식》(1995)은 위진사인의 마음가짐을 고독과 애통함으로 규정하고, 주색에 빠지고 자연산수에서의 방탕함을 고독을 풀어주고 해소하는 수단으로 삼았다고 논한다. 이들 저서는 위진사인이 지나치게 신성화되고 미학화되는 경향에 대해 비판적으로 반성하고 있다고 봐야 한다.

2. 위진사상과 위진미학연구

위진 시기의 가장 중요한 사상 흐름인 현학玄学이 위진 미학과 예술에 끼친 영향은 매우 크다. 위진미학에 관한 연구 저술은 이것에 대해 모두 탐구하고 있다. 예를 들어 리쩌허우, 류강지의《중국미학사》(위진남북조편)에는 이에 대한 전문적인 논술이 있다.

장하이밍张海明의《현묘지경: 위진현학미학사조》(동북사범대학출판사, 1997)는 위진현학과 관련된 4대 미학의 문제를 다루었다. 즉 위진풍도, 청담清谈(기원,《세설신어》와 그 문체 특징, 언어 특징), 현언시玄言诗(유선시游仙诗, 현리시玄理诗, 산수시), 현학(본체론, 가치론, 방법론, 인물평품)과 시학 등이 있다.

우시신邬锡鑫의《위진현학과 미학》(2006)은 위진현학과 미학을 전문적으로 연구했다. 이 책은 현학의 발생과 발전의 역사적 필연성, 현학과 문화의 변혁, 현학의 자연관에 대한 영향, 현학과 심미의식의 변천, 문학예술의 자각 등의 측면에서 위진현학과 미학을 탐구했다. 저자는 현학적인 언어에서 위진미학이 새로운 철학적 기초, 즉 인도人道적인 자연관을 갖게 됐다고 본다. 그것은 선비 이론 수준의 향상과 주체의식의 각성으로 나타나 심미적 의식의 각성과 문학 예술의 자각을 촉진시켰다. 저자는 한발 더 나아가 중국 고대 문예 미학 발전의 세 가지 실마리를 제시했다: "언지言志"에서 "연정缘情"으로, "형사形似"에서 "신사神似"로, "유상喻象"에서 "의상意象"으로 발전했다며 위진현학과 미학을 높게 평가한다. 언의言意의 토론Discussion between word and meaning은 위진현학의 중요한 주제 중 하나로 위안지시袁济喜는《육조미학》에서 이 문제를 비교적 체계적으로 다루었고, 장쟈메이张家梅의《언의言意의 분별과 위진미학의 말의 생성》(2007)은 이를 바탕으로 언의의 분별이 위진미학과 예술에 끼친 영향을 더욱 깊이 있게 검토했다. 이 책은 선진 도가 및《주역》의 "언불진의言不尽意"부터 왕필王弼의 "득의 망언得意忘言", 곽상郭象의 "이언출의离言出意", 위진 불학의 언의관계에 대하여 검토하였는데 언의 분별의 연기缘起와 발전을 논하였다. 이어 언의 분별의 미학선환을 분석했다. 저자는 성자유정무정圣人有情无情의 변론은 정서미학 본체의 형성을 이끌어냈고, 의기양양한 인생관이 "입상이진의立象 以尽意"의 미학적 사고방식을 낳았다고 여긴다. 이 책은 예술이론에 입각해 언의의 분별과 위진예술의 말의 생성 관계를 분석하여, 마음의 소리와 예술 자연론, 감흥과 예술 창조론, 그리고 의기소침과 예술 감상론의 연관성을 탐구했다. 마지막으로 언의의 분별 이론, 당나라 의경意境 이론, 송원 사의写意회화론, 그리고 청나라 때 "의내언외意内言外" 등의 이론에 미치는 영향을 연구하였다.

불교는 한나라 때 중국에 전래되어 위진시대에는 불학현학화의 과정을 거쳤는데, 특히 동진시대에는 고승들이 명사와 많이 사귀었고, 상위 명사들이 불교를 숭배하는 사람들이 많아 불학 이슈가 청담清谈에 들어갔다. 그뿐만 아니라 불교는 위진사인에 대한 사상관념에도 큰 영향을 미쳤다. 불교가 위진미학, 특히 이후의 중국 미학에 큰 영향을 미쳤음은 두말할 나위 없는데 이를 위진미학 저술이 많이 언급하였다. 하지만 위진불교와 미학에 관한 연구 전문서는 많지 않다. 자오졘쥔赵建军의《영철유리映澈琉璃: 위진 반야魏晋般若와 미학》(2009)은 위진반야학과 미학의 만남, 대화, 융합, 통일을 연구 대상으로 하여 반야학般若学의 "중국화"와 반야般若에 내재된 "내화'가 중국 미학에 자리잡은 역사적 과정을 조명하고 있다. 이 논문은 인도에서 유래한 반야학般若学이 가진 미학적 사상을 우선적으로 다룬 다음, 이어 반야학이 처음 중국에 전래될 때 현학과의 내재적 모순을 탐구하고, 양진현불兩晋玄佛이 합류한 시기를 중점적으로 분석하여 《심경心经》, 《중론中论》, 《조론肇论》으로 대표되는 중관반야中观般若 체계가 지닌 미학적 함의를 분석하였다. 저자는 중관반야 체계가 반야 미학과 중국 미학의 진정한 조화를 이루어냈고, 체계적인 형태로 중국 미학을 새로운 생성의 길로 이끌었다고 본다. 이 책은 주로 불교이론을 중심으로 연구되었는데 위진불학이 위진사인의 생활양식과 사상관념, 위진예술에 끼친 깊은 영향 등에 대해서는 좀 더 깊이 있는 연구가 필요하다. 한궈량韩国良의 《도체道体 · 심체心体 · 심미 – 위진현불과 그 위진심미풍조에 미친 영향》(2009)은 위진현불의 내재된 이치로 깊이 들어가 위진현불의 발전 과정과 각 파의 특징, 그리고 위진심미풍상과의 관계를 비교적 깊이 있게 탐구하였다.

추징웨이曲经纬의 《장자주庄子注와 현학미학》(동남대학출판사, 2018)은 위진을 맞아 사회의 변천과 사유의 진전에 입각하여 곽상郭象의 장자주庄子注가 《장자》미학사상을 계승하고 뛰어넘은 점을 논의하고, 예술 창작과 심미 형태 분야의 변혁에서 곽상의 미학이론을 입증하려 하였다. 이 책은 곽상의 장자미학 시스템 발전에 대해 심미본체, 심미적 태도, 심미심리, 심미인격의 네 가지 방면에서 논하였다.

한편, 도교와 위진미학에 대한 연구는 많은 연구저서에서 다루고 있지만, 아직 전문저서는 나오지 않고 있다.

3. 위진청담清谈연구

청담은 위진시대의 중요한 문화현상으로 위진현학과 밀접한 관련이 있으며, 선배 학자들인 천인커陈寅恪, 허창췬贺昌群, 쭝바이화, 탕창루唐长孺

등이 위진청담에 대해 많이 연구하였다. 60년 동안 위진청담에 대해 연구한 전문 저서는 많지 않았다. 홍콩 학자 머우룬쑨牟潤孙의 《위진 이래의 숭상崇尚담변과 그 영향을 논한다》(1966)은 청담의 발흥과 발전, 청담이 경학, 사학, 정치제도에 끼친 영향을 사학적으로 분석했다. 저자는 한나라 말기 경학의 전환을 분석하여 동한东汉 박학다통하면서도 논변에 능한 경사经师의 등장으로 청담의 흥기가 이루어졌다고 논했다. 학술사의 관점에서 청담의 기원을 탐구한 저자의 관점은 중시할 만하다.

위진청담의 연구저서는 크게 두 부로 쿵판孔繁의 《위진현담》(1991)과 대만 학자 탕이밍唐翼明의 《위진청담》(대만판 1992, 중국판 2000)이다. 쿵판의 저서는 사史를 강綱으로 하여 한말汉末, 정시正始, 죽림竹林, 서진西晋, 동진东晋의 청담을 논의하고, 구체적인 논술에서는 청담 인물을 중심으로 이들을 소개하고 있다. 이를 기초로 각 시기의 청담 화두를 탐구하고, 청담 명사의 성품 특징과 심미풍상 등도 연구하였다. 쿵판의 저서는 위진청담의 역사적 풍모를 비교적 포괄적으로 보여준 셈이다. 구체적인 관점에서는 쿵판의 저서는 선배 학자인 허창췬, 탕이밍 등의 주장을 받아들여 위진청담이 한나라 말기의 청의(清议)에서 나왔다고 논하였는데 이는 당시 학계에서 널리 받아들여진 관점이다. 탕이밍의 저서는 청담 활동 자체에 입각하여 국내외의 연구 자료를 광범위하게 인용하여 청담의 명목과 형식과 내용, 청담의 기원, 발전과 변천을 자세히 검토하였는데 문맥이 뚜렷하고 새로운 견해도 제시하였다. 예컨대 이 책은 "'위진청담'이란 위진시대의 귀족 지식인들이 인생, 사회, 우주의 철리哲理를 탐구하는 것을 주요 내용으로 수사와 기교를 따지는 담론을 기본으로 하는 학문적 사교활동을 가리킨다"[69]고 현대적 정의를 내렸다. 현재 이 정의는 학계에서 널리 받아들여지고 있다. 저자는 청담의 기원을 한말 태학의 "유담游谈"으로 거슬러 올라가 위진청담의 연구를 풍부하게 했다. 그 밖에 판쯔예范子烨의 《중고문인생활연구》

---

69) 탕이밍: 《위진청담》, 인민문학출판사, 2002, p.30.

(2001)에서 청담의 기원과 분기, 청담이란 단어의 의미, 청담의 방식, 청담에 쓰이는 먼지떨이에 대하여 비교적 면밀하게 살펴본 연구 성과도 주목할 만하다. 리춘칭李春青의 《도가미학과 위진문화》(중국영화출판사, 2008) 하편은 청의淸议에서 청담으로의 전환, 청담에서의 심미적 재미, "청淸", "현玄"의 개념과 그 심미정신, 완적阮籍, 혜강嵇康 등의 미학사상을 전문적으로 분석했다.

4. 인물품조品藻연구

쭝바이화 선생은 위진미학을 인물품조의 미학으로 여겼다. 인물 품조의 중요한 의미는 관련 중국 미학사 저서에서 많이 언급된다. 인물품조와 위진미학의 관계에 대해 리쩌허우, 류강지는 《중국미학사》(1987)에서 위진의 심미적 인물품조는 심미적 자각을 촉진하고 예술적 창조와 감상에 직접적이고 광범위하게 영향을 미쳐 전체 미학사상의 발전에 영향을 미쳤다고 지적했다. 장파는 《중국미학사》(2000)에서 인물 품조가 정제된 어구와 유사적인 감수성을 심미적 파악 방식으로 형形, 골骨, 신神 구조의 신체를 심미적 대상으로 삼아 중국 미학적 대상 구조의 정형을 이끌어냈다고 지적한다. 판쯔예范子烨는 《중고문인생활연구》라는 책의 상편에서 인물품조를 전문으로 다루면서 동한, 삼국시대의 인물품조, 인물품조의 방식, 방법, 인물품조의 기준과 그에 반영되는 "간简"을 숭상하는 심미관념을 해부하였다. 판쯔예의 저서는 자료가 풍부하여 인물 품조의 역사적 면모를 잘 나타내고 있다. 황사오잉黄少英의 《위진인물품제品题연구》(2006)는 위진 인물품제를 연구 대상으로 한 저서다. 이 책은 위진 사인을 명법지사名法之士, 예법지사礼法之士, 현학명사玄学名士, 양진고승兩晋高僧 등 네 가지로 분류한다. 명법지사는 형명법술刑名法术로 나라를 다스려야 한다고 주장하는 정치인으로, 주로 조조, 제갈량 등으로 대표되는데 "오직 재능만을 내세운다"하며 인물의 재능을 중시한다. 예법지사는 위진시대 선비로 왕상王祥, 부하傅嘏, 하증何曾 등으로 대표되는데 유가예교를 중시하고 인재의 기준에서 덕을 더 중시했다. 현학 명사는 자연을 숭상하고 개성을 중시하며 기품 있는 풍모를 추구하며 개인적 감정을 중시한다. 양진, 특히 동진 고승은 현불수양으로 위진 주류사회에 진출했다. 엄밀히 말해 이 책은 네 유형의 선비들을 동등하게 보고 중점을 두지 않고 현학 명사가 위진 선비들의 중심임은 틀림없고, 위진인물품조品藻는 위진 미학, 위진 문예 이론에 대한 구체적 상관관계에 대하여 언급한 것이 없다는 점도 짚고 넘어가야 할 대목이다.

5. 위진자연관연구

자연관은 인간과 자연의 관계 문제를 다루는 것이다. 관련 연구는 장치천章启群의 《위진 자연관을 논한다 - 중국예술자각의 철학적 고찰》(2000), 다이젠핑戴建平의 《위진 자연관 연구》(2002), 리젠李健의 《위진 남북조의 감물感物미학》(2007) 등 3개 분야이다.

장치천의 저서는 한나라 철학을 비롯해 왕필王弼, 혜강嵇康, 곽상郭象, 지둔支遁, 갈홍葛洪 등에 관한 저서 속 자연관을 분석하고, 위진철학 자연관의 특징과 중국예술에 대한 자각의 의미를 탐구했다. 저자는 "자연"을 최고의 법칙으로 삼고 사회규범, 도덕질서 등 인위적인 것을 대립점으로 삼았던 선진도가 철학에 비해 위진현학에서 자연관이 근본적으로 변했다고 지적한다. 위진 철학자는 자연법칙과 도덕규범을 조화시켜 "명분과 교화는 원래 자연에서 나온다"(왕필) 또는 "명분과 교화는 자연에서 나온다"(곽상)라고 제기하였다. 동시에 위진철학 자연관은 인간의 자연적 본성과 감성의 요구 합리성을 명확하게 인정하고 있다. 저자는 위진 자연관이 철학사에서 "자연은 즉 합리다"에서 "합리는 즉 자연이다"로 관념의 전환에 이르고, 객관적 자연세계의 "이理"와 주체적 인간세계의 "이理"가 내재적으로 소통함으로써 철학적으로 심미적 주체 구성을 완성함으로써 위진시대 중국예술의 자각에 탄탄한 철학적 토대를 제공했다고 지적한다.

장치췬의 저작보다 다이젠핑의 저작은 위진의 자연관, 장치췬의 저작에서 언급한 인물 몇 명말고 양천杨泉의 《물리론》 속 자연관, 《열자列子》와 장잠张湛의 자연관, 위진 신선도교의 자연관, 위진 불교의 자연관을 고찰하고 위진 자연관이 천문 현상, 정치, 과학에 미치는 영향을 분석했다. 그 논술을 보면 자연을 인지의 객관적 대상으로 보는 경우가 많은데, 인지의 대상인 "자연"이 중국 전통 철학의 의미인 "자연"과 똑같지 않다는 점을 혼동하는 것 같다. 그럼에도 이 책은 위진의 자연관을 이해하는 데 상당한 참고가치가 있다.

리젠李健의 저작은 완적阮籍, 혜강嵇康, 위항卫恒, 육기陆机, 종병宗炳, 사혁谢赫, 유협刘勰, 종영钟嵘의 감물感物미학을 연구했다. 저자는 위진남북조가 중국 고전감물미학의 성숙과 정형화 시기로서 이 시기에는 아래와 같은 이론적 성취를 이루었다. "감물"의 창조적 관념이 완비되며, "물"은 충만과 독립을 얻었으며, 감물의 가장 기본적인 방식과 유형을 탐구해 현람玄览(허정虚静), 응감应感, 신사神思 등 고전적 감물의 방식과 정이물흥情以物兴(감물흥정感物兴情), "물이정관"物以情观(탁물우정托物寓情) 등 고전적 감물의 유형을 생성하였다. 이러한 감물의 방식, 유형이 지닌 심미창출의 가치를 탐구하며, 인간의 자연스럽고 자유로운 생명체험과 심미체험의 초월을 촉진했다. 저자는 위진남북조의 감물미학이 뚜렷한 층위성과 논리성을 지니고 있다고 지적한다.

6. 위진문예미학연구

1980년대 이래 현학과 위진문학에 대한 연구는 중요한 많은 성과를 냈다. 예를 들어, 쿵판孔繁의 《위진현학과 문학》(1987), 천순즈陈顺智의 《위진

현학과 육조문학》(1993), 루성쟝卢盛江의 《위진현학과 문학사상》(1994), 위안펑袁峰의 《위진육조문학과 현학사상》(1995), 류윈하오刘运好의 《위진철학과 시학》(2003), 피위안전皮元珍의 《현학과 위진문학》(2004), 황잉취안黄应全의 《위진현학과 육조문론》(2004), 쉬귀룽徐国荣의 《현학과 시학》(2004) 등이다. 이 저작들의 연구는 각각 중점이 다르다. 예를 들어 천순즈陈顺智의 저서는 위진현학이 문학 이론의 정체론, 인식론, 주체론에 미친 영향을 중점적으로 검토하였는데, 시가 변천을 단서로 하여 육조 유선시游仙诗, 현언시玄言诗, 전원시田园诗, 산수시山水诗와 영물시咏物诗 등의 시에 나타난 현학적 정신을 탐구하였다. 류윈하오, 황잉취안의 저서는 대체로 위진현학의 역사발전을 위주로 하고 있다. 류윈하오의 저서는 위진시대 시가의 풍격 특징과 미학정신을, 황잉취안의 저서는 현학이 문학이론에 끼친 영향을 분석하고 있다. 루성쟝, 피위안전의 저서는 현학과 위진문학 이론, 문학 창작, 그리고 심미적 풍모와의 관계를 탐구하였다. 연구는 통사적인 저서에 많이 녹아 있다. 예를 들어, 차이중더蔡仲德의 《중국음악미학사》(1995), 천취안시陈传席의 《중국회화미학사》(2000) 등의 전문적 연구 저서는 많지 않다. 대만 학자 쉬푸관徐复观은 《중국예술정신》(대만판 1966, 중국판 1987)에서 현학과 산수화의 관계를 연구하면서 현학이 산수화의 발흥을 이끌었다는 주장을 제시하였다. 판보樊波의 《위진풍류 - 위진남북조 인물화 심미연구》(박사논문, 2003)는 기본적으로 이런 관점을 받아들여 육조 인물화의 흥행 원인과 표지, 육조 주요 인물화가의 작품 스타일 및 언어적 특징, 인물화의 두 가지 유형인 벽화 인물과 선각 인물의 미적 특징을 분석해 인물화의 비평이론을 상세히 검토하였다.

귀핑郭平의 《위진풍도와 음악》(2000)은 완적阮籍, 혜강嵇康의 음악 이론을 중점적으로 탐구해 노장의 음악관과 비교 연구했다. 저자는 완적과 혜강이 노장의 "대음희성大音希声", "지락무락至乐无乐"의 추상적인 철학사상의 무한한 경지를 심미적 심리상태와 예술의 경지에 대한 추구로 바꿨다고 본다. 저자는 위진풍도와 거문고로 대표되는 중국 음악정신을 분석했는데 저자가 보기에 "청淸"은 위진풍도의 가장 가치 있는 내용인 동시에 중국 음악의 심미적 추구를 구성한다. 이 밖에 육조 음악정신이 고대 거문고곡의 소재에도 큰 영향을 미쳤다고 구체적인 역사자료를 통해 밝혔다.

우궁정의 《육조원림》(1993)과 위카이량余开亮의 《육조원림미학》(2007)은 육조원림예술을 연구하였다. 우궁정의 저서는 우선 역사적 관점에서 선진에서 육조까지 원림 심미관념의 변천을 분석하였는데, 저자는 선진이 원림園林을 경제적 수단으로 여겼고, 한대원림은 자연에 대한 소유욕을, 육조원림은 산림화의 심미 취미를 보여줬다고 지적한다. 또 서진의 금곡지회金谷之会부터 동진의 난정아집兰亭雅集까지 원림의 심미도 부귀한 기상에서 산수의 심미로 바뀌어 문화의 맛이 더욱 깊어졌다. 이어 육조 원림 문화인 심미 심리 형성, 자연에 대한 자각 관념이 심미의식으로 이어졌다. 그리고 원림의 3가지 형태인 황실정원, 개인 정원, 불가원림을 비교 연구하여 원림의 내부 구조와 특징을 연구하고 남북 원림의 이동을 비교했다. 위카이량의 저작은 이를 바탕으로 육조 원림에 대한 탐구를 더욱 심도 있게 진행하여 자료적으로 더욱 풍성하게 하였다. 저자는 육조시대 원림들을 유형별로 세세하게 정리하여 시공간의 심미와 문화적 마음가짐에 중점을 두고 원림 경지의 생성을 탐구했다. 저자는 육조 원림이 경관 구조, 예술적 기법, 심미적 문화적 마음가짐에서 후대 원림 조성의 토대를 마련했다고 주장한다.

7. 위진미육美育연구

위진 사인은 기본적으로 대가족 출신으로, 세족世族은 집안 자제의 교육 문제를 매우 중시하였는데, 위진 시기의 몇몇 주요 세족에서 모두 명사들이 배출되어 그 가문 교육의 성공을 잘 알 수 있다. 따라서 위진 시기의 미육사상도 연구할 만한 주제이다. 위안지시袁济喜는 《전통미육美育과 당대의 인격》(2002)에서 위진 시기의 미육관에 대해 연구한 바 있다. 중스룬钟士

伦이 주필한 《위진남북조미육사상연구》(2006)는 위진시대 미육사상 전반을 살펴봤다. 이 책의 제3장은 위진세족 가정의 미육사상에 대한 탐구이다. 위진 가족의 미육은 인륜지미의 교화, 예술의 미의 훈화, 자연의 미의 동화를 주요 내용으로 제시한다. 위진미육의 특징으로는 신교에 치중하고 체험을 강조하며 정경을 창조하고 활동에서 자제들에 대한 선도나 계발, 가문의 영예감을 이용한 격려 교육, 가계家诫, 가훈, 몽서蒙书, 경사자집经史子集을 활용한 교육 등이 있다. 이 책은 위진 집안의 미육의 영향으로 주로 인재들이 세족에 모이는 현상과 조혜早惠현상이 나타났다고 본다. 책은 위진 가문의 미육이 현대 가계의 미육에 상당한 귀감이 된다고 지적한다. 이 책의 다른 장에서는 위진시대 인물 품평의 미육사상, 선비적 인격미, 산수회화미육, 서예미육 등을 다루고 있는데, 그 구체적인 내용은 미육사상과의 연관성에 대해 더 많은 연구가 필요하다.

루정卢政 · 주야난祝亚楠의 《위진남북조미육사상연구》(제로서사, 2015)는 현불사조의 미육에 대한 영향, 위진남북조미육의 발전 과정, "화和"를 핵심으로 한 미육관, "양기养气", 기운이 살아 있음气韵生动 등의 범주에 있는 미육의 내포, 혜강嵇康, 완적阮籍 등 7인의 미육사상, 미육의 실시 방식 등을 화두로 다루고 있다. 이를 종합하면 중국 학자들은 다양한 각도에서 위진미학을 폭넓고 깊이 있게 탐구해 많은 연구 성과를 거두었다. 그만큼 위진미학 연구는 무르익었다. 위진미학 분야에서도 여전히 발굴해야 할 부분이 적지 않아 연구자들의 심도 있는 검토가 필요하다.

제4절 중국 심미 범주의 다원적 연구

심미 범주는 미학 연구의 중요한 내용이다. 미학 원리의 심미적 범주에는 미美(우아한 미, 웅장한 미), 비悲(숭고함, 비극), 희戱(희극, 익살, 추함)의 세 가지가 포함된다. 분명히 이 세 가지 심미적 범주는 서양 미학사를 바탕으로 요약한 것으로 중국 미학의 실제와 부합하지 않는다. 예랑은 1980년대 미학 원리 체계의 결함 중 하나로 "중국 전통 미학을 흡수할 만한 긍정적인 성과가 거의 없다며 각종 범주, 명제, 원리가 서구문화의 범주(플라톤, 아리스토텔레스, 체르니솁스키, 플레하노프까지)에 국한돼 있다"[70]고 지적했다. 이런 관점은 정곡을 찔렀다고 할 수 있다. 본인이 주필한《현대미학체계》에서는 이미지, 감흥 등 미학적 범주로 미학적 체계를 구축하려 하였다. 물론 더 많은 노력이 중국 미학 연구 분야에서 이루어진다.

1. 심미 범주 연구 개술槪述

왕궈웨이는 미학적 범주 연구의 선두주자로 아름다움, 웅장함 등의 범주를 결합해 쇼펜하우어의 비극적 이론으로《홍루몽》을 설명하고《인간사화人间词话》에서 "경계"설을 제기한다. "고아古雅"의 범주도 제시했다. 그가 지적한 바에 따르면, 고아함은 형식의 형식이고, 제2의 형식이다. "형식의 아름다움과 웅장한 속성이라 하여 제2의 형식이기도 하다. 그래서 하나의 독립적 가치를 얻었으니 고상한 것은 형식적 아름다움의 형식적 아름다움이라 수긍할 만하다."[71] 그는 고아함이 예술 속에만 존재한다고 생각한다. 예를 들어, 푸겅성傅庚生의《문학의 은隐과 수秀를 논한다》(동방잡지 44권 9호, 1948, 9월), 린위탕林语堂의 〈소탈潇洒을 말한다〉(《문반소품文饭小品》 창간호1935, 2월), 량쭝다이梁宗岱의 〈숭고를 논한다〉(《문반소품》 제4기, 1935, 5월), 주광첸의 〈강건미와 유연미〉(《문학계간》1권, 3기), 쉐웨이雪韦의 〈문학의 "아雅"를 논한다〉(《해방일보》, 1941.6.2.) 등은 모두 미학 범주에 대한 연구이다.

중화인민공화국 수립 이후 1950~60년대에는 미의 본질에 대한 연구에 집

---

70) 예랑:《가슴속의 대나무 – 현대를 향한 중국의 미학》, 안휘교육출판사, 1998, p.210.
71) 왕궈웨이: 〈고아의 미학적 위치〉,《왕궈웨이문집》(하), 중국문사출판사, 2007, p.18.

중했고, 미의 범주에 대한 연구 성과도 여러 개 있었다. 홍이란洪毅然의 〈"아雅"와 "속俗"〉(《신건설》, 1957, 12월호), 천융陳咏의 〈경계설 약담〉(《광명일보》, 1957.12.12.), 리쩌허우의 〈"형形"으로 "신神"을 쓴다〉(《인민일보》, 1959.5.12.), 〈허실은현간虛实隐显之间〉(《인민일보》, 1962.7.22.), 이즈메이伊之美의 〈아雅를 미로 여긴다〉(《장식》, 1959, 6호), 타오루랑陶如让의 〈우아를 해석한다(심미문제를 가볍게 논의한다)〉(《문예보》, 1959, 11호), 류쥔샹刘俊骧의 〈정情, 경景, 형形, 신神(형체미 학습 필기)〉(《광명일보光明日報》, 1962.2.15.), 왕쟈수王家树의 〈천진, 질박, 미(원시의 채도공예 "실용"과 "미"의 통일)〉(《광명일보(光明日報)》, 1962.4.14.일.), 랴오중안廖仲安·류궈잉刘国盈의 《"풍골风骨"을 해석한다〉(《문학평론》, 1962, 2기), 우번싱吴奔星의 〈왕궈웨이王国维의 미학사상 – "경계론"〉(《강해학보》, 1963, 3호) 등이다. 그리고 의경을 연구한 몇 개의 논문도 있다 (아래 참조).

개혁개방 이후 중국 학자들은 중국 미학의 범주에 대해 더욱 자각적으로 연구하고 있다. 1981년 마르크스주의의 중국 미학 체계를 세우고 미학적 유산을 정리하자는 저우양周扬은 "미학에서 중국 고대는 흥兴, 문과 도, 형신, 의경, 정경, 운미, 남성의 미, 음유의 미 등 나름의 범주, 개념, 사상을 형성하였다. 우리는 이런 범주, 개념, 사상에 대해 과학적으로 해석해야 한다"[72]라고 지적하였다. 저우양의 건의는 의심할 여지없이 긍정적인 반응을 얻었다. 1980년대 이래 중국 미학에 대한 연구는 계속 진행하고 있고 헤아릴 수 없는 학술 논문과 전문 저서가 쏟아져 나온 셈이다. 지금부터 전문 저서의 예를 들면서 대략 출판 순서에 따라 정리해 보겠다.

예랑의 《중국 미학사 대강》은 이미 서술한 바와 같이 범주사 작성법의 대표이다. 책에서 노자의 이론인 도道, 기氣, 상象의 세 범주가 후대의 미학에 심대한 영향을 미쳤고 지적하였다. 왕전푸가 주필한 《중국미학범주사》

---

72) 저우양: 〈현대 과학 수준에 상응하는 마르크스주의의 중국 미학 체계 수립과 미학 유산 정리에 관한 문제〉, 《미학》, 1981, 제3기.

는 이 세 범주를 둘러싸고 위에서 아래로 펼쳐져 있다. 천왕형은 《중국고전미학사》에서 "의상意象"을 기본 범주로 하는 심미본체론 체계, "미味"를 핵심 범주로 하는 심미체험론 체계와 "묘妙"를 주요 범주로 하는 심미품평론 체계가 중국 고전미학 체계 전반을 구성했다고 밝혔다.

쩡쭈인의 《중국고전미학범주》(화중공대출판사, 1986)는 6대 미학 범주로 정리론情理论, 형신形神论, 허실론虚实论, 언의론言意论, 의경론意境论, 체성론体性论을 꼽았다. 구체적인 작성 과정에서는 두 부분으로 나뉘는데, 하나는 각각의 범주의 형성과 발전 과정을 검토하고, 다른 하나는 그 미학적 특징을 연구하였다. 정리론을 예로 들면, 저자는 정리론의 형성과 발전을 세 시기로 나누어 선진 양한 시기를 중리重理시기로 하고, 위진에서 당송까지를 정리의 평형시기로 하며, 명청시기를 중정重情시기로 한다. 정리론의 미학적 특징은 "정과 이치의 통일", "진정과 분서愤书", "이취理趣와 이장理障"이다.

피차오강의 《중국고대문예미학개요》(사천성사회과학원출판사, 1986) 상편은 "중국고대문예미학의 중요한 범주"로 엮어 미味(심미관조 및 체험), 오悟, 흥회兴会, 의상, 신사神思, 허정虚静, 기, 미味(심미특징)와 의경 등의 심미적 범주를 포함시켜 이들의 기본 의미, 구성요소, 기본 특징 등을 검토하였다.

청푸왕成复旺이 주필한 《중국미학범주사전》(중국인민대학출판사, 1995)은 중국 미학의 범주에 대한 집중적인 수집으로 500건 가까이 된다. 저자는 중국 고대의 미학과 문화의 사상 체계 안에서 중국 미학의 범주를 이해해야 한다는 것이 1990년대 이후 중국 미학 연구자들의 공통된 견해라고 지적한다.

저자는 중국 미학의 범주 체계를 다섯 개의 계열로 나눈다. 첫째는 신神, 기气, 운韵, 미味 및 의상, 의경 등의 범주인데 이는 중국 미학의 핵심 범주이고, 공통적으로 주객통일이라는 특징이 있다. 두 번째는 심心, 성性, 정情, 의意, 지志, 취미 그리고 이에서 파생된 흥미, 의흥意兴, 성령性灵 등이고 주체의 마음을 가리키며 "마음"의 범주 계열에 속한다. 세 번째는 형形, 질质,

상象, 경景, 경境, 천天, 도道이고 "물"의 범주에 속한다. 넷째는 관观, 유游, 체体, 품品, 오悟, 감感, 흥兴 등으로 심물心物관계의 범주로 투입식과 비논리적인 특징을 가지고 있다. 다섯째는 남성미, 음유, 화和, 자연과 같은 미적 형대의 범주에 속한디. 이 다섯 개의 계열은 중국 미학 범주 체계의 근간을 이루고 있다: 즉 "마음"으로 심미의 주체를 대표하는 범주 계열, "물物"로 심미적 객체를 대표하는 범주 계열, "감感"으로 주객체 심미관계를 대표하는 범주 계열, 심물心物, 천인지합天人之合의 "합合"으로 미를 대표하는 범주 계열, "품격品格"의 "품"으로 미의 형태를 대표하는 범주 계열이다. 아래와 같이 그림으로 표시한다.

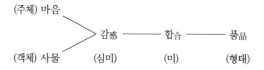

　구체적인 작성 과정에서 저자는 약 500개의 심미적 범주를 미론, 심미론, 형태론, 창작론, 작품론과 기능론으로 나눈다. 심미 범주에는 대, 중, 소의 구분이 있고, 편성할 때 관련된 심미 범주를 함께 열거하는데 맛이 큰 범주이고, "맛" 아래에는 재미, 풍미, 운미, 맛 외의 맛, 지극한 맛 등이 있다. "경景"은 큰 범주로, 그 아래에는 경 외의 경, 경, 경지, 물경, 정경, 의경, 심경, 성경圣境, 신경, 화경化境, 경은 사물 외에서의 생성, 실경과 허경, 유아지경과 무아지경, 조경과 사경写境 등 각자 미학적 범주 서열을 이룬다. 석문은 그 기본적 함의, 생성, 변천 과정 등을 밝히는 데 큰 줄기에 중점을 두고 있다.

　한린더韩林德는 《경의 사물 외에서의 생성: 화하 심미와 예술특징 고찰》 (삼련서점, 1995)에서 아래와 같이 주장한다. "첫째, 음악(시간예술)은 화하 최고의 예술이고 음악성(시간성)은 화하예술의 영혼이다. 둘째, 의경意境(예술적 의경)은 화하미학의 핵심 범주이자 기본 범주이다. 셋째, "앙관부찰仰

观俯察"의, 시선이 오락가락하는 '유관流观'은 화하 심미관조의 기본 방식이다."73) 그는 화하미학의 주요 범주, 명제와 논설에 대해 언지설言志说, 연정설缘情说, 비흥설比兴说, 언의론言意论, 정론, 형신론, 허실론, 기운 생동론, 의상, 의경, 경지, 외사조화外师造化, 중득심원中得心源, 일일逸, 신神, 묘妙, 능能이 있다고 생각한다.

장하오张晧의 《중국 미학 범주와 전통문화》(호북교육출판사, 1996)는 중국 미학사의 20개 미학 범주를 연구하여, 이를 3개 그룹으로 나누었다: 사람, 기, 도, 심心, 감感, 미는 본원 범주에 속하고, 의意, 상象, 정, 경景, 세势, 경境은 체용体用 범주에 속하며, 흥, 유, 미味, 운, 화和, 오悟, 신神은 주로 예법과 품격의 범주를 가리킨다. 이 책이 채택한 연구 방법은 문화 환원인데 주목할 만하다. "중국의 전통적 미학적 범주는 천혜의 문화적 토양(물질 생산과 사회적 관계를 포함)에서 나온다. 이를 과학적으로 설명하는 방법은 그것들을 문화적 모태에 환원시켜 중국 고대문화의 실상과 중국인의 심리 역정으로 거슬러 올라가서 검토하여 그 본뜻을 밝히는 것이다."74) 저자는 또 문화 환원의 방법을 역사 환원, 미학 환원, 문화 환원의 세 단계로 구분했다. 역사 환원은 각 범주의 출처, 본의 등에 대한 역사적 고찰이며, 미학 환원은 역사 고찰의 기초 위에서 전통적인 범주 용어가 가지고 있는 미학적 함의를 밝히고, 문화 환원은 더 넓은 문화적 배경 위에서 각 범주의 문화적 함의를 심도 있게 밝히는 것이다. 위의 20 가지 미학적 범주에 대한 저자의 분석은 기본적으로 이 세 가지 사고방식에 따라 진행된다. 예를 들어, "기气"의 범주에 대한 분석과 같이 "기"의 본원적 의미를 먼저 고찰하고, 고대의 전적에서 "기"와 "원기元气"의 개념을 정리함으로써 저자는 "중국 문화사상은 '기'를 만물의 근본으로 삼으며, 생명의 근원, 음양지화阴阳之化, 정신의 흐름으로 기론철학, 기공의학과 기화미학을 발생시킨다고 지

---

73) 한린더:《경의 사물 외에서의 생성: 화하 심미와 예술특징 고찰》, 삼련서점, 1995, p.1.
74) 장하오:《중국 미학 범주와 전통문화》, 호북교육출판사, 1996, p.8.

적한다. … 중국 문화에서의 정신과 물질, 운동과 시공간을 '기'로 통일하는 사상은 상당한 우월성을 가지고 있다. 특히 미학에 관해서는 '기'로 밝혀내는 것이 비할 바 없이 정교하고 깊으며 초연함과 일관됨이라는 장점이 있다."75) 이어 선진과 힌당 사상 및 문예 이론에서 다루는 '기'의 미학적 함의를 탐구한 뒤 맹자, 유협刘勰, 육유陆游, 송렴宋濂, 왕욱王昱 등의 양기설养气说을 분석하고 마지막으로 체기体气, 기상气象, 기세, 기격气格, 생기, 영기灵气, 신기神气에 대한 중국 문예평론의 '기'를 탐구했다. 중국 미학은 '기'를 본원으로 삼을 뿐만 아니라 '기'를 창작의 동력, 작품의 생명, 아름다움의 기질로도 삼는다는 것을 지적한다. 이 책은 문헌학의 방법을 중시하여 각 범주에 대해 문자학상의 고증을 진행하는 한편, 문화환원적 연구방법을 응용하여 모든 범주를 구체적인 문화 어경语境 속에 놓고 연구하고, 미학적 범주에 대해 비교적 깊이 있게 연구하였다.

우중제吴中杰가 주필한 《중국 고대 심미문화론》(범주권, 상해고적출판사, 2003)은 10가지 중요한 범주로 도道, 기氣, 화和, 상象, 자연相, 풍골風骨, 의경意境, 신운神韵, 격조格调와 성령(性灵)을 추출했다. 각 범주에 걸친 역사적 변화, 미학적 특징과 문화적 함의 등을 고찰하였다.

주량즈朱良志의 《중국미학15강》(북경대학출판사, 2006)은 경지, 조화, 묘오妙悟, 형신形神, 양기养气의 다섯 가지 범주를 짚었다.

우딩윈吴登云의 《중국고대심미학》(윈난인민출판사, 2009)은 "중화", "의상", "정성情性"을 중국 고대미학의 3대 기본심미 범주로 제시하고 이를 통해 "중화中和"를 핵심 범주로 하는 사회심미학, "의상"을 핵심 범주로 하는 예술심미학, "정성情性"을 핵심 범주로 하는 생명심미학 등의 3대 범주체계를 구성했다고 지적한다. "중화"는 모든 심미의 최고 추구, 모든 심미의 기본적 사고방식, 정성은 모든 심미의 삶의 본질을 보여준다. 이들은 "도道"를 중심으로 "천인합일天人合一"의 우주사상에 따라 완전한 "3차원" 심

---

75) 장하오: 《중국 미학 범주와 전통문화》, 호북교육출판사, 1996, p.50.

미적 범주 체계를 갖추고 있다. 이 책의 주체 부분(2~4장)은 이 세 가지 범주에 대해 검토했다.

위 저서는 중국 미학의 범주 전체를 다루거나 가장 중요한 미학의 범주를 추출했다. 이와 함께 독립적인 심미의 범주에 대해 심도 있게 연구한 저서도 많다. 그중에서 가장 규모가 크고 영향력이 큰 것은 차이중샹蔡钟翔, 덩광둥邓光东이 주필한 "중국 미학 범주 총서"다. 3집 30종을 출간할 예정인 이 총서는 현재 2집 20종(백화주문예출판사, 2001, 1판(1집)·2005-2006, 1판(2집)·2009, 2판)이 나왔다. 1집에는 차이중샹蔡钟翔의 《미는 자연에 있다》, 천량윈陈良运의 《문질빈빈文质彬彬》, 위안지시袁济喜의 《화和: 심미적 이상의 차원》, 투광서涂光社의 《원창재기原创在气》와 《인동성세因动成势》, 왕융하오汪涌豪의 《풍골의 의미》, 위안지시袁济喜의 《흥兴: 예술 생명의 활성화》, 후쉐강胡雪冈의 《의상 범주의 변화》, 구펑古风의 《의경탐미》, 차오순칭曹顺庆과 왕난王南의 《웅혼과 침울》 등이 있다. 2집에는 천량윈陈良运의 《미적 고찰》, 후쟈샹胡家祥의 《지정리志情理: 예술의 기원》, 류원중刘文忠의 《정변正变·통변通变·신변新变》, 위위안郁沅의 《심물감응과 광경이 어우러지다》, 장징张晶의 《신사: 예술의 요정》, 주량즈朱良志의 《대음희성大音希声 - 묘오妙悟의 미적 고찰》, 장팡张方의 《허실이 비치는 사이에》, 한징타이韩经太의 《청담미론변석》, 차오순칭曹顺庆과 리톈다오李天道의 《아론과 아속의 변》, 타오리톈陶礼天의 《의미설》 등이 있다.

차이중샹과 천량윈은 이 책의 총서에서 "중국 고대 미학 범주는 문화적 배경의 특수성 때문에 서양 미학 범주와 현저히 다른 모습을 보여 세계 미학사에서 독특한 가치를 지닌다. 중국 현대미학의 건설은 고대 미학의 범주에 응집된 심미적 인식이 녹아 있는 정수를 받아들여야 한다. 1980년대 이후 10여 년 동안 우리 학계에서 미학적 범주가 중시되어 왔고, 고대 미학과 고대 문론 연구의 중심이 사史적인 연구에서 범주적 연구와 체계적 연구로 점차 이동하는 추세이다. 이는 학문연구의 심화와 추진을 의미하며, 21세기에는 이런 추세가 더욱 강화될 것으로 예상된다"고 지적한다. 이들은 중국 전통 미학 범주의 특징으로 다의성과 모호성, 전승성과 변이성, 일관성과 상호 침투성, 직관성과 정체성, 유연성과 자의성을 꼽았다. 중국 전통 미학 범주의 특징을 잘 간추린 셈이다. 이 총서 작성의 발상은 비록 같지 않지만, 하나의 두드러진 특징은 자료를 광범위하게 인용하는 기초 위에서 범주의 역사, 범주의 심미적 내포 및 문예 이론에서의 구현 등의 문제에 대해 심도 있게 고찰했다는 것이다. 투광서涂光社가 지은《원창재기原創在氣》와 같이 제1장은 "기气" 개념의 형성과 고대 철학에서의 발전 궤적, 제2장은 "음양오행陰陽五行"설과 "신형神形"론 중 "기"를, 제3장은 특히 중국 고대 사상 중 "양기養氣"설을, 제4~7장은 문학이론, 악론乐论, 서론书论, 화론画论에서의 "기"를 분석했다. 차이중샹의《미는 자연에 있다》상편에서 자연론이 철학에서 미학으로, 태생에서 발전으로 이어지는 역사적 궤적을 고찰하고, 하편에서는 "자연"이 최고의 심미적 이상으로서 갖는 위상과 "자연"의 미학적 내포에 대한 논리적 분석을 펼치며 저자는 "자연"의 미학적 내포를 무의식, 무법, 무공으로 요약한다. "자연"과 관련된 진眞, 서투름, 담淡, 본색本色 등의 범주도 짚어본다. 위안지시袁济喜의《화和: 심미적 이상의 차원》는 상편에서 "화和"의 발전 역사를 논하고, 저자는 이를 정초기(선진), 진보기(양한), 심화기(위진남북조), 성숙기(수당5대), 흑전환기(송대), 붕괴기(원명청)로 나누어 단계마다 철학적 사상과 문예이론에서 "화和"를 해석하였다. 하편에서는 "화"의 구조를 해석하여 심미적 대상의 "화", 심미적 마인드의 "화", 심미적 주객체의 상화相和, 심미와 예술이 사회의 기능을 조화시켜 "화"를 실현하는 경로와 방법, "화"에 대한 고금의 평가 등을 탐구한다.

또한 장궈칭张国庆의《중화中和의 미 - 보편예술조화관과 특정예술풍격론》(파촉서사 1995), 주춘밍朱存明의《중국의 추괴丑怪》(중국광업대학출판사, 1996), 리톈다오李天道의《중국미학의 아속정신》(중화서국, 2004면), 자오즈쥔赵志军의《중국 고대 심미 범주로서의 자연》(중국사회과학출판사, 2006), 덩궈쥔邓国军의《중국고전문예미학 "표현" 범주와 그 명제 연구》(파촉서사

452

2009), 왕저핑王哲平의 《중국고전미학 "도" 범주논강》(중국사회과학출판사, 2009), 후쉐춘胡学春의 《진: 태주학파미학의 범주》(사회과학문헌출판사, 2009), 자오수궁赵树功, 잔푸루이詹福瑞의 《논기论寄》(인민문학출판사, 2010) 등은 책의 제목에 관한 미학적 범주에 대해 연구하였다. 예를 들어 왕저핑王哲平의 《중국고전미학 "도" 범주논강》은 "도" 개념의 연원과 변천에 대해 상세하게 고증하고, 도가와 유가의 도道의 심미적 특징을 요약해 도가의 "도"는 소박, 변이, 박대함, 현묘, 유가의 "도"는 중화, 지성至诚, 강건剛健으로 꼽았다. 심미적 이상인 "도"를 분석하여 심미적 대상 자체가 도달한 "도"의 완벽한 경지를 가리키는 한편 심미적 주체가 심미적 활동을 통해 보여준 "도"에 대한 깨달음과 계시를 가리킨다. 삶의 경지로서 "도"의 본질적인 특징은 마음의 자유에 관한 것이 노장에서는 사물과 자신을 모두 잊으며 유유자적하며 유교에서는 평화롭고 유쾌하며 여유로운 중도中道이다. 저자는 "도"의 깊은 영향 때문에 중국 미학이, 서구 미학이 논리적 사변을 중요시하는 것과 가장 두드러지는 차이는, 전체의 직관적 사고를 중요시하는 것이라고 지적한다. 저자는 "도"는 중국 예술의 생명이고, 중국 예술은 체도体道를 목표로 삼는다고 주장한다. 책에서 회화, 서예, 시, 음악 등 네 가지 예술적 모습을 통해 "도"가 다양한 예술시공간에서의 심미적 투사를 굴절시켜 보여준다. 자오수궁赵树功, 잔푸루이詹福瑞의 《논기论寄》는 미학적 범주로서 기寄의 심미적 특징, 심미특징, 기寄와 심미적 모델(시문, 시주풍류诗酒风流, 산수전원, 예술), 기寄와 경지론의 탄생, 기寄와 기氣와 경지의 생성, 기寄와 "기탁寄托"의 예술적 기법 등을 분석하고 심미적 범주로서의 "기寄"를 비교적 심층적으로 연구하였다.

최근 몇 년 동안 아직도 많은 심미적 범주의 연구들이 출판되고 있는데, 이러한 저작들은 중화中和, 추괴丑怪, 자연, 도道, 진真, 기寄, 일逸 등과 같은 독립적인 심미적 범주의 연구를 다루고 있다. 또 다른 문화 중 관련 심미 범주 비교까지 넓힌 저서도 있다. 예를 들어, 저우젠핑周建萍의 《중일 고전 심미 범주 비교 연구》(중국사회과학출판사, 2015)와 같이 물감과 물애物哀, 신운神韻과 유현幽玄, 재미와 적寂의 세 가지 범주 비교를 다루며 중일 미학 및 문화의 차별성과 상통성을 탐사할 수 있어 심도 있게 연구해 나갈 필요가 있다.

2. 의경 범주 연구 개술概述

의심할 여지없이 "의경意境"은 중국 미학의 범주 중 연구자가 가장 중시하고 성과가 많은 범주이다. 적지 않은 학자들은 의경을 중국 고전 미학의 핵심 범주로 꼽는다. 의경에 관한 연구 성과는 이루 다 말할 수 없고, 이러한 연구 성과에 대한 정리나 평론노 석지 않다. 여기서 대표적인 연구 성과를 뽑아 중국 미학계의 의경연구를 논하도록 하겠다.

1950~60년대, 의경을 연구한 글은 다음과 같다: 리쩌허우의 〈"의경" 잡담〉(《광명일보》, 1957.6.9 · 16.), 허톈젠贺天健의 〈의경에 관하여〉(《미술》, 1959, 제5호), 장경张庚의 〈산수화의 의경〉(인민일보 1959.6.2.), 레이지샤오雷纪孝의 〈시사诗词의 "의경"을 논한다〉(《산서일보》, 1959.7.20.), 장중푸张仲浦의 〈황준헌黃遵宪시의 새로운 의경과 옛 풍격〉(《항주대학학보》, 1962, 제1호), 청즈程至의 〈의경에 관하여〉(《미술》, 1963, 제4기), 리싱천李醒尘, 예랑叶朗의 〈의경과 예술미 – 청즈程至와의 의논〉(《미술》, 1964, 2기) 등이 있다. 그 외에 왕궈웨이의 "경계境界"설에 관한 논의는 또 다른 이슈다.

이 시기 "의경"을 주제로 한 논문은 의미에 대한 토론과 문학예술 속 의경 분석에 집중됐다. 〈"의경" 잡담〉에서 리쩌허우는 "의경"과 "전형적 환경에서의 전형적인 성격"은 미학에서 평등하고 같은 두 가지 기본 범주인데 "'의경'은 '의意'('정情', '리理')와 '경境'('형形', '신神')의 통일로 객관적 경물과 주관적 정취의 통일"[76]이라고 주장했다. 청즈程至는 이런 관점에 동

---

76) 리쩌허우: 〈"의경"잡담〉, 리쩌허우: 《미학논집》, 상해문예출판사, 1980, p.339.

의하지 않는다. 그는 의경을 바로 정경情景이 서로 어우러진다고 주장하는 관점은 너무 막연하다고 비판한다. "의경의 일반적인 요소만 설명할 뿐, 의경의 특별한 성격을 설명하지 않는다. … 똑같이 감정이 있고 경물이 있는 작품이라고 해서 모두 의경이 있는 작품은 아니다. 문제는 어떤 식으로 정情을 표현하고 경景을 표현했느냐. 의미의 정경은 특수한 광경으로 이루어져 있다"77)라고 주장한다. 그는 의경을 형形, 신神, 정情, 리理의 통일로 볼 수도 없고, 의경을 전형으로 볼 수도 없다고 지적했다. 그는 구체적인 문예작품(특히 산수화와 인물화)을 예로 들며 "의경은 공간적 경상境象으로 정취를 표현했다"는 관점을 제시하였다. 리싱천李醒尘과 예랑은 청즈의 관점에 대해 의경은 예술미를 구성하는 필수불가결한 요소라고 반박하면서 의경은 정情과 경景의 통일, 시와 그림의 통일이라는 두 가지 규정을 제시했다. 정과 경의 통일은 바로 허와 실, 무한과 제한의 통일이다. 시와 그림의 통일은 바로 동과 정, 시간과 공간의 통일이다. 그들은 "(1) 의경의 발생은 예술의 본질과 연결되어 예술미를 구성하는 중요한 요소다. 그래서 모든 예술이 가질 수 있고, 가져야 할 것이다. (2) 의경에는 시대적, 계급적 내용이 담겨 있다. 당대의 대중이 감상하는 의경은 시대정신의 정서를 충분히 반영하는 의경일 수밖에 없다"78)고 제시하였다. 이 시기의 의경 연구는 시대적 흔적이 뚜렷하다. 즉 마르크스 – 레닌주의의 반영론으로 의경을 규정한다는 것이다.

1978년 이래로, 의경 연구가 크게 펼쳐져 있으며, 성과는 일일이 열거할 수 없다. 구펑古风은 1978~2000년 사이의 의경 연구 성과를 대략 집계한 결과 "20여 년간 약 1,452명의 학자가 1,543편의 '의경' 연구 논문을 발표했으며 매년 평균 약 69명의 학자가 '의경' 연구에 참여해 73편의 논문을 발표했다"79)고 밝혔다. 2000년 이래 발표된 논문까지 합치면 엄청난 양이다.

---

77) 청즈: 〈의경에 관하여〉, 《미술》, 1963, 제4기.
78) 리싱천·예랑: 〈의경과 예술미 – 청즈程至와의 의논〉, 《미술》, 1964, 제2기.

이 기간에 출판된 전문 저서는 다음과 같다. 류쥬저우刘九洲의 《예술의경개론》(1987), 린형쉰林衡勋의 《중국예술 의경론》(1993), 푸전위안蒲震元의 《중국예술의경론》(1995), 샤자오옌夏昭炎의 《의경 - 중국고문예미학 범주 연구》(1995), 란화쩡蓝华增의 《의경론》(1996), 쉐푸싱薛富兴의 《동방신운 의경론》(인민문학출판사, 2000), 천밍산陈铭善의 《의와 경 - 중국 고전시사미학 삼매三昧》(철강대학출판사, 2001), 구펑古风의 《의경탐미意境探微》(백화주문예출판사 2001, 제1판 / 2009, 제2판), 리창수李昌舒의 《의경의 철학적 기초》(중국사회과학출판사, 2008) 등이 있다.

쉐푸싱薛富兴은 범위와 방법에 관한 기존의 의경 연구가 주로 아래와 같은 내용에 집중되었다고 주장한다: "1. 미시적 연구, 예를 들어, 왕궈웨이의 《인간사화人间词话》에서 의경설에 대한 연구. 2. 의경 개념의 발생, 발전의 실마리에 대한 정리. 3. 협의의 시학, 역대 시론 범위 내에서 의경을 논한다. 4. 순수한 범주 형태의 의경 연구. 5. 의경의 내포, 구조, 특징 등에 관한 거시적 연구."[80] 구펑古风은 이 시기의 의경 연구를 다음과 같이 표현했다고 주장한다: (1) "의경"사 연구. (2) 서로 다른 학문적 관점에서 의경을 연구한다. (3) 다른 방법으로 "의경"을 연구한다. (4) 문학예술의 "의경" 연구. (5) 용어는 새로 사용한다.[81] 이 책은 학계에서 의경설의 이론적 기초와 역사의 생성, 의경의 미학적 내포 이 두 가지 문제에 대한 연구를 간단히 개술하였다.

1) 의경설의 이론적 기초와 역사의 생성

의경설 형성의 이론적 기초에 관해서는 다음과 같은 몇 가지 설이 있다. 첫째는 불교다. 우댜오궁吴调公은 "최초의 언의설言意说이 유교 문론을

---

79) 구펑: 《의경탐미意境探微》, 백화주문예출판사, 2009, 제2판, p.16.
80) 쉐푸싱: 《동방신운 - 의경론》머리말, 인민문학출판사, 2000, pp.3-4.
81) 구펑: 《의경탐미意境探微》, 백화주문예출판사, 2009, 제2판, pp.17-20.

답습한다면, 위진에서 당송까지의 "경계설"은 불학의 영향을 받아 문학의 지정에 쐐기를 박고 비교적 성숙한 의경설에 사상적 토대를 제공하였다"[82] 고 여긴다. 쑨창우孫昌武의 주장도 이와 같다. 그는 "불법佛法이 중국에 들어오면서 중국 문인들의 사상과 생활, 창작에 점차 영향을 미치고 있다. 그 중 하나가 시의 정취를 창조하는 데, 나아가 시가 이론에도 나타난다."[83] 이런 관점은 한때 널리 받아들여졌다. "역대로 이런 관점이 성행해 왔다. 즉, 의경 이론은 위진남북조에서 탄생한 것으로 불교 도입의 결과이다."[84]

둘째는 노자의 철학이다. 예랑은 "의경설의 사상적 근원은 노자의 철학"[85]이라고 했다. 훗날 그는 의경 이론 형성에 대한 선종禪宗의 촉진작용을 인정하는 글을 썼다. "선종은 도가와 위진현학에 더해 중국 예술가의 형이상적 추구를 더욱 추진한 것으로 미학 이론에서는 '의경'이라는 범주를 결정해 의경이라는 이론을 형성했다."[86]

셋째는 노장학설과 《주역》이다. 장추판章楚藩은 "의경의 전신은 의상意象이고 그 사상의 근원은 선진의 《노》,《장》,《역전易传》에 있다."[87] 야오원팡姚文放은 역시 같은 관점을 가지고 있다. "고대에 의경의 미학 사상은 노장학설과 《주역》에서 발원하였는데, 그 기본 사상적 함의는 노장학설과 《주역》에서 이미 만들어졌다. 위진~당대에는 불가佛家이론의 계발로 '경境', '경계境界'라는 표현의 형식을 흡수해 좀 더 명확한 미학적 범주로 올라섰다."[88]

넷째는 유, 도, 불의 세 가지 종합이다. 장원쉰张文勛은 "문학예술의 장기

---

82) 우댜오궁: 〈고대문론 안의 의경문제〉, 《사회과학전선》, 1981, 제1기.

83) 쑨창우: 〈불의 경지와 시의 경지〉, 남개대학중문과 편저: 《의경 종횡담》, p.1.

84) 야오원팡: 〈의경탐원意境探源〉, 《양주대학학보》, 1989, 제2기.

85) 예랑: 〈의경을 말한다〉, 《문예연구》, 1998, 제1기.

86) 예랑: 〈의경을 다시 한 번 말한다〉, 《문예연구》, 1999, 제3기.

87) 장추판章楚藩: 〈"의경"사화史话〉, 《항주사범학원학보》, 1988, 제4기.

88) 야오원팡: 〈의경탐원意境探源〉, 《양주대학학보》, 1989, 제2기.

적 발전 과정에서 각종 미학사상을 흡수 통합하고 전통적인 심미적 취미를 계승 발전시켜 특정한 미학적 내포와 민족적 특색을 지닌 미학이론을 형성했다. 중국 고대 문화 발전의 실제에 근거하여 우리는 유, 도, 불 세 학설이 서로 침투하고 교감하는 것이 의경 이론 형성의 주요 원천이라는 것을 똑똑히 볼 수 있다. 의경이 유가의 이론인지, 불가의 이론인지, 도가의 이론인지 말하기 어렵다. 유, 도, 불의 사상에 의해 형성된 심미적 이상, 심미적 심리, 심미적 재미의 집약적 표현이라고 할 수밖에 없다"[89]라고 지적하였다. 리창수李昌舒는 《의경의 철학적 기초》라는 책에서 위진현학과 불학이 의경 형성에 미친 영향을 주로 분석했다.

다섯째는 유협刘勰의 《문심조룡文心雕龙》이다. 구펑古风은 "중국 미학의 발전사에서, 어떠한 미학 범주의 출현도 모두 그 오래된 역사적 연원과 문화적 기초가 있다. '의경' 범주의 출현은 바로 이와 같다. 역사적 연원과 문화적 기반은 《문심조룡》에 집중되어 있다"[90]라고 지적하였다.

사실 의경설의 발생을 하나의 동적, 역사적 과정으로 보아야 하는데, 그 긴 형성 과정을 고려할 때 어느 한 집 사상의 영향을 받았다고 할 수가 없다. 예를 들어, 유협 본인도 그의 사상은 유, 불, 도의 영향을 받았다. 그래서 종합하여 보면 의경 이론은 유, 도, 불 3사상의 영향을, 특히 노장도가와 선종사상의 영향을 받은 것으로 보인다.

"의경"이라는 개념은 당나라 왕창령王昌龄의 《시격诗格》에서 처음 등장하지만, 이론으로서 그 형성은 긴 출산의 단계를 거쳤고, 그 속뜻은 이후 끊임없이 진화했다. 그래서 "의경"의 역사 발전에 대한 연구도 큰 이슈다. 1980년대 이래의 논저에는 여러 가지 언급이 있다. 후샤오밍胡晓明의 〈중국 전前 의경意境 사상의 논리 발전〉이라는 글은 정경의 융합과 허실 상생을 단서로 당나라 이전의 의경 이론의 논리 발전을 탐구하였다. 그는 "선진원

89) 장원쉰: 〈"의경"의 미학적 내포를 논한다〉, 《사회과학전선》, 1987, 제4기.
90) 구펑: 《의경탐미意境探微》(상), 백화주문예출판사, 2009, 제2판, p.36.

시유학과 위진현학은 중국 전前 의경意境 사상을 구성하는 유기적 생명형 태로 전자는 인류문화학의 기초를, 후자는 인식론심리학의 기초를 부여했다. 그래서 중국 의경설은 초안정적 사회형태의 초안정적 미학적 기호가 됐다"91)라고 지적하였다. 란화쩡藍华增은 〈고대 시론 의경설의 원류추의刍议〉(1982)라는 글에서 의경 이론의 발전을 다섯 시기로 나눈다: 주부터 양한까지가 잠적 기간이다. 위진남북조가 잉태된 시기로 《문부文賦》는 그 이론의 근원지이며 《문심조룡》은 "의상" 이론을 태동시키고 종영钟嵘의 《시품》이 시초가 되었다. 당대는 형성기이고 왕창령王昌龄, 교연皎然, 사공도司空图 등이 의경설 형성에 기여하였다. 송대는 발전기이고 엄우严羽의 《창랑시화》의 "취미설"은 의경 이론의 발전과 심화이다. 명청은 광범위 운용과 총결시기이고 왕궈웨이의 《인간사화》가 집대성하였다.92) 장추판章楚藩은 〈"의경"사화史話〉에서 선진~위진 남북조는 의경설의 잉태기이고, 당송은 의경설의 탄생과 성장기이며, 명청~근대는 의경설의 심도있는 발전기라고 주장한다.93)

쉐푸싱薛富兴은 란화쩡藍华增 등의 관점을 참고하여 의경 이론의 발전을 다섯 시기로 나누었다: 선진先秦은 의경의 철학적 정초기이고, 쉐푸싱은 장자의 "유심游心"사상이 의경 심미적 이상이 생겨날 수 있는 초석이라고 여긴다. 양한 위진은 의경의 미학적 준비기로 "의상"은 의경 범주의 중요한 중개로 등장한다. 당나라는 의경의 탄생으로 왕창령王昌龄이 지은 《시격詩格》에 "의경"이라는 개념이 처음 등장하고, 교연皎然, 유우석刘禹锡, 사공도司空图 등은 그의 내포를 풍부하게 했다. 예를 들어, 유우석刘禹锡은 "경境은 상외象外에서 생겼다"라는 것을 제시하고, 사공도司空图는 "상외의 상象

---

91) 후샤오밍의 〈중국 전의경사상의 논리 발전〉, 《안휘사범대학학보》(철학사회과학판), 1986, 제4기.
92) 란화쩡: 〈고대 시론 의경설의 원류추의〉, 《문예이론연구》, 1982, 제3기.
93) 장추판: 〈"의경"사화史話〉, 《항주사범학원학보》, 1988, 제4기.

外之象", "미 외의 미味外之味" 등을 제시하였다. 송대는 의경의 공고기巩固期이다. "송대 미학이 의경에 제공한 독특한 공헌은 주로 두 가지가 있는데 하나는 예술적 사고방식을 확립했다는 점, 다른 하나는 예술적 의경의 정적인 공간구조를 확립했다는 점이다."94) 명청은 의경의 완성기이며 왕궈웨이는 의경 이론의 마지막이 되었다. 구펑古风은 "의경"을 하나의 동적인 미학적 범주로 여기고 "이 역사의 궤적은 하나 하나의 '의경意境' 연구자로 이루어져 있다. 어느 역사 시기에 처한 '의경' 연구자는 서로 다른 학술적 시야를 가지고 있으며, 이렇게 하여 또 다차원적 시야 중의 '의경' 이론을 형성하였다"95)라고 주장한다. 그는《의경탐미》에서 유협刘勰, 왕창령王昌龄, 교연皎然, 사공도司空图, 보문普闻, 사진谢榛, 육시옹陆时雍, 왕부지, 량치차오梁启超, 왕궈웨이 등의 의경 이론을 연구했다.

이 밖에 류쥬저우刘九洲 등의 논저에는 의경의 발전사가 모두 언급되어 있다. 미학계는 현재 의경 이론의 역사 생성과 발전 문제에 대해 비교적 심도 있는 연구를 진행하고 있다고 볼 수 있다.

2) 의경미학의 내포

의경의 미학적 함의에 대해 학계에서는 일정한 견해가 없이 여러 가지 논의가 이루어지고 있다.

첫째는 정경情景이 서로 어우러진다고 보는 것이다. 명청 시대의 이론가, 예를 들면 사진谢榛, 왕궈웨이 등이 모두 이런 주장을 폈다. 쭝바이화는《중국예술의경意境의 탄생》에서도 "의경은 '정情'과 '경景'의 결정품"96)이라고 지적했다. 이런 관점은 학계에 널리 받아들여지고 있다. 예를 들어 란화쩡蓝华增은 "의경은 감정과 광경의 사물의 결합, 즉 감정과 이미지의 결합이

---

94) 쉐푸싱:《동방신운 - 의경론》, 인민문학출판사, 2000, p.48.

95) 구펑:《의경탐미意境探微》(상), 백화주문예출판사, 2009, 제2판, p.155.

96) 쭝바이화:《미학산책》, 상해인민출판사, 1981, p.60.

460

다. 무릇 감정과 이미지가 서로 배척하거라 따로 떨어지지 않고 결합하는 것을 유의경有意境이라고 한다"97)고 주장한다. 위안싱페이袁行霈는 〈의경을 논한다〉란 글에서 "의경이란 저자의 주관적인 정서와 객관적인 물경이 어우러져 형성된 예술의 경지"98)라고 지적했다. 이 모두가 정경이 서로 어우러진다는 것을 가리킨다.

둘째는 철학적 관점에서 의미의 내용을 규정하는 것이다. 예랑은 "심미활동(심미감흥)의 관점에서 본다면 '의경'이란 구체적이고 제한된 물상, 사건, 장면을 넘어 무한한 시간과 공간, 이른바 '흉라우주, 사접천고胸羅宇宙, 思接千古'로 들어가 인생, 역사, 우주에 대한 철리적인 느낌과 깨달음을 얻는 것"99)이라고 지적했다. 쉐푸싱薛富兴은 이와 비슷한 관점을 지니고 있는데 "의경의 본질론인 주체자유생명의 정신적 가정은 의경이 예술작품에서 나타난 형태의 광활성과 정신성을 결정짓는다. 그래야만 그 정신적 자유의 본질을 실현할 수 있다. 그래서 의경은 예술품 표현 형태를 보면 독특하고(예술적이고, 심미적인), 광활하고(하나의 형상을 뛰어넘는) 정신적 공간이다."100)

셋째는 의경의 내실이 "경생상외境生象外"에 있다고 보는 것이다. "정경교융情景交融"은 일반 예술 이미지의 특징만 요약한 것이지 의경의 독특한 내막을 요약한 것이 아니라고 장사오캉张少康은 주장한다. 그는 "경생상외境生象外"라는 유우석刘禹锡의 관점을 인용해 "경생상외境生象外"와 공간미는 의경의 특질이라고 주장한다. 그는 의경은 역동미와 전신미, 높은 리얼리티와 자연감각의 심미적 특징이 있다고 지적하며 허실의 결합을 의경 창조의 기본으로 꼽았다.101)

---

97) 란화쩡: 〈의경을 말한다〉, 《문예연구》, 1980, 제1호에 실려 있다.
98) 위안싱페이: 〈의경을 논한다〉, 《문학평론》, 1980, 제4호에 실려 있다.
99) 예랑: 〈의경을 말한다〉, 《문예연구》, 1998, 제1호에 실려 있다.
100) 쉐푸싱: 《동방신운 - 의경론》, 인민문학출판사, 2000, p.117.
101) 장사오캉: 〈의경의 미학적 특징〉, 《북경대학학보》, 1983, 제4호에 실려 있다.

넷째는 의경의 내실이 "허실상생虛實相生"에 있다고 보는 것이다. 푸전위안蒲震元은 그림의 공간 전환 관점에서 의경을 설명한다. 그는 "의경 형성은 여러 가지 예술적 요소가 허실 상생의 변증법칙 위에 있다. 의경이란 특정한 예술적 이미지(실)와 그것이 표현하는 예술적 정취, 예술적 분위기, 그리고 촉발할 수 있는 풍부한 연상 이미지(허)를 합친 것이어야 한다"102) 고 주장한다.

다섯째는 심리적으로 받아들이고 감상하는 시각에서 의경을 해석하는 것이다. 천훙陳洪은 "정경교융情景交融"으로 의경을 해석하는 것을 인정하지 않는다. "정경교융"은 주로 창작의 관점에서 설파하는데, 의경은 심미적 느낌, 감상의 측면에 치우쳐 있다는 것이다. 그는 "'의경'이란 실질적으로 문예 창작과 감상의 심리현상이며, 문예학의 문제이자 심리학과도 관련이 있기 때문에, 후자를 간과하면 제대로 말할 수 없는 문제이고 본문에서는 의경문제를 문예에서의 심리장心理場 현상이라고 본다"103)라고 지적했다. "심미관조에서 대상자가 어떤 심리적 환경을 제공하여 주체를 자극하여 자기관조, 자기긍정적 소망이 생기게 하고 심미적 과정에서 이 소망을 완성하게 한다면 우리는 그런 심미적 대상이 의경을 지닌다고 생각한다."104) 류다펑刘大枫 역시 의경은 우선 감상 범주의 문제라고 주장한다. "의경에 대한 심미적 감각, 심미적 필요를 먼저 갖게 된 후에 거꾸로 의경에 대한 의식적 창조와 추구가 가능해졌다."105) 그는 의경의 기본 특징으로 예술 감상 중의 마음이 쏠리는 것을 꼽았다.106) 그는 의경의 실체를 "우의寓意의

---

102) 푸전위안: 《중국예술의경론》, 북경대학출판사, 1995, p.22.

103) 천훙: 〈의경 – 예술에서의 심리장心理場 현상〉, 남개대학 중문과 편집: 《의경종횡담》, 남개대학출판사, 1986, pp.19-20.

104) 천훙: 〈의경 – 예술에서의 심리장心理場 현상〉, 남개대학 중문과 편집: 《의경종횡담》, 남개대학출판사, 1986, pp.19-20.

105) 류다펑: 〈의경변설〉, 남개대학 중문과 편집: 《의경종횡담》, 남개대학출판사, 1986, p.45.

106) 류다펑: 〈의경변설〉, 남개대학 중문과 편집: 《의경종횡담》, 남개대학출판사, 1986, p.58.

경"으로 해석하고, 경境은 기초나 조건이고, 의意는 경 속에 내포되어 있으며, "우의의 경"은 동경의 상상 속에 존재한다고 지적한다.

여섯째는 종합적인 관점이다. 퉁칭빙童庆炳은 〈"의경"설 여섯 가지와 그 진술〉에서 여섯 가지 "의경"설 이론을 분석해서 아래와 같이 지적하였다. "우리가 거듭 강조할 것은 의경은 서정적인 작품의 심미적 이상으로는 다차원적인 구성이다. 우리는 반드시 전면적이고 유동적인 시점으로 해야만 '의경'의 풍부한 미학적 함의에 접근할 수 있다. 여기서 설명해야 할 것은 의경 문제에서 복잡한 구조를 보는 연구자들도 있고, 그 연구가 일방적 시각만 있는 것은 아니라는 것이다. 예를 들어 쭝바이화교수는 "의경은 하나의 단층 평면의 자연스러운 재현이 아니라 하나의 경계층의 깊은 창조다. 직관적 관능의 모사로부터, 생명의 전달 활성, 최고의 영경灵境의 계시까지 세 가지 계층이 가능하다"라고 주장한다. 이는 삼각도이다. 현재의 의경 연구에서 이 관점은 여전히 가장 포괄적이다. 예랑의 연구는 주로 '상외의 상象外之象'과 '철학적 의미'의 두 가지 각도에 걸쳐 있다. 푸전위안蒲震元의 연구는 정경情景의 교감, 상외의 상, 기운생동气韵生动 등 세 가지 각도를 다룬다. 타오둥펑陶东风의 연구는 '상외의 상'과 '창립을 받아들인다'라는 두 가지 각도에 걸쳐 있다. 그들의 검토는 이미 연구를 일정한 높이까지 밀어 올렸다. 그러나 내가 보기에 이러한 연구들은 의경의 풍부한 미학적 함양과 거리가 멀고, 의경 이론은 여전히 광활한 연구 공간이 있다."[107] 퉁칭빙은 종합적인 관점을 제시하였다. "의경은 인간의 생명력이 활발히 살아가면서 개척된, 삶의 철학적 의미를 담은, 정경이 어우러진, 장력 있는 시적 공간이다. 이런 시적 공간은 독자의 참여로 만들어졌다. 이는 서정적 문학작품의 심미적 이상이다."[108] 퉁칭빙은 "생명력의 활약"을 의경의 가장 핵심적인 미학적 함의로 꼽았다.

---

107) 퉁칭빙: 〈"의경"설 여섯 가지와 그 진술〉, 《동강학보》, 2002, 제3기.
108) 퉁칭빙: 〈"의경"설 여섯 가지와 그 진술〉, 《동강학보》, 2002, 제3기.

위의 여섯 가지 관점이 각기 다른 각도에서 의경의 함의를 제시했다고 볼 수 있다. 사실 의경은 문화적 함의가 풍부한 미학적 범주로서 한 마디로 끝내기 어렵고 다각도로 다층적으로 연구할 필요가 있다.

제5절 인물, 텍스트 및 유파 미학 연구

미학사와 미학 범주의 연구는 거시적 파악이 필요하며 인물미학과 텍스트미학은 구체적이고 미시적인 연구다. 중국 미학사에는 중요한 인물과 텍스트가 적지 않고, 미학사상에서 중요한 위치를 차지하고 있기 때문에 그에 대한 전문적인 연구가 필요하다. 이러한 연구 성과는 너무나 많은데 지면이 한정되어 있기 때문에 이 절은 전문 저서 위주(때로는 박사 논문도 언급한다)이며, 연구 성과를 열거하는 데에 중점을 두고 그 구체적인 내용에 대해서는 전개하지 않겠다.

1. 인물과 텍스트 연구

선진 제자의 미학은 유교와 도교를 연구의 중점으로 한다. 공자의 미학은 중국 미학사에서 많이 다루고 있고, 정기 간행물 논문도 적지 않다. 주로 공자의 사회윤리미학, 음악미학, 예술적 효용, 심미교육 등에 집중되어 있다. 관련 전문 저서로는 덩청치邓承奇의 《공자와 중국미학》(제노서사齐鲁书社, 1995)이 있다. 맹자미학의 연구성과는 주로 정기 간행물 논문으로 맹자의 인격미 사상 해석에 집중됐다. 도가의 미학은 그보다는 학계의 주목을 받았다. 노자미학의 연구 성과로는 리톈다오李天道의 《노자미학사상의 당대 의미》(중국사회과학출판사, 2008), 쑨전위孙振玉의 《노자미학과 중국고대 의상설意象说》(박사논문), 《노자 입상관도立象观道의 미학사상 연구》(박사

후 입회 보고) 등이 있다. 장자미학은 선진미학의 연구중심지로서 관련 성과가 매우 많고 1990년대 이래로도 자주 나타났다. 전문 저서는 아래와 같다:

- 류사오진刘绍瑾:《장자와 중국미학》, 광동고등교육출판사, 1992.
- 장리췬张利群:《장자미학》, 광서사범대학출판사, 1992.
- 양안룬杨安仑:《중국고대정신현상학 – 장자사상과 중국 예술》, 동북사범대학출판사, 1993.
- 타오둥펑陶东风:《초매超迈에서 풍속을 따르는 것까지: 장자와 중국미학》, 수도사범대학출판사, 1995.
- 왕카이王凯:《소요유逍遥游: 장자미학의 현대적 해석》, 무한대학출판사, 2003.
- 바오자오후이包兆会:《장자생존론 미학연구》, 남경대학출판사, 2004.
- 스샤오리时晓丽:《장자심미생존사상연구》, 상무인서관, 2006.
- 이샤오빈易小斌:《도가와 문예심미사상생성연구》, 악록서사, 2009.
- 두줴민杜觉民:《은익과 초월: 익품逸品의식과 장자미학을 논한다》, 문화예술출판사, 2010.
- 정리郑笠:《장자미학과 중국고대화론》, 상무인서관, 2012.
- 왕카이王凯:《도와 도술道术 – 장자의 생명미학》, 인민출판사, 2013.
- 쓰퉁좡侣同壮:《장자의 "고전신의古典新义"와 중국미학의 현대적 구축》, 기남暨南대학출판사, 2013.
- 옌샹린颜翔林:《장자회의론미학》, 인민출판사, 2015.
- 양전杨震:《미, 예술에서 사람으로 – 〈장자〉미학 가능성의 연구》, 안휘교육출판사, 2015.
- 후샤오웨이胡晓薇:《도와 예艺 – 〈장자〉의 철학, 미학사상과 문학예술》, 파촉서사, 2015.
- 천훠칭陈火青:《대미무미大美无美: 장자미학의 반성과 환원》, 중국사회과학출판사, 2017.

굴원屈原을 비롯한 나머지 제자들의 미학사상에 대한 연구는 기본적으로 논문으로 존재한다.《주역》은 선진미학에서 가장 주목받는 텍스트 중 하나

다. 관련 연구 성과는 다음과 같다:

- 왕전푸王振复:《주역의 미학적 지혜》, 호남인민출판사, 1991 / 북경대학출판사, 2006.
- 류강지刘纲纪:《주역미학》, 호남교육출판사, 1992 / 무한대학출판사, 2006.
- 류강지刘纲纪, 판밍화范明华:《역학과 미학》, 심양출판사, 1998.
- 왕밍쥐王明居:《적막함을 두드리며 소리를 구한다: 주역부호미학》, 안휘대학출판사, 1999.
- 왕춘차이王春才:《주역과 중국고대미학》, 문화예술출판사, 2006.
- 장쳰위안张乾元:《상 외의 의象外之意: 주역의상학과 중국서화미학》, 중국서점, 2006.
- 장시쿤张锡坤·장융姜勇·더우커양窦可阳:《주역경전周易经传 미학통론通论》, 생활·독서·신지 삼련서점, 2011.

　한대의 미학에서 중요한 인물로는 동중서董仲舒, 사마천司马迁, 양웅扬雄, 사마상여司马相如, 왕충王充 등이 있는데 사상가나 문학가 위주로 하고 중요 텍스트는《회남자淮南子》,《모시서毛诗序》등이 있다. 한대 미학은 과도기적 단계였기 때문에 인물이나 텍스트나 미학과 예술을 전문적으로 논하는 것이 매우 적었고, 관련 저서는 문학가의 미학사상을 연구하는 것을 위주로 하였다. 예를 들어, 리톈다오李天道의《사마상여司马相如 부賦의 미학사상과 지역문화 마인드》(중국사회과학출판사, 화영출판사, 2004), 완즈취안万志全의《양웅扬雄의 미학사상 연구》(중국사회과학출판사, 2010) 등이 있다.
　위진남북조는 미학 연구의 핫이슈이자 중점이다. 이 장의 제3절에서 위진미학에 대한 전문적인 연구 성과를 정리하였다. 이 시기의 중요 인물로는 삼조三曹, 건안칠자建安七子, 혜강嵇康, 완적阮籍, 고개지顾恺之, 도연명陶渊明, 사혁谢赫, 종병宗炳 등이 있고, 중요한 텍스트는 종영钟嵘의《시품》, 유협刘勰의《문심조룡文心雕龙》등이 있다. 전자에 대한 연구는 고전문학 연구자가 많고 논문 위주다. 혜강嵇康미학에 관한 연구는 전문적으로 나타났는데 장졔모张节末의《혜강미학》(절강대학출판사, 1992), 루정卢政의《혜강미학사상과 당대 가치》(산동대학박사 후 연구 보고서, 2008) 등이 있다. 종영钟嵘의《시품》에 관한 연구 저작으로는 뤄리쳰罗立乾의《종영钟嵘시가 미학》(무한대학출판사, 1987) 등이 있다. 유협刘勰의《문심조룡》은 의심할 바 없이 문학계에서 가장 주목을 받는 텍스트 중의 하나이고 연구자도 많고 연구 성과도 상당히 많다. 1983년에 설립된 중국문심조룡학회는 전문적인 연구조직이고 이 학회는《문심조룡학간学刊》,《문심조룡연구》등을 정기적으로 출판하고 국제학술회의를 개최한다.《문심조룡》미학사상에 관한 연구 성과는 주로 1980년대에 집중되어 있는데 구체적으로 아래와 같다.

- 진민나金民那:《문심조룡의 미학 - 문학의 마음과 그의 예술적 표현》, 문사철출판사, 1982.
- 잔잉詹媖:《〈문심조룡〉의 품격학》, 인민문학출판사, 1982.
- 뮤쥔졔缪俊杰:《문심조룡미학》, 문화예술출판사, 1987.
- 자오성더赵胜德:《문심조룡미학사상논고》, 이강漓江출판사, 1988.
- 이중톈易中天:《문심조룡미학사상논고》, 상해문예출판사, 1988.
- 한후추韩湖初:《문심조룡미학사상체계초탐》, 기남暨南대학출판사, 1993.
- 커우샤오신寇效信:《문심조룡미학범주연구》, 산서인민출판사, 1997.

문학예술의 번영에 비해 당나라의 미학에서 중요한 인물과 중요한 텍스트는 현저히 적었는데 문학가 이백, 왕유, 두보, 한유, 류종원, 백거이 등이 시문의 이론을 논하는 글도 있지만 대부분 한 마디뿐이었다. 이 시기 중요한 문예이론 작품으로는 손과정孙过庭의《서보书谱》, 장회관张怀瓘의《서단书断》, 교연皎然의《시식诗式》, 장언원张彦远의《역대명화기历代名画记》, 사공도司空图의《24시품》등이 있다. 관련 연구 저작으로는 판밍화范明华의《〈역대명화기〉회화绘画미학사상연구》(무한대학출판사, 2010), 장궈칭张国庆의《〈24시품〉시가미학》(중앙편역출판사, 2010) 등이 있다.

송원미학에 들어서면서 이 시기의 중요한 인물들로는 구양수欧阳修, 소식苏轼, 황정견黄庭坚 등이고, 문학인 외에도 이학자 상소옹像邵雍, 이정二程, 주희朱熹, 육구연陆九渊 등도 주목할 만하다. 텍스트 중에서 엄우严羽의 《창랑시화沧浪诗话》가 가장 중요하다. 현재의 연구저작은 소식, 주희와 《창랑시화》가 주를 이룬다. 왕스더王世德의 《유도불儒道佛미학의 융합 - 소식문예미학사상연구》(중경출판사, 1993), 양춘창杨存昌의 《도가사상과 소식미학》(제남출판사, 2001), 판리융潘立勇의 《주자이학朱子理学미학》(동방출판사, 1999), 쩌우치창邹其昌의 《주희朱熹 시경 해석학 미학연구》(상무인서관, 2004), 청샤오핑程小平의 《〈창랑시화沧浪诗话〉의 시학연구》(학원출판사, 2006), 류첸웨柳倩月의 《시심묘어诗心妙语 - 엄우严羽의 창랑시화에 대한 새로운 해석》(흑룡강인민출판사, 2009), 왕수전王术臻의 《창랑시화연구》(학원출판사, 2010) 등이 있다.

명대 미학의 중요한 인물로는 왕양명王阳明, 양신杨慎, 서위徐渭, 이지李贽, 동기창董其昌, 원굉도袁宏道, 장대张岱 등이 있고, 주요 텍스트는 사진谢榛의 《사명시화四溟诗话》, 왕세정王世贞의 《예원치언艺苑卮言》, 호응린胡应麟의 《시수诗薮》, 계성计成의 《원야园冶》, 장대张岱의 《유몽영幽梦影》 등이 있다. 관련 저작으로는 판윈가오潘运告의 《명교名教의 속박에서 벗어나자·양명심학과 명청문예사조》(호남교육출판사, 1999), 판리융潘立勇의 《일체만화一体万化 - 양명심학의 미학적 지혜》(북경대학출판사, 2010), 루융성陆永胜의 《왕양명미학사상연구》(사회과학문헌출판사, 2016), 레이레이雷磊의 《양신杨慎시학연구》(중국사회과학출판사, 2006), 왕밍후이王明辉의 《호응린胡应麟시학연구》(학원출판사, 2006) 등이 있다. 특히 주목할 만한 것은 동심설童心说을 제기한 이지李贽에 관한 연구 저작은 아직 없다는 점이다.

청대의 미학은 중기 전반과 후기로 나눌 수 있다. 중기 전반의 중요한 인물로는 김성탄金圣叹, 이어李渔, 고염무顾炎武, 왕부지王夫之, 정판교郑板桥, 원매袁枚, 조설근曹雪芹 등이 있고 중요 텍스트로는 석도石涛의 《화어록画语录》, 유희재刘熙载의 《예개艺概》 등이 있다. 관련 저작은 아래와 같다:

468

- 두수잉杜书瀛：《이어李漁의 희극미학을 논한다》, 중국사회과학출판사, 1982.
- 쑤홍창苏鸿昌：《조설근曹雪芹의 미학사상을 논한다》, 중경출판사, 1984.
- 리취안롱李传龙：《조설근曹雪芹 미학사상》, 산서인민교육출판사, 1987.
- 슝카오허熊考核：《왕선산王船山 미학》, 중국문사출판사, 1991.
- 저우즈청周志诚：《석도石涛 미학사상연구》, 이강출판사, 1992.
- 쉬린샹徐林祥：《유희재刘熙载 미학사상연구논문집》, 사천대학출판사, 1993.
- 두수잉杜书瀛：《이어李漁 미학사상연구》, 중국사회과학출판사, 1998.
- 우쥬청吴九成：《요재聊斋 미학》, 광동고등교육출판사, 1998.
- 타오수이핑陶水平：《선산船山 시학연구》, 중국사회과학출판사, 2001.
- 추이하이펑崔海峰：《왕부지王夫之 시학범주론》, 중국사회과학출판사, 2006.
- 투보涂波：《왕부지王夫之 시학연구》, 호북인민출판사, 2006.
- 한전화韩振华：《왕선산 미학기초》, 파촉서사巴蜀书社, 2008.
- 허즈푸贺志朴：《석도石涛회화绘画미학과 예술이론》, 인민출판사, 200.8
- 딩리룽丁利荣：《김성탄金圣叹 미학사상연구》, 무한대학출판사, 2009.
- 두수잉杜书瀛：《이어李漁 미학심해心解》, 중국사회과학출판사, 2010.
- 뤄빙骆兵：《이어李漁 문학사상의 심미문화론》, 강서인민출판사, 2010.
- 쉬린샹徐林祥：《유희재刘熙载 및 그의 문예미학사상》, 사회과학문헌출판사, 2010.

왕궈웨이, 량치차오, 차이위안페이, 루쉰 등은 만청晩清과 민국民国을 넘어 사상적으로 서양사상의 영향을 받아 현대미학의 범위에 놓이게 되었다. 학계의 관련 연구 성과로는 다음과 같다:

- 류짜이푸刘再复：《루쉰 미학사상논고》, 중국사회과학출판사, 1981.
- 장쑹난张颂南：《루쉰 미학사상에 대한 얕은 검토》, 절강인민출판사, 1982.
- 탕타오唐弢：《루쉰의 미학사상》, 인민문학출판사, 1984.
- 녜전빈聂振斌：《차이위안페이 및 그의 미학사상》, 천진인민출판사, 1984.
- 루진卢今：《루쉰산문과 미학적 특징을 논한다》, 호남문예출판사, 1987.
- 스졘웨이施建伟：《루쉰 미학품격에 대한 단편적 논담》, 황하문예출판사,

1987.

- 포추佛雏:《왕궈웨이 시학연구》, 북경대학출판사, 1987.
- 루산칭卢善庆:《왕궈웨이 문예미학관》, 귀주인민출판사, 1988.
- 겅궁랑耿恭让:《루쉰 감상미학》, 하북교육출판사, 1989.
- 쑨스저孙世哲:《차이위안페이, 루쉰 미학사상》, 요녕교육출판사, 1990.
- 저우시산周锡山:《왕궈웨이 미학사상연구》, 중국사회과학출판사, 1992.
- 진야金雅:《량치차오 미학사상연구》, 상무인서관, 2005.
- 팡훙메이方红梅:《량치차오 취미론 연구》, 인민출판사, 2009.

2. 유파미학연구

중국 고전문화의 3대 기둥으로 꼽히는 유석도儒释道의 미학계 3대 유파
의 연구는 균형이 맞지 않는다. 상대적으로 유가미학에 대한 정체성 연구
는 많지 않고 도가미학에 대한 연구는 노장에 집중되어 있다. 도교미학에
대한 연구 성과는 최근 몇 년 사이에 나타나고 있으며, 불교미학, 특히 선
종미학에 대한 연구 성과가 가장 많다. 열거하면 다음과 같다.

유가미학 연구성과는 다음과 같다:

- 궁다오윈龚道运:《선진유가미학논집》, 대북문사철학출판사, 1993.
- 장이张毅:《유가문예미학: 원시유가에서 현대신유가까지》, 남개대학출판
  사, 2004.
- 판시춘范希春:《이성의 사유 – 송대중기 유가 문예미학사상 연구》, 중앙민
  족대학출판사, 2006.
- 덩잉후이邓莹辉:《양송两宋이학理学미학과 문학연구》, 화중사범대학출판
  사, 2007.
- 우펑吴锋:《현대 신유가 문예미학사상연구》, 광서사범대학출판사, 2007.
- 쉐융우薛永武·왕민王敏:《선진양한 유가미학과 고대 그리스 로마 미학
  비교 연구》, 길림문사출판사, 2007.

- 천자오잉陈昭瑛:《유가미학과 경전 해석》, 화동사범대학출판사, 2008.
- 야오원팡姚文放 주필:《태주학파미학사상사》, 사회과학문헌출판사, 2008.
- 허우민侯敏:《현대신유가미학논형》, 제노서사 2010.
- 천잉녠陈迎年:《정력이 있어 외래 사물에 응변할 수 있어야만 비로소 완전한 인간이라고 할 수 있다 - 순자荀子의 미학정신》, 상해삼련서점 2013.
- 완샤오핑宛小平 · 푸아이화伏爱华:《홍콩대만 현대신유가 미학사상연구》, 안휘대학출판사, 2014.
- 두웨이杜卫 등:《심성미학 - 중국현대미학과 유가 심성학 간의 관계연구》, 인민출판사, 2015.
- 쉬빙취안许丙泉:《공자유가사상과 미학연구》, 산동대학출판사, 2017.

불교 미학연구성과는 다음과 같다:

- 왕즈민王志敏 · 팡산方珊:《불교와 미학》, 요녕인민출판사, 1989.
- 쩡쭈인曾祖荫:《중국불교와 미학》, 화중사범대학출판사, 1991.
- 왕하이린王海林:《불교미학》, 안휘문예출판사, 1992.
- 판즈창潘知常:《생명의 시경诗境 - 선종미학의 현대적 해석》, 항주대학출판사, 1993.
- 피차오강皮朝纲:《선종미학사고史稿》, 전자과기대학출판사, 1994.
- 쩡잉화曾颖华 편집:《선종미학》, 대북소문사台北昭文社1996.
- 치즈샹祁志祥:《불교미학》, 상해인민출판사, 1997.
- 류팡刘方:《시성이 거주하는 명상 - 중국선종미학사상연구》, 사천대학출판사, 1998.
- 치즈샹祁志祥:《꽃 같기도 하고 아닌 것 같기도 하다似花非花 - 불교미학관》, 종교문화출판사, 2001.
- 피차오강皮朝纲:《선종미학사상의 변천 궤적》, 전자과기대학출판사, 2003.
- 쩡이한曾议汉:《선종미학연구》, 대북화목란문화출판사, 2004.
- 장파张法:《불교예술》, 고등교육출판사, 2005.
- 장졔모张节末:《선종미학》, 절강인민출판사, 1999, 북경대학출판사, 2006.

- 딩민丁敏:《중국불교문학의 고전과 현대: 주제와 서사》, 악록서사, 2007.
- 쟝수줘蔣述卓:《불교와 중국고전문예미학》, 악록서사, 2007.
- 쩡이한曾议汉:《선종미학연구》, 대북화목란문화출판사, 2009.
- 류방刘方:《중국선종미학사상의 발생과 역사적 발전》, 인민출판사, 2010.
- 치즈샹祁志祥:《중국불교미학사》, 북경대학출판사, 2010.
- 왕원王耘:《수당隋唐불교각종各宗과 미학》, 상해고적출판사, 2011.
- 피차오강皮朝纲:《중국선종서화미학사강》, 사천미술출판사, 2012.
- 치즈샹祁志祥:《불교미학신편》, 상해인민출판사, 2017.
- 예란叶澜:《저절로: 중국선종미학지혜독본》, 문회文汇출판사, 201.
- 왕전푸王振复:《한위양진남북조불교미학사》, 북경대학출판사, 2018.

도교미학 연구성과는 다음과 같다:

- 가오난高楠:《도교와 미학》, 요녕인민출판사, 1989.
- 판셴이潘显一:《대미불언大美不言: 도교미학사상범주론》, 사천인민출판사, 1991.
- 예웨이롄叶维廉:《도교미학과 서양문화》, 북경대학출판사, 2002.
- 리페이李裴:《수당5대 도교미학사상연구》, 파촉서사巴蜀书社, 2005.
- 쟝옌핑蒋艳萍:《도교수련과 고대문예창작사상론》, 악록서사, 2006.
- 자오펑赵芃:《도교자연관 연구》, 파촉서사, 2007.
- 선시핑申喜萍:《남송금원시기의 도교문예미학사상》, 중화서국, 2007.
- 선시핑申喜萍:《남송금원시기의 도교미학사상》, 파촉서사, 2007.
- 리춘칭李春青:《도교미학과 위진문화》, 중국영화출판사, 2008.
- 톈샤오잉田晓膺:《수당5대 도교시가의 심미식견管窥》, 파촉서사, 2008.
- 판셴이潘显一 등:《도교미학사상사연구》, 상무인서관, 2010.
- 선루沈路:《한나라말기부터 5대까지의 도교서예미학연구》, 파촉서사, 2017.
- 랑쟝타오郎江涛:《도교물화미학사상연구》, 사천대학출판사, 2019.

종합연구와 비교연구:

- 장원쉰张文勋:《유도불儒道佛미학사상탐색》, 중국사회과학출판사, 1988.
- 장원쉰张文勋:《유도불儒道佛미학사상원류》, 운남인민출판사, 2004.
- 류청지刘成纪:《청산도장青山道场: 장선庄禅과 중국시학정신》, 동방출판사, 2005.
- 위홍余虹:《선종과 전진도全真道 미학사상비교연구》, 중화서국, 2008.

3. 소수민족미학연구

현재 중국 미학사에 대한 연구는 기본적으로 화하미학을 주체로 하며 소수민족의 미학을 다루는 것은 드물다. 양안룬杨安仑은 "중국 미학사상사의 두 가지 구체적인 연구대상에 소수민족의 심미의식과 미학이론이 포함되어야 하지만 현재까지는 아직 어렵다. 그러나 체계적이고 완전한 중화민족의 미학사상 발전사로 말하자면, 이것은 또 없어서는 안 될 것이다"[109]라고 지적하였다. 최근 몇 년 동안 일부 학자들은 소수민족의 미학을 유익하게 탐구해 왔으며, 성과는 많지 않지만 이미 학계의 주목을 끌었다. 소수민족의 미학에 관한 연구 성과는 《중국 소수민족 고대미학사상자료 초편》(사천민족출판사, 1989)이 최초이다. 책의 머리말에서 "우리 나라 문화를 전면적으로 인식하고 계승하려면 중국 각 민족의 문화를 반드시 충분히 중시해야 한다. 그러지 않으면 우리 문화의 완전성을 파악할 수 없을 것이다. 철학, 문학, 예술, 미학 등 모든 문화 분야가 모두 그렇다. 미학이 한창인 오늘날 미학에 관한 논저와 자료는 넘쳐나지만 우리 소수민족의 미학사상을 연구하고 소개하는 것은 거의 없다"라고 지적하였다. 이 책은 이에 착안해 고대 전적 중 몽골족, 티베트족, 위구르족, 이족, 장족, 바이족, 다이족, 나시족 등 소수민족 문예이론에 관한 자료를 집대성하였다. 그 이후 청해인민

---

109) 양안룬·청쥔:《선진미학사상사략》, 악록서사岳麓书社 1992, pp.3-4.

출판사에서 1994년에 "중국소수민족미학사상연구총서"를 출판하였는데 류이잔刘一沾이 주필한 《민족예술과 심미》, 펑위주冯育柱가 주필한 《중국 소수민족 심미의식사강史纲》, 위나이창于乃昌의 《초민初民의 종교와 미련》, 그리고 샹윈쥐向云驹의 《중국소수민족 원시예술》 능이 포함되어 있다. 그 밖에, 관련 저서로는 왕졘王建의 《원시심미문화의 발전》(운남교육출판사, 2000), 만더우푸满都夫의 《몽골족미학사》(요녕민족출판사, 2000), 모더거마莫德格玛와 나원다구라娜温达古拉의 《몽골무용미학개론》(민족출판사, 2006), 장성빙张胜冰의 《상고문명에서 왔다 – 서남 저강氐羌민족 심미관념》(중화서국, 2007), 덩유링邓佑玲의 《중국소수민족미학연구》(중앙민족대학출판사, 2011) 등이 있다. 왕졔王杰가 주필하고 광서사범대학출판사에서 출판한 "심미인류학총서"도 주목할 만하다. 이 총서에는 왕졔가 주필한 《어머니를 찾아가는 의식 – 남녕국제민가예술제의 심미 인류학 고찰》(2004), 탄더칭覃德清이 주필한 《천인화합과 인문재건》(2005), 왕졔 등의 《신성하고 소박한 미 – 흑의장黑衣壮 심미문화와 심미제도 연구》(2005), 덩라이셴丁来先의 《자연미의 심미인류학 연구》(2005), 탄서우다(覃守达)의 《흑의장黑衣壮 신화연구》(2005), 장리췬张利群의 《민족구역문화의 심미인류학 비평》(광서사범대학출판사, 2006) 등이 있다. 그 밖에, 중남민족대학에서 2010년 중국소수민족 심미문화 연구 기지를 만들었다.

소수민족의 미학에 대한 연구를 진행할 때 적어도 두 가지 문제가 있다고 말할 수 있다. 첫째 문제는 소수민족 언어 위주의 문헌을 상대해야 한다는 것이고 그 민족의 언어를 구사하지 못하는 학자들에게 분명 난관이 될 것이고, 그 민족학자들의 참여가 필요하게 될 것이다. 몽골족 학자인 만더우푸满都夫가 쓴 《몽골족 미학사》는 풍부한 사료를 활용하여 역사의 순서에 따르고 7장의 분량으로 몽골 고대 샤머니즘 세계관과 고대 심미사상, 몽골 영웅시대의 철학인 미학사상, 《몽골비사蒙古秘史》 중의 심미 대상과 그 심미 사상, 원대의 몽골족 심미 사상, 몽골족 북원시대 심미 사상, 청대 몽골족 민족민주주의 사상, 청대 몽골족 심미 범주와 심미 사상 등을 다루고 있다. 책 전체는 인물 이미지, 심미 관념, 심미 범주, 문예 작품 중의 심미 사상에 대한 고안에 중점을 두고 있다. 몽골족에 관한 문헌에 따라, 몽골족의 중요 문헌, 예를 들면 영웅서사시,《몽골비사蒙古秘史》, 예술형식, 궁중악무宮廷乐舞, 민속음악이나 문학작품 속의 심미사상에 대하여 깊이 있게 연구하였다는 것이다. 둘째 문제는 문헌 위주의 전통적 연구방법이 도전받게 되었고 필요한 경우 필드Field 조사 방법을 도입할 필요가 있다. 왕계가 주필한 "심미인류학총서"는 인류학의 필드 조사 방법을 도입하여 연구를 진행하였는데 미학적 연구 대상의 확대와 방법론 쇄신을 위해 유익한 탐구였다.

제6절 중국 미학사 자료 정리

서양 미학사는 일련의 미학자와 그 저서를 연결하여 이루어진 것으로, 체계적이고 명확하다. 중국의 미학사는 오히려 매우 다르다. 중국 고대에는 "유미무학有美无学"이었다. 그리고 자료가 방대하고 분산되어 있기 때문에 전문 연구자들은 때때로 어느 시기 혹은 한 인물에 치우치면 면면을 다 갖추기 어려우며, 초보자는 더욱 막막함을 느끼게 될 것이다. 따라서 관련 자료의 정리와 편집이 매우 중요하다.

북경대학 철학과 미학연구실의《중국미학사 자료선편》(상하, 1980-1981)은 1960년대에 완성되었는데 쭝바이화가 주필한《중국미학사》교재를 본떠 만든 것이다. 이 책은 상하 두 권으로, 상권은 선진에서 5대, 하권은 송末에서 청清말까지로 나뉜다. 역대 사상가나 문예 이론 저서에서 미, 미감, 예술창작에 관한 자료를 뽑았는데 분량의 제한이 있어서 많지 않고 대부분 한두 마디밖에 안 되었다. 본서의 격식은 비교적 잘 처리되어 있다. 편하게 읽고 파악하게 하기 위하여 모든 글 앞에 문제풀이가 붙어 있고, 사상가나 저서의 미학사상을 간략하게 요약했으며, 매 단락마다 소제목을 달았다. 첫 번째 중국 미학사 자료로, 이 책은 미학의 원리를 답습한 틀에서 역대 문헌의 미적, 심미적 심리와 예술 창작에 관한 글을 찾아보려고 한다. 이 저서는 80년대 이래의 미학 연구에 많은 도움이 되었고 당시의 미학 원리 교재와 관련 미학 저서에 인용된 중국 미학사 문헌은 대부분 이 책에서 나왔다.

1988년 문예미학의 주창자인 후징즈胡经之의 《중국고전미학총편》(3권)이 출간됐다. 이 책은 3편으로 나뉘어 있는데, 왕조가 아닌 작품, 창작, 감상을 둘러싼 세 가지 화두를 모아 구성한 것이 특징이다. 두 번째 특징은 이 책이 심미적 범주를 단서로 1편 '작품'에 관한 범주로 미추美丑, 정서情志, 형상形象, 형신形神, 기운, 문질文质, 허실虚实, 진환真幻, 문기文气, 정경情景, 의경경계, 동정动静, 중화中和, 비흥 등 14개를 열거했다는 점이다. 제2편인 "창작"에서 감물感物, 감흥感兴, 분서愤书, 정리情理, 신사神思, 응려凝虑, 허정虚静, 양기养气, 입신立身, 적학积学, 법도法度 등 11가지 범주를 뽑았다. 제3편인 "감상"에서 흥회兴会, 체취体味, 교화教化, 의취意趣 등 4가지 범주를 언급하였다. 문학 이론과 문예 미학 중의 작가, 작품, 감상의 세 가지 방면으로 구성된 이 체계는 핵심을 부각시키고, 자료가 풍부하여 이로부터 중국 고전예술의 깊은 축적을 알 수가 있다. 이 책은 당시에도 큰 영향을 미쳐 2009년 봉황출판사에서 재판再版되었다.

예랑이 주필한 《중국역대미학문고》(2003)는 10권 19책으로 선진부터 청대까지 다룬 역대 최대 규모다. 이 책은 전국의 150명의 학자들이 단체로 편집하여 만든 것으로, 기본적으로 철학과 문예이론을 둘러싸고 있는데 문예이론은 회화, 서예, 음악, 무용, 시, 산문, 소설, 희곡, 정원, 건축, 공예, 복식, 민속 등 다양한 내용을 담고 있다. 각 권의 텍스트 편성은 저자에 따라 배열되고, 동일 저자의 다른 텍스트가 나열되며, 서로 다른 저자는 출생년 선후순으로 원문에 대해 많은 양의 주석이 있다. 이에 관하여 주필인 예랑은 "중국 미학의 정리는 사실상 하나의 발견 과정이다. 현재 중국 미학 연구의 경우로 보면 수많은 중국 미학 원본 자료가 활용되지 않고 있다. 이 자료들을 효과적으로 활용하려면 먼저 발굴해야 한다"110)라고 지적하였다. 그동안 눈에 띄지 않았던 많은 텍스트들이 《문고》에서 선택되어 편집되었고 고전적인 문예이론 저작뿐 아니라 서발序跋, 서찰书札, 여행기 등을 다수 수록해 중국 고전 미학의 정체성을 제시하였다.

최근 새로 나온 미학자료는 장파가 주필한 《중국미학경전》(2017) 7권 10책으로 중국 미학자료 편찬의 최신 성과를 대변한다. 이 책의 창조성은 새로운 중국 미학관으로 책을 통섭한 데 있다. 편집장은 새로운 미학 자료 선정을 위해 다음 네 가지 방면의 상호작용을 고려해야 한다고 제안했다. 첫째, 중국형 철학과 종교사상이 어떻게 미학사상으로 연결되어 상호작용하는가 하는 점이다. 둘째, 중국형 제도문화가 미학사상과 어떻게 연관되어 상호작용하는가 하는 점이다. 셋째, 중국 고대의 기나긴 역사 진전에서 각 왕조의 특색 있는 생활형태가 어떻게 미학사상과 연관되어 상호작용을 했는가 하는 점이다. 넷째, 중국 고대의 천하관에서 화하의 주류문화와 사이四夷의 변방문화, 그리고 중화문화와 외래문화의 상호작용이 미학사상과 어떻게 연관되어 상호작용하는가 하는 점이다. 따라서 이 자료선은 철학미학인 - 종교미학, 문예미학, 천하天下미학 - 제도미학과 생활미학 - 공예미학의 네 가지 내용을 틀로 중국 역대 미학 자료를 다시 정리하였다. 이 새로운 틀에서는 중국 미학사 연구에서 제외되거나 주목받지 못했던 자료들이 많이 선정되었는데 중국 미학의 풍부함과 독특함을 더 잘 나타내고 있다. 구체적인 작성 과정에는 독서 안내, 저자 소개, 주석 등이 있어 독자들이 쉽게 파악할 수 있다.

이 외에도 왕전푸王振复가 주필한 《중국 미학 중요 텍스트 개요》(2003), 차이중더蔡钟德의 《중국 음악 미학 자료 주역》(1990) 등이 있다. 실제로 중국은 미학 자료가 너무 풍부해 어떤 선택본도 궁색하기 어렵지만 초보적이라 갈 길이 멀다. 이에 착안해 중국 미학 연구에 힘쓴 피차오강皮朝纲은 중국 미학 문헌학을 건립하자는 제안을 했다. 그는 중국 미학 문헌학의 학술

<hr />

110) 예랑: 《〈중국역대미학문고〉의 출판을 위하여〉, 《사천사범대학학보》, 2004, 제6기.

적 의미, 학과 명칭, 학과적 성격, 학과 틀, 연구 대상, 연구 범위, 연구 방법 등의 문제에 대해 여러 편의 글을 써서 체계적으로 해석하였다.[111] 뿐만 아니라 저자는 《대장경》, 《선종전서》 등 전적에 몸을 담그고 선종의 미학적 자료를 세밀하게 발굴하여 《단청묘향고선심丹青妙香叩禅心: 선종화학저술연구》(2012), 《묵해선적청신성墨海禅迹听新声: 선종서학저술해독》(2013), 《유희한묵견본심游戏翰墨见本心: 선종서화미학저술선석》(2013), 《선종음학미학저술연구》(2018) 등의 저서를 완성하여 선종 미학 연구의 든든한 토대를 마련하였다. 이런 작업은 많은 노력을 기울여야 하고 학술적 가치가 있어 추천할 만하다.

물론 중국 미학 자료선정은 문헌학적으로 권위성이나 정확성, 주석의 정당성과 필요성이 어떠한지 등 여러 가지 살펴볼 점이 있다. 그러나 중국 미학사 연구가 미숙하기 때문에 관련 자료의 정리는 필요하다. 구펑古风이 서술한 바와 같이 미학 문헌학은 아직 해야 할 일이 많이 남아 있어 다음과 같은 몇 가지 방면에서 착수할 수 있다: 전해온 역대 문헌을 전면적으로 정리하여 그 속에서 누락된 미학 문헌을 발굴하며, 지하 고고 문헌의 연구와 활용을 계속 강화하며, 역외 유출 문헌의 수집과 이용을 계속 강화하며, 현 당대 미학 문헌의 수집과 정리를 계속 강화해야 한다는 것이다.[112] 이런 건의들은 중시할 만하다.

전체적으로 보면, 중국 고전 미학 연구는 다음과 같이 요약할 수 있다.

---

111) 예를 들어 〈중국미학 학과적 건설 기초를 넓히고 다진다는 것에 대한 사고 - 선종화학문헌의 발굴 정리를 예로 들면서〉(《사천사범대학학보》, 2011, 제4기), 〈중국미학문헌학 학과적 건설의 학리적 근거〉(《면양사범학원학보》, 2014, 제3기), 〈체제 전환 배경 하의 중국 미학 문헌학 건설을 논한다〉(《사천사범대학학보》, 2014, 제5기), 〈선종 시학 저술의 역사적 지위 - 중국 미학 문헌학 학과적 건설을 겸론한다〉(《서남민족대학학보》, 2015, 제1기) 등이 있다. 《면양사범학원학보》, 2014, 제3기에는 피차오강의 미학문헌학 제의(한자 병기)를 다면적으로 서술한 글도 6편이나 발표하였다.
112) 구펑: 〈문헌, 문헌학에서 중국미학문헌학까지〉, 《면양사범학원학보》, 2015, 제3기.

첫째, 중국 미학통사는 네 가지 연구 패러다임을 형성하였다. 하나는 심미사상사로 리쩌허우, 류강지의 《중국미학사》와 민쩌敏澤의 《중국미학사상사》가 대표적이다. 다른 하나는 심미범주사로 예랑의 《중국미학사대강》, 천왕형의 《중국고전미학사》와 왕전푸王振复가 주필한 《중국미학범주사》가 대표적이다. 그리고 심미문화사로 천옌陳炎이 주필한 《중국심미문화사》, 쉬밍許明 이 주필한 《화하심미풍상사》, 저우라이샹이 주필한 《중화심미문화통사》가 대표적이다. 또 심미의식사로 주즈룽이 주필한 《중국심미의식통사》, 천왕형의 《문명전의 "문명": 중화사전심미의식연구》가 대표적이다. 중국 미학사 연구는 새로운 돌파를 앞두고 있으며, 연구의 시점으로 보면 생활미학은 중국 미학사 연구에 새로운 시점을 제공할 수 있을지도 모른다. 둘째, 단대 미학사 연구가 전면적으로 전개되어 전체를 뒤덮는 형세가 형성되었지만 대조해 보면 불균형이 있었다. 선진先秦, 위진魏晋, 당대唐代, 송대宋代 미학美學은 연구 성과가 상대적으로 많았는데, 특히 위진미학이 가장 많았고, 명나라와 청나라 미학은 연구가 상대적으로 적어 심도 있게 진행해야 했다. 이 밖에 연구 방법에서도 혁신이 필요한 점이 있다. 셋째, 인물, 텍스트, 유파의 미학에 대한 연구가 비교적 깊이 있고 텍스트의 경우, 《문심조룡》, 《24시품》과 같은 체계적인 이론 저서가 다각도로 연구되고 있지만 여러 전적에 흩어져 있는 미학 관련자료의 정리와 검토는 더욱 강화되어야 한다. 현재의 중국 미학 연구는 한汉문화를 주제로 한 선비 미학에 집중되어 있으며, 민간 미학과 소수민족 미학에 대한 연구는 상대적으로 적고 후자의 연구 강화는 물론 후자를 중국 미학 연구에도 접목하는 것도 고민해야 할 대목이다. 또 동아시아 미학 내부의 비교, 즉 중·일·한 미학의 비교 속에서 중국 미학연구를 추진할 필요가 있다. 기존의 동아시아 미학 연구는 동서 비교를 기본으로 하고 있고, 중·일·한의 미학 연구는 모두 그렇기 때문이다. "유교 문화권"으로 여겨지는 중·일·한 미학에 대한 비교 연구에서 중국 미학 자체의 특성을 더 잘 알 수 있을 것이다. 다섯째, 결국 중국 미학은 비교미학의 산물이다. 미학이 서양의 학문으로서 중국

미학을 포함한 동방 미학을 반영했고 서양미학이 아닌 미학은 모두 서양
미학을 참조로 하여 자신의 미학체계와 미학사를 구축하였다는 것은 사실
이다. 비록 "이중석중以中釋中"은 불가능하지만, "이서석중"의 연구에서 어
떻게 벗어나야 할지에 대해 심도 있는 검토가 필요하다.

제7장

예술철학, 심미문화와 심미교육

제1절 예술 철학의 거시적 연구

미학 원리에 대해 말하자면, 미의 본질 연구, 심미심리 연구, 예술에 대한 연구 등 크게 세 가지 내용을 담고 있다. 미술 연구는 줄곧 미학 연구의 중심이었는데, 바움가르텐은 미학을 "자유예술의 이론, 저급인식론, 미적 사유의 예술과 이성과 유사한 사유의 예술로서 감성적 인식의 과학"[1]으로 규정했다. "자유 예술의 이론"이란 예술을 미학의 주요 내용 중 하나라고 인정하는 것이다. 헤겔의 《미학》은 미학의 정당한 명칭은 예술철학이어야 한다고 주장한다. 《예술철학》을 쓴 셸링은 "객관적 세계는 정신의 원시적이고 의식이 없는 시일 뿐이다. 철학의 보편적인 관능이자 철학의 주춧돌은 바로 예술철학이다"[2]라고 주장한다. 20세기 서양 미학에서 많은 미학 원리류 저서는 "예술철학"을 그대로 따랐다. 중국 미학계에서도 주광첸朱光潛, 마치马奇는 미학이 주로 예술을 연구한다고 주장하였다. 마치는 "미학은 곧 예술관이고 예술에 관한 일반적 이론이라고 생각한다"며 "예술의 여러 방면의 이론을 포괄적으로 연구하는데 단지 부문 예술의 이론뿐만 아

---

1) (독일) 바움가르텐: 《미학》, 젠밍简明·왕쉬샤오王旭晓 번역, 문화예술출판사, 1987, p.13.
2) 셸링: 〈선험 철학의 초보적 구분〉, 북경대학교 철학과 외국철학사연구실에서 편집하고 번역한 《18세기 말-19세기 초 독일철학》, 상무인서관, 1960, p.171.

니라 각 부문의 예술을 개괄하는 일반적인 이론을 연구하는 것이다. 기본 문제는 예술과 현실의 관계 문제"[3]라고 말했다. 쟝쿵양蔣孔阳도 "예술은 미학 연구의 중심 대상 또는 주요 대상이어야 하고 예술의 미학적 특징에 대한 연구를 통해 예술에 대한 인간의 심미관계뿐 아니라 자연, 사회에 대한 인간의 전반적인 심미 관계도 파악할 수 있다"[4]고 지적한 바 있다. 이런 관점은 중국 학계에서 널리 받아들여졌고 예술은 미의 본질, 심미심리와 함께 연구 대상이 됐다.

그러나 예술에 대한 연구에 몰두한 저서는 미학 원리를 다룬 저서에 비해 훨씬 적었다. 중화인민공화국 수립 전에 출간된 예술철학 관련 저서는 쉬랑시徐朗西의 《예술과 사회》(상해현대서국 1932), 홍이란洪毅然의 《예술가 수양론》(수화萃华인쇄소, 1936), 샹페이량向培良의 《예술통론》(상무인서관, 1940), 차이-이蔡仪의 《신예술론》(상무인서관, 1942) 등이다.

1980년대 두 개의 예술철학 저서가 출판되었다. 하나는 마치의 《예술철학논고》(산서인민출판사, 1985)인데 이는 중화인민공화국 수립 이후 최초로 출간된 예술철학이란 이름을 사용하는 미학논문집이다. 다른 하나는 류강지刘纲纪의 《예술철학》(호북인민출판사, 1986)이고 이는 예술철학 전문저서로 출간됐다. 1990년대 출간된 예술철학은 장파張法 등의 《예술철학도인》(인민대학출판사, 1999) 등이 있고 2000년대 들어서는 두수잉杜书瀛의 《예술철학 독본》(중국사회과학출판사, 2008) 등의 다수의 예술철학 저서가 나왔다. 서양 예술철학 관련 저서의 번역 소개는 국내 예술철학 연구에 큰 영향을 미쳤다. 이에 관하여 두수잉은 "수십 년 동안 우리의 인식론 예술철학이 '반영', '인식', '이데올로기'만 논하고 다른 예술관념을 배척할 때 우리의 귀에는 또 다른 소리가 끊임없이 들려왔다: 예술은 직각이고 예술은 표현이다. 예술은 생활을 모방하는 것이 아니라 생활이 예술을 모방하는 것이다. 예

---

3) 마치: 《예술철학논고》, 산서인민출판사, 1985, p.17.
4) 쟝쿵양: 《미와 미의 창조》, 강소인민출판사, 1981, p.8

은 감정의 기호이며 의미 있는 형식이고 성본능의 승화이다. 그리고 어떤 생활 흐름과 의식의 흐름, 이런 주의, 저런 주의 … 나는 결코 이러한 예술 사조와 예술 주장이 모두 진리이고 모두 중국의 국정과 '문정文情'에 부합한다고 생각하지 않는다. 하지만 적어도 그것은 우리의 예술 철학자에게 많은 참조를 제공하거나, 혹은 우리의 반성을 불러일으키며 우리로 하여금 예술철학 자체에도 부족함과 결함이 없는지 돌이켜보도록 만들었다"5)라고 말했다. 최초로 번역 소개된 저서는 이폴리트 텐의 《예술철학》이다. 쉬위난 徐蔚南의 《예술철학ABC》(상해ABC 총서사 1929)는 이폴리트 텐의 《예술철학》1편을 개작한 것이다. 1938년 군익群益출판사에서 처음 중역본이 나왔고, 선치위沈起予가 번역했다. 이 책의 가장 유명한 번역본은 인민문학출판사가 1963년 출판한 푸레傅雷의 번역본으로 여러 차례 중판되어 발행부수가 많고 영향이 컸다.6) 이 외에 다른 번역 전문 저서도 많은데 출간 시점을 보면 1980년대 말과 1990년대에 집중되어 2000년대 이후 출간된 예술 철학 번역서는 상대적으로 적다.

지금부터 마치의 《예술철학논고》, 류강지의 《예술철학》, 두수잉의 《예술철학독본》을 예로 들며 당대 중국 예술철학의 연구 대상, 체계적 구성 등을 살펴보도록 하겠다.

마치의 《예술철학논고》와 류강지의 《예술철학》은 출간 시기가 가까울 뿐아니라 1950~60년대 이래의 유물론적 인식론의 시각에서 미와 예술을 바라본다는 철학적 토대도 거의 일치하기 때문에 여기서 두 책을 같이 논하도록 하겠다.

《예술철학논고》는 14편의 글을 모은 논문집으로 〈미학 - 예술철학〉, 〈예술이란 무엇인가〉, 〈예술인식론 초탐〉 등 3편의 글이 그의 예술철학관을 대

5) 두수잉: 《예술철학독본》, 중국사회과학출판사, 2008, pp.456-457.
6) 최근 몇 년 사이에 또 이 책의 다른 번역본이 나왔다. 예를 들어, 북경대학출판사, 2004(장웨이张伟 번역), 당대세계출판사, 2009(장웨이张伟·선야오펑沈耀峰 번역) 등이 있다.

변할 수가 있다.

마치는 헤겔, 체르니셉스키, 소련 미학자 데니크 등의 관점을 받아들여 미학을 곧 예술철학으로 여겼다. "미학은 곧 예술관이고 예술에 관한 일반적인 이론이라고 생각한다. 마르크스 레닌주의 미학은 마르크스 레닌주의 세계관의 지도 아래 있는 예술관(예술연구의 일반 이론 가운데 특히 프롤레타리아계급 사회주의 예술을 연구하는 이론)이다. 그것은 단지 예술의 일부 문제만이 아니라, 예술 각 방면의 이론을 전면적으로 연구하고, 단지 부문 예술의 이론뿐만 아니라, 각 부문 예술을 개괄하는 일반적인 이론을 연구하는 것이다. 예술과 현실의 관계 문제가 기본이고, 예술과 현실이라는 특수한 갈등을 해결하는 게 목적이다."[7] 여기서 마치는 미학을 예술철학과 직접 동일시한다.[8] 그는 예술철학 연구의 기본 내용으로 "예술의 기원, 본질, 예술 창작의 일반적 법칙, 계급사회에서의 예술적 발전 법칙, 예술과 사회주의, 공산주의, 예술의 사회적 역할, 예술 비평, 예술 감상, 예술 교육, 예술의 범주, 예술의 종류, 형식, 스타일 등"[9]을 꼽았다.

예술철학과 미학의 관계에 대해 류강지는 "예부터 지금까지 예술에 대한 연구는 복잡해 보이지만 미학의 범위에 대해서는 크게 예술철학, 예술심리학, 예술사회학의 세 가지 기본 측면에서 벗어날 수가 없었다"[10]라고

---

7) 마치: 《예술철학논고》, 산서인민출판사, 1985, p.17.
8) 〈미학이란 무엇인가〉라는 글에서 마치는 이 관점을 수정하였다. "미학을 연구하는데 예술 창조, 미의 창조, 예술 감상, 미적 경험 등 특수한 심리 법칙에 대한 연구를 빼놓을 수 없다. 그러자면 인식론, 심리학에 관한 지식을 습득하고 인식, 감정, 의지등의 심리적 과정과 능력, 성격 등의 심리적 특성에 관한 일반적 형식과 일반적 법칙을 특정한 영역에 적용하여 특정한 영역 안에서 그 특유의 인식, 심리를 밝히는 특수한 법칙이 필요하다"고 말했다. 이 글은 《하북대학학보》, 1981, 1기에 게재됐는데 1980년 10월 21일 하북성 미학회에서의 연설문이다. 그리고 마치: 《예술철학논고》, 산서인민출판사, 1985, p.37을 참고할 수 있다.
9) 마치: 《예술철학논고》, 산서인민출판사, 1985, p.17.
10) 류강지: 《예술철학》, 호북인민출판사, 1986, p.6.

제시했다. 이 세 부분은 실제로 미학 원리 연구의 세 부분에 대응하였다. 류강지는 예술 철학의 연구 내용을 일곱 부분으로 나누었다: 첫째는 예술과 현실의 관계 문제를 연구하는 것이다. 이것은 사실 물질과 정신, 존재와 사유라는 철학의 기본 문제가 예술 속에 표현된 것이다; 둘째는 직감, 감정, 욕망, 의지, 사유, 상상 등 주체의식과 예술의 관계 문제를 연구하는 것이다; 셋째는 예술창조의 본질과 과정을 연구하는 것이고 예술창조와 관련된 주체의 각종 정신적 요소의 문제를 포함한다; 넷째는 작품의 내용과 형식, 풍격과 유파 등의 작품의 구성 문제를 연구하는 것이다; 다섯째는 미와 예술의 관계 문제를 연구하는 것이다; 여섯째는 예술과 예술미의 각종 형태, 유형 및 그 변천의 규칙 등의문제를 연구하는 것이다; 일곱째는 예술의 목적, 의의 등의 문제를 연구하는 것이다. 그중에서도 예술의 본질은 예술철학 연구의 중심이다: "예술 철학은 예술의 본질적 문제 해결을 중심으로 예술에 대한 철학적 분석이 만들어낸 이론적 체계라고 할 수 있다."[11]

예술의 본질에 대해 마치와 류강지 모두 반영론의 관점에서 이해하였다. 〈예술이란 무엇인가〉라는 글에서 마치는 예술에 대해 "예술은 보편적인 사회현상이며 인간의 정신생활에 필수적인 소비재이며 일종의 정신적 양식"이고, "사회적 유기체 안에서 예술이라는 사회현상은 하나의 이데올로기이며 종교, 철학, 예술, 과학, 도덕 같은 이데올로기보다 특수한 사회 이데올로기이다"[12]라고 규정했다. 예술이 일종의 사회현상, 정신현상, 이데올로기라는 것은 예술에 대한 일반적인 규정이다. 예술의 본질에 대해 마치는 "예술은 사회생활의 반영이거나, 사회생활은 예술의 반영 대상이고 이는 예술의 본질이다"[13]라고 반영론적 관점에서 정의했다. 그 다음에 마치는 예술의 본질에 대해 여러 가지 규정을 두었다: 첫째, 예술은 일종의 인식 활동

---

11) 류강지: 《예술철학》, 호북인민출판사, 1986, p.10.

12) 마치: 《예술철학논고》, 산서인민출판사, 1985, p.37.

13) 마치: 《예술철학논고》, 산서인민출판사, 1985, p.42.

으로 사상을 표현해야 한다. "예술은 사회생활, 사회생활 속의 사람을 반영해야 하기 때문에 일종의 인식활동이라고 할 수가 있다. 따라서 일정한 인식적 의미를 지니고 있다."14) 둘째, 예술은 가치 있는 감정을 표현해야 한다. "예술은 감정을 표현해야 한다. 감정은 예술작품에서 중요한 위치를 차지하고 있기 때문에 톨스토이는 감정을 유일하게 중요하다고 강조하게 된다. 예술의 특징 중 하나는 정으로 사람을 감동시키고 감정을 자극하는 것이다."15) 셋째, 예술적 이미지는 예술의 주요 특징이다. "예술은 사회생활을 반영하고 사람들의 사상과 감정을 표현해야 하며 추상적인 표현이 아니라 생생한 이미지로 표현해야 한다."16) 〈예술인식론 초탐〉이란 글에서 마치는 또 예술인식의 특수성을 인식 대상, 표현 방식, 감정성, 주관성 등으로 강조했다.

류강지는 마찬가지로 예술의 본질을 예술철학 연구의 중심으로 삼았는데,《예술철학》앞의 4장이 "예술과 반영", "예술의 반영 대상", "예술의 반영 형식"으로 되어 있어 반영론의 발상이 분명함을 알 수 있다. 1장에서 류강지는 예술의 본질에 대해 "예술과 현실의 상관관계를 고찰하는 것에서 출발해야 하며 예술은 현실에 대한 일종의 반영이라는 것을 알아야 한다고 생각한다."17) 류강지는 예술이 현실에 대한 반영이라는 것을 예술의 본질에 대한 연구의 유일하고 정확한 출발점으로 여기고 이를 출발점으로 삼았다. 이를 입증하기 위해 마르크스의 반영론을 소개한 뒤 헤겔의 관점을 받아들여 예술품을 외형적 물질성과 내재적 정신성의 두 갈래로 나눠 현실과의 반영 관계를 분석했다. 그는 또 크로체의 직관설, 콜린우드의 감정설, 브래들리와 와일드의 예술독립생명설, 파커의 예술적 가치는 형식에 있다는 설

---

14) 마치:《예술철학논고》, 산서인민출판사, 1985, p.45.
15) 마치:《예술철학논고》, 산서인민출판사, 1985, p.50.
16) 마치:《예술철학논고》, 산서인민출판사, 1985, p.53.
17) 류강지:《예술철학》, 호북인민출판사, 1986, p.18.

등의 유심주의 예술관과 기계적 유물주의의 예술관을 반박하고 예술이 현실의 반영이라는 관점을 한 층 더 논증했다. 제2장은 예술의 반영 대상 문제를 다루는데 이는 예술 창조의 문제이자 예술의 기원의 문제로 볼 수 있다. 류강지는 아리스토텔레스의 모방설, 플라톤과 헤겔의 이념설, 크로체의 표현설, 랑게 등의 감정설, 벨린스키와 체르니셉스키의 생활설 등 미학사의 몇 가지 관점을 분석해 이들의 문제점을 비판했다. 그는 마르크스주의 유물론을 이론의 기점으로 삼아, 물질 생산 노동을 움켜쥐고 이 문제에 대답하였다. "삶의 창조에 대한 분석은 예술적 창조에 대한 분석의 전제와 기초이다."[18] 실제로 실천미학과 노동설 관점을 관철했다. 그는 창조와 자유와 인간의 사회성을 연결시켜 예술의 대상이 무엇인지에 대해 "인간 삶의 사회적 실천적 창조에 바탕을 둔 인간의 자유로운 감성에 대한 구체적 표현이라고 할 수 있다"[19]라고 대답하였다. 이는 "미는 인간의 자유로운 표현"[20]이라는 류강지의 미의 본질관과도 일치한다. 제3장은 개별과 일반, 인식과 감정, 재현과 표현, 구상 및 추상, 주관적이고 객관적인 관점에서 예술의 반영 형식의 문제를 분석했다. 제4장은 예술과 미의 관계 문제를 탐구했다. 우선 마르크스주의의 실천론과 자유에 대한 논술을 결합해 미의 본질을 분석한 류강지는 "미란 '자유의 왕국'에 속하는 영역으로, 실천에 바탕을 두고 생존 요구를 넘은 인간의 개성과 재능이 자유롭게 발전된 감성적 표현"[21]이라고 제기하였다. 이어 그는 미적 관념의 역사적 변화를 고찰하면서 "넓은 의미의 미는 예술의 본질"이다. 이른바 "넓은 의미의 미"란, 즉 서양 미학사에서의 미의 정의이고 조화, 숭고, 비극, 코미디, 황당함 등이 망라돼 있으니, 이는 물론 상당히 광범위한 개념이다. 예술의 본질을 규정

---

18) 류강지: 《예술철학》, 호북인민출판사, 1986, p.179.
19) 류강지: 《예술철학》, 호북인민출판사, 1986, p.239.
20) 류강지: 《미학과 철학》에서 〈미 – 필연에서 자유로의 비약〉, 호북인민출판사, 1986을 참고하기를 바란다.
21) 류강지: 《예술철학》, 호북인민출판사, 1986, p.440.

하기에는 너무 넓은 것 같다. 이 장에서 류강지는 예술미와 현실미의 관계, 예술의 사회적 기능 등에 대해서도 분석했다.

장파張法·우충吳瓊·왕쉬샤오王旭曉가 공저한 《예술철학도인》은 새로운 글쓰기 방식을 대표한다. 마르크스주의 미학에 얽매이지 않고 서양의 미학과 예술이론, 특히 현대 서양의 미학과 예술이론을 많이 받아들이고 다루었다. 이 책의 서론 부분에서는 예술 철학의 유형, 내용, 방법을 분석했다. 저자는 서양 미학사를 바라보며 예술철학을 3가지 유형으로 나눴다. 첫째는 예술철학이 곧 예술이론이라고 주장하는 텐의 《예술철학》으로 대표되는 것이다. 이 책은 서양예술 전체를 직접 다루고 예술의 가장 본질적인 것은 예술이 낳은 인종, 환경, 제도에 있다는 관점으로 그리스 조각, 고딕 성당, 르네상스 회화, 네덜란드 회화 등이 왜 그런 예술 형식을 가졌는지를 분석하였다. 둘째는 예술철학은 예술이론에 대한 사고라고 보는 관점이고 브록의 《예술철학》이 대표적이다. 이 책에서는 모방, 재현, 표현, 진실, 형식, 직관, 의도 등의 예술이론과 비평에 관한 중요한 개념들을 분석했다. 브록은 예술세계와 그 본질을 위와 같은 개념으로 파악한다고 생각했는데, 우리는 이러한 개념을 분석할 때 한편으로는 이런 개념들에 대한 분석을 통해서 예술의 본질로 들어가게 되었고, 다른 한편으로는 이런 개념들을 분석하면서 그들이 가리키는 예술세계도 분석하게 되었다. 셋째는 둘을 결합해 연구하는 예술철학으로 헤겔의 《미학》이 대표적이다. 이 책의 앞부분은 미의 본질을 포괄하여 예술이론을 다루고 뒷부분은 미의 본질을 전개하면서 각 예술 분야와 세계예술사의 발전을 다루었다. 저자는 위와 같은 이 세 가지 유형을 종합해 "예술철학은 예술을 주요 대상으로 하여 자신의 예술철학 이론을 구성해야 하지만 이를 구성하면서 이전의 이론을 참고해야 한다. 예술에 직면해야 하는 것은 예술을 설명할 수 있는 이론을 구축하기 위한 것이고, 이전의 이론을 참고하는 것은 자신의 이론을 더욱 합리화하기 위한 것이다"[22]라고 제기하였다.

이 책은 예술철학이 다음과 같은 내용을 포함해야 한다고 주장한다. 첫째는 예술의 기원에 대한 탐구이다. "예술의 기원에 대한 물질적 구성과 예술적 기능에 대한 통일된 고찰은 전인前人의 이론적 총화에 바탕을 두고, 예술의 기원의 4대 이론(모방설, 생물본능설, 주술설, 노동설)에 대한 분석비판을 통해 인류학 전반의 진화관에 입각하여야 한다. 이를 기반으로 서사예술의 물질적 구성에서의 종류 형성과 진화, 그리고 사회적 기능에서의 구조와 심화를 보여주고, 이를 통해 예술적 감각이 어떻게 둘 사이에서 형성되고 분화되고 독립되어 왔는지에 대한 논리적 발전의 실마리를 찾아내야 한다".23) 둘째는 예술의 전개이며, 이 예술의 전개는 또한 네 가지 측면을 포괄한다. 즉 첫 번째는 예술 분류의 전개인데 이는 예술의 논리적 전개이지만 일종의 표층전개, 즉 주체의 감각적 구분과 객체의 시공간이 각각 만들어내는 예술전개이다. 예술의 논리적 전개는 또 하나의 내적 전개도 있는데 즉 심미 유형의 전개, 즉 예술작품이 미, 슬픔, 기쁨의 다양한 층으로 펼쳐지는 것이고 이는 예술의 두 번째 전개이다. 예술의 세 번째 전개는 문화적 전개인데, 문화마다 다른 예술이 생겨났다. 예술문화의 전개는 하나의 예술의 역사적 전개이며, 예술의 역사발전은 구체적인 역사방식 아래서의 표현이다. 예술의 네 번째 전개를 공식적으로는 역사의 전개라고 할 수 있는데, 분산된 세계사부터 통일된 세계까지 이전의 다양한 문화 예술을 종합적으로 반영해야 한다. 셋째는 예술 개념의 역사적 변천을 고찰함으로써 예술작품의 공통 구조와 본질적 특징을 분석하는 것이다. 넷째는 예술 창조와 예술감상으로 전자는 예술작품을 탄생시키고 후자는 예술작품이 제 기능을 할 수 있도록 하는 것이다. 이에 따라 책은 예술의 기원 1장, 예술의 논리전개 2장, 예술의 역사전개에 대한 분석 3장, 예술품의 철학적 문제 4장, 예술생산의 고찰 5장, 심미 감상 연구 6장으로 나뉜다.

이 책은 예술의 논리와 역사 발전에 대한 고찰, 즉 예술사의 도입을 중시

---

22) 장파 · 우충 · 왕쉬샤오: 《예술철학도인》, 중국인민대학출판사, 1999, p.3.
23) 장파 · 우충 · 왕쉬샤오: 《예술철학도인》, 중국인민대학출판사, 1999, p.4.

하고 있음이 분명하고, 예술의 본질에 대한 질문 대신 "예술품의 철학적 질문"에 대한 고찰에 초점을 맞췄다. 지금부터 저자가 이 문제를 어떻게 분석했는지 살펴보도록 하겠다. 1절에서 저자는 타타르키비츠의《서양 6대 미학 관념사》의 논술을 참고해 예술 개념의 역사적 변천을 분석했다. 2절에서 저자는 "예술품이란 무엇인가"를 논의하면서 벨, 랑게, 사르트르, 케닉 등의 주장을 참고해 예술품에 대하여 아래와 같이 정의하였다: 우선 고립된 존재로서 예술품은 "의미 있는 형식"이라고 규정했다. 그 다음으로 예술품과 예술가의 관계에 대해 말하자면 예술품은 예술가의 심미 경험의 물적화이거나 예술가의 심미적 감정의 기호화의 표현이다. 마지막으로 미술품의 미적 생성 과정에서 예술품은 심미 대상의 존재이기도 하다.[24] 저자는 또한 "예술품이란 예술가가 만들어낸, 인간의 심미 경험을 전해주는 인공품을 의미한다"[25]라고 정의했다. 하지만 저자는 예술 개념의 개방성을 함께 지적하였다.

  3, 4절은 현상학적 미학의 관점을 흡수하여 예술품의 층위구조를 분석하였는데, 저자는 예술에서 심미 경험의 전달을 중심으로 예술품의 층위를 실재적 층위, 경험적 층위, 초경험적 층위로 나누었다. 실재적 층위란 어떤 구체적인 예술품이 물리적 시간과 공간 속에 존재한다는 것을 가리킨다. 경험적 층위란 어떤 예술품이 인간경험 속에서 존재한다는 것을 말한다. 현상학자인 잉카덴은 경험 속의 존재를 예술의 "심미적 대상"이라 부르고 "예술품은 심미적 대상으로서 본질적으로 심미적 경험 속에 존재하는 대상이며, 그 운반체로서의 작품의 실체는 인간의 심미지각에 들어가 지각에 의해 정형화된 산물"[26]이라고 말했다. 이는 예술의 심미적 대상이 일종의 생성적, 역동적, 개방적 구조라는 것을 의미한다. 예술품의 초험적 층위는

---

24) 장파 · 우충 · 왕쉬샤오:《예술철학도인》, 중국인민대학출판사, 1999, pp.129-130.

25) 장파 · 우충 · 왕쉬샤오:《예술철학도인》, 중국인민대학출판사, 1999, p.131.

26) 장파 · 우충 · 왕쉬샤오:《예술철학도인》, 중국인민대학출판사, 1999, p.135.

예술품 구조의 심층부에 존재하는 보편성과 영원성의 궁극적 의미와 형이상적 가치를 가리킨다. 5절에서 예술품의 경계 문제를 분석했는데 저자는 현대예술과 포스트모던예술이 고전예술 개념에 미치는 충격에 대해 "예술품에는 사실 경계가 없다. 혹은 그 경계가 예술의 끊임없는 혁신 과정에 있다"[27]고 주장한다. 결론적으로 보면, 《예술철학도인》은 예술사의 도입에 중점을 두고, 서양 미학 이론을 광범위하게 참고하며, 체계가 상대적으로 온전하다는 세 가지 특징이 나타난다.

두수잉의 《예술철학독본》은 2008년에 출간되었지만 창작 시간은 오히려 오래 걸렸다. 서문에 따르면 어떤 내용은 1985년 이전에 완성됐고 어떤 내용은 1985년부터 2000년 초까지 완성됐다고 한다. 이 책은 인식론적 미학에서 가치론적 미학으로의 전환이라는 그의 미학 사상의 변화를 보여준다. 예술철학에 대한 그의 이해도 마찬가지다. 그에 의하면 예술 철학은 미학의 한 부분이지만 독립적으로 연구할 수 있다. 그는 예술철학에 아래와 같은 내용을 포함해야 한다고 주장한다: 첫째는 예술의 기원과 예술의 역사적 발전, 둘째는 예술의 분류, 이 두 부분은 종從과 횡橫의 두 가지 측면에서 예술활동을 고찰하는 것이다. 셋째는 예술의 본질을, 넷째는 예술의 특수한 품격을 연구하는 것이고 이는 예술철학의 관건이다. 13장 분량의 책에는 예술의 위치, 예술이 세계를 장악하는 방식, 예술의 대상, 예술의 내용과 형식, 예술의 매개체, 예술적 이미지와 예술전형, 예술감상, 예술철학의 변혁 등의 많은 문제가 담겨 있다. 예술의 기원과 발전, 분류 등은 논하지 않고 예술의 특이한 품격에 대한 고찰에 초점을 두었다.

두수잉은 아홉 가지 측면에서 예술의 특별한 품격을 살펴봤다. 첫째, 인간 활동에서 예술이 차지하는 특별한 위치를 확립하고 그는 카강卡冈, 리쩌허우李泽厚 등의관점을 참고해 예술을 세계에 대한 "정신적 실천장악"으로 규정했다. 둘째, 예술과 삶의 관계에서 예술의 특질을 확립했다. 그는 "예

---

27) 장파·우충·왕쉬샤오: 《예술철학도인》, 중국인민대학출판사, 1999, p.151.

술은 삶의 특질화"라며 수많은 예술사적 사례를 통해 이를 분석했다. 셋째, 예술 창작의 주관적인 측면에서 예술은 자신만의 방식으로 세계를 장악한다. 개별로 일반을 파악하고, 개별을 뛰어넘어 개별을 재건한다. 넷째, 예술 창작의 객관적 측면에서 보면 예술은 자신만의, 철학이나 과학과는 다른 대상이 있다. 예술의 대상은 인간의 삶과 인간의 삶과 관련된 사물의 영역으로 정해져 있다. 예술적 대상은 인간의 정신생활 현상에 초점이 맞춰져 있으며 감정은 그 안에서 중요한 위치를 차지하고 있다. 다섯째, 예술품의 주요 구성요소를 살펴보면, 예술은 자신만의 내용과 형식을 가지고 있다. 예술의 내용은 구체적이고 저자의 주관성을 보존하고 담아야 하며 예술적 내용은 감정으로 사람을 감동시키고, 강렬한 감동성을 가지고 있다. 여섯째, 예술 매체의 특수성과 미와 예술에 대한 매체의 중요한 의미를 부각시켰다. 심미적 가치와 예술적 가치를 창출하는 과정에서 매개체는 가치의 본체 운영 속에 녹아들어 그 가치의 생장의 일부가 되었다. 매개체는 동시에 창조 활동의 결과 속에 들어가고, 그 가치의 수용체인 감성 형식과 떼려야 뗄 수 없는 유기적인 요소가 된다. 일곱째, 예술은 내용과 형식을 완벽하게 통일한 유기적인 전체로서 그의 특징은 예술적 이미지에 잘 나타나 있다. 예술적 이미지는 감성과 이성, 인식과 감정, 이미지와 현상 등 많은 요소들의 완벽한 통일체로 비예술적 이미지와는 확연히 구별된다. 여덟째, 예술전형은 진선미眞善美로 고도로 통일된 예술적 이미지로서 철학, 과학과도 큰 차이를 보인다. 예술 전형은 반드시 미의 법칙에 따라 조형되어 고도의 심미적 가치를 얻어야 한다. 아홉째, 예술적 이미지와 예술적 전형이 만들어지면 하나의 독립적이고 객관적인 존재물이 되어 사회에 진출하게 되고, 그 예술가의 모태에서 벗어나 사회적으로 "독립적인 삶"을 꾸리게 된다. 감상도 창조이고 예술 수용도 예술 창조의 한 부분이다.[28] 두수잉은 예술의 특수한 품격을 여러 가지로 규정하여 인식론 미학, 특히 차이-이

---

28) 두수잉:《예술철학 독본》, 중국사회과학출판사, 2008, pp.10-14.

미학의 영향을 많이 받으면서도 가치론 미학의 사상을 녹여냈다. 예술적 매개체와 심미적 가치의 상관관계를 중시하는 등 새로운 사고도 적지 않다.

두수잉은 인식론적 미학을 고수하시 않고 이를 반성하고 새로운 변혁을 고민하며 "인간본체론 예술철학"을 구상했다. 그에 의하면 인간본체론 예술철학은 아래와 같은 두 가지 기본 개념을 지니고 있다: 첫째, 심미는 인간의 본체 생명활동의 주요 방식 중 하나이며 인간의 자유로운 생명의식의 표현 형태이다. 둘째, 예술은 본질적으로 심미적인 것이고 심미와 예술은 자연스러운 선천적인 연관이 있다. 이런 관념은 인식론 미학보다 예술의 근본에 더 가깝다.

두수잉은 또 예술철학의 변혁에 대해 몇 가지 전망과 건의를 제기하였다: 첫째, 다양한 형태의 예술이론을 발전시킨다; 둘째, 중국과 외국의 모든 좋은 것을 "갖고 온다", "필요"를 기준으로 한다; 셋째, 예술철학은 생활과 미, 생활과 예술관계의 새로운 변화, 새로운 동향을 인정하고 연구하는 데에 기초하여 이러한 변화와 움직임에 부응하여 이론적 조정을 해야 한다; 넷째, 만능의 이론이 없기 때문에 반드시 역사적 실천의 발전에 따라 끊임없이 발전하고 변화하며, 사회 현실, 심미 활동과 예술의 부단한 발전에 따라 변화해야 한다.[29] 이 몇 가지 건의는 의심할 여지없이 저자의 열린 마음과 이론에 대한 비전성을 구현하였다.

이들 저서 외에도 랴오궈웨이廖国伟의 《예술철학 초보》는 예술철학의 기본 개념, 예술적 이미지, 예술과 형식, 회화, 음악과 영화예술, 예술과 상징, 예술과 민족문화 심리 등을 체계적으로 다루었다. 왕웨이둥王卫东의 《예술철학인론》은 예술에 대한 본체론적 고찰, 예술의 기원, 예술구조 연구, 중서미학의 철학적 기초 등을 다루었다. 뒤안홍段虹의 《예술철학인론 – 마르크스 시야 아래의 예술》은 예술의 기원, 예술형태, 예술품의 경계, 예술 창

---

29) 두수잉: 《예술철학 독본》, 중국사회과학출판사, 2008, pp.14-16.

작과 감상, 예술의 미, 예술과 미학, 예술 미육美育, 예술작품과 예술 수용 등을 탐구하였다. 양징샹楊景祥의《예술철학》은 창작활동, 감상활동, 비평활동, 이론활동, 문예사의 집필활동 등을 연구하는데 저자는 각종 활동의 구성요소를 따로 연구하고 그들의 상호관계도 연구하였다. 왕더펑王德峰의《예술철학》은 예술과 진리의 관계, 예술작품의 존재방식, 심미적 이미지의 기본 유형, 예술가와 예술작품의 창조, 예술작품의 수용, 5가지 예술적 감수성 등 예술의 6가지 기본 문제를 다루었다. 류쉬광刘旭光의《실천실존론의 예술철학》은 실천존재론의 방법으로"예술"과 "예술작품"을 하나의 "사건"으로 묘사하고, 이 사건을 기점으로 예술작품의 존재론적 성격을 재고해 객체성과 주체성 간의 교감을 재분석하며, "시간성"이라는 실천행위의 기본적 성격을 예술작품의 존재에 대한 사고에 담아 그 내재된 시간적 상태를 분석하였다. 예술품과 예술에 대해 존재론적 해석을 했다. 양쥔졔楊俊杰의《예술의 위기와 신화: 셸링 예술철학 탐미》(북경대학출판사, 2011)는 국내외 연구 성과를 받아들여 셸링 예술철학의 새로운 신화사상을 면밀히 연구하였다. 예술과 철학의 등고성等高性은 셸링의 예술철학이 시종일관 지켜온 기초관념이고, 새로운 신화에 대한 기대는 셸링 예술철학의 취지이며, 새로운 신화는 구신화에 대한 초월이자 궁극적으로 원만한 절대적 동일상태의 상징이다. 독일 낭만파의 울타리 안에서 엄격한 의미의 새로운 신화사상을 제시한 것은 셸링밖에 없다고 저자는 주장한다.

전반적인 성과만 놓고 보면 당대 중국의 예술철학 연구는 미학 원리에 비해 연구 성과가 훨씬 부족했고, 관점으로 보면 예술의 본질에 대한 인식 역시 인식론에서 가치론, 실천론으로의 전환을 거쳤다. 외국 학자들의 연구 성과, 특히 당대의 연구 성과(분석미학 등)에 더 많은 관심을 갖고 예술 철학의 체계적 구성에 통합하는 것도 필요하다.

제2절 심미문화의 영역 개척

1. 심미문화의 내포

중국 학계에서 "심미문화"라는 개념을 처음 사용한 것은 1980년대 초로 현재 조사 가능한 최초의 논문은 1983년에 웨이쟈쥔魏家駿이 발표한 〈문예는 사회 전반의 심미문화 수준을 높여야 한다 - 마르크스 문예사상 학습노트〉(《회음사범전문대淮阴师专학보》, 사회과학판, 1983, 제4기)이다. 1984년에 판이潘一는 〈청년 심미문화연구 요강〉(《상해청소년연구》, 1984, 제11기)을 발표했다. 전자는 소련 미학계의 "심미문화"에 대한 규정의 영향을 분명히 받았다. 후자는 청년 심미문화를 예술사회학의 중요한 연구과제로 여긴다. "예술사회학(일명 문예사회학)의 연구 시점은 연구 방법과연구 대상이다. 연구대상으로 보면 청년 심미문화를 예술사회학으로 연구하는데 심미문화 현상, 층위구조, 기능, 특징, 형성조건, 발전예측 등이 포함된다."[30] 이 연구의 발상은 일반 사회학의 관점을 참고하였다. 1988년 예랑叶朗이 주필한 《현대미학체계》란 책은 처음으로 "심미문화"를 미학 원리 체계에 포함시켰고 심미문화를 심미사회학의 핵심 범주로 삼아 비교적 자세하게 설명하였다. 90년대 이후 심미문화에 대한 탐구는 날로 많아지고 있으며 심미문화의 성격, 내용, 대상, 특징 등에 대해 심도 있는 분석을 진행하고 있다. 다음은 중요한 것을 골라서 개략적으로 서술하도록 하겠다.

1) 심미문화와 문화의 관계 면에서

심미문화와 문화의 관계는 많은 학자들이 심미 문화를 탐구할 때 접점이 된다. 이에 대해 적어도 세 가지 주요 관점이 형성되어 있다: 하나는 심미

---

30) 판이: 〈청년 심미문화연구 요강〉, 《상해청소년연구》, 1984, 제11기.

문화를 문화의 하나의 자녀 체계로 보는 것, 다른 하나는 심미문화를 문화의 심미적 측면으로 보는 것, 마지막으로 심미문화를 문화의 고급 단계의 구현으로 보는 것이다. 앞의 두 관점은 논리적으로 착안하고, 세 번째 관점은 역사적으로 착안한 것이다.

예랑이 주필한 《현대미학체계》에서 심미문화를 문화의 하나의 자녀子女 체계로 명시하고 있다. 문화를 경제, 정치, 도덕, 심미, 종교, 철학, 과학기술 등으로 나누는데, 심미문화는 문화대체계에 종속되어 있다. "심미문화의 세 가지 기본 구성요인은 인류 심미활동의 물화제품, 관념체계, 행동방식이다." 책에서 심미 활동의 물화제품에는 심미 제품(가장 기본적인 것은 예술)과 심미 시설이, 심미 관념 체계에는 심미관, 심미 이상, 심미 가치 기준, 심미 재미 등이, 심미 행위 방식에는 심미 생산, 심미 조절, 심미 소비의 세 가지가 포함된다고 본다. 책은 심미문화가 자율과 타율의 이중성을 지닌다고 보고 심미 문화의 동태적 과정, 즉 생산과 조절, 소비를 포함한 심미 행동방식에 대해 중점적으로 검토했다. 미학과 서양예술사회학을 받아들이는 발상을 본떠 문화의 총체적인 심미문화를 규정하기 때문에 심미문화의 속성을 부각시킬 수밖에 없지만 "인간 심미활동의 물화제품, 관념체계, 행동방식"은 사실 모든 것을 망라하므로 이렇게 규정하는 것은 너무 넓어서 파악하기 쉽지 않다는 것을 알 수가 있다.

장쿵양蔣孔阳, 녜전빈聶振斌, 주리위안朱立元 등의 학자들은 심미문화를 문화의 심미 측면으로 보는 경향이 있다. 장쿵양蔣孔阳은 "미와 문화는 타고나면서부터 문화가 있는 곳에 심미문화가 있다. 심미문화가 있으면 우리의 미를 사랑하는 천성을 만족시킬 수 있고, 정서적 교류의 필요를 충족시킬 수 있으며, 자기표현의 소원을 충족시킬 수 있다. 그래서 심미문화는 문화와 미의 결합이고, 문화에 대한 높은 기준의 요구이며, 미를 외치는 문화이다. 우리의 문화는 실용적 가치, 공리적 가치뿐만 아니라 정신적 가치, 심미적 가치도 요구한다"[31]라고 주장한다. 녜전빈은 "심미문화"의 개념구조와 특징 등을 들어 "심미문화가 무엇인가?"를 제기했는데 그것의 함의는 심미와 문화의 결합이 아니다. 넓게 보면 심미 그 자체도 문화이고 문화의 일부이기 때문에 심미와 문화가 결합해도 여전히 문화이고, 그렇다면 심미라는 말이 거추장스러운 것이 될 것이다. 심미와 문화 양자는 병렬관계가 아니라 종속관계로 서로 제약하고 있으며, 실상은 심미적인 문화이다. 심미는 문화의 성격을 규정하며, 문화는 심미의 대상 범위를 제한한다. 즉, 심미문화 개념은 심미의 대상이 문화의 범위에 한정되어 있고, 자연물도 사회의 물질적 기초 부분도 아닌 관념적 형태 부분이다. 동시에 모든 관념적 형태가 심미문화인 것이 아니라 심미적 성격을 지닌 관념 형태만이 심미문화라는 것을 알려준다. 심미적 성격이란 초공리성과 쾌락성이다. 그래서 심미문화는 초공리적이고 즐거운 문화다.[32] 주리위안은 녜전빈과 비슷한 생각으로 "심미문화"의 개념 구조에서 출발하여 정의를 내렸다: "내가 보기에 심미문화Aesthetical culture라는 단어는 '형용사+명사'(편정偏正구조)로 이루어진 합성어다. 단어의 주체적인 부분인 '문화', '심미'는 '문화'에 대한 수식과 한정이다. '문화'는 범위가 매우 큰 개념이고 '심미적인'은 다만 그 한 가지 측면의 일부, 한 측면, 한 형태,한 단계라고 할 수 있다. '심미적인'이라는 형용사는 '문화'의 큰 범주로부터 '심미문화'를 분리해서 명확한 한정을 가한 것이다: 심미문화는 문화의 일부이지만, 문화의 심미적인 부분일 뿐이다. 이는 단어의 구조 분석만 놓고 본 '심미문화' 개념에 대한 가장 기본적인 이해다. 이를 기점으로 '심미문화'를 일정한 심미적 특성과 가치를 지닌 문화형태로 표현할 수 있다."[33] 주리위안은 또 감성적 의향성, 무공리 또는 초공리성, 심령적 자유성, 정신적 쾌락성' 등 4가지를 "심미 특성과 가치"로 규정했다.그는 문학예술을 심미문화의 핵심으로 여긴다. 녜전빈과 주리위안은 모두 초공리성, 쾌락성 등을 심미문화의 중요한 특징으로 꼽았

31) 장쿵양: 〈잡담 심미문화〉,《문예연구》, 1996, 제1기.
32) 녜전빈: 〈심미문화를 다시 논한다再谈审美文化〉,《철강학간浙江学刊》, 1997, 제5기.
33) 주리위안: 〈심미문화 개념 소의小议〉,《철강학간浙江学刊》, 1997, 제5기.

는데, 이는 분명 칸트적의미의 전통미학적 관점에서 본 심미문화다.

문화의 심미 속성에서 심미 문화를 보는 학자도 있다. 예를 들어, 장파張法는 아래와 같이 주장한다. "심미문화는 건축 외관, 실내 인테리어, 인체복식, 새로운 구역의 배치, 관광경관에서 문학예술에 이르기까지 다양한 차원의 심미영역을 아우르는 것을 의미한다고 생각한다. 그래서 심미문화는 학문 세분화에 기초한 종합 이론이다. 그 종합수단이 바로 각 분야가 공유하는 형식법칙이다. 심미 각 영역의 경계가 매우 크며, '심미'라는 용어로 통일할 수 있는 이유는 각 영역이 모두 사람으로 하여금 감성적으로 한눈에 볼 수 있게 하는 형식의 외관으로 나타나기 때문이다. 이런 형식들은 늘 이러저러한 방식으로 사람의 심미적 심리와 관련되어 있다. 그러나 이런 형식들은 외관이 통일된 형식적 특징으로 나타나기 마련인데. … 심미문화가 문화를 강조하는 것은 전체 문화 변동의 연관성을 심미적 외관 형식에서 제시하기 위해서이다."[34] 여기서 장파가 강조하는 것은 심미적 대상이 갖는 형식적 특징의 통일성과 문화성이다. 한더신韓德信의 관점도 이와 비슷하다. 즉 "심미문화란 인간이 실천활동에서 창조한 모든 문화 중 심미적 성격을 띤 부분으로 인간이 객관적 세계를 정복하고 개조하는 과정에서 표현된 자유의 형식"[35]이다. 상대적으로 심미문화를 문화적 심미 차원으로 보는 시각이 많은 학자들에게 받아들여지고 있다.

세 번째 관점은 심미문화를 문화의 고급 단계로 보는 것으로, 역사 발전의 시각으로 심미문화를 보는 것이기 때문에 위의 두 가지 관점과 모순되지 않는다. 예를 들면, 1997년에 열린 "심미문화와 미학사 학술토론회"에서 "한 학자는 구체적으로 문명과 문화가 발전하는 과정에서 심미문화를 도구문화, 사회적 이상문화에 이은 제3의 문화형태로 규정한다. 심미문화는 문화축적과 문화 양量적 변화 과정을 대표하며, 인류문화와 문명의 비교적 높

---

34) 장파: 〈심미문화: 범주, 성격과 조작방식〉, 《상해사회과학원학술계간》, 1994, 제4기.
35) 한더신: 〈심미 문화에 대한 연구는 역사의 연장되어야 한다〉, 《이론학간》, 1998, 제2기.

은 형식이자, 초공리성과 자유성이 통일된 성격을 나타내며, 인간의 정신적 체험성과 심미적 형식관조를 주도적으로 하는 사회감성문화"[36]라고 주장하였다. 녜전빈의 심미문화에 대한 두 가지 견해는 바람직하다. "하나의 시각은 심미문화란 문화 전반에 걸쳐 심미적 성격을 띤 부분이며, 심미 성격이란 공리, 목적성을 초월하는 성격이라는 것이다. 문화시스템 전체의 자녀 子女 계통, 혹은 문화체계의 한 고상한 측면이다. 또 다른 시각은 심미문화는 인류문화 발전의 고급단계이자 포스트 산업사회의 산물이며, 사회가 포스트 산업사회의 역사적 단계로 발전해 예술과 심미가 문화 전반에 스며들어 지배적으로 작용하고 있다는 것이다." 녜전빈은 이 두 가지 견해를 종합하여 아래와 같이 주장한다. 즉 "현대문화의 주요한 형태이자 고급형태인 심미문화는 초공리성과 쾌락성의 원칙을 문화 전반에 투영해 인간의 정신을 풍요롭게 한다. 이 정의는 한편으로는 심미의 기본 원칙을 고수하고, 그것이 고상한 정신생활의 영역에 속한다고 명시함으로써, 현재 유행하고 있는 소위 '문화'와 선을 그었다. 동시에 이 정의는 인류문화발전의 새로운 성과를 포함하여 문학예술이 심미의 대상이 될 수 있을 뿐만 아니라 문학예술 외의 광대한 문화영역도 현대 과학 기술의 조건 하에서 모두 심미적인 것이 될 수 있기 때문에 심미의 보편적인 사회적 의의를 확대하였다. 이 정의는 시대의 새로운 문화 발전에 대한 요구를 반영하는 것이며, 또한 높은 요구이기도 하다."[37]

녜전빈과 마찬가지로 저우원쥔周文君은 두 번째, 세 번째의 관점을 종합하여 아래와 같이 제기하였다: "심미문화학은 문화학처럼 인류문화의 전부를 연구하는 것이 아니라, 특정한 심미적 시각에서 특정한 심미적 태도로, 문화체계에서 심미적 이상, 심미관념, 심미적 취미를 구현하는 문화적 실체, 문화활동, 문화현상을 연구하고 문화 속의 심미적 요소, 심미적 성격,

---

36) 마훙바이馬宏柏: 〈심미문화와 미학사 학술 토론회 총론〉, 《철학동태》, 1997, 제6기.
37) 녜전빈: 〈심미문화란 무엇인가〉, 《북경사회과학》, 1997, 제2기.

심미적 풍격을 발굴하여 사람들의 심미적 시야를 넓히고 심미적 능력 향상시키며 심미적 경험을 풍부하게 하고자 한다. 혹은 쉽게 말해 심미문화는 사람들이 다양한 문화콘텐츠를 심미적인 태도로 대할 때 나타나는 정신현상이어야 한다. 그래서 심미문화는 인류문화의 전부가 아니라 문화대체계에서 하나의 자녀 체계이며 가장 심미적인 부분이다. 심미적 성격이란 미학에서 흔히 말하는 초공리성이다. 그래서 심미문화는 또 문화체계에서 핵심적이고 고급스런 위치에 있는 자녀 체계여야 한다. 또한 인류문화는 끊임없이 발전하기 때문에 고차원적인 정신활동 현상으로 나타나는 심미문화가 인류문화 발전의 고급단계에서 더욱 두드러지게 나타나고, 다른 문화 분야에 대한 침투와 사회생활에 대한 통제력이 더욱 강해진 것이 심미문화가 현대사회생활에서 하나의 학술과제로 자리잡은 주요 원인이다."[38]

심미문화를 문화의 심미적 측면으로 보는 시각이 널리 받아들여진 것은 그만큼 심미문화의 연구대상이 넓다는 것을 의미한다. 이처럼 기존의 연구 성과는 중국의 전통 심미문화, 지역 심미문화, 민족 심미문화, 기물器物 심미문화, 문학예술 심미문화(문학, 영상 등 중심) 등 광범위하다.

2) 심미문화와 당대문화 및 대중문화와의 관계 면에서

이처럼 연구의 이유에서 보자면, 심미문화 연구는 당대 사회 - 문화 변형의 산물로서, 관련 논저에서 흔히 볼 수 있는 "당대 심미문화"와 "대중 심미문화"라는 명칭으로, 심미문화는 당대 문화 및 대중문화와 밀접한 연관이 있어 이들의 관계를 분석하는 것이 심미문화의 내실을 이해하는 데 도움이 된다.

어떤 학자는 당대 문화를 심미문화로 여긴다. 일부 학자는 예를 들어, 샤오잉肖鷹은 당대 문화의 배경에서 심미문화에 대하여 세 가지 규정을 하였

---

38) 저우원젠: 〈심미문화에 관하여〉, 《중국문화연구》, 2007, 여름.

다. 즉 "첫째, 심미문화는 예술이 삶에 꺾이는 표현이며, 둘째, 심미문화는 당대 사회생활이 나날이 표면화, 감성화, 당대화되는 총체적 정세이며, 셋째, 당대 문화의 자아상실의 보편적인 퇴락환경에서 심미적 감성형식은 개체 존재의 확증이 된다." 그는 "심미문화는 그 당대성의 본질로 당대 문화에 대한 최종적인 정의가 된다. 그래서 당대 문화는 심미문화라고 할 수 있다."39) 샤즈팡夏之放도 똑같은 주장을 펼쳤다. 즉, "당대 문화는 그 주도적 성향과 발전 추세로 볼 때 당대 심미문화이다."40) 왕더성王德胜 역시 "당대 심미문화 연구활동과 그 사이에 나타난 각종 논쟁과 사상적 성과는 직접 연구활동을 한 학자(필자 포함)에게는 '당대 대중문화' 또는 '당대문화의 심미화'로 이해됐다"고 지적했다. "이론적으로 '당대 심미문화'는 현실적이면서도 충분히 전개되는 명확하고 삶의 특성이 있는 존재 현상으로 간주되고 있다. 이는 단순한 '문화의 심미적 측면'도, 고전적 범주의 더욱 순수한 '예술문화' 형식도 아닌 범위가 넓으며, 당대 생활의 기본 과정을 개괄하는 총체적인 현상을 반영하는 강한 현실적 성향을 보여주는 문화 존재다."41) 이들은 모두 심미문화의 당대적 내실을 강조하면서 당대 문화를 심미문화로 보고 있다. 이에 대해 일부 학자는 예를 들어, 리스타오李世涛는 "당대 문화는 내용이 다양한 문화 복합체이고, 통상적인 구분으로 엘리트 문화, 주류 문화, 통속 문화가 포함되어 있어 당대 문화의 범위가 심미문화보다 훨씬 크다. 더욱 중요한 것은 당대 문화 중의 많은 문화 현상, 예를 들어 상당히 많은 통속문예들이 사람의 감각을 자극하는 것을 능사로 삼는 것은 심미에서 멀어지거나 반심미적인 것이다. 따라서 심미문화를 당대 문화로 이해해서는 안 된다"며 반대 의견을 냈다.42) 한 가지 넓은 의미에서

---

39) 샤오잉: 〈한없이 가라앉는다在无限之维的沉落〉, 《심미문화총간》(창간호), 산두汕头대학출판사, 1994.

40) 샤즈팡: 《전환기의 당대 심미문화》, 작가출판사1996, pp.56-57.

41) 왕더성: 〈당대 심미문화 연구의 학과적 위치〉, 《문예연구》, 1999, 제4기.

42) 리스타오: 〈사회 변신과 심미 변천 – 심미문화 연구의 역사와 반성〉, 《하북사범대학학

문화를 이해한다면 인류학자 테일러가 주장한 것처럼 "문화, 혹은 문명, 그 광범위한 민족학적 의미에 대해 말하자면 지식, 신앙, 예술, 도덕, 법률, 풍속, 그리고 사회 구성원으로서 파악하고 받아들이는 모든 다른 재능과 관습의 복합체이다." 그렇다면 당대 문화는 지식, 신앙, 예술, 도덕, 법률, 풍속 등 모든 방면에 걸쳐 있기 때문에 당대 문화를 단순히 심미문화와 동일시할 수 없다. 뿐만 아니라 심미문화를 대중문화로 보는 학자도 있다. 이들은 심미문화에 대해 "당대 문화에 대한 규정적 표현으로 전통적으로 대립하는 엄숙한 문화와 속문화를 포함하거나 통합하지만 유행하는 대중문화 형태로 보이는 것은 가치판단적 의미가 아니라 문화형태적 의미에서 심미문화를 대중문화라고 부를 수 있다"[43]고 주장한다. 이런 관점은 더 많은 학자들의 반대에 부딪혔다. 텅서우야오滕守尧는 "지금의 심미문화에 관한 논의에서 대중문화를 심미문화와 동일시하는 일부의 혼선은 부적절할 뿐 아니라 중국의 향후 심미문화 발전에 재앙적 결과를 가져올 가능성이 크다고 생각한다. … 대중문화는 비심미적, 반심미적일 때가 많기 때문이다"[44]고 비판했다. 장훙张弘은 또한 심미문화를 대중문화로 본다. 그는 심미문화는 실질적으로 20세기 말 소비경제와 소비주의가 성행하면서 외래 사상자원이 결합된 결과물이라고 주장한다. 더 나아가 이와 같이 격렬하게 비판한다: "'심미문화'는 대중생활을 관통하려는 가치관념과 이상적인 기준으로 실체가 다른 형태의 '상품배물교商品拜物教'다. 결국 인간 스스로도 철저히 물화되어 함께 소비의 소용돌이에 빠지게 되고, 소비가 더 이상 경제발전의 지렛대가 아니라 자원을 소비하는 밑 빠진 독에 물 붓기로 변할 때 함께 쇠약해진다."[45]

보》, 2004, 제11기.

43) 마훙바이马宏柏: 〈심미문화와 미학사 학술토론회 종합논술〉, 《철학동태》, 1997, 제6기.

44) 텅서우야오: 〈대중문화는 심미문화와 동일시하면 안 된다〉, 《북경사회과학》, 1997, 제2기.

45) 장훙: 〈심미문화의 어색함〉, 《문회독서주보文汇读书周报》, 2009.10.30.

실제로 상당수 학자들은 심미문화를 당대문화와 대중문화의 중요한 콘텐츠로 보고 있다. 저우셴周宪은 《중국당대심미문화연구》라는 책에서 "심미문화"는 당대 중국의 소비문화적 배경에서의 심미적 행태를 말한다. "그 중요한 이유는 현대 중국 심미문화의 발전과 변화가 벌써 고전적 예술의 범위를 넘어섰기 때문이다. 기술의 진보와 영향, 매스컴의 광범위한 침투에 따라, 읽기와 쓰기 능력을 갖춘 대중층의 출현, 예술 생산방식이 전통적인 개인 수작에서 기계복제로의 변화, 예술적 전파방식의 변화, 유행과 패션, 재미와 집단의 하위문화적 관계 등을 전통적인 개인 창의력이나 사안별 연구 패러다임에서 해결할 수 없는 것은 분명하다."46) 타오둥펑陶东风은 "많은 심미문화에서 '심미문화'가 주로 대중문화로 접근하는 이유는 대중문화가 사람들의 일상과 더욱 광범위하고 깊이 연관돼 있기 때문"47)이라고 했다. 장징张晶은 심미문화를 넓은 의미와 좁은 의미로 구분한다. "그 넓은 의미는 인류문화의 여러 측면(물질적, 정신적, 제도적)에서 나타나는 심미적 인자因子, 또는 사람들이 자각적인 심미적 이상, 심미적 가치관념으로 창조한 문화현상의 총칭이며, 일반적으로 심미 문화는 감성적이고 기호화된 특징을 가지고 있다. 좁은 의미에서의 심미문화는 특히 당대 매스 미디어의 영향 아래 사회문화의 각 방면에서 심미적 가치를 지닌 제품, 성향, 행위를 가리킨다"48)고 말했다.

심미문화는 당대문화, 대중문화와 밀접한 연관이 있기 때문에 다수의 학자들은 심미문화의 특징을 요약할 때 모두 서양의 포스트모더니즘 이론, 특히 제임슨으로 대표되는 서구학자들의 포스트모더니즘에 대한 비판적 결론을 차용하여 당대 심미문화의 상품성, 소비성, 평면화, 이미지화 등의 특징, 심미와 삶의 동일성 등을 강조한다.49) 예를 들어, 위홍余虹이 주필한

---

46) 저우셴: 《중국당대심미문화연구》, 북경대학출판사, 1997, p.19.
47) 타오둥펑: 《사회전환기 심미문화연구》, 북경출판사, 2002, p.4.
48) 장징 주필: 《당대심미문화신론》(대서代序) 중국미디어대학출판사, 2008, p.4.

《심미문화도론_{导论}》은 당대 심미문화의 특성을 "심미문화의 당대적 특성은 정지된 성질과 형상이 아닌 유동적인 취향으로 나타나는데 우리는 이러한 특정한 취향을 정신 의미의 세속화, 기호 의미의 평면화, 스타일 의미의 신 기화, 실천 목표 의미의 오락화, 외연 의미의 생활화로 요약한다"[50]고 밝히고 있다.

2. 심미 문화 연구의 다차원적 방향

기존의 성과로 볼 때, 심미문화 연구는 아래와 같이 3가지 측면을 포함하고 있다: 첫째는 당대 심미문화 연구로, 이는 심미문화 연구의 중추이다. 둘째는 전통 심미문화 연구와 중서 심미문화 비교 연구로 이러한 연구는 전통미학 연구에 기초한 심미문화 연구의 수직적 연장이다. 셋째는 심미문화 연구의 수평적 확대, 지역, 민족, 구체적 문화 요소를 포괄하는 심미문화 연구로, 이 부분의 성과가 갈수록 커지고 있는데 이는 어떻게 보면 심미문화 연구의 일반화를 의미한다.

먼저 당대의 심미문화 연구를 살펴보도록 하겠다. 이 방면에서 성과가 가장 큰 몇몇 저서를 선택하여 전개할 것이고, 그 연구 방법, 연구 내용 등을 주로 살펴보겠다. 저우셴의 《중국당대심미문화연구》(북경대학출판사, 1997)는 연구방법에서 통합적인 역사 시야, 다학과의 "시야의 융합" 강화, "비판적 문화사회학"의 연구방법을 제시했다. "비판적 문화사회학이란 첫째, 문화를 주요 연구 대상으로 삼아 문화 변화를 사회 변화의 중요한 상징으로 삼는 연구다. 이 가운데 사회 - 문화 - 심미문화는 거시적으로부터 미시적으로까지 연구 영역을 구체화했다. 사회를 문화의 배경과 환경으로, 문

---

49) 여기서 심미문화에 관하여 양춘창_{杨存昌}이 주필한 《중국미학 30년》(하권) 제5편 제2장 "심미문화연구"에 나오는 논술을 참고하였다는 것을 특별히 설명할 필요가 있다.

50) 위홍 주필: 《심미문화도론_{审美文化导论}》, 고등교육출판사, 2006, p.308.

화를 사회의 표징으로 삼는다. 더 나아가 심미문화를 전체 문화의 하나 하나의 사안 혹은 '장場'(프랑스 사회학자 부르디외의 말)으로 삼는다. 그리고 전체 문화는 또한 심미문화의 배경이자 환경이다. 이른바 합력合力상태란 즉 심미문화의 '장'과 다른 사회문화의 '장' 사이의 복잡한 상호작용을 말한다. 사회학 연구가 하나의 구체적 현상에서 시작되듯, 우리의 문화사회학 연구는 심미문화라는 구체적 영역에서 시작되어 문화의 연구가 헛되지 않게 되고, 동시에 심미문화의 연구는 총체적 문화, 나아가 사회의 구조적 틀 속에서 진행되어 문화와 사회 간의 복잡한 관계가 명백히 드러나게 한다."[51] 저우셴은 이어 비판적인 문화사회학은 사회학의 방법과 시각, 역사학의 관념, 세계의 안목과 인류학의 시각 등 다양한 학문적 상호침식 연구에 치우쳐 있다고 지적했다. "한마디로 비판적 문화사회학은 사회 – 문화의 의미문제를 비판적으로 해석하는 마르크스의 사상적 전통이다."[52] 그가 계승한 것은 마르크스의 비판 전통이다. 이런 연구방법에 기초해 책의 제1장인 "전통에서 현대로"는 당대 중국의 사회 – 문화전형을 총체적으로 다루면서 문화의 역사적 형태와 그 전환, 대중문화 주도의 다원적 현대문화, 경계의 해소와 유형의 재편, 의미의 역사적 패러다임과 패러디가 전통 이미지에 미치는 충격 등을 분석했다; 제2장에서는 "심미문화의 역사적 분화"를 분석하였는데, 이러한 역사적 분화는 심미문화의 민주화와 상대적 박탈, 주체의 분화, 캐릭터의 위기와 재미의 분화를 포함한다; 제3장에서는 "세계화와 문화의 현지화"를 고찰하여 세계화의 특징에 대해 먼저 기술한 뒤, 세계화의 틀 속에서의 중국문화를 분석하여 세계화에 직면한 자기 곤경과 문화실어증의 문제를 다루고 있다; 제4장에서는 "문화의 매개화와 도구 이성", 즉 심미문화 속 도구 이성의 문제를 분석하였다; 제5장에서는 "소비사회와 그 이데올로기"를 연구해 중국의 심미문화가 세속화로 바뀌는 경향을 소비주

---

51) 저우셴: 《중국당대심미문화연구》, 북경대학출판사, 1997, p.6-7.
52) 저우셴: 《중국당대심미문화연구》, 북경대학출판사, 1997, p.8.

의 이데올로기의 대두, "코미디" 시대의 도래, "산문 시대"의 도래 등의 문화 증후로 표현되고 있다는 것을 지적하였다. 결론적으로 저자는 중국 당대 심미문화의 구체적 사항이 아닌 정체성의 시각으로, 비판적 문화사회학적 시각으로 전환기에 있는 중국 당대 심미문화를 이론적으로 분석하였다. 분명히 이 책은 서양 이론, 특히 포스트모던 이론을 이론의 초석으로 삼아 마르크스, 베버, 프랑크푸르트학파, 클립포드 기어츠, 파슨스, 젬슨, 포델리아, 부르디외, 하버마스, 푸코, 사이드, 바우만, 기든스 등 당시 중국에서 소개됐거나 소개되지 않았던 서양 이론가들을 대거 언급하였다. 저자는 이 이론들을 근거로 당대 중국 심미 문화에 대해 비교적 멋진 분석을 진행했다.

야오원팡姚文放의 《당대심미문화비판》(산동문예출판사, 1999)은 "문화비판"의 연구방법을 채택해 연구자들은 "비판적 이성"을 지녀야 된다고 주장한다. 즉 "'비판적 이성'이란 문화 비판의 형식으로 변혁 정신과 진취 정신을 널리 떨치는 것이고 다양한 각종 당대 심미문화 현상에 대한 고찰과 함께 유행하는 관점, 사상, 학설, 그리고 미학 자체에 대한 고찰도 포함하는 것이다."[53] 구체적 연구에서 "문화비판은 지적인 사고방식을 주로 사용하며, 당대 심미문화의 구체적 현상에 대한 파악은 사변과 추리도 아니고, 개념에서 개념으로도 아니고, 논리로 논리를 설명하는 것도 아닌 현상 묘사와 경험의 귀납적 방법으로 현상 차원에 있는 사실과 실제의 사실에 가까운 것이다."[54] 이 책은 상·하편으로 구성되어 있는데 상편인 "당대 심미문화 배경비판"에서는 당대 심미문화가 낳은 기초, 근거와 조건, 철학적 기초, 사회심리적 배경, 종교의식, 지역적 특성, 당대 심미문화와 예술형식의 관계, 당대 심미문화 속 당대 문학경관 등을 되짚어보고, 하나의 역사적 시각으로 심미문화의 역사적 진행 과정, 당대 구성과 중서비교적 차원에서

---

53) 야오원팡: 《당대심미문화비판》, 산동문예출판사, 1999, p.10.
54) 야오원팡: 《당대심미문화비판》, 산동문예출판사, 1999, p.13.

당대 심미문화에 대해 접근하고 있다. 하편인 "당대 심미문화 정체비판"은 당대 심미문화가 내포하고 있는 여러 특질과 속성을 고찰하고, 당대 심미문화의 기본 모순을 분석하여 소비문화, 패스트푸드문화, 광고문화, 도시문화, 청년문화와 문화공업의 문화적 특징으로 당대 심미문화를 정의하였다.

이 밖에 탄구이린譚桂林의《전환기 중국 심미문화비판》(강소문예출판사, 2001)은 문학을 연구대상으로 삼아 문학의 상품화, 세기말 문학의 네오콘, 관념소설, 성애서사, 추를 검토하는 당대예술의 특징, 1990년대 산문 열풍, 작가의 도시 "변두리 인간" 이미지 등의 문제를 다루었다.

타오둥펑陶东风의《사회전환기 심미문화연구》(북경출판사, 2002)는 문화연구의 연구기법을 활용해 1990년대 팝송, 영상문화, 베스트셀러, 소설 이슈 등을 분석했다. 샤즈팡夏之放 등의《당대 중서 심미문화연구》(산동교육출판사, 2005)에서는 문학, 영화, 음악, 회화, 광고, 스포츠, 인터넷 등의 심미적 문화현상을 다루었다.

중국 전통 심미문화사와 중서 심미문화를 비교한 연구를 살펴보도록 하겠다. 1990년대 심미문화 연구가 중국 미학사 연구에 새로운 패러다임을 제공해 심미사상사, 심미범주사 외에 심미문화사 연구가 시작된 것은 분명하다. 대표적인 저작은 천옌陳炎이 주필한《중국심미문화사》, 저우라이샹周来祥이 주필한《중화심미문화사》 등이 있는데 앞에서 언급한 바가 있다. 여기서 중국 전통 심미문화에 대한 연구 내용을 간략히 살펴볼 수 있는 관련 저술 몇 권을 골라보도록 하겠다. 주리위안, 왕전푸王振复가 주필한《천인합일天人合一: 중화심미문화의 혼》(상해문예출판사, 1998)은 "천인합일"을 중국 심미문화의 주요 특징으로 보고, 이를 단서로 삼아 먼 옛날부터 시작된 송명宋明 중화문화 사상의 궤적을 탐구했다. 책의 중편에는 중국의 전통음악, 시가, 소설, 서화书画, 연극, 건축원림园林, 음식문화, 복식문화, 혼인문화, 제사의례, 인생의례에서 나타나는 "천인합일" 사상이 담겨 있다. 하편에서는 유무有无, 허실, 형신形神, 이미지, 자연과 인공 등의 범주를 골라서 그 안에 담긴 "천인합일" 사상을 탐구했다. 중편은 전통적인 미학사 연구

보다 음식문화, 혼인문화, 제사의례, 인생의례를 연구 범위에 포함시켜 심미문화사 연구 대상의 확대를 보여줬다. 어떤 저작은 비록 심미 문화를 이름으로 하고 있지만, 그 연구 방향은 이전의 미학사 연구와 큰 차이가 없다. 예를 들어, 우중제吳中杰가 주필한《중국고대심미문화론》은 사론, 범주, 문류 등 3권으로 나뉘어 있는데 머리말에서 저자는 이 책은 사실 "심미의 식사"를 썼다고 밝히고 있다. 두다오밍杜道明의《중국 고대 심미문화 고론考论》(학원출판사, 2003)은 유儒, 도道, 선禅의 심미 이상, 당나라, 송나라, 원나라 시대의 심미 의식, 심미 풍습과 심미 취향을 다루었다. 예를 들면 "당운편唐韵篇"은, 성당盛唐 사람들의 진실한 미에 대한 추구, 성당盛唐의 방달불기放荡不羁의 미, 성당盛唐의 풍만함을 미로 삼고, 중당中唐의 한랭하고 수척함과 기괴함을 미로 삼았다는 것을 분석하였다. 또 다른 저작은 중국의 심미문화, 즉 중국 문화에서 심미적인 요소를 폭넓은 의미에서 이해하고 있다. 예를 들어, 이춘궈易存国의 《중국심미문화》(상해인민출판사, 2001)의 상편 제3장은 "낙생정신乐生精神"의 종교적 특성, "천인합일天人合一"의 우주정조, "문이재도文以载道"의 문예관념, "직감체오直觉体悟"의 사고방식을 포함하는 중국 문화 속 심미정신을 검토하였는데 이 책은 심미문화학 수립을 제시할 뿐만 아니라 심미문화학의 학술적 논리도 자세히 분석하였다.

중서미학 비교연구는 미학연구의 한 분야로 중서고대미학에 대한 비교연구는 일반적으로 평행비교방식으로만 전개될 수 있으며 중서전통의 심미문화 비교도 이와 같다. 주리위안, 왕전푸王振复가 주필한《천인합일: 중화심미문화의 혼》이란 책에서 중국 전통 심미문화의 특징을 "천인합일"으로, 서양 심미문화의 특징을 "주객이분主客二分"으로 요약해 비교했다. 녜전빈 등의《예술화 생존: 중서 심미문화 비교》는 중서 심미문화에 대해 직접적인 평행비교를 하지 않는다. 제2편에서는 중국 전통문화의 심미적 성향을 교육, 사고방식, 형이상학적 추구 등 3가지 방면에서, 제4편에서는 심미문화의 서구적 제시를, 제5편에서는 심미문화의 서구적 표현에 대해 각각 논술하고 있다. 샤즈팡夏之放 등의 《당대 중서 심미문화 연구》 제3편 "중서 심미문화의 역사 회고" 부분은 중서의 사고, 중서의 종교문화, 중서의 심미방식을 비교 분석했다. 제4편 "중서 심미문화의 발전방향"에서는 중서 심미문화의 충돌과 융합의 문제를 짚어보았다.

심미문화 연구의 세 번째 내용은 지역 심미문화, 민족 심미문화, 구체적인 문화 요소의 심미문화 등 광범위하다. 미학 연구의 영역을 넓힌 셈이다. 여기서는 더 이상 논술을 펴지 않겠다.

총체적으로 보면, 1990년대에 일어난 심미문화 연구는 미학 연구에 생기와 활력을 불어넣었고, 당대 심미문화 연구는 미학 연구의 현실적 배려를 부각시켰다. 또한, 심미문화 연구는 전통미학사 연구에 새로운 패러다임을 가져와 미학 연구의 범위를 넓혔다.

제3절 심미교육의 계통 개관

1. 미육美育의 본질관

미육의 본질, 내용, 특징, 기능, 임무, 의미, 미육과 덕德, 지智, 체육 사이의 관계, 미육과 예술교육의 관계 등은 미육 연구에서 자주 논의되는 기본 문제이다. 지금부터 미육의 본질에 초점을 맞춰 이 문제에 대한 당대 중국 미학계의 구체적인 관점을 살펴보도록 하겠다.

1970년대 말 80년대 초 국내 학자들의 미육에 대한 시각은 구소련의 정치 미학과 도구론의 영향을 주로 받았다. 미육을 주로 계급투쟁과 공산주의 세계관을 배양하는 도구로 여기고, 미육을 덕육德育의 종속물로 여기며, 미육을 예술교육과 직접 동일시하였다. 1980년대 이후 학계는 인식론과 도구론의 틀에서 벗어나 미육 연구가 본궤도에 올랐다. 1981년 발간된 《미학》 제3호에서 저우양周揚의 〈미학연구에 관한 담화〉가 발표되었는데, 이 중 제

4부는 '심미교육 중시, 미육연구 강화'라는 제목으로 미육 문제를 다루었다. 그 관점에는 비록 "미육의 내용은 사회주의를 선전하고 봉건주의와 자본주의를 비판해야 한다"는 도구론이 담겨 있지만, 그 시야는 이미 상당히 넓어져 미육의 기능과 의의를 전면적으로 인정하여 미육과 덕, 지, 체 간의 관계가 상부상조相輔相助이자 대체불가不可不可라고 지적하였다. 저우양은 또 "미육의 형식은 다양해야 하며 미육을 너무 좁게 만들지 말아야 한다"며 학교 미육을 중시해야 한다고 제안했다. 이러한 견해들이 미육 연구와 미육 실천에 긍정적인 작용을 하는 것은 두말할 나위가 없다. 같은 기간 자쑹광趙宋光의《미육의 기능을 논한다》, 홍이란의《미육을 논한다》, 녜전빈의《차이위안페이蔡元培의 미육 사상》등 세 편의 논문이 발표됐다. 자쑹광趙宋光은 논문에서 "입미교육立美教育"을 제시하며 "이미인진以美引眞" 교수법을 가르쳤다. 홍이란의 글은 미육의 중요성을 강조하고 미육과 덕육, 예술교육 사이의 관계를 분석하며 학교 미육, 사회 미육, 가정 미육의 문제를 분석했다. 홍이란은 미육은 예술을 기본 수단으로 삼지만 미육과 예술교육은 결코 동일할 수 없다고 생각한다. 이것은 이후 미학계의 보편적인 인식이기도 하다.

1984년 쟝쿵양蔣孔阳은 〈심미교육을 말하다〉라는 글을 통해 심미교육을 다섯 가지로 규정했다: 첫째, 공자의 "유우예游于艺"[55]와 칸트, 실러의 "유희설游戏说"을 논거로 삼아 게임을 중시하고 인간의 오락생활을 중시해야 한다고 제안했다. "인간의 오락생활을 중시하고, 오락생활에서 심미 취미를 키워 인간을 이끌어 향상시키는 것이 심미교육의 중요한 내용 중 하나여야 한다."[56] 둘째, 심미 교육은 미를 좋아하는 교육이다. 셋째, 심미 교육은 일종의 감정 교육이다. 넷째, 심미 교육은 인품 교육이다. 다섯째, 심미

---

55) 육예六艺란 예禮, 악樂, 사射, 어御, 서書, 수數를 가리킨다. 유우예游于艺란 육예六艺에서 물고기처럼 자유롭게 헤엄친다는 뜻이다.

56) 쟝쿵양: 〈심미교육을 말하다〉, 《홍기红旗》, 1984, 제22기에 게재되었다.

교육은 결국 예술적 교육이다. 그는 오락, 미를 좋아하는 것, 감정, 인품 등의 교육이 예술교육에 가장 집중되어 있다고 본다. 다섯 가지 면에서 보면 쟝쿵양은 예술교육에 대한 논술을 가장 많이 하는 것 같다. 하지만 첫째인 "오락의 교육"은 그동안 딱딱할 정도로 엄숙한 문화환경 속에서 감히 하지 못했다는 점에서 신선하였다. 게다가 현재 "여가문화", "일상생활 심미화" 등과 관련된 문제들이 개별적으로 제기되는 경우가 많아 "오락설"은 심미교육의 본질에 대한 관점으로 자리 잡고 있다.

심미 교육을 감정 교육으로 보는 시각도 있다. 왕궈웨이王國維, 차이위안페이蔡元培 등이 이런 주장을 폈다. 차이위안페이蔡元培는 "누구나 감정이 있는 것이지 위대하고 고상한 행동이 있는 것은 아니다. 감정의 추진력이 약하기 때문이다. 약하면 강해지고, 얇으면 두꺼워지려는 도양陶养이 필요하다. 도양의 도구는 미의 대상, 도양의 역할은 미육이다."[57] 이는 미육이 감정교육이라는 주장이다. 이런 관점은 새 시기 이래 많은 학자들에게도 받아들여졌다. 예를 들어, 차이-이가 주필한 《미학원리》에서 미적 감각교육은 감정교육에 중점을 둔다고 주장하였다. 쩡판런曾繁仁은 〈미육의 본질을 시론한다〉라는 글에서도 미육은 감정교육이라는 관점을 인정했고, 감정교육론은 근본적으로 미육의 독립된 영역을 확립했다고 봤다. 쩡판런은 "미적 체험은 인간 예술의 현실을 파악하는 특수한 능력, 즉 감정 판단 능력, 또는 심미력이라고 한다. 우리가 말하는 미육이란 미적 이미지를 통해 객관적인 현실에 대한 감정적 판단력과 심미적 능력을 길러주기 위한 것이다"[58]라고 설명하였다.

또 다른 저서에서 쩡판런은 심미교육의 본질을 "미육은 감정교육으로서 일반적인 감정교육이 아니라 일반적 비공리, 비인식적으로 자유와 창의력을 특징으로 하는 감정교육"[59]이라고 표현했다. 왕스더王世德는《미육교정

57) 차이위안페이: 〈미육과 인생〉, 《차이위안페이 미학문선》, 북경대학출판사, 1983, p.154.
58) 쩡판런: 〈미육의 본질을 시론한다〉, 《문사철文史哲》, 1985, 제1기에 게재되었다.

美育教程》의 안내문에서도 "심미 교육은 주로 감정 교육이다. 인간의 우아한 미, 고상함, 건강함, 풍부한 감정, 재미, 영적, 정신적 경지를 만들고 형성하는 것이 주요 임무"[60]라고 말했다.

미육 본질론의 또 다른 중요한 관점은 미육의 감성설과 생명설이다. 감성설은 넓은 의미에서 미육을 규정하는데, 그 이론의 기초는 서양 문화에서 지知, 정情, 의意 3분에서 유래한 것으로, 미학이 감성적인 면을 지배하기 때문에 심미교육은 감성적인 교육이다. 생명의식 강조는 중국 전통 이론의 자원과 서양 현대미학을 빌린 것이다. 예를 들어, 쇼펜하우어, 니체, 실존주의 등의 철학적 사조는 생명의식을 추앙하고 현대성의 폐해를 비판하는 것이었다. 두웨이杜卫의 주장도 바로 이런 견해다. 그는 〈감성교육: 미육의 현대적 명제〉라는 글에서 "감성은 육체와 정신을 관통하는 개체적인 개념으로 감정이 핵심이기 때문에 미육은 적지 않은 학자들에게 '감정교육'으로 규정된다. 그러나 엄밀한 의미에서 감정은 감성의 한 형태일 뿐 감성이라는 개념의 풍부한 함의를 담을 수 없기 때문에 미육을 감성교육으로 규정하는 것이 적절하다. 감성은 육체와 정신을 관통하는 넓은 영역을 포함하기 때문에 감성교육으로서의 미육은 내포와 외연이 풍부하다. 전통적인 미육인 '도야론陶冶论'과 달리 감성교육인 미육은 일종의 발전론이어야 한다[61]"라고 지적하였다. 두웨이에 의하면 우선 감성은 생존의 구체성을 의미하며, 인간의 목적을 재확인하고 개체를 강조하는 인간의 중요성을 의미한다. 그 다음, 감성은 인간의 "육체성", 즉 심미적 활동의 생리적 토대를 강조하는 것을 의미한다. 또한, 감성은 생명의 활력을 의미한다. 감성은 인간의 본능적 충동과 감정적 과정이 특징이며, 감성의 발달은 곧 생명력이 왕성하다는 것을 의미한다. 이성과 감성의 관계와 서양 현대문화의 감성에

59) 쩡판런, 가오쉬둥高旭东: 《심미교육신론》, 북경대학출판사, 1997, p.123.

60) 왕스더: 《미육교정美育教程》, 성도成都출판사, 1990, p.2.

61) 듀이웨이杜卫: 〈감성교육: 미육의 현대적 명제〉, 《철강학간浙江学刊》, 1999, 제6기에 게재되었다.

대한 억압에서 출발한 판메이쥔樊美筠은 "인간의 감성을 해결해 주는 심미교육 … 인간의 감성을 해방시켜 주는 미육이란 인간의 감성을 이성의 장기억압으로부터 해방시켜 주는 것을 말한다. 미육이 그렇게 된 것은 이 같은 감성의 품격과 관련이 있다. 미육은 일종의 감성 교육으로, 대상에 대한 직접적 감각을 바탕으로 하고, 감수성이 예민하고 풍부해지는 것을 목적으로 한다"62)고 주장한다. 또 왕더성王德胜은 〈당대 중국 문화경관 속의 심미 교육〉이라는 글에서 심미 교육과 인간의 생명의식의 상관관계를 인간의 전면적 발전 차원에서 설명했다. 인간의 생명 의식의 전면적 개발을 강조하는 것이 당대 심미교육의 근본 목적으로 본 것이다. 쉬비후이徐碧輝는 〈미육: 일종의 생명과 감정교육〉이라는 글에서 미육의 본질에 대해 인간의 생명의식을 배양하는 차원에서 규정하였다. 그는 "미육은 본질적으로 생명교육이자 감정교육이다. … 요컨대 미육은 인간의 생명 자체를 더 완벽하고 합리적으로 만드는 교육"63)이라고 말했다. 미육의 본질인 감성교육설은 감정교육설보다 구체적이고 주체적인 심미 능력을 배양하는 데까지 정착됐다.

이 밖에 미육의 본질인 인도주의설과 인문정신설 등이 있으나 더 이상 전개하지 않는다.64)

2. 중서 미육사美育史 연구

이처럼 1990년대 이후 학계는 중국과 서양의 미육사상사를 깊이 있게 연구하는 등 관련 성과가 많았다. 여기에서 그중 몇 권을 선택해서 논술하도

---

62) 판메이쥔: 〈미육의 감성교육으로서의 초탐〉, 《소주대학학보》, 1998, 제3기에 게재되었다.

63) 쉬비후이徐碧輝: 〈미육: 일종의 생명과 감정교육〉, 《철학연구》, 1996, 제12기에 게재되었다.

64) 이상의 미육의 본질에 대한 논술은 탄하오저譚好哲, 류옌순刘彦顺 등이 쓴 《미육의 의미: 중국현대미육사상발전사론》에 나오는 관련 장에 참고가 있다.

록 하겠다.

녜진빈聂振斌은 1993년《중국 미육사상술요述要》, 2004년《중국 고대 미육사상사강史纲》을 펴낼 정도로 중국 미육사美育史에 대한 연구가 많다. 앞의 책은 고대부터 근대까지의 미육 사상에 대해 개술하고, 뒤의 책은 중국 고대의 미육 사상에 대해 심도 있는 연구를 진행했다. 뒤의 책의 예로 중국 고대 미육에 대해 "중국 미학사는 어떻게 보면 중국 미육 사상사다. 중국 고대의 선현들이 미를 이야기하고 예술을 이야기할 때는 대부분 교육의 목적에서 출발하여 감상하는 안목으로 미와 예술의 기능과 작용을 중시하여 교육 실천에 이용하도록 하였다. 그들은 미와 예술에 대한 순수한 학술 연구를 원하지 않았다. 일반적으로 미와 예술의 추상적 본질을 추궁하지 않고 미의 자유의 경지를 추구하거나 속세를 벗어나는 고상한 인격을 형상화했기 때문이다"[65]라고 주장한다. 이 책은 예악礼乐을 중국 미육의 근원지로 삼아 중국 미육사美育史에서 예악의 중요한 위치를 인정한다. 머리말에서 녜진빈聂振斌은 예악문화의 기원, 예악의 서주西周교육에서의 기능과 의미, 춘추春秋 초기 예악 이론의 형성 및 관련 이론(예와 의, 악과의 관계, 예와 동감, 미와 선, 기론气论과 음양의 오행), 예악문화와 예술의 원천정신 등을 논하며 예악문화를 심도 있게 연구했다. 이어 이 책은 선진~청대의 미육 사상을 "원본편: 유가미육사상儒家美育思想 및 도가道家, 묵가墨家, 법가法家의 비판"과 "발전편: 유교, 도교, 불교의 병렬 상호침투와 미육 사상의 발전 변천"의 두 단계로 나눠 1단계는 선진제자 시기로, 2단계는 한나라부터 청나라까지로 정했다. 저자는 유가미육사상을 중국 고대 미육의 주도사상으로 보았다. 책은 "미육의 관점에서 유교만이 적극 권장하고, 충분히 긍정하며, 자기 교육의 실천에 옮기고 다른 파들을 다루지 않거나, 다루지만 비판적으로 부정하고 있다"[66]고 했다. 이런 판단에 따라 "원본편"은 5장 분량

---

65) 녜진빈:《중국 고대 미육사상사강中国古代美育思想史纲》, 하남인민출판사, 2004, p.1.
66) 녜진빈:《중국 고대 미육사상사강》, 하남인민출판사, 2004, p.37.

으로 유가의 대표적 인물인 공자, 맹자, 순자 및 유가 경전인《역전易传》,
《악기乐记》의 미육 사상을 깊이 있게 연구하고 특히 미육사상사에서 공자
의 위상을 높이 평가하였다. 도가道家, 묵가墨家, 법가法家를 하나로 합쳐 유
가의 미육사상에 대한 비판을 검토했다. "발전편"에서는 각 장의 제목처럼
"유교 독존儒教独尊과 양한미육사상两汉美育思想", "유교상실儒教失落과 위
진남북조미육사상魏晋南北朝美育思想", "유교부흥儒教复兴과 수당5대미육사
상隋唐五代美育思想","유교의 정체추구儒教의本体追求와 송원미육사상宋元美
育思想", "유교의 내재적 충돌儒教의内在冲突과 명청미육사상明清美育思想"
등 시대별 "유교儒教"를 중심으로 했다. 저자는 중국 미학사가 어떤 의미에
서는 미육사상사라고 생각하기 때문에 미육 사상에 포함되는 것은 예악 교
화와 관련된 역대 왕조의 논술 외에 시론, 문론文论, 서론书论, 화론画论 등
문예이론이다. 송나라의 미육사상을 예로 들면, 저자는 앞의 두 절에서 송
대의 풍교 및 예술 심미사상에 대해 개론을 진행한 후, 서예 이론, 회화 이
론, 구양수欧阳修와 소식苏轼의 문론文论, 이학理学의 심미교육 사상, 송대의
시화, 그리고 원호문元好问과 방회方回의 시문 이론을 각각 탐구하였다. 분
명히 이는 중국 미학사상사와 공통점이 있다. 또한 중스룬钟士伦·리톈다오
李天道가 주필한《중국미육사상간사中国美育思想简史》, 중스룬이 주필한《위
진남북조미육사상연구魏晋南北朝美育思想研究》와 같은 저서도 비슷한 방식
으로 중국 미육 사상사를 중국 미학사와 동일시하고 있다.

녜진빈이 유가 미육 사상을 중국 미육 사상의 주도로 본 것과 달리 위안
지시袁济喜는《전통 미육과 당대의 인격》이라는 책에서 유교와 도교를 병
용하고 중시했다. 예컨대 저자는 노장의 미육 사상에 대해 "노자와 장자는
중국 고대 자연주의 미육관美育观의 창시자였다. 천도天道의 자연, 진성眞性
에 바탕을 둔 미육관은 인仁을 기본으로 하고 교화를 중시하는 유교의 미
육관과 정반대로 예술과 심미는 인간의 자유로운 진성眞性을 보여주는 명
제名题를 단적으로 보여준다"[67]고 말했다. 이 책은 3편으로 나뉘어 있다.
제1편은 상고부터 명청까지의 전통 미육眞性의 발전 과정을 개괄하고 있는

데, 이 가운데 "육예지교六芸之教"의 유래와 이를 어떻게 시행했는지에 대해 분석하고 있다. 2편에서 저자는 전통 인격을 중심으로 전통 미육을 다차원적으로 투시해 인격의 경지와 심미정신, 자연미와 인격의 배양, 예술미와 인격의 도야, 전통 미육과 심미심리, 전통 미육의 실시 경로 등을 탐구했다. 3편에서는 전통 미육의 현대적 전환 문제를 고찰하고, 저자는 근대 계몽사조에서 전통 미육의 기능과 전환, 중국 인민공화국 성립 이후 미육이 직면한 발전의 어려움, 그리고 현대사회에서의 미육의 처우 등에 대해 분석하였다. 저자는 당대 중국인의 정신상태에 대한 우려와 미육이 당대의 인격 구축에 대해 무엇인가를 이루기를 바라고 있다.

두웨이의 《심미공리주의: 중국현대미육이론연구》라는 책은 중국 현대미학과 미육이론을 20세기 중국 사상문화의 큰 배경 아래 놓고 서술하는 한편, "수용 – 영향"의 비교연구방법을 채택하여 왕궈웨이王国維, 차이위안페이蔡元培, 주광첸 등 3명의 미학자를 뽑아 연구를 진행했다. 이 책은 세 사람의 미육 사상이 모두 "심미공리주의"의 일종이라고 본다. "심미공리주의"는 서양의 심미적 무이해 관념과 중국의 고대 유가·도가 사상을 흡수하고, 당시 직면한 계몽 문제를 결합해 형성된 것이다. 심미공리주의는 심미와 도덕의 내적 연계를 배제하지 않는데 미육이 내재적으로 백성의 도덕성을 함양하는 역할을 강조한다. 감성 계몽의 출발점과 귀착점이 중국 현대의 미육 이론을 심미공리주의로 몰고 갔기 때문이다.

탄하오저谭好哲, 류옌순刘彦顺 등의 《미육의 의미: 중국현대미육사상발전사론》은 3편으로 나뉘어 있다. 제1편은 중국현대미육의 역사적 진행 과정과 발전추이를 상세한 사료로 서술하고, 제2, 제3편은 인물의 실마리로 왕궈웨이, 차이위안페이蔡元培, 량치차오梁启超, 루쉰鲁迅, 왕퉁자오王统照, 장징성张竞生, 펑쯔카이丰子恺, 주광첸, 쭝바이화宗白华, 리쩌허우, 장쿵양, 쩡판런曾繁仁 등을 연구하였는데 그동안 학계에서 주목받지 못했던 인물들을

---

67) 위안지시: 《전통 미육과 당대의 인격》, 인민문학출판사, 2002, p.68.

발굴해냈다는 점에서 개척의 의의가 적지 않다. 이 책은 중국 현대미육에 대해 "중국 현대미육 관념의 기원은 우선 고대 미육 사상에 대한 계승과 발전 때문이 아니라 중국 사회가 전통적인 봉건사회에서 현대사회로 변모한 역사적 동인에 기초해 구망도생救亡图存과 교육구국敎育救国의 시대적 정세, 서학동점西学东渐적학문적 배경 등에 기인하는 것이다. 중국 현대 미육 사상의 구체적인 관념과 내용을 말하자면 첫째는 서양 관련 사상의 이식과 섭취이며, 둘째는 중국 자체의 특수한 역사적 상황과 교육 배경, 미학과 예술 연구 상황의 개조와 전환, 혁신에 기초한 것이다. 다시 말하자면 미육은 중국에서 스스로 설계한 "현대적" 프로젝트로 역사의 지평선을 넘었다는 것이다. 사회 환경적으로는 중국 사회의 현대적 벼신과 현대화 추구에 걸맞고, 사상문화적 배경에서는 현대적 사상과 학술에 대한 지식적 욕구를 정신적으로 뒷받침한다"[68]고 진단을 내렸다. 현대의 미육을 사상사의 시각으로 사회문화적 배경에서 파악한 저자의 결론은 설득력 있게 들린다.

---

68) 탄하오저谭好哲 · 류옌순(刘彦顺):《미육의 의미: 중국현대미육사상발전사론》, 수도사범대학출판사, 2006, p.3.

제8장

"자연미", "생태미학"에서 "환경미학"까지

1950년대 말부터 중국 미학계에서 "자연미"natural beauty에 대한 집중적인 논의가 시작됐는데, 이 문제가 중요한 것은 "미의 본질" 문제를 푸는 열쇠가 되었기 때문이다. 그러나 1980년대 중반 이후 자연에 대한 미학적 궁구窮究는 점점 멀어졌다. 당대 중국 본토화의 "생태미학", 서양의 영향을 받은 "환경미학"이 대두한 역사적 연유는 바로 "역사의 반력反力"으로 인해 20세기말의 중국 미학주조가 자연의 미학적 난제를 이론의 사각지대에 놓았기 때문이다. 하지만 오늘날은 틀림없이 부흥의 시기다. 주광첸朱光潛은 "자연"의 본뜻에 대하여 밝힌 바가 있다: "자연의 본뜻은 '천성적으로 자유로운 것이고 인위적으로 만들어진 것이 아니라는 뜻이다. 그래서 '자연'은 때로는 예술대상과의 대립(영문 Art는 '인위'라는 뜻), 때로는 사회와의 대립(사회는 인간으로 구성된다)으로 보았다."[1] 미학 토론에서 사용된 "자연"이라는 용어는 넓은 의미에서 인간의 인식과 실천의 대상으로, 즉 "전체 현실세계"[2]로 인식되고 있는 것이 사실이다. 좁은 의미에서는 "자연계"의 자연이라는 뜻인데, 이 두 가지 의미가 혼용되는 경우가 많지만 자연미의 의미인 "자연"은 거의 뒤의 의미에 발을 들여놓는다.

---

1) 주광첸: 〈미가 객관과 주관의 통일이라는 것을 논하다〉, 《철학연구》, 1957, 제4기.
2) 주광첸: 〈미가 객관과 주관의 통일이라는 것을 논하다〉, 《철학연구》, 1957, 제4기.

제1절 "자연미"는 본질적 열쇠로서

"자연미" 문제는 1950, 60년대 "미학 대토론"에서 역설적으로 형상적인 표현인 "걸림돌"로 비유됐는데 즉 정면으로 미의 본질 문제를 해결하는 "열쇠"로 간주했다. 예를 들어 주광첸은 1958년에 지난 1년간 미학 논쟁의 성과를 아래와 같이 총괄하였다: "'자연미'는 많은 사람들에게 큰 걸림돌이다. '미란 도대체 무엇인가?'라는 문제가 해결되기 어려운 이유는 바로 이 걸림돌의 존재 때문이다. 해결 방법은 두 가지 밖에 없다. 첫째는 미의 이데올로기성을 부정하는 것으로, 예술미를 인정하는 것은 자연 속에 이미 존재하는 미, 즉 미의 객관적 존재를 인정하는 것이다; 둘째는 미의 객관적인 존재를 부정하는 것으로, 예술미와 자연미를 모두 이데올로기적인 것으로 인정하는 이차적인 것이다."3)

주광첸의 이해에 따르면 첫째는 차이-이蔡仪, 리쩌허우李泽厚, 홍이란洪毅然, 그리고 미학 토론의 다른 참가자들이 취하는 방법이고, 둘째는 주광첸 자신이 취하는 방법이다. 주광첸은 더 나아가 이 두 가지 방법이 모두 반영론 원칙, 즉 "감각이 물질 세계를 반영하는 원칙"에 근거를 두고 있다는 것을 확신하였다. 그러나 똑같이 반영론에 근거하지만 서로가 내린 결론은 정반대였다. 차이-이, 리쩌허우, 홍이란 측은 "미를 물질적 존재의 측에 잘 못 두었을 뿐"이지만 주광첸은 "감각적 반영의 원칙"에 "이데올로기 반영 원칙"을 추가했다: "감각적 소재를 객관적 조건으로 인정하고 감각적 소재의 원천은 일차적이라 생각하지만, 이 객관적 조건이나 감각적 소재는 아직 원료일 뿐 미美가 될 수가 없다. 미美가 되려면 예술적 이미지가 있어야 하고 예술적 이미지의 창조 과정에는 이데올로기가 결정적인 역할을 한다."4)

---

3) 주광첸: 〈미는 반드시 이데올로기적인 것이다 - 리쩌허우와 홍이란에 답하면서)〉, 《학술월간》, 1958, 1월호.

그래서 주광첸은 결론을 이렇게 내놓은 것이다: "객관적인 조건"이나 "주관적인 조건"만으로는 예술을 만들 수 없다. "예술 그 자체"는 바로 객관과 주관의 통일이고 "미"는 예술의 특성으로서 당연히 객관과 주관의 통일이기 때문이다. 그리고 예술미에서 자연미로 넘어가면 "자연미는 초기 단계의 예술미이자 자연성과 사회성의 통일이기도 하다."[5] 물론 주광첸이 말하는 "예술"은 고형화된 예술품이 아니라 사람에 의해 미적 감지와 창조가 가능한 "이미지"이며, 크로지의 "예술은 곧 직각直覺"론이 그 안에서 힘을 얻고 있는 가운데 크로지가 말하는 자연성과 사회성의 통일은 다름 아닌 주객합일이다. 이처럼 주광첸의 패턴은 일련의 등호로 구성된다: 예술=이미지=미=주객관의 통일. 하지만 거꾸로 주광첸은 "자연"과 "자연미"를 어떻게 이해했을까?

이를 논하려면 주광첸의 유명한 "물갑物甲", "물을物乙"론을 언급할 수밖에 없다. 사실 주광첸이 자주 사용하는 "자연"이란 용어는 흔히 심미 활동에 들어가지 않은 대상(자연물 포함)인 실제의 지각적인 대상을 가리키는데, 주광첸은 이를 "물갑"이라고 부른다. 물론 심미 활동에 들어가면 "자연"은 미술품일 수도, 자연물일 수도 있는데 미의 재료가 아닌 "미"가 될 수 있는 이유는 "이미지"로 감지되기 때문이고, 주광첸은 이를 "물을"이라고 부른다. 그러나 "자연미"가 "미美"가 된 것은 이런 심미적 감지에 자연물이 들어와 적절한 피지각 방식의 지각 상태를 만들어냈기 때문이다. 주광첸의 역설은 한편으로는 "자연(넓은 의미에서의)과 예술"의 대립을 "물갑"과 "물을"의 대립으로, 후자는 "감지"로 전자를 이미지로 바꾸지만, 다른 한편으로는 "자연미"를 논할 때는 "물갑"과 "물을"이 서로 잘 융합되어 있다고 인정한다는 것이다. 이처럼 "미"에 대한 전체적 관점과 "자연미"에 대한

---

4) 주광첸: 〈미는 반드시 이데올로기적인 것이다 - 리쩌허우와 홍이란에 답하면서)〉,《학술월간》, 1958, 1월호.

5) 주광첸: 〈미가 객관과 주관의 통일이라는 것을 논한다〉,《철학연구》, 1957, 제4기.

구체적인 관점 사이에서 주광첸은 자기모순을 범한다.

주광첸의 모순적인 관점에서 볼 수 있듯이 "자연미" 문제에 대한 탐구는 1950, 60년대의 "미의 본질" 논쟁과 직결된다. "미의 객관성"을 주장하는 차이-이, "미의 객관성과 사회적 통일"을 주장하는 리쩌허우는 "1차"적 방법을, "미의 주객관 통일"을 주장하는 자신은 "2차"적 방법을 채택했다는 게 주광첸의 표면적 견해이다. 실제로는 주광첸 역시 같은 방법을 썼다고 본 차이-이와 리쩌허우의 "자연분쟁"이 더 근본적인 것이다. 이는 자연미를 순수하게 객관적으로 보는 것과 자연미를 "사회성"을 가진 것, 나아가 실천의 산물로 보는 두 관점의 충돌이야말로 당시 중국 미학의 내재된 발상의 큰 차이를 잘 드러낸다는 것을 의미한다. 또한 리쩌허우의 자연미 사상도 그 실체를 따지고 보면, "2차"적 방법을 사용하였지만 그가 자연물에 덧붙인 것은 주광첸이 말하는 "이데올로기"가 아니라 인간화된 "사회성" 혹은 "(물질) 실천"의 속성일 뿐이다.

전술한 바와 같이 당시 중국 미학의 "주객양분主客兩分" 패턴에서 비롯된 논쟁은 구소련의 이론적 패러다임인 "자연파"와 "사회파"의 대립과 흡사하다. 구소련의 미학에서 자연미 문제는 두 파벌의 가장 현저한 경계선이 되었다. 그러나 중국에서는 가오얼타이高尔泰와 뤼잉吕荧의 주장들이 허술해 보였다. 철저한 주관파들은 자연미의 문제를 설명하지 못했는데 자연미의 근원은 주관적인 생각에서 찾을 수 없기 때문이다. 그러나 배움에 능하고 사색에 밝은 주광첸의 주객합일설이 의지하는 철학의 근원도 결코 깊지 않다. 그는 자신의 사상을 반영론에서 벗어나게 하고 리쩌허우의 자연미론을 단순한 반영론으로 받아들이는데 모두 "감각은 물질세계를 반영한다"를 따랐다. 그러나 차이-이의 사상만이 순수한 반영론이라고 할 수 있다. 주광첸의 표면적 반영론은 "주관적 의식화"의 본질을 밝혀내기 어려우며, 비록 본인은 "이데올로기 반영 원칙"이라고 부르지만 사실은 그렇지 않다.

이렇듯 소박하고 꾸밈없는 차이-이가 주창했던 "객관의 유일"과 당시 젊고 급진적인 리쩌허우가 주창했던 "실천미학"의 초기 형태만이 진정한 자연파와 사회파의 분립을 이뤄낼 수 있었다. 이런 사상적 대결은 1980년대 초반까지 이어졌다. 물론 이들 사이의 논쟁은 "자연미"의 실체를 어떻게 볼 것인가에 대한 근원적 이슈가 있다. 전자는 객관성을 강조하는 사고방식이고 객관적 자연 그 자체가 미의 "객관적 속성"을 갖고 있다고 주장한다. 후자는 "인간화된 자연"이라는 인류학 사상에서 출발하여 미(자연미든 예술미든)는 모두 인류의 위한 실천 활동에 기초한다고 간주한다. 여기서 제시한 "자연미"는 차이-이가 제시한 "순수하고 객관적인" 자연일 수도 없고, 주광첸이 제시한 "의식화된" 자연일 수도 없는, 인간 실천 활동의 산물인 것이다.

리쩌허우가 1959년 《인민일보》에 발표한 〈산수화조의 미 – 자연미 문제에 관한 논의〉라는 글은 자연에 대한 관심으로 방향을 바꿔 초기 실천미학을 발전시켰거나 실천의 관점에서 자연미의 난제를 풀어냈다고 할 수가 있다. 그는 우선 역사 발전의 관점에서 아래와 같이 지적하였다. "자연의 미는 변화하고 발전하고 있고 인간의 사회생활이 발전함에 따라 발전한다. 자연은 끊임없이 인간의 노동에 정복당함에 따라 자연과 인간 사회생활의 객관적 관계가 점점 더 풍부해지고 복잡해지는데 그에 따라 미도 풍부해지고 복잡해진다. 자연은 더 이상 무시무시한 괴물이 아니라 가까운 친구가 되고 산수화조는 노동 생산의 대상일 뿐만 아니라 인간이 휴식하며 즐길 수 있는 장소, 대상이 되며, 게다가 이런 면에서의 역할이 갈수록 커질 때 인간은 자연의 미를 감상할 수 있다."[6] 인간의 실천적 역사관념을 자연미에 대한 이해에 포함시키는 것은 "자연의 인간화" 문제를 어떻게 이해하느냐는 문제로 이어지기 마련인데, 이는 또한 리쩌허우와 주광첸의 근본적인 변별점이다. 리쩌허우는 "객관적이고 실제적인 '자연의 인간화'(사회생활이 조성하는 것)와 예술이나 감상 속의 '자연의 인간화'(의식 작용의 결과)를 구

---

6) 리쩌허우: 〈산수화조의 미 – 자연미 문제에 관한 논의〉, 《인민일보》, 1959.7.14.

분해야 한다"7)고 말한다. 리쩌허우에게 자연미는 "사회생활"이 만들어낸 것이고, 주광첸에게 자연미는 "의식 작용"의 결과이다. 초기 실천미학의 관점에 따르면 자연이 된 것은 의식화보다는 사회화에서 비롯됐다.

여기서 리쩌허우와 주광첸이 사용하는 방법은 모두 "2차"적 방법이었으며, 이와 비교해 볼 때 차이-이만이 "1차적" 방법을 채택하였다. 이 두 가지 방법의 근본적인 차이점은 바로 자연미가 과연 "인간을 떠나서" 존재할 수 있는지에 있다. 차이-이는 물론 자연과 자연미는 의심할 여지없이 모두 인간을 떠나서 존재할 수 있다고 주장하기 때문에 자연 자체에서 출발하는 "1차적" 방법을 선택한 것이라면, 리쩌허우와 주광첸은 인간을 떠나서는 안 된다는 것을 주장하기 때문에 인간화에서 출발하는 "2차적" 방법을 선택한 것이다. 그러나 리쩌허우는 주광첸과의 차이가 또한 "인간을 떠날 수 없다"를 어떻게 이해하느냐에 달려 있다는 것을 예리하게 깨달았다. 만약 반영론적 시각으로 돌아간다면, 의식의 작용이 만들어내는 "자연의 인간화"는 사회생활이 초래하는 "자연의 인간화"의 "어떤 복잡하고 능동적인 반영"일 뿐이라고 할 수가 있다. 더 중요한 구분은 리쩌허우 자신이 말하는 "인간을 떠난다"는, 즉 "인간의 생활, 자연과 인간의 객관적 관계를 떠난다"이고 인간을 떠나면 자연미가 존재할 수가 없다는 것이다. 그러나 주광첸의 "인간을 떠난다"는 사실상 "인간을 떠나는 비교"이고 이른바 "인간을 떠나는 비교"란 "인간의 문화, 자연과 의식의 주관적 연관을 떠난다"인데도 자연미는 여전히 그 미를 잃지 않는다는 것이다. 이러한 관점은 "인간화"의 실천관념에서 벗어난다.

실천미학이 1980년대 중국 미학의 주류가 되면서 리쩌허우의 "자연의 인간화"관이 주도했다고 봐야 한다. 안타깝게도 차이-이의 자연미론은 반세기가 넘도록 무시당해 왔지만 지금은 새로운 매력을 발산하고 있다. 1940년대에 이미 "자연미란 인력에 관여하지 않는 순수하고 자연적으로

---

7) 리쩌허우: 〈산수화조의 미 – 자연미 문제에 관한 논의〉, 《인민일보》, 1959.7.14.

생긴 것의 미"8)라고 한 그의 주장은, 당대 자연미학에서 극단적으로 나타나는 "긍정미학positive aesthetics"의 "자연이 모두 미이다自然全美"의 주장에 가깝기 때문이다.

"긍정미학"의 핵심은 "자연 전체가 모두 미이다"를 인정함으로써 전체적으로는 예술을 부정하고, 자연 내 존재하는 인간화 요소를 부정하려는 경향이 있다. 이는 "인간중심주의"를 급진적으로 반대하는 미학적 발상이다. 캐나다의 미학자 앨런 칼슨Allen Carlson의 기본적 이해에 따르면 "본질적으로 모든 자연물은 심미적으로 가치가 있다고 한다."9) 이러한 "긍정미학"은 심미적 추론에서 "자연에 대해 적합하거나 올바른 '심미적 감상'이라면 긍정적이며, 이런 감상이 적합하지 않거나 정확하지 않은 이상 자연에 대한 부정적 '심미적 감상'이 거의 없다는 것으로 요약될 수가 있다. 자연계에 대한 적합하거나 올바른 심미적 감상은 기본적으로 모두 인정되지만 부정적인 심미적 판단은 드물거나 입지가 없다는 의미다. 차이-이는 일찍부터 자연미는 대부분 "실체미"이고, 이른바 "실체미"란 "느낄 수 있는 사물 자체의 미"10)이며, 그 미적 감각은 대개 쾌감을 동반하고 쾌감과 긴밀하게 결합되는 것이 자연미의 특성 중 하나라고 주장하였다. 나아가 차이-이는 "자연미란 종속의 일반성, 즉 자연의 필연을 드러낸다"라고 주장하는데 이는 자연미의 두 번째 특성이다.11) 따라서 이러한 자연미가 "자연의 필연"을 드러낸다는 것을 인정하는 미학적 취향은 일찍부터 자연계 전체가 미라고 인정하였다. 즉 모든 "원시 자연virgin nature"은 본질적으로 미적 가치가 있고, 인간의 손길이 닿지 않는 자연계 자체는 "지극한 미"의

---

8) 차이-이: 《신미학》, 상해군익출판사, 1946, p.194.

9) Allen Carlson, *The Aesthetics of Landscape*, London: Belhaven Press, 1991; Allen Carlson, *Aesthetics and the Environment: The Appreciation of Nature, Art and Architecture*, London: Routledge, 2000, p. 72.

10) 차이-이: 《신미학》, 상해군익출판사, 1946, p.203.

11) 차이-이: 《신미학》, 상해군익출판사, 1946, pp.203-204.

속성을 지니기 때문에 자연은 "자연 그 자체"로 심미적인 취급을 받아야 한다고 인정하는 것이다.

이는 객관적 사물의 미, 예를 들어 자연미라는 형태에 과연 인력의 참여가 있었는가 하는 문제와도 직결되며 이는 20세기 후반 중국 미학의 몇 대 유파가 갈등을 빚은 원천적 장소이기도 하다. 차이-이의 주장은 일반적으로 이해되는 간단한 것이 아니라 매우 변증법적이라는 것을 알아야 한다. 그때의 논쟁이 "가장 전형적인 두꺼비는 미인가"라는 비철학적인 논쟁에 휩싸인 것도 오해로 봐야 한다. 그는 한편으로는 자연이 종속의 일반성을 나타내고 있다는 점, 즉 "자연 사물의 본질적 진리의 구체적 재현"[12]이라는 점을 강조했기 때문이다. 차이-이의 이해로는 미가 본래 사물의 "본질적 진리"의 구체적 재현에 기인했기 때문에 그의 "전형 이론"은 자연미 분야에서 쉽게 이해될 수가 없다. 차이-이는 자연미의 특징으로 인력의 관여를 받지 않고 미의 목적을 위해 창조된 것도 아니라는 점을 강조했다. 다른 한편으로는 모든 자연미를 동일시하지 않고 개체미로 말하자면 무생물보다 생물의 미가, 식물보다 동물의 미가, 하등 동물보다 고등동물의 미가, 고등동물보다 인간의 미가 더 높으며, 최종적으로 인격미의 경지에 이른다는 진화론의 영향을 분명히 받았다. 이는 모든 자연물을 동일시하는 "긍정미학"의 기본이념과는 달리, 이런 구미 현대 판본의 자연 중심주의의 "제물론齐物论"은 오늘날 더 많은 사람의 마음을 얻는 것처럼 보이지만, 실제 상황에 부합하지 않는다. 인간과 자연의 관계는 복잡하고 풍부하기 때문이다.

제2절 "자연의 인간화"는 주류가 되어

전술한 바와 같이1950, 60년대 "미학 대토론"에는 "객관파"(차이-이)와

---

12) 차이-이: 《신미학》, 상해군익출판사, 1946, p.203.

"주관파"(뤼잉, 가오얼타이), "주객관 통일파"(주광첸)와 "객관성과 사회성 통일파(리쩌허우) 등 네 가지 유파가 등장했다. 그러나 실제로 주관파에는 뤼잉과 가오얼타이 두 사람만 있고 홀로 유파가 되기 힘들었다. 논리체계적으로 보면 주관파의 시적 감상은 체계적인 사상을 형성하기에 부족하며, 게다가 미학사에서 이러한 감흥적 주장이 수두룩하기 때문이다. "4파설"을 처음 제기한 리쩌허우나 그 후의 주광첸이나 사실 미학논쟁에서 3파만 형성하였다고 인정한다.

그러나 좀 더 요약하자면 주광첸의 미학은 그 자체로도 체계화하기 어려웠다. 그의 논리체계가 다양한 서양사상에 대한 해석과 종합에 많이 의존하기 때문에 스스로 미학체계를 형성하기가 어려웠다. 게다가 주광첸의 주객통일파 추종자의 정체는 모호하였다. 미학에 대한 후징즈胡经之의 기본 견해는 주광첸의 말기 사상에 가장 가깝다고 할 수 있지만, 자연미 문제의 관점에서 그는 주광첸과 차이가 있다.

예랑叶朗은 주광첸의 초기 사상에 가장 근접할 것이다. 그의 유파는 어떤 의미에서는 "이미지파"라고 할 수 있지만, 이제는 "미는 이미지다"라고 직접 표현하는예랑의 미학 관념이 이미지파의 어떤 변체가 된 것이다. 주광첸 유파의 초기 사상적 내핵이 바로 "이미지"였지만, 그는 말년에 이미 그 내핵을 지양하고 초기 사상적 토대 위에서 마르크스주의의 영향을 받아 "예술의 장악"을 강조하다가 "예술의 생산"을 밀어올리는 미학 실천관으로 나아갔다. 20세기 중국 미학의 양대 기본학파인1940년대 시작된 "객관파"와 1960년대 시작된 "실천파"야말로 자연미 문제에 대해 비교적 원만한 답을 주고 있음을 알 수 있다. 물론 차이-이의 객관파나 리쩌허우로 대표되는 실천파는 모두 마르크스주의 미학체계에 귀속된, 마르크스주의 "중국화中国化"의 산물이다. 이런 의미에서 그들은 모두 마르크스주의의 기본원리에서 밝혀낸 두 가지 기본 사고방식인데 전자는 마르크스의 기계적 유물주의를 계승하고 후자는 마르크스의 실천관념을 계승하였다. 그러나 옛 소련 미학에서 "자연파"와 "사회파"의 대결과 유사하게 차이-이의 객관파는" 자연파"와 유사하지만 리쩌허우의 실천미학은 초기 "객관성과 사회성의 통일"이라는 발상에서 벗어나 실천의 새로운 지평으로 접어들어 "사회파"와 거리를 두었다.

비교적으로 볼 때 중국 미학파는 구소련을 뛰어넘는 실천의 관점을 갖고 있다. 1960년대 리쩌허우의 돌파는 그가 체르니셉스키의 "생활론"에서 마르크스의 실천관을 끌어냈다는 데서 비롯됐다. 이러한 실천관은 주로 《포이어바흐 테제》에서 추출한 것으로 이는 구 유고슬라비아의 "실천파"와 상대적으로 가까우면서도 (그러나 리쩌허우는 유고슬라비아 학파처럼 실천의 폭을 넓히지 않고 좁은 의미의 생산 실천에 더 많은 관심을 기울였다) 구소련의 미학 논쟁을 넘어선 것이다. 후자가 "자연파와 사회파"의 논쟁 이후 실천의 관점을 발전시키지 못한 것도 중국 전통사상에서 실천을 중요시하는 사고방식과 관련이 있을 것이다. 이와 동시에 구소련의 미학논쟁과 유사한 것은 자연미 문제가 두 파벌 논쟁의 관건이 되었다는 점이다. 자연미는 중국에서 "미의 본질" 문제 해결의 중심축으로 여겨지고 있으며, 단지 같은 마르크스의 이론적 원천에서 한편으로는 "자연의 인간화" 사상을 밝혀낼 수 있고 다른 한편으로는 자연을 "객관화된 자연"으로만 보는 발상도 밝혀낼 수가 있었을 뿐이다.

"자연의 인간화"라는 사상은 사실 청년 마르크스의 《1844년 경제학 – 철학 수고》에서 밝혀진 것이다. 리쩌허우는 말년에 자신의 관점, 그리고 다른 유파들과의 차이점을 아래와 같이 명확하게 요약하였다: "나는 미가 자연에 있고 인간과 무관하다는 논점, 미를 미적 감각과 동일시하는 관점, 그리고 미가 단지 인간의 심리활동, 사회의식과 관련된다는 논점을 반대한다. 나는 마르크스의 '자연의 인간화' 관점으로 미의 문제를 설명할 것을 주장하고 인간의 실천이야말로 미의 근원이고, 내적 자연의 인간화가 미적 감각의 근원이라고 생각한다."[13] 이처럼 분명한 요점은 차이-이의 객관파의

---

13) 웨이-이꼬魏怡毅: 〈리쩌허우: 고독한 사상가〉, 《남방인물주간》, 2010, 제20기.

"무인의 미학"에 반대하는 한편, 주광첸의 "미=미적 감각"의 미학을 반격해 실천이야말로 미의 근원이라고 인정하고 "외적 자연"의 인간화로 미를 논하고 "내적 자연"의 인간화로 미적 감각을 논하려는 것이었다. 자연의 인간화에 대한 근본적인 이해는 리쩌허우의 철학 미학의 초석이 되었고, 자연미에 대한 기본적인 이해는 리쩌허우 미학의 "근원"이 되었음을 알 수 있다.

그렇다면1980년대 초반부터 "자연의 인간화"를 통해 자연미를 설명하려는 사상이왜 중국 미학계에서 주류로 자리 잡았을까? 실천미학 자체가 주류를 이루었고 그의 자연미 사상도 널리 받아들여지고 있었기 때문이다. 이론적으로 실천파와 다른 유파들의 차이에서 알 수 있다. 차이-이의 "객관파" 사상을 자연 방면으로 추론하면 "미는 자연에 있다"는 결론을 내릴 수 있다. "미는 자연에 있다"는 미가 객체 자체에 있고 심미审美 주체에서 찾을 필요가 없기 때문에 객관적 자연 자체가 "미의 성격을" 띤다고 주장한다.

주광첸의 "미는 주관과 객관적 통일이다"라는 관념은 심미 주체와 심미 객체 간의 상호 작용에 중점을 두고 있으며, 바로 이러한 상호 작용에서 미가 생겨났다고 주장하는 것이다. 이런 사상은 1980년대부터 지금까지의 미학계에서 모두 기본적으로 받아들여지고 있다. 그런 주객통일의 근원이 어디에 있는지를 제출하는 것이 실천 미학의 뛰어난 점이다. 주광첸이 미와 미적 감각의 주객통일을 내적으로 동일시하는 것은 말할 것도 없고 그가 "공시성共时性"으로 주객 일체를 분석하는 것과도 달리, 리쩌허우는 역사 발생의 관점에서 미의 본원은 인간의 실천에 있다고 제시하였다.

그러나 실천미학의 "자연관"은 이러한 직접적인 문제에 직면하게 된다: 사회생활에서의 미는 "사회성"을 지니고 있다고 해도 문제없지만 자연미는 가장 까다로운 문제다. 미의 객관성과 사회성이 자연미 속에서 통일되기 어렵기 때문이다. 이름을 알리는 글이자 미학토론에 참여한 첫 논문인 1956년 리쩌허우의 〈미적 감각, 미와 예술을 논하다〉에서는 자연미의 난제에 대한 해답을 주지 않았지만 이 문제가 자신의 이론에 매우 중요한 것임을 리쩌허우는 빨리 깨달았다. 1957년 〈미의 객관성과 사회성 – 주광첸, 차이-이의 미학관을 평하다〉란 글에서 리쩌허우는 특히 자신의 객관적 사회파의 관점에 자연미가 가장 큰 문제임을 깨달았다.

여기서는 1950, 60년대부터 시작된 전형적인 구분을 언급할 수가 없을 것이다. 즉 "사회미"와 "자연미"의 구분, 그리고 "예술미"가 있는데 "사회미", "자연미"와 함께 "미의 유형類型"을 이루었고 예술, 사회, 자연은 바로 미학 원리의 기본 영역 구분이 되었다. 차이-이가 1981년 《미학원리》 좌담회에서 "자연미는 자연 그 자체에 있다"라고 다시 강조한 것은 "자연사물의 미는 사회미와 구분되어야 한다. 자연사물의 미는 인간의 영향을 받지 않는 태생적이고 저절로 발생한 것이기 때문이다."[14] 이렇게 보면 실천미학과 객관파 미학의 차이로 전자는 자연미가 자연물의 "사회속성"에 있다고 생각하지만 후자는 자연미가 자연물의 "자연속성"에 있다고 생각한다는 것이다. 1950, 60년대의 "자연성과 사회성"의 논쟁으로 되돌아간 듯하다. "자연물의 사회적 성질" 문제는 차이-이에게는 자연미의 관점에서 "가장 약한 부분"이다. 왜냐하면 차이-이는 근본적으로 사회적 성질을 거부하기 때문이다. 그러나 주광첸의 자연미 관점에서는 "가장 강한 부분"이다. 왜냐하면 해방 전의 "감정이입론"이든 해방 후의 "사회의식론"이든 모두 미를 여전히 주관적인 의식이 자연에 작용하는 결과라고여기기 때문이다. 그러나, 리쩌허우의 "사회성"은 주관적 의식이 작용하는 결과가 아니라 "인간 사회 생활의 자연"과 "자연물 그 자체가 갖는 속성"의 통일이다.

리쩌허우는 일찍이 "자연미는 자연 그 자체에도 없고, 인간의 주관적인 의식에 덧붙여진 것도 아니며, 사회 현상의 미와 같이 객관적 사회성의 존재"[15]라는 사실을 확정지었다. 분명히 그가 당시에 반대했던 것은 각각 한

---

14) 차이-이: 〈자연미를 논한다〉, 《미육》, 1982, 제2기.

15) 리쩌허우: 〈미의 객관성과 사회성 – 주광첸과 차이-이의 미학관을 논하면서〉, 《인민일보》, 1957.1.9.

쪽의 일방적인 견해였다. 주광첸 측은 자연 그 자체는 미일 수 없고 미는 단지 인간의 주관 의식에 덧붙여진 것일 뿐이라고 주장하고, 차이-이 측은 자연미가 그 자체의 자연 조건에서 인간과는 아무런 관계가 없다고 주장한다. 리쩌허우는 차이-이의 미학은 "자연물이 보이고 인간이 보이지 않는 미학", 주광첸의 미학은 "인간이 보이고 자연물이 보이지 않는 미학"으로 생동감있게 서술하였는데 이런 구분은 당시에 널리 사용됐다. 주광첸에 의하면 자기와 리쩌허우의 차이는 아래와 같다. 즉 자신에게 미의 사회속성은 사회 이데올로기에서 시작되고 "미의 이미지"에 속하지만, 리쩌허우에게 미의 사회속성은 "자연물 그 자체"에 속하는데 즉 자연과 합치하는 "사회적 존재"이다. 하지만 리쩌허우는 이런 귀납에 동의하지 않는다. 논쟁의 반대편인 차이-이는 주광첸이든 리쩌허우든 모두 유심주의이며 유물주의의 기본 준칙을 확립하지 않았다고 주장하였다. 주광첸도 미가 단지 자연사물의 속성(이것은 반영의 원인)에 달려 있다는 것을 반대하면서 홍이란을 비판하였다. 그는 아래와 같이 논증하였다. 즉 예술품이라는 그 외물(이것은 반영의 결과)에 미가 있다는 것은 미는 자연사물의 속성에만 달려있지 않다는 것을 충분히 증명할 수가 있는데 여기서 혼란스러운 문제는 바로 미가 원인이 아닌 결과에 달려 있다는 것이고, 차이-이든 홍이란이든 이 논리를 거꾸로 돌렸다.16)

인간 사회가 존재하면서 자연물은 "사회적 존재"가 되었고 미적 자연물이 미가 될수 있는 것은 자연물의 자연 속성이 아니라 자연물의 사회 속성 때문이라는 것은 리쩌허우의 기본 관점이다. 이에 주광첸은 리쩌허우에 대한 비판의 목소리를 높였다: 자연물이 "사회적 존재"라는 것은 리쩌허우의 미학 체계에서 기본이 되는 것이지만, 인간 사회가 생기면서 자연이 사회적 존재로 변하게 되고 세상의 모든 것은 사회적 존재가 되었기 때문에 자

---

16) 주광첸: 〈"자연물이 보이고 인간이 보이지 않는 미학" - 홍이란 선생에게 다시 한
번 대답하면서〉,《신건설》, 1958, 4월호.

연과 사회를 구분할 필요가 없다. 그렇다면 자연이 사회적 의의를 가지면 동시에 경제적 기초와 사회생활이 되는가?[17] 이는 모순일 수밖에 없다. 이런 반론은 확실히 리쩌허우의 급소를 찌른 것이다. 따라서 유명한 예시 논쟁이 벌어졌다: 달은 어떻게 미가 되었을까? 달은 인간화의 산물이 아니라고 공인된 이상 실천과 비非실천 쌍방은 또 서로 마찰을 빚고 있어 실천파 측은 "넓은 의미의 실천"으로 변호할 수밖에 없다.

하지만 더 흥미로운 예는 화폐와 국기의 "자연의 사회성"을 둘러싼 논쟁이다. 화폐의 예는 마르크스의 고전 논설에서 간접적으로 나온 것이고, 국기의 예는 허치팡何其芳이 명확하게 제출한 "국기가 왜 미인가?"에서 나온 것이다. 리쩌허우는 이 예가 적절하지 않다고 주장한다. 첫째, 화폐와 국기는 모두 인공제품으로 자연을 대신할 수 없다; 둘째, 둘은 모두 기호의 성격을 가지고 있으며, 기호와 대표되는 사물 간의 단지 "약속" 관계일 뿐이고 필연적인 관계는 아니기 때문이다. 자연과 그 사회성의 관계는 바로 화폐와 가치의 관계, 국기와 나라의 관계와 같다. 더 중요한 것은 국기의 예증은 사람으로 하여금 두 문제를 헷갈리게 하기 쉽다. 즉 국기로서 오성홍기五星红旗의 미와 오성홍기가 국기로 선정된 이유이다.[18] 후자는 "형식미"의 문제를 포함하는데 리쩌허우는 기본적으로 전자의 주요 내용에 대하여 언급한 것이다. 이른바 "붉은 바탕 노란 별"의 문제는 자연미 외에 자연미와 관련된 "형식미"의 문제다.그러나 국기의 미는 "붉은 바탕 노란 별"이 보편적인 종류 속성의 대칭 같은 법칙을 보여주는 게 아니라 "붉은 바탕 노란 별의 천은 그 자체가 이미 인간화의 대상이 되었고, 그 자체가 객관적 사회성, 사회적 의의를 가지게 되었으며, 그것이 중국 인민의 "본질적 힘의 현실"이기 때문에 미가 되었다."[19]

---

17) 주광첸: 〈미는 객관과 주관의 통일이라는 것을 논한다〉, 《철학연구》, 1957, 제4기.
18) "신건설" 편집위원회: 〈어떻게 한 걸음 나아가 미학 문제를 논하는가?〉(좌담회 기록), 《신건설》, 1959, 8월호.

1980년대부터 자연미를 "인간의 본질적 힘"의 실현으로 보는 관점은 실천미학의 일종의 연장으로 "강단미학"에서 장관을 이루었다. 여기서 인간과 자연의 관계를 언급할 수가 없을 것이다. 이런 기본 관계에서 자연미 문제를 바라보는 것은 당대 중국 미학의 주요 시각이다. 장경張庚은 1959년 발표한 〈계림桂林의 산수 - 자연미를 겸논하다〉라는 글에서 "인간과 자연과의 관계의 변화"야말로 자연을 "미로 만든다"라고 주장한다.20) 리쩌허우는 이러한 관계론을 아래와 같이 더욱 심도 있게 설명하였다. "내가 알고 있는 자연의 사회적 존재는 바로 자연과 인간의 현실 생활에서 발생한 객관적 사회관계, 역할, 지위이지 '자연과 겹치는' 추상적인 사회 존재가 아니다", "자연미의 사회적 지식은 자연물의 사회성의 일부이거나 일종이다. 즉 인간에게 유익하고 유리한(선하고 좋은 것) 사회의 성격이다."21) 이런 역사적 관점에 따르면 리쩌허우는 "자연물의 사회성"은 사실 인간 사회의 삶이 객관적으로 부여한 것으로 인간 사회의 존재, 발전의 산물이라고 주장한다. 따라서 관계론의 관점에서 자연사회의 사회성은 인간의 자연과의 관계가 복잡하고 풍부한 만큼 복잡하고 풍부한데 이것이 바로 자연관계에 대한 사회 관계의 투사이다. 물론, 이러한 기계투사에 대한 반대자들의 비난을 피하기 위해, 리쩌허우는 아래와 같이 자변하였다: 이러한 다른 자연물의 사회성에 따라 생활에서의 지위, 역할, 관계도 다르다; 직접적인 것도 있고 간접적인 것도 있다; 중요한 것도 있고 중요하지 않는 것도 있고, 어떤 때는 이 시기가 중요하고, 어떤 때는 저 시기가 중요하다. 그래서 이는 인류 사회의 변화에 따라 변화하고 자연미을 감상하는 다양한 유형도 만들어냈다. 따라서 문인이나 고아한 선비가 달이나 매화를 노래하는 것은 원시시

---

19) 리쩌허우: 〈미의 객관성과 사회성 - 주꽝첸과 차이-이의 미학관을 논하면서〉, 《인민일보》, 1957.1.9.

20) 장경張庚: 〈계림桂林의 산수 - 자연미를 겸논하다〉, 《인민일보》, 1959.6.2.

21) 리쩌허우: 〈현재 미학문제의 논쟁에 관하여 - 미의 객관성과 사회성을 재론하면서〉, 《학술월간》, 1957, 1월호.

대처럼 간단명료하게 생산과 직접적인 공리관계가 발생하는 것보다 겉으로 드러나지 않을 정도로 복잡하고 굴곡이 심한 것이다.

리쩌허우가 1959년 발표한 긍정적인 글의 관점에 따르면, 자연사와 인류사의 상호 연관성의 관점에서, 그는 "전반적인 자연의 미는 사회생활의 발전으로 자연과 인간의 풍부한 관계의 전개(이것이야말로 '자연의 인간화'라는 진정한 의미)가 충분히 형성되기 때문에, 이전의 그러한 직접적인 경제적 실용적 공리관계에 완전히 속박, 국한된 상황에서 벗어나, 훨씬 광범위하면서도 우여곡절 있으며 모호하며 간접적이며 복잡한 삶의 내용과 의미로 대체되었다"[22]고 주장한다. 무엇보다 리쩌허우는 객관적이고 실제적인 "자연의 인간화"(사회생활이 만들어내는 것)와 예술이나 감상 속의 "자연의 인간화"(의식작용이 만들어내는 것)라는 두 가지의 인간화로 구분하였다. 자연이 미가 되는 것은 후자가 아니고 전자 때문이다.[23] 실제로 자연미에서 사회적 심리적 요건의 중요한 역할도 간과해서는 안 되며, 객관적 사회성의 원칙은 단순하게 적용될 수 없고, 어떤 자연물이나 자연미의 사회적 설명도 구체적이고 세밀하게 분석해야 한다.

그러나 리쩌허우는 "실천미학"의 원점으로, 즉 생산적 관계로 돌아가서 자연미를 보았다. 자연이 인간과 맺어지는 관계는 주로 생산적인 관계이며, 인간은 사회권과 직결되는 것에 관심을 갖고 미적 감각이 발생한다는 것이 그의 주장이다. 따라서 자연미의 "자연의 인간화"는 인간의 실천을 통해 자연을 개조하고, 자연을 객관적으로 인간화하고 사회화함으로써 미적 성격을 갖게 한다는 의미가 있다. 리쩌허우는 이런 점에서 주광첸, 가오얼타이가 훗날 "인간화된 자연"설을 받아들여 언급한 "인간화된 자연"과 달랐다. 그들이 같은 단어를 쓰는 의미는 역시 사회의식의 작용과 결과를 가리킨다. 주광첸은 "자연이 인간화가 된 것은 … 그의 '본질적 힘'을 보여주기

---

22) 리쩌허우: 〈산수화조의 미 - 자연미 문제에 관한 논의〉, 《인민일보》, 1959.7.14.
23) 리쩌허우: 〈산수화조의 미 - 자연미 문제에 관한 논의〉, 《인민일보》, 1959.7.14.

때문"이라며 이 본질적 힘은 일정한 역사적 단계에서 인간의 문화적 수준을 대변한다고 말한다. 가오얼타이는 "예술 속 자연은 인간의 자연이고 자연 속 자연은 자연의 자연이다. 예술이 자연보다 귀한 이유는 예술은 인간의 것이고 자연은 그 자신 말고는 다른 것이 없기 때문이다"[24]라고 말하였다. 예술과 미적 이상을 추앙하는 이런 관점은 확실히 보편적으로 존재한다. "객관적 현실 속의 자연미, 특히 인류 사회생활 속의 미는 여러 가지 현실적 조건의 제약을 받기 때문에" 모두 실현되는 것은 아니다. 미적 이상은 반드시 미적 사실이 아니지만 예술은 미적 이상을 그대로 실현할 수 있기 때문이다.[25]

그러나 이런 주관론적 자연관은 1980년대 이후에 주도적이지 못했고 많은 관점은 역시 실천론으로 기울어졌지만 더 많은 관점은 1950, 60년대 관점의 반복이었다. 주퉁朱彤은 "자연의 이미지와 인간의 사회적 관계를 그의 사회성으로 보아야 한다"[26]고, 스창둥施昌东은 "인간은 어떤 자연경물이 인간 사회생활의 미와 유사한 특징을 가지고 있는 것을 보면 미를 느낀다"[27]고 주장했다. 이 시대에는 자연미의 두 형태가 "인간화된 자연의 미"와 "인간화되지 않은 자연의 미"로 명확히 구분된다. 이를 통하여 실천파 내부에서도 "인간화되지 않은 자연의 미"는 인간의 직접적 개조 없이도 인간의 사회성이 투영된 것이라는 시각과 "인간화된 자연의 미"는 사회성, "인간화되지 않은 자연의 미"는 자연성에 있다는 시각이 엇갈리고 있음을 알 수 있다. 전자의 경우 논자들은 천왕형陈望衡처럼 "자연미는 인간화된 자연 속에 존재한다. 인간화되지 않은 자연은 미라고 말할 수 없다. 자연미의 실체는 인간의 미이다"[28]라고 주장한다. 후자의 경우 논자들은 양안룬

24) 가오얼타이: 〈미적 감각의 절대성을 논하다〉, 《신건설》, 1957, 7월호.
25) 쟝쿵양: 〈미를 약론하다〉, 《학술월간》, 1957, 제4기.
26) 주퉁: 〈미학, 자연 이미지로 파고들자〉, 주퉁의 《미학과 예술 실천》참고, 강소인민출판사, 1983.
27) 스창둥施昌东: 〈산수가 어떻게 아름다운가?〉, 《문회월간》, 1983, 제1기.

杨安仑처럼 "인간화되지 않은 자연의 미의 실체에는 사회성과 같은 것이 없다", "태양의 미는 그의 자연성으로 구성된 자연형식과 자연현상이기 때문이다"[29]라고 주장한다. 물론 더 중요한 성과는 자연미를 구분하는 두 가지 형태로서 아래의 표와 같이 나타낼 수 있다:[30]

제1형태	제2형태
• 인간화되지 않은 자연 • 노동으로 가공되지 않는다 • 관조의 대상 • 잠재적 기능, 효용 • 객체의 형상이 주체의 행위를 유발한다 발견: • 우연이 필연을 초과한다 • 인간과의 관계가 얕고 짧다 • 사용 가치	• 인간화된 자연 • 노동으로 가공된다 • 실천의 대상 • 기능, 효용은 발견되고 발굴된다 • 주체의 행위가 객체의 형상을 바꾼다 개발: • 필연이 우연을 압도한다 • 인간과의 관계가 깊다 • 사용가치, 가치

1980년대 초반까지만 해도 "자연미"에 대한 논의는 1950, 60년대의 여정을 이어갔지만, 그 열정은 "미의 본질"에 대한 추궁이 쇠퇴하면서 시들해졌다. 그럼에도 "자연미 감상" 문제는 여성학자들의 주목을 받았다. 러쥔쥔羅篤篤의《자연미감상》은 자연미감상의 여러 형태를 분석하였고[31], 왕쉬샤오王旭晓가 주필한《자연 심미 기초》는 자연미의 범위, 특징, 생성, 유형, 확장 등을 개술할 뿐만 아니라 자연미와 회화绘画, 음악, 문학, 환경, 미학이론 등의 관계도 해석하였다.[32] 20세기말 이후 "자연미학" 연구에 대한 열

---

28) 천왕형陈望衡: 〈자연미를 약론하다〉,《구색求索》, 1981, 제2기.
29) 양안룬: 〈자연미의 두 가지 관점을 논하다〉,《미육》, 1983, 제1기.
30) 샤오빙萧兵: 〈자연미의 두 가지 형태 - 노동 가동이 되지 않은 자연미에 대한 논술에 치중하다〉,《회음사전학보淮阴师专学报》, 1982, 제2기.
31) 뤄진진:《자연미감상》, 산서교육출판사, 1997.

망이 높아지면서 원래의 미학 연구자들은 자연미에 대해 다시금 반성을 하게 되었다. 실천미학 안팎의 엇갈린 두 가지 반성을 예로 들 수 있다.

실천미학의 내부에서 같은 실천파인 양언환杨恩寰은 개조되지 않은 자연 형태의 미를 어떻게 해석할지에 대한 고민을 계속했다. 이 이론을 보완하기 위해 실천미학은 실천이 조성한 인간과 자연의 관계를 "근본적으로 전환"하여 자연미를 판단하는 근본 기준으로 삼아야 한다고 봤다. 이런 인간과 자연관계의 전체적인 전환은 자연사물이 인간의 개조를 거쳐 그 유해성을 무해성 내지 유익함으로 변화시켰는데 이를 자연사물의 미를 평가하는 잣대로 삼는 것을 가리킨다. 그러나 이런 관계의 근본적 전환 자체에 명확한 잣대가 없었기 때문에 "선善으로 미에 대한 해석"이었을 뿐이고 미의 기준이 될 수 없었다. 그래서 양언환은 여기서 출발하여 새로운 정의를 내렸다. 즉 자연미는 인간의 "심미의 발견"이고 "그것이 바로 심미적 소질, 능력, 경험을 선결조건으로 하여 발견되는 예술미와 비슷한 것이고 발견이 곧 창조다."[33] 그러나 심미 능력, 경험, 소질은 심미 활동과 심미 교육을 통해 길러질 수 있고, 그 가장 원초적이고 깊은 뿌리는 "물질적 생산의 실천"에 있어야 한다. 그렇기에 다시 실천미학의 기점으로 돌아가 이를 바탕으로 "자연미"를 재조명하게 되었다.

이 같은 실천관에 대한 내부 비판은 사실 실천미학의 더 깊은 측면의 모순을 지적하였다. 즉 비록 실천미학은 "합목적성合目的性"과 "합규율성合規律性"이 상호 통일된 활동이라는 점을 재확인해 왔지만, 생산적 실천이 "자연에 대한 정복과 개조"를, 자연 대상의 "합목적성合目的性"의 단면을 지나치게 강조하고, 인간 실천의 "합규율성合規律性"의 단면을 제대로 표현하지 않는 것이다. 더 정확히 표현하면 실천이 자연계에 대한 "적응, 순응과 개조, 구축이 서로 통일된 활동"이라고 양언환은 주장한다. 당대 실천미

32) 왕쉬샤오 주필:《자연 심미 기초》, 중남대학출판사, 2008.
33) 양언환: 〈미학문제 수상隨想〉,《미와 시대》, 2010, 제6기.

학의 각종 변체는 사실 모두 이러한 방식을 채택하고 있다. 즉 한편으로는 실천미학의 가장 기본적인 원칙을 고수하고, 다른 한 편으로는 또 자연미와 같은 관점에서 적절하게 조정한다는 것이다.

실천미학의 외부에서 자연미 문제도 어느 정도 발전했다. 후징즈의 기본 미학 관점은 비록 주광첸으로부터 직접 많이 계승되었지만 자연의 미는 주광첸이 말하는 "이미지"뿐만 아니라 인간의 삶에도 존재한다는 것이 그의 주장이다. 자연의 미는 "인간의 삶 속으로 자연이 들어와서 나타나는 인생의 가치다. 자연미는 자연이 인간과 연결되어 인간과의 관계 속에서만 자라고 나타나지만 이는 인간의 창조가 아니라 자연 그 자체로 인간을 향한 생성이다."[34] 이것도 사실 생활미학론의 하나이다. 이것은 현실의 시각에서 보면 인간은 사회 속에서 생활할 뿐만 아니라 자연 속에서도 생활함으로 자연은 인간화되기 마련이다. 인간은 자연에서 나왔고 또 자연으로 다시 돌아가기 때문이다. 역사의 시각으로 보면 자연이나 귀신이 스스로 사물을 만드는 데 보통 몇억만 년이나 걸렸는데 인간의 삶으로 접어들면서 자연과 인간의 심미관계가 생겨났으며, 천연의 사물은 미의 대상이 되었기 때문이다.

이것은 "생태미학"과 "환경미학"이 일어난 이후에 "자연미" 문제에 대하여 여러 시각에서 다시 한 번 반성해 볼 필요가 있다는 것을 보여준다. 이에 대하여 류청지刘成纪는 《자연미의 철학적 기초》라는 새 책에서 아래와 같이 말하였다. "자연미를 재정의하는 것은 한편으로는 자연생명의 본질에 대한 발견, 다른 한편으로는 인간과 자연의 관계 재정립에 의한다. 인간은 자연계의 특수한 생명으로서 세계 속에서 살기도 하고, 또 세계 밖에서 살기도 한다. 그의 존재 본성은 자연에 한정되어 있으면서도 자연을 인식하고 개조하려는 강한 충동을 갖고 있다. 이런 인간과 자연관계의 양면성에 비춰 철학의 역사는 기본적으로 자연본위론과 인간중심주의 사이에

---

34) 후징즈: 〈미학은 나와 함께 인생을 깨닫는다〉, 《미와 시대》, 2010, 제2기.

서 흔들리고 있는 역사다."35) 이는 "자연미"에 대한 새로운 시대적 재조정이 인간을 자연의 유기적 구성부분으로 삼는 "자연본위론" 사상을 받아들여 자연을 인간의 터전으로 삼되 자연을 위한 입법권을 가진 인간중심주의의 충동을 반대하여 자연미 난제를 새로운 토대 위에서 바라봐야 한다는 의미다.

"생태미학"의 기본 이해에 따르면 "자연미"는 실체의 미가 아니라 관계의 미이다. 자연미는 주객이 양분되는 객관적 "전형적 미"도, 주관적인 "감정이입의 미"도 아닌 생태계 속 관계의 미라는 의미라고 쩡판런曾繁仁은 주장한다. 이런 이해에서 출발하여 "자연미"에 대하여 실천미학은 일종의 인식론적 패턴인 "자연의 인간화"의 미로, 생태중심론은 "자연이 모두 미이다"라는 극단적 결론으로 나아가고, "생태존재론"의 새로운 시각에서 자연미는 "시적 안식"의 "고향의 미"로 봐야 한다. 자연의 미는 인간에게 들러붙는 "저급한 미"가 아니라 자연 본성으로 회귀하는 인간 본래의 미이다. 이와 동시에 자연미는 전통적인 시청각에 의한 정관靜观의 무공리적인 미가 아니라 인간의 모든 감각으로 개입하는 "참여미학"이다. 자연 심미가 마주하는 살아 있는 자연세계 자체가 3차원적이고 입체적이며, 이는 자연 심미와 예술 심미의 가장 중요한 차이를 이루고 있기 때문이다.

마찬가지로 "환경미학"의 기본 이해에 따르면 자연미는 "결국 인간의 활동으로 자연의 미를 드러나게 하지만, 인간이 모든 자연을 미의 대상으로 삼는 것도 아니며, 모든 자연이 미의 대상이 되는 것도 아니며, 미의 대상으로서의 자연은 인간의 생존, 삶, 인간의 감정을 인정하는 그 부분의 자연이어야 한다."36) 실천미학 자연관의 가장 중요한 결함은 현실적으로는 "자연의 인간화"라는 것이 모두 미일 수 없고 환경오염도 가져올 수 있다는 점, 이론적으로는 실천미학이 강조하는 "합규율성合规律性과 합목적성合

---

35) 류청지:《자연미의 철학적 기초》, 무한대학출판사, 2008, pp.295-296.
36) 천왕형:《환경미학》, 무한대학출판사, 2007, p.222.

目的性" 통일의 이론이 실제로는 형식으로 인간의 필요에 부합한다는 것을 기준으로 하는 인간중심주의에 근거한 결론이라는 점이다. 중국의 환경미학 논자들은 서양의 "자연이 모두 미이다自然全美"론을 강하게 비판하면서 본토 문화의 토대 위에서 "자연지미론自然至美论"을 내세워 자연이야말로 인간 생명의 근원, 미의 법칙의 근원, 심미창조의 근원이라고 주장한다. 그만큼 자연미 해석은 70년 동안 미학이 발전하는 과정에서 중대한 변화를 가져왔다.

제3절 본토화된 "생태미학"

1990년대부터 "생태미학"은 중국 미학계에 폭넓은 영향을 미쳐 자연과 생태 문제를 미학적 관심사로 재탄생시켰을 뿐 아니라 중국 미학계의 새로운 학파인 "생태파"를 부상시켰고, 환경영역에 국한된 것이 아니라 미학 원리도 넓혀 "생태존재론"과 같은 새로운 미학사상을 제시하기도 했다. 미학과처럼 생태학도 서양에서 건너온 것으로 1866년 독일의 생물학자 헤켈이 처음 제안했다. 1973년 노르웨이 철학자 아르네 네스가 "심층생태학"을 제안하면서 생태원칙이 자연과학에서 인문과학 세계로 전환됐다. 이런 인문 생태학 주장은 "인간중심주의"에 대해 철저히 반성하고, 자연 그 자체의 가치를 인정하며, "환경권环境权"과 "지속가능한 생존도덕" 등의 원칙을 제시하며 "인간 – 자연 – 사회" 간 조화롭고 통일되고 체계적이고 전체적인 세계관을 주장한다. 그래서 "생태론"의 미학은 생태학 원칙을 미학에 적용하면서 생겨난 새로운 미학 분과 학과다.

서양 학계에서 "생태학 미학Ecological Aesthetics"은 1990년대에 주로 일어났다. 1990년 미국 학자 리처드 E. 치노웨스Richard E. Chenoweth와 폴 H. 고스터Paul H. Gobster가 같이 《경관 심미체험의 본질과 생태景观审美体验的本质与生态》[37]라는 글을 썼는데 서양에서 생태학 미학의 출현을 상징한다.

그러나 중국 대륙에 나타난 "생태미학" 사조는 카르손이 사석에서 인정했듯이 "Eco-Aesthetics"로 번역할 수 있는가에 달려 있는데 이는 "생태학 미학"과 다르지만 현지화하는 성과를 거두고 있다.

중국어학계에서 "생태미학"이라는 단어를 처음 사용한 대만 학자 양평잉杨凤英은 1991년 초 《건축학보建筑学报》에 〈중국의 생태미학에서 중국의 미래를 바라보다〉라는 글을 발표했다. 이후 중국사회과학원이 주최하는 《해외사회과학》 잡지 1992년 11, 12호에 러시아 학자 H. B. 만코프스카야의 〈해외생태미학〉이란 글이 연재되었고 러시아어 원문은 러시아 《철학과학》, 1992년 제2호에 게재되었는데 이 글은 외국 생태미학의 본질론 문제, 비판 문제, 응용 문제를 심층적으로 논하였다. 그러나 "문예생태학"이란 용어는 1987년 바오창鲍昌이 주필한 《문학예술 신용어사전》에 처음으로 등장하였다. 이론적 깊이 있는 첫글은 1994년 리신푸李欣复가 발표한 〈생태미학을 논하다〉인데 "생태균형이 최고 가치의 미이다", "자연 만물의 조화로운 발전", "새로운 생태문명의 시야 건설"이라는 3대 미학관념을 정립해야 한다는 내용을 담았다.[38] 이 시기는 1990년대 초부터 세기말까지 생태미학의 태동 시기였다. 이 시기의 종결의 대표적인 사건은 1999년 10월 해남작가협회가 "생태와 문학" 국제 심포지엄을 주최한 것이다. 루수위안鲁枢元도 《정신생태통신》을 창간했는데 오늘에 이르고 있다. 2001년 서안西安에서 제1회 전국생태미학심포지엄이 열렸고, 2003년 귀양贵阳, 2004년 남녕南宁에서 제2, 제3회 전국생태미학심포지엄이 열렸다. 현재까지 생태미학에 관한 회의는 열 번이나 개최됐는데 그중 세 번은 국제학술심포지엄이었다. 이를 통하여 생태미학이 중국 미학계의 주류 사조 중 하나로 자리 잡고 있

---

37) Richard E. Chenoweth and Paul H. Gobster, "Nature and Ecology of Aesthetic Experience in the Landscape", *Landscape Journal*, Vol. 9, No. 1, 1990. 외국 생태미학의 발전에 대하여 리칭번李庆本이 주필한 《국외생태미학독본国外生态美学读本》(장춘출판사, 2009)을 참고한다.

38) 리신푸: 〈생태미학을 논하다〉, 《남경사회과학》, 1994, 제12기.

음을 알 수 있다.

"생태미학"의 진정한 발전은 21세기가 점차 전개되면서 이루어졌다. 21세기 중국 미학계에서 일련의 생태미학 전문저서와 문집을 출판하였다. 쉬형춘徐恒醇이 2000년에 출판한《생태미학》은 중국에서 첫 번째 생태미학 전문저서로, 스스로 체계를 세웠을 뿐만 아니라 상당히 완비되어 있으며, 중국의 생태미학 연구가 처음부터 비교적높은 수준을 가지고 있었다는 것을 상징한다. 쉬형춘이 제시한 "인간과 자연이 조화롭게 공존하는 생태문명시대"에 대한 호소, 생태미학의 기본 학과의 정체성의확정은 이후의 생태미학 연구에 모두 깊이 영향을 주었다: "생태미학은 현대 생태관념으로 미학 이론에 대한 보완과 확장이다. 전통 미학에서 주객이분의 사고방식을 극복하고 심미 주체의 참여성과 생태환경에 대한 주체의 의존관계를 강조했다. 진정한 심미적 경지의 주객동일과 물아物我의 교감을 보여줬다. 생태미학의 생산은 역사의 필연이다. 생태적 가치관을 취향으로 하는 심미 현상의 규칙에 대한 재인식일 뿐만 아니라, 인간의 생태와 생태체계를 대상으로 하는 미학 연구이기도 하다. 생명 활동에대한 인간의 조명을 논리적 시점으로 삼고 인간의 생존 환경과 생존 상태를 축으로 전개하여, 인간의 생명에 대한 현실적 관심과 궁극적 배려를 보여줬다."39) 이처럼 생태미학이 제기된 의미는 단지 생태문제에 대한 심미적 관심뿐만 아니라 미학 자체의 혁신에 있다고 볼 수 있다. 즉 전통 미학에서의 주객이분의 사고방식에 대한 반발로 새로운 미학적 생태관으로 나아갔다는 것이다.

생태미학의 핵심 개념은 단연히 "생태미"이다. 쉬형춘徐恒醇은 "생태미란 자연미가 아니다. 자연미는 자연 그 자체가 가지는 심미 가치일 뿐 생태미는 인간과 자연 생태 간 조화로운 관계의 산물이고 인간의 생태적 과정과 생태계를 심미 관조의 대상으로 삼기 때문이다. 생태미는 우선 주체의 참여성, 그리고 주체와 자연환경의 의존관계를 구현하고, 인간과 자연의 생

---

39) 쉬형춘:《생태미학》, 섬서인민교육출판사, 2000, 머리말.

명이 관련되어 일어나는 일종의 생명의 공감과 환가歡歌다. 이는 인간과 자연의 생명의 화음이지 자연의 독주곡이 아니다"라고 주장한다.[40] 그러나 "생태"에 대한 쉬헝춘의 이해는 넓은 의미이다. 그는 생태를 자연 생태일 뿐만 아니라, 또한 인간 마음의 생태로도 이해한다. 이 점이 그가 다수론자들과 다른 점이며, 또한 그가《생태심리학》등의 전문저서들에게 받은 영향이다. 그는 인간의 생태계는 "자연생태", "사회생태", "문화생태" 등 다양한 측면을 담고 있으며, 생태계 연구에서 인간의 생태와 마음가짐의 연관성을 먼저 다루게 되는데, 이는 인간의 생존상태를 구성하는 심리적 토대를 보여주며, 인간과 자연의 관계는 인간의 생활환경과 생활방식을 통해 나타난다고 주장한다. 따라서 쉬헝춘은 생활환경과 생활방식의 "생태심미적 조성과 추구"를 인간과 자연의 조화로운 통일을 위한 현실적 통로로 삼았다. 그의 생태미학은 본래 일종의 생활론 미학의 저력을 가지고 있었음을 알 수 있다. 이 때문에 그는 "생태미학"이 인간의 생활환경, 도시경관, 생활방식 등에 대해 갖는 "실천적 가치"를 중요시한다.[41]

과연 생태미학은 어떤 새로운 "세계관"을 갖고 있을까? 쉬헝춘의 설명에 따르면, "생태 세계관"은 "기계론 세계관"과 대립하며, 그것의 3대 사상 원칙은 "유기적 전체", "질서 있는 전체", "자연 진화"의 사상이다.[42] 좀 더 구체적으로 말하면, "유기적 전체"란 세상은 서로 관계되는 복잡한 네트워크로 이루어진 유기적 전체이며, 만사나 만물이 서로 포함됨으로써 내적인 연결을 맺는 것을 말한다. 관계 전체의 유기적인 연결을 보면, 모든 사물은 다른 사물을 포함하고, 사물끼리 서로 포함하며, 모든 사물은 전 세계의 복잡한 관계 네트워크 시스템에 포함된다. "질서 있는 전체"란 세상

---

40) 쉬헝춘:《생태미학》, 섬서인민교육출판사, 2000, p.119.
41) 쉬헝춘:《생태미학》, 섬서인민교육출판사, 2000, 제4장 "생활환경의 생태심미적 조성", 제5장 "생태환경과 도시 경과", 제6장 "생활방식의 생태심미적 추구"를 참고하기를 바란다.
42) 쉬헝춘:《생태미학》, 섬서인민교육출판사, 2000, p.44.

은 변화하는 질서 있는 전체라는 것을 말한다. 이런 전체적으로 질서 있는 상태는 사물의 정적 구조로 이해되지 않고, 사물의 내부 힘과 환경적 영향의 외부 힘의 동적 균형으로 이해해야 한다. "자연진화"란 인간의 가치와 의미도 자연 전체의 자기조직 진화 과정에 포함되는 것으로, 인간 생명의 가치와 의미는 사회뿐 아니라 자연 전체와의 진화 관계 속에도 존재하며, 인간의 육체적 조직과 정신적 구조가 자연계와의 상호작용 과정에서 형성된다는 것을 의미한다. 결론적으로 말하면, 인간의 건강한 생존과 지속적인 발전은 자연이란 유기적인 전체의 유지와 자연과의 평화에 의존하는데 이는 바로 "생태미학" 원칙의 핵심이다.

생태미학이 본격화하는 시기에 쩡판런曾繁仁의 "생태존재론미학"관, 위안딩성袁鼎生의 "심미생태"관, 쩡융청曾永成의 "인문생태미학"관 등은 "현재 생태미학 연구에서 체계적이고 상대적으로 성숙하며 영향이 큰 몇 가지 대표적인 생태미학이 됐다."[43] "생태미학"이라는 학과의 논리적 발전을 보면 쩡융청의 "인문생태미학"관은 생태미학의 초기 형태를, 위안딩성의 "심미생태"관은 생태미학의 중기 형태를, 쩡판런의 "생태존재론미학"관은 중국 생태미학의 가장 성숙한 총화 형태를 대표할 수가 있다.

쩡융청曾永成이 2000년 출간한 《문예에 대한 녹색 반성 – 문예생태학인론》은 생태철학의 계시를 그대로 받아들이면서도 초기 생태미학 연구는 마르크스주의 미학의 안목 안에서 진행되고 실천미학의 내재적 영향에서도 벗어나지 못하고 있다는 것을 보여준다. 그래서 이 책은 마르크스주의의 생태관을 자각적으로 지도와 줄거리로 전개한 최초의 생태미학 논저로도 인정받고 있다. 이 논저의 이론적 출발점은 마르크스주의의 생태관념이고 이런 관념을 "가장 생명력 있는" 이론적 기초로 삼았다는 것이다. 그가 진정으로 주목한 것은 청년 마르크스의 《1844년 경제학 – 철학 수고》에서 보

---

43) 당성위안党圣元: 〈신세기 중국 생태비평 및 생태미학의 발전과 문제 영역〉, 《중국사회과학원대학원학보》, 2010, 제5기.

여준 생태관이고 이를 "인본생태관", "실천 유물주의 인학 및 생명관", "미학의 생태학화", "문예사상 속의 생태사고" 등으로 요약했다. 나아가 문예심미활동의 생태적 본성, 문예생태적 사유의 관념, 문예심미활동의 생태적 기능, 문예활동과 생태문제 등의 다양한 측면에서 논하였다. 물론 이 저서는 마르크스주의에 대한 이해도 진전시켰다. 그는 인간의 본질이 "사회 관계의 종합"이라는 마르크스의 이해를 반대하기 때문에 "사회성을 고립시키고 자연이 가하는 인간의 실천에 대한 기초적 제약작용을 경시하기 마련이다."[44) 따라서 자연과학에서 유래한 "생태" 개념을 마르크스 고전의 해석을 통해 문예연구에 직접 도입했다.

"인문생태미학'관을 이어서 위안딩성袁鼎生의 "심미생태"관은 2002년의 《심미생태학》, 2005년의 《생태시야에서의 비교미학》, 2007년의 《생태예술철학》 등 다양한 저서들을 통하여 나타났다. 쩡융청曾永成이 주로 마르크스주의의 인용을 주요 이론의 원천으로 삼은 것과 달리 위안딩성袁鼎生은 이미 중서미학에서 생태미학의 자원에 주목해 양자 간의 이질감도 비교했다. 그는 "생태 심미"라고 하는 것은 크게 세 차원으로 나눌 수 있다고 생각한다. 즉 첫째는 "생태 심미 활동권 차원"으로 감상, 비평, 연구, 연구 4대 활동을 포함한다; 둘째는 "생태 심미 분위기권 차원"으로 인간의 심미적 취미와 추구에 따라 그 효과도 다르다; 셋째는 "생태 심미 패러다임 차원"으로 생태 심미적 의식이 다르면 추구하는 목적도 다르다. 즉 예술은 미美를, 과학은 진真을, 문화는 선善을, 실천은 이익을, 일상생활은 적당한 것을 추구한다는 것이다. 나아가 위안딩성袁鼎生은 독특한 "심미장审美场"의 개념에서 출발해 생태적 방법을 이용한 미학 연구가 갖는 과학적 패러다임의 의미를 강조했고, 과학적 심미를 생태적 심미의 중개로 여기고 이 중개를 떠나서는 생태적 심미는 진행될 수가 없다고 주장하며 결국 "생태심미장生态审美场"의 신개념을 형성하였다. 《심미생태학》은 "생태심미장"을 논리적

---

44) 쩡융청:《문예에 대한 녹색 반성 - 문예생태학이론》, 인민문학출판사, 2000, 머리말.

발전의 끝으로, 《생태시야에서의 비교미학》은 "생태심미장"을 역사적 과정의 종착점으로, 《생태예술철학》은 앞의 두 책의 결말을 시작으로, "생태심미장"의 논리와 역사가 통일된 과정을 전개하였다: 예술 심미 생태화 속에서 생태심미장을 형성하다; 생태 심미 예술화 속에서 생태 예술 심미장生态艺术审美场을 발전시킨다; 예술 심미 천화天化 속에서 차례대로 "천성天性", "천태天态", "천구天构"의 예술 심미장艺术审美场을 낳아서 "천화天化"의 예술 심미장艺术审美场 시리즈를 형성하여 생태미학과를 체계적이고 독특하게 구축하였다.

중국의 생태미학이 성숙기를 향해 치닫고 있는 가운데 쩡판런曾繁仁의 "생태존재론미학"관은 최신 시기의 대표 사상으로 중국 미학계에서 생태미학에 대한 독특한 이해를 대표하고 외국 동업자들의 적극적인 관심을 끌고 있다. 2010년 북경에서 열린 제18차 세계미학대회에서 동서양 미학 명사들이 모여 중국 본토에 뿌리내린 "생태미학"과 서양에서 들어온 "환경미학"이 서로 견제하는 형세를 형성했다. 관련 세미나만으로도 "생태미학전담회", "환경미학전담회", "자연미전담회", "미학과 도시문화전담회"가 있다. 흥미로운 것은 캐나다의 저명한 환경미학자 앨런 칼손의 연설문 〈환경미학의 10가지 전환점〉에서 서양의 환경미학을 역사적으로 정리했는데, 그중 열 번째가 집필과 관련 교육에 들어간 마지막 단계이다. 칼손과의 현장교류에서 "환경미학사"를 짚어볼 때가 됐다고 필자가 지적하였다.

흥미로운 것은 중국에서 뿌리를 내리고 발전한 "생태미학"도 이제 자신을 정리할 때가 됐다는 점이다. 쩡판런의 《생태미학도론》은 2010년 출간되어 중국과 서양 모두 같은 역사적 단계와 비슷한 이론의 높이로 발전했음을 입증했다. 쩡판런에 의하면 생태미학의 의미는 첫째, 당대의 생태존재론미학관을 형성하고 풍부하게 함으로써 미학 이론의 "녹색 원칙"을 만들어낸다는 점, 둘째, 유명한 문학의 생태비평 방법을 파생시켰다는 점, 셋째, 생태문학의 발전을 촉진했다는 점, 넷째 중국 전통의 생태미학적 지혜를 계승, 진흥시키는 데 있다. 2003년 출판된 《생태존재론미학논고》의 서문에서 쩡판런은 "생태존재론미학관을 중요시하는 이유는 이 이론적 명제 연구의 심화가 중국 당대 미학과의 돌파에 도움이 될 것으로 본다"[45]라고 말하였다. 그렇다면 생태미학은 과연 당대 미학과에 어떤 돌파구를 제시할까?

쩡판런의 요약과 결론에 따르면 "생태존재론미학"의 돌파는 아래와 같이 6가지가 있다. 첫째, 미학의 "철학적 토대"의 돌파: 전통인식론에서 유물실천론, 인간중심주의에서 생태정체주의로의 전환이다. 마르크스의 유물실천관과 그 안에 담긴 존재론 철학의 함의가 바로 당대 생태미학의 철학적 토대라는 점도 전통 실천미학에서의 인식론, 인간중심주의와의 다른 점이다. 둘째, "미학대상"에서의 중요한 돌파구다. 생태미학의 미학대상에서의 중요한 돌파구는 인간중심주의에 의한 "예술중심주의"에의 돌파인데, 생태미학은 생태차원의 미학을 포함하는 미학으로서 자연심미뿐만 아니라 자연차원의 예술과 생활 심미도 포함하는 미학이라고 명확히 제시하였다. 셋째, "자연심미"에서의 돌파다. 생태미학에서는 심미란 인간과 대상의 관계이며, 그것은 활동이나 과정으로, 결코 실체적인 "자연미"는 존재하지 않는다고 본다. 그리고 자연 심미는 자연 대상의 심미속성과 인간의 심미 능력이 상호 작용한 결과이므로 어느 한쪽도 빠질 수 없으며 결코 단순한 "인간화된 자연"이 아니다. 넷째, "심미 속성"의 중요한 돌파구다. 생태미학이 예술 심미에서 정관靜观의 특성을 반대하지 않으면서도 자연 심미에서 눈, 귀, 코, 혀, 신체의 모든 감각 기관의 개입을 주도한다는 것은 당대 구미 환경미학에서 유명한 "개입미학"의 관념에 가깝다. 다섯째, "미학 패러다임"의 돌파다. 생태미학의 패러다임은 전통적인 형식의 우아한 미와 조화를 넘어 인간의 시적 서거栖居와 아름다운 생존의 차원으로 들어가 심미적 생존, 시적 서거, 사방유희四方游戏, 집의식, 장소의식, 참여미학, 생태숭고, 생태비평, 생태시학, 녹색읽기, 환경상상과 생태 미육 등을 자신만의 미학적 패러다임으로 삼고 있다. 여섯째, "중국 전통 미학" 위상의 돌파다.

---

45) 쩡판런: 《생태존재론미학논고》, 길림인민출판사, 2003, 서문.

유가의 "천인합일" 사상, 《주역周易》에서 "생생위역生生为易", "元亨贞吉원형정길"과 "곤후재물坤厚载物" 등의 논술, 도가의 "도법자연道法自然", "만물일치万物齐一", 불가의 "중생평등众生平等" 등 고대의 풍부한 생태지혜는 중국 고대인들의 생존과 사유의 방식과 지혜를 반영하여 중서회통을 통한 당대 생태미학 건설의 풍부한 자원과 소재가 될 수 있다.[46]

쩡판런의 독창적 견해에 따르면 철학관에 있어서 "생태존재론미학"은 "인간중심주의"에서 "생태전체론"으로 바뀌면서 자연에 대한 심미적 태도가 제대로 확립되었다; 미학관에서 자연미를 "인간화된 자연"으로 보는 것으로부터 "인간과 자연의 공생"으로 바뀌었다; 심미관의 성질에서 자연에 대한 인간의 심미적 태도에 대한 단순한 심미관에서 나아가 "생태화된" 인생관과 세계관으로 전환되는데 이는 중국의 새 시대 사회 환경에 적응한 새로운 삶의 태도이기도 하다.[47] 그러나 《생태미학도론》은 단순히 쩡판런의 미학관을 나타내는 개인의 전문저서가 아니라 "생태미학"을 통찰하고 깊이 있게 이해하는 해석작이기도 한다. 이런 서사 구도 속에서 이 책은 생태미학이 발생한 경제사회적 배경, 철학문화적 배경, 문학예술적 배경부터 "생태미학 건설" 전반에 대한 전망(학과 건설과 철학적 기반, 생태와 환경미학의 연관, 미래 발전과 본토의 길 등을 포함)으로 마무리해 "낮은 데서 높은 곳으로"의 방식으로 생태미학의 전체 틀을 구현하였다. 쩡판런의 최신 저작인 《생태미학도론》의 출판은 이미 "중국 생태미학"을 총결산한 역작이 되었다. 이는 또한 글로벌 시대 중서양 미학의 발전 리듬이 나날이 일치하고 있다는 것을 보여준다. 서양 생태학 미학(환경미학에 비해)이 주변부에 위치한다면, 생태미학은 당대 중국 미학계에서 "주류 중의 주류"로 자리잡았다. 쩡판런의 생태미학은 그만의 "생태존재론미학"을 바탕으로 하기 때문에 《생태미학도론》은 그의 철학의 근간을 다졌다. 이처럼 주객체 이원

---

46) 쩡판런: 〈당대미학과에서 생태미학의 새로운 돌파〉, 《중화문화보》, 2010.10.27.
47) 쩡판런: 《생태미학도론》, 상무인서관, 2010, p.367.

대립이라는 인식론을 버리고 생태학 전체주의적 관점을 활용해 "인간중심주의"를 반대하는 철학적 토대 위에서 도론은 전반적으로 이런 미학의 새로운 구축을 둘러싸고 전개되고 있다고 할 수 있다.

이 도론이 풍성하고 포괄적이라는 이유는 각종 이론과 패턴을 지루하게 설명하지 않고 "사론결합史论结合"의 기본 구조를 채택하여 생태미학을 역사의 흐름으로 먼저 환원하기 때문이다. 따라서 《생태미학도론》은 중서양이 함께 이룬 역사 두 단계를 비교적 온전하게 설명하였다. 첫 단계는 생태미학의 "서양자원사"이다. 저자의 시각은 18세기로 거슬러 올라가 비코의 "원시시성原始诗性"론, 조지 산타야나의 "자연주의", 듀이의 "살아있는 생물"사상, 체르니솁스키의 "생활 – 자연" 미학 등을 하나하나 세밀하게 정리하고 나아가 서양 연구의 초점을 두 가지 "점"에 뒀다: 하나는 하이데거의 "인간은 세계 속에 있다"는 생태정체론, 대지가 인간의 생존 근거가 된다는 관념, 인간과 자연이 대등하게 노는 "집의식"이다. 또 하나는 이르조 세판마아, 앨런 칼손, 홈즈 롤스턴, 아놀드 베를렌트로 대표되는 20세기 환경미학의 최신 발상이다.[48] 또 다른 역사단계인 "중국생태미학사"에 대해 저자는 "이점대면以點帶面(점으로 면을 이끌다)"이라는 교묘한 방식으로 《주역周易》, 유가, 도가와 불교의 생태를 파고들었다. 특히 《주역》의 "생생불식生生不息", 도가의 "천예天倪", "천균天钧" 등의 사상을 밝히는데 전례가 없을 만큼 이론적 새로움과 계발적 가치를 보여주었다.[49] 중서생태지혜의 회통会通에 있어서 쩡판런은 일찍이 "천인합일"과 생태존재론심미관을, "중화지미中和之美"와 "시적 서거栖居"를, "역내에서 4대 명인 중의 하나"와 "사방유희四方游戏"를, 고향을 그리는 시, 안길지상安吉之象(안전하고 길한 모습)와 "집의식"을, 땅을 택하여 거처하는 것과 "장소의식"을, 비흥比兴, 비덕比德, 조화造化, 기운气韵 등 고대 시학의 지혜와 생태시학을 회통시켜서 중국

---

48) 쩡판런: 《생태미학도론》, 상무인서관, 2010, pp.143-208, pp.303-367.
49) 쩡판런: 《생태미학도론》, 상무인서관, 2010, pp.211-264.

고대 생태 지혜와 자원, 언어뿐 아니라 본토의 실정에 맞는 일종의 "중국적 패기와 풍격"을 가진 완전한 생태미학 체계를 구축하려고 하였다.

　역사를 수직적으로 정리하면서 《생태미학도론》은 생태미학의 기본이론을 수평적으로도 깊이 있게 풀어냈다. 쩡판런은 마르크스주의 전통 속에서 확립된 기본적생태 사상을 밝혔을 뿐만 아니라, 생태미학의 기본 이론적 골격도 확정하였다. 즉 "생태계의 심미"를 생태미학의 연구대상으로 삼고, "현상학의 방법"을 생태미학의 연구방법론으로 삼는 것이다.[50] 《생태미학도론》의 이론구조가 보다 포괄적이고 깊이 있는 것은 쩡판런은 "이사대론 以史代论(역사로 이론을 대신하다)", "논총사출论从史出(역사로부터 나와 논하다)"의 방식으로 생태미학의 여러 기본적 범주를 정리했다는 점이다. 이런 범주들은 저자가 통합한 것도 있고 인용한 것도 있다. "생태미학 본성론"에서 그는 마르크스에서 생태윤리학에 이르는 각파의 생태지혜를 종합한다. "시적 서거栖居"와 "사방유희四方游戏"는 하이데거에서 따왔고, "집의식"과 "장소의식"은 중서합벽合璧의 의미가 부여되며, "생태심미형태", "생태문예학", "생태심미교육"도 모두 생태미학에서 나름대로 의미를 지닌다.

　결론적으로 말하면 중국 생태미학의 체계적 총화로서 쩡판런의 《생태미학도론》은 이미 존재감을 드러냈고, 이 도론의 역사적 가치가 머지않아 드러날 것이다. 이유는 바로 "중국 생태미학"이 20여 년의 발전 끝에 이 고비에 이르렀기 때문이다. 《생태미학도론》은 때마침 나온 "도론导论"이고 총화를 통해서 이 견고한 토대를 얻은 후 생태미학은 더욱 넓은 새로운 학술공간을 개척하고 있다.

---

50)　쩡판런: 《생태미학도론》, 상무인서관, 2010, pp.291-302.

제4절 "환경미학"의 본토화

생태미학이 본토의 미학으로 더 많이 쓰였다면 환경미학의 등장은 서양의 직접적인 영향을 더 많이 받았다고 할 수가 있다. 그렇다면 환경미학은 어떻게 서양에서 생겨났을까? 당대 국제미학의 선진문제는 "예술철학", "자연미학과 환경미학", "생활미학"이라는 세 가지 주요 방향으로 모아진다.[51] 예술철학 분야에서는 여전히 (앵글로색슨 문화의 전통을 이어가는) 분석미학이 압도적으로 지배하고 있고, "예술의 종결"이라는 문제는 지금도 열띤 토론이 이어지고 있다. 그러나 자연미학과 환경미학이든 생활미학이든 분석미학의 주류에 대한 반발의 기류(명백히 자연환경과 일상생활은 예술 외의 연구 대상이다)가 형성되어 있고, 중국 본토의 지혜는 이 두 가지 측면에서 나름대로의 기여를 할 것이다.

"환경미학"은 주로 영미 및 일부 유럽 국가의 미학에서 나왔고 20세기 전반의 후반에 "분석미학"이 압도적으로 지배했다. 이른바 "포스트 분석"의 철학 속에 환경미학과 생활미학을 차례로 등장시킨 것이다.[52] 헤겔이 미학을 예술철학과 직접 동일시하고 "자연미"를 억압하기 전까지만 해도 미학은 넓은 영역을 갖고 있었고 칸트에게는 자연 자체가 미학 체계에서 중요한 역할을 했지만, 20세기 분석미학의 지배력 있는 전통은 자연의 존재를 완전히 무시했다. 그러나 이러한 발전은 처음에 주로 구미문화의 언어환경에 국한된 것이었고, 환경에 대한 관심은 동서양 학계의 모종의 공감대가 형성된 지 오래다. 환경미학사에서 보면 로널드 햅번Ronald W.

---

51) 2006년 6월에 열린 "미학과 다문화 대화" 국제학술세미나에서 당시 국제미학회 회장인 하인츠 파에졸드와의 교류에서 그는 현재의 미학에서 가장 앞서 있는 문제는 예술 철학적 의미의 미학, 자연 미학 의미의 미학(영미학계의 환경미학)과 일상으로서의 "심미화"이론의 미학을 구분하는 것이 중요하다고 봤다.

52) 류웨디: 〈자연미학과 환경미학: 발생하게 된 언어환경과 철학적 공헌〉, 《세계철학》, 2008, 제3기.

Hepburn이 1966년 출간한 《영국 분석철학》 문집에 실린 〈당대미학과 그 환경미에 대한 홀대〉53)는 환경미학을 부흥시킨 역사적 출발점으로 인정받고 있다.

그러나 초창기부터 본격적인 구축시기에 이르는 환경미학, 더 정확히 말하면 "자연"에 초점을 맞춘 자연환경미학으로 적절한 "자연심미"나 "자연감상"에 대한 추구가 초점이 되었는데, 그중 최초의 대표작은 앨런 칼슨의 〈감상과 자연환경〉이라는 고전 논문이다.54) 이후 칼슨으로 대표되는 이른 바 "인지이론"cognitive theories이든 아널드 벨린트Arnold Berlearnt의 "개입미학"Aesthetics of Engagement으로 대표되는 "비인지이론"이든 모두 자연감상 문제의 연구를 추진했다. 전자의 동반자는 주로 요 세파마Yrjo Sepaynma, 그리고 "자극 모드"arousal model를 제시한 노엘 캐롤Carroll로, 모두 철저한 철학적 분석방법에 따라 자연문제를 다루고 있으며, 벨린트의 실용주의나 프랑스 현상학의 길과는 다르다; 후자의 비인지적 노선을 채택하는 것을 찬성하는 사람은 더 다원적이다. 주로 헤르본의 "다차원 심미"Multi-dimensional Aesthetic이론, 사이토Saito의 "다원주의 방법"과 고들로비치Godlovitch의 자연미학 사상 등이 있다.55)

진정한 중요한 전환은 환경미학 연구대상의 중요한 조정에 의해서 이루어졌고, 자연문제가 심도있게 논의된 후에 "인류환경미학"the aesthetics of human environments 문제가 어느 정도 거론되었다. 환경미학 연구의 "쌍둥이자리"인 벨린트와 칼슨이 이러한 내재적인 변혁을 주도하였는데, 전자는

53) Ronald W. Hepburn, "Contemporary Aesthetics and the Neglect of Natural Beauty", in Bernard Williams and Alan Montefiore eds., *British Analytical Philosophy*, London: Routledge & Kegan Paul, 1966.

54) Allen Carlson, "Appreciation and the Natural Environment", in *Journal of Aesthetics and Art Criticism*, 37 (Spring 1979), pp. 267-276.

55) Emily Brady, *Aesthetics of the Natural Environment, Tuscallosa*: The University of Alabama Press, 2003, pp.102-111.

《경관 속에 살다: 하나의 환경미학으로나아간다》56)라는 전문저서로, 후자
는《미학과 환경: 자연의 감상, 예술과 건축》이라는 전문저서와 〈인류 환경
의 심미화 감상을 논하다〉57)라는 글로 인위적이거나 인간화된 환경미학을
위한 기조를 정하였다. 환경미학은 두 가지 주요 발전 단계를 거쳤다. 연구
대상에서 보면 이런 미학사조는 "자연환경미학"the aesthetics of natural
environments에서 "인간환경미학"으로의 전환, 자연심미감상의 문제에서
인간환경이 어떻게 심미화의 감상을 이루는지의 문제로 옮겨졌다고 할 수
있다. 이렇게 환경미학은 자연과 문화의 두 가지 영역으로 확장되었을 뿐
만 아니라, 벨린트의 보다 구체적인 구분에 따라 "자연환경", "도시환경"과
"문화환경"은 모두 환경미학의 응당한 의미에 속하며58), 그의 주요 이론적
구성도 거의 완성된 상태이다. 현재 환경미학이 갈수록 "실용화"되고 있는
것은 환경미학의 이론구성 이후에 나타나는 일종의 실천화의 현실적 요구
를 말해주는 것으로, 이것은 환경미학 발전의 최신 단계라고 볼 수 있을
것 같다.

이러한 구미의 환경미학 사상은 중국에 점차 번역되어 소개되어 왔다.
"2006년 3월 호남과학기술출판사에서 미국의 유명 환경미학자 아널드 벨
린트와 무한대학 천왕형교수가 공동 주필한《환경미학》역총에는 아널드
벨린트의 〈환경미학〉과 요 세파마의 〈환경미〉가 포함되어 있다. 그해 6월
중국 사회과학원 철학소 텅서우야오滕守堯 교수가 주필한《미학·디자인·
예술교육 총서》가 사천인민출판사에서 출간됐는데 그 책에 캐나다 칼손의

---

56) Arnold Berleant, *Living in the Landscape: Toward an Aesthetics of Environment*,
Lawrence: University Press of Kansas, 1997.

57) Allen Carlson, *Aesthetics and the Environment: The Appreciation of Nature, Art and
Architecture*, London: Routledge, 2000; Allen Carlson, "On Aesthetically Appreciating
Human Environment", in *Philosophy and Geography*, Vol. 4, No.1, 2002, pp.9-24.

58) 아널드 버렌트 주필:《환경과 예술: 환경미학의 다원적 시각》, 류웨디 등 번역, 중경출
판사, 2007, p.2.

〈환경미학〉도 포함됐다. 국제적으로 유명한 당대 환경미학자 3명의 주요 저서가 모두 중국에 번역 소개됐다. … 2007년 4월 중국 사회과학원 철학소 류웨디 등이 아널드 벨린트 교수가 주필한 《환경과 예술: 환경미학의 다원적 시각》을 번역 출간했다. 이 책은 당대에서 국제적으로 영향력이 큰 미학자 12명의 환경미학과 관련된 최신 성과를 모은 것이다. 이 책의 가장 큰 가치는 그 내용이 풍부하고 참신하며 이론적 가치를 지니고 있다는 점이다."[59] 이런 저작물의 번역을 기초로 삼아 중국 미학계는 자체적인 환경미학 연구를 시작했다.

천왕형이 2007년 출판한 《환경미학》은 첫 번째 중요한 환경미학 전문저서로 꼽힌다. 이 책의 일부 초고는 천리보陳李波, 장민張敏, 자오훙메이赵红梅, 왕쥐안王娟, 리춘李纯, 뤼닝싱吕宁兴, 리웨잉李悦盈 등이 제공했지만 전반적으로 환경미학에 대한 주필자의 개괄적인 해설을 보여줬다. 이 책은 우선 학과 시각에서 "자연미학", "경관미학", "환경윤리학" 등 환경미학이 대두한 세 가지 중요한 근원을 논술하였다. 환경미학에서 말하는 이른바 "환경"은 두 가지 측면에서 이해할 수 있다: "인간과 환경의 상대적인 의미에서 환경은 확실히 인간의 육체적, 정신적 대상이며, 인간 주변의 물질적 존재다. 인간과 환경의 관련된 의미에서 환경과 인간은 분리할 수 없다. 인간을 떠난 환경과 환경을 떠난 인간은 모두 있을 수 없다. 환경과 인간은 서로 상생한다. … 환경은 인간화된 자연일 수밖에 없다. 존재론적 의미에서 인간과 환경은 동시에 존재하며, 인간이 살기 좋은 환경이 없으면 인간이 살 수 없고, 인간이 존재하지 않는 환경은 환경이라고 할 수 없다."[60] 이렇게 만들어진 "환경미"는 다른 유형의 미에 비해 복잡하고 "생태성", "문명성", "이인성宜人性"을 지닌다. 생태성은 과학의 차원을 지니고 인간의 입장에 입각한 인간과 자연의 통일이고, 문명성은 인문의 차원을 지니고 종

---

59) 쩡판런: 《생태미학도론》, 상무인서관, 2010, p.7.
60) 천왕형: 《환경미학》, 무한대학출판사, 2007, p.13.

족의 입장에 입각해 민족적 특색을 나타내고, 이인성은 자연과 인문이란두 면을 지니고 개체생명의 입장에 입각해 육체적, 정신적 생명에 대한 환경의 의미를 중요시한다.

《환경미학》에 따르면 "자연", "농촌", "도시"는 환경미학 연구의 3대 분야이고 "생태성과 인문성", "자연성과 인공성"의 갈등과 통일은 환경미학 연구의 기본문제이다. 그래서 《환경미학》의 내용은 "자연환경미", "농업환경미", "도시환경미"로 구성된다. 나아가 자연경관의 비인간적 주거와 인간적 주거의 기본적 구분을 정하고 농업경관 구성에 대해서도 농업생산, 농민생활과 관련된 구분을 해 도시환경에 대한 분석을 "산수원림도시"라는 이상적 주거에 정착시켜 원림식 도시와 농촌 건설이 중국인 거주 최고의 경지로 꼽힌다. 인간이 환경 속에서 사는 만큼 환경은 인간의 집이기 때문에 "환경미"의 가장 근본적인 성격은 "집의식"이다. 집의식이란 "환경은 인간의 삶의 터전"이고 환경 또한 "인간 발전의 터전"이라는 뜻이며 인간활동의 자원이자 대상일 뿐만 아니라 인간활동의 배경이나 기반이라는 뜻이다.[61] 집의식은 환경미학에서 "감성적 감상과 감정의 조화를 포함한 감성적 차원의 접근에 치중한다. 이 두 방식은 같은 방식으로 감상 속에 집에 대한 감정적 융합을 담고 있고, 감정적 융합은 집에 대한 감성적 감상으로 표현되곤 한다."[62] 이를 통하여 "살기 좋다", 나아가 "기쁘게 살다"는 환경미학의 일차적 기능이고, "기쁘게 유희하다"는 그 이차적 기능일 수밖에 없다. 환경은 인간 삶의 근본이자 생명의 근원으로서 살기 좋아야 나아가 기쁘게 살 수 있을 때가 되어야 비로소 미학적 의미를 지니기 때문에 "기쁘게 유희하다"의 심미기능이 더욱 두드러진다는 것을 알 수 있다.

실제로, 《환경미학》의 핵심 개념은 겉으로는 "환경"처럼 보이지만 이 개념의 "핵심"은 "경관景观"이다. "경관"은 "경景"과 "관观"으로 이루어져 있

---

61) 천왕형: 《환경미학》, 무한대학출판사, 2007, pp.109-111.
62) 천왕형: 《환경미학》, 무한대학출판사, 2007, pp.25.

는데, "경"이란 객관적으로 존재하고 감지할 수 있는 각종 물질적 요소를, "관"이란 심미 주체가 풍경을 느낄 때의 각종 주관적이고 심리적인 요소를 말한다. 이런 심리적 요소와 대상인 물질적 요소는 서로 인정하기 때문에 본래 물질적인 경물은 주관적인 심리와 객관적인 영향을 통일하는 "경관"이 된다. 환경의 미는 바로 "경관"에 있고 "경관"이야말로 환경미의 존재 방식이자 환경미의 본체이기도 하다. 이것은 예술미의 본체가 경지에 있는 것과 달리 이들은 모두 미의 일반적 본체의 구체적인 형태이다. 이와 함께 환경미 감상은 다양한 감각의 종합이자 총체적인 감상으로서 이목구비가 참여해야 할 뿐만 아니라 이는 어떤 공리적인 가치판단을 담고 있다. 한마디로 천왕형은 환경미학의 철학적 토대를 확립하고 응용 실천으로 나아가는 데 중요한 시도를 했다는 것이다.

환경미학은 서구적인 방향으로 발전하고 있으며 펑펑彭锋의《완벽한 자연》과 양펑杨平의《환경미학의 계보》는 각각 환경미학의 철학적 연구를 추진하였다. 전자는 칸트, 아도르노, 뒤프렌과 중국이 관련된 미학적 사상을 설명한 바탕 위에서 "자연미는 모두 미이다"라는 아주 오래되었으면서도 새로운 관념을 논증하려고 하였다. "자연물이 모두 미라고 하는 것은 모든 자연물이 같은 형식미에 부합하기 때문이 아니라 모든 자연물이 서로 다른 미이기 때문이다. 자연물이 완전히 자신과 같은 관점에서 볼 때 그들의 미는 비교가 불가하고 등급을 나눌 수가 없으며 완전히 평등한 것이다."[63] 후자는 서양의 관련 연구에 근거하여 환경미학의 역사문화적 근원을 발굴하고 환경미학의 학제적 모습을 나타내려고 한다. 헵번, 벨린트, 요 세파마, 칼손, 스크루턴, 라스무센, 린치, 압튼, 보레사, 뒤안이푸段义孚, 레오폴드, 롤스턴 등의 사상을 분석하고 서양 환경미학의 계보를 분석하는 데 중점을 두고 자연심미 감상에 관한 서구 학계의 "대상 모델", "경관 모델", "참여 모델", "격발激发 모델"을 소개함으로써 환경미학이 이미 가진 "가족적 유

---

63) 펑펑:《완벽한 자연: 당대 환경미학의 철학적 기초》, 북경대학출판사, 2005, p.4.

사"의 다양성을 드러냈다.[64]

　경관 연구의 방향을 따라 일련의 환경미학 저서가 나왔다. "경관미학" 이론 발전의 주요 장애 중 하나는 심미의 대상으로서의 경관에 대한 관심이 적다는 것이다. 미국 학자 스티븐 브라사의 《경관미학》도 번역됐다. 이 책의 이해에 따르면 예술, 인공제품, 자연물의 경관으로서 각각 경관의 다른 유형이 되었고, 과거의 강제적인 한계는 더이상 경관미학의 원칙에는 적합하지 않다. 예를 들어 예술과 인공제품의 대상을 인조라고 인정하는 반면 자연의 대상은 그렇지 않다거나, 예술적 대상은 심미적 체험을 해야 하고 인공제품은 본질적으로 실용적인 기능을 지닌다는 것이다. 중국 본토의 경관미학 연구에서는 응용적인 연구가 여전히 주도적이다. 왕창쥔王长俊의 《경관미학》은 경관미학의 기반 확립을 시도하였다. "미는 바로 생명이다"라는 관점에서 출발하여 경관미의 특징과 구성을 연구해 경관을 "자연경관", "인공경관", "인문경관" 등으로 구분하였다. 다음에 이를 테면 "인공경관"을 정원, 도시, 민가 등으로 나누듯이 세분화했다.[65] 우쟈화吳家骅의 《경관형태학: 경관미학 비교연구 원저》는 매우 독특한 비교미학 전문저서로서, 풍경형태학의 기본이론과 역사, 연혁을 체계적으로 제시하고 풍경형태학의 기본개념과 범주 등을 체계적으로 분석, 해부해 이른바 "경관형태학 요강"[66]을 만들어 경관미학 연구의 새로운 높이를 대변했다.

　이처럼 "자연", "생태", "환경"의 미학 문제를 되돌아보며 궁극적으로 미학의 진정한 진전을 이루겠다는 것은 현재 중국 미학계에서 가능성의 문제가 아니라 필연적인 문제다. 어디까지나 구미에서 일어난 "환경미학"이나 중국에서 주목받는 "생태미학"은 공통의 길을 걷고 있다. 또한 이러한

---

64)　양핑:《환경미학의 계보》, 남경출판사, 2007.

65)　왕창쥔:《경관미학》, 남경사업대학출판사, 2002.

66)　우쟈화:《경관형태학: 경관미학 비교연구 원저》, 예난叶南 번역, 중국건축공업출판사, 2005.

사조와 전 지구적 미학의 변동은 거의 동시에 발전해 왔으며, 당대 구미의 환경미학 연구는 비록 "분석미학"처럼 20세기 후반의 세계 미학의 기본 틀을 완전히 바꾸지는 못했지만, 자연, 생태, 환경의 연구를 통해 미학 자체의 진전을 이끌어 내는 일은 이미 역사의 필연적인 추세가 되었다.

본토 미학의 발전을 살펴보면, 당대 중국 미학은 신구세기 교체 이후 주로 세 가지 분야에서 "실질적" 돌파를 이룩했다: 첫째는 "심미문화(당대 대중문화와 전통심미문화도 포함)"의 관련 연구이고, 둘째는 "생태미학"("자연미학"과 "환경미학"도 포함)의 연구가 거의 "중국학파"를 형성할 정도이며, 셋째는 ("일상생활 심미화"라는 치열한 논쟁에서 비롯된) "생활미학"의 연구가 한창이다. 이 세 가지 새로운 방향은 모두 전통적인 미학 연구의 패러다임을 돌파하려고 시도하였는데, 연구대상(전통적인 미학 연구의 경계를 넘는다)에서나, 연구방법(더 새로운 방법론을 채택한다)에서 모두 중국 미학의 발전을 많이 추진했다.67) 그러나 "문화적 시각", "자연의 뿌리", "삶의 흐름"의 방향에서 아무리 미학연구의 영역을 넓혀도 거꾸로 미학원론의 구축에 어떤 반작용을 일으켜야만 미학을 발전시킬 수 있고, "자연미"부터 "생태미학", "환경미학"의 구축 역시 마찬가지였다. 그리하여 당대 중국 미학 발전의 참신한 사고방식과 넓은 영역을 넓혔다.

---

67) 류웨디: 〈중국미학 30년: 문제와 반성〉, 《문사철文史哲》, 2009, 제6기.

"문화상호주의로의 전향"으로부터
"글로벌 대화주의"까지

미학은 중국에서, 19세기 말 20세기 초의 서학동점西學東點의 산물이자, 중국과 서양의 문화와 학술의 부딪침과 교류의 결실이다. 근대 유럽의 "학문분화"와 "학문규범"에 근거해 처음 만들어졌고, 현지화된 "민족적 신분"으로 숙명적으로 각인될 수밖에 없었다. 원천적 의미에서 미학이라는 철학의 갈래는 고대 그리스 "도시문화"의 산물이며, 서학西學으로 중국이라는 "농업문명"에 개입할 때 외래의 "포함"과 내재된 "변이"가 생기기 마련이다.

흥미로운 것은 "중국의" 미학이 "중국에서"는 "서재의 학문"이 아니라는 점이다. 칸트의 의미인 "심미비공리"가 그 이론의 사전적 요소가 됐지만, 심미적인 "쓸데없는" 사회적 실용성이 강조됐다는 점이다. 실질적으로 "심미인생"과 "사회적 이상"은 종이의 양면과 같다. 전자는 흔히 후자의 내적근거와 개체의 근간을 제공하며, 후자는 전자의 외적 실현과 사회에서의 현현이다. 이를 통하여 서양의 미학이 세계 각지에 뿌리내린 것도 아니고 동아시아 문화 내에서 갖는 사회적 기능도 남다른데, 중국 문화만이 "미육대종교美育代宗敎"와 같은 분명한 주장을 하는 것은 중국 문화의 토착적 축적 때문이다.

따라서 1920, 30년대, 1950, 60년대와 1980, 90년대 중국에서 미학은 "중국에서"든 "중국의" 미학이든 공전의 발전을 이루면서 사회변혁과 사상계몽의 선봉이 됐다. 이는 중국학계를 유령처럼 돌아다니며 철학, 예술 등 학문 경계를 넘어 중국 사회의 발전 과정에서도 중요한 역사적 역할을 했다.

중국에서 미학美學은 "초전성超前性"이나 "전도성前導性"의 문제다. 세계 여러 문명 가운데서도 보기 힘들 정도로, 미학과 중국의 연결고리가 이렇듯 긴밀하니, 확실히 깊이 연구해 볼 만한 문화적 변이현상이다.

중국의 사회구조에 미학이 이렇게 깊숙이 뿌리내려 있는 이상, 미학과 중국은 어떤 관계를 맺고 있을까? "중국시점" 속 미학(외래미학은 물론 중국 전통, 현대의 미학도 포함된다)은 어떤 모습일까? "외래시점" 속 중국 미학은 어떤 형태일까?

미학이 "서학동점西學東漸"의 산물이라면 미학의 중국에서의 발생은 유럽미학을 참조로 하는 과정을 반드시 가지고 있으며, 유럽미학처럼 내원적, 자연적으로, 자발적으로 만들어진 것이 아니라 외원적, 후발적 구축과정을 거쳤음을 알 수 있다. 그렇다면 유럽을 근원으로 한 미학은 과연 "보세성普世性"을 갖고 있을까? 이 문제는 글로벌 시대를 맞아 다시 부각되고 있다. "중국에서의" 미학과 "중국의" 미학의 구분에는 적어도 두 가지 관점이 있다.

하나는 유럽으로부터의 미학이라는 독특한 학문에서 비롯되는 보편적인 가치는 없다. 유럽에서는 중국에서의 미학과 마찬가지로 "지방적 지식"이라는 관점이 있다. 그렇다면 "중국에서의" 미학은 사실 "중국에서"의 외래 미학이라는 뜻이고, "중국의" 미학은 외래미학과 근본적으로 다른 미학의 구축이다.

다른 하나는 미학의 탄생은 유럽에서 이뤄졌지만 역사적으로 발전하면서 "글로벌"지식시스템으로 자리 잡았다는 관점이다. 이에 따르면 "글로벌미학Global Aesthetics"은 가능할 것 같다. "중국에서의" 미학은 보편성의 미학이 중국에 있다는 뜻이고, "중국의" 미학은 그런 보편성의 미학의 "특수화"를 의미한다. 여기서 "중국에서의" 미학은 서양의 미학을 의미하는 것이 아니라 뭔가 먼저 만들어진 "글로벌 미학"에 관한 것이다.

그러나 어쨌든 미학은 본토에서 씨를 뿌리고 땅에 뿌리를 내리고 싹을 틔우려면 반드시 서학동점西學東漸의 이식과 "토착구축"의 창작 과정을 가지게 되는데, 이 두 과정은 서로 연결되어 있다. 전자가 없으면 미학은 "중국에서" 원천이 없는 물이 되고, 후자가 없으면 "중국의" 미학 건설은 마치 나무에 올라 물고기를 구하는 것과 같다. "중국에서의" 미학에서 "중국의" 까지, 사실 따옴표의 변화는 무게중심이 바뀌었다는 것을 보여준다. 따옴표 안의 내용에 초점을 맞추면 전자는 "미학"에, 후자는 "중국의"에 발맞춰 움직인다는 것을 알 수가 있다. 2000년 이후 일본 학자들이 일본 "미학"과 "일본" 미학을 구분해 내는 것처럼 비서유럽의 국가 공동체에 미학은 "무无"에서 "유有"로, 그리고 "잠미학潛美学"에서 "현미학显美学"으로 이어지는 역사의 형성과 전환 과정을 거쳤다.

"중국 미학의 행보에 대한 반성"이라는 표지판을 보면 역사적인 변천 과정을 볼 수 있다. 이런 역사적 과정인 "중국에서의 미학Aesthetics in China" 에서 "중국의 미학Chinese Aesthetics"까지, 과연 어떤 "창조적 전환"과 "전환적 창조"가 일어났는지 짚어볼 필요가 있다. 최근 70여 년의 "미학의 중국화"에 초점을 맞춘 이 책은 1949년 이전에 미학으로 넘어온 중국의 초년 역사 행보, 즉 미학의 전래부터 본토에서의 재구축의 역사는 전반적인 검토를 해 볼 가치가 있다1)

오늘날, 당대 중국 미학은 "글로벌화"의 흐름에 녹아들고 있다. 이러한 결말은 한편으로 "국제어경国际语境"의 깊은 변화, 즉 국제미학은 "문화상호주의 운동"을 겪고 있다고 할 수가 있고, 다른 한편으로 중국 미학이 발전하고 있는 "국내어경国内语境",즉 "글로벌 대화주의"로 나아가고 있다고 할 수가 있다.

당대의 글로벌 미학은 이른바 "문화상호주의로의 전향intercultural turn" 에 직면해 있다. 이 관점은 국제미학협회 전임 의장인 하이츠 펫졸드Heitz Paetzold가 미학 분야에서 먼저 제안했다. "문화상호주의"는 독일어 학계에서 나왔다. "비교철학"이나 "비교미학" 같은 용법은 영어학계에서 더 많이

---

1) 류웨디: 〈미학의 전래와 본토 재건의 역사〉,《문예연구》, 2006, 제2기.

쓰였지만 이 두 가지 설은 차원이 다르다. 글로벌 시대를 맞아 다양한 문화 전통 간의 철학과 미학이 소통하고 대화하는 가운데 글로벌 철학과 미학에서 "문화상호주의interculturality"가 부각되고 있다.

여전히 비교철학이나 미학Comparative Philosophy or Aesthetics이 마치 두 개의 "평행선" 사이에서 비교되고 있고, 초문화 철학 혹은 미학Cross-cultural Philosophy or Aesthetics이 마치 "다리"의 양끝에서 출발해 서로 교류하는 것 같다면, 문화상호주의의 철학이나 미학Intercultural Philosophy or Aesthetics은 서로 다른 철학적 전통들의 융화와 화합에 더 관심을 기울인다고 할 수가 있다. "구별", "상호작용", "통합"은 각각 "비교", "다문화", "문화상호주의"의 철학이나 미학이 담당해야 할 다양한 차원의 과제가 될 것이라고 생각한다.

하인즈 펫월드가 중국에서 개최한 "미학과 다문화의 대화" 국제학술심포지엄 개막식에서 밝힌 대로, 이러한 "문화상호주의로의 전향"은 람 아드하르 몰Ram Adhar Mall의 "영원한 철학" 공식부터 반대한다. 철학이나 미학은 어떤 단일한 문화가 가질 수 없는, 전 세계 각지의 살아있는 존재이기 때문이다. "철학에서 "문화상호주의로의 전향"이 철학과 이론적 사고를 약화시키는 것은 아니다. 반면 전 세계의 다양한 문화 간 연계를 강화한다는 의미다. 어떤 사람들은 오스트리아 철학자 프란츠 마틴 윔머Franz Martin Wimmer의 말처럼 '대화dialogue'가 아닌 문화 간의 '다수의 대화polylogue'에 동조한다. 침묵이 아니라 문화에 따라 다른 소리를 들어야 하는 것이다."[2] 국제미학협회IAA는 "문화 간 다리 놓기"에 찬성한다. 2007년 터키 앙카라에서 열린 제17차 국제미학대회에서 이 주제를 채택했고, 2010년 중국 베이징에서 열린 제18차 국제미학대회의 주제인 "다양성 속의 미학 Aesthetics in Diversity"은 기존의 문화 아이디어를 이어갔다.

---

2) 하인즈 펫월드: 〈서언Ⅰ·당대 글로벌 미학의 "문화상호주의"로의 전향〉, 류웨디 편집: 《미학국제: 당대국제미학자방담록》, 중국사회과학출판사, 2010.

국제미학의 전략적 목표는 바로 이러한 철학의 "문화상호주의로의 전향"을 미학에 적용하는 것이다. 따라서 "우리는 미美, 숭고崇高, 추醜와 같은 미학적 핵심 개념을 다른 방식으로 설명하는 것을 계속 연구해야 한다. 이것은 특정한 문화에서 철학적 풍격의 독특한 특징이다. 미학과 윤리학의 관계가 한 문화에서 다른 문화로 이동할 때 어떻게 바뀌었는지 논의해야 한다. 서로 다른 조경예술의 패러다임을 이론화하고 미학과 철학을 연계하거나 분리하는 방식을 바꿔야 한다. 이러한 패러다임의 변화를 우리가 한 도시의 디자인 문화에서 다른 도시의 디자인 문화로 전환하는 것으로 빗대어 말할 수 있고 이는 우리를 매우 흥미롭게 한다."3) 그래서 미학의 다문화 간 연구의 근간은 단지 어떤 특정한 배경에 속하는 "타자"의 문화적 만남과 상호작용에만 있는 것이 아니고, 심미적이든 예술적이든 모든 문화에 적용되는 것이 아니며, 다양한 문화의 체험에 입각해 새로운 글로벌 미학 발전 구도를 만들어내야 한다는 것을 깨달아야 한다.

중국의 미학, 예술, 문화 등은 이런 "글로벌화"를 직시하면서 필자가 말하는 "글로벌 대화주의"에 녹아들고 있다.4) "문화적 상대성"을 바탕으로 한 일종의 "글로벌 대화주의global dialogicalism"가 제창돼야 한다는 의미다. 글로벌 역사적 맥락에서 동서 미학과 예술, 문화(중국이 동방의 중요한 대표이어야 함)를 막론하고 가치관에서는 더욱 건강한 글로벌화를 지향해야 한다. 사회학자 롤랜드 로버트슨Roland Robertson에 따르면 글로벌화는 두 개의 쌍방향 과정, 즉 "특수주의의 보편화"와 "보편주의의 특수화"를 포함해야 한다. 그래서 건강한 글로벌화는 이런 상호 작용 사이에 전개되어야 한다.

한편, 이러한 글로벌화는 한 문화제국의 "일방적 견인"을 위한 글로벌화

3) 하인즈 펫월드: 〈서언Ⅰ·당대 글로벌 미학의 "문화상호주의"로의 전향〉, 류웨디 편집: 《미학국제: 당대국제미학자방담록》, 중국사회과학출판사, 2010.

4) 류웨디: 〈서언Ⅱ· "글로벌대화주의"에 녹아들고 있는 중국미학〉, 류웨디 편집: 《미학국제: 당대국제미학자방담록》, 중국사회과학출판사, 2010.

가 아니며, 문화의 "동질화"와도 달라야 한다. 글로벌화는 유럽화나 미국화가 아니며 나아가 문화 일체화도 아니다. 따라서 건전한 "문화 글로벌"은 유럽 중심주의가 초래한 "세계문화"의 통섭, 마찰에 반대하고, 개성의 차이를 보이는 "글로벌" 문화 전체를 어느 한 문화나 몇 가지의 문화로부터만 봉합하는 것에 동의하지 않으며, 문화의 절대적인 일체화와 대치한다. 이로써 후식민주의자들이 목격한 "신기한 동방"식의 유사한 환상을 깨고 문화 간 유사성과 상호 연결성을 총체적으로 확산시켰다.

다른 한편, 이러한 글로벌화는 절대적인 "상대주의"로 가지 않고, 세계 전체의 문화와 예술을 영세화, 파괴화하지 않고서는 대화와 교제를 할 수 없으며, 이러한 대화 속에서 "민족신분"의 실존을 확보해야 한다는 점을 강조해야 한다. 건전한 글로벌화는 세계 속의 "이질적인 문화"의 정체성을 부인하지 않아야 하고 글로벌 문화의 함양 아래에서 각 "문화자子시스템"의 양호 발전을 장려함으로써 비확실한 문화의 이질적인형태로 서로 다른 문화의 간극을 내실화해야 한다. 더 중요한 것은 이러한 문화의 글로벌화가 다문화 간 "대화"의 건전한 태세와 어경语境을 선도한다는 점이다. 문화적강권에 따른 "부등가"의 토대를 근본적으로 해소하고, 외부적, 내적 문화적 차이를 인정하면서도 상호 존중과 이해를 내세우며, 적극적인 문화의 함양화와 통합을 통해 다원적 화합을 이루려고 하기 때문이다.

글로벌화의 가속화는 민족국가, 민족사회의 자아의식을 높이고 각 민족의 정체성을 확고히 함으로써 "민족 신분" 문제가 부각되고 있다. 이는 글로벌화로 인해 자민족과 타민족, 타민족과 타민족 간의 왕래가 빈번해질 뿐만 아니라, 자민족 자신, 타민족 자신의 내부 소통도 계속 심화되어, 이러한 것들이 민족 국가, 민족 사회로 하여금 더욱 더 자아가 타자와 다르다는 것을 인식하게 하기 때문이다. 실질적으로 이는 글로벌화의 "같음同"을 바탕으로 한 "다름異"의 인식으로, 글로벌화 이전의 "자신의 차이"와 달리 글로벌 분위기 속에서 일치되는 점을 찾고 일치하지 않은 것은 남겨 둔다는 것이다. 이러한 한 차원 높은 "민족 신분"은 이미 글로벌화의 동반현상이 되었고, 각 민족 국가, 민족 사회가 새로운 역사 언어 영역에서 자신을 새롭게 인식하게 된 결과물이다.

그렇다면 "글로벌화"의 미학, 예술, 문화로서 이러한 "글로벌 대화주의"의 기본원칙에 따라 글로벌 격조의 품에 안기는 한편, 민족적 정체성을 내세워야 한다. "글로벌화"와 "민족성" 사이에서 현재와 미래의 미학, 예술과 문화 건설의 "내재적 장력구조"가 될 것이다.

이 책의 마지막을 한 편의 대화록으로 마무리하고 싶다. 이 대화는 제18회 국제미학대회 이후 필자와 국제미학협회 회장인 커티스 카터carter가 개방과 "중국성中国性" 사이에서 중국의 미학과 예술에 관해 학술 대화를 나눈 것이다.[5]

- **류웨디**: 축하드립니다, 커티스 카터 씨. 이번에 국제미학협회의 신임회장으로 선출되셨습니다. 우리는 또 베이징에서 제18회 국제미학대회를 성공적으로 개최하였습니다. 대회 개막식에서 국제미학협회가 비정부기구가 되도록 노력해 보겠다고 말씀하셨는데, 그러면 국제미학협회의 미래에 대하여 어떻게 생각하고 계십니까?

- **카터**: 폐막식에서 가장 높은 표차로 국제미학협회의 총집결위원 5명 중 한 명으로 당선된 것을 축하드립니다. 같이 당선된 독일의 철학자 볼프강 웰시Wolfgang Welsch는 추천된 것으로 알고 있습니다. 향후 3년간 국제미학협회의 정체성에 대해 그 역할과 목표를 생각해 볼 필요가 있습니다. 국제미학협회는 각 나라의 미학 학회와 같은 국가적인 모임, 그리고 지역적인 모임인 유럽미학협회와 중동미학협회를 고려하여 미학에 힘쓰는 다양한 모임에서 자신의 특별한 역할을 명확히 해야 합니다. 그 점이 중요합니다. 많은 문제들 중에서 어떤 문제들은 먼저 제기해서 토론해야 합니다: 미적 현상이 변화하고 문화가 세계화되는 세계에서 국제미학협회는

---

5) 류웨디: 〈중국미학과 예술: 개방과 "중국성" 사이에서 – 국제미학협회 회장인 커티스 카터와의 대화〉, 《중화독서보》, 2011.2.12.

어떤 역할을 해야 하나? 최근 세계대회를 조직하고 미학연간을 출판하는 것이 주요 성과입니다. 2009년 국제미학연간지에 류 선생님도 원고를 집필한 바 있습니다. 20년 전 노팅엄에서 채택한 협회 구성이 오늘날에도 유효한지를 따져볼 수 있습니다. 어떤 개혁이 국제미학협회의 기능을 개선할 수 있을까? 현재 현존하는 자신의 자원 내에서 다른 할 수 있는 일이 있을까? 예를 들어 좀 더 넓은 시야를 얻을 수 있도록 유네스코나 유엔과 함께 하는 비정부기구를 찾아야 할까? 저는 이것이 필요하다고 봅니다.

- 류웨디: 그런 문제들이 바로 일련의 문제를 언급하게 할 것입니다: 국제미학협회가 각국 미학협회의 "유엔"으로서 어떤 역할을 맡을 것인가? 다른 조직과의 교류와 협력을 강화할 수 있을까? 미학의 공헌을 어떻게 이해해야 하나? 미학은 특별한 관심을 가진 학자들의 폐쇄적인 영지일 뿐인가? 미학은 어떻게 예술 실천과 관계 맺는가? 어떻게 학술권 밖의 사람들과 관계 맺는가? 물론 저는 개인적으로 "생활미학"을 더욱 많이 제안하는 편입니다. 그리고 앞으로의 미학대회는 어떻게 동방과 서양의 협력을 이룩할 수 있을까요?

- 카터: 이런 문제들을 짚어볼 시간은 없지만, 국제미학협회의 미래적 역할을 전망할 때 함께 생각해보고 구체적인 방안들을 만들어 볼 수 있을 것입니다. 국제미학협회의 신임 회장으로서 집행위원회, 협회 회원들과 미학의 글로벌 진보에 힘쓰는 국제기구, 국내 조직들과 함께 일하고 싶습니다.. 먼저 당신들이 이 방면에서 이룩한 발전에 감사드립니다. 선생님과 제가 공동 편집한 문집 《당대 중국 예술의 급진 전략Subversive Strategies in Chinese Contemporary Art》도 이런 합작에 힘쓴 국제적인 작업물입니다.

- 류웨디: 그렇다면 중국 미학자들이 국제무대에서 맡을 역할에 대해서는 어떻게 생각하십니까? 중국 미학과 국제 미학 사이, 예를 들어 중국과 미국 사이에는 어떤 상호작용 관계가 형성되어야 더욱 건강해질까요?

- 카터: 현재 중국 학자와 학생들은 미학적 연구와 학습에 많은 관심을 가지고 있다고 생각합니다. 이러한 취미는 중국의 문화전통, 그리고 현재 세계에서 중국문화의 중요한 특질을 이어가기를 바라는 마음에서 비롯됨

니다. 제 관찰에 따르면, 중국의 미학자들은 당대 중국의 예술가들과 마찬가지로 서양 문화에서 온 통찰에 대해 개방적인 태도를 갖고 있습니다. 그러나 중요한 것은 그들이 동시에 중국의 목소리를 옹호하는 것은 그들의 지적 공헌이시 민족주의의 배려가 아닙니다. 오늘날 숭국과 미국 사이에는 차이가 많습니다. 개인 차원에서 중국과 미국에서 온 학자들 간의 교류가 특히 인기가 있고, 서로 모두 칭찬을 주고 받고 있습니다. 서양 학자들은 중국 동업자들에게 배우면서 서로 존중하는 분위기에서 그들의 지식에 기여하는 경우가 대부분입니다. 이런 관계를 키우기 위해서는 학자들이 국제문화와 교육의 교환방문에 개입해 국제회의에 참석하는 것이 중요합니다. 활발한 회의 계획과 이를 육성하기 위한 강연 요청 계획으로 찬사를 받을 것입니다.

- **류웨디:** 선생님은 당대 중국 예술이 가져온 도전을 어떻게 생각하십니까? 이번 국제미학대회에서는 강연자로 나서 "당대중국예술"의 영문전담에 참가하셨습니다. 선생님의 발언은 당대 중국예술의 도시화와 세계화 문제에 대한 것입니다. 이에 대하여 다시 한 번 듣고 싶습니다.

- **카터:** 오늘날 중국 내에서 일하는 예술인들은 당대 중국 사회의 내부 변화가 크기 때문에 많은 도전에 직면해 있습니다. 이런 도전을 뒷받침하는 두 가지 주요 자원은 도시화와 글로벌화의 힘에서 나옵니다. 도시화는 국내 문제의 핵심이고, 세계화는 중국과 외부 세계의 관계에 초점을 맞추고 있습니다.

예술에 대한 중국 사회의 태도와 예술가가 추구해야 할 예술적 기법에 대한 심각한 심적 변화가 진행되고 있습니다. 이런 변화들이 서로 충돌하는 사상과 행동을 낳습니다. 이러한 주목할 만한 변화 속에서, 영국 예술사학자 마이클 설리번Michael Sullivan은 당대 예술가들이 "예술의 목적은 인간과 자연 사이의 조화로운 이념을 표현하고 전통을 수호하며 즐거움을 주는 것"이라는 전통적인 관점을 의심하고 폐기처분하는 것을 보았습니다. 중국 예술가와 이론가 모두가 중국 예술의 전통적 목표를 포기하는 것이 긍정적인 발전이라고 동의하는 것은 아닙니다. 물론 어떤 변화가 중국 사회나 예술가 자신에게 가장 유리한지에 대한 공감대는 아직 없습니다. 기존의 선택은 주로 기술과 심미의 창조에 전념하는 아카데미 예술, 어떤 유행을 잘 따르는 시민의 흥미를 지향하는 예술, 정부의 지원을 받는 참여적인 공식 예술, 국제 예술 시장을 겨냥하는 예술, 사회 변화를 겨냥하는 예술, 또는 독립적으로 예술과 관념의 발전을 추구하는 실험 예술, 순수한 과학연구와 유사하고 사회적 효과와 상업적 가치를 상관하지 않는 예술 등입니다.

- 류웨디: 그럼 도시화 문제는요?

- 카터: 오늘날 중국 사회 전반에서 일어나는 도시화의 흐름에서 벗어나면 우리는 예술의 어떤 발전도 이해할 수 없습니다. 예를 들어 현재 베이징과 중국의 다른 중심도시에서 활약하고 있는 예술가들의 주요 위협은 부동산 시장의 확장에서 비롯되고 있습니다. 지난 몇 년간 이런 곳에서 예술단지가 발전해 왔습니다. 도시예술단지의 발전환경, 특히 베이징의 예술단지는 경제발전과 예술발전 측면에서 중국 당대미술가의 발전에 도움이 될 것으로 평가받던 지난 2분기에도 급속한 변화를 겪었습니다.

  예를 들어 제가 2년여 전 중국 예술단지와 화실을 찾아다닐 때 798 예술단지와 쑹좡宋庄, 베이징의 다른 예술단지는 화랑과 화가들의 작업실 중심으로 번창했습니다. 그런데 최근 들어 798 예술단지가 지나치게 상업화됐다는 것은 변화의 한 징후입니다. 특히 예술가는 물론 수많은 노동자들도 새로운 경제적 필요에 의해 집과 작업공간을 잃을 위험에 처해 있습니다.

- 류웨디: 그렇다면 당대 중국예술의 "중국성中国性"의 정체성은 어떻게 볼 수 있을까요? 국제학회 총회 직후 충칭重慶에서 열린 "중국미술관"의 중요 회의는 당대 중국예술의 "본토적 신분"을 제창하는 자리였습니다.

- 카터: 매우 좋은 질문입니다. 중국 예술가들이 어떻게 해야 자신의 특성을 가장 잘 유지할 수 있는가? 첫째, 중국의 예술가는 성장력 있고 찬란한 예술 창작 전통에서 자양분을 얻는데, 이는 세계의 높은 수준의 창조성보다 우위에 있는 것입니다. 오늘날의 중국 예술가들은 자신 있게 전통과의 관계를 확인할 수 있습니다. 유일한 장애물은 창작이 정체될 위험이 있기 때문에 중국 예술가들에게 중요한 것은 글로벌 예술세계에 더욱 개

방적으로 참여해서 주요 국제 전시공간에서 자신과 타자의 작품을 감상할 기회를 얻는 것입니다.

국내는 물론 국제적으로 인정받는 창조적 예술을 만드는 것이야말로 미래 발전의 근본입니다. 아이디어는 창의성을 낳습니다. 이는 예술의 수준을 유지하는 열쇠입니다. 1985년 시작된 베니스 비엔날레는 장구하고 중요한 국제 전시회입니다. 중국 예술가가 국제 비엔날레에서 얻은 찬사는 이미 갈수록 많아지고 있습니다. 베니스 비엔날레 차기 의장이 2011년 비엔날레에서 중국 전시장을 더욱 눈에 띄는 위치에 배치하겠다고 제안한 것은 중국 당대예술이 글로벌 예술세계에서 얼마나 경쟁력 있는지를 확인시켜 준 것입니다.

• 류웨디: 당대 사회에서의 미육美育의 기능에 대해 말씀을 듣고 싶습니다. 이에 대해 중국의 미학과 예술 교육계에 어떤 건의를 할 수 있을까요?

• 카터: 미육은 사회 전체에서 매우 중요한 것입니다. 그것은 민중이 모든 인성을 발전시킬 수 있는 가능성을 얻도록 돕습니다. 또한 그것은 인류 인식의 발전 중 관건이며, 인류 이해력의 기본 구성입니다. 미육은 먼저 감정 창조의 감성적 동력으로부터 시작되어 점차 감지되어 실천활동과 문화혁신에 필요한 상징적 시스템을 형성하고 있습니다. 그래서 종합적인 미육강령은 감상 및 이해를 촉진하기 위해 예술적 실천과 미적 경험을 발전시킬 것을 요구합니다.

예술은 많은 방면을 포함합니다: 초기의 아동 교육, 각 연령의 재학생에 대한 교육, 각 분야의 예술가들에 대한 전문 훈련, 예를 들면 회화(绘画), 시, 무용, 사진, 영상 창작, 디지털 예술 형식 등이 있습니다. 또한 박물관, 극장, 기타 문화기관으로부터의 지원도 마찬가지로 중요하며, 예술을 발전시킬 수 있는 길을 열어주었습니다. 만약 이 사람들이 그들의 생활에서의 미육 경험에 적극적으로 참여하지 않았다면, 미래 사회의 지도자들이나 다른 영향력 있는 사람들은 아마도 예술과 문화와 정치적 의사결정의 관련성을 볼 수 없을 것입니다. 뿐만 아니라 강력한 예술문화에 필요한 자원의 배분을 얻는 데 영향을 주었을 것이고, 그 결과는 문화와 예술이 위대한 민족에 정신적 영향을 공급할 수 있는 필수인식을 약화시켰을 것입니다.

오늘날 미육은 많은 도전에 직면해 있으며, 어떤 면에서는 전통문화와 미술발전에 대한 태도, 부분적으로는 세계적인 환경의 변화로 인해 중점적으로 전환될 수 있습니다. 그중에서도, 팝 문화 이미지로부터의 도전, 미디어 기술의 진보에 수반하는 새로운 영역의 연구, 새로운 미적 실천의 연구와 전세계의 도시 문화 발전과 지역적 예술과 문화 발전 사이의 경쟁을 가져왔습니다. 당대의 미육에서 글로벌 예술세계의 높아진 다원주의 목소리는 이런 문제를 해결할 수 없습니다. 그중 핵심은 일상생활의 경험, 학교의 정규교육, 혹은 박물관과 극장의 교육이 사회적 가치와 필요한 변화를 계승하는 전통예술, 역동적인 당대생활에서의 미육과 함께 할 수 있는 길을 찾을 수 있느냐 하는 것입니다.

• **류웨디:** 내년에 선생님이 미국에서 조직할 회의에 대해 이야기하자면, "미정의 경계: 철학, 예술, 윤리"를 주제로 한 회의인데, 선생님은 동서양의 미학을 다시 한 번 충돌시키려고 시도하시는 것인지 궁금합니다.

• **카터:** 이 대회는 학자 간 협력관계를 추진하고 중국과 서양 학자들이 공통의 관심사를 주제로 교류하고 이해하도록 하기 위해 계획된 것입니다. 더욱 깊이 있는 문화교류를 장려하고, 동서양 연구자들이 서로 새로운 시야에서 글로벌 배경의 철학, 예술, 윤리 등의 과제를 조명할 수 있는 자리가 되길 바랍니다. 특히 우리는 점점 더 많은 서양과 중국 학자들 사이에 이런 인식을 확대시키고 있습니다. 이번 대회에서 제출한 논문도 모아서 출판할 예정입니다.

• **류웨디:** 마지막으로, 중국의 문화, 예술, 미학에 대한 기대를 듣고 싶습니다.

• **카터:** 중국 문화, 예술, 미학은 세계 문명에 대해 풍부하고 의미 깊은 공헌을 해 왔습니다. 저는 중국의 예술과 미학의 미래에 대해 큰 기대를 가지고 있습니다. 오늘날, 당대 중국 예술가는 전 세계 예술 세계에서 존경받는 지위를 가지고 있습니다. 오늘날 가장 창조적인 예술 작품들은 모두 중국 예술가의 작품들입니다. 중국에서도 미학에 대한 관심이 크고, 우리가 볼 수 있듯이 베이징 2010 세계 미학대회에는 중국과 세계 각지에서

온 학자 1,000여 명이 모였습니다. 중국 학자들의 미학 저서도 동방과 서양 학자들에게 점점 매력적으로 다가오고 있습니다.이러한 발전은 확실히 매우 긍정적인 신호이며, 중국에서의 미학의 밝은 미래를 예시한다고 생각합니다!

본 책은 국제 미학계와의 직접적인 대화로 끝을 맺는다. 이 대화에는 중국의 미학에서 세계의 미래, 본토 무대의 미래, 세계 무대의 미래를 기대하는 의미가 담겨 있다.

중국미학대사기大事记
(1875-2018)

기년	미학대사기
1875 청덕종 광서원년 清德宗光绪元年	화지안花之安(독일 사람이고 본명은 에른스트 파버)은 《교화의教化议》라는 책에서 단청丹青음악을 "둘 다 미학"이라고 주장하는데, 이것은 중국에서 지금까지 발견된 최초의 "미학"에 관한 문자 기록이다; 1864년 상해서가회 上海徐家汇 인서관에서 "산만山湾미술공예소"를 부설하였는데 여기서 "미술" 개념을 처음 사용하였다.
1901 청덕종 광서27년	차이위안페이蔡元培는 〈철학총론〉이라는 글에서 처음으로 "미육美育"개념을 도입하였다.
1902 청덕종 광서28년	왕궈웨이王国维가 번역하여 출판한 쿠와키겐요쿠의 《철학개론》에서 철학 학과로서의 "미학"을 논급하였고, 왕궈웨이가 번역한 《심미학》에서 "미의 학리"라는 장을 따로 만들었다; 같은 해 《대공보大公报》는 천진에서 창간되었다.
1903 청덕종 광서29년	차이위안페이가 번역하여 출판한 코펠의 《철학요령要领》에서 다시 한 번 "미학"의 철학적 위치를 확립하였고, 왕궈웨이는 〈철학변호哲学辨惑〉에서 윤리학과 미학을 논한다면, 엄연히 철학 중의 중요한 두 부분이다"라고 확증하였다; 같은 해 5월 쩌우룽邹容은 글을 써서 "중화공화국"의 건립을 제기하였다.
1904 청덕종 광서30년	왕궈웨이가 《홍루몽红楼梦》 평론)을 발표하였다. 또한 왕궈웨이가 〈공자의 미육美育주의〉를 발표하였는데 이 글은 중국미학사에서 최초의 논문으로 여겨진다; 같은 해 2월 황싱黄兴, 쑹쟈오런宋教仁 등은 화흥회华兴会를 조직하였고, 같은 해 겨울 차이위안페이, 장빙린章炳麟 등은 광복회光复会를 조직하였다.
1905 청덕종 광서31년	"시계 혁명诗界革命"을 제창하던 황쭌셴黄遵宪은 세상을 떠났고 《인경노시초人境庐诗草》를 남겼다; 같은 해 8월 쑨중산孙中山은 중국동맹회를 조직하였고 11월 동맹회 총부에서 《민보民报》를 창간하였다.
1906 청덕종 광서32년	왕궈웨이는 〈인간사화人间词话〉를 창작하기 시작하였고, 〈경학과대학 문과대학 정관서 연주 后奏定经学科大学文学科大学章程书后〉를 작성하여 교육체계 중의 미학의 위치를 확립하였다; 같은 해 9월 청 정부는 입헌 예비 조서를 공포했다.
1907 청덕종 광서33년	왕궈웨이는 〈고아함의 미학상의 위치古雅之在美学上之位置〉, 루쉰鲁迅은 〈마라시력설摩罗诗力说〉을 저술하였다; 같은 해 5월 황강봉기黄冈起义가 일어났고 11월 량치차오梁启超 등은 일본에서 정문사政闻社를 설립하였다.
1908 청덕종 광서34년	왕궈웨이의 〈인간사화人间词话〉는 1908년말부터 1909년 초까지 《국수학보国粹学报》에 공개적으로 발표되었다; 같은 해 8월 청정부는 《흠정헌법대강钦定宪法大纲》을 반포하였다; 같은 해 광서光绪황제, 자희慈禧태후가 잇따라 사망하였다.

기년	미학대사기
1912 민국원년 民国元年	차이위안페이는 민국임시정부 교육총장에 취임하여 처음으로 "미육美育"을 국가 교육방침의 지위에 올려 미학은 중국 고등교육의 중요한 학과가 되었다 ; 같은 해 왕궈웨이는 《송원희곡고宋元戏曲考》를 책으로 썼다. 1911년 신해혁명이 일어나고, 12월 쑨중산이 임시대통령으로 취임하였다; 1912년 1월 중화민국임시정부가 수립되었고, 1912년에는 민국원년民國元年으로 《중화민국임시약법》이 제정되었다.
1913 민국2년	루쉰은 〈미술 의견서를 반포할 예정이다〉를 발표하였다; 캉유웨이康有为는 그해 2월 《불인不忍》잡지를 주필하여 존공尊孔을 고취하고, 7~9월 쑨중산은 2차 혁명을 일으켰다; 다음해 5월 위안스카이袁世凱는 《임시약법》대신 《중화민국약법》을 공포하였다.
1915 민국4년	쉬다춘徐大纯은 〈미학을 서술한다述美学〉를 발표한다. 이 글은 미학과 정체성을 비교적 일찍 논술한 중요한 논문이다; 같은 해 1월 일본은 "21조"를 제출하고 9월 천두슈陈独秀가 주필한 《청년잡지》를 상하이에서 창간(2권부터는 《신청년》으로 개칭)했고, 12월 위안스카이는 제제帝制를 부활하며 "중화제국 황제"를 임했다.
1916 민국5년	차이위안페이는 철학도론 저서 《철학대강》을 편역하여 미학을 "가치론"의 영역에 포함시켰다; 그해 12월 차이위안페이는 북경대학 총장에 취임해 미학 교육을 시작했다; 같은 해 1월부터 5월까지 각지의 독립이 이루어졌고, 6월에는 위안스카이가 사망하고, 6월에는 쑨중산이 《임시약법》의 부활을 선언하였다.
1917 민국6년	차이위안페이는 4월 8일 북경신주神州학회 강연에서 "종교설대신 미육美育으로"를 제창했는데, 이 강연은 1917년 8월 1일 《신청년》제3권 제6호에 실렸다. 같은 해 샤오궁비萧公弼는 《존심存心》잡지에 시리즈 미학 논문을 발표했다; 그해 1월 후스胡适의 〈문학개량추의文学改良刍议〉가 《신청년》제2권 제5호에 발표되었다; 2월 천두슈가 〈문학혁명론〉을 《신청년》제2권 제 6호에 발표하고, 《신청년》은 베이징으로 옮겨왔다; 다음 해 봄, 중국은 제1차 세계대전에 참전했고, 7월 장쉰张勋복위, 8월 호법운동에 참가하였다.
1918 민국7년	5월 루쉰은 《신청년》제4권 제5호에 〈광인일기〉를 발표하였다 ; 12월 저우쭤런周作人은 《신청년》제5권 제6호에 〈인간의 문학〉을 발표하였다; 같은 해 5월 호법운동이 실패하였다.
1919 민국8년	상하이사범전문대 총장 우멍페이吴梦非, 교수 류즈핑刘质平, 펑쯔카이丰子恺 등은 상하이에서 "중화미육美育회"를 발기하여 설립하였는데 이는 중국 최초의 미육 학술단체였다; 같은 해 5월 4일 "5·4운동"이 일어났다; 6월16일 전국학생연합회를 설립하였다; 6월 28일 중국 측 대표는 파리 강화회의에서 서명을 거절했다; 7월 후스와 리다자오李大钊는 "문제와 주의의 논쟁"을 벌였다; 9월 《신청년》에서 "마르크스주의 전문간"을 발간하였다; 10월 쑨중산은 원당을 "중국국민당"으로 개칭하였다.

기년	미학대사기
1920 민국9년	"중화미육회"는 《미육美育》잡지를 창간하였다; 같은 해 후스의 《시도집尝试集》을 출판하고, 쭝바이화宗白华는 《시사신보时事新报·학등学灯》에서 〈미학과 예술약담美学与艺术略谈〉을 발표하였다; 같은 해 5월 천두슈는 상하이에서 "마르크스주의연구회"를 설립하였다 ; 8월 천두슈는 상하이에서 최초의 공산당 조직을 설립하였다.
1921 민국10년	1월 4일 "문학연구회"가 베이징에서 설립되었고 발기인에는 정전둬郑振铎, 예샤오쥔叶绍钧, 선옌빙沈雁冰, 왕퉁자오王統照, 쉬디싼许地山, 겅지즈耿济之, 저우쭤런, 궈샤오위郭绍虞등 12명이 포함되어 있다; 6월 일본에서 "창조사創造社"는 궈모뤄郭沫若, 청팡우成仿吾, 위다푸郁达夫, 톈한田汉, 정보치郑伯奇, 장쯔핑张资平 등으로 결성되었다; 천인커陈寅恪의 〈문인화의 가치〉가 1921년 《회학绘学잡지》 2호에 발표됐다. 그해 7월 23일 중국공산당 제1차 전국대표대회가 열렸다.
1922 민국11년	유학 귀국 후 "예술교육"에 종사하고 있던 펑쯔카이丰子恺는 〈예술교육 원리〉를 발표하며 중국에서의 미육美育사업을 대대적으로 추진하였다; 같은 해 9월부터 12월까지 쑨중산은 국민당 중앙과 각성 대표 회의를 개최했다.
1923 (민국12년)	중국 최초의 미학문집 《미와 인생》이 상무인서관에서 출판되고 뤼징吕澂의 《미학개론》이 출판되었는데 중국 학자들은 자신의 미학적 원리를 구축하기 시작했다; 텅구滕固는 〈예술학에서 본 문화의 기원〉을 발표하였다; 같은 해 《국학 계간国学季刊》을 창설하여 "국고国故 정리 운동"을 발족하였다. 장쥔마이张君劢와 딩원쟝丁文江은 "과학과 현학" 논전을 벌였다.
1924 민국13년	《미육》지 폐간, "중화미육회" 활동 중단, 황찬화黄忏华의 《미학약사》 출판, 텅구滕固의 〈예술과 과학〉 발표, 리스천李石岑의 〈미육론〉발표.
1925 민국14년	뤼징의 《근래의 미학설과 〈미학원리〉》 출판, 장징성张竞生의 《미의 인생관》 출판.
1926 민국15년	루쉰의 《문학사강요》 출판, 펑쯔카이의 〈중국그림의 특색〉 발표, 주광첸朱光潜의 〈말없이 아름답다无言之美〉 발표, 린펑몐林风眠의 〈동서 예술의 앞길〉 발표.
1927 민국16년	천왕다오陈望道의 《미학개론》 출판, 판서우캉范寿康의 《미학개론》 출판, 황찬화黄忏华의 《미술개론》 출판, 쉬위난徐蔚南의 《생활 예술화의 시비是非》 출판. 같은 해 왕궈웨이는 베이징 쿤밍후에 투신하여 자살하고 캉유웨이는 세상을 떠났다.
1928 (민국17년)	쉬칭위徐庆誉의 《미의 철학》 출판, 덩이저邓以蛰의 《예술가의 난관》 출판; 루쉰은 플레하노프의 《예술론》을 번역하여 출판하였다. 같은 해 12월 루쉰, 천왕다오 등이 번역한 "문예이론소총서"가 잇따라 출판되기 시작하였는데 소련 프리치와 일본 좌익작가의 논저 총 6권도 포함된다.

기년	미학대사기
1929 민국18년	5월, 펑쉐펑冯雪峰, 러우스柔石 등이 번역한 "과학적 예술론 총서"가 잇따라 출판되었는데 플레하노프, 루나차르스키 등의 논저 총 8가지가 포함된다. 량치차오가 세상을 떠났다.
1930 민국19년	판서우캉이 번역하여 편집한 《예술의 본질》 출판, 리포위안李朴园의 《예술논집》 출판. 같은 해 3월 《대중문예》 제2권 제3기에 편집부에서 열린 "문예대중화좌담회" 기록을 발표하였다; 같은 해 3월 2일 "중국좌익작가연맹"성립대회가 열렸는데 루쉰은 〈좌익작가연맹의 의견에 관하여〉라는 제목으로 연설하였다; 12월 《국민정부출판법》을 반포하였다.
1931 민국20년	주광첸의 《문예심리학》 초고 완성, 뤼징의 《현대미학사조》 출판, 린원정林文铮의 《예술이란》 출판, 류하이수刘海粟의 〈중국 회화绘画상의 육법론〉 발표.
1932 민국21년	주광첸의 《미를 이야기한다》 출판, 쉬랑시徐朗西의 《예술과 사회》 출판.
1933 민국22년	주광첸은 프랑스 스트라스부르대 출판사에서 《비극심리학》, 국내에서 《변태变态심리학》을 출간하였다; 장쩌허우张泽厚는 《예술학대강》을, 샤옌더夏炎德는 《문예통론》을, 팡둥메이方东美는 〈생명정조와 미감〉을, 쑨쉰孙壎은 〈중서화법비교〉을 발표하였다.
1934 민국23년	리안자이李安宅는 《미학》을, 펑쯔카이는 《예술취미》를 출판하였다.
1935 민국24년	12월, 량시치오梁实秋가 주필한 《자유평론》이 창간되었다.
1936 민국25년	주광첸은 《문예심리학》을, 홍이란洪毅然은 《예술가수양론》을, 진궁량金公亮은 《미학원론》을, 쭝바이화는 〈중서화법에 나타난 공간의식〉을, 리수리黎舒里는 〈미의 이상성〉을, 왕셴자오王显诏는 〈미의 인생〉을 발표하였다. 같은 해 1월 저우양周扬과 후펑胡风이 현실주의 "전형" 문제에 대해 논쟁을 벌였다; 6월 상하이에서 "중국문예가협회"를 설립하였다; 9월 루쉰, 궈모뤄, 마오둔矛盾, 파진巴金, 우퉁자오五统照, 예샤오쥔, 셰빙신谢冰心 등 21명이 《문예계 동인은 단결하여 모욕을 막고 언론 자유를 위하여 선언한다》에 서명했다; 루쉰이 세상을 떠나다.
1937 민국26년	저우양은 〈우리는 신미학이 필요하다〉, 〈예술과 인생〉등의 글을 발표하였다. 같은 해 5월 주광첸이 주필한 《문학잡지》가 창간되었다.
1938 민국27년	텅구藤固는 〈시서화3가지 예술의 연대관계诗书画三种艺术的联带关系〉를 발표하였다. 같은 해 2월 10일 루쉰예술대학이 옌안延安에서 설립되었다.

기년	미학대사기
1939 민국28년	2월 저우양이 주필한 《문예전선》 월간이 옌안에서 창간되었다.
1940 민국29년	샹페이량向培良이 《예술통론》을 출판하고 마차이马采는 〈예술이념의 발전을 논한다〉를 발표하였다. 차이위안페이가 세상을 떠나다.
1941 민국30년	쭝바이화가 〈세설신어世说新语와 진晋나라 사람의 미를 논한다〉를 발표하고 왕차오원은 〈더 예술적으로再艺术些〉를 발표하였다.
1942 민국31년	옌안延安문예좌담회가 열려 마오쩌둥毛泽东이 〈옌안문예좌담회에서의 연설〉을 발표하였다. 저우양은 체르니솁스키의 《생활과 미학》을 번역하고 출판하고 〈체르니솁스키와 그의 미학에 관하여〉를 발표한다. 덩이저邓以蛰가 〈화리탐미画理探微〉 전문을 발표하고, 마차이는 〈미학에서 일반예술학〉을 발표하였다.
1943 민국32년	10월 19일 마오쩌둥의 〈옌안문예좌담회에서의 연설〉 전문이 《해방일보》에 발표되었다. 차이-이蔡仪는 《신예술론》을, 주광첸은 《시론》을 출판하고 쭝바이화는 〈중국예술경지의 탄생〉을 발표하였다.
1944 민국33년	저우양이 《《마르크스주의와 문예》 서언》을 발표하였다.
1946 민국35년	차이-이가 《신미학》을 출판하였다.
1947 민국36년	주광첸이 크루즈의 《미학원리》를 출판하고, 우리푸伍蠡甫는 《담예론》《담예록谈艺录》을 출판하였다.
1948 민국37년	후펑은 《현실주의의 길을 논한다》를, 쳰중수钱钟书는 《담예론》《담예록谈艺录》을, 위젠화俞剑华는 《국화연구》를, 판단밍潘澹明은 《예술 약설》을 출판하였다.
1949 중화인민 공화국성립	10월 1일 중화인민공화국이 성립되었다. 7월2일 중화전국문학예술자대표대회가 북경에서 개최되었다. 천챠우莘家梧가 《중국예술논집》을 출판하였다.
1950	왕차오원이 《신예술창작론》을 출판하였다. 같은 해 가을 중국은 항미원조抗米援朝 전쟁에 참가하였다.
1952	왕차오원이 《신예술논집》을 출판하였다.
1953	뤼잉吕荧이 〈미학문제-차이-이교수의 〈신미학〉을 겸평하면서〉를 발표하였다.
1954	왕차오원이 《생활에 직면하면서》를 출판하였다.

기년	미학대사기
1956	주광쳰의 〈나의 문예사상의 반동성〉이 《문예보》에 발표되면서 직접적으로 《문예보》, 《인민일보》, 《신건설》, 《철학연구》 등을 플랫폼으로 하는 "미학대토론"을 야기하였다. 주광쳰이 번역한 《플라톤문예대화집》이 출판되었고 왕차오원의 《예술의 기교를 논한다》가 출판되었다.
1957	《문예보》 편집부에서 편집한 《미학문제토론집》1,2집, 리쩌허우의 《문외집》, 저우라이샹周来祥, 스거石戈의 《마르크스주의 레닌주의 미학의 원칙》이 출판되었다.
1958	차이-이의 《유심주의미학비판집》 출판, 주광쳰의 《미학비판문집》 출판, 홍쟈오란洪教然의 《미학논변》 출판.
1959	《문예보》 편집부에서 편집한 《미학문제토론집》 제3, 4 집이 출판되었다. 뤼잉의 《미학서회美学书怀》출판, 왕차오원의 《일이당십一以当十》 출판. "외국문예이론총서"와 "마르크스문예이론총서" 창간, 출판.
1960	교육부가 설립을 승인한 중국 인민대와 베이징대 철학과 미학 연구실에서 미학 강의를 시작하였다.
1961	중선부中宣部와 고교부가 합동으로 전국 문과교재사무실을 구성해 전국 대학교 문과 교재를 기획하고, 왕차오원이 주재하는 《미학개론美学概论》 집필진을 구성해 활동을 시작했다. 차이-이의 《현실주의 문제를 논한다》 출판.
1962	중국과학원 "철학사회과학부"는 문과 교재회의를 열고 미학개론, 서구 미학사, 중국 미학사 교재를 제작하기 시작하였다. 《신건설》 편집부에서 편집한 《미학문제토론집》 제5집이 출판되었다.
1963	주광쳰의 《서양미학사》상권, 루신汝信, 양위杨宇의 《서양미학사논총》, 왕차오원의 《희문낙견喜闻乐见》 등이 출판되었다.
1964	주광쳰의 《서양미학사》 하권, 《신건설》 편집부에서 편집한 《미학문제토론집》 제6집, 야오원위안姚文元의 《문예사상논쟁집》, 쭝바이화가 번역한 칸트康德의 《판단력비판》 상권 등이 출판되었다.
1966	"문화대혁명"이 대륙에서 시작되었다. 쉬푸관徐复观의 《중국예술정신》 출판.
1967	류원탄刘文潭의 《현대미학》 출판.
1971	왕멍어우王梦鸥의 《문예미학》 출판.
1976	"문화대혁명" 끝남.

기년	미학대사기
1977	중국사회과학원은 5월 중국과학원 철학사회과학부의 모태에서 독립해 이듬해 "미학연구실"을 설립했고, 국내의 각 대학들은 관련 연구 부서를 잇달아 설립했다. 같은 해, 대학수학능력시험 재개.
1978	1월 《인민일보》에서 마오쩌둥의 《천이陈毅 동지에게 시를 이야기하는 편지를 보낸다》를 공개 발표하면서 "이미지 사유" 논의가 시작됐다. 그해, 중국공산당 11기 3중전회 개최, "실천만이 진리 검증의 유일한 기준" 토론 시작.
1979	중국사회과학원 철학연구소 미학연구실에서 편집한 《미학》(속칭 "대미학")이 창간되어 상하이문예출판사에서 출판되었다. 중국사회과학원 문학연구소 문예이론연구실에서 편집한 《미학논총》이 창간되면서 중국 사회에 큰 영향을 미치는 "미학"이 전개됐다. 류피쿤刘丕坤이 번역한 마르크스의 《1844년 경제학 철학 수고》 중국어 단행본이 출판되면서 "수고열" 논의가 시작됐다. 주광첸의 《서양미학사》 개정 재판, 주광첸이 번역한 헤겔의 《미학》 1·2·3권 상권 출판, 리쩌허우의 《비판철학의 비판》 출판, 《왕차오원 문예논집》 1, 2집을 출판하였다. 쫑바이화가 〈중국 미학사에서 중요한 문제의 초보적 검토〉를 발표하였다.
1980	중화전국미학회가 설립돼 쿤밍에서 제1회 학술심포지엄이 열렸다. 이는 중국이 세운 최초의 미학단체로 주광첸이 초대 회장을 맡았고, 이후 왕차오원, 루신이 제2, 제3대 회장을 맡았다. 주광첸 생전 마지막 서서인 《미학이삭집美学拾穗集》, 《왕차오원문예논집》 제3집, 리쩌허우의 《미학논집》, 장쿵양蒋孔阳의 《독일고전미학》이 출판되었다. 이마미치토모노부今道有信의 《동방의 미학》이 일본에서 출판되었다. 북경대학 철학과 미학연구실에서 편선한 《서양미학자가 미와 미감을 논한다》와 《중국미학사자료선편》 상하권이 출판되었다. 중국사회과학원 철학연구소 미학연구실에서 편집한 《미학역문》이 창간, 출판되었다. 같은 해, 전국 대학교 미학연구회 등은 중화인민공화국 설립 후 처음으로 대학교 미학 교수 연수반을 개설했다.
1981	왕차오원이 주필한 《미학개론》이 출간되었는데, 이는 중화인민공화국 성립 이후 처음 펴낸 미학원리 교재다. 쫑바이화의 《미학산책》, 리쩌허우의 《미의 역정》, 장쿵양의 《미와 미의 창조》, 주광첸이 번역한 헤겔의 《미학》 제3권 하권이 출간되었다. 같은 해, 《미육美育》지가 창간되어, "오강사미五讲四美(교양·예의·위생·질서·도덕을 중시하고, 마음·언어·행동·환경을 아름답게 하는 것)" 캠페인이 전국적으로 실시되었다.

기년	미학대사기
1982	리쩌허우가 주필한 《미학역문총서美学译文丛书》가 중국사회과학출판사, 광명일보 출판사, 랴오닝인민출판사, 중국문련출판회사에서 출판이 시작되었다. 《문예미학 총서》 편집위원회에서 주필한 《문예미학총서》가 베이징대 출판사에서 출간되기 시작했다. 차이-이가 주필한 《미학평림》을 창간하고 《미의 연구와 감상》(총간)을 창간했으며 《미학문적》을 창간했다. 차이-이의 《미학논저 초편》 출간, 《주광첸 미학 문집》 제1·2권 출간, 《쭝바이화 미학문학역문선》 출간.
1983	중화전국미학회 제2차 전국대표대회는 샤먼에서, "중국미학사학술토론회"는 우시 에서는 열렸는데 이는 국내 최초로 열린 중국 고대미학사 심포지엄이다. 루신의 《서양미학사론총속편续编》, 왕차오원의 《심미담》, 주광첸의 《주광첸 미학문집》 3권 이 출간됐다. 중국예술연구원 외국문예연구소에서 편집한 《세계예술과 미학》을, 쟝쿵양이 주필한 《미학과 예술평론》을 창간하여 출판했다.
1984	리쩌허우와 류강지刘纲纪의 《중국미학사》 제1권이 출간되어 중국 학자들의 중국 미학사 집필의 효시가 됐다. 왕차오원의 《심미담》, 뤼잉의 《뤼잉문예와 미학논집》, 저우라이샹의 《문학예술의 심미적 특징과 미학적 법칙》, 주디朱狄의 《당대서양미 학》 출판. 같은 해 "전국미육美育좌담회"가 호남湖南성 장가계张家界에서, "중서미 학예술비교 심포지엄"은 우한에서 개최되어 《기술미학》이 창간되었다.
1985	차이-이의 《미학원리》, 차이-이의 《신미학》개작본, 《리쩌허우 철학미학문선》, 왕차 오원의 《심미마인드》, 마치马奇의 《예술철학논고》, 중국 최초의 미학전사인 예랑의 《중국미학사대강》 출판. 루신이 주필하는 《외국미학》이 상무인서관에서 창간되었 으며, 장진张今이 베르나르 바상케의 《미학사》를 번역하여 출판하였다. 1985년은 미학 연구의 "방법론의 해"로 불린다.
1986	《우리푸伍蠡甫예술미학문집》, 쟝쿵양의 《미학과 문예평론집》, 류창위안刘昌元의 《서양미학도론》, 《미와 시대》를 창간하여 간행하였다. 주광첸, 쭝바이화 별세.
1987	《주광첸 전집》이 안후이安徽교육출판사에서 출판되고, 리쩌허우와 류강지의 《중국 미학사》 제2권이 출간됐다. "중국미학사상연구총서"가 출간되었는데 주광첸, 차이- 이, 쭝바이화, 왕차오원, 쟝쿵양, 리쩌허우, 가오얼타이高尔泰 등의 미학사상연구 7종이 포함되었다. 중국사회과학원 철학연구 미학연구실이 편집한 《미학》지가 폐 간됐다. 민쩌敏泽의 《중국미학사상》 제1권 출판. 마치가 주필한 《서양미학사 자료선 집》(상·하권)이 출간됐다. 젠밍简明, 왕쉬샤오王旭晓가 바움가르텐의 《미학》을 번 역하여 출판하였다.

기년	미학대사기
1988	리쩌허우의 《화하미학》 출간, 예웨이롄叶維廉의 《역사·전석·미학》이 출판되었다. 중화전국미학회는 청년학술연구회를 설립하여 "중화미학회 청년학술위원회"(속칭 "청미회")로 개칭하였다. 마치가 주필한 《미학 교학 및 연구 총서》가 출판이 시작되었다. 《미육》지가 폐간되었다.
1989	리쩌허우의 《미학사강美学四讲》, 민쩌敏泽의 《중국미학사상사》 제2, 3권 출간, 차이중샹蔡锺翔이 주필한 "중국고전미학범주총서"가 출간됐다. "전국 대학 미학 강의 심포지엄"이 개최되었다. 같은 해 베이징에서 정치적 파동이 일어났다.
1990	왕차오원이 주필한 《예술미학총서》가 출간되고, 뉴즈후이牛枝慧가 주필한 《동방미학총서》 출판 시작되었다. 중화전국미학회 청년학술연구회1차 학술심포지엄이 진화金华에서 열렸다. 같은 해 베이징에서는 제11회 아시안게임이 개막했다.
1991	《북경대학 예술교육 및 미학연구총서》 출판 시작되었다.
1992	리쩌허우가 주필한 《미학역문총서》가 폐간되었다. 《미학논총》 폐간. "문화변혁과 90년대 중국 미학" 학술 토론회가 칭다오에서, "중국 당대 미학 학술 심포지엄"이 쟈오쭤焦作에서 열렸다. 차이-이 별세. 덩샤오핑이 "남방담화"를 발표하고 중국은 본격적으로 《세계저작권협약》에 가입하였다.
1993	《차이위안페이 전집》이 절강浙江교육출판사에서 출판된다. 중화전국미학회 제4차 전국미학대회가 북경에서 개최되고, "미학과 현대예술" 학술토론회가 북경에서 개최되었다.
1994	《쫑바이화 전집》이 안휘교육출판사에서, 《리쩌허우 10년집: 1979~1989》는 안휘문예출판사에서 출간되었다. 중화전국미학회에서 "심미문화학술위원회'를 설립하였다. "대중문화와 현대미학 언어체계" 학술토론회가 태원太原에서, "당대 중국 심미문화 비전" 학술 심포지엄이 산터우汕头에서 개최되었다.
1995	"국제미학미육회의"가 심천深圳에서 개최되는데 이는 중국 본토에서 개최되는 첫 번째 국제미학 심포지엄이다. "제1회 중국고전미학 심포지엄"이 귀양贵阳시에서 개최되었다.
1996	중화전국미학회, 동남대학교 예술학과가 공동 편집한 《미학예술학 연구》가 창간하여 출판되었다. "십구 세기 교체 시대의 중국 미학: 발전과 초월" 학술 심포지엄이 하이커우海口에서, "96 중국 당대 심미문화" 학술세미나가 곤명昆明에서 개최되었다.

기년	미학대사기
1997	쫑바이화의《예술의 지경》출판.《동방의 군소미학 총서》출판. 청멍후이程孟輝, 딩빙丁冰이 주필한《청년미학박사문고》가 출간됐다. "제2회 중국고전미학 심포지엄"이 계림桂林에서 개최되었다. 같은 해 홍콩이 고국으로 공식 반환되었다.
1998	왕차오원의《왕차오원 전집》이 허베이河北 교육출판사에서, 류강지劉綱紀 가 주필한《마르크스주의 미학연구》가 창간됐고, 텅서우야오滕守尧가 주필한《미학·디자인·예술교육총서》가 출간되기 시작했다. 구이양貴阳에서 "100년 중국 미학 학술 토론회"가 개최되었다.
1999	《쟝쿵양 전집》이 안후이교육 출판사에서 출판되었다. 쟝쿵양, 주리위안朱立元이 주필한《서양미학통사》가 출판되고《베이징대학 문예미학정선총서》가 출판되기 시작했다. 중화전국미학회 제5차 전국미학대회가 성도成都에서 개최되었다. 쟝쿵양 별세.
2000	루신이 주필한《외국미학》이 폐간되었다. 호화호특呼和浩特에서 한·중·일 3국 최초의 "동방미학 국제학회회의"가 열렸고, "마르크스주의 미학의 현주소와 미래" 국제학술심포지엄이 계림桂林에서 열렸다. 쉬밍許明이 주필한《화하심미풍상사》11권 출간, 천옌陳炎이 주필한《중국심미문화사》(4권)가 출간되었다.
2001	"미학 시야 속의 사람과 환경: 제1회 전국 생태미학 학술 심포지엄"이 시안西安에서 열렸고, "문예미학과 건설과 발전" 심포지엄이 지난济南에서 열렸다. 중국이 WTO에 정식으로 가입하였다.
2002	《차이-이 문집》이 중국문련출판사에서 출간되었다. 자이모翟墨가 주필한《미학신조망서계》, 가오졘핑高建平, 저우셴周宪이 주필한《신세기미학역총》을 출간하기 시작했다. "미학과 문화: 동방과 서양" 국제 학술 심포지엄이 베이징에서 개최되었고, 중화미학회 청년미학연구회가 중국 측 조직자로 하는 "제2회 동방미학 국제회의"가 일본 고베, 오사카 두 곳에서 개최되었다. "심미와 예술교육 국제 학술 심포지엄"이 칭다오青岛에서 개최되었다.
2003	루신과 쩡판런曾繁仁이 주필한《중국미학연감年鉴》이 출판되기 시작했고《문예미학연구》가 창간되었다. 전국 동방미학 학술 심포지엄 "동방미학 연구의 글로벌 의미"가 우한武汉에서 열렸고, "미디어 변화와 심미문화 혁신" 심포지엄이 베이징에서 열렸다. "일상의 심미화와 문예학의 학문 반성" 국제 학술회의가 베이징에서 열렸다. "일상생활 심미화" 대토론과 관련해서《문예쟁명》,《문예연구》,《인민일보》가 플랫폼으로 떠올랐다. 마치 별세.

기년	미학대사기
2004	루신, 왕더성王德胜 이 주필한 《중국미학》이 창간됐고, 쩡판런이 주필한 《예술심미교육서계》가 출간됐다. "중화미학회 제6회 전국대회: 세계화와 중국미학" 학술심포지엄이 창춘长春에서, "실천미학의 반성과 전망" 국제 학술 심포지엄이 베이징에서, "미와 당대생활양식 국제학술회의"가 우한에서 개최되었다. 예랑이 총편집장으로 《중국역대 미학문고》(전체 19권)를 출판하였다. 왕차오원 별세.
2005	루신이 주필한 《서양미학사》를, 왕제王杰가 주필한 《심미인류학총서》를 출간했다. "중국에 있는 미학과 중국미학" 학술 심포지엄이 쉬저우徐州에서, "인간과 자연: 당대 생태문명 시야에서의 미학과 문학" 국제 학술 심포지엄이 칭다오에서 열렸다.
2006	리쩌허우가 명예편집장을 맡은 《미학美学》지가 복간되고, 베이징대 미학과 미육美育 연구센터가 주관하는 《의상意象》이 창간되었다. 천왕헝陈望衡, 버린터柏林特가 주필한 《환경미학역총》이 출간됐다. "미학과 다문화 대화" 국제 학술 심포지임 및 국제 미학 협회 조직위원회가 성도成都에서, "마르크스주의 미학은 당대 중국 조화사회 건설" 학술 심포지엄이 베이징에서, 제4차 동방 미학 국제 학술 회의는 천진天津에서, "미학·문예학 기본 이론 건설 전국 학술 심포지엄"은 샤먼厦门에서 개최되었다.
2007	터키 앙카라에서 열린 제17회 국제미학대회에 루신이 이끄는 중국 미학대표단이 참가했다. 대회의 주제는 "문화 간 다리 놓기"였다. 루신, 왕더성王德胜이 주필한 《20세기 중국 미학사 연구총서》 출간, 한더신韩德信, 가이광盖光이 주필한 《생태미학총서》 출간되었다.
2008	주리위안朱立元, 주즈룽朱志荣이 주필한 《실천존재론 미학총서》 출간. 펑펑彭锋, 류웨디刘悦笛가 주필한 《베이징대학 미학과 예술 총서》가 나오기 시작했다. "마르크스주의 미학과 당대사회" 국제학술심포지엄이 톈진天津에서 개최되었고, "중국 현대미학, 문론과 양계초梁启超" 전국학술심포지엄이 항저우杭州에서 개최되었다. 같은 해 제29회 올림픽이 베이징에서 열렸다.
2009	루신이 주필한 《외국미학》이 복간되었고, 장위닝이 주필한 《신실천미학총서》가 출판되었다. 중화미학회 제7회 전국미학대회 "신중국미학 60년: 회고와 전망"이 선양沈阳에서 개최되었다.
2010	"미학의 다양성"을 주제로 제18차 세계미학대회가 베이징에서 열렸다. 제1차 전국 문예학과 미학 청년 학자 포럼이 북경에서 개최된다. 항주사범대학이 주최한 《미육美育학간》이 창간된다.

기년	미학대사기
2011	제1회 중영 마르크스주의 미학 양자 포럼이 상해에서 개최되었다. "생태문명의 미학적 사고" 전국 학술세미나 및 중화미학회가 2011년 절강성 개화開化에서 열린다. 호화호특呼和浩特에서 "동방시역의 서양미학" 고위급 포럼이 개최된다.
2012	제2회 양안 3개 지역의 중국 미학 학술 심포지엄이 광주주广州에서 개최되었다. 영국 맨체스터대에서 제2회 중영 마르크스주의 미학 양자 포럼이 열린다. 서주徐州에서는 "미학과 예술: 전통과 당대" 학술 심포지엄이 열렸다. 제6차 동방미학 국제회의가 심양에서 개최되었다. "신세기 생활미학 전환: 동방-서양의 대화" 국제심포지엄이 장춘长春에서 개최되었다.
2013	"마르크스주의와 신세기 중국 미학" 심포지엄이 상해에서 개최되었다. 제3회 중영 마르크스주의 미학 양자 포럼이 상해에서 개최되었다. 폴란드 크라쿠프에서 제19차 세계미학대회가 열렸다.
2014	"신체미학과 당대 중국 심미문화" 국제 학술 심포지엄이 상하이에서 열렸다. 제4회 중영 마르크스주의 미학 양자 포럼이 영국 맨체스터대에서 열렸다. 제7회 동방미학 국제회의 "글로벌 시대의 동아시아 예술문화"가 한국에서 열렸다. 예랑 이 주필한 《중국미학통사》(전8권)가 출판되었다.
2015	중화미학회 제8회 전국미학대회 및 "미학: 전통과 미래" 전국학술회의가 성도에서 개최되었다. "생태미학과 생태비평의 공간" 국제 심포지엄이 산동대학교에서 개최되었다.
2016	쩌우화邹华가 주필한 《중국미학》이 집간되어 창간되었다. 제20회 세계미학대회가 한국 서울에서 개최되었다. "당대 미학과 인류학: 패션 연구" 국제 학술 심포지엄이 항저우杭州에서 개최되었다.
2017	중화미학회 2017년 연차총회 겸 "중화미학의 전승과 혁신" 국제학술심포지엄이 우한에서 개최되었다. 쩡판런이 주필한 《중국미육사상통사》(전9권)가 출간됐다. 주즈룽이 주필한 《중국심미의식통사》(전8권)가 출간되었다. 복단 대학은 "생활 미학" 학술 심포지엄을 개최하였다.
2018	중화미학회 2018년 연차총회 겸 "개혁개방과 당대미학의 발전" 전국학술세미나가 산동 제남济南에서 개최되었다. "신체학 시역에서의 미학 연구와 시학 구축" 학술 심포지엄이 심천深圳대학교에서 열렸다. "당대 마르크스주의 미학과 당대 예술비평" 학술 심포지엄 겸 당대 마르크스주의 미학 연구기금 기증식이 절강浙江대학교에서 열렸다. 복단대학교에서 "생활미학 사상원류" 학술 심포지엄을 개최하였다.

　한국 독자 여러분께 이 책을 소개할 수 있어 저자는 진심을 담아 영광이라고 말씀드린다!

　실제로 이 《당대 중국 미학연구》는 "당대중국미학사"이고 원판을 70만 자 가까이 썼으며, 30만 자도 안 되는 간략한 《당대 중국 미학 학술사》도 출간되었다. 학술사적 시각에서 당대 중국의 "전30년"(1949~1978)과 "후40여년"(1979년 이후 지금까지) 미학사를 융합해 1900년대 중반 이후 중국 미학 발전의 전반적 역정과 논리적 진전을 묘사하고 "미학 학술사"를 체계적으로 총결산·반성한 것이다. 우리는 "미의 본질관", "미학본체론", "미학원리", "중국미학사"의 연구를 중점적으로 미학 전반에 걸쳐, 당대 중국 미학 발전의 역사적 경험과 현실적 교훈을 객관적으로 진술하고 해석함으로써 중국 미학의 미래 발전을 위한 학술사적 토대를 마련함과 동시에 한국 동인들에게 미학 발전의 "중국 판본"을 제공하게 되었다.

　중국에서 《당대 중국 학술사상사 총서》에 속하는 이 책은 학우인 중국예술연구원의 리슈젠李修建 교수가 공동 수행했다. 그 분은 중국 고전 "생활미학" 연구에 힘써 성취한 바 있으며, "생활미학"은 2001년부터 중국 미학계에서 제창해온 최신 미학사조다. 중국 내에서 상당한 학문적 권위를 갖고 있는 이 총서는 중국 학술의 번영과 중국 이론 발전의 중대한 사명감을 맡고 있다. 이 책을 한국어로 번역하게 되어 한국 독자들이 당대 중국 미학을 이해하고 이해할 수 있는 연구 지도를 한 장 얻을 수 있을 것으로 생각한다. 전문가의 논증대로 "이 저서는 당대 중국 미학의 학문 발전을 체계적으로 총결산하고 반성한 중요한 이론적 가치와 현실적 의의가 있다. 아울러 미시사상의 재현과 넓은 역사적 시야가 조화를 이루고, 미래 미학원리 연구의 주체적 자원과 치사致思의 방향을 제시해 중국 미학의 미래 발전의 토대를 마련했다. 이 책은 당대 중국의 미학 역사를 비교적 객관적으로 정리한 저작으로 미학 발전의 역사 전반을 정리할 뿐 아니라 미학사 발전의 역사논리도 밝혔다." 앞서 영국의 유명 출판사인 테일러 앤드 프랜시스 그룹Taylor & Francis Group과 계약을 맺고 소속 출판사 로드리지Routledge와의 출판절차에 포함시킨 것도 중국 사회과학출판사와 협업한 결과다.

재미있는 것은 중국사회과학원 철학연구소 미학실에서 20년 가까이 근무하면서 동료들의 많은 저서가 한글로 번역되는 것을 직접 경험해 왔는데 아마도 우리 연구실의 성과는 중국미학분야에서 가장 많이 번역된 것일 터이다. 같은 연구실의 동료이자 나의 스승이기도 한 리쩌허우李泽厚 선생은 당대 중국 최고의 철학자이자 사상가이자 가장 중요한 미학자로, 안타깝게도 지난 11월 2일 미국에서 병사하셨다. 1980년 초판본으로 중국에서 회자된 《미의 역정》과 류강지刘纲纪와 합작한 1984년부터 여러 권의 《중국미학사》가 일찍이 한국어로 번역되어 출판되었는데 이 두 권의 책은 공교롭게도 중국 고전 미학사의 경전 저작이다. 또 다른 동료인 한린더韩林德 선생이 1998년 펴낸 고전미학 연구서인 《경생상외境生象外》와 한위타오韩玉涛 선생이 1998년 펴낸 서예미학 연구서인 《사의론写意论》도 한국의 헌책방에서 본 기억이 있다. 이 번역들은 모두 고대 중국 미학을 겨냥한 것으로, 우리의 이 《당대 중국 미학 연구》는 당대 중국 미학의 공백을 보충하는 셈이겠다.

본인은 한국과 매우 깊이 교제하고 있으며 깊고 끈끈한 정을 나누고 있다. 2008년 하반기 한국BK21프로젝트Brain Korea 21 Program의 구성부로 초청받아 6백 여 년의 역사를 가진 성균관대에서 "중국 미학과 문화" 박사 강의를 맡았을 때 만난 박사과정 학생10여 명에게 좋은 인상을 받았다. 그

중 몇몇은 한국의 실력파 화가, 무용가, 음악가들이었다. 영어로 강의했지만 공통적으로 중국어 기반이 상당히 깊었고, 문화적 차이로 미학적 불꽃이 튀었고, 그들의 두터운 "스승과 제자애"도 얻을 수 있었다.

나는 성균관대 "동방철학과" 석좌교수 외에도 여러 차례 초청받아 한국에 가서 중국 미학과 문화를 가르치는 강의와 강연을 해 왔고 국립서울대는 물론 대구에 있는 영남대에서도 강연을 한 적이 있다. 성균관대에서 여러 차례 유학儒學 세미나에 참석해 한·중·일 학자들과 많이 교류했으며, 논문이 한국어로 번역되어 한국 주류 학술지에 발표되기도 했다. 그 중에서 비교적 영향력이 있는 논문은 〈정의생성본체와 유가정치철학[The Becoming Ontology of Qing and Confucianism Political Philosophy, 유열적(Liu yuedi), 《유교문화연구》(한국성균관대학교주관), Vol.No.14, 2009]〉이다. 베이징 올림픽 이후 한국의 가장 주류 방송인 KBS가 중한미용 특집으로 나를 인터뷰한 적도 있고, 베이징에 있는 한국 정부 소속의 문화진흥원과도 여러 차례 교류했다.

최근에는 2019년 가을·겨울을 맞아 한국 국립 안동대학교에 초청되어 "유학儒學과 아시아 문명"이라는 주제로 개최한 제6회 중한유학儒學교류대회에 참가하였다. 그때 한국의 유학儒學 종사였던 이퇴계李退溪의 16대 종손을 찾아 갔다. 그 분은 87세의 고령으로 스님의 이야기와 함께 "옛날에서 벗어나지 않으면서 지금 이 시대에 사는 사람들에게 도움이 된다"는 도道를 들려주고 친필한 "조복造福" 두 글자를 선물해 주셨다. 2006년 중국사회과학원에서 한국 방문학자를 인솔해 본 적이 있다. 당시 연구 주제는 우리 사회과학원 역사연구소의 대선배인 허우와이루侯外庐의 사상사 모델이었고, 현재 그 분은 단국대 교수로 재직하고 있다. 사실 중국사상사는 한국에서 정말 많이 번역되었다. 우리 중국사회과학원의 옛 원장 궈모뤄郭沫若가 1945년 초판, 1954년 개정해서 출판한 《십비판서十批判书》의 한글판이 《중국고대사상사》이다. 당시 이 책을 받고 리쩌허우李泽厚가 1984년에 출판한 《중국고대사상사론》인 줄 알았다. 물론 필자도 한국의 고대와 당대의 사상적 상황에 관심이 많았는데, 조선 시기의 "사단칠정四端七情"의 유학적 변론부터 현 시대 한국의 민주적 흐름을 뒷받침하는 사상적 뒷받침까지 연구해 왔으니 앞으로 더 많은 글을 중국어로 썼으면 좋겠다.

한국에서 강의하던 그 우아한 가을, 한국교수님과 학생들과 그들의 피리와 고금음악회에 가 보며, 그들만의 한국화 수묵개전을 보러 가며, "간송미술관"에서 1년에 한 번씩 열리는 한국고미술전을 함께 관람하며, 뉴미디어 아트의 울림을 느끼러 "서울비엔날레"에 가 보며, 부산의 해변에 가서 해산물을 함께 즐기며, 한국현대미술관 언덕에 가서 낙엽을 감상하며, 차를 몰고 오솔길 끝까지 가서 "레드 비치"를 찾아 다니며, 각종 예술평론을 써서 한국 잡지에 발표하고 개막식에 참석하는가 하면 중국 국내 화가들을 함께 초청해 한국국제예술전에 참석하기도 하였다. 이 모든 것이 내 머릿속에 깊이 각인돼 지금도 나를 놀라고 기쁘게 한다. 수업과 수업 외의 시간이 합쳐지는 것이 가장 생동감 있고 살아있는 "생활의 미학" 수업이었다. 우리 모두 그렇게 몰입하고 즐겼다.

그중에서도 서울의 "남산공원"에 같이 가서 가르쳤던 "자연미학" 수업이 인상적이다. 거기는 한국의 옛 건축물들이 많이 옮겨져 있는 곳이다. 일본 건축이 당풍唐風이라면 한국 건축은 송풍宋風으로 우리와 친화적으로 보였다. 교실에 있던 우리는 가을빛이 이렇게 좋은데 왜 수업을 "경치"가 있는 곳에서 하지 않는가 하는 기발한 생각이 들었다. 이렇게 해서 남산 높은 곳에 있는 "사체통허四体通虚"라는 정자 안에서 우리의 수업이 시작되었는데, 쌀쌀한 가을바람에 솔물결이 넘치니 자연 그대로의 "아름다운 소리"부터 이야기하자… 우리가 정말 "흥이 나서 왔다, 흥이 나서 돌아왔다"라고 할 수가 있었다.

중국 사회과학 출판사뿐 아니라 이 책의 한글 번역자인 리샤오나李晓娜 교수에게 감사의 말을 꼭 하고 싶다. 이 교수는 중국 고전 미학을 가장 깊고 깊게 연구한 미학자 쭝바이화宗白华 선생의 미학 경전 《예술의 지경艺境》을 2018년 번역해 한국에서 출간하였고, 한국 독자들의 주목을 받았다.

2006년에도 한국 학계 친구들, 그리고 베이징대 박사 출신의 한국인 지인들이 쫑바이화宗白华 선생의 《미학산책》을 공동 번역하려고 했을 때 문헌 자료도 많이 찾고 쫑바이화宗白华 선생의 박학다식한 것에 놀랐지만 아쉽게도 번역에 성공하지 못했다. 뜻밖에 리샤오나李晓娜 교수가 어렵게 쫑바이화宗白华 선생의 저서를 번역해 냈다. 이번에도 책이 너무 두껍기 때문에 우리는 어려움을 겪었지만 우리는 공동으로 이 책을 번역하여 한국에서 출판하면 다시 한 번 한국 독자의 독서 수요를 만족시킬 수 있을 것이다.

나는 중한양국 간 학술과 문화의 교류가 계속 공고해져야만 상호 작용에서 서로 융합하면서도 다른 발전을 할 수 있다고 생각한다. 이 책의 번역과 소개는 한국 독자들에게 당대 중국 미학의 발전 성과와 중국 학술 연구의 관점, 연구 패러다임, 체례 등의 혁신을 인식시켜 줄 것이라 믿는다. 만약 독자분들에게 당신들에게 도움이 된다면 저자들은 가장 큰 위안을 느낄 것이다. 사실 중국의 고전미학은 한글로 번역된 것이 상당히 많지만, 당대 중국미학의 성과는 한글로 번역되지 않았다. 이 책의 공동 저자인 리슈젠李修建에게 다시 한 번 감사드린다. 이 책은 내가 가장 먼저 기획하고 주요 구조를 설정한 후 서로 나누어 완성하고 마지막으로 내가 최종 초안을 검토하며 작성하였기에 본인이 이 책의 기본 관점에 대해 전적으로 책임진다.

마지막으로, 중국과 한국의 우정을 영원히 원하는 의미에서 한국 독자 여러분들의 관심에 진심으로 감사드리면서 이 책을 마치겠다.

류웨디刘悦笛

2021년 음력 대설날 초고는 북경 중국사회과학원 철학소 미학실에서

2023년 9월 2일 수정은 북경 보국사报国寺 강좌 후

사문지락당斯文至乐堂에서

| 지은이 |

류웨디刘悦笛

'생활미학' 제창자, 중국사회과학원 철학연구소 미학실 연구원, 박사과정 지도교수, 베이징대학 박사 후, 중화문화촉진회 주석단 명예위원, 미국 풀브라이트 방문학자, 국제미학협회(IAA) 총집행위원과 중화미학학회 부비서장, Comparative Philosophy, Journal of East‐West Thought와 Aesthetica Universalis편집위원이다. 주요 저서로는 《생활미학》, 《중국인의 생활미학》, 《미학이 곧 생활이다》, 《분석미학사》, 《당대예술이론》, 《생활 속의 미학》, 《생활미학 및 예술경험》, 《예술종언 이후》, 《시각미학사》, 《세계는 평평하고 아름답다》, 《생활미학과 당대예술》, 《동양생활미학》, Subversive Strategies in Contemporary Chinese Art(Brill, 2011), The Aesthetics of Everyday Life: East and West(Cambridge Scholars, 2014) 등이 있다. 그 외에는 5편의 영어 전문 저서를 번역했고 '중국 마을의 미학 모델' 선정 등 많은 활동을 기획하고 있다.

리슈젠李修建

철학박사, 중국예술연구원 예술학연구소 소장, 연구원, 박사과정 지도교수이며, 주로 중국 미학과 예술인류학을 연구한다. 《풍상风尚: 위진 명사魏晉名士의 생활미학》, 《중국 미의식통사·위진남북조권》, 《당대 중국미학연구》(공저), 《예술인류학》(공저) 등의 저서를 출판하였다. 《심미인류학》, 《예술인류학》, 《원시예술》, 《외국예술인류학독본》 등 10여 종을 단독번역, 공동 번역하였다. '예술 인류학 고전 번역 총서'를 주관하였다.

| 옮긴이 |

리샤오나李晓娜

한국현대문학박사, 루동대학교鲁东大学 한국어학과 부교수이며, 국가사회과학기금 중화학술외역 프로젝트 2건을 주관하였다. 저서로는 《김소월과 한용운 시의 비교연구》, 《김소월 시의 수사연구》 등이 있다. 학술 논문으로는 〈문화독립의 위기 속 민족문학의 민족담당‐한국 문학의 민족주의를 중심으로〉, 〈이성복과 황지우 시인의 초기 시적 반근대적 체험 연구〉 등이 있다. 번역 논문으로는 〈문체양식의 관점에서 본 한중문학 번역의 문학성 재현문제 연구〉가 있다. 번역서로는 《예술의 지경》이 있다.

김규진金圭振

한국현대문학박사. 한국 가천대학교 리버럴아츠칼리지 한국학전공 부교수이다. 저서로는《한국문화 읽기》(공저),《문화사회와 언어의 욕망》(공저),《우리말답게 번역하기》(공저) 등이 있다. 학술 논문으로는〈한국문화콘텐츠를 활용한 한국어 교육 방안〉,〈외국인 대학생의 자기소개서 쓰기의 실제〉,〈중국대학 내 한국어과 문학 관련 수업의 현황과 실제〉 등이 있다. 번역서로는《예술의 지경》이 있다.

| 감수 |

김철金哲

산동대학교 동북아대학 박사지도교수. 연구방향: 한·중 문학비교, 중·한 문학교류사. 현재 중국비교문학학회분회 중한비교문학과 문화연구회 부회장, 중국한국(조선)어교육학회 이사 겸임, 중국외국문학학회분회 조선한국문학연구회 회원, 한국의 한중인문학회와 동방한문학연구회, 중국어문연구회 등 다수 학회의 회원으로 활동 중이다. '산동성 교육성과상(2등상)', '산동대학교교육능能手상', '산동대학교 위해캠퍼스우수교수상'(2009, 2023) 등을 포함하여 다수의 학술성과상을 수상했다.

대표저서로는《김광주 문예평론집(중문편)》(2020),《20세전반기 중조현대문학교류관계 연구》(2013),《유·불·도 환경과 예술을 말하다儒釋道的生態智慧與藝術訴求》(역서, 2017),《초정박제가와 중국문학관련 연구》(2007) 등이 있고, 대표논문으로는〈旅居与传播 : 金光洲对中国现代文学的译介〉(2020),〈明清时期'燕行录'中孟姜女传说变异考 — 以'情节'和'人物'演变为例〉(2022) 외 다수가 있다.

당대중국미학연구 1949-2019
Contemporary Studies of Chinese Aesthetics

초판 인쇄 2023년 12월 20일
초판 발행 2023년 12월 31일

지 은 이 | 류웨디刘悦笛·리슈젠李修建
옮 긴 이 | 리샤오나李晓娜·김규진金圭振
감 수 자 | 김철金哲
펴 낸 이 | 하운근
펴 낸 곳 | 學古房

주   소 | 경기도 고양시 덕양구 통일로 140 삼송테크노밸리 A동 B224
전   화 | (02)353-9908 편집부(02)356-9903
팩   스 | (02)6959-8234
홈페이지 | http://hakgobang.co.kr/
전자우편 | hakgobang@naver.com, hakgobang@chol.com
등록번호 | 제311-1994-000001호

ISBN 979-11-6995-463-1 93150

값 : 43,000원